走遍全球 GLOBE-TROTTER TRAV

美国西海

洛杉矶 圣迭戈 圣弗朗西斯科
拉斯维加斯 西雅图 波特兰

West Coast U.S.A.

日本《走遍全球》编辑室 编著

中国旅游出版社

本书使用的记号、略称

城市名
城市的基本资料
观光计划以及住宿建议
区域名字
从附近区域出发前往这里的主要方法以及大约需要花费的时间
区域内景点的位置
细化后的区域名
景点和地图的位置
学 学习
买 购物
游 游玩
食 美食
投稿 读者投稿
便签 旅途中能作为参考的信息
洛杉矶
Los Angeles
综合信息
旅行季节的建议
行程规划的要点
漫步洛杉矶
当地信息杂志
海滩城市 Beach Cities
圣塔莫妮卡 Santa Monica
圣塔莫妮卡码头和太平洋公园
Santa Monica Pier & Pacific Park
第三步行街
圣塔莫妮卡广场
主街
可使用的信用卡
A 美国运通卡
D 大来卡
J JCB 卡
M 万事达卡
V 维萨卡
酒店的客房
Ⓢ 单人间（1 张床 1 人使用）
Ⓓ 大床房（1 张床 2 人使用）
Ⓣ 标准间（2 张床 2 人使用）
Ⓢu 套房（客厅 + 卧室）
※ 酒店的费用为 1 间房间的金额。不包含酒店税
区域名
主要商品和分类等
地图位置
店铺信息
商店
餐馆
酒店
LCD
洁莉娜
Gjelina
安布罗斯酒店
The Ambrose

M 地图位置
住 地址
☎ 电话号码
Free 免费电话（美国国内免费通话的电话号码）
FAX 传真号码
URL 网址（省略 http://）
营 营业 / 开馆的时间、期间
休 休息
费 费用
交通方式 交通方式

地图的记号和略称

景点	巴士车站
商店	游客中心
餐馆	地标 / 其他
酒店	海滩 / 公园
咖啡店	机场
夜总会	高尔夫球场
电影院 / 剧院	医院
SPA、沙龙	邮局
美术馆	
停车场	

Ave.→Avenue
St.→Street
Rd.→Road
Dr.→Drive
Blvd.→Boulvard
Pkwy.→Parkway
Hwy.→Highway

8 88 888 州际公路

美国国道

州内公路

酒店设施的标记

※ 只有当所有客房都拥有该项设施时才会用黑色符号表示

咖啡机	健身房 / 游泳池
冰箱酒柜 / 冰箱	礼宾人员
浴缸	洗衣机
吹风机	无线网络
BOX 室内保险柜	P 停车场
客房服务	餐馆
可使用轮椅的房间	

Wi-Fi 使用一晚 Wi-Fi 的价格 / 总客房数

■ 本书的特点

本书主要是针对那些自助游前往美国西海岸旅行的读者，为了能够让大家在当地愉快地享受旅途生活，本书刊登了前往各城市的方法、酒店以及餐馆等信息。当然，即便是参加团体游的读者，也是可以充分利用到书中提供的信息的。

■ 在使用本书提供的信息时

编辑部尽可能地刊登最新、最准确的信息资料，但由于当地的规则或手续等经常发生变更，或对某些条款的具体解释有认识上的分歧，因此，若非本社出现的重大过失，因使用本书而产生的损失或不便，本社将不承担责任，敬请谅解。另外，使用本书之前，对于书中所刊登的信息或建议是否符合自身的情况或立场，请读者根据自身情况自己做出正确的判断。

■ 在当地调查采集信息的时间

本书是基于 2018 年采集调查到的数据来进行编辑的。但是，随着时间的推移，数据会发生变动。特别是酒店和餐馆的费用等，绝大多数情况下在旅行时会发生变动。所以请将本书刊登的信息仅作为参考使用，尽量在当地的游客中心等处获取最新的信息。

■ 关于投稿

投稿多少会带有投稿者的主观看法，但是为了让大家能够感同身受，我们在刊登时还是会尽量忠实于原文，但是在数据方面，编辑部会进行追踪调查。

美国西海岸 洛杉矶 圣迭戈 圣弗朗西斯科 拉斯维加斯 西雅图 波特兰

——Contents

圣弗朗西斯科及其近郊 177
SAN FRANCISCO & ENVIRONS

拉斯维加斯和大峡谷 275
LAS VEGAS & GRAND CANYON

西雅图 309
SEATTLE

波特兰 343
PORTLAND

旅行的准备与技巧 TRAVEL TIPS 371

Column

国旗

Stars and Stripes 星条旗。13 道宽条代表 1776 年建国时的州数，50 颗五角星代表现在的州数。

正式国名

美利坚合众国（United States of America）

美利坚这个称呼，取自发现美洲大陆的意大利探险家阿美利哥 · 韦斯普奇的名字。

国歌

《星光灿烂的旗帜》

（*Star Spangled Banner*）

面积

963 万平方公里

人口

约 3.258 亿人

※ 各个城市的面积、人口请参考各个城市的综合信息页

首都

华盛顿哥伦比亚特区（Washington，District of Columbia）

华盛顿哥伦比亚特区在行政上由联邦政府直辖，不属于任何一个州。人口约 68 万。

总统

唐纳德 · 特朗普（Donald J. Trump）

政体

总统制共和制（50 州）

人种构成

非拉美裔白人占 62.1%，拉美裔占 17.4%，非洲裔占 13.2%，亚裔占 5.4%，混血人种占 2.5%，印第安人和阿拉斯加原住民占 1.2%，夏威夷原住民或其他太平洋岛民占 0.2%（少部分人在其他族群内被重复统计）。

宗教

基督教。宗派以浸礼会、天主教为主流，但不同城市在宗教分布比重上也有所不同。此外还有少部分犹太教和伊斯兰教等。

语言

主要以英语为主，但在法律上没有确定官方语言。西班牙语的使用范围也很广。

货币与汇率

货币单位为美元（$）和美分（¢）。$1.00=6.8682 元（2019 年 7 月 12 日）。目前流通的纸币主要为 $1、2 、5、10、20、50、100。需要注意的是 $50、$100 有时在小商店内不能使用。硬币则分为 1 ¢ 、5 ¢ 、10 ¢ 、25 ¢ 、50 ¢ 、100 ¢（$1）6 种，但是 50 ¢ 、$1 的硬币基本不在市场上流通。

▶旅行的预算与货币→ p.374

拨打电话的方法

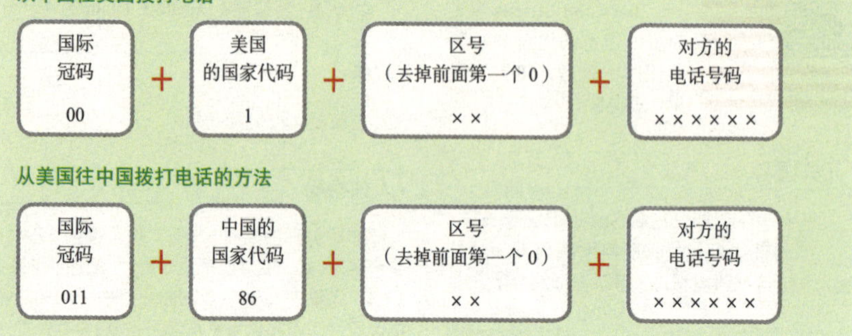

▶关于拨打电话的方法→ p.398~399

主要的节日（联邦政府的节日）

每个州都有不同的节假日（用※标记）。虽然有店铺等声称“全年无休”，但在元旦、感恩节、圣诞节这 3 天也几乎都会休息。另外，从美国阵亡将士纪念日开始到劳动节的暑假期间，营业时间等也会进行调整。暑假期间，营业时间等也会发生变动。

时间		节日名称
1 月	1/1	元旦 New Year's Day
	第三个周一	马丁·路德·金日 Birthday of Martin Luther King
2 月	第三个周一	总统日 Presidents' Day
3 月	3/17	※圣帕特里克节 St. Patrick's Day
4 月	第三个周一	※爱国者日 Patriots'Day
5 月	最后一个周一	美国阵亡将士纪念日 Memorial Day
7 月	7/4	美国独立日 Independence Day
9 月	第一个周一	劳动节 Labor Day
10 月	第二个周一	※哥伦布日 Columbus Day
11 月	11/11	退伍军人节 Veterans Day
	第四个周四	感恩节 Thanksgiving Day
12 月	12/25	圣诞节 Christmas Day

营业时间

以下为一般的参考营业时间。根据行业和地区等条件，时间有所不同，郊外的超市一般营业至 22:00 左右，城市中有不少店铺 19:00 左右便会关门。

【银行】

周一～周五 9:00~17:00

【百货商场和商店】

周一～周五 10:00~19:00、周六 10:00~18:00、周日 12:00~17:00

【餐馆】

从早上便开始营业的一般不是餐馆，而是休闲咖啡厅。早餐 7:00~10:00、午餐 11:00~14:00、晚餐 17:30~22:00。酒吧营业至深夜。

电器与视频制式

【电压与插座】

电压为 120 伏。三相插座。中国的电器产品不能直接使用，需要利用变压器和转换插头。

【视频制式】

中国采用的是 PAL 制式，美国采用的是 NTSC 制式。中国的蓝光光碟为“B 区”，美国为“A 区”，中国的 DVD 区域代码为“6”，美国为“1”，除全区可以播放的碟片，其他均不能正常播放。

小费

餐馆、出租车、酒店住宿（酒店服务员、客房服务）等，在接受服务后需要支付一定的小费。小费的多少根据是否提出特殊要求或者满意程度而有所不同，但大致可以参考以下标准。

【餐馆】

总价的 15%~20%。如果餐费中已经包含了服务费，用餐结束后在餐桌或托盘里留下一些零钱后便可以离开。

【出租车】

乘车费的 15%~20%。

【酒店住宿】

根据门童、酒店服务员搬运的行李大小、个数来支付小费，1 件 \$2~3。如果行李较多的话可以适当多给一些。

客房服务的话，可以将小费放在枕头边，一般 \$1~2。

▶小费和礼节→ p.396

代表城市的平均气温

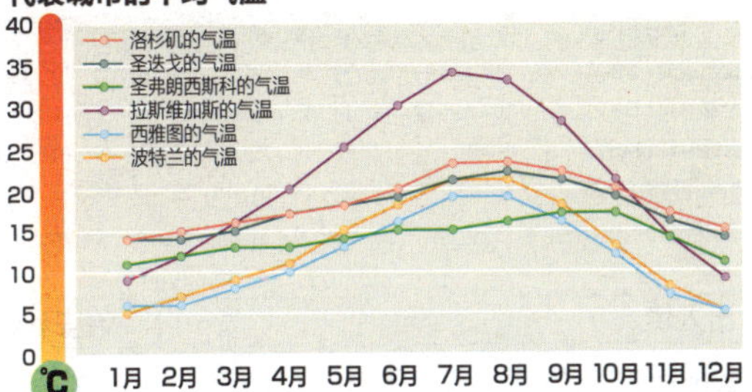

平均降水量(mm)	1月	2月	3月	4月	5月	6月	7月	8月	9月	10月	11月	12月
洛杉矶	82	87	61	26	6	2	0	1	7	12	32	62
圣迭戈	51	58	46	20	3	3	0	0	5	15	25	38
圣弗朗西斯科	112	97	72	36	14	4	0	1	6	27	65	104
拉斯维加斯	13	20	10	5	3	3	10	8	8	8	10	13
西雅图	142	89	94	69	48	41	18	23	38	89	168	137
波特兰	125	94	94	69	64	43	18	18	38	76	142	140

饮用水

虽然自来水也可以直接饮用，但一般都还是会买矿泉水。在超市、便利店、杂货店等地都可以买到。

气候

加利福尼亚州南部常年气候温暖。圣弗朗西斯科北部即便是夏天有时气温也不会超过 20℃。西雅图和波特兰所处的美国西北部冬天是雨季。

▶旅行的季节→ p.373

▶各个城市的首页都会刊登“旅行季节的建议”

从中国飞往美国西海岸所需时间

从北京飞往圣弗朗西斯科、洛杉矶、西雅图等美国西海岸城市的直达航班需要 11 小时 30 分钟～ 12 小时。

▶预订机票→ p.380

邮政

【邮政费用】

寄往中国的航空件，不管是书信还是明信片都是 \$1.15。邮件只要放入规定的信筒或信箱后，都会以同样的价格进行邮递。

各个地区的邮局营业时间有所不同，一般都是平日的 9:00~17:00。

▶邮政→ p.397

时差和夏令时

美国本土共有 4 个时区。东部时间 Eastern Standard Time（纽约等）与中国相差 13 个小时，中部时间 Central Standard Time（芝加哥等）与中国相差 14 个小时，山地时间 Mountain Standard Time（丹佛等）与中国相差 15 个小时，太平洋时间 Pacific Standard Time（洛杉矶等）与中国相差 16 个小时。美国西海岸的城市属于太平洋时间。夏天会采用夏令时，大多数州会将时间提前一个小时，与中国的时差也就缩短了 1 个小时。但亚利桑那州（MST）、夏威夷州（HAST）不采用夏令时。

夏令时是从 3 月第二个周日开始，到 11 月的第一个周日。如果是在此期间前往美国，一定要注意时间安排。

时差表

中国时间	0	1	2	3	4	5	6	7	8	9	10	11	12	13	14	15	16	17	18	19	20	21	22	23
东部时间（EST）	11	12	13	14	15	16	17	18	19	20	21	22	23	0	1	2	3	4	5	6	7	8	9	10
中部时间（CST）	10	11	12	13	14	15	16	17	18	19	20	21	22	23	0	1	2	3	4	5	6	7	8	9
山地时间（MST）	9	10	11	12	13	14	15	16	17	18	19	20	21	22	23	0	1	2	3	4	5	6	7	8
太平洋时间（PST）	8	9	10	11	12	13	14	15	16	17	18	19	20	21	22	23	0	1	2	3	4	5	6	7

※3 月的第二个周日开始，到 11 月的第一个周日为止，实施夏令时。夏令时的时间提前 1 小时。另外图中红色部分表示北京时间的前一天。

出入境

【签证】

自 2013 年 3 月 16 日起，美国在中国境内开始实施新的签证申请流程。中国公民须通过美国国务院设立的美中签证信息服务网站：www.ustraveldocs.com/cn_zh/cn-main-contactus.asp 进行签证政策咨询、申请和预约面谈。申请人也可参考美国国务院领事局和美国驻华大使馆或驻其他城市的总领馆相关网页信息。

2016 年 11 月，美国国土安全部海关和边境保护局（Customs and Border Protection，CBP）启用了签证更新电子系统（EVUS）相关信息，要求持美国 10 年多次有效商务、旅游（B1/B2）签证的中国公民通过互联网定期进行个人信息更新。以下为 CBP 提供的网站链接：www.cbp.gov/evus。

【护照】

外国人前往美国，其护照有效期不得少于 6 个月。

▶办理护照→ p.377
▶办理签证→ p.377

税金

在美国购买商品时有消费税 Sales Tax，住宿酒店时有酒店税 Hotel Tax。税率根据不同州或城市有所不同（可以参考各个城市的首页介绍）。另外在餐馆用餐时也需要支付相当于甚至高于消费税的税金。

但在波特兰不用缴纳消费税和用餐税。

▶关于酒店税→ p.392
▶关于消费税→ p.394

治安和纠纷

中国人容易成为偷盗、抢劫的对象。很多情况下都是多人同伙作案，当你的注意力被他们吸引时，就会有人趁机偷走你的钱包，甚至抢走你的包。还有很多人会讲流利的中文与被害者亲切交谈，然后巧妙地骗走其钱财。所以只要走出国门，就一定要随时保持警惕，时刻提醒自己“这里不是中国”。

“警察　救护车　消防车”　911

▶旅行纠纷及安全对策→ p.400~402

年龄限制

饮酒的年龄限制各州有所不同，但基本上需达到 21 岁。有些地方购买酒时还需要出示身份证件。在 live house 等提供酒类饮品的地方，也需要提供身份证件。

在美国，由年轻人引发的交通事故有很多，因此部分大型租车公司要求需年满 25 岁才能租车。如果年满 21 岁但未满 25 岁要求租车的话，会按比例加收一定的费用。

▶饮酒和吸烟→ p.396

度量衡

距离、长度、面积、容量、速度、重量、温度等，大多数的度量单位都与中国不同。

▶中国和美国的尺码对照表→ p.394

希腊&爱琴海诸岛 塞浦路斯
新加坡
南非
巴厘岛
普吉岛 苏梅岛 皮皮岛
帕劳岛
美国西海岸
英国
美国
法国
马尔代夫
本系列已出版丛书：
涵盖世界70个国家和地区
新西兰
New Zealand
越南
Vietnam
德国
Deutschland
北欧
Scandinavia
捷克 波兰 斯洛伐克
Czech Poland Slovakia
美国国家公园
National Parks in the U.S.A.
匈牙利
Hungary
加拿大
Canada
西班牙
Spain
斯里兰卡
Sri Lanka
泰国
Thailand
美国自驾游
America Fly & Drive
缅甸
Myanmar (Burma)
墨西哥
Mexico
意大利
Italia
葡萄牙
Portugal
澳大利亚
Australia
塞班 罗塔岛&天宁岛
Saipan Rota&Tinian
荷兰 比利时 卢森堡
Benelux
柬埔寨和吴哥寺
Cambodia & Angkor Wat
英国
United Kingdom
巴西 委内瑞拉
Brasil Venezuela
中美洲
Central America
美国西海岸
West Coast U.S.A.

俘获无数摄影家的仙境

约塞米蒂国家公园

Yosemite National Park → p.267 加利福尼亚州

约塞米蒂国家公园四季景色各不相同，是从圣弗朗西斯科出发的短途旅行的热门地。世界各地的游客大多会选择在夏季造访这里。

DATA

最佳游览季节	6~9月
年入园游客数量	约500万人
拥挤度	☆☆☆☆☆
推荐游玩时间	3天2晚
交通便利度	☆☆☆☆
邻近城市	圣弗朗西斯科

秋天，黄叶季节的半圆顶
©Yosemite Mariposa County

AMERICA THE GREAT!!

★★★ 伟岸景色的宝库——美国西海岸 ★★★

大自然的鬼斧神工常常令人感叹，而在美国西海岸更是如此。

岩石的突起、侵蚀如同经过计算一般，时而郁郁葱葱、时而萧疏生长的树木，还有美丽的动植物点缀于这伟岸的风景之中。

走出美国西海岸的城市，绝佳的景色便会映入眼帘。让我们一同去见证可以铭记一生的美景吧！

纳瓦霍族公园内的美国原始风景

纪念碑谷

Monument Valley →p.308 亚利桑那州 / 犹他州

位于印第安人纳瓦霍族所拥有的公园内。这里经常作为影视作品、广告的取景地，例如电影《逍遥骑士》《阿甘正传》，以及最近热映的美剧《西部世界》等，同时也是美国的地标之一。

不少人会选择参团来这里观光

矗立在荒野中的风景

DATA

最佳游览季节 …… 全年
拥挤度 …… ☆☆☆☆
推荐游玩时间 …… 1天
交通便利度 …… ☆☆☆☆
邻近城市 …… 拉斯维加斯

被泥石流侵蚀的神秘峡谷

羚羊峡谷

Antelope Canyon →p.307 亚利桑那州

羚羊峡谷细长狭窄。从春天到秋天，阳光只会在中午前后照入谷底，这一缕阳光着实令人称奇。峡谷位于亚利桑那州。

DATA

最佳游览季节 …… 6~9月
年入园游客数量 …… 约320万人（格伦峡谷）
拥挤度 …… ☆☆☆
推荐游玩时间 …… 半天
交通便利度 …… ☆☆☆
邻近城市 …… 拉斯维加斯

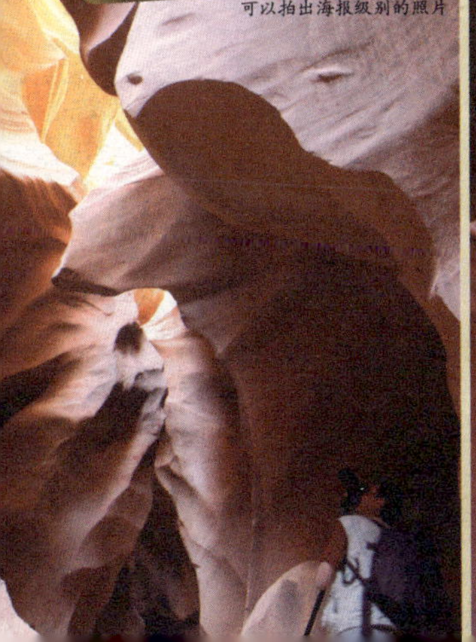

可以拍出海报级别的照片

不可思议的自然风光

无数形状独特的岩柱

从谷底观赏到的
景色随着时间推移会发生改变

密集的红色岩柱

布莱斯峡谷国家公园

Bryce Canyon National Park

→p.307 犹他州

特殊形状的岩柱群被称作 Hoodoo，由阳光照射形成的阴影，可以变化出不同的景色。朝夕时分是游览的黄金时间。走到谷底往返大约需要一小时的时间。国家公园位于犹他州的南部。

DATA

最佳游览季节	6~8月
年入园游客数量	约 240 万人
拥挤度	☆☆☆
推荐游玩时间	1天
交通便利度	☆☆☆☆
邻近城市	拉斯维加斯

世界著名的大峡谷

大峡谷国家公园

Grand Canyon National Park

→p.298 亚利桑那州

一定是你有所耳闻的景点，在中国的知名度也颇高，峡谷东西跨度长达 446 公里。日出日落时，被阳光染红的峡谷一定会给游客留下深刻的印象。这里也是美国最具代表性的绝佳景点之一。

DATA

最佳游览季节	全年
年入园游客数量	约 600 万人
拥挤度	☆☆☆☆☆
推荐游玩时间	3天2晚
交通便利度	☆☆☆☆
邻近城市	拉斯维加斯

令人意想不到的是有许多水岸

美国有代表性的国家公园

大自然的黄金比例

宰恩国家公园

Zion National Park →p.307 犹他州

形状各异的巨型岩石，如同墙壁一般矗立，颜色也是丰富多彩。这里同时还是许多动植物的栖息地，是观察大自然的好去处。公园位于犹他州的北部。

DATA

最佳游览季节	全年
年入园游客数量	约 430 万人
拥挤度	☆☆☆☆
推荐游玩时间	2 天 1 晚
交通便利度	☆☆☆☆
邻近城市	拉斯维加斯

岩石和树木相得益彰

生长的苔藓

感受动植物的进化

奥林匹克国家公园

Olympic National Park

→p.340 华盛顿州

山间分散着冰河，雨林被苔藓所覆盖，公园内的海岸线边有许多漂流至此的巨大沉木。这座充满多样性，可以欣赏到多种风景的国家公园位于华盛顿州的西北方向，这里还被列入了《世界遗产名录》。

DATA

最佳游览季节	6~9 月
年入园游客数量	约 340 万人
拥挤度	☆☆☆
推荐游玩时间	2 天 1 晚
交通便利度	☆☆☆☆
邻近城市	西雅图

美丽的冰河覆盖着沉睡的活火山

雷尼尔山国家公园

Mt. Rainier National Park

→p.342 华盛顿州

卡斯克德山脉的独立山峰雷尼尔山是当地人面对生活困境时的一种精神支撑，这里有许多冰河，旅游线路也很丰富。要是晴天的话，从西雅图市内也可以看到山峰。

DATA

最佳游览季节	5~10 月
年入园游客数量	约 140 万人
拥挤度	☆☆☆
推荐游玩时间	2 天 1 晚
交通便利度	☆☆☆☆
邻近城市	西雅图

在“走遍全球”系列的《美国国家公园》中，也有介绍上述的国家公园，可以有效地利用。

越接近山顶冰河变得越多

全美流行！全新风格餐馆

美食中心

Food Hall

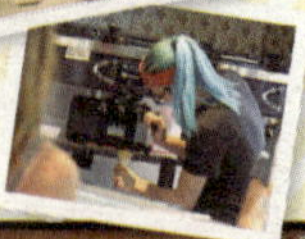

美食中心内闪闪发光的霓虹灯

洛杉矶

从厨房开始的复兴。不可错过的商业区美食

中央市场

Grand Central Market →p.76 脚注

从 1917 年开始经营的市民厨房。市场内入驻了中国、泰国、日本、墨西哥等各国餐馆，还有永远排着长队的 Eggslut 餐馆（见下述）。这里从早到晚人群络绎不绝，是商业区的著名场所，绝对不容错过。

拥挤度 —— ★★★★★
名店率 —— ★★★★
规模 —— ★★★★★
商家数量 —— 38家
平均预算 —— $10~15

餐食种类一览

汉堡 比萨 BBQ
面包 牡蛎 拉面
日料 中餐 韩餐
墨西哥菜 泰国菜 咖啡
冰激凌 思慕雪

\Pick Up Restaurant/

Eggslut 餐馆 →p.93

这家餐馆是洛杉矶的标志之一。招牌菜是瓶蒸土豆和鸡蛋，此外还有现在人气颇高，即便是女性也能迅速吃完的 Fairfax。

在汉堡面包里夹上鸡蛋的 Fairfax

也可以在柜台用餐

“美食”是旅行途中的精华之一。难得的旅行，每一餐都得好好享受。如果不知道吃什么的话不妨前往美食中心看看吧。在一座大厅之内云集了当地的人气餐馆，还有全美连锁店铺等。这里可以说是“城市中精炼出来的美食中心”。此外也有出售生鲜食品的商家。下面就为大家介绍一下各个城市中人气较高的美食中心。

提前了解美食中心的流程

1. 在各自店内结账；
2. 因为人数较多，建议先找好座位；
3. 用餐后，请将餐具等放到指定场所；
4. 入驻店铺很多，结伴旅行的话，可以分散购买各家餐馆的食品然后一块分享。

面朝市场街（Market St.）

圣弗朗西斯科

位于推特办公大楼一层

市场 The Market →p.239

市场中央是一个超市，四周围绕着餐馆和商店。如果想吃刺身的话，强烈推荐这里的寿司和波奇饭。此外塔廷面包店（→p.240）也入驻其中。

拥挤度	★★★
名店率	★★★
规模	★★★★
商家数量	17家
平均预算	$12~17

餐食种类一览

三明治　沙拉　墨西哥塔克
比萨　寿司　波奇饭
西班牙菜　马来西亚菜
菲律宾菜　咖啡　思慕雪

\Pick Up Restaurant/

波奇吧 Poké Bar

以加利福尼亚州为中心而开设，是一家专门制作波奇饭的餐馆。盖上金枪鱼的波奇盖饭（$13）分量十足，一个人可能都吃不完，女生更是要特别注意。

URL www.ilovepokebar.com

营 每日 11:30~20:00

POKÉ BAR

可以选择外带

人气店铺，位于入口右侧

分量十足

还有圣迭戈当地人引以为豪的啤酒

圣迭戈独特的开放气氛

圣迭戈

于2016年成立，是全美首屈一指的美食店

自由公共市场

Liberty Public Market →p.164

开业后，这里便立刻获得了来自各方的好评。尤其这里的食物质量极其出色。餐馆的种类也很丰富，一家人来这里的话，也可以满足所有人的口味。无论选择哪家餐馆都不会令你失望。

拥挤度	★★★★★
名店率	★★★★★
规模	★★★★★
商家数量	30家
平均预算	$12~18

餐食种类一览

汉堡 比萨
三明治 龙虾卷
刺身 意大利菜 美国菜
墨西哥菜 泰国菜 咖啡
冰激凌 思慕雪

\Pick Up Restaurant/

烤三明治店 Roast Sandwich Shop

如果想吃肉的话一定要选择这里。尤为推荐这里的烤牛肉，用火考究，肉汁鲜美，牛肉味道浓厚可口。也可以做成汉堡。

巨大的牛肉块

肉筋少，味道鲜美的烤牛肉

225g左右需$13

全部都是店内现做的意面

\Pick Up Restaurant/

意面设计 Pasta Design

提供当天店内制作的意面。全部是生意面。每种酱汁都是用新鲜食材制成，同样十分美味。自己选择意面和酱汁。

URL www.pastadesign.com

年轻人众多，连续多日爆满

拥挤度 ——— ★★★★
名店率 ——— ★★★★
规模 ——— ★★★
商家数量 —— 9家
平均预算 —— $9~14

餐食种类一览

汉堡　比萨　热狗
拉面　韩餐　西班牙菜
阿萨伊果昔（açaí bowl）
咖啡　冰激凌
思慕雪

波特兰

美食街上的新星

杉树街市场

Pine Street Market →p.366 脚注

起初有“美食街开业会成功吗”这样的疑问。然而开业之后，这里连续多日聚集了大量的人群，成了热门场所。

早上果然还是要面包配咖啡

这里的早餐也十分值得推荐

远离市中心，一派祥和安静的气氛

拥挤度 ——— ★★★
名店率 ——— ★★★★
规模 ——— ★★
商家数量 —— 10家
平均预算 —— $10~15

餐食种类一览

牡蛎　三明治
海鲜　美国菜　咖啡

西雅图

地处热门区域的时尚美食中心

梅尔罗斯市场

Melrose Market →p.337

在这里，无论早餐、午餐、晚餐，任何一个时间段都可以找到合适的餐馆用餐。另外还有西雅图的牡蛎餐馆，以及提供健康餐的店铺。

©Caesars

不输自助餐厅的美食中心

拥挤度 ——— ★★★
名店率 ——— ★★
规模 ——— ★★★
商家数量 —— 10家
平均预算 —— $15~25

餐食种类一览

比萨　三明治　面包
寿司　拉面　意大利菜
美国菜　汤　甜品
沙拉　咖啡

拉斯维加斯

位于哈拉斯酒店内 24 小时营业的美食中心

富尔顿街美食中心

Fulton Street Food Hall →p.288 脚注

美食中心 24 小时营业，颇具拉斯维加斯风格。有寿司、面条、比萨、沙拉、冻酸奶等餐食，是一个类似自助餐的美食中心。

令人震惊的身体能力!

在体育王国观赏

5大职业体育联盟比赛

BIG5 MAJOR SPORTS

庞大的体型、力量、弹跳力、速度,无论哪一项,美国的职业体育都要在中国之上。另外作为商业娱乐胜地的美国,更是懂得如何让观众们享受其中的乐趣。如果有机会的话,一定要去看一场职业体育比赛。

活跃的选手!

美国职业棒球大联盟 MLB

MLB中有许多外国球手。有效力于洛杉矶道奇队的,有效力于西雅图水手队的,还有很多代表西海岸豪强球队和联盟的选手。

DATA

联盟构成
美国联盟15支球队、国家联盟15支球队

赛季
常规赛为4月上旬~9月下旬。随后举行季后赛,10月下旬举行世界大赛,决出总冠军。

明星球员

克莱顿·克萧 22
洛杉矶道奇队
投手
现役最强的左投手。多次获得赛场奖和最佳防御率,是难以攻克的明星投手。

巴斯特·波西 28
圣弗朗西斯科巨人队
捕手
2017年代表美国队出征世界棒球经典赛,并率队夺得冠军,是一位打击能力极强的捕手。

迈克·特劳特 27
洛杉矶天使队
外野手
身高185厘米,体重95公斤,虽然体型巨大,但同时还拥有不错的速度和弹跳力。与阿莱克斯·罗德里格兹、贝瑞·邦兹等历代超强打者齐名。

在美国国内拥有压倒性的人气

美国职业橄榄球大联盟 NFL

NFL在美国职业体育中,无论收益还是人气都达到了顶点。因此比赛的球票也是一票难求。在NFL总决赛前所有人会齐唱国歌,半场时还有表演秀等,除去竞技层面外,NFL附带的其他娱乐性同样十分强大。

DATA

联盟构成
美国橄榄球联合会16支球队、国家橄榄球联合会16支球队

赛季
常规赛为9月上旬~次年1月上旬。随后举行季后赛,2月上旬举行超级碗,决出总冠军。

©Visit Indy/Photo Courtesy of The Indianapolis Colts

明星球员

拉塞尔·威尔逊 3
西雅图海鹰队 QB
季后赛常客西雅图海鹰的球队司令。身体能力出众,高中毕业时便有MLB球队向其提供合约。

德里克·卡尔 4
奥克兰突袭者队 QB
直至目前卡尔拥有NFL的最高年薪(2500万美元)。而且他仍然年轻,前途不可限量。

散发魅力，令人着迷。明星球员众多

美国职业篮球联赛 NBA

在中国人气最高的当数 NBA 联赛。西海岸有多支豪强和老牌劲旅。如果造访圣弗朗西斯科的话，一定不要错过斯蒂芬·库里、凯文·杜兰特所属的金州勇士队的比赛。

DATA

联盟构成
东部联盟 15 支球队、西部联盟 15 支球队

赛季
常规赛为 10 月下旬 ~ 次年 4 月中旬。随后举行季后赛，6 月上旬举行 NBA 总决赛，决出总冠军。

明星球员

斯蒂芬·库里 30
金州勇士队 G
被称作“史上最强投手”，影响了整个 NBA 的超级巨星。传球技巧同样出色，相貌也很出众。

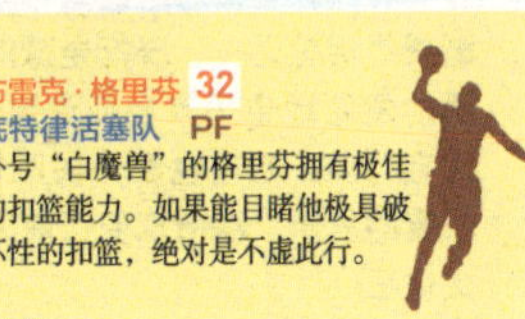

布雷克·格里芬 32
底特律活塞队 PF
外号“白魔兽”的格里芬拥有极佳的扣篮能力。如果能目睹他极具破坏性的扣篮，绝对是不虚此行。

冰上竞技

国家冰球联盟 NHL

在美国，NHL 同样也是一票难求，备受人们喜爱。2016 年地处沙漠地带的拉斯维加斯拥有了一支 NHL 球队，并参加了 2017~2018 赛季的比赛。

DATA

联盟构成
东部联盟 15 支球队、西部联盟 16 支球队

赛季
常规赛为 10 月上旬 ~ 次年 4 月上旬。随后举行季后赛，6 月上旬举行斯坦利杯冠军赛，决出总冠军。

明星球员

布伦特·伯恩斯 88
圣何塞鲨鱼队 DF
拥有标志性长胡子的防守球员。此外能在现场看到没有门牙的他，一定充满了视觉冲击力。

瑞恩·格兹拉夫 15
阿纳海姆小鸭队 C
西海岸最具实力的阿纳海姆小鸭队队长。出众的身体能力使他的突破充满威胁，经常帮助球队破门得分。

不断引进欧洲球星

美国职业足球大联盟 MLS

1996 年开始举行的美国足球联赛。美国虽然被称作“足球的不毛之地”，但继大卫·贝克汉姆之后，又有皮尔洛、卡卡等球星陆续加盟。如今人气剧增，直逼 NHL。

明星球员

吉奥瓦尼·多斯·桑托斯 10
洛杉矶银河队 FW
身穿 MLS 豪强洛杉矶银河 10 号球衣的多斯·桑托斯，同时也入选了墨西哥国家队。

DATA

联盟构成
东部 11 支球队、西部 12 支球队

赛季
常规赛为 3 月上旬 ~10 月下旬。随后举行季后赛，11 月下旬举行 MLS 杯冠军赛，决出总冠军。

球队分布图

西雅图
西雅图水手 / 西雅图海鹰 / 西雅图海湾人

波特兰
波特兰开拓者 / 波特兰伐木者

圣弗朗西斯科
圣弗朗西斯科巨人 / 圣弗朗西斯科 49 人 / 奥克兰运动家 / 金州勇士 / 萨克拉门托国王 / 圣何塞鲨鱼 / 圣何塞地震

拉斯维加斯
维加斯黄金骑士

洛杉矶
洛杉矶阿纳海姆天使 / 阿纳海姆小鸭 / 洛杉矶突袭者 / 洛杉矶快船 / 洛杉矶道奇 / 洛杉矶湖人 / 洛杉矶国王 / 洛杉矶银河 / 洛杉矶

圣迭戈
圣迭戈教士

西海岸
必吃美食!

标志性美食

Iconic Food

如今在中国，汉堡的人气正在悄然上升，源于西海岸的咖啡馆也正逐渐成为话题之一。流行全球的精酿啤酒的发源地也是来自西海岸的城市。抛弃“反正味道也都一般吧?”这种老套的思想，尽情享受西海岸的美食文化吧!

平均预算
$6~12

ℹ保持营业的麦当劳中，开业时间最早的一家，现位于洛杉矶郊外（M p.49-D3 外）

ℹ在比萨连锁店，一整块比萨只需不到 $10!

从垃圾食品到健康美食

Pizza

比萨

“说到美国必提起的是比萨!”有这样想法的一定大有人在。比萨和汉堡堪称美国国民食品的双璧，因此一定要品尝一下。比萨一般分量十足，建议多人分享食用。

平均预算
$10~17

推荐餐馆

圣弗朗西斯科
德尔波波洛 Del Popolo →p.238

波特兰
阿比扎斯科尔斯
Apizza Scholls →p.367

在西雅图尤为出名

Raw Oyster

牡蛎

一只平均预算
$4~7

“咻”地一口可以吃掉的牡蛎，在西雅图近郊可以抓到，味道十分鲜美。可以挤上柠檬汁，配上店内特制的酱料。

推荐餐馆

西雅图
埃利奥特的牡蛎馆 Elliott's Oyster House →p.336

ℹ牡蛎也是当地的人气美食哟

寒冷天气下最好的食物

Clam Chowder

美式蛤蜊浓汤

平均预算
$6~10

虽然发祥于东海岸，但在圣弗朗西斯科确立了独特的风格。圣弗朗西斯科流派的做法是将一种酸面包挖空，然后倒入美式蛤蜊浓汤。

推荐餐馆

圣弗朗西斯科
布丹面包房&咖啡馆
Boudin Bakery & Cafe →p.239

ℹ在超市的熟食区都有提供，是十分受欢迎的食品

不用多做介绍的国民美食

Hamburger 汉堡

汉堡王国不仅汉堡店很多，各家餐馆的口味也是多种多样。档次从价格低廉到高档奢华都有，总之一定要去品尝一番。

推荐餐馆

洛杉矶

父亲的办公室 Father's Office →p.91

进出汉堡 In-N-Out Burger →p.93

圣弗朗西斯科

肥牛犊 Fatted Calf →p.239

有一些店铺设定6月的第一个周五为“甜甜圈日”，会免费赠送甜甜圈

很受当地人欢迎

Donuts 甜甜圈

平均预算 $2~4

甜甜圈就是美国百姓的点心。另外随着近年来摄影技术的提高，越来越多的甜甜圈看上去愈加华丽。尤其是在波特兰，甜甜圈的热度非常高。

推荐餐馆

波特兰

蓝星甜甜圈 Blue Star Donuts →p.361 脚注

巫毒甜甜圈 VooDoo Doughnut →p.367 脚注

创造世界潮流的西海岸

Coffee 咖啡

西海岸是星巴克的诞生地，也是第三波咖啡浪潮的发源地。

推荐餐馆

西雅图

星巴克咖啡1号店 →p.310

斯顿普敦咖啡馆 Stumptown Coffee Roasters →p.366

平均预算 $4~6

西雅图还有一家星巴克主题乐园般的店铺 →p.337

精酿啤酒的诞生地也在西海岸

Craft Beer 精酿啤酒

虽然在美国的各个街头都可以喝到精酿啤酒，但在西海岸，尤其是在圣迭戈，有许多品质极好的酿酒厂。

推荐餐馆

圣迭戈

巴乐丝平品酒室 Ballast Point Tasting Room →p.170

平均预算 $5~7

在美国比较流行喝大杯的啤酒

既健康又便宜

Tacos 墨西哥卷

在美国居住着大量墨西哥人，墨西哥卷也成了大众食品。正宗的墨西哥卷一般都会夹肉，但在圣迭戈则是放海鲜。

推荐餐馆

圣迭戈

奥斯卡墨西哥人海鲜餐馆 Oscars Mexican Seafood →p.169

知名的“塔可钟”也诞生于加利福尼亚州

平均预算 $4~7

绿色有机，时尚潮流，价格公道，遍布各地！

全食超市

Whole Foods Market

1980 年始创于得克萨斯州的奥斯汀。如今全美约有 450 家连锁店，甚至在加拿大和伦敦也设有分店。超市拥有许多受到美国农业部有机认定的农产品，从近郊农场引进的食材十分新鲜。自然护肤品、瑜伽用品等也一应俱全。

URL www.wholefoodsmarket.com

特征1 美味的熟食

熟食非常好吃。而且几乎没有使用任何添加剂和化学调味品，可以放心食用。

特征2 丰富的精选商品

超市内摆放着许多来自世界各地的畅销货，无论品质还是外观都很不错。

特征3 店内空间大

商品数量多，全家人都可以悠闲地在此购物。

编辑部的4大抢手货（Best Buy 4）

$10.99

包装精美

Mustard Bath

沐浴剂中含有芥末成分，气味十分清爽，可以使身体暖和起来。

$0.99

可以反复使用

Reusable Bag

已经成了美国流行的纪念品，也是可以反复利用的购物袋。

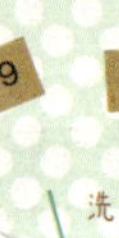

$4.99

一开始需要适应

Toothpaste

因为有机牙膏没有薄荷等刺激性味道，需要一段时间适应。

$8.99

洗衣用品是外国产

Fabric Softener

在有机超市经常可以看到的是梅耶太太柔顺剂（Mrs.Meyer's）。

本书所刊登城市的主要分店

洛杉矶

Montana Ave. 蒙大拿大街 M p.60-A1
West Hollywood 西好莱坞 M p.62-B4
Downtown Los Angeles 洛杉矶市区 M p.58-A3
3rd & Fairfax 第三步行街&费尔法克斯 M p.54-B2
Arroyo 阿罗约 M p.59-A4
West Los Angeles 西洛杉矶 M p.52-A3

圣弗朗西斯科

Soma 索玛 M p.197-F2
2001 Market St. 市场街 M p.205-C1
Noe Valley 诺伊谷 M p.205-B3
Franklin 富兰克林 M p.204-C3
San Jose-On The Alameda 圣何塞阿拉米达 M p.231-B

西雅图

South Lake Union 南联合湖 M p.321-A2
Interbay 因特湾 M p.320-A1

波特兰

Pearl District Portland 波特兰珍珠区 M p.355-A2
Fremont-Oregon 费利蒙特-俄勒冈 M p.354-B2

How to Buy? 这样结账！

每家店有所不同，这里介绍几点最为重要的注意事项。

结账时需自己将商品摆放至传送带上

“自己将商品从购物篮中取出，放置传送带上”是这里的规矩。在传送带边上，有用于和前面顾客商品分开的长杆。

购买商品较少的话可以自助结账

如果购买的商品较少可以使用快速通道（Express Lane）。自己操作读取商品条形码，然后结账。

精美礼品一应俱全的美国两大超市

缺德舅

Trader Joe's

全美拥有450家以上的分店，是有机超市的先锋，中文昵称“缺德舅”。店内的商品大多是由自己生产，从食品到生活用品，产品范围很广，应有尽有。商品的使用方法、商品介绍的卖点广告也很有创意。店员们都身着夏威夷衫。

URL www.traderjoes.com

(Best Buy 4)

$4.99

\ 女性的不二之选 /

Hand Cream

缺德舅的人气商品之一。包装也是十分可爱。

$1.99

\ 源源不断的购买者 /

Salt & Pepper

便宜实用，外观好看，便于携带。是可以称作最佳礼物的调味品。

$0.99

\ 补品王国的真心 /

Omega 3

补品鱼油Omega 3脂肪酸，具有美肤、改善饮食等效果。

$9.99

\ 不会有错的礼物之选 /

和全食超市一样，缺德舅的环保袋同样很受欢迎。

特征1 几乎都是原创商品

在原创商品的包装上，一定会有自家产品的logo。可以放心地进行选择。

特征2 便宜

因为采购了大量同种商品，所以即便是有机产品价格也很便宜。

特征3 员工精神饱满，服务体贴

公司的员工培训，使员工们在对待顾客时态度亲切，服务接待到位。

令人向往的按“克”购买

在美剧等影视作品中也经常出现购买食品等场景。其实一点儿也不难!

克？磅？盎司？

在称重购买的区域附近，一般都会标注1 lb（1磅=453.6克）、1oz（1盎司=28.3克），并有相对应的价格。在熟食区等地，可以跟店员说要半磅（226.8克）、1/4磅（113.4克）等。

前往带有专用容器的收银台

巧克力、软糖等甜品，以及调味品、谷类食品等都可以称重购买。一般这些商品旁都会准备袋子，装好后将袋子拿到收银台，在收银台称重即可。

本书所刊登城市的主要分店

洛杉矶

Hollywood 好莱坞 M p.61-C4
Sunset Blvd. 日落大道 M p.62-B3
West Hollywood 西好莱坞 M p.56-A4
3rd & Fairfax 第三步行街&费尔法克斯 M p.54-B2

圣迭戈

Pacific Beach 太平洋海滩 M p.154-A3

圣弗朗西斯科

North Beach 北滩 M p.203-D3
Nob Hill 诺布山 M p.198-A3
Pacific Place 太古广场 M p.201-D5

西雅图

Capitol Hill 国会山 M p.320-A2

波特兰

Portland NW 波特兰NW M p.360-A2

美国西海岸概况

美利坚合众国地处北美大陆中心部，面积约为 963 万平方公里，因此美国本土共有 4 个时区。

美国西海岸是美国西侧面朝太平洋的地域（一部分地区除外），包括加利福尼亚州、内华达州、华盛顿州、俄勒冈州 4 州，总面积达 112 万平方公里。下面介绍一下各州的概况。

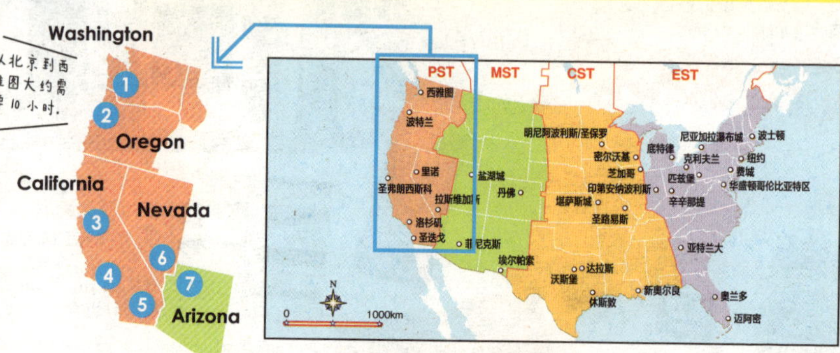

华盛顿州（WA）

State of Washington

首府 奥林匹亚 Olympia

别名 The Evergreen State（常青州）

历史 18 世纪 70 年代，西班牙和意大利探险家陆续发现了华盛顿海岸地区的土地。1812~1814 年的美英战争，使得意大利停止了对美国的出口，但却促进了美国本土产业的发展。华盛顿州依靠木材加工、农水产、港口贸易逐渐发展起来。1896~1899 年，加拿大以及美国阿拉斯加的淘金热爆发，而华盛顿州则是前往这里的必经之地，导致这里人口剧增，1889 年正式建州，成为美利坚合众国的第 42 个州。

代表城市

1 星巴克的诞生地

西雅图 Seattle →p.312

西雅图紧邻加拿大国境，周围自然资源丰富。1971 年星巴克在此诞生，著名歌手吉米·亨德里克斯也出生于西雅图。

亚马逊等世界大型企业总部都设立于此

在西雅图最先试营业的亚马逊实体店

代表城市

2 近年来备受瞩目的生态城市

波特兰 Portland →p.346

波特兰因作为生态城市而备受关注。这座城市对于环境和食品有着很高的意识，相较于其他城市有着明显的差别。

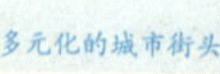
多元化的城市街头

俄勒冈州（OR）

State of Oregon

STATE OF OREGON 1859

首府 萨伦 Salem

别名 Beaver State（海狸州）

历史 16 世纪 60 年代，由西班牙和意大利探险家发现，与现今的华盛顿州、爱达荷州、加拿大的不列颠哥伦比亚省所处的大陆西北部一带，并称为“俄勒冈地区”。直到 1846 年签订《俄勒冈条约》为止，美国与英国之间一直因为领土问题争端不断，随后于 1859 年成为美利坚合众国的第 33 个州。1869 年随着连接东西部、横跨大陆的铁道建成，这里的人口和产业也随之发展起来。

加利福尼亚州（CA）

State of California

首府 萨克拉门托 Sacramento

别名 The Golden State（金州）

历史 1542年，西班牙探险家胡安·卡布里略登陆圣迭戈，拉开了加利福尼亚的历史大幕。在西班牙的统治下，加利福尼亚归属于墨西哥，1846~1848年美墨战争爆发，最终墨西哥战败，并将加利福尼亚领土割让给了美国。1848年在萨克拉门托周边发现金矿，随着淘金热的爆发，这一地区也极速发展起来。1850年成为美利坚合众国的第31个州。

代表城市

3 被大海环绕的嘻哈城市 圣弗朗西斯科 San Francisco

→p.182

艺术家众多，有同性恋社区、嬉皮士，等等，是充满了小众文化的城市。然而海纳百川的圣弗朗西斯科，如今受到IT泡沫的影响，地价高速上涨。

许多年轻人通过IT产业实现了美国梦

代表城市

4 代表美国的潮流发源地 洛杉矶 Los Angeles

→p.32

不断诞生新潮流的城市——洛杉矶。这里所诞生的时尚潮流往往会成为全球的标准。此外还有诸如好莱坞、比弗利山庄等象征着美国的地标性区域。

社交网络服务不断增加

代表城市

5 加利福尼亚诞生地 圣迭戈 San Diego

→p.146

圣迭戈邻近墨西哥，充满了异国风情。全年气候宜人，这里拥有美国顶级的海滩，是最适合度假的地方。无论冬夏，全年都很适合旅行。

路旁林立的椰子树

内华达州（NV）

State of Nevada

首府 卡森市 Carson City

别名 The Silver State（银州）

历史 1820年前后，皮毛商杰登·史密斯在前往南加利福尼亚的途中，偶然发现了内华达这片土地。美墨战争结束后，这里成了美国领土，被并入了犹他州的范围。1859年在这里发现了丰富的矿产资源，采矿业得以发展。1861年内华达从犹他州脱离。1864年正式成为美利坚合众国的第36个州。

代表城市

6 娱乐中心 拉斯维加斯 Las Vegas

→p.278

不夜城拉斯维加斯是一座充满了欲望的城市。这里有赌场、购物街、表演厅、自助餐厅、夜店……是一个不用多做介绍的娱乐之城。

夜晚的街道上有无数的霓虹灯在闪耀

代表性的国家公园

7 欣赏前所未见的美景 大峡谷国家公园 Grand Canyon

→p.298

景观宏伟令人震撼，这是美国的标志性国家公园。大峡谷映照出来的光影艺术，吸引了全世界的游客前来参观。

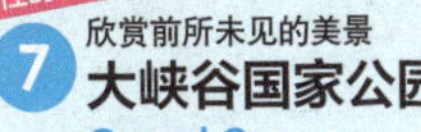

随时间推移而变化的景色引人注目

亚利桑那州（AZ）

State of Arizona

首府 菲尼克斯 Phoenix

别名 The Grand Canyon State（大峡谷之州）

历史 1539年，方济各会的修道士马库斯·尼扎最先发现了亚利桑那州这片土地。1775年，西班牙人在图森建立要塞，将领土划为己有；1821年墨西哥宣布独立，亚利桑那成了墨西哥的领土，而在美墨战争之后，亚利桑那的大部分地区都归属了美国。1912年成为美国第48个州。

Study About West Coast 2

各种交通手段出行指南

美国国内的交通方式以自驾为主。因为国土面积大，所以乘坐飞机是主要的交通方式之一。

此外，这里还列举了灰狗长途巴士和美国国铁这两种交通方式。掌握这些交通方式的特点，更有利于合理安排自己的出行计划。

自由度No.1

租车 Rent-a-Car

道路设施完善，行驶在高速公路上令人心情畅快舒适。但是圣弗朗西斯科的道路有很多陡坡，即便是老司机也要格外注意。另外，洛杉矶等城市中心部在通勤时间段也是经常大堵车。租车出行时一定根据途经地区、时间段等来制定合理的线路。

▶交通规则 → p.23 ／租车 → p.390

感受当地氛围

灰狗巴士 Greyhound Bus

如果旅行预算较低的话，不妨乘坐灰狗长途巴士。乘坐灰狗巴士不禁会让人感叹“竟然还能到达如此偏僻的小镇……”其交通网络覆盖了全美范围。不一定所有出行都依靠灰狗巴士，仅是前往近邻城市也可以体验当地的氛围，感受旅途中的千变万化。

▶长途巴士 → p.389

如果想一饱西海岸景色的话

美国国铁 Amtrak

旅程时间充裕的话，也可以乘坐美国国铁。在美国西海岸有多条人气颇高的线路，例如可以从车窗眺望到海岸线的太平洋冲浪者线（Pacific Surfliner），以及 2 天 1 晚、往返西雅图—洛杉矶之间的海岸星光线（Coast Starlight）等。

▶铁路 → p.388

远途也可以瞬间到达

飞机 Airplane

美国国内有着许多航线和航空公司。从大城市坐飞机前往小镇，是非常高效的一种交通方式。

▶美国国内航线的基础常识 → p.387

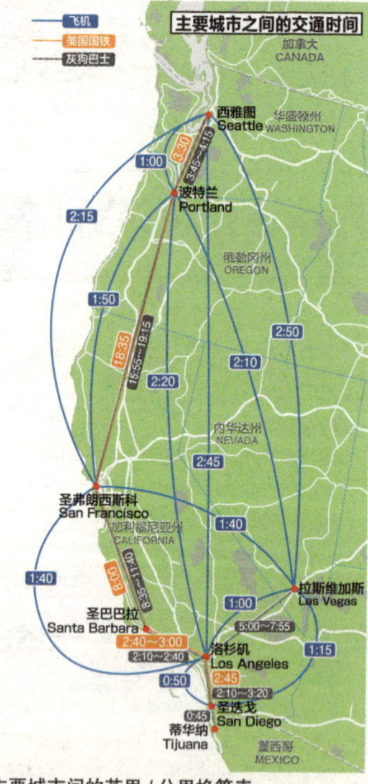

主要城市间的英里 / 公里换算表

英里（mile） 公里（km）	LA	SD	LV	SF	PL	SE
洛杉矶		121	265	386	963	1135
圣迭戈	195		327	507	1084	1256
拉斯维加斯	427	526		567	981	1129
圣弗朗西斯科	622	816	913		649	821
波特兰	1550	1744	1579	1045		174
西雅图	1827	2021	1817	1321	280	

How to Drive?

了解交通规则，安全驾驶

美国驾车交通规则

道路标识与中国一样，都有图片，不会感到陌生。基本原则是以英里为单位，右侧通行。另外，使用儿童座椅的义务年龄（各州有所不同）、时速限制（各州有所不同）等也与中国的交规有所不同，一定多加留意。下面为大家介绍一些常见的交规问题。

右侧行驶、左侧超车

在单向两条车道的道路上，右侧为行车道，左侧为超车道。

红灯也可以右转

在确认十字路口安全后，即便前方是红灯，也可以正常右转。但一定要先停车，确保行人安全后，再继续行驶。如果有“No Right Turn on Red”的标识，只能等到绿灯再右转弯。

左转时需注意

在十字路口左转时，如果除直行信号灯外，还有转向信号灯的话，一定要遵守信号灯的指示。“只有在绿灯时可以左转” = “ONLY”，如果有这样的标识出现，即便直行信号灯是绿色也不能进行左转弯。如果没有指示标识，在确保对向车辆安全的情况下，可以左转。

路口没有交通信号灯时的通过顺序

在没有红绿灯的交叉口，最先到达路口的车辆可以优先通过。在难以作出判断的时候，应该让自己右方的车辆率先通过。

前方有校车

校车停车，开启闪光灯，打出“STOP”的信号后，后方车辆必须停车。在校车解除信号，发车之前，必须一直保持停车状态。

直接通过铁路道口

在美国，经过铁路道口时不需要停车，或减速观察。但是规定巴士和大型卡车需要停车后才能通过，所以如果前方有大车时，注意减速停车。

收费公路 Toll Road 和收费桥 Toll Bridge

FasTrak（快通）的公告板

加利福尼亚州的橘子郡、里弗赛德郡周边设有收费公路 Toll Road，如果入口处标注了“Toll Road”，则表明前方是收费道路。另外圣弗朗西斯科周边的金门大桥和海湾大桥等都是收费桥梁 Toll Bridge。价格为 $4~7.75。支付方式分两种，第一种是走“FasTrak 快通”车道，进行电子结算；第二种是走“Cash 现金”车道，支付现金，如果司机未支付现金直接通过的话，之后会收到罚单，请一定注意（→ p.220 侧栏）。

禁止事项

时速限制

高速公路时速为 50~65 英里（80~104 公里）；一般公路为 30~45 英里；住宅区及学校周边不能超过 25 英里。驾驶途中一定要确认好交通标志。

停车

一定将车停在停车场或有停车计时器的地方。路边停车时一定注意路边石的颜色。红色为禁止停车；黄色表示可以搬运行李或上下乘客；白色表示可以短暂停车（约 10 分钟）；绿色表示可以停车，没有时间限制；蓝色是专门为残障人士准备的停车区域。

安全带的使用

司机以及所有乘客都有义务系好安全带。儿童如果符合年龄要求，则应乘坐儿童座椅。

饮酒

不得将开封后的酒精类饮品带入车内；在加利福尼亚州，同乘者如果在车内饮酒，同样属于违法行为。即便酒瓶未开封，但放置在了从外面可以看到的位置也是不行的，所以如果买了酒，一定要将其放到后备箱中。

▶自驾游时可能遇到的问题 → p.402

在走遍全球《美国自驾游》一书中，刊登了更为详尽的美国自驾信息，如果决定自驾游，可以参考此书。

Study About West Coast 3

不同主题的旅游玩法线路

从中国出发飞往美国西海岸，大约需要 10 小时的时间。城市间的交通比较简单便利，当地人也很热情，有很多适合初次旅行的游客前往的目的地。

无论长期还是短期出行，如果能合理安排行程的话，一定会成为最美好的回忆。下面就为大家推荐一些旅游线路。

10 天 Itinerary

\第一次的长途旅行/

西海岸城市全览，美国纵贯之旅

感觉 10 天很漫长，但有些东西是只有在长途旅行中才能看到、感受到的。从短途旅行转换成长途旅行吧。改变的第一步就从美国西海岸开始吧。

Day 1 中午前到达西雅图。随后前往派克市场 →p.322 或西雅图中心 →p.327 游玩

Day 2 中午前乘坐灰狗巴士到达波特兰。租一辆自行车 →p.356 在波特兰的街头随意闲逛

Day 3 前往农贸市场 →p.361 以及有匠人工艺品的商店进行购物 →p.364

有许多户外商店

波特兰的消费税是0%!

Day 4 中午前乘飞机前往圣弗朗西斯科。前往金门大桥 →p.220、39 号码头 →p.215 等常规景点游览

Day 5 参观圣何塞 →p.231 的 IT 企业。23:00 左右乘坐灰狗巴士

Day 6 早上到达洛杉矶 LA。游览好莱坞 →p.71 和圣塔莫妮卡 →p.64 等常规景点

在好莱坞购买纪念品

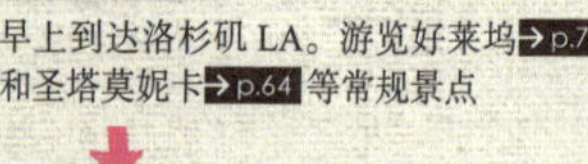

Day 7 全天游玩好莱坞环球影城 →p.122。晚上乘坐灰狗巴士前往圣迭戈

Day 8 游览使命湾 →p.165、圣迭戈古城历史公园 →p.163 等景点。夜晚喝上一杯圣迭戈当地的啤酒

最后在海滩尽情地放松

有很多全美顶级的海滩

Day 9 从圣迭戈出发返回中国

Day 10 抵达中国

从中国出发 西雅图 波特兰 圣弗朗西斯科 圣何塞 洛杉矶 圣迭戈 返回中国

公路 州境 线路

8天 Itinerary

\ 巡游美国特色! /

城市与自然完美结合的人气线路

心中所憧憬的美国就在西海岸！在充满娱乐的旅游线路上，可以最直接地感受美国。

Day 1 从中国出发前往洛杉矶 →p.32。随后游览好莱坞 →p.71

Day 2 参加电影制片厂观光之旅 →p.68，拍摄好莱坞电影

Day 3 徜徉在梦想和魔法的世界，全天游览迪士尼乐园度假村 →p.113

Day 4 乘坐飞机前往拉斯维加斯 →p.278。夜晚在赌场放手一搏！

Day 5 在当地参加旅游团前往大峡谷国家公园 →p.298，感受全景的震撼。在大峡谷国家公园停留1晚

Day 6 返回拉斯维加斯，在奥特莱斯购物。晚间欣赏表演

Day 7 从拉斯维加斯出发，经停洛杉矶，返回中国

Day 8 抵达中国

娱乐王国特有的乐趣静候你的到来

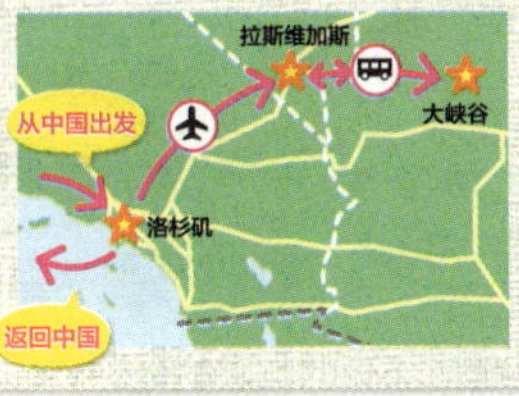

7天 Itinerary

\ 适合疲于大都市生活的人 /

中型城市与自然的舒适旅途

城市、自然的规模都是不大不小。适合希望轻松出游的旅客。

Day 1 抵达波特兰 →p.346。以商业街为中心，全天市内观光

Day 2 于波特兰当地品牌商店购物 →p.364。午饭前往美食中心享用 →p.357

Day 3 早上租车前往雷尼尔山国家公园 →p.342。登山途中观赏冰河。晚上前往西雅图

Day 4 从西雅图租车前往奥林匹克国家公园 →p.340 游览，观赏热带雨林、巨大的沉木等。晚间回到西雅图，并还车

Day 5 全天观光。可以参观星巴克咖啡的著名店铺 →p.310。同时别忘了还有派克市场 →p.322

Day 6 从西雅图出发返回中国

Day 7 抵达中国

波特兰的著名景点也不容错过

7天 Itinerary

\ 自驾出游，节奏由你把控 /

带着孩子也能尽情享乐 自驾游览南加利福尼亚

自驾出游既不会出现坐错火车的情况，也没有了集体乘坐交通工具的手忙脚乱。美国作为汽车王国，尤其在南加利福尼亚的城市，无论前往何处，开车都是既快捷又便利。即便带着孩子也不用担心了！

Day 1 抵达洛杉矶。全天游玩好莱坞环球影城 →p.122。前往哈利·波特和辛普森的世界

Day 2 租车前往阿纳海姆。游览迪士尼乐园度假村 →p.113。在阿纳海姆停留1晚

Day 3 租车向南出发。沿海岸线南下，途中前往橘子郡海滩 →p.106 尽情游玩。在圣迭戈住宿一晚

Day 4 自驾前往世界著名的圣迭戈动物园 →p.160。在园内尽情参观游览。返回圣迭戈市内，并还车

Day 5 全天圣迭戈市内观光。也可以前往海滩 →p.165 缓解旅途疲惫

Day 6 从圣迭戈出发返回中国

Day 7 抵达中国

在圣迭戈动物园与动物亲密接触

西海岸的最新信息

What's New in West Coast

我们在不断更新信息中，
挑选了几个游客最为关心的主题，
下面就为大家介绍一下！

From 洛杉矶 Los Angeles

托电影《爱乐之城》的福!?
天使铁路重新开放

2013 年停止运营的天使铁路于 2017 年重新开放了。天使铁路曾作为电影《爱乐之城》的拍摄外景使用，是世界上最短的铁路。

天使铁路 Angels Flight

M p.58-A2　住 上行站 350 S.Grand Ave., Los Angeles、下行站 351 S. Hill St., Los Angeles

☎（213）626-1901　URL angelsflight.org

营 每天 6:45~22:00　费 $1

邻近中央市场，特色的缆车车身

咯哒咯哒前进的缆车

From 圣迭戈 San Diego

愈加热闹的新目的地，
自由车站商场 → p.164

2016 年自从车站商场建成之后，周边的开发也愈加完善，时尚精品店接连开业。如今已经成了圣迭戈必去游览的区域。

精美的店铺、评价极高的餐馆持续增加

From 圣弗朗西斯科 San Francisco

NBA 总冠军勇士队宣布迁址！
球场周边的交通很是方便

金州勇士 → p.233 现在的主场位于圣弗朗西斯科对岸的奥克兰市。而勇士队宣布在 2019~2020 赛季，将会搬至位于市区南部多帕奇地区的新主场球馆。

乘坐圣弗朗西斯科轻轨 K、T 线即可到达球场

From 拉斯维加斯 Las Vegas

备受全球游戏玩家的关注！
电子竞技场开业

卢克索酒店 → p.288 内的电子竞技（电视、电脑的对战竞技游戏。英文全称 Electronic Sports）场是电子竞技者的胜地。

充满未来感的内部装修

也有以电子竞技为生的职业玩家

From 波特兰 Portland

日本建筑师参与翻修！
日本庭园重新开放

2017 年 4 月，日本庭园 → p.362 内由日本建筑师隈研吾先生设计的区域，以及文化桥对外开放。

净化心灵的氛围

From 西雅图 Seattle

自派克市场扩张后，还新增观海甲板

2017 年 6 月，派克市场 → p.322 区域扩张，新增了展望甲板和多家店铺。从展望甲板上还可以眺望到奥林匹克公园的群山峻岭。

宽敞的木质甲板

洛杉矶

Los Angeles

年轻人漫步于梅尔罗斯大道

French Fries

炸薯条

"放弃减肥的想法吧。因为无法战胜美食的诱惑"，薯条和冰激凌，这一令人不可思议的组合是游客在洛杉矶必须要享受的。味道绝对出众。吃过之后一定会让你回味无穷。

Editor P's Voice

我很喜欢普通的土豆，而进出汉堡的土豆则是最完美的，此外奶昔也同样美味，完成了无限循环。

必吃美食

$1.60

炸薯条

进出汉堡

In-N-Out Burger →p.93

进出汉堡以加利福尼亚为中心，开了许多连锁店。汉堡也很美味，但是最赞的还是这里的炸薯条。极具人气的秘诀是手工刀切和100%使用植物油炸制。

薯条的小故事

Fried potato、Chips、Frites等，各国的叫法都不相同。薯条的起源有很多，没有统一的定论，在美国流传的版本是薯条诞生于第一次世界大战期间。美国士兵前往欧洲时，从比利时人那里学到的。因为比利时的通用语言是法语，美国人就想当然的称其为"法国的"薯条了。

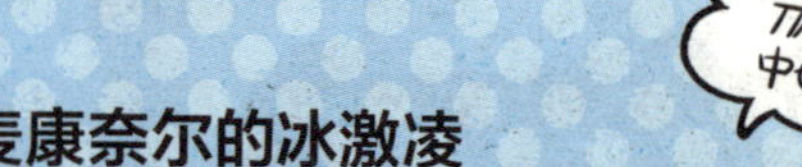

TIME杂志中也盛赞!

麦康奈尔的冰激凌

McConnell's Fine Ice Creams →p.93脚注

本土的、可持续的、有机的冰激凌店。使用吃牧草饲养的奶牛的牛奶以及从甘蔗中提取的砂糖等，只使用安心安全的原材料制成的冰激凌，一定要品尝一次。

Editor P's Voice

浆果的酸味，浓厚的牛奶，巧克力碎完美地融合在一起。另外有机食品真的不一样，可以切实感觉到卡路里很低！不可思议！

1勺$4.25~

野莓味

绝对美味的冰激凌

Editor P's Voice

畅快的甜味后，随之而来的是飘着香味的咖啡风味，嗯，好吃！随时都想吃。少点的是华夫饼装（加钱）！

甜蜜玫瑰奶油

Sweet Rose Creamery

共有7种常规冰激凌，每月会更换5种产品。使用有机食材，配料、酱汁也是每天在店内制作。非常新鲜。

1勺$4.75~

咖啡拉克斯味

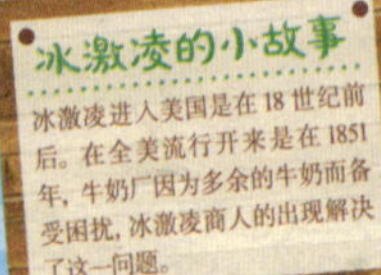

冰激凌的小故事

冰激凌进入美国是在18世纪前后。在全美流行开来是在1851年，牛奶厂因为多余的牛奶而备受困扰，冰激凌商人的出现解决了这一问题。

位于韩国城附近的餐馆

迪诺炸鸡&汉堡

Dino's Chicken & Burgers

位于韩国城附近的一家老牌餐馆。餐馆既有墨西哥卷，也有汉堡。不知道主推食品到底是什么。但是餐馆内总是挤满了当地的食客。这是许多美食家都会前往的一家餐馆。一定要前往！

换的咸味和甜味

冰激凌

Ice Cream

小编 P 这样说着，然后在当地不断取材。
下面所介绍的餐馆都有着不错的评价。
难得的一次旅行，就尽情放纵吧！

Editor P's Voice
一个人吃的话会有些多，土豆的味道很足，可以选择外带，但是别忘了要蘸酱（免费）。

非常上镜！

牛奶

Milk →p.92脚注

即便是夜晚也会排起长队的冰激凌店。许多人都会点“三明治”（马卡龙夹冰激凌），拍照效果极佳。

$6
水果水晶三明治

Editor P's Voice
对不起，甜度已经超出了我的极限……马卡龙超甜！不光外观好看！不过旁边的美国女性很快就吃完了，佩服。

樱桃加西亚味
1勺$4.50

冰激凌价格
1勺的平均价格是 $4。大多数人都会要 2 勺。美国的冰激凌形状有很多，一般是纸杯（免费），如果选择华夫饼装会加 $1 左右。此外还有在华夫饼装上加巧克力和坚果的豪华装（$3~）。

美国的良心之作

本 & 杰瑞

Ben & Jerry's

本 & 杰瑞是一家于 1978 年在佛蒙特州创立的冰激凌店。很早便开始注重环境和健康问题，充满了为社会奉献的精神。

Editor P's Voice
我自己常吃的口味是樱桃加西亚味。这是为了赞美“感恩而死”乐队的杰瑞·加西亚而创作的口味。让人好想成为嬉皮士呀。

布鲁斯特克赫

Wurstküche

提供德式香肠的餐馆，此外还有比利时风格的薯条。又粗又短的薯条，吃起来十分松脆。绝对可以使胃口得到满足。

Editor P's Voice
强烈推荐！充满诱惑的外观，虽然油炸食品不健康，但是口感极佳，非常好吃。无论味道还是氛围都很棒！

餐馆规格很高！

米罗 Miro

这里的薯条只能在午餐时吃到，但是不能单点，只能在买汉堡时，作为配餐享用。吃的时候别忘了蘸满番茄酱。

薯条
$13~

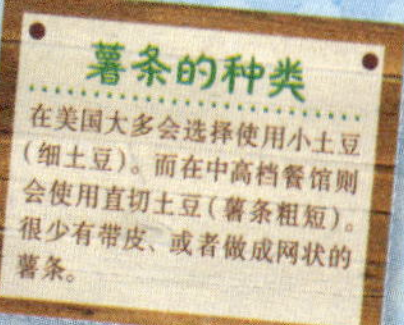

薯条的种类
在美国大多会选择使用小土豆（细土豆）。而在中高档餐馆则会使用直切土豆（薯条粗短）。很少有带皮、或者做成网状的薯条。

Editor P's Voice
在米罗，可以选择汉堡的火候。如果选择半熟的话，可以将娇嫩的肉汁当作薯条的酱汁来吃，超级美味。

…· LA便利的移动术 ·…

随上随下

Hop on Hop off

由星际旅行 Starline Tours 运营，是可以观光游览洛杉矶周边的旅游巴士。乘坐自由上下车的双层巴士，可以巡游主要的观光地区，非常适合首次造访洛杉矶的游客！

推荐的3个理由

1 可以自由上下车，不用担心车费
车票有单日票和两日票，在此期间可以随意上下车。

2 网罗观光景点
网罗了主要的观光景点，可以尽情在洛杉矶 LA 游玩！

3 不用担心会迷路
不像城市巴士那样线路复杂，很容易找到自己的住所。

West Hollywood
Beverly Hills
7 3rd St. / Beverly Hills
Westwood / UCLA / Hammer Museum
63
52 Century Plaza Hotel / Annenburg Museum
Westwood
Brentwood
红色的车身非常显眼
Wilshire / 3rd
59 St. Promenade
Santa Monica
57 81 Ocean Ave. / Santa Monica Pier
6条线路简介！
Venice Beach / Boardwalk
84 Venice
Marina del Rey
71 Fisherman's Village / Marina Del Rey
La Quinta / Century Blvd.
92
LAX

红线 Red Route（全程2小时）
好莱坞（杜比剧院→p.71）→洛杉矶艺术博物馆→p.81→梅尔罗斯大道→p.75→好莱坞

黄线 Yellow Route（全程2小时）
比弗利山庄→p.67→加利福尼亚大学洛杉矶分校→p.69→圣塔莫妮卡→p.64→比弗利山庄

紫线 Purple Route（全程2小时15分钟）
好莱坞（杜比剧院→p.71）→小东京→p.78→LA活力→p.76→好莱坞

绿线 Green Route（全程1小时30分钟）
玛丽安德尔湾（渔人村→p.66）→威尼斯→p.66→圣塔莫妮卡→p.64→玛丽安德尔湾

蓝线 Blue Route（全程1小时）
好莱坞环球影城→p.122→好莱坞（杜比剧院→p.71）→好莱坞环球影城

橙线 Orange Route（全程1小时45分钟）
玛丽安德尔湾（渔人村→p.66）→洛杉矶国际机场周边酒店→玛丽安德尔湾

Q & A

Q. 在哪里购票？
A. 可以在杜比剧院（→p.71）前，或者圣塔莫妮卡码头（→p.64）的售票亭购票，还可以网上购买，或者乘车时直接找司机购买。

Q. 车站的标志是？
A. 车站时有时无……所以上下车时一定要确认好。如果感到困惑的话，就去大马路上吧！

Q. 如果想了解更具体的线路信息的话？
A. 在售票窗口、车内获取最新的手册吧！线路和时刻都非常详细。

Q. 运营时间是？
A. 各条线路都是每天9:00~10:00出发，末班车是18:00~19:00。间隔时间是20~40分钟。需要注意的是蓝线的运营车辆较少。

免费手册

通过外文讲解深入学习

需要提前知道的5件事

1. 一定要保管好小票或者车票！乘车时必须向司机出示。
2. 巴士均为单向前进，绕环线行驶。
3. 车站分成了1~99号排序。
4. 根据时间、施工情况，有可能更换车站位置，请注意。
5. 回程时一定要留出充裕的时间。或者做好乘坐公共交通的准备。

最方便购物的车站 TOP 3

	Destination	Stop
No.1	梅尔罗斯大道 →p.75	红线 12 Melrose Ave. 梅尔罗斯大道
No.2	罗迪欧大道 →p.67	黄线 · 红线 7 3rd St./Beverly Hills 第三步行街 / 比弗利山庄
No.3	第三步行街 →p.65	黄线 59 Wilshire/ 3rd St. Promenade 威尔希尔 / 第三步行街

注意有些车站没有站牌

最方便游览美术馆的车站 TOP 3

	Destination	Stop
No.1	洛杉矶艺术博物馆 →p.81	红线 10 拉布雷亚焦油坑 / 洛杉矶艺术博物馆 / 彼得森汽车博物馆 La Brea Tar Pits/LACMA / Petersen Auto
No.2	格芬现代美术馆 →p.77	紫线 33 洛杉矶迪士尼音乐厅 / 洛杉矶现代艺术博物馆 Walt Disney Concert Hall / MOCA
No.3	安纳伯格摄影美术馆 →p.68	黄线 52 世纪广场酒店 / 安纳伯格博物馆 Century Plaza Hotel /Annenburg Museum

有困难的话前往这里！换乘便利的车站

1 红线、紫线、蓝线停靠 1 号车站
Dolby Theatre 杜比剧院 M p.60-B3

2 黄线、黄线停靠 7 号车站
3rd St. / Beverly Hills 第三步行街/比弗利山庄 M p.53-C2

3 绿线、橙线停靠 71 号车站
Fisherman's Village / Marina del Rey
渔人村/玛丽安德尔湾 M p.59-B2

4 黄线、绿线停靠 57 号、81 号车站
Ocean Ave. / Santa Monica Pier
海洋大街/圣塔莫妮卡码头 M p.60-B2

随上随下双层巴士城市观光
Hop on Hop off Double Decker City Tour

M p.60-B3（1号车站及售票亭）
住 6801 Hollywood Blvd., Hollywood
☎（323）580-6155
Free（1-855）452-4676
URL citysightseeinglosangeles.com
URL www.starlinetours.com
营 每天 9:00~19:00（根据时期和线路有所不同。奥斯卡金像奖开幕日停运）
费 单日票：成人 \$49、儿童 \$30。两日票：成人 \$64、儿童 \$40

洛杉矶 Los Angeles

加利福尼亚州是一个受到太阳十二分恩惠的地区，位于其南部的洛杉矶是美国西海岸最大的城市。这里有享誉全球的好莱坞，最前卫的时尚资讯。这里作为流行发源地备受关注，居住着各种肤色的人种。城市的魅力正是这种高深莫测的潜力和多面性。不断变化的洛杉矶，如今的面目又如何呢？

漫步洛杉矶

简单一句“洛杉矶”，实际上包含的区域还是很复杂的。美国的行政区划分为 50 个州，下设县（郡 county），县下面多为市、镇、村。按照这个进行说明，洛杉矶市和圣塔莫妮卡市属于洛杉矶县（郡），迪士尼所在的阿纳海姆市则属于橘子郡。以洛杉矶县为中心，加上周围的 4 个县构成了名为 Greater Los Angeles（大洛杉矶）的城市圈。游览洛杉矶时，掌握好这个范围十分重要，并在此基础上来制订旅游计划。

● 行程规划的要点

本书中，将洛杉矶县的观光区域大致分成了 5 个部分来进行介绍（区域导览→ p.34）。如果想一天游览完这 5 个区域，需要开车前往每个场所，并且每处只能停留游览 1 小时，但要真正这么做的话肯定是行不通的。对于初次造访美国的游客，游览洛杉矶 1 天最多参观 2 个区域。

洛杉矶旅行的计划要点有以下几点：①确定好去哪里，做什么后，再选择住宿地点；②以住宿地为起点，弄清使用什么交通工具最为便利。如果是背包客旅行的话，通常会选择在市区住宿。因为公共交通基本上都是以市区为起点，再向各个区域展开交通网络，所以规划好前往目的地的方法，并且不要忘记在制订计划时将换乘、堵车等因素纳入考虑范围之内。另外先游览可以从住宿地简单到达的地区也是提高观光效率的技巧之一。

另外可以将近郊的小镇纳入旅游行程，可以增加观光的多样性。例如南加利福尼亚州代表性的度假村——圣巴巴拉（→ p.98）、橘子郡（→ p.106，简称“OC”）、南加利福尼亚州第二大城市圣迭戈（→ p.146）、墨西哥的蒂华纳市（→ p.173）等，可以构成多种组合。

便签 南加利福尼亚州城市一卡通　包含迪士尼乐园度假村和加利福尼亚州迪士尼冒险乐园（3 日综合票，包含魔幻之晨）、圣迭戈海洋世界、加利福尼亚州乐高乐园的通票。有效期 14 天。费 成人 $353、↗

综合信息

加利福尼亚州洛杉矶市

人口 约 397 万（北京市约 2173 万）

面积 约1291平方公里（北京市约16410平方公里）

● 消费税

洛杉矶市 9.25%

圣塔莫妮卡市 10.25%

阿纳海姆市 7.75%

● 酒店税

洛杉矶市 15.7%

圣塔莫妮卡市 14.2%+ 度假村费用

阿纳海姆市 17%

● 游客中心

Los Angeles Visitors Information Center

M p.60-A~B3

住 6801 Hollywood Blvd., Hollywood（好莱坞 & 高地中心 2 层）

☎（323）467-6412

URL www.discoverlosangeles.com（英语）

URL www.hellola.cn

营 周一～周六 9:00~22:00、周日 10:00~19:00

休 感恩节、12/25、奥斯卡金像奖颁奖仪式当天

旅行季节的建议

（美国西海岸的气候→ p.373）

最佳季节是每年的 3~5 月和 9~11 月。3 月虽然雨水较多，但平均气温一般都在 15.5~21℃之间，比较适宜出行。7、8 月是一年中最热的时候，最高气温可以达到 32~35℃。但洛杉矶的湿度相对较低，还算舒适。洛杉矶虽然气候条件优越，但在 12 月～次年 2 月的雨水还是很多。这一时期与旺季相比游客相对较少，酒店费用也比平时便宜，通常会设定冬季价格。

洛杉矶的气候图

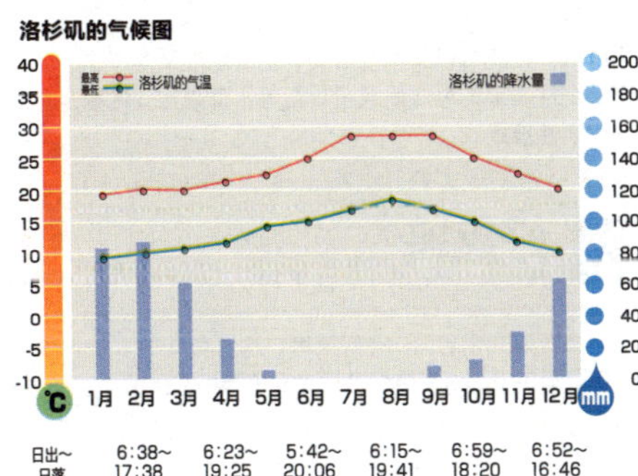

日出~日落	6:38~17:38	6:23~19:25（夏令时）	5:42~20:06（夏令时）	6:15~19:41（夏令时）	6:59~18:20（夏令时）	6:52~16:46

当地信息杂志

洛杉矶的体育赛事、演唱会等娱乐活动非常丰富。日刊报纸 *Los Angeles Times* 的周日版 URL www.latimes.com，或者月刊杂志 *Los Angeles Magazine* URL www.lamag.com 都会刊登最新的资讯。可以在书店等地购买。另外免费的 *LA Weekly* 报纸 URL www.laweekly.com、免费信息杂志 *Where* URL www.wheretraveler.com 都可以在游客信息中心或咖啡馆等地领取。

另外在一些餐馆也可以获取信息。

活动 & 节日

※ 详细信息可以登录旅游局官网（参考上方的综合信息）确认

玫瑰花车游行 & 玫瑰碗

Rose Parade & Rose Bowl

● 1 月 1 日

玫瑰碗是美国大学橄榄球比赛，除了比赛之外还会举行花车游行及仪仗队演奏表演。

奥斯卡金像奖

Academy Awards

● 2 月最后或者 3 月第一个周日

电影节的最高荣誉。好莱坞的杜比剧院是典礼的会场。开幕前的红毯仪式也同样备受注目。

洛杉矶马拉松

Los Angeles Marathon

● 3 月 24 日（2019 年）

从道奇体育场出发，途经好莱坞、比弗利山庄等观光景点，终点设在圣塔莫妮卡。

↘儿童（3~9 岁）$324。可以在各个售票窗口或者网站（URL www.citypass.com）上购买。

洛杉矶区域导览
Los Angeles Area Guide

如果想在街头漫步且购物的话，推荐去圣塔莫妮卡、罗迪欧大道以及好莱坞周边。美术馆、博物馆集中在市区的中威尔希尔地区和帕萨迪纳市。棒球场、体育场馆、剧场也主要集中在市区，好莱坞也分布着几座中型的剧场。

A 海滩城市
Beach Cities （→ p.64）

可以称作洛杉矶的门面，很久以前就存在的度假区域。夜晚可以逛逛圣塔莫妮卡、威尼斯海滩上充满个性店铺的海洋前线步行街等，都是这一区域的代表性地点。

B 西区
Westside （→ p.67）

高档商业街罗迪欧大道、高档住宅区比弗利山庄等都位于这一地区，有众多的人气餐馆、商店、博物馆。著名的盖蒂中心也位于西区的布伦特伍德。

C 好莱坞
Hollywood （→ p.71）

洛杉矶的代名词——好莱坞。这里有以 TCL 中国剧院为代表的电影院以及星光大道等标志性场所。

D 市区
Downtown （→ p.76）

行政、商务、娱乐的中心地带。如果要观看演唱会或体育赛事的话，推荐在市区住宿。虽然治安有所改善，但夜晚还是要格外注意安全。

洛杉矶的交通方法

出发地 / 目的地	A 海滩城市（圣塔莫妮卡）	B 西区（比弗利山庄）
A 海滩城市（圣塔莫妮卡）		巴士 720 Wilshire Blvd. & Santa Monica Blvd. →Santa Monica Blvd. & 4th St.（40 分钟）
B 西区（比弗利山庄）	巴士 720 4th St. & Santa Monica Blvd. →Wilshire Blvd. & Beverly Dr.（45 分钟）	
C 好莱坞（好莱坞 & 高地站周边）	巴士 704 Santa Monica Blvd. & 4th St.→Santa Monica Blvd. & La Brea Ave. 换乘 巴士 212 Santa Monica Blvd. & La Brea Ave.→Hollywood Blvd. & Highland Ave.（80 分钟）	巴士 720 Beverly Blvd. & Wilshire Blvd.→Wilshire Blvd. & Cloverdale Ave. 换乘 巴士 212 Wilshire Blvd. & La Brea Ave.→Hollywood Blvd. & Orange Dr.（50 分钟）
D 市区（第七步行街 / 地铁中心站周边）	地铁 博览线 EXPO Downtown Santa Monica 站→7th St. & Metro Center 站（50 分钟）	巴士 720 Wilshire Blvd. & Beverly Dr.→6th St. & Hope St.（60 分钟）
E 帕萨迪纳（纪念公园站）	地铁 博览线 EXPO Downtown Santa Monica 站→7th St. & Metro Center 站 换乘 地铁 红线 7th St. & Metro Center 站→Union 站 换乘 地铁 黄金线 Union 站→Memorial Park 站（90 分钟）	巴士 704 Santa Monica Blvd. & Wilshire Blvd.→Patsaouras Transit Plaza 换乘 地铁 黄金线 Union 站→Memorial Park 站（80 分钟）

公共交通　地铁线路　巴士线路　换乘

便签 **乘坐地铁可以到达圣塔莫妮卡** 2016 年建造的博览线延长了，从市区到圣塔莫妮卡就容易了许多。

作为居民区也有着很高的人气。交通便利，乘坐地铁即可到达，诺顿西蒙美术馆、亨廷顿等看点颇多。

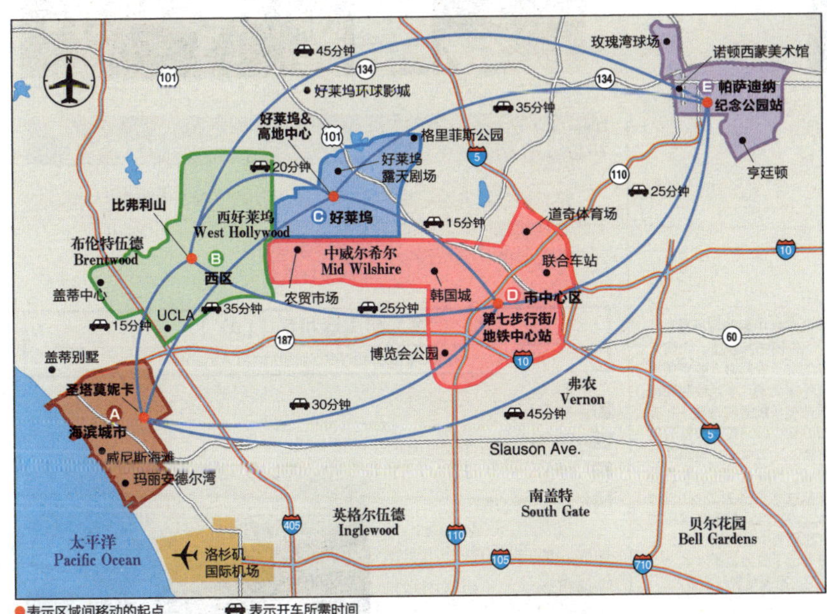

●表示区域间移动的起点　　表示开车所需时间

C 好莱坞（好莱坞 & 高地站周边）	D 市区（第七步行街 / 地铁中心站周边）	E 帕萨迪纳（纪念公园站）
212 Hollywood Blvd. & Highland Ave. →La Brea Ave. & Santa Monica Blvd. 🚶 704 La Brea Ave. & Santa Monica Blvd.→Broadway & 4th St.→（70 分钟）	博览线 EXPO 7th St. & Metro Center 站 →Downtown Santa Monica 站 （50 分钟）	黄金线 Memorial Park 站 →Union 站 🚶 红线 Union 站 →7th St. & Metro Center 站 🚶 博览线 EXPO 7th St. & Metro Center 站 →Downtown Santa Monica 站（120 分）
217 Hollywood Blvd. & Highland Ave. →Fairfax Ave. & Wilshire Blvd. 🚶 20 Fairfax Ave. & Wilshire Blvd. →Wilshire Blvd. & Beverly Dr.（40 分钟）	720 Grand Ave. & 5th St.→ Wilshire Blvd. & Beverly Dr.（50 分钟）	黄金线 Memorial Park 站 →Union 站 🚶 704 Patsaouras Bus Plaza→ Santa Monica Blvd. & Cannon Dr.（100 分）
	红线 7th St. & Metro Center 站 →Hollywood & Highland 站（20 分钟）	黄金线 Memorial Park 站 →Union 站 🚶 红线 Union 站 →Hollywood & Highland 站（50 分）
红线 Hollywood & Highland 站 → 7th St. & Metro Center 站（20 分钟）		黄金线 Memorial Park 站 →Union 站 🚶 红线 Union 站 →7th St. & Metro Center 站（40 分钟）
红线 Hollywood & Highland 站 → Union 站 🚶 黄金线 Union 站→ Memorial Park 站（50 分钟）	红线 7th St. & Metro Center 站 →Union 站 🚶 黄金线 Union 站 →Memorial Park 站（40 分）	

前往洛杉矶的方法
Access to Los Angeles

飞机

洛杉矶国际机场是美国西海岸最大的关口，包括中国在内有多条亚洲的直飞航线往返。从机场出发到达各个区域自不必多说，即便是前往郊外的交通也很发达便利。

如果乘坐中国的国际航线

中国国际航空、中国东方航空、中国南方航空的航班停靠汤姆·布兰得利国际航站楼（B座航站楼）。美国的航空公司使用其他的航站楼。达美航空、美国联合航空、美国航空等的航班所在航站楼都各自设有边检、海关等设施。如果在国际航班比较集中的时间段内，办理入境手续可能需要将近2小时，请提前做好准备。

洛杉矶国际机场（LAX）
Los Angeles International Airport

M p.48-B4
住 1 World Way, Los Angeles
Free（1-855）463-5252
URL www.lawa.org

机场代码是LAX，当地人一般都会以此代码来称呼该机场。位于市区西南方向30公里处，距离圣塔莫妮卡海岸线以南约14公里处。机场整体的详细信息请参考下图。

洛杉矶国际机场由9个航站楼组成

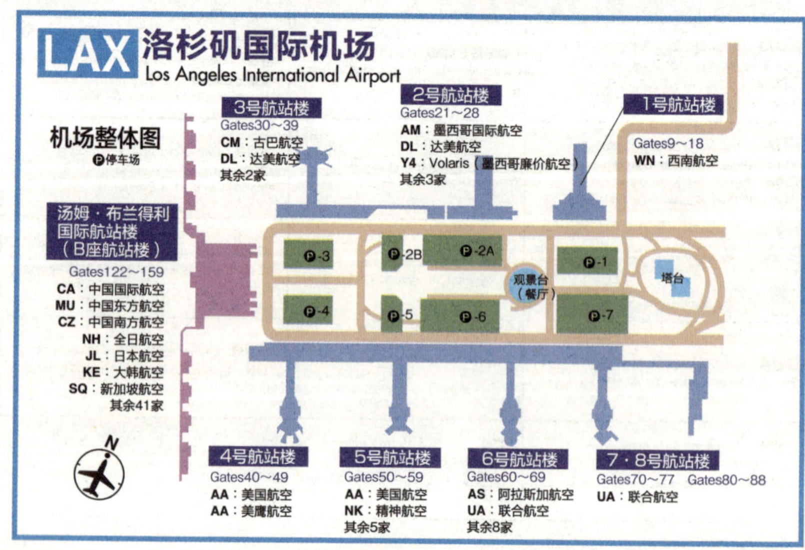

从洛杉矶国际机场抵达 LA 各个区域

机场巴士 FlyAway

Free (1-866) 435-9529
URL www.lawa.org/flyaway
费 $9.75（机场～联合车站单程）
信用卡 仅支持 A M V（不能使用现金）

LAX~市区联合站之间 24 小时运营的巴士。除联合站之外，还有前往韦斯特伍德（UCLA）、长滩等（共 6 条）线路。5:00~第二天 0:30 为每 30 分钟一班，深夜 1:00~5:00 每 1 小时一班。车站位于各个航站楼到达层出口的绿色标志（FlyAway，Buses Long Distance Vans）处。记得确认线路名。所需时间为 30~50 分钟。从联合站出发乘车的话，前往东口的 Patsaouras Transit Plaza 的 1 号车站。

- **前往市区** 从联合站出发前往市区的话，推荐乘坐地铁红线。
- **前往阿纳海姆**（→p.113）、**圣巴巴拉**（→p.98）、**圣迭戈**（→p.146）的话，可以从联合站乘坐美国国铁到达。

摆渡巴士 Bus

价格便宜，但根据目的地位置，有可能需要换乘。详细信息可以参考本书卷首的折页地图（洛杉矶—交通图—）。

乘坐摆渡巴士，首先要找到蓝色的“LAX Shuttle Airline Connections”标志，然后乘坐 LA 摆渡巴士 C 线，到达机场停车场第 96 街（96th St.）的 LAX 市区巴士中心，从这里再乘坐前往各个地区的大巴。目前还没有从机场直达市区的大巴运营。

- **前往圣塔莫妮卡** 乘坐 3 号大蓝巴士 Big Blue Bus#3，或者乘坐快速巴士 3 号线 rapid 3，所需时间为 30~40 分钟。前往玛丽安德尔湾需要 20 分钟左右。

机场上门接送 Door to Door Shuttle

● SuperShuttle

Free (1-800) 258-3826 URL www.supershuttle.com

Door-to-Door 采用拼车的形式，使用面包车将乘客从机场带到目的地。每家公司的价格不同，需要提前进行确认。从行李转盘走出航站楼便能看到乘车点。在写有“SuperShuttle”等公司名称的牌子下会有人带路。24 小时运营。

- **前往市区** $17，所需时间约 40 分钟
- **前往好莱坞** $27，所需时间约 60 分钟
- **前往比弗利山庄** $26，所需时间约 20 分钟
- **前往圣塔莫妮卡** $22，所需时间约 25 分钟
- **前往帕萨迪纳** $30，所需时间约 60 分钟
- **前往阿纳海姆** $42，所需时间约 60 分钟

※ 有可能因前往各个酒店而耽误大量的时间

地铁（电车）Metro Rail

价格便宜，但换乘较多。地铁线路图→p.41

- **前往市区** 乘坐蓝色的 LAX 摆渡巴士“LAX Shuttle Airline Connections”G 线，到达 Aviation 站，换乘绿线地铁。乘坐东行列车 East Bound，在 Willowbrook 站换乘蓝线地铁。前往市区的话乘坐北行列车 North Bound；前往长滩乘坐南行列车 South Bound。价格 $1.75，所需时间 1 小时。

出租车 Taxi

3 人以上的话要比乘坐摆渡大巴划算。

一定要在有黄色标识的出租车乘车点上车。

- **前往市区** 约 $46.50，所需时间约 45 分钟
- **前往好莱坞** 约 $70，所需时间约 30 分钟
- **前往比弗利山庄** 约 $65，所需时间约 30 分钟
- **前往圣塔莫妮卡** 约 $35，所需时间约 25 分钟
- **前往帕萨迪纳** 约 $100，所需时间约 70 分钟

※ 从 LAX 上车加收 $4（机场使用费）

前往郊外的机场巴士

● **前往迪士尼乐园度假村**（→ p.113）

■ **迪士尼乐园度假村特快**
Disneyland Resort Express

Free（1-800）828-6699

URL dre.coachusa.com

费 成人单程 $30（往返 $48）、儿童（11 岁以下）跟随一个成人免费

在迪士尼乐园度假村、阿纳海姆的主要酒店与 LAX 之间有固定的巴士。不需要预约。乘车费在上车时支付。车站位于道路中央隔离带的绿色"FlyAway, Buses Long Distance Vans"标志下。7:50~20:00 每隔一小时一班。※ 只能使用信用卡（A M V）支付

● **前往圣巴巴拉**（→ p.98）

■ **圣巴巴拉机场巴士 Santa Barbara Airbus**

☎（805）964-7759

URL www.sbairbus.com

费 单程 $55（往返 $100）

开往圣巴巴拉方向的固定巴士。在每天 9:00~22:00 每隔 90~120 分钟一班。车站位置同左边的介绍。

租车 Rent-a-Car

LAX 内部没有租车中心。前往机场外的各个租车点，可以前往紫色的"Rental Car Shuttles"标志下，乘坐租车公司的巴士到达（免费）。

● **前往圣塔莫妮卡**（→ p.64）

从租车站点附近的 Sepulveda Blvd. 向北行驶，进入 Lincoln Blvd.，从这里继续向北走 3 英里（约 4.8 公里），左侧便是玛丽安德尔湾，再继续走 3 英里（约 4.8 公里）即可到达圣塔莫妮卡。所需时间约 25 分钟。

● **前往比弗利山庄**（→ p.67）

从 Century Blvd. 上到 I-405 向北行驶，随后沿 Santa Monica Blvd. 或 Wilshire Blvd. 向东行驶，即可到达比弗利山庄中心地区。约 25 分钟。

● **前往好莱坞**（→ p.71）

从 Century Blvd. 驶向 La Cienega Blvd.，随后一直向北上到 Sunset Blvd.，再向东行驶 10 分钟即可到达好莱坞。

● **前往市区**（→ p.76）

从 Sepulveda Blvd. 上到 I-105 向东行驶，再沿 I-110 向北行驶。如果不堵车 30 分钟便能到达市区。

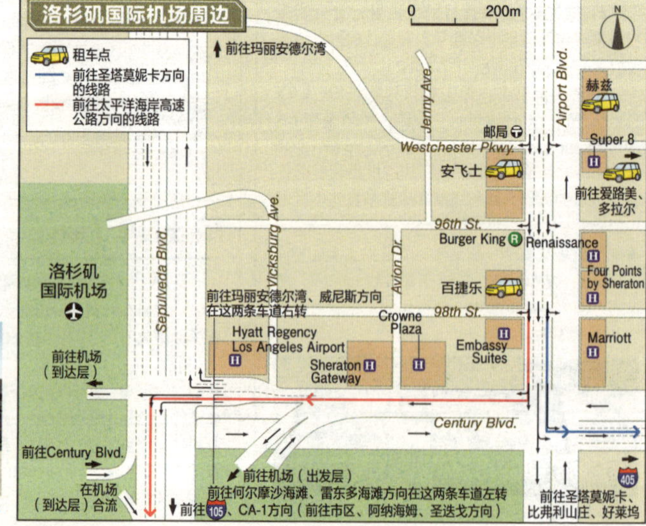

每个航站楼都有专用巴士前往租车公司营业点

●**前往阿纳海姆**（→p.113）

从I-105向东行驶，然后进入I-605向南行驶。之后进入CA-91继续向东行驶。7英里（约11公里）后进入I-5向南行驶，然后从Harbor Blvd.的出口驶出便到了迪士尼乐园度假村周边，所需时间50分钟。

●**前往圣迭戈**（→p.146）

（走太平洋海岸高速公路的线路）

沿Sepulveda Blvd.向南一直行驶便是Pacific Coast Hwy.。然后按照地图（→右图LAX~圣迭戈/CA-1：橙色线路）导航，一直沿海岸海滩行驶即可。适合喜欢兜风的人群。所需时间约3小时40分钟。

从LAX到圣迭戈的最短线路和前往阿纳海姆的线路相同。到达I-5后一直行驶，不要驶出，然后进入I-805向南行驶。从Exit20出来，进入CA-163向南行驶，前往市区方向。大约需要2小时30分钟。

长途巴士（灰狗）

市中心枢纽站

●**前往市区** 在灰狗巴士枢纽站前的7th St.乘坐60路巴士，沿7th St.向西约5分钟，在7th St. & Hope St.交会处附近下车便是市区中心。灰狗巴士站周边有很多流浪汉，夜晚乘车时需要多加小心。

阿纳海姆地区交通枢纽中心

灰狗巴士的车站位于MLB洛杉矶天使队主场对面的Anaheim Regional Transportation Intermodal Center内。美国国铁的阿纳海姆站也设在该中心内。

铁路（美国国铁）

联合站

位于市区东北方向，主要的交通机构都设置于此。需要注意的是，车站内并未安放投币式储物柜等设施（乘坐国铁的乘客可以使用寄存行李服务）。

阿纳海姆站

参考上方的“长途巴士（灰狗）”一栏。

市中心枢纽站
M p.49 D2
住 1716 E.7th St., Los Angeles
☎（213）629-8401
营 24小时

阿纳海姆地区交通枢纽中心
M 参考文前折页“洛杉矶—交通图—”
住 2626 E.Katella Ave., Anaheim
☎（714）999-1256
营 周一～周五7:00~14:30、17:00~19:00，周六·周日7:00~14:30

联合站
M p.58-B1
住 800 N.Alameda St., Los Angeles
Free（1-800）872-7245
营 24小时

阿纳海姆站
M 参考文前折页“洛杉矶—交通图—”
住 2626 E.Ketella Ave., Anaheim
Free（1-800）872-7245
营 每天5:00~24:00

Information 洛杉矶周边的国内航线机场

●**伯班克机场（BUR）**
Hollywood Burbank Airport
M 参考文前折页地图“洛杉矶—交通图—”
住 2627 N.Hollywood Way，Burbank
☎（818）840-8840
URL hollywoodburbankairport.com

位于好莱坞北部，相距20分钟的车程。机场设有SuperShuttle公司、摆渡巴士等。

●**约翰韦恩机场（SNA）**
John Wayne Airport
M p.107-B1
住 18601 Airport Way，Santa Ana
☎（949）252-5200 URL www.ocair.com

位于阿纳海姆以南25公里处。主要运营美国本土各地的国内航班。从机场前往LA、阿纳海姆可以使用SuperShuttle公司的服务。

便签 **前往圣弗朗西斯科乘坐闪电巴士非常便利（→p.389）** 虽然乘坐灰狗巴士也可以到达，但是闪电巴士的车站位于联合站内，夜晚更加令人放心。价格也是固定的，尤其推荐女性乘坐。

洛杉矶的交通设施
Transportation in Los Angeles

地铁
☎（323）466-3876
URL www.metro.net
费 $1.75（银线为 $2.50）。单日票（与巴士通用）$7

tap 卡（巴士卡 / 一卡通）
推荐需要多次乘车的游客使用可以进行充值的 tap 卡（→ p.42~43 脚注），便于乘车。

注意
虽然可以使用现金乘坐巴士，但是要乘坐地铁的话则必须购买 tap 卡（$1）。tap 卡在 2 小时内可以免费乘坐其他线路（不能用于回程）。

可以购买单程车票、单日票，以及 tap 卡充值的自动售票机

tap 卡触碰圆形区域后即可进站

地铁（电车）
Metro Rail

同巴士一样由 MTA（洛杉矶县交通局：Los Angeles County Metropolitan Transportation Authority）运营的近距离铁路设施。包含巴士类型共有 8 条线路。

●红线 Red Line

地铁系统的核心。连接市区的 Union 站至好莱坞北部的 North Hollywood 站。因为往返于市区和好莱坞的中心，所以非常便利。

●紫线 Purple Line

首末站为 Union 站和威尔希尔方向的 Wilshire/Western 站，全线共设有 8 站。便于前往韩国城。

※ 红线和紫线在部分相同区间使用的是同一辆列车，乘车时请留意。在 Wilshire/Vermont 站分离

●蓝线 Blue Line

从 7th St./Metro Center 站途经 Compton 等地，到达长滩市区，全程大约 1 小时。

●绿线 Green Line

从 LAX 南部的雷东多海滩开始，沿 I-105 向东延伸，一直到诺沃克的 I-605。Aviation/LAX 站通过 LAX 摆渡巴士 "G" 与机场相连。

●黄金线 Gold Line

以 Union 站为中心，可以前往帕萨迪纳以及小东京方向。从 Union 站出发，到达帕萨迪纳的 Del Mar 站、Memorial Park 站约 35 分钟。

前往帕萨迪纳的黄金线列车

●橙线 Orange Line

橙线所连接的是 North Hollywood 站和圣费尔南多谷地区。使用巴士运营。

●银线 Silver Line

途经 Union 站，首末站为 El Monte 站和 Pacific/21st St. 站。使用巴士运营。

●博览线 Expo Line

从 7th St./Metro Center 站出发，途经博览会公园、卡尔弗城，一直延伸至圣塔莫妮卡的市区。2016 年 5 月全线通车。

便签 $250 的罚款　如果没有支付车费乘坐地铁的话，需要缴纳 $250 的罚款，以及完成社区工作的义务。车内有频繁的突击检查。

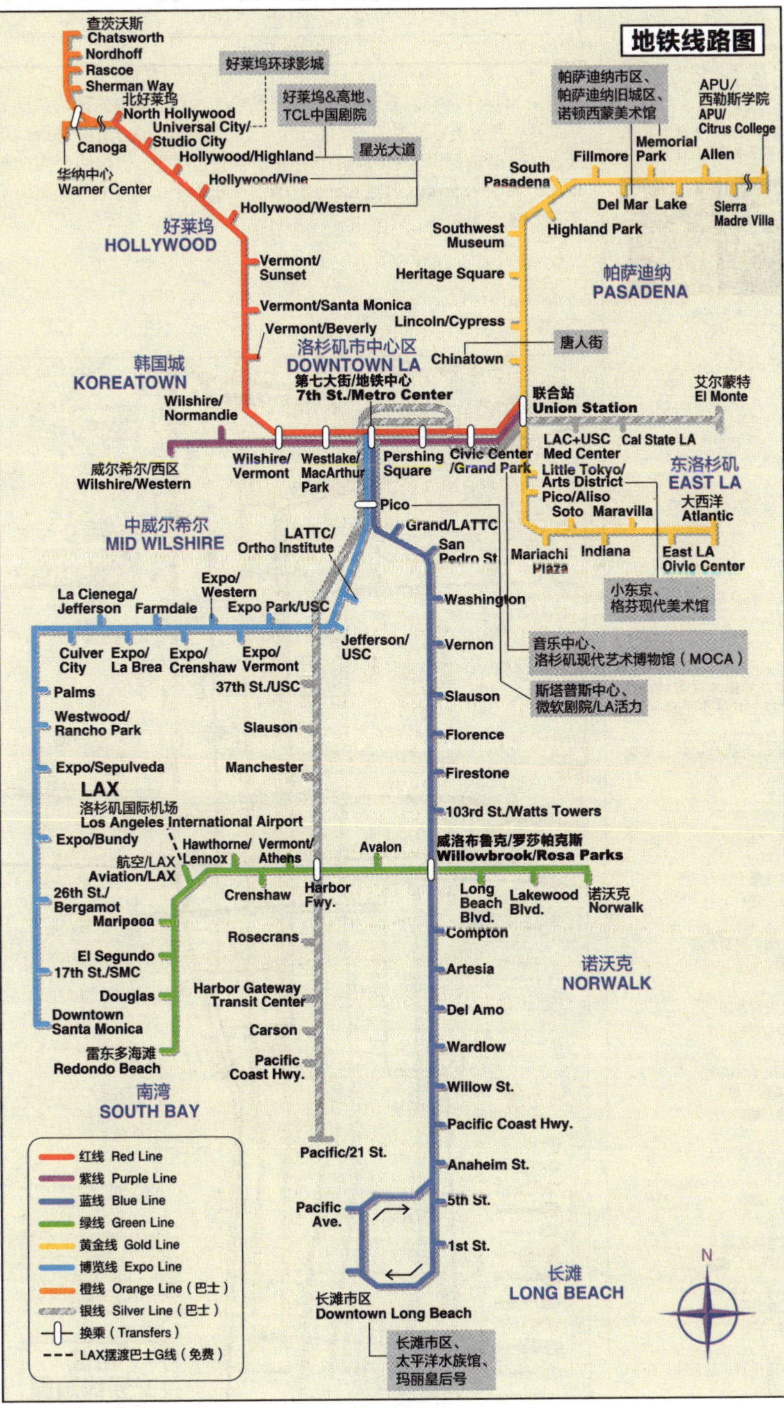
地铁线路图
查茨沃斯
Chatsworth
Nordhoff
Rascoe
Sherman Way
北好莱坞
North Hollywood
Canoga
华纳中心
Warner Center
好莱坞环球影城
Universal City/
Studio City
好莱坞&高地、
TCL中国剧院
Hollywood/Highland
星光大道
Hollywood/Vine
Hollywood/Western
好莱坞
HOLLYWOOD
Vermont/
Sunset
Vermont/Santa Monica
Vermont/Beverly
洛杉矶市中心区
DOWNTOWN LA
韩国城
KOREATOWN
Wilshire/
Normandie
第七大街/地铁中心
7th St./Metro Center
威尔希尔/西区
Wilshire/Western
Wilshire/
Vermont
Westlake/
MacArthur
Park
Pershing
Square
Civic Center
/Grand Park
帕萨迪纳市区、
帕萨迪纳旧城区、
诺顿西蒙美术馆
APU/
西勒斯学院
APU/
Citrus College
Memorial
Park
Fillmore
Allen
South
Pasadena
Del Mar
Lake
Sierra
Madre Villa
Highland Park
Southwest
Museum
Heritage Square
帕萨迪纳
PASADENA
Lincoln/Cypress
唐人街
Chinatown
联合站
Union Station
艾尔蒙特
El Monte
LAC+USC
Med Center
Cal State LA
东洛杉矶
EAST LA
Little Tokyo/
Arts District
大西洋
Atlantic
Pico/Aliso
Soto
Maravilla
Mariachi
Plaza
Indiana
East LA
Civic Center
小东京、
格芬现代美术馆
中威尔希尔
MID WILSHIRE
Pico
Grand/LATTC
LATTC/
Ortho Institute
San
Pedro St.
Washington
La Cienega/
Jefferson
Farmdale
Expo/
Western
Expo Park/USC
Jefferson/
USC
Culver
City
Expo/
La Brea
Expo/
Crenshaw
Expo/
Vermont
37th St./USC
Vernon
音乐中心、
洛杉矶现代艺术博物馆（MOCA）
Palms
Westwood/
Rancho Park
Slauson
Slauson
斯塔普斯中心、
微软剧院/LA活力
Florence
Expo/Sepulveda
Manchester
Firestone
LAX
洛杉矶国际机场
Los Angeles International Airport
103rd St./Watts Towers
Expo/Bundy
Hawthorne/
Lennox
Vermont/
Athens
Avalon
威洛布鲁克/罗莎帕克斯
Willowbrook/Rosa Parks
航空/LAX
Aviation/LAX
26th St./
Bergamot
Crenshaw
Harbor
Fwy.
Long
Beach
Blvd.
Lakewood
Blvd.
诺沃克
Norwalk
Mariposa
Rosecrans
Compton
El Segundo
17th St./SMC
Artesia
诺沃克
NORWALK
Douglas
Harbor Gateway
Transit Center
Downtown
Santa Monica
Del Amo
Carson
Wardlow
雷东多海滩
Redondo Beach
Pacific
Coast Hwy.
南湾
SOUTH BAY
Willow St.
Pacific Coast Hwy.
Pacific/21 St.
Anaheim St.
Pacific
Ave.
5th St.
1st St.
长滩
LONG BEACH
长滩市区
Downtown Long Beach
长滩市区、
太平洋水族馆、
玛丽皇后号
N
红线 Red Line
紫线 Purple Line
蓝线 Blue Line
绿线 Green Line
黄金线 Gold Line
博览线 Expo Line
橙线 Orange Line（巴士）
银线 Silver Line（巴士）
换乘（Transfers）
LAX摆渡巴士G线（免费）

巴士
☎（323）466-3876
URL www.metro.net
费 $1.75。乘坐 #400~599 特快巴士时，在车辆驶入高速公路前会收取特快费（75￠）。根据目的地车费有所不同，上车前务必跟司机再次确认。

巴士颜色和车型各不相同

巴士
Metro Bus

由 MTA（洛杉矶县交通局）运营的巴士线路。涵盖的区域东至艾尔蒙特，西至圣塔莫妮卡，南部延伸至迪士尼乐园，北至帕萨迪纳，几乎包含了全域范围。大部分的线路都会经过市区中心。线路分为本地 Local、特快 Express、直达 Limited、快速 Rapid4 种，其中特快线路使用高速公路。

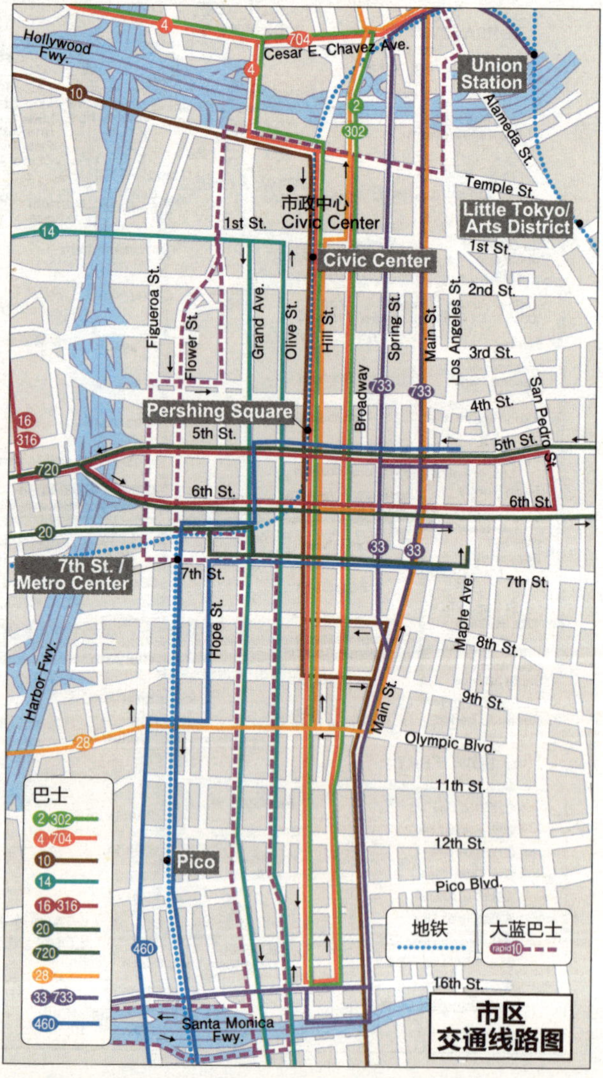

主要线路图→文前折页地图“洛杉矶—交通图—”

乘坐巴士从市区前往观光景点

前往好莱坞
→2、302

前往日落大道
→2、302

前往梅尔罗斯大道

→10

前往农贸市场

→16、316

前往比弗利山庄（罗迪欧大道）
→20、720

前往韦斯特伍德（UCLA）
→2、302

前往圣塔莫妮卡
→4、704、720

前往威尼斯
→33、733

前往诺氏百乐坊乐园、迪士尼乐园

→460

便签 **tap 卡** 由洛杉矶县交通局运营的地铁和巴士线路均已停止使用纸质车票，发行使用 IC 芯片的 tap 卡。可以在 Metro 的乘客中心或者几个地铁站的自动售票机等地方购买到 tap 卡。单日票的价格为 $7，tap 卡的↗

●关于巴士线路

- #1~99：经过市区的主要线路，每站都会停车，全年无休。
- #100~299：不经过市区。
- #300~399：只经停主要车站，直达服务（快速巴士）。
- #400~599：行驶于高速公路的特快巴士。驶入高速前需支付额外费用。
- #600~699：连接两个地区的巴士环线。
- #700~799：快速巴士（→下文）。

※#100~699 的巴士数量较少，部分线路只在早高峰期间运营，请注意。

另外巴士线路以及车站位置也会偶尔进行变更。出行前最好先前往乘客中心（→边栏），拿取自己要乘坐的巴士线路图。也可以在网站上下载使用。

快速巴士
Metro Rapid Bus

由 MTA 运营的快速巴士，站点设置少，可以很快地到达目的地。无论哪条线路都是 10~30 分钟一班车，甚至有部分线路早晚每 5 分钟一班车。#720 从科默斯（途经市区）~ 圣塔莫妮卡，途经比弗利山庄、韦斯特伍德、世纪城等地，对于游客来说利用价值很高。另外，途经市区、威尼斯和圣塔莫妮卡的 #733 也十分便利。

快速巴士的车身为红色

单日乘车票 Day Pass

使用单日乘车票可以在一天之中反复乘坐巴士和地铁线路。价格为 $7（tap 卡工本费 $1）。

Metro 乘客中心

M p.58-B1
营 周一～周五 6:00~18:30

位于联合站东口的巴士站旁。除了提供各条线路的时刻表外，还可以买到单日乘车票等。

※ 快速巴士的价格和普通巴士的价格相同

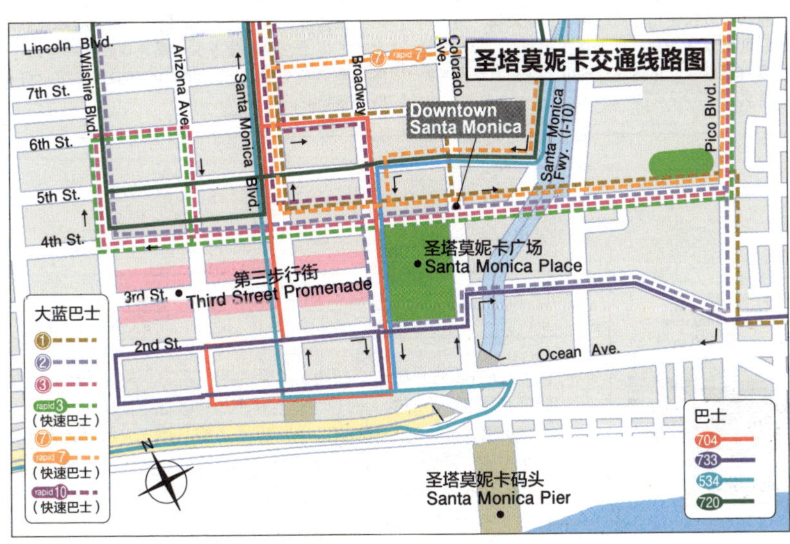

↗ 工本费为 $1。在车站的自动售票机可以为卡片进行充值。

搭乘方式简单，乘客总数全美 No.1

巴士的搭乘方式

洛杉矶的巴士价格便宜，线路覆盖面积广，而且搭乘简单，十分便利。即便是前往稍远的地区，也可以乘坐走高速公路的巴士，很轻松地到达目的地。不要老想着“没有车的话哪儿也去不了”，试试乘坐巴士出行吧。旅行的范围会一下扩大很多的。

1 准备好零钱，寻找巴士站

首先准备好零钱（$1.75）或者 tap 卡（→p.42 脚注）。确认好到达目的地的巴士线路，然后寻找巴士车站。

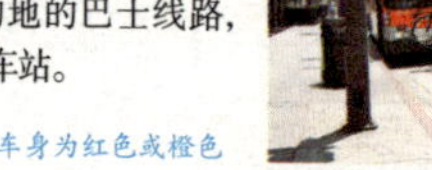

车身为红色或橙色

2 确认好巴士的行驶方向再上车

巴士正面会显示线路名、途经站点以及目的地。当要乘坐的巴士驶来，举手示意“我要上车”。在上车前自己最好再跟司机确认一下，“这辆车是不是开往～？（Hi，Is this for～？）”。

3 支付车费

从前门上车。如果使用现金支付的话，将$1.75放入投币箱。如果有 tap 卡的话，将卡碰触写有“tap”字样的标志即可。如果有了 tap 卡还想再购买单日票的话，将卡片放在“tap”标志上，然后跟司机说“Day pass，please”，再将 $7 放入投币箱。因为不设找零，所以一定要提前准备好零钱。

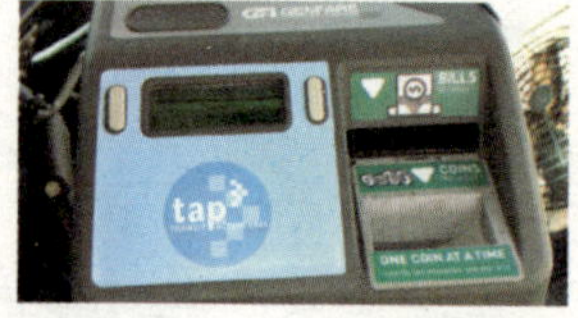

一般巴士所使用的投币箱

4 车内

车内靠前方便乘坐的是爱心座位。后方是折叠座椅，方便使用轮椅的乘客固定轮椅。另外司机后面的架子里放有线路图（免费），需要的话可以直接拿取。车内前方的电子屏会显示下一站的站名。

5 下车

下车时请拉拽车窗旁的绳子

如果下一站需要下车的话，在到站之前给出下车的信号。可以拉拽窗户上方的绳子，或者按下窗边黑色橡胶状的东西，然后车内前方的“STOP REQUESTED”指示灯便会亮起来。

市区环线巴士（LADOT）
☎（213）808-2273
www.ladottransit.com
费 50￠（可以使用 tap 卡）

前往好莱坞十分方便

市区环线巴士 DASH

由 LADOT（洛杉矶市交通局）运营的巴士系统。与其他巴士线路不同的是，该巴士系统的大部分线路在狭小的地区都会按环线行驶。以市区、好莱坞等洛杉矶市内地区为中心共有 32 条线路运营行驶。大部分线路只在工作日及周六运营。在市区也有部分线路只在平日运营。另外平日 17:00~18:00 的晚高峰期间，可能根本挤不上车。市区线路请参考→p.45 的边栏。线路图→p.45。

巴士正面和侧面都会显示线路名称

DASH 线路图

DASH
A线
B线
D线
E线
F线
▲ 巴士站
地铁
红线
紫线
蓝线
黄金线
博览线
银线
Ⓜ 地铁站

市区线路

● A 线

从 FIG at 7th 周边出发，途经迪士尼音乐厅，终点为小东京。

A：周一～周五 6:00~18:30（间隔 7 分钟）

● B 线

从唐人街出发，途经联合站，终点为 7th St./Metro Center 站。

B：周一～周五 5:50~18:30（间隔 8 分钟）

● D 线

从联合站始发，途经市政厅，终点为 Spring St. 上的地铁 Grand 站。

D：周一～周五 5:50~19:00（间隔 5~15 分钟）

● E 线

从 Harbor Fwy. 西侧沿 7th St. 向东行驶。途经时尚区，终点设在地铁 San Pedro 站周边。

E：周一～周五 6:30~19:00（间隔 5 分钟）、周六 6:30~17:00（间隔 10 分钟）、周日 10:00~17:00（间隔 15 分钟）、节假日休息。

● F 线

从 3rd St. & Beaudry Ave. 出发，沿 Flower St.、Figueroa St. 行驶，途经 LA 活力、斯台普斯中心，终点为博览会公园。

F：周一～周五 6:30~18:30（间隔 10~20 分钟）、周六 · 周日 10:00~17:00（间隔 20 分钟）、节假日休息。

其他地区的 DASH 线路

● Hollywood

以 Hollywood Blvd. 为中心南北各相距 2~3 个街区，西至地铁 Hollywood & Highland 站，东到 Vermont/Santa Monica 站，以此环绕一周行驶。分为顺时针和逆时针两条行驶线路。

运营时间：周一～周五 7:00~18:30（间隔 30 分钟）、周六 9:00~18:30（间隔 30 分钟）

停运：周日、主要节假日

● Hollywood/Wilshire

从地铁 Hollywood/Vine 站周边向南行驶，与地铁 Wilshire/Western 站相连。途经派拉蒙影城。

运营时间：Hollywood/Vine 站出发：7:00~18:40（间隔约 25 分钟）、Wilshire/Western 站出发：6:10~18:18（间隔约 25 分钟）

停运：周六 · 周日、主要节假日

大蓝巴士
Big Blue Bus

线路是以圣塔莫妮卡的第三步行街周边为中心向周围延伸。从 LAX（洛杉矶国际机场）到圣塔莫妮卡，以及从圣塔莫妮卡到韦斯特伍德、UCLA 等地移动便利。线路图→ p.43。

OCTA 巴士
Orange County Transportation Authority

白色车身上有蓝色和橙色的线条

以橘子郡为中心设有多条线路，从迪士尼乐园、诺氏百乐坊乐园周边前往纽波特海滩等地十分便利。

#1 是从长滩出发，沿太平洋海岸高速公路的海岸线行驶，景色非常优美。每条线路的运营间隔都是 15~60 分钟，所以建议在出发前通过上网等方式提前查看线路时刻表。线路图→文前折页“洛杉矶—交通图—”。

出租车
Taxi

在洛杉矶没有四处空驶揽客的出租车。如果要前往大型酒店、主题乐园等地，可以在门口附近等待，除此以外只能打电话叫车。

出租车的收费标准是开始的 9 分钟 1 英里 $2.85，之后 9 分钟 1 英里 30 ¢，行驶等候费每 37 秒加收 30 ¢。不要忘记再支付给司机车费的 15% 作为小费（→ p.396）。

参团指南

如果想更有效率、更加享受洛杉矶市内和郊外的主要观光景点，不妨参加带导游服务的观光巴士进行游览。巴士可以接送至主要酒店，此外相比巴士，也更加方便前往比弗利山庄、郊区奥特莱斯等交通不太便利的地方。

洛杉矶有很多外国游客，也有几家由外国人经营的观光巴士。

参加当地旅游团案例（参考价格）

● **洛杉矶半日市内观光** /1 人 $70~，所需时间 4~6 小时。根据时间、线路游览景点有所不同，大致包括圣塔莫妮卡、奥维拉街、TCL 中国剧院、农贸市场、世纪城、玛丽安德尔湾等。

● **迪士尼乐园** /1 人 $155，所需时间 9 小时 ~。包含往返接送，以及各个乐园的门票费用。

● **六旗魔术山** /1 人 $120~，所需时间 8 小时 ~。包含往返接送机门票费用。

● **Fairfax**

从比弗利中心出发，途经 La Cienega Blvd.、Melrose Ave.、Fairfax Ave.，沿 Wilshire Blvd. 行驶。利用这条线路可以到达梅尔罗斯大道、格罗夫购物中心和洛杉矶艺术博物馆（LACMA）。

运营时间：周一 ~ 周五 7:00~18:30（间隔 30 分钟）、周六 9:00~18:30（间隔 30 分钟）

停运：周日

大蓝巴士

☎（310）451-5444

URL bigbluebus.com

费 $1.25、快速 $2.50、单日票 $4

大蓝巴士乘客中心

M p.62-B2

住 1334 5th St., Santa Monica

营 周一 ~ 周五 7:30~17:30

OCTA 巴士

☎（714）636-7433

URL www.octa.net

费 $2、特快 $~7、单日票 $5、特快 $8~14

主要出租车公司

● Independent Cab

Free（1-800）521-8294

● United Taxi

Free（1-800）822-8294

● Yellow Cab Co.

☎（424）222-2222

出租车参考价格

●从市区出发到

圣塔莫妮卡	$55~85
比弗利山庄	$40~100
好莱坞	$30~60
帕萨迪纳	$40~70

洛杉矶的观光信息

观光巴士的信息可以在旅游局以及酒店等地获取。

今天做什么？

Los Angeles Itinerary

—洛杉矶1日游线路推荐—

Point
洛杉矶的景点分散较广，一定要合理安排行程，尽量不走回头路，提高效率。

10:00

早上来这里　停留时间：1小时

中央市场

Grand Central Market →p.76脚注

一早就充满活力的市场。白领们在上班前也会来这里享用早餐。

霓虹灯闪烁的市场

Access 从1st St. & Broadway乘坐Dash的A线，约15分钟。

11:15

前往正再次开发的地方欣赏壁画

艺术区　停留时间：1小时

Arts District →p.79

这一地区有着大量的壁画。步行到这里，很快便能找到适合发朋友圈的拍摄场景。

专业的摄影家也会来此

Access 从3rd St. & Alameda St.乘坐Dash的A线→从Hill St. & 1st St.乘坐#10或48巴士，约1小时。

13:15

是洛杉矶知名的午餐餐馆　停留时间：30分钟

粉色 Pink's

洛杉矶名流们也会造访的餐馆。特征是高高的招牌和长长的队伍。很容易找到。

超好吃的热狗店

Access 步行1分钟

13:45

盼望已久的购物时间　停留时间：2小时

梅尔罗斯大道 Melrose Ave. →p.75

从二手服饰到高档品牌一应俱全，关于时尚的东西就交给梅尔罗斯大道吧。

种类丰富的商品

Access 从Fairfax Ave. & Melrose Ave.乘坐#217或780巴士，约20分钟。

16:05

不能不去的超常规景点

好莱坞　停留时间：2小时

Hollywood →p.71

游客最多的地方就是这里。要多加小心扮演成好莱坞电影角色的人。

一起合影后会收取小费

Access 步行5分钟

18:10

在美式风格小餐馆享用晚餐

梅尔的汽车餐馆　停留时间：1小时

Mel's Drive-In

在充满20世纪50年代氛围的餐馆中享受晚餐。

经典的美食餐馆

Access 在Hollywood/Highland站乘坐地铁红线，约30分钟。

19:40

在屋顶酒吧干杯　停留时间：1小时

艾斯酒店 Ace Hotel →p.97

洛杉矶许多家酒店都在屋顶设置了酒吧。其中最具人气的便是艾斯酒店。

©Spencer Lowell
酒吧还设有泳池

How to 夜游？
洛杉矶有许多夜店和酒吧。但是治安状况多少会令人感到不安。外出时一定要多加留神，推荐夜晚打车。尤其女性最好不要单独出门。

景点 购物 餐馆 酒店 咖啡 夜店 电影院 SPA、沙龙 游客中心 地标/其他 海滩/公园
州际公路 美国国道 州内公路 Hollywood Blvd. 道路名 地铁 机场 高尔夫球场 医院 邮局

※中南部治安较差的区域（→p.401）是从地铁蓝线的103rd St./Watts Towers（上图 M p.49-D4）开始往南，到长滩之间的一片地区

圣塔莫妮卡
圣塔莫妮卡
Santa Monica
The Riviera Country Club
Brentwood Country Mart
农场商店 Farmshop
Whole Foods Market
Peet's Coffee & Tea
Pinkberry
Williams Sonoma
Gehry Residence
GAP
Walgreen
Planet Blue
Sleepy Jones
Montana Ave.
Rosti
Starbucks Coffee
Pavillion's
父亲的办公室 Father's Office
Louise's Trattoria
Christine Emerson Reed Park
圣塔莫妮卡&威尼斯 p.60-61
Oceana Beach Club
Panera Bread
Seven Eleven
梦舍 Musha
Santa Monica State Beach
第三步行街 Third Street Promenade
Carmel
Thai Dishes on Broadway
Downtown Santa Monica站
圣塔莫妮卡广场 Santa Monica Place
真心美食厨房 True Food Kitchen
艾美德尔菲娜圣塔莫妮卡酒店 Le Meridien Delfina Santa Monica
Loews Santa Monica Beach
Seaview
圣塔莫妮卡码头 Santa Monica Pier
太平洋公园 Pacific Park
Ocean Park
p.62
p.56-57
p.52-53
p.54-55
p.58
p.50-51
景点 购物 餐馆 酒店 咖啡 夜店 电影院 SPA、沙龙 游客中心 地标/其他 海滩/公园
州际公路 美国国道 州内公路 Hollywood Blvd. 道路名 地铁 机场 高尔夫球场 医院 邮局

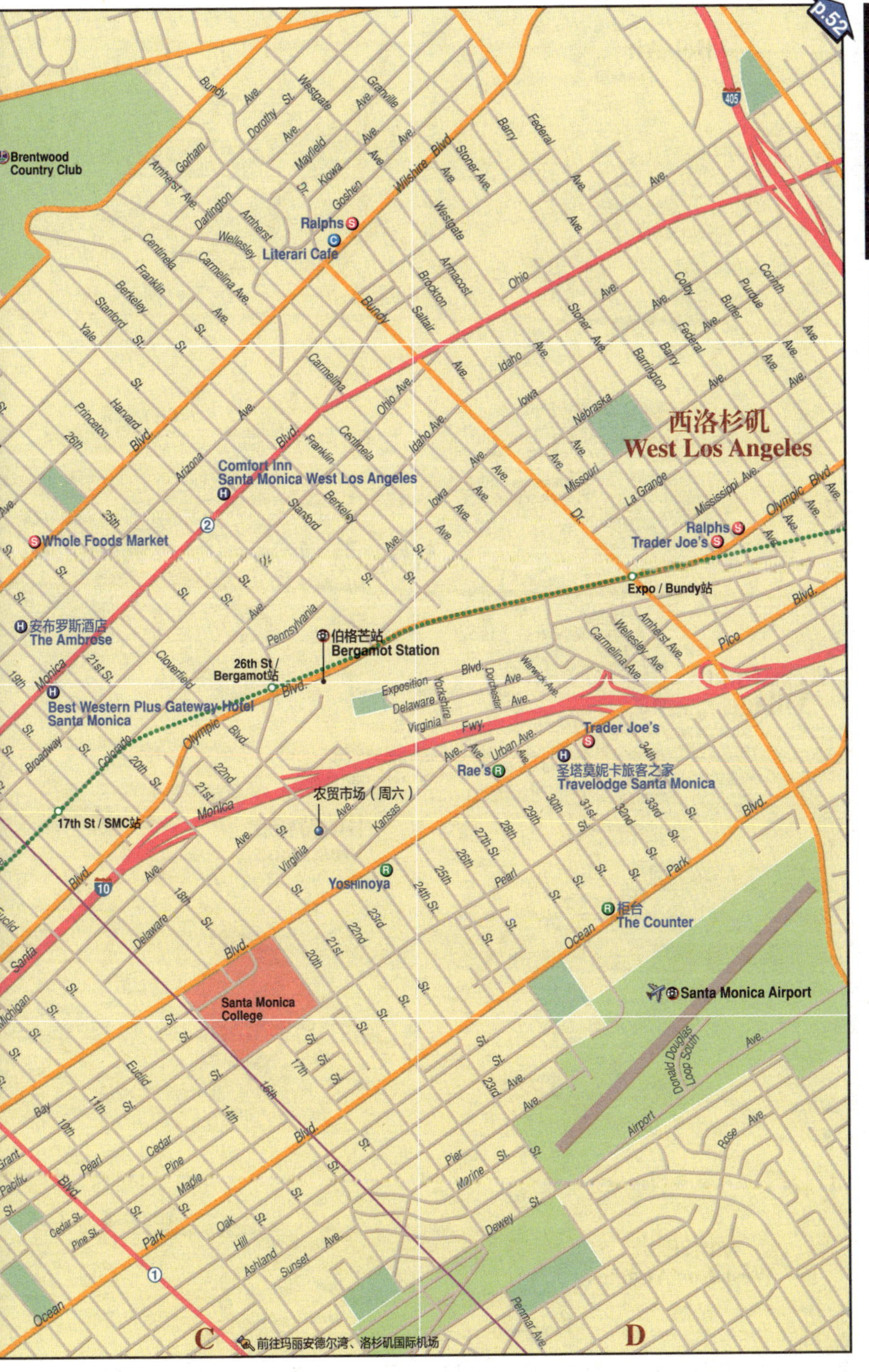
p.52
西洛杉矶
West Los Angeles
Brentwood Country Club
Ralphs
Literari Cafe
Comfort Inn Santa Monica West Los Angeles
Whole Foods Market
安布罗斯酒店
The Ambrose
Best Western Plus Gateway Hotel Santa Monica
伯格芒站
Bergamot Station
26th St / Bergamot站
Expo / Bundy站
Ralphs
Trader Joe's
Trader Joe's
圣塔莫妮卡旅客之家
Travelodge Santa Monica
Rae's
农贸市场（周六）
17th St / SMC站
Yoshinoya
柜台
The Counter
Santa Monica College
Santa Monica Airport
C
D
前往玛丽安德尔湾、洛杉矶国际机场

Bel-Air
Bel-Air
Bel Air Country Club
加利福尼亚大学洛杉矶分校
University of California
Los Angeles (UCLA)
UCLA商店
UCLA Store
Ackerman
Student Union
Pauley
Pavilion
UCLA
Medical Center
Regency Village Theatre
农贸市场
Westwood
Village
In-N-Out
Burger
斯坦的甜甜圈
Stan's Donuts
CVS Pharmacy
Cemetery
塔尼诺 Tanino
全食超市
Whole Foods Market
Urban Outfitters
Victorian's Secret
Federal Bldg.
哈默博物馆
Hammer Museum
VA Greater Los Angeles
Healthcare Center
W Los Angeles - Westwood
Royal Palace Westwood Hotel
Los Angeles
帕洛米诺
Palomino
Kimpton Hotel Palomar
Los Angeles-Beverly Hills
韦斯特伍德
Westwood
Holmby
Park
The Los Angeles
Country Club
比弗利希尔顿酒店
The Beverly Hilton
贝尔维德 Belvedere
比弗利山庄半岛酒店
The Peninsula Beverly Hills
韦斯特菲尔德世纪城
Westfield Century City
Ralphs
The Century Park
Hotel
Azul Inn
A West Los Angeles
Hamasaku
马蒂的汉堡站
Marty's Hamburger Stand
苹果盘
The Apple Pan
Nizam of India
Westside Pavilion
Jaipur Cuisine of India
Asahi Ramen
西洛杉矶
West Los Angeles
Sunset
Wilshire
Santa Monica
Olympic
Pico
San Diego Fwy.
405
1
2
3
4
A
B
p.51
景点
购物
餐馆
酒店
咖啡
夜店
电影院
SPA、沙龙
游客中心
地标/其他
海滩/公园
州际公路
美国国道
州内公路
Hollywood Blvd. 道路名
地铁
机场
高尔夫球场
医院
邮局

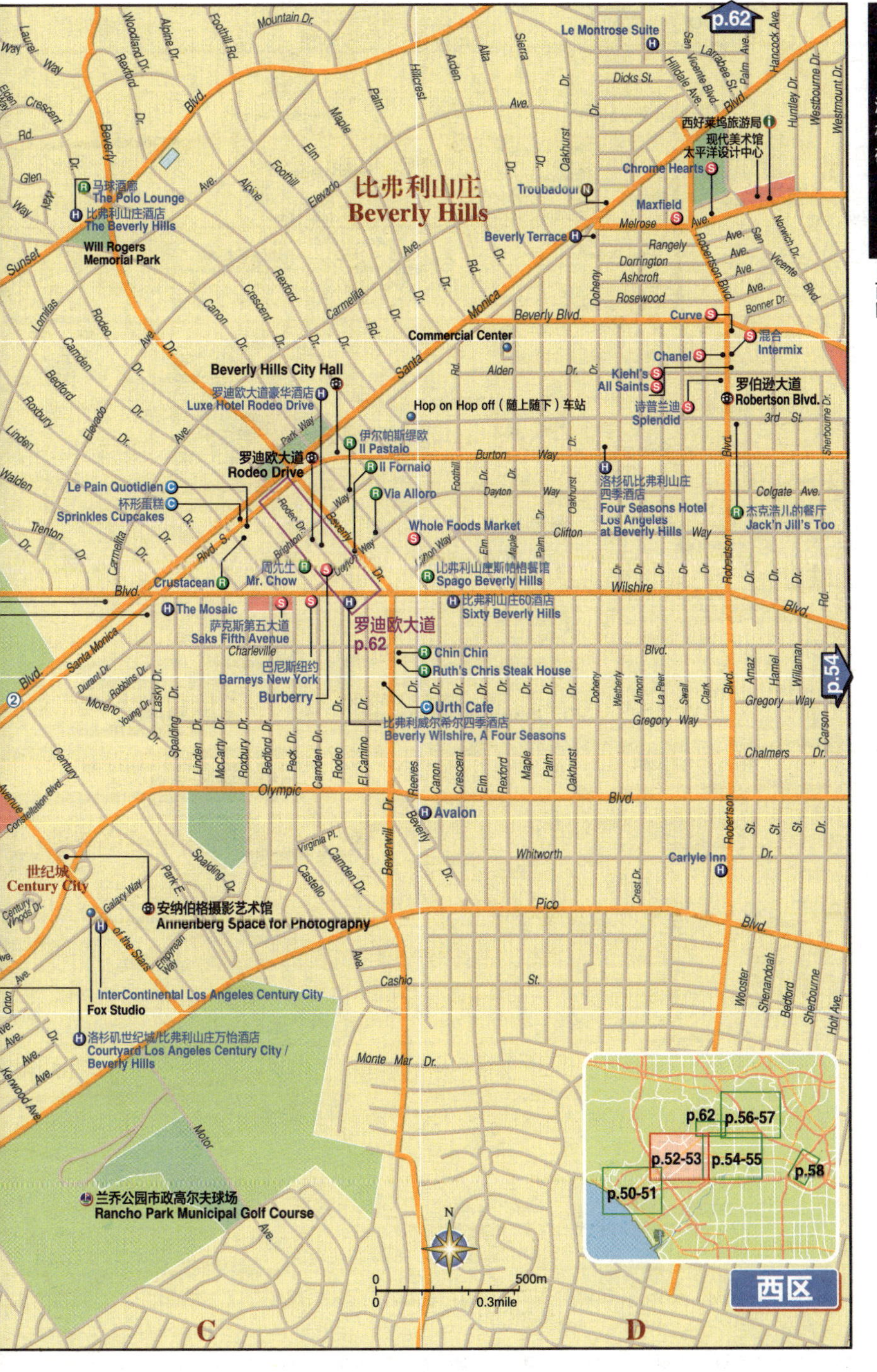
比弗利山庄
Beverly Hills
p.62
Le Montrose Suite
西好莱坞旅游局
现代美术馆
太平洋设计中心
Chrome Hearts
Troubadour
Maxfield
Beverly Terrace
马球酒廊
The Polo Lounge
比弗利山庄酒店
The Beverly Hills
Will Rogers Memorial Park
Commercial Center
Curve
混合
Intermix
Chanel
Kiehl's
All Saints
罗伯逊大道
Robertson Blvd.
诗普兰迪
Splendid
Beverly Hills City Hall
罗迪欧大道豪华酒店
Luxe Hotel Rodeo Drive
Hop on Hop off（随上随下）车站
伊尔帕斯缇欧
Il Pastaio
罗迪欧大道
Rodeo Drive
Il Fornaio
Via Alloro
Le Pain Quotidien
杯形蛋糕
Sprinkles Cupcakes
洛杉矶比弗利山庄四季酒店
Four Seasons Hotel Los Angeles at Beverly Hills
杰克洪儿的餐厅
Jack'n Jill's Too
Whole Foods Market
周先生
Mr. Chow
Crustacean
比弗利山庄斯帕格餐馆
Spago Beverly Hills
The Mosaic
比弗利山庄60酒店
Sixty Beverly Hills
萨克斯第五大道
Saks Fifth Avenue
罗迪欧大道
p.62
Chin Chin
Ruth's Chris Steak House
巴尼斯纽约
Barneys New York
Burberry
Urth Cafe
比弗利威尔希尔四季酒店
Beverly Wilshire, A Four Seasons
p.54
Avalon
Carlyle Inn
世纪城
Century City
安纳伯格摄影艺术馆
Annenberg Space for Photography
InterContinental Los Angeles Century City
Fox Studio
洛杉矶世纪城/比弗利山庄万怡酒店
Courtyard Los Angeles Century City / Beverly Hills
兰乔公园市政高尔夫球场
Rancho Park Municipal Golf Course
p.62
p.56-57
p.52-53
p.54-55
p.58
p.50-51
西区
N
0
500m
0
0.3mile
C
D

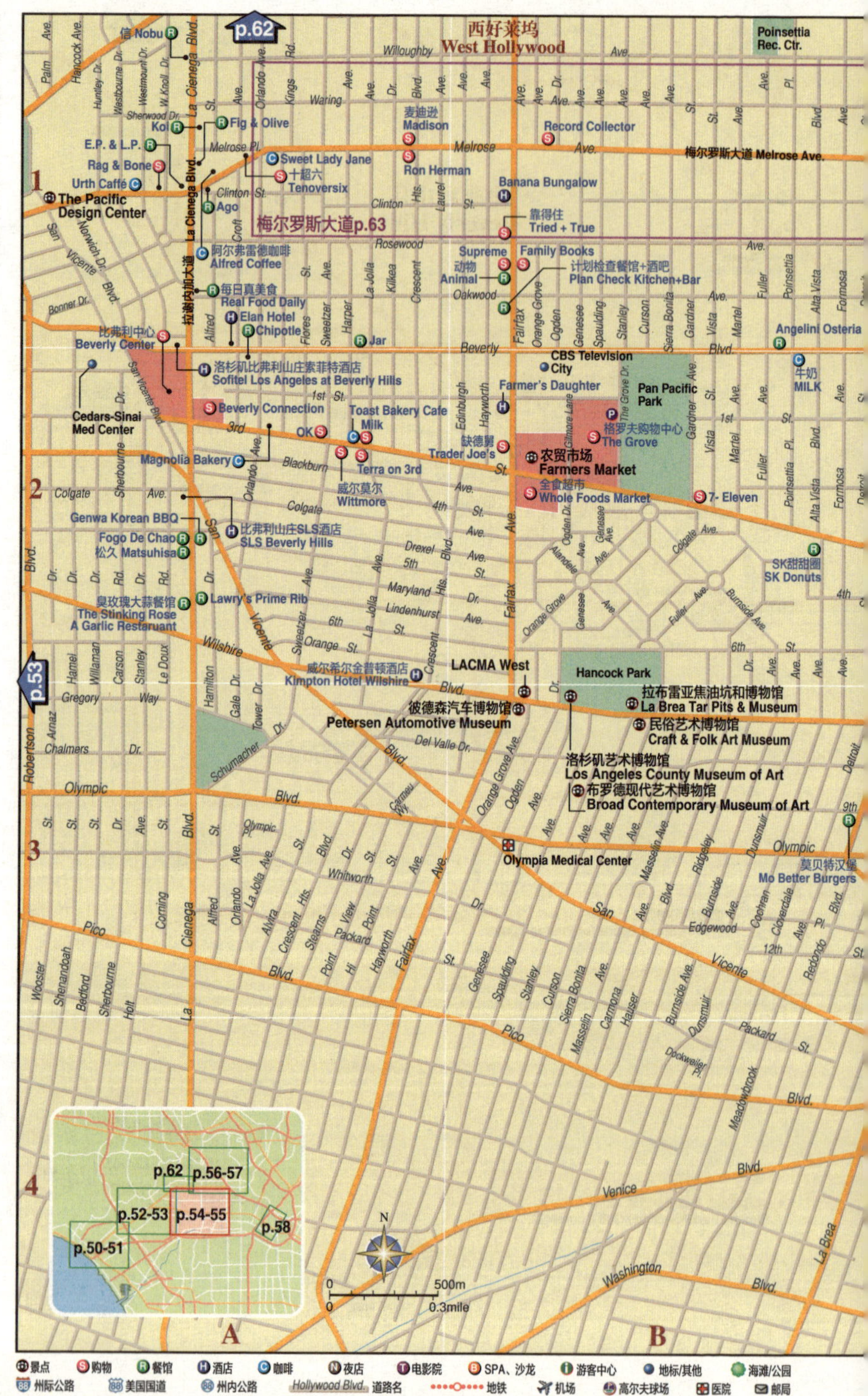

景点 购物 餐馆 酒店 咖啡 夜店 电影院 SPA、沙龙 游客中心 地标/其他 海滩/公园
州际公路 美国国道 州内公路 Hollywood Blvd. 道路名 地铁 机场 高尔夫球场 医院 邮局

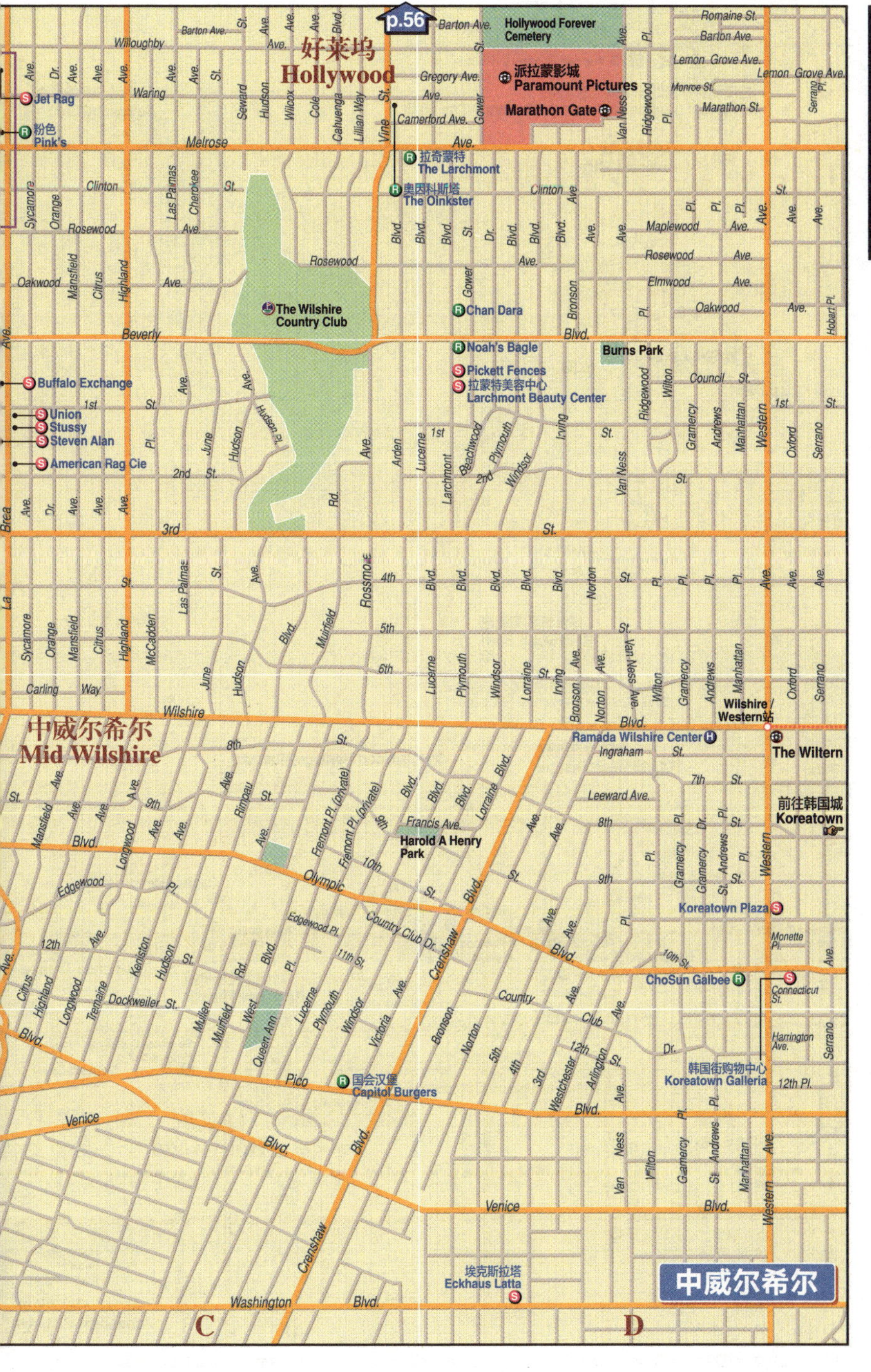
好莱坞
Hollywood
中威尔希尔
Mid Wilshire
Hollywood Forever Cemetery
派拉蒙影城
Paramount Pictures
Marathon Gate
Jet Rag
粉色
Pink's
拉奇蒙特
The Larchmont
奥因科斯塔
The Oinkster
The Wilshire Country Club
Chan Dara
Noah's Bagle
Burns Park
Buffalo Exchange
Pickett Fences
拉蒙特美容中心
Larchmont Beauty Center
Union
Stussy
Steven Alan
American Rag Cie
Wilshire / Western站
Ramada Wilshire Center
The Wiltern
前往韩国城
Koreatown
Harold A Henry Park
Koreatown Plaza
ChoSun Galbee
韩国街购物中心
Koreatown Galleria
国会汉堡
Capitol Burgers
埃克斯拉塔
Eckhaus Latta
中威尔希尔
C
D
p.56

前往
喜来登环球大酒店 Sheraton Universal、
Hilton Los Angeles / Universal City、
华纳兄弟影城 Warner Brothers Studio
好莱坞环球影城/环球影城步行街
Universal Studios Hollywood / Universal City Walk
环球影城
Universal City
好莱坞标志牌
Hollywood Sign
p.62
p.56-57
p.52-53
p.54-55
p.58
p.50-51
好莱坞露天剧场
Hollywood Bowl
最佳西方好莱坞广场酒店
Best Western Hollywood Plaza Inn
Hilton Garden Inn Los Angeles Hollywood
TCL中国剧院
TCL Chinese Theatre
Hollywood Heritage Museum
Watties Garden Park
好莱坞中心部p.60-61
Capitol Records
Starbucks
Musso & Frank Grill
好莱坞罗斯福酒店
Hollywood Roosevelt
Tropicana Bar
Hollywood / Highland站
Hollywood / Vine站
W Hollywood
The Fonda Theatre
潘太及斯剧院
Pantages Theater
Pig N' Whistle
In-N-Out Burger
The Coffee Bean & Tea Leaf
Southern Cullfornia Hospital Hollywood
Sunset Gower Studios
The Jim Henson Company
Arclight Cinemas
好莱坞
Hollywood
农贸市场（周一）
Plummer Park
Ralphs
缺德舅
Trader Joe's
Target
Yoshinoya
Hollywood Forever Cemetery
派拉蒙影城
Paramount Pictures
Poinsettia Rec. Ctr.
日落大道 p.62
p.55
Hollywood Fwy.
Franklin Ave.
Yucca St.
Hollywood Blvd.
Sunset Blvd.
Santa Monica Blvd.
Fountain Ave.
Romaine St.
景点 购物 餐馆 酒店 咖啡 夜店 电影院 SPA、沙龙 游客中心 地标/其他 海滩/公园
州际公路 美国国道 州内公路 道路名 地铁 机场 高尔夫球场 医院 邮局

好莱坞
前往Los Angeles Zoo、
Autry Museum of the American West
格里菲斯公园
Griffith Park
Greek Theatre
Roosevelt Municipal Golf Course
格里菲斯天文台
Griffith Observatory
Ennis House
好莱坞城里人酒店
Hollywood Downtowner Inn
Albertson's
Steven Alan
Fred 62
Squaresville
Y-Que Trading Post
Desert Rose
Prospect Studios
玛雅
Maya
Soap Plant Wacko
Hollywood / Western站
Vibe
好莱坞香蕉别墅酒店
Banana Bungalow Hollywood
Fatburger
Vermont / Sunset站
Quiznos
AHF Heathcare Center
Undefeated
莫霍克百货商店
Mohawk General Store
Barnsdall Art Park
Hollyhock House
Intelligentsia
Vermont / Santa Monica站
维吉尔诺莫尔
Virgil Normal
L.A. City College
银湖
Silver Lake
Los Feliz Blvd.
Hollywood Blvd.
Sunset Blvd.
Santa Monica Blvd.
Vermont Ave.
Western Ave.
Franklin Ave.
C
D

市区中心部
唐人街
Chinatown
距离竹林广场约500米
Ocean Seafood Restaurant
Philippes Original
奥尔维拉街
EL PASEO INN
La Golondrina
Metro乘客中心
联合站枢纽（FlyAway车站）
联合站
Union Station
本&杰瑞
Ben & Jerry's
TRAXX
Patsaouras Transit Plaza
闪电巴士车站
洛杉矶游客中心
Little Tokyo/Arts Dist.站
埃尔普埃布罗洛杉矶州立历史遗迹
El Pueblo de Los Angeles State Historic Monument
皮克屋
Pico House
天使圣母大教堂
The Cathedral of Our Lady of the Angels
阿曼森剧院
Ahmanson Theatre
马克特巴剧院
Mark Taper Forum
音乐中心
Music Center
钱德勒剧院
Dorothy Chandler Pavilion
市政中心
Civic Center
Civic Center / Grand Park站
市政厅
City Hall
洛杉矶市警察局
LAPD
美籍日裔国家博物馆
Japanese American National Museum
格芬现代美术馆
The Geffen Contemporary at MOCA
New Daimaru
Little Tokyo
宫古酒店
Miyako
红翼鞋店
Red Wing Shoes Store
迪士尼音乐厅
Walt Disney Concert Hall
布罗德博物馆
The Broad
洛杉矶时报
Los Angeles Times
希尔顿逸林酒店
Double Tree by Hilton
小东京
Little Tokyo
川田酒店
Kawada
Marukai市场
Marukai Market
Kouraku
Shabu Shabu House
日美文化&社区中心
Japanese American Cultural & Community Center
洛杉矶现代艺术博物馆
MOCA, Grand Avenue
洛杉矶欧尼酒店
Omni Los Angeles
Bradbury Bldg.
日本村广场
Japanese Village Plaza
Nic & Stef's Steakhouse
The L.A.
天使铁路
Angels Flight
中央市场
Grand Central Market
Eggslut餐馆
麦康奈尔的冰激凌
McConnell's Fine Ice Cream
Office Depot
Honda Plaza Dental Clinic
前往艺术区
Arts District
LA Prime
JCB广场
威斯汀博纳旺蒂尔套房酒店
The Westin Bonaventure Hotel & Suites
LA SALSA
Pershing Square站
帕琪
Perch
联邦银行大厦
U.S. Bank Tower
天空中心观景台
OUE Skyspace
空中玻璃滑梯
Skyslide
皮诺咖啡
Cafe Pinot
The Los Angeles Public Library
洛杉矶希尔顿切克斯酒店
Hilton Checkers Los Angeles
洛杉矶比特摩尔千禧酒店
Millennium Biltmore
WATER GRILL
潘兴广场
Pershing Square
治安不好的区域
城市国家广场
City National Plaza
洛杉矶市中心标准酒店
The Standard Downtown
CICADA RESTAURANT
ENGINE Co. No.28
米罗
Miro
7th St. / Metro Center站
城市中心
City Center
Morton's
洛杉矶市区喜来登酒店
Sheraton Los Angeles Downtown
The Bloc
全食超市
Whole Foods Market
Corner Bakery
O酒店
Fig at 7th
原创食品咖啡
Original Pantry Cafe
时尚区
Fashion District
菲格罗亚酒店
Figueroa
洛杉矶市中心艾斯酒店
Ace Hotel Downtown Los Angeles
格莱美博物馆
Grammy Museum
Luxe City Center Hotel
LA活力
LA Live
微软剧院
Microsoft Theater
Palm
Lawry's Carvery
Yard House
The Ritz-Carlton & JW Marriott
斯台普斯中心
Staples Center
前往博览会公园
Sunset Blvd.
Cesar E. Chavez Ave.
Temple St.
1st St.
2nd St.
3rd St.
4th St.
5th St.
6th St.
7th St.
8th St.
9th St.
11th St.
12th St.
Wilshire Blvd.
Olympic Blvd.
Figueroa St.
Grand Ave.
Broadway
Main St.
Alameda St.
Harbor Fwy.
0 500m
0 0.3mile
p.62
p.56-57
p.52-53
p.54-55
p.58
p.50-51
景点
购物
餐馆
酒店
咖啡
夜店
电影院
SPA、沙龙
游客中心
地标/其他
海滩/公园
州际公路
美国国道
州内公路
Hollywood Blvd. 道路名
地铁
机场
高尔夫球场
医院
邮局

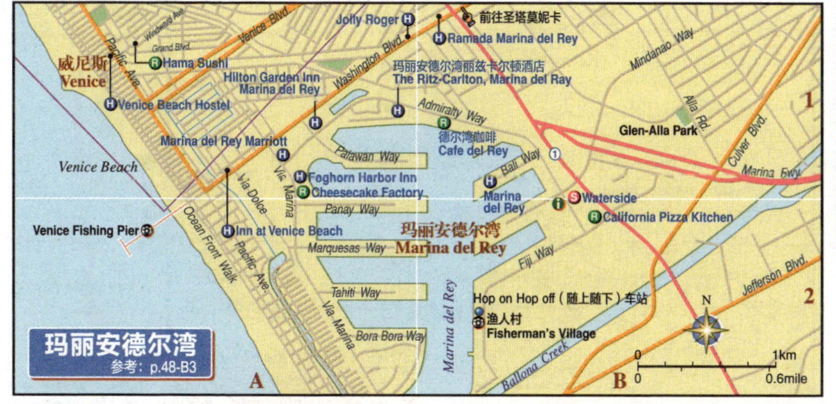

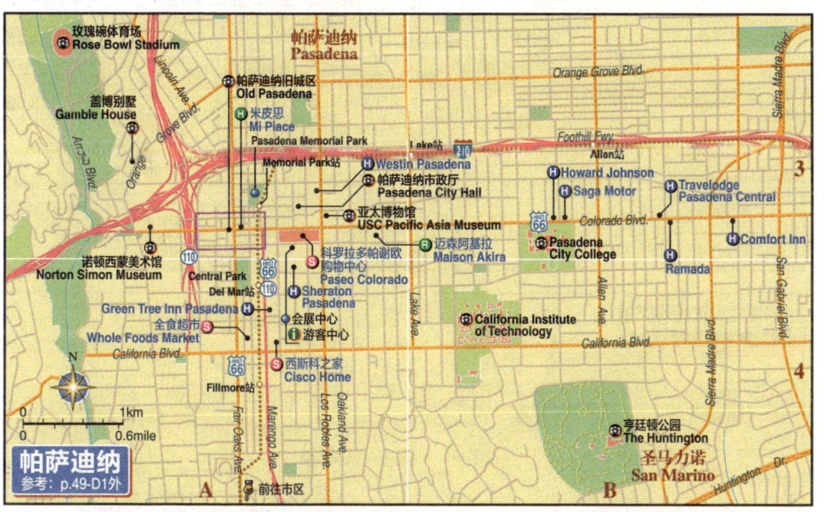

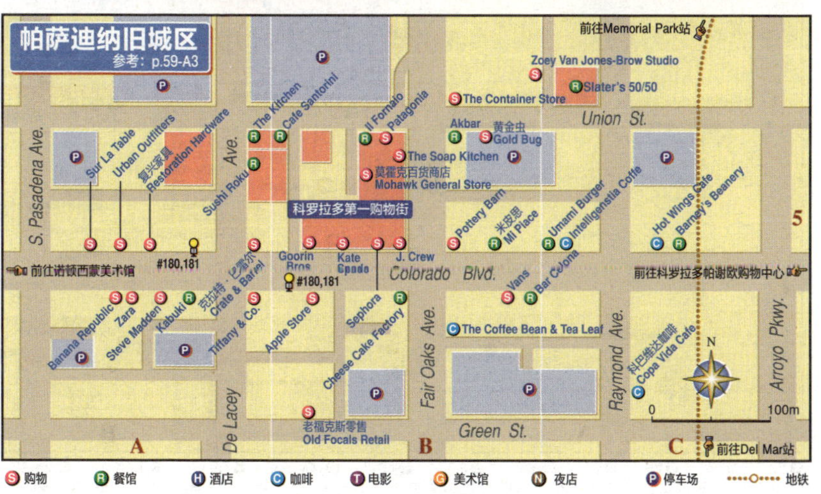

购物 餐馆 酒店 咖啡 电影 美术馆 夜店 停车场 地铁

全食超市
Whole Foods Market
Planet Blue
Peek Kids
Racheal Ashwell Shabby Chic
哈克贝利咖啡和面包房
Huckleberry Cafe and Bakery
Christie Emerson Reed Park
索诺马红酒花园
Sonoma Wine Garden
真心美食厨房
True Food Kitchen
安提卡比萨
Pizza Antica
圣塔莫妮卡广场
Santa Monica Place
Fred Segal
Santa Monica High School
香草烘焙商店
Vanilla Bake Shop
边界烧烤
Border Grill
Doubletree Suites Santa Monica
农贸市场（周六）
第三步行街p.62
Downtown Santa Monica站
圣塔莫妮卡帕里塞德斯酒店
Palihouse Santa Monica
第三步行街
Third Street Promenade
Wyndham Santa Monica at the Pier
Civic Auditorium
Michael's
Cal Mar Hotel Suites
圣塔莫妮卡总督酒店
Viceroy Santa Monica
Fairmont Miramar
市政厅
City Hall
Oceana Beach Club Santa Monica
农贸市场（周三）
Hotel Shangri-La
龙虾
The Lobster
前往马里布
蓝盘牡蛎
Blue Plate Oysterette
Roku寿司 Sushi Roku
太平洋公园
Pacific Park
Water Grill
圣塔莫妮卡码头
Santa Monica Pier
乔治亚酒店 The Georgian
圣塔莫妮卡国际旅舍
Hostelling International Santa Monica
阿甘布巴虾餐馆
Bubba Gump Shrimp Co.
California
海景度假酒店
Ocean View
Del Frisco's Grille
Hop on Hop off（随上随下）车站
大蓝巴士乘客中心
Big Blue Bus Transit Store
15th St.
14th St.
Euclid St.
12th St.
11th St.
10th St.
9th St.
Lincoln Blvd.
7th St.
5th St.
4th St.
3rd St.
2nd St.
Ocean Ave.
Palisades Beach Rd.
San Vicente Blvd.
Georgina Ave.
Marguerita Ave.
Alta Ave.
Palisades Ave.
Montana Ave.
Idaho Ave.
Washington Ave.
California Ave.
Wilshire Blvd.
Arizona Ave.
Santa Monica Blvd.
Broadway
Colorado Ave.
Olympic Blvd.
Santa Monica Fwy.
Michigan Ave.
Pico Blvd.
甜蜜玫瑰奶油
Sweet Rose Creamery
0 500m
0 0.3mile
好莱坞中心部
参考：p.56-A3～B4
好莱坞希尔顿花园酒店
Hilton Garden Inn Los Angeles Hollywood
Highland Gardens
Magic Castle
好莱坞名人酒店
Hollywood Celebrity
好莱坞兰花套房酒店
Hollywood Orchid Suites
好莱坞贵宾酒店
Hollywood VIP
Hop on Hop off（随上随下）车站
洛伊斯好莱坞酒店
Loews Hollywood
好莱坞蜡像博物馆
Hollywood Wax Museum
TCL中国剧院
TCL Chinese Theatre
杜比剧院
Dolby Theatre
Starline Tours
H & M
杜莎夫人蜡像馆
Madame Tussauds Wax Museum
米索&弗兰克烧烤
Musso & Frank Grill
无印良品
MUJI
Starbucks Coffee
Hollywood Highland站
好莱坞拉布雷亚酒店
Hollywood La Brea Inn
好莱坞罗斯福酒店
Hollywood Roosevelt
Larry Edmunds
American Apparel
Hooters
Red Line Tours
好莱坞&高地中心
Hollywood & Highland Center
洛杉矶游客中心
梅尔的汽车餐厅
Mel's Drive-In
埃及剧院
Egyptian Theatre
Walk of Fame Hostel
Cho Oishi
甜蜜！好莱坞
Sweet! Hollywood
Louis Vuitton
艾尔船长剧院
El Capitan Theatre
小猪口哨
Pig 'N Whistle
吉尼斯世界纪录博物馆
Guinness World of Records Museum
进出汉堡
In-N-Out Burger
Comfort Inn Near Hollywood Walk of Fame
好莱坞宾馆
Hollywood Guest Inn
Catalina Bar & Grill
7-Eleven
Ihop
Rodeway Inn Hollywood
Franklin Ave.
Franklin Pl.
Yucca St.
Hollywood Blvd.
Hawthorn Ave.
Selma Ave.
Lanewood Ave.
Sunset Blvd.
Leland Way
La Brea Ave.
Highland Ave.
Orange Dr.
Sycamore Ave.
Las Palmas Ave.
Cherokee Ave.
McCadden Pl.
0 200m
0 0.1mile
景点 购物 餐馆 酒店 咖啡 夜店 电影院 SPA、沙龙 游客中心 地标/其他 海滩/公园
州际公路 美国国道 州内公路 道路名 地铁 机场 高尔夫球场 医院 邮局

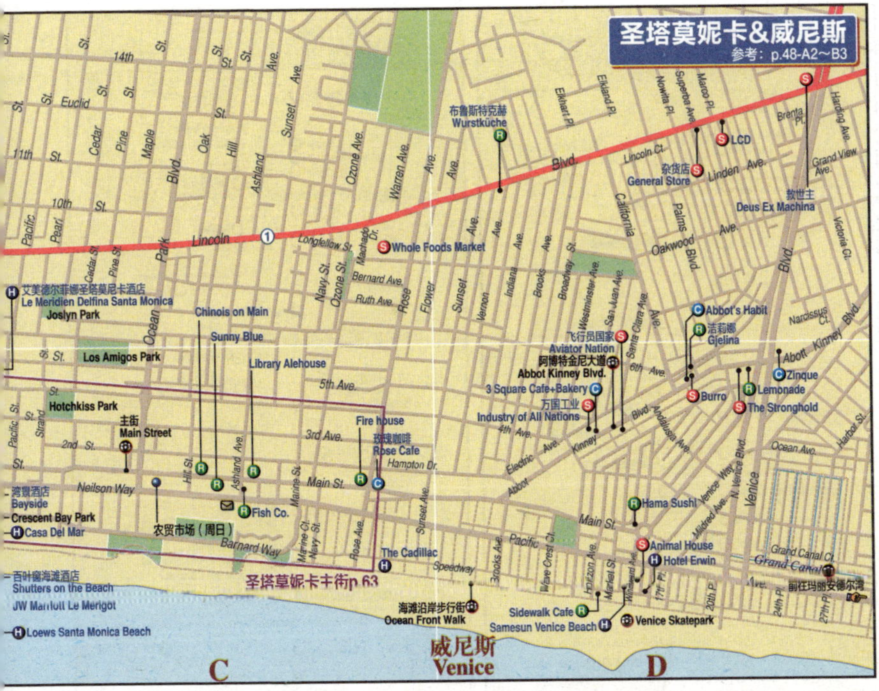

圣塔莫妮卡&威尼斯

参考：p.48-A2～B3

布鲁斯特克赫 Wurstküche
LCD
杂货店 General Store
救世主 Deus Ex Machina
Whole Foods Market
艾美德尔菲娜圣塔莫尼卡酒店 Le Meridien Delfina Santa Monica
Joslyn Park
Los Amigos Park
Chinois on Main
Sunny Blue
Library Alehouse
Hotchkiss Park
主街 Main Street
Fire house
玫瑰咖啡 Rose Cafe
Fish Co.
农贸市场（周日）
湾景酒店 Bayside
Crescent Bay Park
Casa Del Mar
百叶窗海滩酒店 Shutters on the Beach
JW Marriott Le Merigot
Loews Santa Monica Beach
圣塔莫妮卡主街p.63
The Cadillac
海滩沿岸步行街 Ocean Front Walk
飞行员国家 Aviator Nation
阿博特金尼大道 Abbot Kinney Blvd.
3 Square Cafe+Bakery
万国工业 Industry of All Nations
Abbot's Habit
洁莉娜 Gjelina
Zinque
Lemonade
Burro
The Stronghold
Hama Sushi
Animal House
Hotel Erwin
Sidewalk Cafe
Samesun Venice Beach
Venice Skatepark
前往玛丽安德尔湾
威尼斯 Venice
C
D

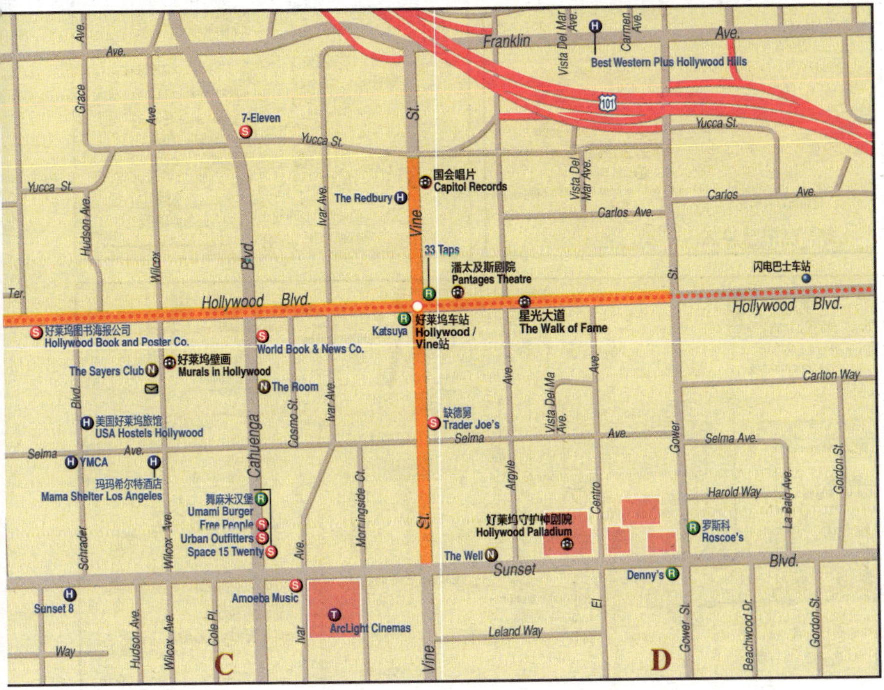

好莱坞中心部

Best Western Plus Hollywood Hills
7-Eleven
国会唱片 Capitol Records
The Redbury
33 Taps
潘太及斯剧院 Pantages Theatre
闪电巴士车站
好莱坞图书海报公司 Hollywood Book and Poster Co.
World Book & News Co.
Katsuya
好莱坞车站 Hollywood / Vine站
星光大道 The Walk of Fame
好莱坞壁画 Murals in Hollywood
The Sayers Club
The Room
美国好莱坞旅馆 USA Hostels Hollywood
缺德舅 Trader Joe's
YMCA
玛玛希尔特酒店 Mama Shelter Los Angeles
舞麻米汉堡 Umami Burger
Free People
Urban Outfitters
Space 15 Twenty
好莱坞守护神剧院 Hollywood Palladium
The Well
罗斯科 Roscoe's
Denny's
Sunset 8
Amoeba Music
ArcLight Cinemas
C
D

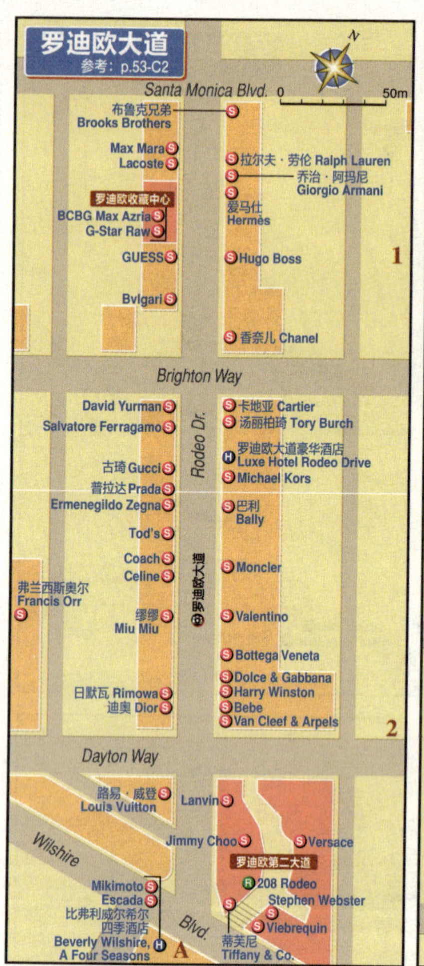
罗迪欧大道
参考：p.53-C2
Santa Monica Blvd.
0
50m
布鲁克兄弟
Brooks Brothers
Max Mara
Lacoste
拉尔夫 · 劳伦 Ralph Lauren
乔治 · 阿玛尼
Giorgio Armani
罗迪欧收藏中心
BCBG Max Azria
G-Star Raw
爱马仕
Hermès
GUESS
Hugo Boss
Bvlgari
香奈儿 Chanel
1
Brighton Way
David Yurman
Salvatore Ferragamo
Rodeo Dr.
卡地亚 Cartier
汤丽柏琦 Tory Burch
罗迪欧大道豪华酒店
Luxe Hotel Rodeo Drive
古琦 Gucci
普拉达 Prada
Ermenegildo Zegna
Michael Kors
巴利
Bally
Tod's
Coach
Celine
罗迪欧大道
Moncler
弗兰西斯奥尔
Francis Orr
缪缪
Miu Miu
Valentino
Bottega Veneta
Dolce & Gabbana
Harry Winston
日默瓦 Rimowa
迪奥 Dior
Bebe
Van Cleef & Arpels
2
Dayton Way
路易 · 威登
Louis Vuitton
Lanvin
Jimmy Choo
Versace
Wilshire
罗迪欧第二大道
Mikimoto
Escada
208 Rodeo
Stephen Webster
比弗利威尔希尔
四季酒店
Beverly Wilshire,
A Four Seasons
Blvd.
Viebrequin
蒂芙尼
Tiffany & Co.
A

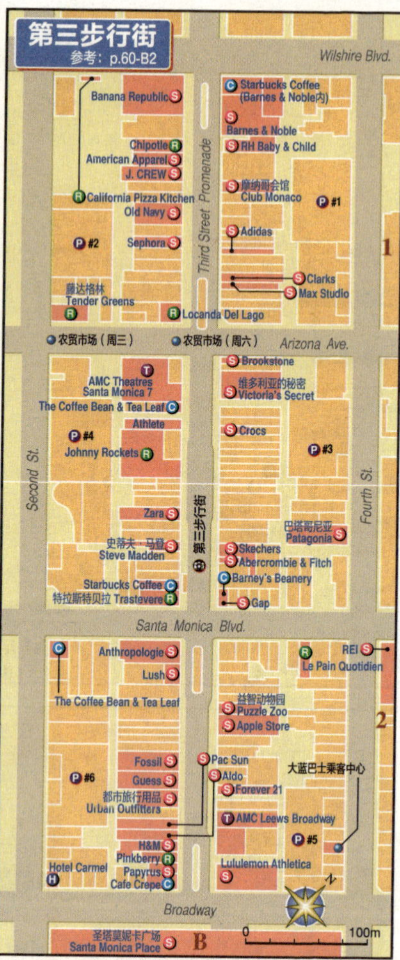
第三步行街
参考：p.60-B2
Wilshire Blvd.
Banana Republic
Starbucks Coffee
(Barnes & Noble内)
Barnes & Noble
Chipotle
American Apparel
J. CREW
RH Baby & Child
摩纳哥会馆
Club Monaco
California Pizza Kitchen
Old Navy
#1
Third Street Promenade
Adidas
#2
Sephora
Clarks
Max Studio
滕达格林
Tender Greens
Locanda Del Lago
1
农贸市场（周三）
农贸市场（周六）
Arizona Ave.
Brookstone
AMC Theatres
Santa Monica 7
维多利亚的秘密
Victoria's Secret
The Coffee Bean & Tea Leaf
Athlete
#4
Crocs
Johnny Rockets
#3
Second St.
Fourth St.
Zara
第三步行街
巴塔哥尼亚
Patagonia
史蒂夫 · 马登
Steve Madden
Skechers
Abercrombie & Fitch
Barney's Beanery
Starbucks Coffee
特拉斯特贝拉 Trastevere
Gap
Santa Monica Blvd.
Anthropologie
REI
Le Pain Quotidien
Lush
The Coffee Bean & Tea Leaf
益智动物园
Puzzle Zoo
Apple Store
2
Fossil
Pac Sun
大蓝巴士乘客中心
#6
Guess
Aldo
Forever 21
都市旅行用品
Urban Outfitters
AMC Loews Broadway
H&M
#5
Pinkberry
Hotel Carmel
Papyrus
Cafe Crepe
Lululemon Athletica
Broadway
N
圣塔莫妮卡广场
Santa Monica Place
B
0
100m

日落大道
参考：p.48-B1~C1
Andaz West Hollywood
贝斯特韦斯特
优质日落广场酒店
Best Western Plus
Sunset Plaza Hotel
格林布拉特熟食
Greenblatt's
Delicatessen
Hollywood
Blvd.
前往 宝儿牛排馆
Boa Steakhouse
Sky Bar
Mondrian Los Angeles
日落塔酒店
Sunset Tower
The Standard
Laurel Canyon Blvd.
Selma
Ave.
Samuel French Film
and Theatre Bookshop
Guitar Center
3
伊夫利 Eveleigh
Sunset
Blvd.
The Viper Room
The London
West Hollywood
Sunset Plaza Dr.
乐佩蒂四
Le Petit Four
Rite Aid
缺德舅
Trader Joe's
粉红莓果 Pinkberry
Katana
马尔蒙庄园酒店
Chateau Marmont
De Longpre
Ave.
p.56
日落广场
Sunset Plaza
Oliver Peoples
De Longpre Ave.
Fountain
Ave.
亲亲烧烤
Chin Chin Grill
Hampton Ave.
Plummer
Park
Roxy
Theatre
Clark St.
Lexington Ave.
Whisky
A Go Go
帕里豪斯酒店
Palihouse
Norton
Ave.
Norton
Ave.
全食超市
Whole Foods Market
Sunset Blvd.
Holloway Dr.
Santa
Monica
Blvd.
Dialog Cafe
La Boheme
4
La Cienega
West Knoll Dr.
巴尼餐馆
Barney's Beanery
西好莱坞
West Hollywood
Romaine St.
N
Starbucks
Trader Joe's
Willoughby
Ave.
Le Montrose Suite
A
p.54
B
0
500m
0
0.3mile
Doheny Dr.
Hammond St.
Larrabee
Horn Ave.
Sherbourne Dr.
Alta Loma
Olive Dr.
Kings Rd.
Flores St.
Sweetzer
Harper
Havenhurst
Crescent Heights Blvd.
Laurel
Hayworth
Fairfax
Orange Grove Ave.
Ogden
Genesee
Spaulding
Curson
Gardner
Martel Ave.
Vista
Sierra Bonita Ave.

梅尔罗斯大道
参考：p.54-A1～55-C1
A
粉色 Pink's
La Brea Ave.
罗马纳比萨
Pizza Romana
Detroit St.
Tatsu Ramen
M咖啡
M Cafe
Formosa Ave.
Fratelli Cafe
拉拉
Lala's
Necromance
Alta Vista Blvd.
1
N
0
200m
0
0.1mile
Poinsettia Pl.
Melrose Ave.
JapanLA
Fuller Ave.
Subway
Maya
American Superior Vintage
Martel Ave.
洛杉矶眼动力
L.a. Eyeworks
废土
Wasteland
Brooklyn Projects
Vista St.
Vinoteque
Gardner St.
Unica
Sierra Bonita Ave.
2
梅尔罗斯大道
Curson Ave.
Starbucks Coffee
Stanley Ave.
Urban Outffiters
Spaulding Ave.
Joyrich
American Apparel
Genesee Ave.
Tomato Pie Pizza Joint
Ogden Dr.
Fairfax High School
The Record Collector
Orange Grove Ave.
Banana Bungalow
West Hollywood
Fairfax Ave.
3
Hayworth Ave.
Palihotel
丹尼尔帕特里克
Daniel Patric
Edinburgh Ave.
New Era
Adidas
Chuck's Vintage
Laurel Ave.
Fred Segal
罗恩霍尔曼
Ron Herman
LA Rose Vintage Fashion
Crescent Heights Blvd.
乔纳森阿德勒
Jonathan Adler
Kilkea Dr.
RRL
巴顿 Burton
Liquid Juice Bar
La Jolla Ave.
Paul Smith
Clinton St.
Harper Ave.
4
Waring Ave.
Sweetzer Ave.
甜蜜的简小姐
Sweet Lady Jane
Flores St.
马克・雅可布
Marc Jacobs
Kings Rd.
Alexander McQueen
纳斯
Nars
Orlando Ave.
Theory
圣塔莫妮卡・主街
参照：p.60-B2～61-C2
Bay St.
1
M Street Kitchen
Bicknell Ave.
Dhaba
Santa Monica
Beach Nails Spa
Ocean Ave.
Neilson Way
L&K Market
Pacific St.
Kafe K
Yoga Works
主街
Strand St.
4th St.
Urth Caffe
Thai Vegan
Shoop's Delicatessen
Hollister Ave.
圣塔莫妮卡旅游局
Santa Monica Visitor Center
Peet's Coffee & Tea
Ben & Jerry's
2
Buffalo Exchange
Mills
Barnard Way
2nd St.
3rd St.
Ocean Park
Library
Ocean Park Blvd.
California Heritage
Museum
ZJ Boarding House
农贸市场（周日）
Main St.
Sea Shore Motel
十个女人
Ten Women
Undefeated
Arts & Letters
Starbucks
Hill St.
Max Studio Outlet
Chinois on Main
3
Lula Cocina Mexicana
Sunny Blue
Areal
Ashland Ave.
Groundwork
The Coffee Bean &
Tea Leaf
Library Alehouse
Kinney St.
因特普莱斯鱼餐馆
Enterprise Fish Co.
Free People
4th St.
Pier Ave.
Circle Bar
Via Veneto
Marine St.
蓝盘
Planet Blue
Espresso Cielo
4
Navy St.
CHAYA Venice
The Firehouse
玫瑰咖啡馆
Rose Cafe-Restaurant
0
200m
0
0.1mile
B
Rose Ave.
S 购物
R 餐馆
H 酒店
C 咖啡
N 夜店
M 博物馆
P 停车场

帕萨迪纳 80分钟 40分钟 100分钟 好莱坞 西区 市区 60分钟 海滩城市 N 0 10km

海滩城市 *Beach Cities*

圣塔莫妮卡、威尼斯、玛丽安德尔湾等，拥有洛杉矶众多的海滩。每一处都很美丽，充满个性。令人不禁想要在海风的吹拂中，享受自己所憧憬的海滩生活。目前与市区连接的地铁线路也已经开通，交通变得十分便利。

圣塔莫妮卡 *Santa Monica*

绝佳的观赏夕阳的木造栈桥　　圣塔莫妮卡 & 威尼斯 M p.60-B2

圣塔莫妮卡码头和太平洋公园 游

Santa Monica Pier & Pacific Park ✱✱✱

1909 年建造的木质栈桥。它是圣塔莫妮卡的标志，虽然从早到晚游客络绎不绝，但清晨却好像略显孤寂。以《骗中骗》为代表，栈桥曾无数次出现在电影及电视剧作品之中。在码头有小型游乐园、卖着新鲜鱼贝类的小摊等，休息日还会有小型演唱会或舞蹈表演。

圣塔莫妮卡码头著名的游乐园——太平洋公园（Pacific Park），是在栈桥上建造的游乐园，整个西海岸仅此一家。这里有世界上唯一一个使用太阳能发电转动的摩天轮——太平洋轮（Pacific Wheel）、部分线路设计在海上的过山车等，还有游戏厅、快餐店等，娱乐设施非常丰富。此外，1916 年建造的圣塔莫妮卡旋转木马（Santa Monica Carousel）还被指定为了历史纪念物，十分珍贵。如今还保留着 44 个手工雕刻的木马。

圣塔莫妮卡码头

住 200 Santa Monica Pier, Santa Monica（办公室）
☎（310）458-8901
URL santamonicapier.org
交通方式 从市区乘坐地铁博览线到 Downtown Santa Monica 站下车。步行约 10 分钟

太平洋公园

☎（310）260-8744
URL www.pacpark.com
营 5 月下旬~9 月上旬：周日~下周五 11:00~23:00（周日 10:00~、周五~次日 0:30）、周六 10:00~次日 0:30。此外的时间并不固定，请提前上网或电话确认
费 1 日通票 /8 岁以上 $32.95、7 岁以下 $17.95。也可单独乘坐每个设施（$5~10）

还可以看到 66 路的终点标志

来到洛杉矶一定不要错过圣塔莫妮卡码头的招牌

便签 在圣塔莫妮卡欣赏艺术　伯格芒站（该地区集中了将近 50 个美术馆）M p.51-C3　住 2525 Michigan Ave., Santa Monica　URL www.bergamotstation.com　营 周二~周五 10:00~18:00、周六 11:00~17:30　休 周日 · 周一↗

夜晚繁华依旧，市民的聚集地　　圣塔莫妮卡 & 威尼斯　M p.60-B2

第三步行街

食 买

Third Street Promenade

✱✱

夜晚仍有很多人，十分热闹

从圣塔莫妮卡广场（Santa Monica Place）北侧的 3rd St.、Broadway 起始，到 Wilshire Blvd. 的这 3 个街区组成的步行街，路边满是时尚咖啡馆、电影院、年轻人喜爱的流行商店等。每到周末会有街头艺人出现，深夜也是人头攒动，十分热闹。这样的区域在整个洛杉矶都很少见，另外这里会有交通管制，不用担心汽车驶入，可以放心地步行。

第三步行街

住 3rd St. 沿线、从 Broadway 至 Wilshire Blvd. 的 3 个街区

URL www.downtownsm.com

交通方式 从市区乘坐地铁博览线，在 Downtown Santa Monica 站下车即到。周边停车场的信息请参考 URL parking.smgov.net

露天购物街　　圣塔莫妮卡 & 威尼斯　M p.60-B2

圣塔莫妮卡广场

食 买

Santa Monica Place

✱✱

天气好的时候在露天餐厅享用晚餐

第三步行街东侧尽头是一个 3 层高的购物中心。这里是圣塔莫妮卡的热门区域，高档百货博洛茗（Bloomingdales）、诺德斯特龙（Nordstrom）、护肤品牌伊索（Aesop）、汤丽柏琦（Tory Burch）等，从休闲到高端，许多品牌都可以在这里找到。在三层屋顶还设有餐馆，慢慢享受美食也是一个不错的选择。

圣塔莫妮卡广场

住 395 Santa Monica Pl., Santa Monica

☎（310）260-8333

URL www.santamonicaplace.com

营 周一～周六 10:00~21:00、周日 11:00~20:00

洛杉矶的热门地区　　圣塔莫妮卡 & 威尼斯　M p.61-C2

主街

Main Street

✱✱

连接圣塔莫妮卡与威尼斯，是全长约 1.5 公里的道路，商店和餐馆主要集中在北侧的 Hollister Ave. 和南侧的 Marine St. 之间，步行约 15 分钟。时尚商店、古玩艺术品、现代家具等店铺错落路旁。在 Pco Blvd. 和 Ocean Park Blvd. 之间是绿灯区（Green Light District），这里全是环保商品店和有机咖啡馆等。

到了主街，游客的数量一下少了许多

主街

URL www.mainstreetsm.com

交通方式 乘坐地铁博览线在 Downtown Santa Monica 站下车，随后步行 3 分钟即到

农贸市场

在圣塔莫妮卡每周会有 3 天，在 4 个地点举办农贸市场。可以购买到当地新鲜的蔬菜水果，高人气餐馆也会摆摊，很受欢迎。

☎（310）458-8411

URL www.smgov.net/portals/farmersmarket

营 周三：8:30~13:30

M p.60-B2

住 Arizona Ave.（bet.4th St. & Ocean Ave.）

营 周六：8:00~13:00

M p.60-B2

住 Arizona Ave.（bet.4th St. & 2nd Sts.）

营 周六：8:00~13:00

M p.51-C3

住 2200 Virginia Ave.

营 周日：8:30~13:00

M p.61-C2

住 文化遗产广场（2640 Main St.）

↘ 费 特殊展览以外全部免费

威尼斯 & 玛丽安德尔湾 *Venice & Marina del Rey*

阿博特金尼大道

URL www.abbotkinneyblvd.com

交通方式 从圣塔莫妮卡的中心 Colorado Ave. & 4th St. 乘坐大蓝巴士 #1，在 Main St. & Brooks Ct. 下车

威尼斯居民们的最爱　　圣塔莫妮卡 & 威尼斯　M p.61-D2

阿博特金尼大道

Abbot Kinney Blvd.

有许多精致的店铺，可以好好地逛街

时尚的阿博特金尼大道，从一头走到另一头约需 15 分钟，精选商店、咖啡馆、餐馆鳞次栉比。距离威尼斯海滩步行也仅需 5 分钟，许多名人也会造访这里。新店不断在此开业，已经成为了威尼斯的著名地标之一。

海滩沿岸步行街

交通方式 在地铁博览线 Downtown Santa Monica 站以北，从 Santa Monica Blvd.&6th St. 乘坐大蓝巴士 #1 到 Via Marina & Admiralty Way 下车，步行 20 分钟

大秀身材的肌肉男

说起威尼斯海滩一定不要错过这里！　　圣塔莫妮卡 & 威尼斯　M p.61-D2

海滩沿岸步行街

食 游

Ocean Front Walk

象征着海滩城市的一片区域，海岸边设有长长的步行道和自行车道。从 Washington Blvd. 到 Venice Blvd. 之间的道路两旁有许多出售 T 恤、太阳眼镜的小摊。因为人流量大，注意防范小偷。周末有大量的街头表演和游客，使得这里充满活力。此外这里还有露天健身房，不少人为了展现身材来这里健身，因此也被称为“肌肉海滩（Mucscle Beach）”。

热闹的步行街

渔人村

住 13755 Fuji Way, Marina del Rey

营 夏季：每天 10:00~20:00、冬季：每天 10:00~21:00（根据时期有所不同）

交通方式 从圣塔莫妮卡的中心 Broadway & 4th St. 乘坐大蓝巴士 #3 在 Lincoln Blvd.&Fiji Way 下车，步行 15 分钟

尖屋顶并排的购物区　　玛丽安德尔湾　M p.59-B2

渔人村

食 买

Fisherman's Village

面向玛丽安德尔湾出口而建，是五彩缤纷的购物区。仿照新英格兰的渔村建造的尖顶小屋，面向游客的商店、礼品店、海鲜餐馆等错落有致。另外还可以在码头乘坐水上出租车。在大小各异的游艇上观看海边的景点也是别有一番趣味。周末午后，这里还有爵士、拉丁、R&B 等免费的演唱会。另外从威尼斯海滩骑自行车可以很方便地到达这里。威尼斯海滩周边有很多自行车租赁店，租上一辆自行车去骑行也不错。

渔人村的标志性灯塔

 美食  购物  学习 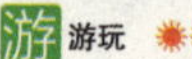 游玩 ✸✸✸推荐度

LOS ANGELES
30分钟 90分钟 帕萨迪纳 好莱坞 西区 市区 海滩城市 50分钟 30分钟 N 0 10km

西区 *Westside*

以高档住宅区比弗利山庄为中心的地区。此外还有西海岸著名高校加利福尼亚大学洛杉矶分校（UCLA）所在的学生街韦斯特伍德、高端品牌聚集的罗迪欧大道、为拍摄电影建造的人工城市世纪城等，看点颇多。

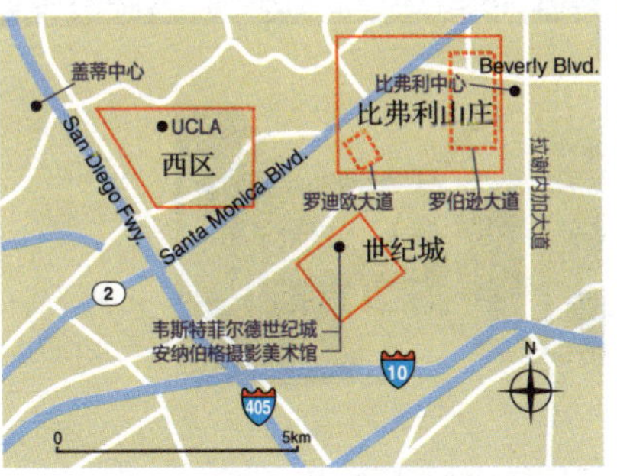

比弗利山庄 *Beverly Hills*

世界著名的高档住宅区　　西区　M p.53-C~D1

比弗利山庄

Beverly Hills　　游　✹✹

明星们居住的豪宅

虽然印象中这里明星们的豪宅并排而建，但可惜想要直接看到这些建筑可不是一件容易的事。毕竟比弗利山庄有许多广阔的丘陵地带，是禁止大型巴士驶入的。想要游览这里，最好选择租车或者参加旅游团（→p.46）。旅游团均为司机兼导游的形式，边听讲解边游览，不用自己寻找就能看到明星的宅邸。乘坐直升机的空中游览也有着很高的人气。

比弗利山庄

交通方式 从市区出发的话，可以乘坐 #20、720 巴士，约 40 分钟。从好莱坞出发，乘坐 #212 巴士，在 Santa Monica Blvd. 的十字路口换乘 #704 巴士，所需时间 30~40 分钟。从圣塔莫妮卡出发，乘坐 #704、720 等巴士均可到达，需要 20~25 分钟

知名餐馆聚集地　　中威尔希尔　M p.54-A1~2

拉谢内加大道

La Cienega Blvd.　　买 食　✹✹

比弗利山庄东侧贯穿南北的拉谢内加大道，因为拥有许多高档餐馆而格外知名。往西 3 公里便是罗迪欧大道（Rodeo Drive），明星们逛完街后经常选择来这里享用美食。这里的中心是大型购物街——比弗利中心（Beverly Center）。最近几年随着梅尔罗斯大道两侧及周边的设计品牌、餐馆等数量的逐渐增加，大大小小的电影相关公司众多，走在路上的人们也是愈加有品位。

有许多环境舒适的餐饮店

拉谢内加大道周边

交通方式 从市区乘坐 #16、17、316 等巴士均可，需 50 分钟左右。从好莱坞出发乘坐 #217 巴士，沿 Fairfax Ave. 南下，之后在 Beverly Blvd. 换乘 #14、37 巴士，向西行驶。约 30 分钟

罗迪欧大道

M p.53-C2、p.62-A1~2

交通方式 从市区乘坐 #20、720 巴士在 Beverly Dr. 下车，约 40 分钟。从好莱坞乘坐 #217 向西行驶，在 Fairfax Ave. & Wilshire Blvd. 换乘 #720

便签 明星出没度很高的大道　纵贯西区的罗伯逊大道有许多家紧跟潮流的店铺，即便在洛杉矶也有许多明星会到这里来购物。

世纪城 Century City

韦斯特菲尔德世纪城
住 10250 Santa Monica Blvd., Los Angeles
☎ (310) 277-3898
URL www.westfield.com/centurycity
营 基本上是周一～周六 10:00~21:00、周日 11:00~19:00
交通方式 从市区乘坐 #16、17、316、28、728 巴士均可，需要 50 分钟。从好莱坞乘坐 #217 巴士，向西到 Fairfax Ave. & Santa Monica Blvd. 换乘 #704

洛杉矶风格的露天购物街 西区 M p.52-B3

韦斯特菲尔德世纪城

游 买 食

Westfield Century City

洛杉矶首屈一指的人气商业街

在原本是 20 世纪福克斯公司拍摄地的巨大用地内建造了超现代的建筑群，工作、吃住、娱乐等所有的都市机能全部涵盖，而成为中心的便是韦斯特菲尔德世纪城。有一定年头的老旧商业街，没有设置屋顶，采用的露天形式也是少雨的洛杉矶所特有的。内部还有电影院，逛上一天也不会厌倦。

安纳伯格摄影艺术馆
住 2000 Avenue of the Stars, Los Angeles
☎ (213) 403-3000
URL annenbergphotospace.org
营 周三～周日 11:00~18:00
休 周一·周二、主要节假日
费 免费
交通方式 从韦斯特菲尔德世纪城（→上记）沿 Constellation Blvd. 向东走 1 个街区

著名摄影家作品汇聚一堂 西区 M p.53-C3

安纳伯格摄影艺术馆

学

Annenberg Space for Photography

位于韦斯特菲尔德世纪城附近，是洛杉矶珍贵的摄影艺术馆。展出以洛杉矶摄影家为首，有在体育、自然等各个领域中全球知名的巨匠之作。作品每 4 个月会进行一次更替。此外还有知名摄影家举办的研习会等活动（要收费）。

现代空间感很强的艺术馆

Information 电影之城洛杉矶的制片厂参观之旅

气候宜人的洛杉矶是最适合拍摄电影的地方，这里也分布着许多电影制片公司。组织制片厂参观之旅的电影公司如右侧所示。参加旅游团必须要持有护照等身份证件。另外在制片厂内有禁止拍照区域，一般禁止参观过程中拍照。

好莱坞仅存的仍在使用中的摄影棚

●派拉蒙影城

Paramount Pictures

于 1912 年创立的传统大型电影公司。好莱坞唯一一个仍在使用的摄影棚。

M p.55-D1
住 5515 Melrose Ave., Hollywood
☎ (323) 956-1777
URL www.paramountstudiotour.com
营 每天 9:00~16:00 每 30 分钟出发一次（根据时期有所不同）
休 主要节假日
费 $58（需预约）
※ 全程需要 2 小时。入口处会检查 ID 证件。10 岁以下不能参加
交通方式 从洛杉矶市区出发乘坐 #10、48 巴士，约 40 分钟。从好莱坞出发乘坐 #212、312 巴

便签 JJ 直升机　明星居住的比弗利山庄高级住宅区，即便是参加旅游团也只能看到豪宅的入口处。但如果俯视的话，宅邸的占地面积和豪华程度便一目了然。推荐乘坐直升机游览洛杉矶。有导游服务。有些线路还↗

韦斯特伍德 Westwood

被高档住宅包围的学生街区　　西区 M p.52-A~B3

韦斯特伍德

买 食

Westwood

✹✹

几乎位于好莱坞和圣塔莫妮卡中间的韦斯特伍德，有着以加州大学洛杉矶分校为中心展开的学生街区，另外也有一个商业街。可能是因为被比弗利山庄等高档住宅区包围的缘故，高校区常见的旧书店、便宜的食堂等，在这里几乎找不到。因为咖啡馆、商店、电影院、小型演出现场等娱乐设施的存在，夜晚也有可以游玩的地方。另外 UCLA 南侧，Wilshire Blvd. 上的哈默博物馆（Hammer Museum）属于 UCLA（下记），这里收藏了塞尚、梵高等杰出艺术家的多幅杰作，很有名气。

享受美好校园生活的学生们　　西区 M p.52-A2

加利福尼亚大学洛杉矶分校

学

University of California Los Angeles（UCLA）

✹✹✹

加利福尼亚大学的分校之一，洛杉矶分校 University of California Los Angeles 简称 UCLA。自 1919 年建校以来，这里便作为加利福尼亚一流名校不断发展，校园占地面积多达 1700 平方米，绿意盎然。此外 UCLA 还是体育强校，州内外、国内外都有很多粉丝。观众影响力与职业体育相比也毫不逊色。

UCLA 学生会在校园正中央设置了 UCLA 商店（UCLA Store），每个人都可以自由使用。规模很大，书籍、体育用品、文具用品等种类也很丰富。

加利福尼亚州首屈一指的名校

哈默博物馆

M p.52-A3

住 10899 Wilshire Blvd.，Los Angeles

☎（310）443-7000

URL hammer.ucla.edu

营 周二～周日 11:00~20:00（周六・周日 ~17:00）

休 周一、主要节假日

费 免费

交通方式 参考下记的加利福尼亚大学洛杉矶分校

加利福尼亚大学洛杉矶分校

☎（310）825-4321

URL www.ucla.edu

交通方式 从市区乘坐 #720 巴士，在 Westwood Blvd. & Wilshire Blvd. 下车，约 60 分钟。然后沿 Westwood Blvd. 向北。从圣塔莫妮卡出发乘坐大蓝巴士 #1、2 等均可，约 50 分钟

UCLA 商店

M p.52-A2

住 308 Westwood Plaza

☎（310）825-7711

URL shop.uclastore.com

营 周一～周五 9:00~18:00、周六・周日 10:00~17:00（周日 12:00~）

※ 根据时期有所不同

士沿 La Brea Ave. 向南，在 Melrose Ave. 换乘 #10、48，约 40 分钟

●华纳兄弟影城

Warner Brothers Studio

华纳影视除拍摄电影外，还经常拍摄电视剧作品。

M p.56-A1 外

住 3400 W.Riverside Dr.，Burbank

Free（1-877）492-8687

URL www.wbstudiotour.com

营 每天 8:30~16:00，每 15~30 分钟出发一次（根据时期有所不同）

费 $68（8 岁以上。约 3 小时）

交通方式 从好莱坞出发乘坐 #222 巴士，在 Hollywood Way & Riverside Dr. 下车，约 20 分钟

●索尼电影工作室

Sony Pictures Studio

位于机场与西好莱坞中间的卡尔弗城（Culver City）。如果幸运的话，还有机会看到现场拍摄的场景。

M p.48-B3

住 10202 W.Washington Blvd.，Culver City

☎（310）244-8687（需预约）

URL www.sonypicturesstudiostours.com

营 周一～周五 9:30、10:30、13:30、14:30 出发

费 $45（12 岁以上。所需时间约 2 小时）※ 需提供身份证明

交通方式 从市区乘坐地铁博览线，在 Culver City 站下车，然后换乘 #7 巴士，在 Culver Blvd. & Motor Ave. 下车。全程约 1 小时

↘可以近距离观看好莱坞标志牌。详细信息请参考● JJ Helicopters，Inc. ☎（310）257-8622、URL jjheli.com、费 绕洛杉矶一圈 $285

使用充裕预算建造的奢华博物馆　　洛杉矶 M p.48-B2

盖蒂中心　学

Getty Center

从韦斯特伍德沿 I-405 向北，不久便会进入高档住宅区布伦特伍德。从这里的山丘俯瞰洛杉矶，可以看到的显著的白色建筑便是盖蒂中心。馆内有着全美数一数二的收藏品，是一个备受文艺爱好者喜爱的综合设施。

盖蒂中心位于圣塔莫妮卡山下的布伦特伍德，占地面积达 44.5 公顷（110 英亩），以盖蒂博物馆（Getty Museum）为中心，同时设立有教育机构、研究机构等，是一座综合艺术中心。在这里参观一整天也不会厌倦。

博物馆除了出入口大厅外，由 5 个展厅构成，前往每个展览都要先经过中央的博物馆庭院（Museum Courtyard）。与其他博物馆不同，没有固定的参观线路，可以不时去欣赏屋外美丽的风景和喷泉，然后再回到屋内继续鉴赏艺术作品，这也是一种游览方式。

中央花园（Central Garden）也值得一去。圆锥形的绿色庭院内有各式的植物，根据季节不同花园内的布置也有所调整。

极具开放感的盖蒂中心中央花园

盖蒂中心

住 1200 Getty Center Dr., Los Angeles

☎（310）440-7300

URL www.getty.edu

营 周二～周日 10:00~17:30（周六~21:00、周日~19:00。根据时期有所不同）

休 周一、主要节假日

费 免费

交通方式 从市区乘坐地铁博览线到 Expo & Sepulveda 站下车，换乘 #734 巴士向北，约 90 分钟。从圣塔莫妮卡的 Downtown Santa Monica 站乘坐地铁博览线，到 Expo & Sepulveda 站下车，然后换乘 #734 巴士向北，约 60 分钟

参观者首先要乘坐无人驾驶的有轨电车，到山顶大约需要 5 分钟。电车抵达的是到达广场。从正面的台阶上去后，便是前往盖蒂博物馆的入口。

博物馆的前身是位于马里布的保罗·盖蒂博物馆，是将大富翁 J. Paul Getty 的宅邸作为博物馆对外开放而来。他使用庞大的资产收集的美术品如今已经成为盖蒂中心收藏品的核心。另外，盖蒂留给了博物馆 12 亿美元的巨额遗产，这里每年都要想办法花掉其资金的 4.25% 用于与艺术相关的事务。

Column 参观盖蒂艺术博物馆

位于圣塔莫妮卡北面马里布的盖蒂别墅（Getty Villa）因作为盖蒂中心的姐妹馆而闻名。这是以公元 1 世纪时的罗马风格宅邸为原型建造的，随处给人一种优雅高贵的感觉。这里收藏着 4.4 万件古希腊、古罗马、伊特鲁里亚时期的古美术作品。在 23 个常设展中，可以接触到超过 1200 件的艺术品。展品虽然十分出色，但按罗马风格设计的建筑也很有看点。不妨多花些时间慢慢地欣赏。

虽然是免费参观，但需要登录网站 URL www.getty.edu/visit 或者拨打 ☎（310）440-7300 提前预约。预约后会收到写有预约时间和号码的 PDF 文件，将其打印出来，参观时携带。

●盖蒂别墅 Getty Villa

M p.48-A2 外

住 17985 Pacific Coast Hwy., Pacific Palisades

☎（310）440-7300

URL www.getty.edu

营 周三～下周一 10:00~17:00（5 月下旬 ~8 月的周六营业至 21:00）

休 周二、主要节假日

交通方式 从市区乘坐地铁博览线，到 Downtown Santa Monica 站下车，然后换乘 #534 巴士北上，在盖蒂别墅前下车，全程约 90 分钟

便签 参观盖蒂别墅必须预约　不预约的话只能待在大门外。无论是打印好的预约门票 PDF 还是手机电子门票等，提前准备好即可。

好莱坞 *Hollywood*

在气候宜人的洛杉矶，以好莱坞为中心的地区，有许多电影、电视剧的制片工作室。可以说洛杉矶的“电影之都”这一称号就是从这里诞生的。如今也仍是洛杉矶最佳的观光景点，十分热闹。

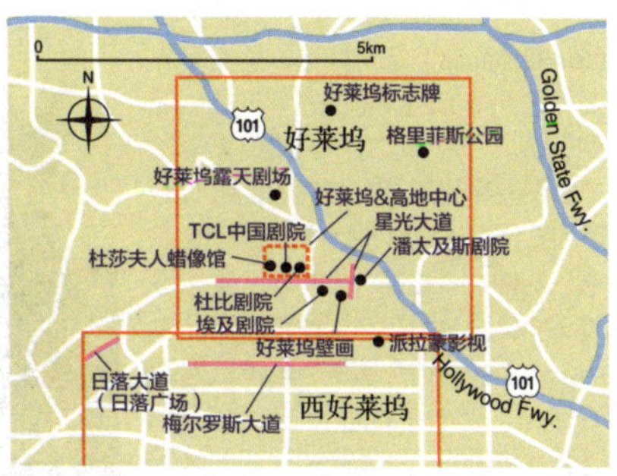

好莱坞 *Hollywood*

好莱坞的核心　　好莱坞中心部　M p.60-A~B3

好莱坞 & 高地中心　游 买 食

Hollywood & Highland Center　★★★

这是不愧于“电影之都”称号的娱乐地区。这一区域，集中了电影、戏剧等娱乐设施，还有酒店、购物、美食区等。

紧挨 TCL 中国剧院的是奥斯卡金像奖颁奖仪式的举办地——杜比剧院（Dolby Theatre），在四周有路易·威登、M·A·C 等商店，还有可以看到好莱坞标志牌的广场、美食餐馆以及四星级的洛伊斯好莱坞酒店等，即便到了深夜也十分热闹。从地铁红线的 Hollywood & Highland 站上来后便是好莱坞，交通方式非常便利。

中心内也有游客中心

好莱坞 & 高地中心

住 6801 Hollywood Blvd，Hollywood

☎（323）467-6412

URL www.hollywoodandhighland.com

营 每天 10:00~22:00（周日 ~19:00。每家餐馆、电影院的营业时间各不相同）

※停车场入口在 Highland Ave.

交通方式 地铁红线 Hollywood & Highland 站正上方

华丽的奥斯卡颁奖仪式会场就在这里　　好莱坞中心部　M p.60-B3

杜比剧院　游

Dolby Theatre　★★

美国电影节的最大盛典——奥斯卡颁奖仪式的举办地，原名柯达剧院。在每年 2 月末 ~3 月上旬开幕的奥斯卡颁奖仪式当天，从好莱坞大道到剧场之间铺设有红毯，获奖候选人都会优雅地走过这里。全球同步直播，充满了好莱坞式的华美。除了奥斯卡颁奖口以外，其他时间也会作为音乐会或者 TV 节目的录制现场。可以参加剧院观光团，有导游讲解，可以一边想象着颁奖典礼的场景，一边观光漫步。

游客众多，热闹非凡

杜比剧院

住 6801 Hollywood Blvd.，Hollywood

☎（323）308-6300

URL www.dolbytheatre.com

营 导游观光团是从二层入口开始。每天 10:30~16:00 每 30 分钟出发一次，所需时间约 30 分钟

费 成人 $23、老人（65 岁以上）·学生 $18

 美食  购物   学习 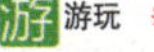 游玩  推荐度

TCL 中国剧院
住 6925 Hollywood Blvd. Hollywood
☎ (323) 461-3331
URL www.chinesetheatres.com

经常作为最新电影全球首映式的地点。除了主剧院外，还有 6 个剧院。

约翰尼·德普留下的手印和足印

好莱坞的地标建筑　　好莱坞中心部　M p.60-A3

TCL 中国剧院 游

TCL Chinese Theatre ★★★

经常举办电影的首映式

1927 年由剧场之王希德格鲁曼（Sid Grauman）亲自打造，是世界上最知名的电影院，也是好莱坞最热闹的场所。沿用中国寺院风格的豪华建筑，最有名的还是在前庭的铺路石上明星们留下的手印和足印。约翰韦恩、约翰尼·德普、休·杰克曼等超过 200 位明星都在这里留下过自己的印记。馆内装饰也使用的是中式风格的饰品，观众席也很宽敞。2017 年电影导演迈克尔·贝等也在这里留下了自己的手印和足印。

星光大道
URL www.walkoffame.com

记载了最新的即将加入的星星（Upcoming Ceremonies）预订信息。每数周都会按一定比例加入新的铺路石，仪式会在杜比剧院前举行，如果运气好的话还能看到大腕明星。

有超过 2500 位明星留名于此　　好莱坞中心部　M p.60-A3~61-D3

星光大道 游

The Walk of Fame ★★★

寻找自己喜欢的明星石也是一大乐趣

主街 Hollywood Blvd. 和 Vine St. 上的星形铺路石也是好莱坞的象征之一。星星上刻有在各个领域活跃的人物名字，游客们对着自己脚下拍照，这也是好莱坞特有的风景。1953 年为了重振好莱坞形象，当地商家们每户出资 $85 策划了星光大道。1960 年开始正式启动，一开始制作了 1558 颗星星。之后每年按照 15~20 人的比例增加，如今总数已经超过了 2500 颗。2017 年说唱歌手艾斯·库伯等人也登上了星光大道。

星光大道沿 Hollywood Blvd. 自东边的 Gower St. 延伸至西边的 La Brea Ave.，然后顺着 Sunset Blvd. 和 Yucca St. 之间的 Vine St. 向南北不断扩张。

杜莎夫人蜡像馆
住 6933 Hollywood Blvd., Hollywood
☎ (323) 798-1670
URL www.madametussauds.com/hollywood
营 每天 10:00~19:00（周六·周日 ~20:00）。根据时期有所不同，请登录网站提前确认
休 奥斯卡颁奖典礼当天
费 成人 $30.95、儿童（4~12 岁）$23.95、不满 4 岁免费；登录网站提前购票有一定的优惠
交通方式 从地铁红线 Hollywood & Highland 站下车。紧邻 TCL 中国剧院

人气明星大集合　　好莱坞中心部　M p.60-A3

杜莎夫人蜡像馆 游

Madame Tussauds Wax Museum ★★

电影、体育等领域，超过 100 位明星齐聚一堂。虽说是蜡像，但相似度超高，真的像是看到了本人。还有很多好莱坞电影导演。令人高兴的是，在馆内可以随意拍照，因此可以和许多的明星蜡像拍摄纪念照。

大爱的泰勒·斯威夫特

便签 TCL 中国剧院周边的注意事项　经常有电影角色的扮演者出现。和他们一起拍照后会被索要小费，而且会非常执着地纠缠，一定要多加注意。另外还有发放“免费”原创 CD 的人，接过 CD 然后再收钱的事情↗

与好莱坞名流约会 好莱坞中心部 M p.61-C4

好莱坞壁画 游

Murals in Hollywood

✹✹

你能认出几个明星呢

好莱坞周边到处都是往年好莱坞明星、当红人气演员的壁画。

其中最著名的当数地铁红线 Hollywood/Highland 站和 Hollywood/Vine 站正中间的名为 “You Are the Star” 的壁画作品。描绘的是查理·卓别林、玛丽莲·梦露坐在剧场的场景。来这里拍照留念的人络绎不绝。

好莱坞壁画

交通方式 从地铁红线 Hollywood/Vine 站向西边的好莱坞 & 高地方向步行。沿 Wilcox Ave. 步行便能看到 “You Are the Star” 的壁画。

※代表性壁画在下方的网址中有详细介绍。

URL www.seeing-stars.com→Where the Stars Are Immortalized→Hollywood Murals of the Stars

漫步好莱坞之前了解一下历史 好莱坞中心部 M p.60-B3

埃及剧院 游

Egyptian Theatre

✹

有许多深受电影通喜爱的电影

于 1922 年开业的剧院。这座电影院作为电影通的聚集地有着极高的人气。如果运气好的话，在晚上作品上映前后，还能看到电影导演和演员的脱口秀。

另外还有可以参观放映室、后台等剧院内部的参观之旅——埃及剧院历史之旅（Historic Egyptian Theatre Tour）。周六 10:30 开始，所需时间约 1 小时。日程可以在网站上（边栏）确认。

埃及剧院

住 6712 Hollywood Blvd., Hollywood

☎（323）466-3456

URL www.egyptiantheatre.com

营 售票处在电影上映前 90 分钟开放

费 电影票成人 $12、老人·学生 $10
剧院历史之旅 $9

装饰艺术风格的剧院 好莱坞中心部 M p.61-D3

潘太及斯剧院 游

Pantages Theater

✹

位于地铁红线 Hollywood/Vine 站对面，1930 年开业，至今仍在使用中。主要有芭蕾、百老汇音乐剧等公演，曾经也是奥斯卡金像奖的颁奖仪式会场。剧场内部很有厚重感，在好莱坞黄金期建造，十分奢华。坐在观众席上，就感觉仿佛穿越回了 20 世纪 30 年代。音乐剧公演每 1~4 周更换一个作品，请提前确认好排片表。

也会举办明星的演唱会

潘太及斯剧院

住 6233 Hollywood Blvd., Los Angeles

☎（323）468-1770

URL Hollywoodpantages.com

营 售票处每天 10:00~20:30（周一 ~18:00、周日 ~19:00）

↘也时有发生。一定要多加注意。

音乐会专用的室外剧场 好莱坞 M p.56-A2

好莱坞露天剧场 游

Hollywood Bowl ✱✱

于1922年建造。音乐会在6~9月集中举行，以洛杉矶爱乐乐团为中心进行经典、爵士等的演奏表演。夜间公演时，还可以在星空下欣赏演出。

位于好莱坞的室外音乐剧场

可以切实感受到好莱坞的大招牌 好莱坞 M p.56-B1

好莱坞标志牌 游

Hollywood Sign ✱✱

可以让人切实感受来到了洛杉矶的好莱坞标志牌

著名的好莱坞标志牌，原本是房地产商作为广告设计打造的，当时使用的是1923年修建地的名字“HOLLYWOODLAND”。

1932年新人女演员因为经不起失败的打击，选择了从最后一个“D”字上跳下自杀，因此也成了一段不太好的话题。土地开发成功后，好莱坞标志牌也无人维护，任由它荒废。

到了1945年，当地商会看不下去了，随即接手了标志牌，并进行了修复，还将当时的“LAND”去掉，变成了现在的“HOLLYWOOD”。这9个字母从“H”到“D”全长137米。1973年被指定为洛杉矶市历史遗迹（Los Angeles Cultural-Historical Monument）。

《爱乐之城》的取景地 好莱坞 M p.57-C~D1~2

格里菲斯公园

Griffith Park ✱✱✱

这里的环境舒适安逸，是洛杉矶市民们的休息场所。园内以格里菲斯天文台为主，还有动物园、剧院、网球场、高尔夫球场等设施。

●格里菲斯天文台 Griffith Observatory

1935年建造，是知名的夜景地。使用最新技术再现了漫天星空的塞缪尔欧斯钦天文馆（Samuel Oschin Planetarium）也极具人气。天文馆秀在每周二~周五12:45~20:45演出8次，周六·周日10:45~20:45演出10次。另外5岁以下的儿童只能观赏第一场的演出。

天文台门票免费

好莱坞露天剧场

住 2301 N.Highland Ave., Los Angeles

☎（323）850-2000

URL www.hollywoodbowl.com

交通方式 从好莱坞出发，乘坐#237巴士，沿Highland Ave.行驶，到Odin St. & Fairfield Ave.下车。步行5分钟

门票预约（门票大师）

Free（1-800）653-8000

URL www.ticketmaster.com

好莱坞露天剧场博物馆

前往停车场的途中，有一座小型博物馆，里面记录了都有哪些明星在露天剧场举办过音乐会，还能了解到一些关于好莱坞的历史介绍。在演唱会当天会开放至演出开始之前，不妨前去了解一下。

营 周二~周五 10:00~17:00（夏季周末也闭馆）

费 免费

好莱坞标志牌

URL Hollywoodsign.org

从好莱坞&高地中心（→p.71）的巴比伦广场，可以清楚地看见标志牌。

格里菲斯天文台

M p.57-C2

住 2800 E.Observatory Rd., Los Angeles

☎（213）473-0800

URL www.griffithobservatory.org

营 周二~周日 12:00~22:00（周六·周日 10:00~）

休 周一、主要节假日

费 天文台门票免费。塞缪尔欧斯钦天文馆13岁以上$7、老人·学生$5、5~12岁$3。5岁以下免费

交通方式 从地铁红线Vermont/Sunset站乘坐Dash。每天12:00~22:00（周六·周日10:00~），每隔20~25分钟一班

格里菲斯公园的停车场 格里菲斯公园的大门22:00前关闭，停车的人一定要在22:00之前把车从停车场开走。

西好莱坞 West Hollywood

明星也经常前来的粉色热狗店。位于 La Brea Ave.

梅尔罗斯大道上有很多适合拍照上传朋友圈的壁画

有名的大型招牌广告　日落大道　M p.62-A3~4

日落广场

游 买 食

Sunset Plaza

✹✹

好莱坞以西，Sunset Blvd. 路旁的餐馆、商店聚集区就是日落广场。在露天咖啡馆的桌子边悠闲地享受午餐的人们，看上去都很有品位。从周边办公楼出来吃午餐的人也有很多，而且这里距离比弗利山庄较近，还有许多穿戴时尚、有品位的人穿梭于此。这里不仅有许多高档商店，还有不少气氛轻松的咖啡馆。无论是在餐馆享用午餐，还是在咖啡馆小憩都是一个不错的选择。周边还有许多小型演出现场等夜店场所，晚上也非常热闹。

日落广场

交通方式 从市区乘坐 #2、302 巴士，在 Sunset Blvd. & Sunset Plaza Dr. 下车。从好莱坞出发，向南走一个街区到 Sunset Blvd.，可以乘坐 #2、302 巴士

西海岸的流行发源地　梅尔罗斯大道　M p.54-A~B1、p.63-A1~4

梅尔罗斯大道

买

Melrose Avenue

✹✹✹

全长 6 英里（约 9.5 公里）的梅尔罗斯大道，从西侧至 Fairfax Ave. 多是时尚的设计品店和咖啡馆，以及洛杉矶知名的购物区。东侧有很多二手服装店。

在西侧经常能偶遇明星

梅尔罗斯大道

交通方式 从市区出发乘坐 #1 巴士，在 Melrose Ave. & La Brea Ave. 下车，约 50 分钟。从好莱坞出发乘坐 #212、312 在 La Brea Ave. & Melrose Ave. 下车，约 20 分钟

Information 西好莱坞是怎样一个地方?

从好莱坞以西，比弗利山庄以东，便是西好莱坞。这里有很多流行的餐馆和商店，到了晚上更有夜店、小型演出现场等夜晚娱乐场所，十分热闹。另外这里还是美国著名的同性恋地区。每年 6 月这里都会举行同性恋游行，10 月万圣节还有化妆游行，这些大型活动使得这里格外出名。街区的活动等相关信息，可以登录西好莱坞的主页 URL www.weho.org 查看具体的内容。

食 美食　买 购物　学 学习　游 游玩　✹✹✹推荐度

50分钟
20分钟
好莱坞
帕萨迪纳
30分钟
西区
市区
50分钟
海滩城市
N
0 10km

市区 *Downtown*

市区是高楼聚集的商业地区。南侧有博览会公园，建有洛杉矶规模最大的美术馆 LACMA 的中威尔希尔等，景点很多。如果想去洛杉矶的各个地方，市区是作为起点的最佳选择。

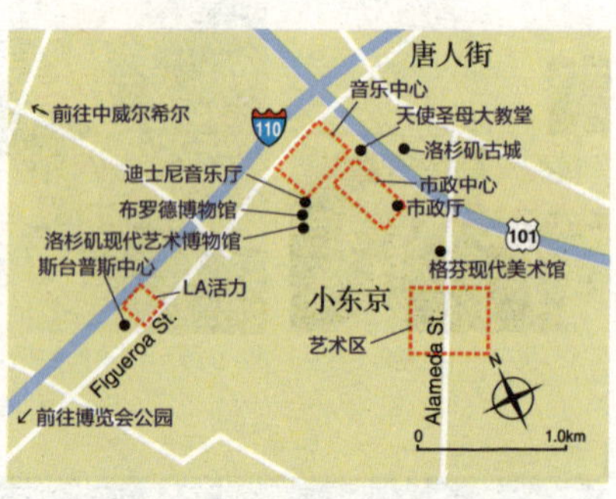

市区 *Downtown*

综合性娱乐设施　　市区中心部 M p.58-A4

LA 活力

LA Live　学 游 ✹✹

LA 活力建好后，有越来越多的人聚集于市区

LA 活力是市区有代表性的娱乐设施。以举办演出的微软剧院为主，还有介绍格莱美奖历史的格莱美博物馆（Grammy Museum），夜晚有不可或缺的小型演出现场、俱乐部、餐馆等设施。此外还有丽兹卡尔顿酒店、JW 万豪酒店，晚上可以游玩的场所也很多，人气很高。

LA 活力
住 800 W.Olympic Blvd., Los Angeles
☎ (213) 763-5483
URL www.lalive.com
营 根据设施有所不同
交通方式 乘坐地铁蓝线或者博览线在 Pico 站下车。或者乘坐地铁红线在 7th St./Metro Center 站下车，沿 Figueroa St. 向南步行 10 分钟

格莱美博物馆
M p.58-A4
住 800 W. Olympic Blvd., Suite A245, Los Angeles
☎ (213) 765-6800
URL www.grammymuseum.org
营 每天 10:30~18:30（周六 · 周日 10:00~）
费 成人 $12.95、老人（65 岁以上）· 学生 $11.95、儿童（6~17 岁）$10.95、5 岁以下免费

洛杉矶的地标之一　　市区中心部 M p.58-A4

斯台普斯中心

Staples Center　游 ✹✹

全新洛杉矶的发展就是从这里开始的。斯台普斯中心位于洛杉矶会展中心用地内，外形酷似巨型宇宙船，是一座未来感的建筑，是洛杉矶地标性的存在。是集音乐会、篮球、冰球、室内橄榄球、职业摔跤、拳击等于一体的综合性活动场地，场馆内可以容纳 2 万人（篮球比赛时）。全年都可以观赏到体育赛事、音乐会，在 NBA 和 NHL 的比赛日，到处都是穿着队服的球迷们。另外每年 2 月还会举办格莱美颁奖仪式。中心前矗立着"魔术师"约翰逊、拳王奥斯卡 · 德 · 拉 · 霍亚的铜像。

斯台普斯中心
住 1111 S.Figueroa St., Los Angeles
☎ (213) 742-7100
URL www.staplescenter.com
交通方式 参考 LA 活力（→上记）

便签 **中央市场** 摆放着各种生鲜食品，可以品尝到墨西哥菜、中餐、泰国菜、拉面等。推荐在这里吃午餐。
M p.58-B2 住 317 S.Broadway, Los Angeles ☎ (213) 624-2378 URL www.grandcentralmarket.com

安静矗立，砖瓦色的博物馆　　市区中心部 M p.58-A2

洛杉矶现代艺术博物馆（MOCA） 学

The Museum of Contemporary Art, Grand Avenue ✹✹✹

1979年建造，是洛杉矶少有的现代艺术博物馆。拥有6800多件藏品，现在MOCA由MOCA Grand Avenue、The Geffen Contemporary at MOCA（小东京）以及MOCA Pacific Design Center（西好莱坞）3馆构成。

本馆的展览每3~6个月更换一次企划主题，展品不局限于单一的绘画题材，具有现代美术馆的风格，十分有趣。作品多为20世纪60~80年代的美国艺术家创作，既有20世纪的艺术名家，也有不少出自新人之手，范围很广。美术馆门口有咖啡馆和MOCA商店（MOCA Store）。

洛杉矶现代艺术博物馆
住 250 S. Grand Ave., Los Angeles
☎ (213) 626-6222
URL www.moca.org
营 周三～下周一 11:00~18:00（周四~20:00、周六·周日~17:00）
休 周二、主要节假日
费 成人$15、老人（65岁以上）$10、12岁以下免费。每周四17:00~20:00免费
交通方式 乘坐DASH的B线，在Grand Ave.上的2nd St.和3rd St.之间下车

现代美术馆的别馆　　市区中心部 M p.58-B2

格芬现代美术馆 学

The Geffen Contemporary at MOCA ✹✹

位于小东京旁，MOCA三馆之一。如今的MOCA在装修之际，暂时使用了洛杉矶市警察仓库作为临时展厅对外开放。此后因为反响强烈，MOCA重新开放后，决定将这里作为别馆继续使用。展览内容以流行艺术、前卫作品为中心，是一座与本馆有着截然不同风格的美术馆。

特殊展览总是十分丰富

格芬现代美术馆
住 152 N. Center Ave., Los Angeles
☎ (213) 625-4390
URL 营 费 同洛杉矶现代艺术博物馆（上记）
交通方式请参考小东京（→p.78）。

可以免费欣赏著名艺术家的作品　　市区中心部 M p.58-A2

布罗德博物馆 学

The Broad ✹✹

紧邻迪士尼音乐厅（→下记）的现代艺术美术馆。收藏有让·米切尔·巴斯奎特、村上隆等人的超过2000件作品。建筑本身也很吸引人的眼球，是由总部设于纽约的迪勒·斯科菲迪奥建筑事务所精心设计的。

布罗德博物馆
住 221 S. Grand Ave., Los Angeles
☎ (213) 232-6200
URL www.thebroad.org
营 周二～周五 11:00~17:00（周四·周五~20:00）、周六·周日 10:00~20:00（周日~18:00）
休 周一、主要节假日
费 免费

夜晚聚集盛装打扮的绅士淑女，十分热闹　　市区中心部 M p.58-A2

音乐中心 学

Music Center ✹✹

市区的Grand Ave.北侧，位于邦克山上的便是洛杉矶音乐、戏剧的核心建筑——音乐中心。即便在众多音乐厅中也格外显眼的便是由建筑师弗兰克·盖里设计的迪士尼音乐厅（Walt Disney Concert Hall）。作为市区的著名场所之一，也是洛杉矶爱乐乐团的大本营，经常举办演唱会等活动。

未来风格的外观很值得一看

音乐中心
住 135 N. Grand Ave., Los Angeles
URL www.musiccenter.org

迪士尼音乐厅
M p.58-A2
住 111 S. Grand Ave., Los Angeles
☎ (323) 850-2000（洛杉矶爱乐乐团）
URL www.laphil.org
交通方式 乘坐地铁红线、紫线到Civic Center站下车，再步行5分钟。乘坐DASH的A、B线在Grand Ave.和1st St.交会处下车。晚上的话可打车前往。演出结束后，剧场前会有许多出租车，打车很方便

↘营 每天 8:00~22:00

美国最大的日本社区　　市区中心部　M p.58-B2

小东京

食 买

Little Tokyo

✹✹

小东京里有日本村广场（Japanese Village Plaza）和威乐广场（Weller Court），聚集了日本的料理店、银行、商店、酒店等各种设施。就像唐人街（→ p.79）是华人的聚集地一样，小东京是在美日本人的大本营。虽然也遇到过衰退的时期，但依靠地铁黄金线的开通这里重新焕发了生机。许多人会到这里来品尝日本料理。

在这个区域能找到地道的日本料理店

小东京
住 被 1st、3rd、Los Angeles、Alameda 包围的一片地区
URL www.littletokyola.org
交通方式 DASH 的 A 线环绕小东京行驶一圈。乘坐地铁黄金线 Little Tokyo/Art District 站下车即到

洛杉矶的政治中心　　市区中心部　M p.58-A~B2

市政中心

学

Civic Center

✹

以市政厅（City Hall）为中心，联邦、州、郡、市的行政机构都集中在这一地区。从音乐中心到小东京一带的数个街区上，有法院、州政厅、洛杉矶市警察局等，简直就是洛杉矶的心脏。中央的白塔是市政厅，于 1982 年建成。从 27 层的观景台（营 周一～周五 8:00~17:00、费 免费、需安检）可以看到市内的美景。

市政中心
交通方式 乘坐 DASH 的 A、D 线在 1st St. & Main St. 下车。或者乘坐 B 线在 Temple St. & Main St. 下车

市政厅
M p.58-B2
住 200 N. Spring St., Los Angeles
☎（213）978-1995

近代外观的大教堂　　市区中心部　M p.58-A1

天使圣母大教堂

The Cathedral of Our Lady of the Angels

✹

全美最大的天主教教堂，不分人种与信仰，是为了所有人而存在的教堂。这座巨大的教堂占地面积达 5.6 英亩（约 2.3 万平方米），总计花费了 1.9 亿美元。这座教堂的特征是拥有可以容纳 3000 人的礼拜堂，有近 5 吨重的铜门、45 米高的钟楼，还有为了采光而使用的半透明雪花石膏窗等，由西班牙的建筑师何塞 · 拉斐尔 · 莫内欧设计。做弥撒时整个屋顶都有音响效果，管风琴的声音听起来十分庄严。

天使圣母大教堂
住 555 W. Temple St., Los Angeles
☎（213）680-5200
URL www.olacathedral.org
营 每天 6:30~18:00（周六 9:00~、周日 7:00~）
费 免费
※ 弥撒为周一～周五 7:00、12:10，周日 8:00、10:00、12:30
交通方式 乘坐 DASH 的 B 线到 Temple St. 下车

便签 **时尚区**　位于市区东南侧的批发店街区。集中了 1000 多家服装批发商。虽然大多数为批发商，但也有零售商，在 Olympic & Pico 之间的圣提街（Santee Alley）很有人气。周六的人格外多，所以一定要留神小偷。↗

有既便宜又好喝的茶水　市区中心部　M p.58-A~B1

唐人街 

Chinatown ✹

从市区北部的 Broadway & College St. 至 Broadway & Ord St. 之间一带便是洛杉矶的唐人街。位于联合站北侧，各处都可以坐上 DASH 的 B 线。街道上有汉字招牌，到了晚上中餐馆的霓虹灯广告牌十分华丽。唐人街的茶既便宜又好喝，深受当地人的喜爱。其中最推荐的是唐人街内的竹林广场（Bamboo Plaza）周边。中午来这里参观市场也很有意思。

唐人街
交通方式 DASH 的 B 线环绕整个唐人街。乘坐地铁黄金线的话，在 Chinatown 站下车即到

竹林广场
M p.58-A1 外
住 988 N. Hill St.

市区快速发展的地区　市区中心部　M p.58-B3 外

艺术区 

Arts District ✹✹✹

小东京的东南部，被 Alameda St.、1st St.、8th St.、Los Angeles River 所环绕的区域近年来活力十足。过去作为仓库街无人问津，但如今美术馆、餐馆、商店等都陆续在这里开业了。另外还开始建造公寓，成了当地居民娱乐的场所。但周边的治安不尽理想，尤其日落后一定要注意安全。

艺术区
交通方式 从地铁黄金线的 Little Tokyo/Arts District 站下车，然后步行 5 分钟。乘坐 DASH 的话，可以坐 A 线在 Traction Ave. & Hewitt St. 下车

到处都是涂鸦艺术

洛杉矶发祥地　市区中心部　M p.58-B1

埃尔普埃布罗洛杉矶州立历史遗迹 

El Pueblo de Los Angeles State Historic Monument ✹

位于联合站旁，以拥有墨西哥餐馆、民间工艺品店的奥尔韦拉街（Olvera St.）为中心的一片地区。1781 年 11 个家庭从墨西哥来到这里居住生活，也由此开启了洛杉矶的历史。1953 年，这里被划定为州立历史公园，修复、保存了 27 座历史建筑物。包括 1818 年建造、洛杉矶现存最古老的房屋——阿维拉泥砖屋（Avila Adobe），还有 1887 年建造的维多利亚时代的塞普尔韦达屋（Sepulveda House）等，遗留下来的古老街区氛围在洛杉矶也是十分独特的。

游客众多的奥尔韦拉街

埃尔普埃布罗洛杉矶州立历史遗迹
住 125 Paseo de la Plaza, Los Angeles
☎（213）485-6855
URL elpueblo.lacity.org
交通方式 DASH 的 B 线经过公园周边，联合站前有巴士站

↘因为属于治安不好的地区，所以避免早晚来这里。M p.58-B4　URL www.fashiondistrict.org　营 每天 10:00~17:00（根据店家有所不同。周日约有 30% 的商家营业）

博览会公园 Exposition Park

飞入过宇宙的航天飞机　洛杉矶 M p.49-D2

加利福尼亚科学中心 学

California Science Center

将身边的题材以“科学”的视角进行展出的博物馆。不仅可以观看，还可以通过触摸、制作等体验学习到很多知识。除了生态系统的自然法则展览，以在沙漠、南极等极地环境下栖息的生物为主题的展览外，还可以学习到以洛杉矶的废气烟雾、垃圾等身边事物为主题的东西。必须要观看的当数 2012 年秋天开始展示的“奋进号”航天飞机。在这里可以近距离地观看航天飞机，通过表面的磨损等，可以真切地感受到完成宇宙飞行任务的艰难险阻。

宇航员曾搭乘过的“奋进号”

记载了 45 亿年地球和人类的历史　洛杉矶 M p.49-D2

洛杉矶自然历史博物馆 学

Natural History Museum of Los Angeles County

1913 年开馆。馆内分为哥伦布发现美洲新大陆到 1914 年间的美国历史、1540~1940 年间的加利福尼亚历史、化石、哺乳类、昆虫、海洋生物、鸟类等区域，其中人气最高的是恐龙厅。恐龙从何而来，生活的环境如何，是否全部灭亡，在这里根据古生物学家的研究可以将这些谜团一一解开。化石种类数量也很丰富，三叶虫、3200 万年前的猫、2000 万年前骆驼的祖先化石等，共有 300 多种，甚至还可以触摸霸王龙的化石。“Becoming Los Angeles”将洛杉矶的历史按 6 个时代划分，搭配上发展时期的照片进行讲解的模式广受好评。

西部最古老的顶级私立学校　洛杉矶 M p.49-D2

南加利福尼亚大学 学

University of Southern California

是电影导演乔治·卢卡斯、建筑师弗兰克·盖里等名人辈出的大学，简称“USC”。学校创办于 1880 年，是西海岸知名私立大学中资历最老的，当时仅有 53 名学生，而如今已经达到了 4.4 万人。设有建筑、医学、牙科学、法律、教育、艺术、电影、社会学等学院，其中电影艺术学院非常有名。在隶属加利福尼亚大学的 USC 费舍尔艺术博物馆（USC Fisher Museum of Art）还可以欣赏现代美术作品。

博览会公园

M p.49-D2

交通方式 从市区乘坐 DASH 的 F 线，在 Figueroa St. & Exposition Blvd. 下车。乘坐地铁博览线的话，在 Expo Park/USC 站下车即到

加利福尼亚科学中心

住 700 Exposition Park Dr., Los Angeles

☎ (323) 724-3623

URL californiasciencecenter.org

营 每天 10:00~17:00

休 主要节假日

费 免费。停车场 $12

※ 科学中心门票免费。IMAX 成人 $8.50、学生·老人（60 岁以上）$6.25、儿童（4~12 岁）$5.25。如果观看两场以上的 IMAX 电影会有一定优惠

※ 因为“奋进号”的参观很受欢迎，周末可能会有入场限制。如果提前通过电话或上网预约，就不用担心这个问题了

费 手续费 $2~3

洛杉矶自然历史博物馆

住 900 Exposition Blvd., Los Angeles

☎ (213) 763-3466

URL www.nhm.org

营 每天 9:30~17:00

休 主要节假日

费 成人 $12、大学生·老人（62 岁以上）·学生（13~17 岁）$9、儿童（3~12 岁）$5

※ 因为展品数量多，需要半天的时间

南加利福尼亚大学

住 3535 S.Figueroa St., Los Angeles

☎ (213) 740-2311

URL www.usc.edu

参团：有面向希望报考学生的观光团，如果是普通游客希望参观的话，登录学校网站保存校园地图附带的 PDF 文件 Self-Guided Tour 比较方便。

● USC 费舍尔艺术博物馆

住 823 Expition Blvd.（南加利福尼亚大学内）

☎ (213) 740-4561

URL fisher.usc.edu

营 周二~周六 12:00~17:00（周六~16:00）

休 周日·周一

费 免费

 美食  购物  学习 游 游玩  推荐度

中威尔希尔 *Mid Wilshire*

西海岸规模最大最丰富的收藏　　中威尔希尔　M p.54-B3

洛杉矶艺术博物馆　学

Los Angeles County Museum of Art（LACMA）　✱✱✱

LACMA 是西海岸规模最大、藏品最为丰富的综合艺术博物馆。各个展馆以不同的主题展出着艺术作品。日本馆（Pavilion for Japanese Art）展出的藏品有不少在日本都少见的装饰品；哈默馆（Hammer Bldg.）收藏了以印象派素描、19 世纪欧洲美术为中心的作品；阿曼森馆（Ahmanson Bldg.）常设中韩美术作品以及欧美装饰艺术作品；还有当作专门的电影博物馆的 LACMA West 等。

另外，LACMA 内只收藏、展出现代艺术品的布罗德现代艺术博物馆（Broad Contemporary Museum of Art）出自关西国际机场的设计者伦佐·皮亚诺之手，馆内收藏了安迪·沃霍尔、米切尔·巴斯奎特、杰夫·昆斯等人的作品，总计超过 140 件。布罗德博物馆对面的琳达 & 斯图尔特·雷斯尼克展馆（Lynda & Stewart Resnick Exhibition Pavilion）也是由伦佐·皮亚诺设计。建筑本身很有看点。

拍照胜地"都市之光"

洛杉矶艺术博物馆

住 5905 Wilshire Blvd., Los Angeles

☎（323）857-6000

URL www.lacma.org

营 周一·周二·周四·周五 11:00~17:00（周五~20:00）、周六·周日 10:00~19:00

休 周三、主要节假日

※除休馆日外，每天都有导游讲解团。时间·出发地点根据日期有所不同，需进馆确认

费 成人 $15、老人（62 岁以上）·学生 $10、儿童（17 岁以下）免费、每月第二个周二免费（特别展览收费）

交通方式 从市区乘坐 #20、720 巴士，约 40 分钟。从好莱坞出发乘坐 #217 巴士，在 Fairfax Ave. & 6th St. 下车，约 30 分钟。从圣塔莫妮卡乘坐 #720 巴士，在 Wilshire Blvd. & Fairfax Ave. 下车，约 50 分钟

可以欣赏到世界各国的美术作品

※布罗德现代艺术博物馆位于 LACMA 内，开馆时间和 LACMA 相同。费用已经含在 LACMA 门票中

去吃好吃的烤肉吧！　　中威尔希尔　M p.55-D3 外

韩国城

Koreatown　✱

被北边的 Beverly Blvd.、南边的 Pico Blvd.、东边的 Vermont Ave.、西边的 Western Ave. 所包围的一片地区。到处都是韩文，还有烤肉餐馆、超市、SPA 桑拿等。

韩国城

交通方式 从市区出发乘坐地铁紫线，在 Wilshire/Western 站、Wilshire/Normandie 站或者 Wilshire/Vermont 站下车皆可，约 15 分钟。从好莱坞出发，乘坐地铁红线，在 Wilshire/Vermont 站下车，约 15 分钟

洛杉矶的韩国城面积很大

有很多美食的烤肉店

便签　LACMA 周边的博物馆　●民俗艺术博物馆　展示了世界各地的手工艺品。M p.54-B3　URL www.cafam.org　营 周二～周日 11:00~17:00（周六·周日 ~18:00）　休 周一　费 $7、老人·学生 $5

彼德森汽车博物馆
住 6060 Wilshire Blvd., Los Angeles
☎ (323) 930-2277
URL www.petersen.org
营 每天 10:00~18:00
休 主要节假日
费 成人 $15、老人(62 岁以上)· 学生 $12、儿童(3~12 岁)$7、3 岁以下免费

流线形的铝质建筑

中威尔希尔 M p.54-B3

彼德森汽车博物馆 学

Petersen Automotive Museum

✹

由红色和银色构成的独特外观

博物馆花费 13 个月重新装修，于 2015 年 12 月再次对外开放。流线形的铝质外观设计极具独特性，非常有存在感。

馆内通常会展出 150 辆汽车和自行车，其中最为亮眼的当数 20 世纪 30~50 年代的福特汽车以及在电影《蝙蝠侠》和《蝙蝠侠归来》中出现过的 Batmobile 等。

此外，动画电影《赛车总动员》中闪电麦昆的原型车福特 40、由现代艺术家亚历山大 · 考尔德等人喷绘的 BMW 赛车等也有展出。

拉布雷亚焦油坑和博物馆
住 5801 Wilshire Blvd., Los Angeles
☎ (213) 763-3499
URL www.tarpits.org
营 每天 9:30~17:00
休 主要节假日
费 成人 $12、老人(62 岁以上)· 学生 $9、儿童(3~12 岁)$5、3 岁以下免费，每月第一个周二(7、8 月除外)免费，停车场 $12

焦油坑中发现的化石

中威尔希尔 M p.54-B3

拉布雷亚焦油坑和博物馆 学

La Brea Tar Pits & Museum

✹

这一地区是由地壳裂缝渗出的焦油(低级别的天然石油、沥青)形成的数十个焦油坑所构成的，有一股奇怪的臭味。

在调查焦油坑的过程中，发现了大量的化石。这些动物、鸟类化石大多距今已有 1 万 ~4 万年的历史，包括猛犸象、北美野牛、骆驼、狮子等约 650 种动植物化石，是了解过去北美大陆生态系统的珍贵资源。馆内展示的化石 90% 都是真品，全部都是在这座公园内发现的。

农贸市场
住 6333 W. 3rd St., Los Angeles
☎ (323) 933-9211
URL www.farmersmarketla.com
营 周一 ~ 周六 9:00~21:00(周六 ~20:00)、周日 10:00~19:00
休 主要节假日
交通方式 从市区出发乘坐 #16、17、316 巴士，在 Fairfax Ave. & 3rd St. 下车，约 40 分钟。从好莱坞出发，乘坐 #217、780 巴士，在 Fairfax Ave. & 3rd St. 下车，约 20 分钟

朴素亲民的知名购物地

中威尔希尔 M p.54-B2

农贸市场 买 食

Farmers Market

✹✹

1934 年苦于经济大萧条的 18 位农民，将自家种植的蔬菜水果拿来售卖，以此开启市场的运营，因为东西既便宜又新鲜，所以成了当地居民和游客聚集的地方。如今以生鲜食材店为主，还有餐馆、小摊、银制工艺品及皮革制品等纪念品商店等，变成了拥有 100 多个摊位的市场。

忙于购物的当地居民

与市场相邻的格罗夫购物中心 The Grove (→p.89)在当地人中也有着很高的人气，不妨顺道前往。

90分钟
50分钟
好莱坞
帕萨迪纳
西区
30分钟
市区
90分钟
海滩城市
N
0 10km

帕萨迪纳 *Pasadena*

位于市区东北部约 15 公里处，圣盖博山脚下的帕萨迪纳面积广阔，是洛杉矶县中最古老的地区。这里作为安静的高档住宅区开发，拥有众多大学和美术馆，充满了学术的气息。

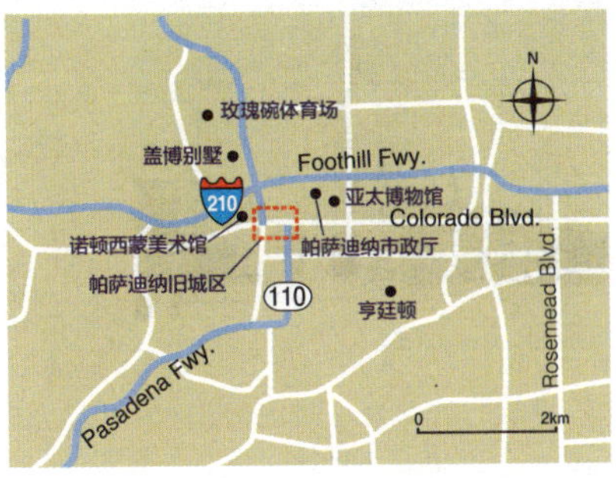

热闹的古砖老城　　帕萨迪纳 M p.59-A3

帕萨迪纳旧城区

食 买

Old Pasadena

✹✹

位于帕萨迪纳的西侧，是过去城市的中心，以 Colorado Blvd. 和 Fair Oaks Ave. 的交叉口为中心延伸数个街区。20 世纪 80 年代末期，这里利用古砖建筑进行再次开发，并取得了巨大的成功。因为在洛杉矶基本上没有夜晚能够悠闲散步的街道，尤其到了周末，这里也就成了许多人都会前来的场所。在这个深褐色的街区中，有着超过 300 家的商店、餐馆、夜店、电影院、美术馆等娱乐场所。位于帕萨迪纳旧城区的科罗拉多第一（One Colorado）是一个人气很高的室外购物街。其中入驻了很多洛杉矶有代表性的商店和人气餐馆等。

帕萨迪纳旧城区的街景

帕萨迪纳旧城区

URL www.oldpasadena.org

交通方式 从市区的联合站出发，乘坐地铁黄金线，在 Memorial Park 站或者 Del Mar 站下车，再步行 10 分钟，全程约 40 分钟

科罗拉多第一购物街

M p.59-B5

住 由 Fair Oaks Ave.、Colorado Blvd.、De Lacey Ave.、Union St. 环绕的一个街区

☎（626）564-1066

URL www.onecolorado.com

营 休 各家商铺不同

令文艺爱好者大呼满足的藏品　　帕萨迪纳  M p.59-A3

诺顿西蒙美术馆

学

Norton Simon Museum

✹

馆内藏有约 1.2 万件可以代表从 14 世纪开始的西洋艺术史的藏品，是全美首屈一指的美术馆。虽然场馆规模中等，但是优秀的作品却数不胜数。

美术馆按照 17~18 世纪、14~16 世纪、19 世纪、20 世纪等进行分类。网罗了文艺复兴时期的宗教画名家乔万尼·迪·保罗、创作了大量圣母像的拉斐尔·桑西等的作品，此外还有鲁本斯、埃尔·格列柯、戈雅、印象派画家塞尚、雷诺阿、梵高等的作品。必看的作品是伦勃朗的《少年的肖像》（*Portrait of Boy*）。20 世纪的画家有波纳尔、马蒂斯、莫蒂里安尼、康定斯基、毕加索等。其中展出较多的是德加的作品，包括色粉画、素描、铜像等，喜欢他作品的人一定会获得极大的满足。

诺顿西蒙美术馆

住 411 W.Colorado Blvd., Pasadena

☎（626）449-6840

URL www.nortonsimon.org

营 周一·周三·周四·周日 12:00~17:00（周日 11:00~）、周五·周六 11:00~20:00

休 周二、主要节假日

费 成人 $12、老人（62 岁以上）$9、学生·18 岁以下免费
每月第一个周五 17:00 以后免费

交通方式 从市区出发的交通方式参考上方的帕萨迪纳旧城区。乘坐地铁黄金线到 Memorial Park 站，下车后，在 Colorado Blvd. 换乘 #180、181 巴士，在美术馆前下车。从市区出发全程约 1 小时

 美食  购物  学习  游玩  推荐度

帕萨迪纳市政厅

住 100 N. Garfield Ave., Pasadena

☎ (626) 744-7311

URL www.ci.pasadena.ca.us/City_Hall.aspx

交通方式 从科罗拉多第一购物街向东走5个街区，再向北走两个街区

巴洛克风格的市政厅　　帕萨迪纳　M p.59-A3

帕萨迪纳市政厅　学

Pasadena City Hall

✹

偶尔会作为电影的取景地

帕萨迪纳在美国西海岸也算是历史相对悠久的地区，在保存历史建筑的同时，也很重视景观，一直在按照完整的规划建设。而帕萨迪纳市的象征便是市政厅，这是一座建造于1927年的、相对较新的建筑物。采用16世纪意大利文艺复兴时期的风格，由著名建筑师约翰·贝克维尔和阿瑟·布朗共同设计。可以在市政厅领取旅游手册，参加帕萨迪纳历史建筑巡游团。

亚太博物馆

住 46 N.Los Robles Ave., Pasadena

☎ (626) 449-2742

URL www.pacificasiamuseum.usc.edu

营 周三～周日 10:00~18:00

休 周一·周二、主要节假日

费 成人$10、老人（60岁以上）·学生$7、12岁以下免费、每月第二个周日免费

交通方式 从科罗拉多第一购物街向东走7个街区，再沿 Los Robles 向北走半个街区

格外安静的巨大空间　　帕萨迪纳　M p.59-A3

亚太博物馆　学

USC Pacific Asia Museum

✹

馆内收藏了以中国为主，韩国、日本等东亚国家，以及太平洋诸岛的艺术作品约1.5万件。其中大多数藏品是中国的陶瓷器。可以看到唐朝的兵马俑，深受欧美人喜爱的绘有凤凰的器皿、壶等作品。建筑外形会令人联想到故宫，在帕萨迪纳也算得上是一个非常安静的地方。

丰富的亚洲艺术品

玫瑰碗体育场

住 1001 Rose Bowl Dr., Pasadena

☎ (626) 577-3100

URL www.rosebowlstadium.com

交通方式 从市区出发，乘坐地铁黄金线，在Memorial Park站下车，换乘帕萨迪纳#51、52巴士（仅周一～周六运行），在玫瑰碗体育场前下车。全程约1小时

每月会举办大型的跳蚤市场　　帕萨迪纳　M p.59-A3

玫瑰碗体育场

Rose Bowl Stadium

✹✹✹

大学橄榄球队UCLA棕熊队的主场，是一座可以容纳约9万人的大型体育场。像它的名字一样，正面的入口处摆放着玫瑰作为陪衬，周围也种植着大量鲜红的玫瑰花。每年1月1日上演的大学橄榄球“玫瑰碗”赛事也在全美有着极高的知名度。还多次举办过NFL超级碗比赛，当时狂热的粉丝占据了整个体育场。

另一个知名活动是每月第二个周日早上举办的玫瑰碗跳蚤市场（Rose Bowl Flea Market）。非比赛日显得有些冷清的体育场，唯独这一天十分特别。一早便有许多车辆陆续开往这里，7点左右体育场前的停车场内便会摆满无数的摊位。如果想来这里淘到自己想要的东西，一定要趁早出门。

来自世界各国的买家都会造访这里

玫瑰碗跳蚤市场

URL www.rgcshows.com

营 每月第二个周日 9:00~16:30

费 $9 ※ 早场 5:00~$20、7:00~$15、8:00~$12

便签 **在帕萨迪纳可以乘坐帕萨迪纳巴士作为交通工具**　共有8条线路，其中有2条便于游览观光。10路巴士从诺顿西蒙美术馆附近出发，途经 Colorado Blvd.~Lake Ave.~Del Mar Blvd.~Allen Ave.，终点设在地铁黄金↗

一个世纪前建造的木质房屋　　帕萨迪纳　M p.59-A3

盖博别墅　学

Gamble House

★★

被指定为美国国家历史建筑物。该房屋由美国艺术、工艺建筑方面的权威建筑师——查尔斯和亨利·格林兄弟于1908年设计建造。在帕萨迪纳共有近40栋房屋出自这两人的设计，而其中的盖博别墅是两人最杰出的作品。顺带一提，别墅是用房主的名字盖博命名的。房屋内禁止拍照。

发现木质建筑的美

盖博别墅

住 4 Westmoreland Pl., Pasadena
☎（626）793-3334
URL www.gamblehouse.org

导游讲解服务

周四～周日 11:30~15:00（周六·周日 12:00），每一小时1次。

在Book Store可以购买导游讲解服务。

营 周二 11:30~13:30、周四～周日 12:00~16:00（周四·周五 11:30~）
休 周一·周三、主要节假日
费 $15、老人（65岁以上）·学生 $12.50、12岁以下免费
交通方式 从地铁黄金线 Memorial Park 站北侧的 Walnuts St. 出发，乘坐 #264、267 巴士，在 Orange Grove Blvd. & Rosemont Ave. 下车。约7分钟

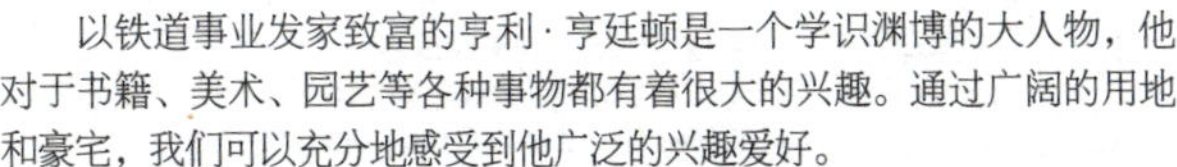

以丰富的收藏品引以为傲　　帕萨迪纳　M p.59-B4

亨廷顿公园　学

The Huntington

★★★

以铁道事业发家致富的亨利·亨廷顿是一个学识渊博的大人物，他对于书籍、美术、园艺等各种事物都有着很大的兴趣。通过广阔的用地和豪宅，我们可以充分地感受到他广泛的兴趣爱好。

亨廷顿图书馆（The Huntington Library）非常有名，其规模之大令人难以想象竟是个人收藏所有。这里有世界首次印刷的《古登堡圣经》《富兰克林自传》《林肯日记》《奥杜邦》《莎士比亚》《华盛顿》《埃德加·爱伦·坡》等，可以看到很多稀少、价值极高的书籍和原稿。

3处画廊之一的 The Huntington Art Gallery、Virginia Steele Scott Gallery of American Art 收藏着各种主题的美术作品。庚斯博罗的《蓝衣少年》、劳伦斯的《粉儿》、卡萨特的《床上的早餐》、霍普的《The long leg》等都非常值得一看。另外在美国和意大利艺术特别展览空间 Boone Gallery，可以看到难得一见的书本和手写原稿等收藏品，也非常吸引人。

此外说到亨廷顿的话，一定要看的还有植物园（Botanical Gardens）。西洋风格的庭院内盛开着各色的玫瑰花，显得格外高贵。热带、沙漠地带植物集中的甜点花园，莎士比亚戏剧中出现的植物所在的莎士比亚花园，中国庭院"流芳园"都很有参观价值。可以欣赏到1.5万多种植物。

亨廷顿公园内有多个博物馆和庭院，每一个都很有看点

亨廷顿公园

住 1151 Oxford Rd., San Marino
☎（626）405-2100
URL www.huntington.org
营 周三～下周一 10:00~17:00
休 周二、主要节假日
费 成人 $25（周末 $29）、老人（65岁以上）·学生（12~18岁）$21（周末 $24）、儿童（4~11岁）$13
※每月第一个周四门票免费。需要提前电话或上网预约
交通方式 乘坐帕萨迪纳 #10 巴士，在 Allen Ave. & Del Mar Blvd. 下车。然后沿 Allen Ave. 向南步行约1公里，需15分钟

➘线的 Allen 站。20路巴士沿 Lake Ave. 南北方向行驶，每隔数个街区设有一站。票价为成人 75¢、儿童 50¢。晚上以及周日有些线路便不再运行了，请注意。

洛杉矶的体育
Sports in Los Angeles

棒球　Major League Baseball（MLB）

洛杉矶道奇队 Los Angeles Dodgers

道奇上次夺冠还要追溯到 1988 年，如今为了重新夺回世界大赛冠军，管理部门也是下足了功夫。球队由王牌克莱顿 · 柯萧领衔，此外新星科迪 · 贝林杰、大器晚成的安打机器贾斯汀 · 特纳等人的实力都是联盟顶尖水平。但是在 2018 年，波士顿红袜队在客场以 5 : 1 击败洛杉矶道奇队，总比分 4 : 1 赢得了世界大赛总冠军。

球队的主场是位于市区东北方向的道奇体育场（Dodger Stadium），是一个建在山丘上，可以一眼望到市区的棒球公园。此外体育场周围除了停车场没有任何建筑。晚上不要在球场外徘徊。提前做好防寒措施。

主场：道奇体育场

M p.49-D2
住 1000 Vin Scully Ave.，Los Angeles
Free（1-866）363-4377
URL losangeles.dodgers.mlb.com
交通方式 比赛日当天，市区的联合站有摆渡车运营。如果持有当天比赛的球票可以免费乘坐，没有的话票价为 $1.75。比赛开始前 90 分钟出发。

洛杉矶阿纳海姆天使队 Los Angeles Angels of Anaheim

1961 年建队。球队核心是入队多年的阿尔伯特 · 普侯斯和迈克 · 特劳特这两门“大炮”。但普侯斯（1980 年出生）即将迎来自己 39 岁的生日，实力早已不及当年全盛时期。

球队主场位于迪士尼附近，有很多亲子家庭前来，非常热闹。每当天使队击出全垒打，球场左侧的火山便会喷水，溅起水花；如果有机会，球场大屏幕还会播放电影《神探飞机头》的片段，一只猴子在银幕里上窜下跳的，非常有趣。

主场：阿纳海姆天使球场

M 文前折页“洛杉矶—主要景点—”-F4
住 2000 Gene Autry Way，Anaheim
☎（714）940-2000
URL losangeles.angels.mlb.com
交通方式 从市区的联合站出发，乘坐 Angels Express，周一～周五 16:30、16:50、17:46 每天 3 班。从迪士尼乐园出发，乘坐 OCTA#50 巴士，沿 Katella Ave. 即可到达

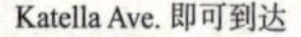

红色是洛杉矶天使的球队颜色

美式橄榄球　National Football League（NFL）

洛杉矶公羊队 Los Angeles Rams

公羊队在圣路易斯曾 2 次进入超级碗决赛，并取得过 1 次冠军，而在 2016 年，球队决定离开这片福地，再度搬迁回到洛杉矶。2019 年在洛杉矶郊外的英格尔伍德新球场将建设完成。球队看点是能否摆脱自 2004 年开始人见人欺的低迷状态。2016~2017 赛季战绩为 4 胜 12 负，2017~2018 赛季战绩为 11 胜 5 负。

主场：洛杉矶纪念体育场

M p.49-D2　住 3911 S.Figueroa St.，Los Angeles
Free（1-888）635-5944　URL www.therams.com
交通方式 从市区乘坐地铁博览线，在 Expo/Vermont 站下车，然后步行 10 分钟

奥克兰突袭者队 Los Angeles Chargers

球队于 1960 年创立于洛杉矶，1961 年将主场挪至加利福尼亚州圣迭戈。2015 年传出消息球队将搬回洛杉矶，在公羊队搬迁 1 年之后，于 2017 年也回到了洛杉矶。2019 年将与公羊队共同使用新的球场。

主场：家得宝中心球场

M 文前折页“洛杉矶—主要景点—”-C4
住 18400 Avalon Blvd.，Carson
Free（1-877）242-7437　URL www.chargers.com
交通方式 从市区乘坐巴士银线，在 Harbor Gateway Transit Center 站下车。然后换乘 #246 巴士，在 Avalon Blvd. & Victoria St. 下车即到

篮球 National Basketball Association（NBA）

洛杉矶湖人队 Los Angeles Lakers

球队属于 NBA 西区·太平洋赛区，共赢得过 16 次总冠军，历史辉煌。经常有好莱坞明星前来观看湖人队的比赛，这也成了场边的一大亮点。曾多年率领湖人出战，铸就了 NBA 一个时代的科比·布莱恩特于 2016 年宣布退役。科比在最后一个赛季为球队赢得 17 场胜利，2016~2017 年球队最终获得了 26 胜。陷入低谷的湖人队还有很长的路要走。

主场：斯台普斯中心

M p.58-A4　住 1111 S.Figueroa St.，Los Angeles
☎（213）457-1647　URL www.nba.com/lakers
交通方式 从市区乘坐 DASH 的 F 线。球馆位于市区西南方向，位于 11th St. 和 Figueroa St. 的一座综合性场馆

洛杉矶快船队 Los Angeles Clippers

很长一段时间都被湖人的人气、实力打压，经过长时间的卧薪尝胆，球队终于拥有了超过湖人的实力。2016~2017 赛季以 51 胜 31 负的战绩挺进季后赛（2017~2018 赛季 42 胜 40 负，未能进入季后赛）。但都止步于季后赛首轮。虽然近些年成了季后赛的常客，但始终无法更进一步。期待今后的表现。

主场：斯台普斯中心（与湖人共用）

M p.58-A4
住 1111 S.Figueroa St.，Los Angeles
URL www.nba.com/clippers

足球 Major League Soccer（MLS）

洛杉矶银河队 Los Angeles Galaxy

MLS 最早的创始球队之一，也是 MLS 的顶级球队。英格兰传奇球星史蒂文·杰拉德、大卫·贝克汉姆、罗比·基恩等许多为欧洲豪门效力过的球员，都在生涯末期加入了洛杉矶银河队。球队曾 5 次夺得冠军，2018~2019 赛季也非常值得期待。2018 年，新球队洛杉矶 FC 诞生于洛杉矶。

主场：家得宝中心球场

M 文前折页“洛杉矶—主要景点—”-C4
住 18400 S.Avalon Blvd.，Carson　Free（1-877）342-5299
URL www.lagalaxy.com
交通方式 从市区乘坐巴士银线，在 Harbor Gateway Transit Center 站下车。然后换乘 #246 巴士，在 Avalon Blvd.&Victoria St. 下车即到

场均到场观众 2.4 万人

冰球 National Hockey League（NHL）

洛杉矶银河队 Los Angeles Kings

球衣的颜色为紫色和银色，但也有球迷穿着球队复古的白色和黑色衣服，十分吸引眼球。虽然一度状态低迷，但在 2011~2012 和 2013~2014 赛季都获得了最终的冠军。

主场：斯台普斯中心（与湖人共用）

M p.58-A4
住 1111 S.Figueroa St.，Los Angeles
☎（1-888）546-4752
URL kings.nhl.com

阿纳海姆小鸭队 Anaheim Ducks

位于洛杉矶天使队的主场对面，相隔一条高速公路。球队创立之初属于迪士尼公司，名字来源于迪士尼公司的电影《巨鸭奇兵》。2006~2007 赛季球队夺得了斯坦利杯总冠军，令球迷震惊。拥有联盟最强的进攻火力，从 2012~2013 赛季开始，连续 5 年获得分区冠军。球队近两年均败在掠夺者手中，需好好总结。

主场：本田中心

M 文前折页“洛杉矶—主要景点—”-F4
住 2695 E.Katella Ave.，Anaheim　Free（1-877）945-3946
URL ducks.nhl.com　交通方式 参考洛杉矶阿纳海姆天使队

洛杉矶的商店
Los Angeles

SHOP

海滩城市的购物以圣塔莫妮卡的第三步行街、阿博特金尼大道为主。西区则是罗迪欧大道和罗伯逊大道。好莱坞的话，是以好莱坞 & 高地中心为主，效率较高。精选、高档商店的话则可以选择好莱坞南部的梅尔罗斯大道。近些年，市区也陆续增加了不少高档商店。如果喜欢比较安静的购物环境，推荐前往治安良好的帕萨迪纳，乘坐地铁 35 分钟即可到达。

海滩城市

LCD
LCD 时尚

◆通过精挑细选的产品赢得了人气

作为电商于 2012 年开始营业。从街头文化和现代艺术出发的设计理念充满了魅力。从圣塔莫妮卡乘坐 #3 大蓝巴士，在 Lincoln Blvd. & Superba Ave. 下车。

整洁的店内环境

M 圣塔莫妮卡 & 威尼斯 p.61-D1

住 1919 S.Lincoln Blvd., Venice
☎ (424) 500-2552
URL www.shoplcd.co
营 周一～周六 11:00~18:00、周日 12:00~17:00
信用卡 A M V

杂货店
General Store 杂货

◆威尼斯最火的商店

从当地艺术家制作的珠宝、杂货，到高档家具，商品种类多种多样。尤其是家居用品十分丰富，每一个都很好看。总店位于圣弗朗西斯科。

店内有很强的木质感

M 圣塔莫妮卡 & 威尼斯 p.61-D1

住 1801 Lincoln Blvd., Venice
☎ (310) 751-6393
URL shop-generalstore.com
营 周一～周六 11:00~19:00、周日 12:00~18:00
信用卡 A J M V

万国工业
Industry of All Nations 时尚

◆诞生于卡尔弗城的服装品牌

在生产布料、丝线的国家完成服装的制作、缝制等全部工序。羊驼中心位于玻利维亚，双排扣产于意大利，牛仔布由印度制造，十分讲究。这家品牌深得不喜欢快速时尚的洛杉矶年轻人的喜爱。

极简风格的支持者数量不断增加

M 圣塔莫妮卡 &威尼斯 p.61-D2

住 1121 Abbot Kinney Blvd., Venice
☎ (310) 392-6000
URL www.industryofallnations.com
营 每天 11:00~19:00
信用卡 A M V

蓝盘
Planet Blue 精品店

◆牛仔布的种类丰富

乍一看是一家休闲店铺，但店内却有很多宝贝。除了吊带衫、针织、罩衫等衣物外，还有化妆品、饰品、鞋等，种类多种多样。配上饰品搭配出理想的整体效果吧。

虽然看上去很高端，但很有西海岸的风格，可以放松地进店

M 圣塔莫妮卡·主街 p.63-B4

住 2940 Main St., Venice
☎ (310) 396-1767
URL www.shopplanetblue.com
营 每天 10:00~19:00
※圣塔莫妮卡北侧（住 800 14th St., Santa Monica）有分店
信用卡 A J M V

便签 如果买的东西很多的话　如果计划要买很多东西的话，在确保可以走路的同时，注意不要抱着很多东西逛到太晚，因为几乎没有空驶的出租车，可以到酒店附近打车。

西区

格罗夫购物中心

The Grove 购物中心

◆电影场景般的街道

再现了20世纪30~40年代洛杉矶的街道，还有20世纪50年代制造的有轨电车穿梭其中，简直就是电影的场景。除了购物外，这里也是洛杉矶的年轻人们看电影、品美食、散步的绝佳选择。

当地人众多，十分热闹

M 中威尔希尔 p.54-B2

住 189 The Grove Dr., Los Angeles
☎ (323) 900-8080
Free (1-888) 315-8883
URL www.thegrovela.com
营 每家店铺有所不同，基本上为每天10:00~21:00(周五·周六~22:00)
信用卡 各个商家不同

萨克斯第五大道

Saks Fifth Avenue 百货商店

◆全美首屈一指的高档百货商店

以纽约为大本营，美国最具代表性的高级百货商店。以欧美的设计品牌为中心，从日常用品到聚会穿的裙子，品种齐全，人气很旺。丰富的儿童服饰也是这里的一大特点。

距离罗迪欧大道很近

M 西区 p.53-C2

住 9634 Wilshire Blvd., Beverly Hills
☎ (310) 275-4211
URL www.saksfifthavenue.com
营 周一~周六10:00~19:00(周四·周五~20:00)、周日12:00~18:00
信用卡 A D J M V

诗普兰迪

Splendid 时尚

◆不失女性风采的休闲品牌

这家是巴尼斯纽约精品店、尼曼等百货商店，以及弗雷德西格尔等精选店内经常可以看到的T恤品牌的旗舰店。店内有许多百搭的衣物，卡梅隆·迪亚茨、朱莉娅·罗伯茨等众多好莱坞明星也是这里的常客。

在圣塔莫妮卡设有分店

M 西区 p.53-D2

住 111 S.Robertson Blvd., Los Angeles
☎ (310) 860-0334
URL www.splendid.com
营 周一~周六10:00~19:00、周日11:00~18:00
信用卡 A J M V

拉蒙特美容中心

Larchmont Beauty Center 化妆品

◆洛杉矶最好的药妆店

虽然外表看上去很廉价，但可千万不要小看它。进到里面，每个角落都摆满了无数的化妆品，以及洗发用品、指甲油等各种有机、化学产品。最近人气蹿升的Malin+Goetz也能在这里买到。

显眼的橙色招牌

M 中威尔希尔 p.55-D2

住 208 N.Larchmont Blvd., Los Angeles
☎ (323) 461-0162
URL larchmontbeauty.com
营 周一~周六8:30~20:00、周日10:30~18:00
信用卡 A J M V

香奈儿

Chanel 时尚

◆深受世界各地名流喜爱

饰品、围巾等物品虽然没有摆设在陈列柜里，但其实都有出售，可以询问店员。化妆品区的空间很大，可以慢慢地挑选。

M 罗迪欧大道 p.62-A1

住 400 N.Rodeo Dr., Beverly Hills
☎ (310) 278-5500
URL www.chanel.com
营 周一~周六10:00~18:00、周日12:00~17:00
信用卡 A D J M V

好莱坞

丹尼尔帕特里克

Daniel Patrick 时尚

◆在洛杉矶制造的知名品牌

诞生于洛杉矶的品牌，设计、缝制等工序也都是在洛杉矶当地完成的。不少名人穿过这个品牌的服装，使其知名度迅速提升，转眼间就进入了人气品牌的行列中。店内装修设计简单明了，可以尽情地享受购物的乐趣。

梅尔罗斯大道上的店铺

M 梅尔罗斯大道 p.63-A3

住 7967 Melrose Ave., Los Angeles
☎ (323) 879-9805
URL www.danielpatrick.us
营 周一~周六11:00~19:00、周日12:00~18:00
信用卡 A M V

便签 全食超市 Whole Foods Market 在圣塔莫妮卡(M p.50-B2)、格罗夫购物中心旁(M p.54-B2)都可以找到，有不少适合作为礼物的商品。

好莱坞

洛杉矶眼动力

L.a. Eyeworks 眼镜

◆**1979年创立，是洛杉矶当地的眼镜品牌**

以"人脸也是艺术"为理念，设计出的眼镜框架和太阳镜，无论在颜色还是外观等方面都给人焕然一新的感觉。在日照强烈的洛杉矶，拥有一副太阳镜是必不可少的。虽然也有品牌眼镜，但大部分还是以原创商品为主。快去寻找自己喜欢的眼镜吧。

显著的个性外观

M 梅尔罗斯大道 p.63-A2

住 7407 Melrose Ave., Los Angeles
☎ (323) 653-8255
URL www.laeyeworks.com
营 周一～周六 11:00~19:00、周日 12:00~17:00
信用卡 A M V

维吉尔诺莫尔

Virgil Normal 精品店

◆**位于 Virgil Ave. 和 Normal Ave. 的角落**

由洛杉矶一位当地的服装设计师和另一位精通滑冰、滑雪等街头文化的人共同创立的店铺，有不少户外男装。店铺中央还有当地艺术家创作的题材作品等。

也有不少高档产品

M 好莱坞 p.57-D4

住 4157 Normal Ave., Los Angeles
☎ (323) 741-8489
URL www.virgilnormal.com
营 周二～周六 11:00~19:00（周六～18:00）、周日 12:00~16:00
休 周一
信用卡 A D J M V

市区

普利斯

Apolis 时尚

◆**发现洛杉矶最前端的流行时尚**

2012年，进行海外旅行的帕顿兄弟来到这里，萌生了通过时尚改变世界的想法，并开创了这家男装店。服装都是由乌干达、孟加拉等发展中国家的手艺人生产制作的。麻质的购物袋是这里的必买品。

在中国也出售包等产品

M 洛杉矶 p.49-D2

住 806 E.3rd St., Los Angeles
Free (1-855) 894-1559
URL www.apolisglobal.com
营 周一～周四 12:00~18:00（周四～19:00）、周五～周日 11:00~19:00（周日～18:00）
信用卡 A M V

Fig at 7th

Fig at 7th 购物中心

◆**可以轻松地享用美食并购物**

紧邻地铁 7th St./Metro Center 站。虽然购物中心的面积不大，但是在广场还会举行音乐会和农贸市场（每周四 10:00~14:00）。快速时尚商品的种类也很丰富。

M 市区中心部 p.58-A3

住 735 S.Figueroa St., Los Angeles
☎ (213) 955-7150
URL www.figat7th.com
营 每天 11:00~21:00（周六·周日～19:00）
信用卡 各个商家不同

帕萨迪纳

科罗拉多帕谢欧购物中心

Paseo Colorado 购物中心

◆**开放式的购物中心**

位于帕萨迪纳主街的 Colorado Blvd.，共有 West Elm、J.Jill、Victoria's Secret 等 50 家商户入驻。

M 帕萨迪纳 p.59-A3

住 300 E.Colorado Blvd., Pasadena
☎ (626) 795-8891
URL www.paseocolorado.com
营 周一～周六 10:00~21:00、周日 11:00~19:00（各个商家不同）
信用卡 各个商家不同

复兴家具

Restoration Hardware 杂货

◆**简洁、考究的家具**

生活用品、杂货、沐浴品、园艺用品等应有尽有。虽然样式简单，但无论是材质，还是做工都十分精细考究。质量也很不错。

M 帕萨迪纳旧城区 p.59-A5

住 127 W.Colorado Blvd., Pasadena
☎ (626) 795-7234
URL www.restorationhardware.com
营 周一～周六 10:00~20:00、周日 11:00~18:00
信用卡 A M V

洛杉矶的餐馆
Los Angeles

RESTAURANT

洛杉矶的景点比较分散，如果为了吃饭而去其他地区有些不太现实。在附近享用美食就好。

作为美食街比较有名的是位于好莱坞和西区中间的拉谢内加大道。从高档餐馆到快餐，种类丰富。在海滩城市有很多气氛轻松的咖啡馆和餐馆，而西区则有许多家时尚高档餐馆。市区除了LA活力以外没有太多知名的餐馆，如果想吃韩国菜的话，可以到韩国城。

海滩城市

洁莉娜
Gjelina 加利福尼亚

◆ 当地人晚上也会来这里

阿博特金尼大道上的话题餐馆。周末午餐时段，总会排起长队。比萨 $13~ 等，价格也很接地气。店内还有宽敞的露天座位。

周末的早午餐也很有人气

M 圣塔莫妮卡&威尼斯 p.61-D2
住 1429 Abbot Kinney Blvd., Venice
☎ (310) 450-1429
URL www.gjelina.com
营 早餐周一～周五 8:00~11:00、午餐周一～周五 11:30~15:00、早午餐周六·周日 8:00~15:00、晚餐每天 17:30~23:00
信用卡 A J M V

布鲁斯特克赫
Wurstküche 德式

◆ 畅享德国风味的人气快餐

餐馆的招牌是德国人气快餐食品咖喱香肠（淋上咖喱粉、番茄酱的香肠）。烤得脆脆的香肠刚好可以填饱肚子。市区也有店铺（M p.49-D2）。

啤酒的种类也很多

M 圣塔莫妮卡&威尼斯 p.61-D1
住 625 Lincoln Blvd., Venice
☎ (213) 687-4444
URL www.wurstkuche.com
营 每天 11:00~24:00
信用卡 A J M V

父亲的办公室
Father's Office 美式

◆ 美味多汁的汉堡

餐馆位于圣塔莫妮卡北部美食云集的蒙大拿大街，人气极高。这家店的招牌汉堡（$12.50）美味多汁，炸薯条（$7.50）也十分美味。还有来自全球的36种啤酒。进店时，会确认年龄。

汉堡和啤酒的组合也是难得一见

M 圣塔莫妮卡 p.50-B2
住 1018 Montana Ave., Santa Monica
☎ (310) 736-2224
URL www.fathersoffice.com
营 周一～周四 17:00~次日 1:00、周五 16:00~次日 2:00、周六 12:00~次日 2:00、周日 12:00~24:00
信用卡 A M V

真心美食厨房
True Food Kitchen 有机食品

◆ 洛杉矶风味，健康美食

美国不是只有垃圾食品和快餐的！还有自产自销使用有机食材等有助于身体健康的美味。这家店的理念是不使用任何动物食材，通过蔬菜和水果来提高免疫力。如果到圣塔莫妮卡一定要来这里。

分量十足的健康营养

M 圣塔莫妮卡&威尼斯 p.60-B2
住 395 Santa Monica Place, Suite 172, Santa Monica（圣塔莫妮卡广场1层）
☎ (310) 593-8300
URL www.truefoodkitchen.com
营 周一～周五 11:30~22:0（周五 ~23:00）、周六·周日 10:00~23:00（周日 ~22:00）
信用卡 A M V

便签 计划检查餐馆+酒吧 环境良好，价格亲民。酒水种类也很多，是十分值得推荐的一家餐馆。Plan Check Kitchen+Bar M p.54-B1 住 351 N.Fairfax Ave., Los Angeles URL www.plancheck.com

比弗利山庄斯帕格餐馆

Spago Beverly Hills 加利福尼亚

◆ **由知名主厨亲自掌勺的餐厅**

洛杉矶最佳餐馆的呼声极高，这是明星们也经常光顾的加利福尼亚餐馆。餐馆经营者是著名主厨沃尔夫冈·帕克，他以西海岸为中心开设了多家人气餐馆。一个人晚餐的预算大约为 $90。晚餐需要提前预约。

周到的服务也令人心情愉悦

M 西区 p.53-D2

住 176 N.Canon Dr., Beverly Hills
☎ (310) 385-0880
营 午餐周二～周六 12:00~14:30、晚餐周日～下周五 18:00~22:00（周日 17:30~）、周六 17:30~22:30
信用卡 A D J M V

马蒂的汉堡站

Marty's Hamburger Stand 美式

◆ **帮助劳动者的汉堡站**

1959 创立，深受市民喜爱的汉堡站。汉堡 $3.50~、热狗 $3.75~，虽然价格便宜，但味道却深受男女老少的喜爱。午餐时段人非常多。

经典的店面风格

M 西区 p.52-B4

住 10558 W.Pico Blvd., Los Angeles
☎ (310) 836-6944
营 每天 8:00~17:00（周日 10:00~）
信用卡 只收现金

伊尔帕斯缇欧

Il Pastaio 意式

◆ **如果想吃正宗意面的话就来这里吧**

虽然乍一看是一家不怎么起眼的休闲餐馆，但做出来的可是真正的意大利美食。意大利面（$14.95~）、意大利烩饭（$17.95~）的种类非常丰富。因为距离罗迪欧大道很近，所以无论是午餐还是晚餐都很方便。一部分是手工意面。

在罗迪欧大道购物后，享用意式美食

M 西区 p.53-C2

住 400 N.Canon Dr., Beverly Hills
☎ (310) 205-5444
URL www.giacominodrago.com
营 每天 11:30~23:00（周五·周六 ~24:00、周日 ~22:00）
信用卡 A J M V

E.P. & L.P.

E.P. & L.P. 亚洲

◆ **二层是餐馆，三层是酒吧**

二层的 E.P. 提供各国美食，如泰国的青木瓜沙拉（$15）、炒饭（$13）等，可在充满异域风情的空间里享用美食。而在三层的 L.P. 屋顶酒吧，可以一边欣赏洛杉矶的风景，一边品尝美酒，这里是成人们的乐园。

霓虹闪烁的时尚外观

M 中威尔希尔 p.54-A1

住 603 N.La Cienega Blvd., West Hollywood
☎ (310) 855-9955
URL eplosangeles.com
营 E.P.：每天 18:00~22:30（周五·周六 ~23:00）、L.P.：每天 17:00~次日 2:00（周六·周日 12:00~）
信用卡 A M V

阿尔弗雷德咖啡

Alfred Coffee 咖啡

◆ **在嬉皮风的咖啡馆休息**

位于梅尔罗斯大道西侧，时尚三角地带的咖啡馆。即便是在洛杉矶也有着很高的评价，店内有一层和一个半地下空间，客人看上去也都十分新潮。还可以买到原创的瓶子和胸章。

也有露天座位

M 中威尔希尔 p.54-A1

住 8428 Melrose Pl., Los Angeles
☎ (323) 944-0811
URL alfredcoffee.com
营 每天 7:00~20:00
信用卡 A M V

奥因科斯塔

The Oinkster 美式

◆ **稍显高档的快餐店**

主打经典的美式晚餐。汉堡（$6.50~）、沙拉（$3.75~）、薯条（$3.25）等，再配上精酿啤酒，可以爽快地吃一顿。天气好的时候，坐在室外非常舒服。

午餐时段非常火爆

M 中威尔希尔 p.55-C1

住 776 Vine St., Los Angeles
☎ (323) 536-9248
URL www.theoinkster.com
营 每天 11:00~22:00（周五·周六 ~23:00）
信用卡 A M V

便签 **想吃冰激凌的话就来“牛奶”吧** 以牛奶瓶的标志为人所熟知的一家冰激凌店。晚上也经常排起长队，人气极高。MILK M p.54-B2 住 7290 Beverly Blvd., Los Angeles URL www.themilkshop.com 营 每天 12:00~23:00（周五·周六 ~24:00）

罗斯科

Roscoe's 美式

◆美国的又一家妈妈的味道

深受 R&B 歌手、说唱歌手、NBA 球员等非洲裔名人喜爱的一家 Soul Food 餐馆（美国菜的一种，非洲裔居民的传统菜式）。招牌菜有炸鸡配华夫饼（$10.70）。虽然炸鸡不利于减肥，但还是令人忍不住去吃。

来品尝一下 Soul Food 吧

M 好莱坞中心部 p.61-D4

住 1514 N.Gower St., Hollywood

☎（323）466-7453

URL www.roscoeschickenandwaffles.com

营 周一～周五 8:30~24:00（周五～次日 4:00）、周六・周日 8:00~次日 4:00（周日 ~24:00）

信用卡 M V

巴尼餐馆

Barney's Beanery 美式

◆充满了纯粹的美式力量

45 种生啤、200 多种来自世界各地的瓶装啤酒。极力推荐辣酱汤（$10.95）、原创比萨（$11~23）、淋上自家特制 BBQ 酱汁的招牌烤排骨（$9~16）等。店内还有自动点唱机、台球桌，很有美式风格。

设有自动点唱机和台球桌

M 日落大道 p.62-A4

住 8447 Santa Monica Blvd., West Hollywood

☎（323）654-2287

URL www.barneysbeanery.com

营 每天 11:00~次日 2:00（周六・周日 9:00）

※ 第三步行街上也有分店

信用卡 A J M V

宝儿牛排馆

Boa Steakhouse 美式

◆一定要品尝一次的牛排

现代风格的牛排餐馆。仅靠盐和胡椒就可以感受到牛肉的美味，肉质非常好。肉眼牛排（$56）堪称极品。甜品推荐香草黑莓。

美味多汁的牛排

M 日落大道 p.62-A4外

住 9200 Sunset Blvd., West Hollywood

☎（310）278-2050

URL www.innovativedining.com

营 午餐周一～周五 11:30~14:00、晚餐每天 17:30~24:00（周日・周一 ~22:00、周二・周三 ~22:30、周四 ~23:00）

信用卡 A D J M V

罗马纳比萨

Pizza Romana 意式

◆分量十足的男士比萨

松软的面团上铺着满满的食材，在当地有着极高的人气。店员个个神清气爽，店内的环境也非常不错。虽然也有不少人选择外带，但店内的空间还是很大的。巨大的比萨广告十分显眼。

午餐时段人非常多

M 梅尔罗斯大道 p.63-A1

住 615 N.La Brea Ave., Los Angeles

☎（323）939-1148

URL www.pizzaromana.com

营 每天 11:00~22:00

信用卡 A M V

进出汉堡

In-N-Out Burger 快餐

◆B 级美食的杰作

如果问洛杉矶人"哪儿有好吃的汉堡?"，大多数人都会推荐这家店。将上好的厚肉馅烤制松软，夹上满满的生菜和西红柿。再加上当场烤制的土豆片，真的是美味难挡。只需 $5 就可以吃到如此美味，绝对物超所值。

一定要品尝一次的西海岸美味

M 好莱坞中心部 p.60-A4

住 7009 Sunset Blvd., Hollywood

Free（1-800）786-1000

URL www.in-n-out.com

营 每天 10:30~次日 1:00（周五・周六～次日 1:30）

信用卡 J M V

Eggslut 餐馆

Eggslut 美式

◆连日排起长队的人气餐馆

自 2014 年开业以来，中央市场内需要排队等待最久的餐馆。使用鸡蛋做成的各类菜品，俘获了无数附近公司的员工。招牌菜 Eggslut（$9）已经成了洛杉矶必不可少的早餐选择。

位于 Broadway

M 市区中心部 p.58-B2

住 317 S.Broadway, Los Angeles（中央市场内）

☎（213）625-0292

URL www.eggslut.com

营 每天 8:00~16:00

信用卡 M V

麦康奈尔的冰激凌 位于中央市场（→p.76 脚注）的一家人气冰激凌店。McConnell's Fine Ice Creams M p.58-B2 住 317 S.Broadway, Los Angeles URL mcconnells.com 营 每天 11:00~22:00

市区

米罗

Miro 美式

◆ **在市区享受奢华午餐**

2016年开业，在市区评价很好的一家餐馆。午、晚餐时段周边很多员工都会来这里用餐。店内空间很大，环境很好，然而价格并非高不可攀。意面 $22~29、比萨 $16~19。

使用附近农家种植的蔬菜

M 市区中心部 p.58-A3

住 888 Wilshire Blvd., Los Angeles
☎ (213) 988-8880
URL www.mirorestaurant.com
营 周一~周五 11:30~22:00（周五~23:00）、周六·周日 11:00~23:00（周日~19:00）
信用卡 A M V

迪诺炸鸡 & 汉堡

Dino's Chicken & Burgers 美式

◆ **超级好吃的炸鸡**

将使用了自制调味汁腌制的鸡肉烤至发焦、搭配薯条的拼盘（$7.95）最受欢迎。从市区出发，乘坐 #30、330 巴士在 Pico Blvd.&Catalina St. 下车，20 分钟即可到达这家深受当地人喜爱的名店。

喷香四溢的鸡肉

M 洛杉矶 p.49-D2

住 2575 W.Pico Blvd., Los Angeles
☎ (213) 380-3554
营 每天 6:00~23:00（周五·周六~24:00、周日 7:00~）
信用卡 M V

皮诺咖啡

Cafe Pinot 法式

◆ **市区的时尚餐馆**

“皮诺”是高档餐馆“帕缇娜”旗下的休闲餐馆。菜品为加利福尼亚法餐。午餐主菜价格为 $15~29、晚餐为 $15~38，十分划算。晚餐需要提前预约。摩天大楼的夜景也非常美丽。

庭园的露天座位很受欢迎

M 市区中心部 p.58-A3

住 700 W.5th St., Los Angeles
☎ (213) 239-6500
URL www.patinagroup.com
营 每天周一~周五 11:30~14:00、每天 17:00~21:00（周三和周四 21:30、周五和周六 22:00、周日 16:30~）
信用卡 A J M V

洛杉矶的酒店

Los Angeles

HOTEL

虽然海滩城市的酒店价格略高，但是可以充分体验西海岸的风情，因此还是十分推荐的。如果自驾的话，可以选择离中心部稍远一些的酒店，价格更加划算。西区是世界知名的高档住宅区，高档豪华的酒店非常多。日落大道周围都是高档酒店，而好莱坞中心地区往外，也能找到不少经济型酒店。市区果然还是旅游的大本营，希望游览各个地区的游客都会选择在这里住宿，从经济型酒店到高档酒店，可选范围还是很广的。

海滩城市

安布罗斯酒店

The Ambrose 高档

M 圣塔莫妮卡 p.51-C2

◆ 可以享受优雅时光的度假酒店

酒店有专属的伦敦出租车接送至第三步行街。除了免费的早餐之外，客房内的咖啡机也可以免费使用。环境也是一流酒店水准。

Wi-Fi 免费　77 间客房　信用卡 A D J M V

住 1255 20th St., Santa Monica, CA 90404

☎ (310) 315-1555

Free (1-855) 426-2767

FAX (310)-315-1556

URL www.ambrosehotel.com

费 Ⓢ Ⓓ Ⓣ $279~510

圣塔莫妮卡帕里豪斯酒店

Palihouse Santa Monica 高档

M 圣塔莫妮卡 &威尼斯 p.60-A2

◆ 居家生活般的享受

距离第三步行街仅两个街区。有着复古风格的建筑和令人引以为傲的绿色庭院。注重使用亚麻制品，房间内还带有厨房。虽然是公寓式酒店，但也可以只居住一晚。

Wi-Fi 免费　38 间客房　信用卡 A D M V

住 1001 3rd St., Santa Monica, CA 90403

☎ (310) 394-1279

FAX (310) 451-3422

URL www.palihousesantamonica.com

费 Ⓢ Ⓓ Ⓣ $295~1055

海景度假酒店

Ocean View Hotel 中档

M 圣塔莫妮卡 &威尼斯 p.60-B2

◆ 房间的景致极佳

步行即可到达海滩和圣塔莫妮卡广场，所以吃饭、购物到很晚也没关系。

Wi-Fi 免费　66 间客房　信用卡 A D J M V

住 1447 Ocean Ave., Santa Monica, CA 90401

☎ (310) 458-4888　FAX (310) 458-0848

URL www.oceanviewsantamonica.com

费 Ⓢ Ⓓ Ⓣ $299~459

圣塔莫妮卡旅客之家

Travelodge Santa Monica 经济型

M 圣塔莫妮卡 p.51-D3

◆ 部分房型带有厨房

位于 31st St. 和 Pico Blvd. 的交叉口，虽然规模不大，但是设施齐全。乘坐大蓝巴士即可到达。

Wi-Fi 免费　87 间客房　信用卡 A D J M V

住 3102 Pico Blvd., Santa Monica, CA 90405

☎ (310) 450-5766

FAX (310) 450-8843

URL www.wyndhamhotels.com

费 Ⓢ Ⓓ Ⓣ $175~455

咖啡机　冰箱酒柜/冰箱　浴缸　吹风机　BOX 室内保险柜　客房服务　餐馆　健身房/游泳池　前台　洗衣机　无线网络　P 停车场　可以使用轮椅的客房

西区

比弗利威尔希尔四季酒店

Beverly Wilshire, A Four Seasons 高档

M 罗迪欧大道 p.62-A2

住 9500 Wilshire Blvd., Beverly Hills, CA 90212

☎ (310) 275-5200

FAX (310) 274-2851

URL www.fourseasons.com/beverlywilshire

费 Ⓢ Ⓓ Ⓣ $545-2000

◆ **深受商务人士喜爱的高规格酒店**

曾出现在电影《风月俏佳人》中的最高档酒店。如果想沉浸在《风月俏佳人》的世界里，那就入住 Wilshire Wing 吧。Beverly Wing 一侧统一采用驼色的风格设计，并不浪漫。

Wi-Fi 免费 395 间客房 信用卡 A D J M V

洛杉矶世纪城 / 比佛利山庄万怡酒店

Courtyard Los Angeles Century City/Beverly Hills 中档

M 圣塔莫妮卡 p.53-C3

住 10320 W.Olympic Blvd., Los Angeles, CA 90064

☎ (310) 556-2777 Free (1-888) 236-2427

FAX (310) 203-0563

URL www.marriott.com

费 Ⓢ Ⓓ Ⓣ $219~419

◆ **提供贴心的短途接送服务**

室内干净整洁，备有迷你酒吧、有线电视、闹钟等多种设备，是备受商业人士喜爱的酒店。

Wi-Fi 免费 136 间客房 信用卡 A D J M V

好莱坞

好莱坞罗斯福酒店

Hollywood Roosevelt Hotel 高档

M 好莱坞中心部 p.60-A3~4

住 7000 Hollywood Blvd., Hollywood, CA 90028

☎ (323) 856-1970

URL www.thehollywoodroosevelt.com

费 Ⓢ Ⓓ Ⓣ $299~699、Su $489~6000

◆ **首届奥斯卡颁奖典礼举办地**

几乎正对好莱坞地标建筑——TCL 中国剧院的一家历史悠久的酒店。自 1927 年开业以来，经营者数度易手，但酒店的经营从未间断。

Wi-Fi $14.95 300 间客房 信用卡 A D J M V

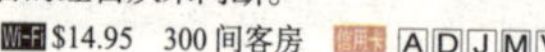

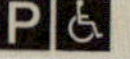

日落塔酒店

Sunset Tower Hotel 高档

M 日落大道 p.62-A3

住 8358 Sunset Blvd., West Hollywood, CA 90069

☎ (323) 654-7100

URL www.sunsettowerhotel.com

费 Ⓢ Ⓓ Ⓣ $325~$495、Su $575~2250

◆ **装饰艺术风格的建筑外观格外引人注目**

酒店建于 1929 年。现在仍能看到过去的风采。虽然客房数量较少，但每个细节都服务得非常到位。室外露天泳池、自然护肤品科颜氏（Kiehl's）的沐浴用品、SPA 等各种设施应有尽有，满足女性的各种需求。

Wi-Fi 免费 81 间客房 信用卡 A D J M V

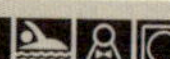

好莱坞贵宾酒店

Hollywood VIP Hotel 中档

M 好莱坞中心部 p.60-B3

住 1770 Orchid Ave., Hollywood, CA 90028

☎ (323) 962-1788 FAX (323) 729-3259

URL www.hollywoodviphotel.com

费 Ⓢ Ⓓ Ⓣ $99~349

◆ **紧邻中国剧院**

位于好莱坞 & 高地中心北侧，地理位置便利，同时酒店的价格也十分合理。

Wi-Fi 免费 21 间客房 信用卡 A D J M V

好莱坞名人酒店

Hollywood Celebrity Hotel 经济型

M 好莱坞中心部 p.60-B3

住 1775 Orchid Ave., Hollywood, CA90028

☎ (323) 850-6464 Free (1-800) 222-7017

FAX (323) 850-7667 URL www.hotelcelebrity.com

费 Ⓢ Ⓓ Ⓣ $149~239

◆ **装饰艺术风格的高雅酒店**

距离中国剧院步行仅需 5 分钟。可以更好地感受好莱坞的氛围。

Wi-Fi 免费 38 间客房 信用卡 A D J M V

便签 **地图上的酒店名称有部分省略** 在洛杉矶的地图上，省略了部分酒店名称最前面或最后面的“酒店”一词。

好莱坞

美国好莱坞旅馆

USA Hostels Hollywood 经济型

M 好莱坞中心部 p.61-C4

◆位于好莱坞的中心

设有多人房和单人间两种房型，每个房间都有淋浴和卫生间。前台有 24 小时接待。

Wi-Fi 免费　180 间客房　信用卡 M V

住 1624 Schrader Blvd., Hollywood, CA 90028
☎ (323) 462-3777
Free (1-800) 524-6783
URL www.usahostels.com
费 多人房 $37~52、Ⓢ $115~140

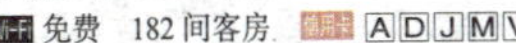

市区

洛杉矶市中心艾斯酒店

Ace Hotel Downtown Los Angeles 高档

M 市区中心部 p.58-B4

◆咖啡馆和餐馆都在步行范围内

美国人也都推崇的一家精品酒店。1927 年的历史建筑，搭配上近代的内饰风格，简约而不失时尚，20~40 岁的房客都表示好评。距离地铁 7th St./Metro Center 站步行 10 分钟。

Wi-Fi 免费　182 间客房　信用卡 A D J M V

住 929 S.Broadway, Los Angeles, CA 90015
☎ (213) 623-3233
URL www.acehotel.com/losangeles
费 ⓈⒹⓉ $219~459、Ⓢⓤ $1299~

洛杉矶欧尼酒店

Omni Los Angeles Hotel 高档

M 市区中心部 p.58-A2

◆紧邻 MOCA 的实用性酒店

拥有类似 MOCA（现代美术馆）风格的内部装饰，空间简约整洁。房间明亮实用，环境极佳。距离迪士尼音乐厅很近。酒店还提供 3 英里（约 4.8 公里）内的免费摆渡车。

Wi-Fi $9.95　453 间客房　信用卡 A D J M V 

住 251 S.Olive St., Los Angeles, CA 90012
☎ (213) 617-3300
URL www.omnihotels.com
费 ⓈⒹⓉ $199~469、Ⓢⓤ $700~750

洛杉矶南加州大学瓦卡班德酒店

Vagabond Inn Los Angeles at USC 经济型

M 洛杉矶 p.49-D2

◆基本设施齐全

虽然距离市区中心有一定距离，但是紧邻地铁博览线 Jefferson/USC 站。

Wi-Fi 免费　72 间客房　信用卡 A D M V

住 3101 S.Figueroa St., Los Angeles, CA 90007
☎ (213) 746-1531　FAX (213) 284-7575
URL www.vagabondinn.com
费 ⓈⒹⓉ $100~259

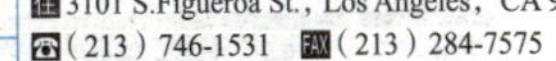

咖啡机　冰箱酒柜 / 冰箱　浴缸　吹风机　BOX 室内保险柜　客房服务　餐馆
健身房 / 游泳池 　前台　洗衣机　无线网络　P 停车场　可以使用轮椅的客房

从洛杉矶出发的短途旅行

圣巴巴拉 *Santa Barbara*

加利福尼亚首屈一指的海滩度假地

圣巴巴拉距离西海岸最大的城市洛杉矶开车仅需 2 小时，被圣伊内斯山脉和太平洋所环绕，白色的墙壁、橙色的屋顶，潇洒的南西班牙风格建筑一栋接着一栋，是一座开放、轻松的城市。在市区可以享受购物的乐趣，晚上可以欣赏到漫天的星空。

如果只是游览常规景点，也可以当日往返洛杉矶，如果想深度游览圣巴巴拉至少需要 1 晚 2 天。

圣巴巴拉 漫 步

圣巴巴拉的观光景点、购物、餐馆都集中在贯穿市区的州街（State St.）周边。市区面积不是很大，步行即可充分游览。如果是自驾来的话，建议把车停在州街或者海滨的停车场，然后步行游览。

海滩和市区之间，即使慢慢悠悠地走，也只有 20 分钟的路程。海滨附近有斯特恩码头（Stearns Wharf）、圣巴巴拉港（Santa Barbara Harbor）等，海边的小镇风景不断延伸。海岸线边的卡布里洛大道（Cabrillo Blvd.）两旁的椰子树，使道路显得十分明亮。有自行车 & 滑板专用道，因此租一辆自行车游览也不错。

如果要前往距离市中心稍远的圣巴巴拉修道院（The Old Mission Santa Barbara），乘坐 MTD 巴士（下记）即可到达，十分简单。

圣巴巴拉的主要交通

因为大多数景点都集中在市区，所以很少有机会乘坐市政巴士，但是 MTD 巴士是有前往市内近郊地区的线路的。一个小时之内可以免费换乘一次。

如果是当日往返的话，推荐乘坐圣巴巴拉电车（Santa Barbara Trolley），可以在 90 分钟游览完主要的景点。另外还有市区 · 海滨摆渡车（Downtown Waterfront Shuttle），线路途经州街周边和海滨。

洛杉矶出发的交通方式

● **灰狗巴士**

1 天 3 班，所需时间约 2.5 小时。

M p.99-B3
住 224 Chapala St.
☎（805）965-7551
费 约 $15

● **圣巴巴拉 · 空中巴士**

连接 LAX 和圣巴巴拉的 Hyatt Santa Barbara（住 1111 E.Cabrillo Blvd.）的巴士。1 天 8 班，所需时间约 2 小时 15 分钟。

M p.99-B2 外
☎（805）964-7759
Free（1-800）423-1618
URL www.sbairbus.com
费 成人 $49

● **美国国铁 · 圣巴巴拉站**

M p.99-B3
住 209 State St.
Free（1-800）872-7245
费 从洛杉矶出发约 $35

圣巴巴拉市内交通

● **MTD 巴士**

☎（805）963-3366
URL www.sbmtd.gov
费 $1.75、一个小时内可以免费换乘一次

● **圣巴巴拉电车**

在斯特恩码头、修道院有车站。

☎（805）965-0353
URL www.sbtrolley.com
运营时间：每天 10:00~15:00，每隔 1 小时 1 班
费 成人 $22、儿童 $8

● **市区 · 海滨摆渡车**

☎ URL 同 MTD 巴士
市区摆渡车（从阿灵顿剧院到斯特恩码头）
运营时间：每天 9:00~18:00（10~30 分钟一班）、周五 · 周六（夏令时）18:00~21:00（15 分钟一班）
海滨摆渡车（卡布里洛大道）
运营时间：每天 10:00~18:00（15 分钟一班）、周五 · 周六（夏令时）18:00~21:00（15 分钟一班）
费 50 ¢

便签 市区 · 海滨摆渡车 如果要进行换乘的话，跟司机说“Transfer，Please”，然后不要忘记拿换乘车票！

便签 圣巴巴拉的综合信息 销售员工 7.75%、酒店员工 12%。

有员工常驻

圣巴巴拉游客中心
Santa Barbara Visitor Center

位于海滩边的Cabrillo Blvd. 和 Garden St. 的角落。提供地图、各种手册、活动信息等。

M p.99-B2
住 1 Garden St.
☎（805）965-3021
URL www.santabarbaraca.com
营 2~10月：每天9:00~17:00（周日10:00~）
11月～次年1月：每天9:00~16:00（周日10:00~）
休 主要节假日

圣巴巴拉法院

住 1100 Anacapa St.
☎（805）882-4520
URL www.sbcourts.org
营 周一～周五 8:00~17:00、周六·周日 10:00~16:30
休 主要节假日
费 免费

从钟楼看到的景色

圣巴巴拉国家历史公园

住 123 E.Canon Perdido St.
☎（805）965-0093
URL www.parks.ca.gov
营 每天10:30~16:30
休 主要节假日
费 成人$5、老人（62岁以上）$4、16岁以下免费

圣巴巴拉 主要景点

将圣巴巴拉尽收眼底　　圣巴巴拉 M p.99-A2

圣巴巴拉法院 

Santa Barbara County Courthouse

✸✸

这座建筑的白色钟楼格外显眼，自1929年建造以来，一直作为市法院沿用至今。虽然内部可以自由参观，但是如果赶上开庭审判的话，一定要保持安静。每天14:00（周一～周五10:30也有）开始，都有免费的导游服务。

从这个市区最高的钟楼，可以将以太平洋和圣拉斐尔山为背景的圣巴巴拉市区全景尽收眼底。1925年经历地震灾害后的圣巴巴拉，将城市的建筑按照西班牙的安达卢西亚风统一设计，建筑的层数、屋顶、墙壁的颜色等都制定了相应的规则。因此成功打造出了一座具有统一感，自然、和谐的魅力城市，成了全美首屈一指的观光地。

圣巴巴拉的代表性建筑

西班牙殖民文化的发祥地　　圣巴巴拉 M p.99-A2

圣巴巴拉国家历史公园 学

El Presidio de Santa Barbara State Historic Park

✸✸✸

洁白的泥砖

1782年为了对抗当地原住民，由西班牙军队筑造的要塞。这是圣巴巴拉最古老、也是加利福尼亚州历史第二悠久的建筑物。当时的加利福尼亚共有4个要塞，直到1846年这里都是本部。另外，这里也成了西班牙殖民文化的中心。

1925年因地震和城市开发，这里大部分的建筑物都被推倒，但要塞内的两座建筑物得到了修复，另外5座建筑物也按照原样重新建造。现存的Padres' Quarters和Presidio Chapel据说是在当年重建时，使用手工制作泥砖建造而成的。

阳光从窗外射入，教堂内部显得很明亮

 美食  购物  学习  游玩 ✸✸✸推荐度

充满异域风情的历史建筑　　圣巴巴拉　M p.99-A1

圣巴巴拉修道院　学

Old Mission Santa Barbara

★★★

因其美丽的外观，被称作“Queen of the Mission”。1786 年 12 月 4 日，在圣巴巴拉的节日庆典上，以让周边居住的丘马什族改信基督教为目的，由西班牙传教士建造，之后遭遇了地震等破坏，现在的建筑是自 1820 年保留至今的。如今内部已经改造成了博物馆，可以追溯教堂的历史，这里还陈列了传教时期穿着的服装和使用的道具等。

每年 8 月的第一个周末会举办名为 Fiesta 的庆典活动。原本是过去入侵者在收获后举办的小型聚会，但从 1924 年开始作为 The Old Spanish Days Fiesta，成了一项传统保留下来，并在城市中举办。穿着亮丽服装的舞者们伴随着音乐的律动进行盛装游行，是活动最精彩的部分。

有很多虔诚教徒的圣巴巴拉修道院

圣巴巴拉修道院

住 2201 Laguna St.

☎（805）682-4713

URL santabarbaramission.org

营 每天 9:00~17:15（最后一个观光是 16:15 出发）

休 主要节假日

费 成人 $9、老人 $7、学生（5~17 岁）$4、4 岁以下免费

交通方式 从市区乘坐 #6、11 MTD 巴士，在 State St. & Pueblo St. 下车。沿 Los Olivos St. 向东步行 13 分钟

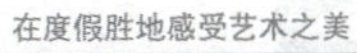

在度假胜地感受艺术之美　　圣巴巴拉　M p.99-A2

圣巴巴拉艺术博物馆　学

Santa Barbara Museum of Art

★★

是位于市区西北部，圣巴巴拉法院西侧的一家艺术博物馆。从马蒂斯、莫奈的法国印象派，罗丹的雕塑，中国、日本、印度等的佛教艺术，到 19~20 世纪的意大利艺术、法国艺术、美国艺术、现代艺术、照片等，藏品范围极其广泛。从 State St. 上的入口进去，阳光从高高的天窗洒下，还有几个铜像迎接客人的到来。

一层右侧是博物馆商店，左侧有咖啡馆。这里的咖啡深受当地人喜爱，午餐可以在这里点上一碗汤或者甜点等，价格也很合理。这座建筑过去曾是邮局，本身也很有看点。博物馆面积正适合顺道闲逛。

迎接客人的艺术雕像

圣巴巴拉艺术博物馆

住 1130 State St.

☎（805）963-4364

URL www.sbma.net

营 周二～周日 1:00~17:00（周四 ~20:00）

休 周一、主要节假日

费 成人 $10、老人（65 岁以上）· 学生（6~17 岁）$6。6 岁以下免费

● Museum Store

营 周二～周五 10:00~18:00、周六～下周一 11:00~17:00

● Museum Cafe

艺术博物馆内，State St. 和 Anapamu St. 的夹角。

营 周二～周日 11:00~15:00

休 周一

State St. 上的餐馆、咖啡馆都有露天座位

便签　圣巴巴拉的葡萄酒信息可以登录　在 URL www.sbcountywines.com 网站获取信息。根据季节、收获庆典、葡萄酒节日等会举办各种活动，建议结合行程进行确认。

斯特恩码头

M p.99-B3

圣巴巴拉自然历史海洋中心博物馆

M p.99-B3

住 211 Stearns Wharf

☎（805）962-2526

URL www.sbnature.org

营 每天 10:00~17:00

休 主要节假日

费 成人 $8.50、老人（65 岁以上）· 学生（13~17 岁）$7.50、儿童（2~12 岁）$6

圣巴巴拉海洋博物馆

M p.99-A3

住 113 Harbor Way

URL www.sbmm.org

营 周四～下周二 10:00~17:00

休 周三、主要节假日

费 成人 $8、老人（62 岁以上）· 学生（6~17 岁）$5、儿童（5 岁以下）免费

观鲸

Condor Express

M p.99-B3（Sea Landing）

住 301 W.Cabrillo Blvd.

☎（805）882-0088

URL condorexpress.com

营 春季每天 3 次，每次 2.5 小时（9:00、12:00、15:00 出发）；夏季～冬季每天 1次，每次4.5小时（10:00 出发）

费 春季：成人 $50、儿童 $30、夏季～冬季：成人 $99、儿童 $50

水上出租车

Free（1-888）316-9363

URL celebrationsantabarbara.com

营 每天 12:00~18:00（根据时期不同有所调整）

费 单程成人 $5、儿童 $1

怎么能错过大海的乐趣！ 圣巴巴拉 M p.99-A3~B3

海滨 

The Waterfront

★★★

圣巴巴拉的海岸线上是并排的椰子树与连绵不断的美丽海滩。可以租自行车（→脚注），也可以挑战一下帆船、帆板，当然还可以步行游览。

斯特恩码头（Stearns Wharf）位于 State St. 延伸至海滩一侧的尽头。1872 年，作为货船运输的码头而建造，如今成了商店和餐馆的聚集地。圣巴巴拉自然历史海洋中心博物馆（Santa Barbara Museum of Natural History Sea Center）虽然规模不大，但却是一个深受孩子们喜爱的热门场所。另外这个码头的景致极佳，望向椰子树的方向，可以将白墙橙顶的市区风景尽收眼底。

从斯特恩码头向西步行，是由普通的帆船码头和渔港共同构成的圣巴巴拉港（Santa Barbara Harbor）。港口前的圣巴巴拉海洋博物馆（Santa Barbara Maritime Museum）讲述了与大海有着不解之缘的圣巴巴拉的海洋史。另外圣巴巴拉还是一个全年可以观赏鲸鱼的地方，3 月还会举办一个与鲸鱼有关的庆典活动。从 Sea Landing 起航，不用预约也可以乘坐（高峰时期需要续约）。如果想从海上欣赏景色的话，还可以乘坐连接斯特恩码头和圣巴巴拉湾的水上出租车。

乘坐水上出租车也不错

Column 在郊外的葡萄酒乡野餐

在圣巴巴拉的周边，分布着 100 多个葡萄酒厂，丝毫不逊色于纳帕 & 索诺玛，许多加利福尼亚人都会造访这里。葡萄酒庄最集中的地区是位于圣巴巴拉西北 50 公里远的圣伊内斯山谷（Santa Ynez Vally）。几个葡萄酒庄都设有野餐区，可以看到广阔的葡萄田，上午前往索尔万（→ p.105）观光，中午到酒庄野餐如何？

在太阳下品尝葡萄酒十分特别

● Sunstone Vineyards & Winery

按照法国南部风格建造的葡萄酒窖，艺术家们为了这个酒庄，特意制作绘画了标签和海报，将品酒室装点得非常华丽。同时还可以买到原创商品，非常适合作为礼物。

住 125 Refugio Rd., Santa Ynez

☎（805）688-9463

Free（1-800）313-9463

URL www.sunstonewinery.com

营 每天 11:00~17:00（品酒）

便签 沿海岸线畅快骑行 圣巴巴拉的海岸设有专门的自行车道，可以一边骑行，一边欣赏海边的风景。普通自行车 1 小时 $12.95、双人自行车 1 小时 $20.95。乐趣车轮租赁 Wheel Fun Rentals M p.99-B3 住 23 E.Cabrillo Blvd. ↗

圣巴巴拉的商店和餐馆

Santa Barbara

SHOP & RESTAURANT

购物的话前往位于市中心的帕谢欧努埃沃购物中心就足够了。餐馆和咖啡馆集中在市区最显眼的州街（State St.）道路两旁，即便酒店里没有餐馆，也不用为吃饭发愁。

市区

帕谢欧努埃沃

Paseo Nuevo 购物中心

◆**豪华的老牌气质**

购物中心内透露出西班牙风格的华丽气息。阿贝克隆比 & 费奇、其乐、欧舒丹等名牌商品入驻其中，内部的广场有时会举办小型演唱会。还有现代美术馆。日落后也可以安心地在这里购物。

可以悠闲漫步的购物中心

M 圣巴巴拉 p.99-A2

住 651 Paseo Nuevo
☎（805）963-7147
URL www.paseonuevoshopping.com
營 周一～周六 10:00~21:00（周六～20:00）、周日 11:00~19:00
※ 各个商家不同
信用卡 各个商家不同

拱廊街

La Arcada 购物中心

◆**圣巴巴拉引以为豪的超赞小径**

位于市区北部的拱廊街，是一个有着许多精品店、餐馆、美术馆的人气场所。无论购物还是吃饭，来到这里都可以得到满足。当地人也很多。

夜晚充满了浪漫的气氛

M 圣巴巴拉 p.99-A2

住 1114 State St.
☎（805）966-6634
URL www.laarcadasantabarbara.com
營 各个商家不同
信用卡 各个商家不同

©Visit Santa Barbara / Jay Sinclair

市区

勃逊

Bouchon 加利福尼亚

◆**严选当地食材的法国餐馆**

因海鲜和当地产的有机蔬菜而闻名的正宗法式餐馆。想要配上圣巴巴拉近郊出产的葡萄酒享用美食的人最应该来这家餐馆。这家餐馆除了有依据季节制作的菜品，还被当地的杂志刊登过，人气可见一斑。露天座位必须提前预约。

菜品的味道自不必多说，环境也十分舒适

M 圣巴巴拉 p.99-A2

住 9 W.Victoria St.
☎（805）730-1160
URL www.bouchonsantabarbara.com
營 每天 17:00~21:00（周五・周六～22:00）
信用卡 A J M V

帕斯库奇

Pascucci 意式

◆**宗旨是自产自销**

一家可以一边悠闲地品尝葡萄酒，一边吃比萨、意面的餐馆。一道菜的价格午餐是 $12、晚餐也只有 $15 左右，很多漫步的人都会不自觉地走进这家店。另外也提供沙拉和甜品，也可以当作咖啡馆来驻足休息。蒜香面包广受好评。

好喝的葡萄酒让聊天都更起劲了

M 圣巴巴拉 p.99-A2

住 729 State St.
☎（805）963-8123
URL www.pascuccirestaurant.com
營 每天 11:30~21:00（周五・周六～22:00）
信用卡 A M V

↘☎（805）966-2282 URL www.wheelfunrentalssb.com 營 4~5 月：每天 8:00~20:00，6~8 月：8:00~21:00，9~11 月：8:00~19:00，12 月～次年 3 月：8:00~18:00

圣巴巴拉的酒店

Santa Barbara

HOTEL

圣巴巴拉海滨一侧的 Bath St. 和 Cabrillo Blvd. 周边有很多汽车旅馆。从设施上讲虽然每一个地方都很出色，但是价格大多都不低于 $100。因为是热门的观光地，所以周末来这里的人会更多。如果没有预约就来到这里，可以先去游客中心告知工作人员自己的预算然后征求意见，他们会帮忙预约。

市区

辛普森之家酒店

Simpson House Inn 高档

◆ **温馨舒适的 B&B**

布置精美的客房，装饰优美的庭院，摆放的家具虽然不是很新，但可以看出来一直都是被小心使用着，能看出它们老化的状态……虽说是 B&B，但这里却有着比普通酒店更豪华的享受。 Wi-Fi 免费 15 间客房 信用卡 AMV

M 圣巴巴拉 p.99-A2

住 121 E.Arrellaga St., Santa Barbara, CA 93101

☎ (805) 963-7067

FAX (805) 564-4811

URL www.simpsonhouseinn.com

费 ⓈⒹⓉ $309~629

圣巴巴拉酒店

Hotel Santa Barbara 中档

◆ **位于市区正中央的酒店**

位于 State St. 和 Costa St. 的夹角，地理位置超群，价格合理。虽然位于 State St. 上，但是室内非常安静舒适，客房面积也很大。每天早上 7:00~10:00，还会提供免费的欧式早餐。 Wi-Fi 免费 75 间客房 信用卡 AMV

M 圣巴巴拉 p.99-A2

住 533 State St., Santa Barbara, CA 93101

☎ (805) 957-9300

Free (1-800) 549-9869

FAX (805) 962-2412

URL www.hotelsantabarbara.com

费 ⓈⒹⓉ $179~339

海滨

菲斯帕克希尔顿逸林酒店

The Fess Parker, A DoubleTree by Hilton Resort 高档

◆ **优雅的大型度假村**

最具加利福尼亚风格的酒店，地理位置绝佳。客房都带有露台或者阳台，十分宽敞，酒店内还有商务中心等，设施非常齐全。友好、礼貌的服务也令人舒心。

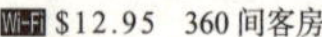

Wi-Fi $12.95 360 间客房 信用卡 ADJMV

M 圣巴巴拉 p.99-B2

住 633 E.Cabrillo Blvd., Santa Barbara, CA 93103

☎ (805) 564-4333

Free (1-800) 879-2929

URL www.fessparkersantabarbarahotel.com

费 ⓈⒹⓉ $178~825

玫瑰别墅旅馆

Villa Rosa Inn 中档

◆ **推荐女性入住的小型酒店**

距离海岸沿线的 Cabrillo Blvd. 和市中心的 State St. 都很近，十分便利。房间分为海景房和山景房，每个房间都很舒适。早餐为自助餐形式。

Wi-Fi 免费 18 间客房 信用卡 AJMV

M 圣巴巴拉 p.99-B3

住 15 Chapala St., Santa Barbara, CA 93101

☎ (805) 966-0851

URL www.villarosainnsb.com

费 ⓈⒹⓉ $159~359

圣巴巴拉宾馆

Santa Barbara Guest House 经济型

◆ **周边有多家快餐店和商店**

距离海滩步行仅需 10 分钟，是一家地理位置绝佳的宾馆。门前有 #14 巴士经过，去市区也很方便快捷。另外还可以租赁自行车，1 天 $19。包含免费的早餐。有男女混合的房间。

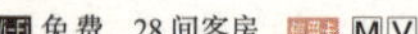

Wi-Fi 免费 28 间客房 信用卡 MV

M 圣巴巴拉 p.99-B2

住 111 N.Milpas St., Santa Barbara, CA 93103

☎ (304) 268-8981

☎ (805) 705-9195

URL santabarbara.aaeworldhotels.com

费 多人房 $30~95、Ⓢ $80~325

咖啡机　冰箱酒柜 / 冰箱　浴缸　吹风机　BOX 室内保险柜　客房服务　餐馆　健身房 / 游泳池　前台　洗衣机　无线网络　P 停车场　可以使用轮椅的客房

行驶在加利福尼亚中央海岸线上

在中央海岸城镇，有着连接洛杉矶和圣弗朗西斯科（旧金山）的干线道路 US-101 和与这条道路平行、沿太平洋海岸南北延伸的 CA-1 "太平洋海岸高速公路"。虽然美铁火车在有些城镇也会停车，但是驾车前往的话会方便很多。在这里，有很多在驾车时可以去逛逛的地方。

文图拉 VENTURA

从圣塔莫妮卡出发，沿 US-101 向北行驶约 101 公里（63 英里、约 1 小时 15 分钟）即可到达，文图拉是一座以教会（圣布埃纳文图拉）为中心繁荣起来的城市。这里是前往海峡群岛国家公园的出发港口，可以参加旅游团前往被指定为国家公园的 4 个岛屿。Island Packers 经营从文图拉出发前往岛屿的旅游行程。

文图拉的码头

- Ventura URL visitventuraca.com
- 海峡群岛国家公园 URL www.nps.gov/chis
- Island Packers URL www.islandpackers.com

索尔万 SOLVANG

从文图拉沿 US-101 向北，驶过圣巴巴拉后进入 CA-154，在下一个岔路口进入 CA-246（约 110 公里 / 70 英里、1.5 小时）。在欧洲人到来之前，索尔万一直是美国当地原住民丘马什族的领地。20 世纪初斯堪的纳维亚移民定居于此，是现在丹麦村形成的基础。在步行即可游览完的地区内，遍布多家欧式风格的商店和丹麦餐馆。

左上 / 也被叫作荷兰村的索尔万，是一座很可爱的小镇
左 / 可以吃到荷兰式的甜章鱼烧——炸油球

- Solvang
URL www.solvangusa.com

庇斯摩海滩 PISMO BEACH

从索尔万出发，沿 CA-246 向西，再沿 US-101 向北行驶 90 公里（55 英里、约 1 小时）即可到达庇斯摩海滩，这里是当地冲浪爱好者的天堂，有充满了经典氛围的海滩。前往庇斯摩海滩途中，如果在 US-101 和 CA-1 的分叉口，选择沿 CA-1 向南行驶的话，便可以看到 Oceano Dunes，这里可以体验在海滨沙滩上驾驶沙滩车的独特行程（1 小时 1 人 $55）。

庇斯摩海滩上可以驾驶越野四驱车。因为西海岸很少有可以驾车的海滩，所以这里人气极高

- Pismo Beach
URL www.classiccalifornia.com
- Pacific Adventures（沙滩车旅行）
☎（805）481-9330
URL www.pacificadventuretours.com

圣西蒙 SAN SIMEON

从庇斯摩海滩出发，沿 CA-1 向北行驶约 90 公里（55 英里、约 1 小时）便能到达圣西蒙。最著名的景点是 20 世纪由报业大亨赫斯特建造的豪宅——赫斯特城堡。城堡内共有 6 种参观行程（$25~36）。因为是热门景点，所以建议提前通过网络或电话预约。

报业大亨的赫斯特的城堡

室内外都有泳池

- San Simeon URL www.sansimeonchamber.org
- Hearst Castle 住 750 Hearst Castle Rd., San Simeon, CA 93452 Free（1-800）444-4445 URL hearstcastle.org

橘子郡 *Orange County*

吸引人眼球的加利福尼亚风格海滩

从洛杉矶出发，往东南方向行驶1小时左右，便可到达橘子郡（=OC）。内陆侧的阿纳海姆（Anaheim）周边有迪士尼乐园、诺氏百乐坊乐园；可以望见太平洋的海岸沿线上有亨廷顿海滩、纽波特海滩、拉古纳海滩等，分布着许多特点不一的海滩。另外如果自驾的话，前往圣迭戈也很方便，以橘子郡为起点，自驾前往郊外也充满了乐趣。

橘子郡 漫 步

除了阿纳海姆周边分布的主题乐园外，还可以尽情地享受海滩生活。如果以迪士尼乐园度假村为大本营，前往纽波特海滩、拉古纳海滩十分方便，而如果是以诺氏百乐坊乐园为据点的话，前往亨廷顿海滩会很便利。因为公共交通设施（参考文前折页的洛杉矶—交通图—）完善，不用自驾也可以到达。这一地区的游客不多，喜欢海滩的洛杉矶居民周末会来这里休闲放松。与主题乐园和市区的拥挤相反，在悠闲的海滩上，可以看到每个人都是喜笑颜开，十分开心。一定不要错过这里。

另外高档的南海岸购物中心（→p.110）、时尚岛购物中心（→p.110）也位于附近，规模都很大。有许多欧洲名牌。如果喜欢购物的话一定要来这里。

适合骑行的纽波特海滩

橘子郡的主要交通

OCTA巴士线路覆盖了橘子郡全域，另外阿纳海姆度假交通（ART）

Column 圣卡塔利娜岛

位于长滩以南40公里处的海上浮岛——圣卡塔利娜岛（参考 M 文前折页“美国西海岸”），是一座未被人为破坏过的纯天然的南加利福尼亚度假岛屿。岛内禁止车辆驶入，分布着酒店和民宿，当地人也会来这里住上1~2晚，享受短途旅行。活动项目包括观光巴士、自行车骑行、划船、赏鸟等，多种多样。从纽波特海滩乘坐渡轮可以到达这里，当日往返也是一个不错的选择。

前往圣卡塔利娜岛的交通方式

从纽波特海滩的巴尔博亚亭有前往岛屿的游船。单程约75分钟。往返成人$70，3~12岁$53、0~2岁$6。从纽波特海滩9:00出发，从圣卡塔利娜岛16:30出发。

● Catalina Flyer

☎（949）673-5245

URL www.catalinainfo.com

深受洛杉矶当地人喜爱的短途旅行地——圣卡塔利娜岛

许多追求优质海浪的冲浪者都会前来

巴士负责运营从迪士尼乐园度假村前往阿纳海姆周边的酒店、诺氏百乐坊乐园、阿纳海姆国铁站等地点，十分便于观光游览。前往高端品牌云集的南海岸购物中心，可以乘坐 ART#22 巴士。每天 9:00、10:30、16:30 从迪士尼乐园度假村出发，途经会展中心，驶向南海岸购物中心。返回迪士尼乐园度假村的车次为每天 8:30、10:00、14:40、19:00。因为班次较少，所以一定要提前确认好时间。

亨廷顿海滩 *Huntington Beach*

矗立有冲浪者铜像，冲浪运动早已在这里生根

在洛杉矶近郊海滩中，最被中国冲浪者所熟知的便是亨廷顿海滩。号称“冲浪之城”的亨廷顿是冲浪者的胜地，每年 7~8 月这里都会举办国际赛事。如果想近距离观看冲浪的话，可以到海边的码头（栈桥）俯瞰大海。可以从一个平时少有的角度观看冲浪。

码头周边有博物馆、商店、餐馆、咖啡馆等，很适合散步。

OCTA 巴士
☎（714）636-7433
URL www.octa.net
费 $2、单日票 $5

ART 巴士
Free（1-888）364-2787
URL rideart.org
费 $3、1 日通票 $5.50、3 日通票 $14

亨廷顿游客中心
Visit Huntington Beach
M p.107-A1
住 325 Pacific Coast Hwy., Huntington Beach
☎（714）969-3492
Free（1-800）729-6232
URL www.surfcityusa.com
营 每天 12:00~17:00（周六·周日 11:00~）
※ 夏令时期间会延长

前往亨廷顿海滩
交通方式 从诺氏百乐坊乐园东侧的 Beach Blvd. 乘坐 #29OCTA 巴士，在 Pacific Coast Hwy. & 1st St. 下车。全程 60 分钟

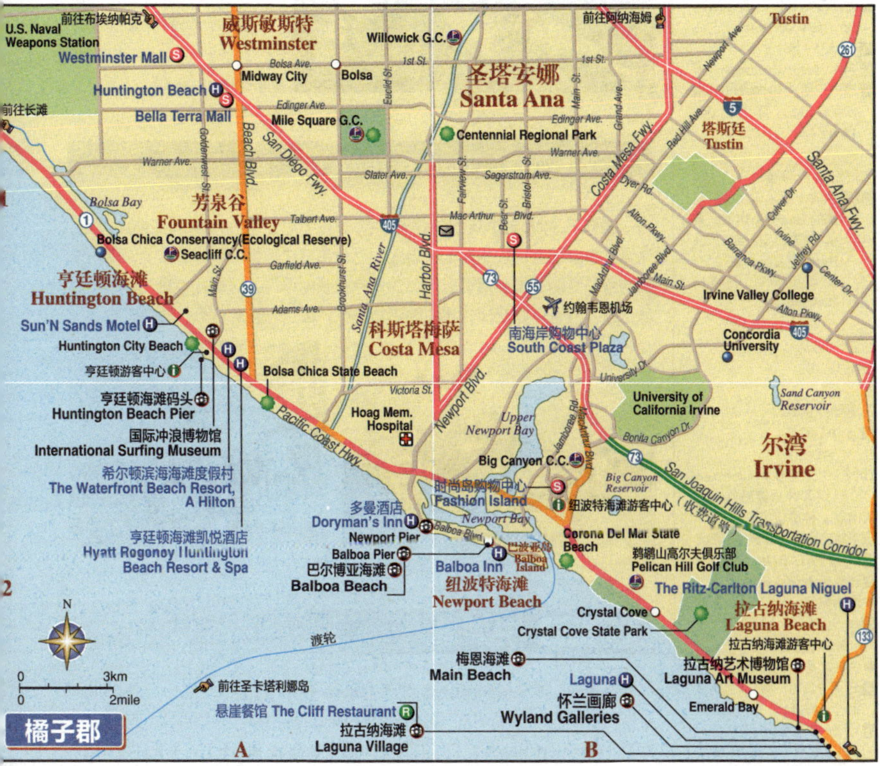

橘子郡
威斯敏斯特 Westminster
圣塔安娜 Santa Ana
塔斯廷 Tustin
芳泉谷 Fountain Valley
亨廷顿海滩 Huntington Beach
科斯塔梅萨 Costa Mesa
尔湾 Irvine
纽波特海滩 Newport Beach
拉古纳海滩 Laguna Beach
约翰韦恩机场
南海岸购物中心 South Coast Plaza
时尚岛购物中心 Fashion Island
亨廷顿游客中心
亨廷顿海滩码头 Huntington Beach Pier
国际冲浪博物馆 International Surfing Museum
希尔顿滨海海滩度假村 The Waterfront Beach Resort, A Hilton
亨廷顿海滩凯悦酒店 Hyatt Regency Huntington Beach Resort & Spa
多曼酒店 Doryman's Inn
巴尔博亚海滩 Balboa Beach
纽波特海滩游客中心
鹈鹕山高尔夫俱乐部 Pelican Hill Golf Club
拉古纳海滩游客中心
拉古纳艺术博物馆 Laguna Art Museum
怀兰画廊 Wyland Galleries
梅恩海滩 Main Beach
悬崖餐馆 The Cliff Restaurant
拉古纳海滩 Laguna Village
前往布埃纳帕克
前往阿纳海姆
前往长滩
前往圣卡塔利娜岛
渡轮

亨廷顿海滩码头

每周五举办的 Art-A-faire 人气极高。除了出售当地艺术家的作品之外，还有很多商家聚集于此。

营 周五 11:00~19:00、或者到日落。有时周末也会举办

国际冲浪博物馆

住 411 Olive Ave., Huntington Beach

☎ (714) 300-8836

URL www.surfingmuseum.org

营 周二~周日 12:00~17:00

休 周一

费 $2

颇具亨廷顿风格

纽波特海滩游客中心
Visit Newport Beach

M p.107-B2

住 时尚岛内 401 Newport Center Dr., Newport Beach

Free (1-855) 563-9767

URL www.visitnewportbeach.com

营 周一~周六 10:00~21:00（周六~19:00）、周日 11:00~18:00

前往纽波特海滩

交通方式 从迪士尼乐园度假村东侧的 Haster St. 出发，乘坐 OCTA 巴士 #47，在 Balboa Blvd. & 23rd St. 周边下车，所需时间约 80 分钟

纽波特海滩

M p.107-B2

巴尔博亚海滩

M p.107-B2

The Fun Zone Boat Company

组织各种纽波特湾内游船出航。种类很多。

住 700 E.Edgewater Pl., Balboa

☎ (949) 673-0240

URL funzoneboats.com

●海狮旅行

营 每天 11:00、13:00、15:00（夏令时还有 17:00）

●名人之家 & 游船旅行

营 每天 12:00、14:00（夏令时至 16:00）

费 均为 45 分钟游船：成人 $14、儿童（5~11 岁）$7

非常适合漫步的场所　　橘子郡　M p.107-A1

亨廷顿海滩码头　游 买

Huntington Beach Pier　✹✹✹

位于海岸线 PCH（Pacific Coast Highway）的栈桥。PCH 和贯穿城市中心的 Main St. 的交叉口，是仿照好莱坞星光大道而建造的冲浪星光大道。另外，这一带的冲浪商店商品齐全，可以买到不少便宜的东西，如果感兴趣的话不妨来看一看。

这里还会举行沙滩排球比赛

能够了解冲浪的历史　　橘子郡　M p.107-A1

国际冲浪博物馆　学

International Surfing Museum　✹✹

壁画也很吸引人眼球

博物馆规模不大，内部介绍了冲浪的起源、发展历史、著名的冲浪者，陈列了他们的冲浪板、已经停止生产的冲浪音乐唱片等。不管是否对冲浪感兴趣都值得前来参观。

纽波特海滩　*Newport Beach*

位于巴尔博亚半岛峡湾地带，是加利福尼亚首屈一指的高档住宅区，是男女老少都想居住的高人气地区。海浪拍打在延绵不断的海滩上，海上交错的游船游艇，加利福尼亚风格的景色在眼前浮现。这里有冲浪、骑车等活动设施，还有可以吃饭、购物的购物中心，玩上一整天都不会觉得厌倦。

纽波特湾有很多停泊的船只

码头附近有商店和咖啡馆

纽波特海滩　主要景点

沿 PCH 从 Newport Blvd. 或者 Balboa Blvd. 驶出，向海岸行驶，到达海岸线旁的巴尔博亚半岛（Balboa Peninsula）。集中了主要景点的纽波特海滩（Newport Beach）、巴尔博亚海滩（Balboa Beach）都有码头，东侧

 美食 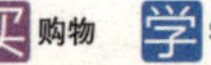 购物 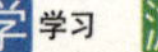 学习 游 游玩  推荐度

是高档的时尚岛购物中心（→ p.110）、酒店、办公楼等设施。

巴尔博亚海滩北侧的纽波特湾（Newport Bay）有海湾巡游和观鲸游船出航。另外还可以租赁皮划艇、明轮船等。还可以体验帆船活动。想要吃饭、购物的话就前往海滩后面的时尚岛购物中心。

租自行车也是一个不错的选择

想在海滩上悠闲地生活

拉古纳海滩 *Laguna Beach*

橘子郡南部，山脉与大海相互交错的拉古纳海滩，从 20 世纪初开始便是艺术家的聚集地。沿着蜿蜒的海滩，有铺设木板路的公园，在半山腰建有一栋栋别墅风格的房屋。在这座海滩，除了海滩活动外，还能感受艺术的魅力，这也是它最大的特点。在船业城市的 PCH 两旁，建有美术馆、餐馆等设施，可以悠闲地漫步于此。

拉古纳海滩是艺术家的城镇。美术馆很多，非常适合散步

当地居民都会在这里远眺大海，休闲放松

拉古纳海滩 主要景点

从拉古纳海滩的 OCTA 巴士站所在地 Broadway St. 往可以看到大海的方向走，可以到达梅恩海滩（Main Beach）。在这里休息够了之后，就去探索艺术家的城镇吧。橘子郡历史最悠久的拉古纳艺术博物馆（Laguna Art Museum）虽然规模不大，但却是拉古纳海滩重要的艺术财产。展出的作品从历史作品到现代绘画，种类丰富多彩，博物馆的宗旨是通过陈列的藏品，让大家更好地理解美国艺术。另外在博物馆周边还分布着许多美术馆。如果想参观美术馆的话，推荐前往怀兰画廊（Wyland Galleries），它属于以画鲸鱼和海豚而出名的海洋艺术家怀兰先生。

另外从海滩出发，沿 PCH 向南行驶，右侧便是拉古纳村，从这里可以看到拉古纳海滩的全景。这里有近 50 家美术馆，当地的艺术家们都会在这里出售作品。日落时分，从村庄的咖啡馆俯瞰大海，欣赏夕阳的美景是最好的享受。

早上从海滩散步开始

游船租赁等活动

● Marina Boat Rentals
住 600 E.Bay Ave., Newport Beach
☎（714）263-3911
URL newportbeachboatrentals.com
营 每天 10:00~18:00
费 皮划艇 $20~30/60 分钟
明轮船 $20/60 分钟

● Balboa Boat Rentals
住 510 E.Edgewater Pl., Newport Beach
☎（949）673-7200
URL boats4rent.com
营 每天 10:00~18:00
费 皮划艇 $18~30/60 分钟
明轮船 $25/60 分钟

拉古纳海滩游客中心
Laguna Beach Visitors Center
M p.107-B2
住 381 Forest Ave., Laguna Beach
☎（949）497-9229
Free（1-800）877-1115
URL www.visitlagunabeach.com
营 每天 10:00~17:00（周五·周六 ~19:00）

拉古纳海滩
M p.107-B2
交通方式 从亨廷顿海滩乘坐 OCTA 巴士 #1，约 45 分钟；从纽波特海滩乘坐 OCTA 巴士 #1，约 35 分钟

梅恩海滩
M p.107-B2

拉古纳艺术博物馆
M p.107-B2
住 307 Cliff Dr., Laguna Beach
☎（949）494-8971
URL lagunaartmuseum.org
营 周四 ~ 下周二 11:00~17:00（周四 ~21:00）
休 周三、主要节假日
费 成人 $7、老人·学生·儿童 $5、12 岁以下免费

怀兰画廊
M p.107-B2
住 509 S.Coast Hwy., Laguna Beach
☎（949）376-8000
URL www.wylandgalleries.com
营 每天 9:00~20:00（周五·周六 ~21:00）

悬崖餐馆
The Cliff Restaurant
M p.107-B2
住 577 S. Coast Hwy., Laguna Beach
☎（949）494-1956
URL www.thecliffrestaruant.com
营 每天 8:30~22:00（周日 ~ 下周三 ~21:00）

橘子郡的商店和酒店

Orange County

SHOP & HOTEL

因为这里是洛杉矶近郊富裕人群聚集的地区，因此建造的都是著名的高档酒店。但在 PCH 沿线也分布着价格亲民的汽车旅馆，如果自驾出行的话会很方便。购物的话可以前往橘子郡有代表性的高档购物中心，绝对可以令你心满意足。

科斯塔梅萨

南海岸购物中心

South Coast Plaza 购物中心

◆含在自费旅游项目里的高人气场所

以高档品牌为中心，共有超过 250 家商铺入驻。距离洛杉矶市区有一小时的车程，参加自费旅行项目比较便利。从迪士尼乐园度假村周边开车仅需 20 分钟，也可以乘坐 ART 巴士（→ p.107）。

有很多中国人喜爱的品牌

M 橘子郡 p.107-B1

住 3333 Bristol St., Costa Mesa

Free (1-800) 782-8888

URL www.southcoastplaza.com

营 周一～周六 10:00~21:00（周六～20:00）、周日 11:00~18:30

休 主要节假日

信用卡 各个商家不同

纽波特海滩

时尚岛购物中心

Fashion Island 购物中心

◆高档感满满的购物中心

主要租户是 Neiman Marcus、Bloomingdale's 等 4 家百货公司，有约 200 家专卖店、30 个餐馆、1 个电影院。如果去纽波特海滩的话，一定要来这里。

开放式的购物中心

M 橘子郡 p.107-B2

住 401 Newport Center Dr., Newport Beach

☎ (949) 721-2000

Free (1-855) 658-8527

URL www.shopfashionisland.com

营 周一～周六 10:00~21:00（周六～20:00）、周日 11:00~18:00

信用卡 各个商家不同

亨廷顿海滩

亨廷顿海滩凯悦酒店

Hyatt Regency Huntington Beach Resort & Spa 高档

◆凯悦高档度假酒店

红顶白墙为特征的外观，在 PCH 上是一个格外显眼的存在。因为面朝海滩，所以景致极佳。酒店内有 4 个餐馆、购物广场、SPA 等，设施十分齐全。

Wi-Fi 包含在住宿费中（1 晚 $25） 517 间客房

信用卡 A D J M V

M 橘子郡 p.107-A1

住 21500 Pacific Coast Hwy., Huntington Beach, CA 92648

☎ (714) 698-1234

FAX (714) 845-4990

URL huntingtonbeach.regency.hyatt.com

费 Ⓢ Ⓓ Ⓣ $207~817

纽波特海滩

多曼酒店

Doryman's Inn B&B

◆浪漫奢华的 B&B

位于纽波特码头附近。室内摆放有暖炉、艺术家具、大理石浴缸，档次极高。从甲板上眺望海滩的景致极佳。房价包含早餐。

Wi-Fi 免费 11 间客房 信用卡 A M V

M 橘子郡 p.107-A2

住 2102 W.Oceanfront, Newport Beach, CA 92663

☎ (949) 675-7300

FAX (949) 673-2101

URL www.dorymansinn.com

费 Ⓓ Ⓣ $249~399

南加利福尼亚的主题乐园

Theme Parks in Southern California

从野生动物园内看向镜头的长颈鹿

从早到晚，
欢乐不停！

南加利福尼亚的主题乐园

Theme Parks in Southern California

正因为是在拥有强烈的娱乐精神和稳定气候条件的加利福尼亚，所以才会有主题乐园的诞生。在州际公路 5 号线上，竟然共有 7 个个性不同的主题乐园。可以通过自驾或者参加旅游团，自由自在地搭配组合。

优惠套票售卖

Southern California CityPASS

迪士尼乐园度假村 3 日综合票包含魔幻之晨、圣迭戈海洋世界、加利福尼亚乐高乐园通票，成人 $353、儿童（3~9 岁）$324。圣迭戈动物园（→p.160）、圣迭戈野生动物园通票，成人 $395、儿童（3~9 岁）$358。使用后 14 天内有效。可以在各个主题乐园的售票窗口或者网站（URL www.citypass.com）购买。

Free（1-888）330-5008　URL www.citypass.com

Go San Diego Card

可以使用圣迭戈动物园、圣迭戈野生动物园、圣迭戈海洋世界等 35 个以上的设施通票，成人 $199、儿童 $179。使用开始后 3 天内有效（也有 5、7 天有效期的通票）。可以在各个主题乐园的售票窗口或者网站（URL www.citypass.com）购买。

梦想与魔法的世界

迪士尼乐园度假村
Disneyland Resort

迪士尼乐园度假村是两个主题乐园→p.114 →p.117和迪士尼小镇→p.116以及3个直营酒店→p.121的总称。自迪士尼乐园在南加利福尼亚的这片土地上开园以来，已经经过了60多年的岁月，然而时至今日仍俘获着大量的迪士尼迷。每年都有新的娱乐设施和商店投入使用，不断地在发生变化。

地球上最欢乐的场所，如今正等待着你的到来。

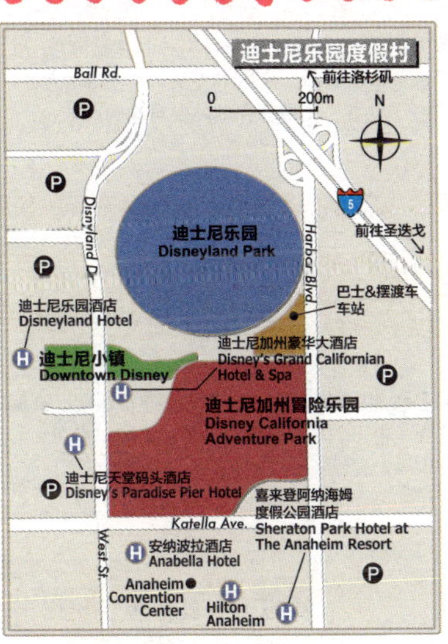

信息

M 文前折页“洛杉矶—主要景点—”-E4

住 1313 S.Harbor Blvd.，Anaheim

☎（714）781-4565

URL disneyparks.disney.go.com/cn/disneyland/

营 迪士尼加州冒险乐园：每天10:00~20:00

营 迪士尼乐园：每天9:00~22:00

※ 开园时间因季节、日期有所不同，请提前上网确认

费 两园一日门票，成人$157~、儿童（3~9岁）$151~。两园两日门票，成人$244~、儿童（3~9岁）$232~（门票价格根据日期有所不同）。※ 门票可以在Entry Plaza买到

信用卡 A J M V

※ 也可以上官网（仅限英文）购买

交通方式

从洛杉矶国际机场（LAX）出发

乘坐前往阿纳海姆迪士尼乐园度假村的直达巴士——迪士尼乐园特快，所需时间60分钟。从各个酒店到大门徒步即可（部分酒店有摆渡车接送）。

费 成人单程$30（往返$48）、儿童（3~11岁）单程$22（往返$36）

URL dre.coachusa.com

从洛杉矶市区出发

巴士

从洛杉矶市区的7th St. & Flower St.出发，乘坐途经诺氏百乐坊乐园的#460巴士，在迪士尼乐园度假村前下车。全程100~120分钟。

费 单程＄1.75

自驾

沿I-5向南行驶，从Disneyland Dr.出口驶出然后左转。按照指示标志，前往目的地公园或酒店，约40分钟。停车场1天$20。从停车场乘坐轻轨可以到达乐园大门。

快速通行证是指在特定时间段体验指定设施，缩短等待时间的凭证。可以前往适用游乐设施（带有FP的设施）的通行证分发亭扫描门票获取通行证。随后在指定时间回到设施入口，可以将排队时间缩至最短。一旦领取了通行证，在到达指定时间之前，不能再领取其他设施的通行证。（※ 彩色世界和幻想奇观烟花大汇演除外。参考p.115脚注留言）

Disney California Adventure Park

可以感受到加利福尼亚风土人情的迪士尼加州冒险乐园。能够享受到舒爽天气的室外设施以及能够品尝葡萄酒的酒吧，这一切只会发生在加利福尼亚。

What's New! 迪士尼加州冒险乐园的最新信息

以漫威电影《银河护卫队》为主题的“银河护卫队：使命突围”于2017年5月开始运营。使用最新的视觉、音响效果，让人体验一场惊心动魄的宇宙冒险。2018年夏天以《玩具总动员》为代表作的皮克斯动画区域——皮克斯码头开放。此外，漫威作品的超级英雄的区域也已对外开放。

游行&表演 Parade & Show

以电影世界为原型，高度还原的音乐剧、宴会等，配合音乐打着节拍跳着舞。从孩子到大人，都沉浸在幸福梦幻的世界中！

冰雪奇缘音乐剧 Frozen - Live at the Hyperion

在亥伯龙剧院上演的人气电影《冰雪奇缘》的主题音乐剧。演员都穿着电影里的服装，高度重现了电影的场景。通过最新的影像技术在真实的世界中进行演出。一定要来看看可爱的奥拉夫。

彩色世界 World of Color 

在天堂码头进行的光与水的大型豪华表演。使用动画、实拍场景、镭射光线等特效来展现华特·迪士尼的梦想。

其他游行&表演

皮克斯花车游行
Pixar Play Parade

好莱坞天地 Hollywood Land

电影之都——好莱坞的世界呈现在眼前。在这里可以体验以电影、动漫为主题的游乐设施，沉浸在电影的世界中。

怪兽电力公司：毛怪与大眼仔拯救行动！ Monsters, Inc. Mike & Sulley to the Rescue!

以电影《怪兽电力公司》为原型设计的游乐设施。在怪兽都市展开的一场冒险旅程。毛怪和大眼仔能成功救出小女孩阿布吗！？

其他娱乐设施

幸会小乌龟
Turtle Talk with Crush

动画学院
Animation Academy

巫师工作室
Sorcerer's Workshop

银河护卫队：使命突围！ FP Guardians of the Galaxy - Mission：BREAKOUT!

以漫威漫画和电影《银河护卫队》为主题打造的游乐设施，有火箭浣熊、收藏家堡垒等令粉丝垂涎的冒险旅程。使用最新技术，布置了各种惊心动魄的场景，最后还有恐怖的自由落体运动。

葡萄酒乡餐馆 位于太平洋码头，总是备有25种以上的葡萄酒。可以少量品尝产自加利福尼亚和意大利的葡萄酒（菜单上注有 Wine Flight）。

虫虫乐园
A Bug's Land

面向儿童的区域。这里是一个可以感受昆虫世界的奇特空间。

虫虫特工4D电影
It's Tough to be a Bug!

以昆虫作为主人公的4D电影。戴着3D眼镜可以看到一只只昆虫不断地出现在眼前。加上空气气压、水以及香味，让人可以感受到真正的昆虫世界，十分独特有趣。

虫虫列车
Heimlich's Chew Chew Train

可以坐进毛毛虫列车中，这是为了寻找西瓜等食物来回转动的小火车。

其他娱乐设施

公主公园
Princess Dot Puddle Park

菲力的飞行冒险
Flik's Flyers

碰碰车
Tuck & Roll's Drive 'em Buggies

瓢虫旋转杯
Francis' Ladybug Boogie

赛车天地
Cars Land

以电影《赛车总动员》为原型建造的区域。占地面积很大（约4.85万平方米），再现了温泉镇、饰物谷的红色岩山。可以体验赛车的快感，让人仿佛置身于电影世界之中。

水箱温泉赛车手
Radiator Springs Racers 

占据了赛车天地一半用地的大型娱乐设施。首先访问水箱温泉镇，最后以65公里/小时的时速竞速，看起来像真的电影场景！

马特的废弃场狂欢派对
Mater's Junkyard Jamboree

乘坐一辆由小拖拉机拖动的马特拖车，绕8字来回转圈。虽然是面向小孩的项目，但是左右的摇摆让人感觉还是很刺激。仔细看的话，会发现马特的表情也是多种多样。乘坐一个喜欢的马特拖车吧。

路易基欢乐跑车
Luigi's Rollickin' Roadsters

赛车类的游乐设施。伴随着音乐，乘坐的小车会不断的前后左右摇摆起舞。

天堂码头
Paradise Pier

在水边建造的一个个刺激的娱乐设施便是天堂码头的区域。位于公园的最深处，一定趁早去排队。在2018年夏天，这片区域被改造成了“皮克斯码头”。

高飞的航空学校
Goofy's Sky School 

以20世纪40~50年代发表的短篇漫画《高飞的教室》系列为题材建造的，高飞的飞机驾驶教室。坐上训练用的飞机，感受飞机的飞行方法，充满乐趣。

米奇摩天轮
Mickey's Fun Wheel

中心是米奇头像的大型摩天轮。如果喜欢刺激的话，可以乘坐内外滑行的紫色和橙色的车厢，如果想悠闲地眺望迪士尼乐园的话，可以乘坐外侧的红色车厢。

其他娱乐设施

加利福尼亚尖叫过山车 
California Screamin'

小美人鱼爱丽儿的海底冒险
The Little Mermaid - Ariel's Undersea Adventure

玩具总动员疯狂游戏屋
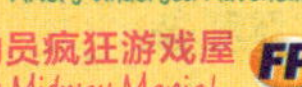
Toy Story Midway Mania!

特里顿国王旋转木马
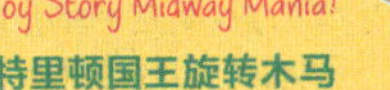
King Triton's Carousel

金风号太空船

Golden Zephyr

糊涂交响乐旋转秋千
Silly Symphony Swings

水母冒险
Jumpin' Jellyfish

彩色世界 如果想进入展望区域，必须要在小美人鱼爱丽儿的海底冒险附近获取快速通行证（FP）。开园后立刻发放。

灰熊山峰
Grizzly Peak

可以体验加利福尼亚丰富的自然资源，有河流、天空、森林等各种形态。乘坐完游乐设施后，何不来运动角落感受一下加利福尼亚的自然风情？

其他娱乐设施
红杉溪冒险旅程
Redwood Creek Challenge Trail

灰熊激流泛舟
Grizzly River Run FP

水上漂流项目。从灰熊山山顶激流而下，一定会全身湿透！在加利福尼亚这种气候下，湿衣服一会儿就会干。

环游世界翔天之旅
Soarin' Around the World FP

诉诸五感的游乐项目，飞至高空，在飞行中感受微风拂面而过。可以在澳大利亚、德国等地自由飞翔！

\ 多种多样的迪士尼商品 /

迪士尼小镇

迪士尼小镇是饮食、购物的地区，不需要门票。这里除了加利福尼亚最大的迪士尼商品店外，还有许多极具个性的专卖店。特别要说的是这里有很多夜间娱乐设施。附近的当地人都会来这里吃饭、购物、参加娱乐活动，人气很高。虽然每家店铺的营业时间各异，但一般都是从早上 8:00 到深夜，可以在这里玩上一整天。

迪士尼世界
World of Disney

琳琅满目的迪士尼商品。玩具、T 恤、玩偶等应有尽有。如果要寻找礼品的话就来这里吧！

安娜和艾莎的精品店
Anna & Elsa's Boutique

电影《冰雪奇缘》里的专卖店。以安娜和艾莎为主题的化妆品、文具、人偶等种类繁多。

迪士尼乐园度假村直营酒店优惠

在迪士尼乐园度假村内，共有 3 家酒店 →p.121。因为是直营酒店，所以对迪士尼乐园和迪士尼加州冒险乐园的入园者有着特殊的福利。

福利 1
主题乐园内不用现金！

酒店客人在园内消费结账时，出示酒店的房卡即可。退房时可以补交。※ 需要登记信用卡。信用卡 A J M V

可以配送商品

在主题乐园内购买的礼物、商品，可以在第二天送到酒店的行李服务处。在退房当天、前一天不能使用。

来自迪士尼角色的叫醒服务

竟然可以享受到来自迪士尼角色的叫醒服务！（录音服务）

可以在酒店内见到迪士尼角色

可以见到动画人物也是这里的魅力之一。可以在酒店的迪士尼人物·餐馆与他们相遇。

提前一小时入场

房客可以在指定日期享受额外的魔法时间，也就是说可以提前一小时入场。

迪士尼乐园酒店
高飞的厨房
自助餐形式。装扮成主厨的布鲁托等动画角色往返于每个餐桌。

迪士尼天堂码头酒店
迪士尼PCH餐馆
这里有米奇和史迪奇登场。只在自助早餐时举行。

迪士尼加州豪华大酒店
说故事人餐馆
同奇奇和蒂蒂一起享用早餐。

迪士尼乐园

Disneyland Park

有绝无仅有的各种原创娱乐设施，是与乐园创始者华特·迪士尼息息相关的地点。这里有唤醒童心充满魅惑的娱乐表演，令人惊讶的迪士尼音乐剧和花车游行等，到处充满着刺激与欢笑。在迪士尼乐园的鼻祖进行体验活动，真是乐趣无穷。

What's New! 迪士尼乐园的最新信息

从 2018 年夏天开始，这里都会举办皮克斯嘉年华，活动是以迪士尼/皮克斯的电影为主题。人气角色的登场和娱乐活动等，让人不断发现新的乐趣。另外新园区“星球大战：星系的边缘”也已经开放。在这里可以看到 BB-8、楚巴卡、雷克斯等人气角色。

游行 & 表演 Parade & Show

有无数华丽耀眼的演出，一定要记得观看。表演、游行的时间表根据日期有所变动，可以在入园时领取时间指南进行确认。

米奇悠扬乐音花车游行 Mickey's Soundsational Parade

从 2011 年开始的花车游行。众多人气角色齐聚一堂，伴随着耳熟能详的主题曲，乘坐着梦幻花车缓缓驶来。衣着色彩缤纷的乐手以及精力充沛的舞者们的表演同样十分精彩。

幻想奇观烟花大汇演! Fantasmic!

在美国河流上举行的，由光与水交织而成的华丽动感演出。使用镭射等特效，在水幕上投射影像，规模宏伟，格外美丽。

其他娱乐设施

奇幻世界 Fantasy Faire

米奇与魔法地图 Mickey and the Magical Map

绝地训练:神殿之试炼 Jedi Training : Trials of the Temple

理发店四重唱 The Dapper Dans

※根据季节，内容会有所变动

美国小镇大街 Main Street, U.S.A.

进入乐园正门后，最先迎接客人的便是这里。这里重现了美国小镇的旧貌，有令人喜爱的热闹大街。这里有近 30 家商店和餐馆。广场周围经常会有动画人物出现。别忘了去要一个签名。

美国小镇大街电影院 Main Street Cinema

使用 6 个独立的电影屏幕，全天不间断地播放着《汽船威利号》等多部迪士尼早期的动画作品。在这里可以发现随着时代的变化，米老鼠的脸部也发生了一些变化。馆内好像还有隐藏的米奇!

其他娱乐设施

迪士尼美术馆 The Disney Gallery

迪士尼剧场故事“林肯总统令人感动的演讲” The Disneyland Story presenting Great Moments with Mr. Lincoln

美国小镇大街汽车 Main Street Vehicle

丛林巡航
Jungle Cruise

乘船前往热带植物丛生的雨林深处，进行探险之旅。途中会遇到河马、洗澡的大象，还会遭遇猎头族的袭击。参加绿意盎然的巡航之旅，让人能在炎热的夏天感受丝丝清凉的快感。导游的讲解也十分生动，充满乐趣。

其他娱乐设施

魔法提基神殿
Enchanted Tiki Room

泰山树屋
Tarzan's Treehouse™

探险世界
Adventureland

以热带丛林为主题打造的园区。以热门项目“印地安纳·琼斯历险”为主，享受激动人心的冒险旅程吧。

印地安纳·琼斯历险
Indiana Jones™ Adventure FP

乘坐吉普车，前往考古学家印第安纳·琼斯博士发现的印度古代遗迹，进行一场刺激的冒险旅程，这里有着极高的人气。在电影里看到的场景不断出现，可以像主人公一样感受一次险象环生的旅程。来到这里的话请一定要坐一次试试。

新奥尔良广场
New Orleans Square

如果听到了迪克西兰爵士乐，那便是到了 19 世纪的新奥尔良。充满独特风格的广场上，遍布着许多有个性的店铺。

幽灵公馆
Haunted Mansion FP

使用高科技制作的幽灵、妖怪们，不时地出现在你的面前。在这个让人不寒而栗的鬼屋里，住着 999 个让人毛骨悚然的幽灵。小心不认生的幽灵推着小车靠近你的身边。从万圣节开始，年末年初还有特殊的版本。

加勒比海盗
Pirates of the Caribbean

乘坐可以容纳 20 人的小船，出航前往加勒比海域，然而这里早已有海盗严阵以待。刚适应阴暗的水面，周围便出现了海盗们的身影。据说电影《加勒比海盗》中人们熟悉的杰克·斯帕罗船长和巴伯萨船长也会现身……瞪大眼睛仔细寻找吧。这是一个使用声音及动作模拟技术制作的杰出的迪士尼游乐设施。

马克·吐温号游船
Mark Twain Riverboat

2017 年美国河流重新翻修。如果想要一边欣赏乐队的演奏，一边悠闲地观赏河边的景色的话，推荐此项目。站在上层甲板最前面等着占领阵地的人非常多，人气极高。好好地感受古老南部的气息吧。偶尔换换口味，畅游在河流之上心情也很舒爽。

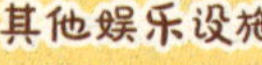

其他娱乐设施

哥伦比亚号帆船
Sailing Ship Columbia

汤姆·索亚海盗岛
Pirate's Lair on Tom Sawyer Island

黄金马蹄餐馆
The Golden Horseshoe

边域世界
Frontierland

以荒凉的美国西部大开发时代为背景。即便如此也重现了当时充满活力的城市样貌。惊险刺激的过山车，让游客在巨雷山上大声尖叫，如果来到了汤姆·索亚海盗岛，就来黄金马蹄餐馆欣赏一下这里的人气表演吧。

巨雷山惊险之旅
Big Thunder Mountain Railroad FP

以淘金热时期的废坑为舞台，地震、落石不时发生，一趟愉快的过山车之旅。刺激骑乘，穿梭于山洞之中。

动物天地
Critter Country

动物天地是一个位于森林之中的安静村庄。因为这里树木繁多，因此很多野鸟也都聚集于此。在森林的深处，是小熊维尼的骑乘项目。

其他娱乐设施

大卫·克洛科特的皮划艇探险
Davy Crockett's Explorer Canoes

小熊维尼历险记
The Many Adventures of Winnie the Pooh

飞溅山
Splash Mountain

以1946年上映的迪士尼名作《南方之歌》为主题建造的游乐设施。乘坐中空的圆形木船，前往动物们栖息的森林中开始冒险。游戏全长800米，最后是一个47°的急速下降，令人惊声尖叫，水花飞溅！参加此项目一定要做好湿身的准备。冲下来后有闪光灯拍照。在出口出售每个人的尖叫照片。想拍出笑脸的人，记得在下降前默数“1、2、3”然后露出笑容。

幻想世界
Fantasyland

迪士尼的精髓之所在。这是一个可以体验童话王国的园区，是一个可以遇到白雪公主、匹诺曹、彼得·潘等人物的欢乐世界。

其他娱乐设施

小飞侠天空之旅
Peter Pan's Flight

白雪公主冒险旅程
Snow White's Scary Adventures

蟾蜍先生疯狂大冒险
Mr. Toad's Wild Ride

爱丽丝梦游仙境
Alice in Wonderland

亚瑟王旋转木马
King Arthur Carrousel

疯狂茶聚旋转杯
Mad Tea Party

童话运河之旅
Storybook Land Canal Boats

凯西马戏团列车
Casey Jr. Circus Train

小飞象
Dumbo the Flying Elephant

小木偶奇遇记
Pinocchio's Daring Journey

和匹诺曹一起出发去冒险吧，最终目的是与匹诺曹一起顺利回家。在匹诺曹实现梦想之前，有着许多的幻想，你在游乐园中都可以一一体验。匹诺曹乐园是童话系列的游乐设施中排队人数较少的一个，不妨前去体验一下。

睡美人城堡
Sleeping Beauty Castle Walkthrough

睡美人城堡是整个迪士尼乐园的象征性建筑。城堡内会使用特效进行演出，讲述睡美人的故事。一定要到一层体验城堡的“魔法”。结束后一定会感觉很开心。

小小世界
it's a small world

乘坐小船摇摇晃晃地环绕世界一周的旅程。迪士尼之所以是迪士尼，就是因为可以看到这个游乐设施吧。身穿各国民族服装的人偶，一边唱着“it's a small world”，一边翩翩起舞。

雪岭飞驰
Matterhorn Bobsleds FP

飞速通过有夜帝（雪男）出没的洞穴，可以真实地感受到速度飞快的过山车。晚上则更加刺激！

米奇卡通城
Mickey's Toontown

一踏入这个园区，米奇与米妮居住的可爱小镇便呈现在了眼前。打开盖子会发出各种声响的箱子，会发出奇怪声音的门扇等，让人感觉街角的每个地方都十分有趣……

并非“Hollywood”标志牌，而是“Toontown”的标志牌俯瞰着这座小镇，极有可能在这里遇到你喜爱的卡通人物。当市政厅的钟楼响起钟声，卡通人物们就会陆续出现。

兔子罗杰的卡通转转车
Roger Rabbit's Car Toon Spin FP

乘坐卡通城出租车逃离恶作剧。前往电影《兔子罗杰》的世界冒险。这里的各种乐趣就请大家亲自体验吧。在小镇中这里是人气非常高的游乐设施。

米奇之家和与米奇会面
Mickey's House and Meet Mickey

造访米奇之家，参观厨房和卧室。还有著名的米奇漫画。这里还是和米奇合影的绝佳地点！不要忘记要一个米奇的签名。

高飞玩具屋
Goofy's Playhouse

脱掉鞋子蹦蹦跳跳……这里是深受小朋友们喜爱的高飞玩具之家。可以在带有垫子的家具上玩耍。高飞引以为傲的庭院也一定不要错过。

米妮之家
Minnie's House

造访可爱的米妮之家吧。这里有无数女生梦想中的装饰。千万不要忘记在内院的泉水许个愿。除了可以拍照留念之外，还可以得到喜爱的签名，带上笔和本子前去游玩吧。

其他娱乐设施

奇奇和蒂蒂的树屋
Chip'n Dale Treehouse

艾芝迷你云霄飞车
Gadget's Go Coaster

唐老鸭汽船
Donald's Boat

明日世界
Tomorrowland

在以宇宙和未来为主题打造的明日世界之中，有不少充满科技感和想象力的游乐设施。快来提前感受一下未来世界吧。

巴斯光年星际历险
Buzz Lightyear Astro Blasters FP

在射击场决定宇宙突击队员的排名。成为宇宙突击队的一员，和巴斯一起对抗坏人，守护宇宙。

驰车天地
Autopia

驾驶卡丁车行驶于丰富多变的赛道上，无论大人还是孩子都可以参与。使用最新技术，以瞬间可以达到过山车的速度驰骋于明日世界。

其他娱乐设施

太空轨道车
Astro Orbitor

星球大战远征基地
Star Wars Launch Bay

明日世界剧场·星球大战：绝地之路
Star Wars : Path of the Jedi

星际遨游—冒险再续 FP
Star Tours - The Adventures Continue

热门的骑乘类游乐设施——3D 版星际遨游重新回归。电影《星球大战》中广为人知的 C-3PO 将带领大家坐上宇宙飞船星速 1000，开始紧张刺激的宇宙之旅。

海底总动员潜艇之旅
Finding Nemo Submarine Voyage

电影《海底总动员》的世界在海中展开。可以看到尼莫和它的伙伴们在水中愉快生活的场景。乘坐黄色的潜水艇和尼莫一起开始海底探险之旅。

飞越太空山
Space Mountain FP

可以体验未来宇宙旅行的迪士尼代表性娱乐设施。乘坐高速火箭躲避掉下来的流星群，在宇宙中四处穿梭。在群星闪烁的空间中，看不清线路也使得旅程倍加恐惧。临场感十足，可以好好地感受迪士尼版的宇宙旅行。

阿纳海姆的酒店
Anaheim

HOTEL

说到阿纳海姆自然会令人想到迪士尼乐园度假村。实际上，酒店街区正是围绕迪士尼乐园而形成的。并且在乐园周边还有运营至深夜的阿纳海姆度假交通巴士（ART），所以往返主题乐园和酒店的交通也十分便利。

※ 迪士尼直营的 3 家酒店价格仅作为参考

迪士尼加州豪华大酒店
Disney's Grand Californian Hotel & Spa 高档

M 迪士尼乐园度假村 p.113

◆ 推荐入住的迪士尼酒店

伴随迪士尼加州冒险乐园的开放，同时建成的豪华酒店。紧邻乐园大门和迪士尼小镇，还可以从酒店直接进入迪士尼加州冒险乐园。

Wi-Fi 免费　948 间客房　信用卡 A D J M V

住 1600 S.Disneyland Dr., Anaheim, CA 92802
☎（714）635-2300
FAX（714）300-7300
费 Ⓢ Ⓓ Ⓣ $480~1405

迪士尼乐园酒店
Disneyland Hotel 高档

M 迪士尼乐园度假村 p.113

◆ 历史悠久的迪士尼直营酒店

不言而喻，这里就是迪士尼乐园酒店的鼻祖。通过单轨列车与迪士尼乐园直接相连。酒店内有 3 个泳池、1 个海滩，甚至还有 1 个码头。餐馆的数量很多，其中可以和迪士尼人物共同进餐的高飞的厨房，也在这家酒店内。

Wi-Fi 免费　973 间客房　信用卡 A D J M V

住 1150 W.Magic Way, Anaheim, CA 92802
☎（714）778-6600
FAX（714）956-6597
费 Ⓢ Ⓓ Ⓣ $329~579

迪士尼天堂码头酒店
Disney's Paradise Pier Hotel 高档

M 迪士尼乐园度假村 p.113

◆ 紧邻迪士尼加州冒险乐园

与上述两家酒店相比，规模较小，但是服务更加贴心到位。房间内许多的一次性用品都是以米奇为主题，令人开心。很受家庭出游的客人喜爱。

Wi-Fi 免费　481 间客房　信用卡 A D J M V

住 1717 S.Disneyland Dr., Anaheim, CA 92802
☎（714）999-0990
FAX（714）776-5763
费 Ⓢ Ⓓ Ⓣ $269~791

喜来登阿纳海姆度假公园酒店
Sheraton Park Hotel at the Anaheim Resort 高档

M 迪士尼乐园度假村 p.113

◆ 位于迪士尼乐园附近

步行到迪士尼乐园约 15 分钟。距离会展中心也很近。还可以步行至阿纳海姆花园大道，这里有许多的商店和餐馆。还有可以看到园区的客房。

Wi-Fi $9.95　490 间客房　信用卡 A D J M V

住 1855 S.Harbor Blvd., Anaheim, CA 92802
☎（714）750-1811
Free（1-866）837-4197
URL www.sheratonparkanaheim.com
费 Ⓢ Ⓓ Ⓣ $113~319

安纳波拉酒店
Anabella Hotel 中档

M 迪士尼乐园度假村 p.113

◆ 在宽敞的房间内悠闲地放松

距离迪士尼乐园步行约 15 分钟。酒店外被停车场环绕着，对于自驾游的人来说十分方便。这里还有评价不错的加利福尼亚风格餐馆。

Wi-Fi 免费　358 间客房　信用卡 A J M V

住 1030 W.Katella Ave., Anaheim, CA 92802
☎（714）905-1050
Free（1-800）863-4888
FAX（714）905-1055
URL www.anabellahotel.com
费 Ⓢ Ⓓ Ⓣ $98.95~335.95

咖啡机　冰箱酒柜 / 冰箱　浴缸　吹风机　BOX 室内保险柜　客房服务　餐馆
健身房 / 游泳池　前台　洗衣机　无线网络　P 停车场　可以使用轮椅的客房

凝缩了好莱坞电影精华的主题乐园

好莱坞环球影城

Universal Studios Hollywood

位于电影之都好莱坞的主题乐园。这里的游乐设施，可以让你参观电影的制作和外景拍摄地，感受超震撼的电影装置和精彩演出。在这座最早建造的环球影城中每个人都会有不同的感受。这里才是真正的"究极"主题乐园。

What's New! 好莱坞环球影城的最新信息

2018年，电影《功夫熊猫》的新设施正式开放。使用全球最尖端的内部投影映射和LED照明技术，感受非同一般的视觉体验。此外2018年还新增了三丽鸥的人物角色。除了HelloKitty（凯蒂猫）外，还有Mymelody（美乐蒂）、KEROKERO KEROPPI（大眼蛙可洛比）等，一个个熟悉的面孔迎接着客人的到来，还能买到乐园限定的商品。

环球影城步行街上的环球影院（Universal Cinema）翻修完毕，俄勒冈州波特兰市的知名甜甜圈店，以及洛杉矶人气冰激凌店等也相继入驻营业。升级过的好莱坞环球影城更加令人期待。

等待客人的辛普森一家

真实重现电影世界，令人震撼的霍格沃兹城堡

信息

M p.56-A1

住 100 Universal City Plaza，Universal City

Free（1-800）864-8377

URL www.ush.cn

营 每天10:00~18:00（开园时间根据季节、日期有所不同，请提前通过电话或上网进行确认）

费 单日票：成人$120、儿童（3~9岁）$114。3岁以下免费（提前上网购买有优惠。价格会上下浮动，请提前上网确认）

VIP贵宾体验

由专属导游带领游览外景场地，可以使用全部设施的快速通道，且无次数限制，除此以外还有多重贵宾礼遇。$339~409。详细信息请参考→p.127。

信用卡 A D J M V

交通方式

洛杉矶市区&好莱坞出发

乘坐地铁红线

在Universal City站下车。从洛杉矶市区出发约30分钟，好莱坞出发约5分钟。$1.75。

出地铁后地上有前往环球影城的免费班车（每天7:00~闭园后2小时。发车时间间隔10~15分钟）；步行的话约10分钟。

从阿纳海姆出发

参团

Starline Tours公司组织的旅游团，往返于阿纳海姆（主要酒店等）和好莱坞环球影城。大巴9:00从阿纳海姆出发。游玩时间为10小时，成人$167、儿童$149。

Free（1-800）828-6699

URL www.starlinetours.com

自驾

从I-5出发，沿US-101向北，按指示牌行驶。距离好莱坞车程约10分钟。距离洛杉矶市区约20分钟。停车费根据时间和位置为$10~50。

环球影城快速通行票

可以享受各个游乐设施一次优先入场的待遇，并可以预留每个表演的座位直到开场前10分钟。甚至在非高峰时段，可以参观特定游乐设施的后台。价格根据季节有所不同，为$189~259（均已包含单日票价格）。

影城之旅

Studio Tour

只能在好莱坞体验到的娱乐项目。乘坐带有高清显示屏的游览车，参观摄影棚、工作室，解密电影特效，让你的旅程更加妙趣横生。影城之旅项目的布景占地 4 英亩（约 1.6 公顷），由真实的影城改建而成，如今作为娱乐设施对外开放。

4 大精彩体验“金刚 360° 3D 历险”“大白鲨”“大地震”“速度与激情—超动力”，非常震撼人心。每天的线路虽然略有调整，但这 4 大项基本都包含其中。这是充满激情的 1 小时。因为是超人气的游乐项目，所以推荐开园后尽早前往。

好莱坞环球影城必玩项目之影城之旅。乘坐游览车 GO

乘坐地点

从正门进入，在娱乐中心右侧可以看到标有“Studio Tour”的大门。从这里乘扶梯下到乘车地点，便能看到由 4 节车厢组成的游览车。另外需注意的是，影城之旅最后的出发时间为闭园前的 1~2 小时。

坐在游览车行进方向的右侧，可以便利地体验“大地震”时的洪水和“大白鲨”。坐在左侧利于体验“大地震”时地铁站的刺激场面以及“洪水”和“速度与激情”的爆破场景，电影中的汽车收藏也是在左侧比较容易看到的。游玩时间约 1 小时。

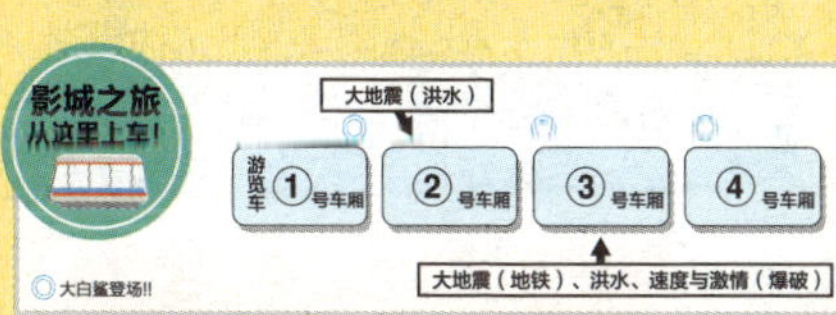

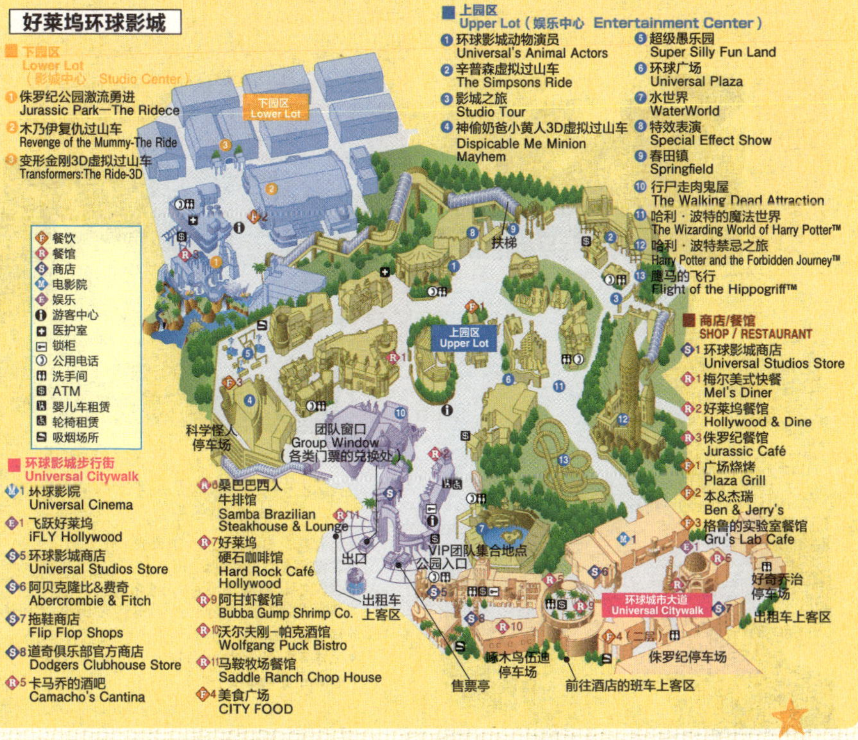

好莱坞环球影城

下园区 Lower Lot（影城中心 Studio Center）

1 侏罗纪公园激流勇进 Jurassic Park—The Ridece
2 木乃伊复仇过山车 Revenge of the Mummy-The Ride
3 变形金刚3D虚拟过山车 Transformers:The Ride-3D

上园区 Upper Lot（娱乐中心 Entertainment Center）

1 环球影城动物演员 Universal's Animal Actors
2 辛普森虚拟过山车 The Simpsons Ride
3 影城之旅 Studio Tour
4 神偷奶爸小黄人3D虚拟过山车 Dispicable Me Minion Mayhem
5 超级愚乐园 Super Silly Fun Land
6 环球广场 Universal Plaza
7 水世界 WaterWorld
8 特效表演 Special Effect Show
9 春田镇 Springfield
10 行尸走肉鬼屋 The Walking Dead Attraction
11 哈利·波特的魔法世界 The Wizarding World of Harry Potter™
12 哈利·波特禁忌之旅 Harry Potter and the Forbidden Journey™
13 鹰马的飞行 Flight of the Hippogriff™

图例

F 餐饮
R 餐馆
S 商店
M 电影院
E 娱乐
游客中心
医护室
锁柜
公用电话
洗手间
ATM
婴儿车租赁
轮椅租赁
吸烟场所

商店/餐馆 SHOP / RESTAURANT

S1 环球影城商店 Universal Studios Store
R1 梅尔美式快餐 Mel's Diner
R2 好莱坞餐馆 Hollywood & Dine
R3 侏罗纪餐馆 Jurassic Café
F1 广场烧烤 Plaza Grill
F2 本&杰瑞 Ben & Jerry's
F3 格鲁的实验室餐馆 Gru's Lab Cafe

环球影城步行街 Universal Citywalk

M1 环球影院 Universal Cinema
E1 飞跃好莱坞 iFLY Hollywood
S5 环球影城商店 Universal Studios Store
S6 阿贝克隆比&费奇 Abercrombie & Fitch
S7 拖鞋商店 Flip Flop Shops
S8 道奇俱乐部官方商店 Dodgers Clubhouse Store
R5 卡马乔的酒吧 Camacho's Cantina
R6 桑巴巴西人牛排馆 Samba Brazilian Steakhouse & Lounge
R7 好莱坞硬石咖啡馆 Hard Rock Café Hollywood
R9 阿甘虾餐馆 Bubba Gump Shrimp Co.
R10 沃尔夫刚-帕克酒馆 Wolfgang Puck Bistro
R11 马鞍牧场餐馆 Saddle Ranch Chop House
F4 美食广场 CITY FOOD

下园区 Lower Lot
扶梯
上园区 Upper Lot
科学怪人停车场
团队窗口 Group Window（各类门票的兑换处）
出口
VIP团队集合地点
公园入口
出租车上客区
售票亭
啄木鸟伍迪停车场
环球城市大道 Universal Citywalk
F4（二层）
侏罗纪停车场
好奇乔治停车场
出租车上客区
前往酒店的班车上客区

影城之旅的代表项目

感受高速的汽车追逐！

速度与激情—超动力

Fast & Furious - Supercharged

汽车动作电影，惊心动魄的飙车之旅。通过令人震撼的360° 3D影像世界，感受时速超过190公里的高速汽车追逐。影城之旅的精彩压轴大戏中，多米尼克、布莱恩等熟悉的角色也会出场。

体验极具震撼力的3D影像

著名导演制作，史上最强的3D

金刚360° 3D历险

King Kong360 3-D

影城之旅中最亮眼的环节。同样使用了360° 3D影像技术。逐渐接近黑暗的通道，观众的兴奋度也达到顶峰。按照导演彼得·杰克逊的指令，戴好3D眼镜，于是乎……

巨型霸王龙向你逼近，当你还在发愣的时候，金刚出现了。巨型生物们的殊死搏斗就呈现在游客们的眼前。连游览车也被卷入其中……

金刚与恐龙的殊死搏斗

突然的天气变化令人惊慌失措

洪水暴发

Flash Flood

墨西哥田野上突然下起暴雨。河水泛滥，将周边一带全部淹没。洪水奔向游览车，你将如何应对？

游览车大危机！

大地震

Earthquake:The Big One

游览车停在了圣弗朗西斯科的地铁站，此时地面突然开始摇晃起来！发生了8.3级的大地震。屋顶掉落，电柱倒塌，火花四溅。并且前方还有地铁车厢飞来，这里已经成了一片火海！另外还有洪水来袭，游览车陷入了危险之中。

洪水向游览车袭来

注意大白鲨！

大白鲨

Jaws

正在新英格兰的阿米提湖边垂钓的人突然之间被拽入了水中。水面瞬间变成了血海！！到底发生了什么？远处的大白鲨突然消失了……大白鲨去了哪里？难道！？在阿米提湖千万不要麻痹大意。

注意不要被吃掉

影城之旅中可以看到的电影和电视剧场景

- 回到未来 Back to the Future
- 霹雳娇娃 Charlie's Angels
- 世界之战 War of the Worlds
- 绝望的主妇 Desperate Housewives
- 骗中骗 The Sting
- 危情谍战 Knight and Day
- 惊魂记 Psycho

上园区（娱乐中心）
Upper Lot (Entertainment Center)

上园区（娱乐中心）的娱乐设施主要是以水世界、史莱克等电影为主题，惊险刺激，可以完全沉浸在电影的世界之中。2016 年以美剧《行尸走肉》为主题的游乐设施和哈利·波特的主题区域也相继开放。各类演出也是频繁上演。

行尸走肉鬼屋
The Walking Dead Attraction

以丧尸（僵尸）题材美剧《行尸走肉》为原型而建造的鬼屋，全程需步行通过。电视剧导演及创作团队与好莱坞环球影城共同协作，完美再现了电视剧中的世界景象和丧尸。穿行于荒废的世界之中，与丧尸对峙，令人失去了内心的平静。

※ 没有危险，但非常刺激，建议 13 岁以下儿童不要参加

能从恐怖的丧尸手中逃脱吗？

哈利·波特禁忌之旅
Harry Potter and the Forbidden Journey™

哈利·波特魔法世界区域中最新的骑乘设施。佩戴 3D 眼镜，出发进入哈利·波特的故事之中！霍格沃兹城堡也近在眼前！

夜晚的霍格沃兹城堡

还有会动的肖像画

推荐信息

\ 哈利曾经居住过的世界 /

哈利·波特的魔法世界
The Wizarding World of Harry Potter™

2016 年开放的令人期待已久的主题区域。霍格沃兹城堡、霍格莫德村等电影中熟悉的场景一个个浮现在了眼前。这里还有商店、餐馆，真是让哈利·波特的粉丝感动到流泪！

鹰马的飞行™
Flight of the Hippogriff™

适合亲子游的人气过山车。乘坐一种拥有巨鹰的上半身和马的下半身的魔法生物鹰马，在南瓜地、海格的小木屋上空盘旋。眼前是霍格莫德村和霍格沃兹城堡，景色极佳。

和鹰马一同翱翔

在美国无人不知的辛普森一家

辛普森虚拟过山车
The Simpsons Ride

以美国家喻户晓的《辛普森一家》人气系列动画为主题建造的娱乐设施。穿梭于小丑库斯提的梦幻娱乐公园——库斯提公园。和充满个性又独特的辛普森一家人一起，踏上爆笑、欢乐的3D冒险历程吧。

超级愚乐园
Super Silly Fun Land

深受小朋友喜爱的区域。毗邻神偷奶爸小黄人3D虚拟过山车，以小黄人为主题的攀爬设施、空中骑乘设施、戏水娱乐设施、游戏厅等丰富多彩，深受孩子们的喜爱。

深受孩子们喜爱的区域

推荐信息

辛普森的家乡
春田镇
Springfield

在辛普森虚拟过山车旁边，再现了辛普森一家居住的小镇。霍默经常造访的甜甜圈店、路易吉的比萨屋等，还有不少具有代表性的餐饮店，绝对不会让客人感到失望。

快来体验辛普森的小镇吧

特效表演
Special Effects Show

通过与观众的互动，将电影制作的幕后挪至台前。以电影的一幕举例，一边介绍数码、绿光屏等演出方法、特殊道具等，一边还会揭秘各种电影特效的秘密。在表演开始之前，会邀请观众当志愿者协助演出，不妨挑战一下。志愿者的同伴还会被邀请坐到优先席位。

广为人知的角色也是通过最新技术诞生的

神偷奶爸小黄人3D虚拟过山车
Despicable Me Minion Mayhem

动画电影《神偷奶爸》系列在中国也有着极高人气，这里是以其第一部作品为基础建造的娱乐设施。小偷格鲁、从孤儿院出来的三姐妹以及格鲁创造的小黄人共同开启了一段冒险旅程。3D效果、风压、水枪等无比刺激，深受小孩的喜爱。当小黄人最喜爱的香蕉出现时，不得了的事情要发生了！尽情享受这趟旅途吧。

园内首屈一指的人气项目

水世界
WaterWorld

以凯文·科斯特纳主演的《未来水世界》为主题设计的热门设施。由超过60位特技演员进行演出，场面既紧张又刺激，不时还有爆破发生，极具震撼力。演出时长约30分钟。

坐在前排更加具有震撼效果

环球影城动物演员
Universal's Animal Actors

如果要说大人孩子可以一同参与享乐的项目，那便是这里了。演出十分流畅，动物一个接一个不断出场。飞翔的秃鹫、诙谐搞笑的猩猩引得观众笑声不断，向动物艺人们脱帽致敬吧。演出时长约15分钟。

建议坐在靠近舞台的座位

推荐信息

VIP贵宾体验

VIP Experience，安排有专门的私人导游，优先游玩各种游乐设施，乘坐影城之旅的专用游览车，线路加长，更为特殊。进入非开放区域，参观摄影棚，道具仓库（※快速通道没有使用次数限制）。需要提前预约。游玩时间6~7小时。还可以在VIP私人餐厅享用美食。另外贵宾体验的出发时间、数量根据时期有所变动。

费 $339~409（包含单日门票·午餐。5岁以下不能参加）

※VIP贵宾体验的价格，有可能在没有告知的情况下进行变更，需要提前确认。上网购买可享受优惠折扣

☎（818）622-8477（英语）

※ 可以进入环球影城的英文官网直接购买

环球影城步行街
Universal CityWalk

毗邻环球影城的购物 & 娱乐区。餐馆、礼品店、电影院、音乐会场等齐聚一堂。因为环球影城闭园后，这里依旧营业，所以白天可以尽情在环球影城内游玩，闭园之后再来这里寻觅美食等。

有很多在中国难以买到的商品

M p.56-A1
住 100 Universal City Plaza, Universal City
☎（818）622-4455
URL www.citywalkhollywood.com
营 周日~下周四 11:00~21:00、周五·周六 ~23:00，夏令时、学校假期时期，以及餐馆、酒吧、电影院等设施的营业时间会有所延长

享受购物和美食的乐趣

下园区（影城中心）
Lower Lot（Studio Center）

进入入口大门，乘坐辛普森虚拟过山车左侧的电梯，即可到达下园区。

将好莱坞电影的震撼特效，直接应用到娱乐设施之上，不愧是环球影城！此外，这个区域在开园 30 分钟后开放，比闭园时间提前 30 分钟关闭。

变形金刚3D 虚拟过山车
Transformers: The Ride-3D

人气系列电影《变形金刚》成了 3D 游乐设施。在此之前的 3D 设施，基本上只能达到座椅上下左右晃动的程度，但在这里却仿佛真的被困在屏幕之中极速飞奔。你将置身于人类伙伴汽车人和敌人之间的殊死决战，仿佛真的在同擎天柱并肩作战一样。

看过电影后想要乘坐

木乃伊复仇过山车
Revenge of the Mummy-The Ride

环球影城中人气很高的游乐设施。《木乃伊归来》的世界，以恐怖的过山车形式再次出现于世人眼前。在遗迹探索的过程中，发现了令人炫目的成山的财宝！而就在这时，突然之间过山车驶入了一片漆黑当中，并且遭遇了木乃伊们的袭击，会出现让人胆战心惊的各种情形……当你还在因恐惧而感到战栗的时候，游戏结束了。很有疲惫感。

战胜恐怖的木乃伊们

侏罗纪公园激流勇进
Jurassic Park - The Ride

下园区内和“木乃伊复仇过山车”齐名的人气游乐设施。乘坐黄色船艇前往侏罗纪公园。这里是 6500 万年前，巨型恐龙们繁衍生存的侏罗纪世界。出现在雾中的恐龙们都是实物大小，迷惑龙、剑龙等在悠然地吃草。皮肤很有质感，脖子和嘴会动，向好莱坞的特效和电脑技术致敬！

不要忘记采取防水措施

可以见到史努比的主题乐园

诺氏百乐坊乐园

Knott's Berry Farm

作为家庭娱乐公园而被众人所熟知，
这是一个有以浆果、鸡肉为特产的餐馆以及拥有独特历史、充满个性的主题乐园。
由 6 个充满西部开发时期特色的主题区域构成，
不仅有最新的尖叫过山车，还有面向亲子游的精彩独特演出。
如果肚子饿了的话，可以去广场的餐馆品尝一下诺氏百乐坊乐园的美味炸鸡。
另外，这里还紧邻诺氏水上城市乐园。

What's New! 诺氏百乐坊乐园的最新信息

超级美味的炸鸡

2017 年夏天，建于庆典村的新设施索尔旋转（Sol Spin）对外开放。上升至 18 米高空然后旋转下降。这绝对是令人惊声尖叫的过山车。另外，2016 年改建的诺氏夫人鸡肉餐馆的炸鸡是一定要品尝的！

去见史努比吧

信息

M 文前折页“洛杉矶—主要景点—”-E4
住 8039 Beach Blvd., Buena Park
☎（714）220-5200
URL www.knotts.com
营 基本上 10:00 开园，闭园为 17:00~23:00
休 圣诞节

诺氏百乐坊乐园

费 成人 $75、老人（62 岁以上）· 儿童（3~11 岁）$45。停车费一天 $18
信用卡 A J M V

诺氏夫人鸡肉餐馆
Mrs. Knott's Chicken Dinner Restaurant

位于乐园入口大门旁的广场。
☎（714）220-5055
营 周日 ~ 下周五 11:00~21:00（周日 8:00~）、周六 8:00~22:00

诺氏水上城市乐园

住 ☎ URL 同诺氏百乐坊乐园
营 5 月下旬 ~9 月中旬　10:00~18:00（闭园时间每天有所不同）
费 成人 $48、老人（62 岁以上）· 儿童（3~11 岁）$37。停车费一天 $18

交通方式

从洛杉矶市区出发

乘坐 #460 巴士 → p.42

从 5th&Hill Sts. 乘坐途经诺氏百乐坊乐园，终点站为迪士尼乐园的巴士，全程约 2 小时。

自驾

从洛杉矶市区沿 I-5 南下。从 Beach Blvd. 出口驶出，向南，沿 CA-91 行驶，然后就会看到标识。笔直前进就能到达停车场。停车费 $18。

从阿纳海姆出发

乘坐巴士

• **#460巴士**

从迪士尼乐园东侧的 Harbor Blvd. 出发，乘坐终点站为洛杉矶市区的巴士，约 20 分钟。

• **#18阿纳海姆度假交通巴士** → p.106

从迪士尼巴士中心乘坐 #18ART 巴士北线，约 30 分钟。发车间隔 1 小时。$3。

木板路
Boardwalk

木板路是集中了诺氏百乐坊乐园中许多刺激骑乘项目的地区。如果喜欢惊险刺激的话，一定会想要乘坐所有的游乐设施。这里还设有餐馆和游戏厅。

X加速器
Xcelerator

在木板路园区内，人气、恐怖程度均排名第一。外观上就极具压倒性。启动后仅2~3秒就可以加速到130公里/小时的最高时速，上升到62米的最高点，然后反方向急速下降。全长670米，游玩时间约1分钟。因为极具冲击力，所以令人踌躇不前，但是乘坐完之后，每个人的脸上都洋溢着笑容，既恐怖又畅快。

没有时间思考就已经到达顶点的X加速器

极度尖叫
Supreme Scream

首先背靠座椅不断上升。接着从轨道上滑落，再继续上升，最后体验自由落体。需时1分30秒，可以让人体验极致的恐惧。

园内存在感极强的“极度尖叫”

其他娱乐设施

铁礁之旅 Voyage to the Iron Reef	查尔斯·舒尔茨剧院 Charles M. Schulz Theatre
海岸骑手 Coast Rider	太平洋爬行者 Pacific Scrambler
空中小屋 Sky Cabin	冲浪滑翔机 Surfside Gliders
勇敢向前冲 Wipeout	碰碰车 Wheeler Dealer Bumper Cars

☆表演 Ⓡ餐馆 洗手间 公用电话 ⓘ游客中心 婴儿中心 锁柜 医务室 ATM

太平洋爬行者 Pacific Scrambler
海岸骑手 Coast Rider
空中小屋 Sky Cabin
X加速器 Xcelerator
冲浪滑翔机 Surfside Gliders
铁礁之旅 Voyage to the Iron Reef
查尔斯·舒尔茨剧场 Charles M. Schulz Theatre
小马快车 Pony Express
西大门
木板路 Boardwalk
勇敢向前冲 Wipeout
大脚激流 Bigfoot Rapids
碰碰车 Wheeler Dealer Bumper Cars
印花矿车 Calico Mine Ride
木山伐木激流勇进 Timber Mountain Log Ride
荒野舞厅 Wilderness Dance Hall
印花沙龙 Calico Saloon
印花铁路 Calico Railroad
极度尖叫 Supreme Scream
鬼镇 Ghost Town
印花广场舞台 Calico Square Stage
神秘小屋 Mystery Lodge
鬼镇监狱&悲伤眼乔 Ghost Town Jail & Sad Eye Joe
巴特菲尔德驿站车 Butterfield Stagecoach
空中秋千 Waveswinger
百乐坊乐园酒店
西部小径博物馆 Western Trail Museum
银色子弹 Silver Bullet
旋转木马 Merry-Go-Round
革命 La Revolución
索尔旋转 Sol Spin
美洲虎! Jaguar!
鬼骑士 Ghostrider
铁匠 Blacksmith
印第安足迹 Indian Trails
弗里斯摩天轮 Ferris Wheel
庆典庄 Fiesta Village
加利福尼亚广场 California Market Place
大篷车 Wagon Camp
莱纳斯发射器 Linus Launcher
史努比营地 Camp Snoopy
塞拉响尾蛇 Sierra Sidewinder
营地巴士 Camp Bus
←停车场
入园大门
售票处
T.G.I.星期五餐馆 T.G.I. Friday's
史努比营地剧院 Camp Snoopy Theatre
漂流 Rapid River Run
农场面包店 Farm Bakery
诺氏夫人鸡肉餐馆 Mrs. Knott's Chicken Dinner Restaurant
飞行高手 Flying Ace
祖玛的复仇过山车 Montezooma's Revenge
独立纪念堂 Independence Hall
小鸡快跑 Chicken-To-Go
诺氏水上城市乐园 Knott's Soak City位于Beach Blvd.对面
诺氏百乐坊乐园

其他园区

中级恐怖的美洲虎过山车 Jaguar

人气设施——印花矿车 Calico Mine Ride

庆典村
Fiesta Village

以过去西班牙人在加利福尼亚建造的村庄为原型设计的区域。这里人气最高的设施是祖玛的复仇过山车（Montezooma's Revenge），虽然游玩时间仅为35秒，但出发3秒后即可加速到90公里/小时的速度，然后前后各绕7层高的圆圈行驶一周。此外也不要错过1896年就开始运营的旋转木马（Merry-Go-Round）。

鬼镇
Ghost Town

这里再现了19世纪80年代加利福尼亚西部的矿山村。使用悬挂式座椅的银色子弹（Silver Bullet）、行驶在木质轨道上的鬼骑士（Ghostrider）、从加利福尼亚最长的人工河冲下来的大脚激流（Bigfoot Rapids），都有着很高的人气值。西部开荒者们的特技表演也十分震撼。

有很多小朋友也能乘坐的设施

史努比营地
Camp Snoopy

小朋友们的偶像——史努比的小镇。当然还有查理布朗、露西、莱纳斯等角色。在史努比营地剧院中，还举行歌唱、舞蹈表演。骑乘设施也是为小朋友们设计的。

印第安足迹
Indian Trails

描绘美国原住民生活、历史的区域。在中央的舞台上，每周4~7天，每天3回，有原住民的传统歌曲舞蹈等表演。

可以学到历史知识也是诺氏乐园的魅力之所在

诺氏水上城市乐园
Knott's Soak City

诺氏水上城市乐园（Knott's Soak City）位于Beach Blvd.，与诺氏百乐坊乐园相对。这是一座以20世纪50~60年代的南加利福尼亚州为原型打造的水上主题乐园。水上娱乐设施的名字都和南加州的海滩有关。乐园中播放的BGM也是复古的冲浪音乐。乘坐充满活力的水上设施，放声尖叫吧。

信息→p.129

设有儿童专用水池，适合亲子游

尖叫机器的宝库

六旗魔术山

Six Flags Magic Mountain

说起洛杉矶近郊的尖叫设施，非六旗魔术山莫属。
飞龙、尖叫、X2 等人气设施需要排队等待 2~3 小时。
谜语人的复仇、毒蛇、巨人歌利亚、蝙蝠侠飞车等设施需要做好排队等待 1~2 小时的准备。
但是在冬季等旅游淡季，则有可能反复连续乘坐尖叫过山车。
试一试挑战到最后？如果喜欢水上乐园的话，那就前往飓风海港吧。

What's New! 六旗魔术山的最新信息

2017 年 2 月“新革命银河攻击（The New Revolution Galactic Attack）”正式运营。戴上 VR 眼镜，一边体验 VR 世界，一边乘坐过山车飞驰。2017 年 7 月，“正义联盟：大都市之战（Justice League：Battle for Metropolis）”对外开放。与正义联盟的超级英雄——蝙蝠侠、超人并肩作战，向小丑、莱克斯·卢瑟发起挑战。

必须乘坐的 4D 设施

信息

M 文前折页地图“洛杉矶—主要景点—”-A1 外
住 26101 Magic Mountain Pkwy., Valencia
☎（661）255-4100
URL www.sixflags.com

六旗魔术山

营 3 月下旬~8 月基本上每天都营业，10 月仅周五~周日、12 月仅周末及下旬营业。除此以外，仅在周末和节假日营业。通常入园时间为 10:30、闭园时间不固定。因季节和节假日的原因会有所调整，建议提前通过网络或者打电话进行确认
休 圣诞节
费 成人 $84.99、身高 122 厘米以下的儿童 $59.99。停车场费用 $25

飓风海港

住☎ 同六旗魔术山
营 5 月下旬和 9 月仅周末营业，6~8 月每天开放。入园时间基本为 10:30~、闭园时间因季节和节假日原因会有所调整，建议提前通过网络或者打电话进行确认
费 成人 $42.99、身高 122 厘米以下的儿童 $34.99、2 岁以下免费

交通方式

乘坐公共交通换乘比较复杂。建议选择旅游团→p.46或者自驾前往。

从洛杉矶市区出发

自驾

沿 I-5 向北行驶约 50 分钟。从 Exit170 驶出前往 Magic Mountain Pkwy. 方向，然后在路口右转。接着沿道路直行到达乐园大门。

从圣塔莫妮卡、帕萨迪纳出发

自驾

从圣塔莫妮卡出发走 I-405；从帕萨迪纳出发沿 I-210 向北行驶。然后进入 I-5，按上述线路到达乐园。

快速通行卡（The Flash Pass），可以优先使用游乐设施。标准卡 $50~、金卡 $80~、铂金卡 $135~。根据追加人数的数量不同，快速通行卡的价格会有所不同。可以乘坐的设施每天不同，需要提前确认。虽然收费，但如果不购买的话，超人气设施往往需要等待 3 小时，因此很有购买的必要。游客可以通过网络或者在园内的快速通行卡售票处购买。需要 ID（可以使用护照）。

主要的尖叫设施

园内最恐怖的过山车

极速天龙 Full Throttle

启动后马上加速至 112 公里 / 小时，冲上直径约 50 厘米的圆圈，一瞬间停止之后，又向后发射。全程 2 分钟的时间，绝对惊险刺激。一次可以乘坐 18 人。

莱克斯·卢瑟 Lex Luthor

全球第二高的自由落体设施，可以体验在 5 秒中下降 120 米的快感。与“超人：逃离氪星过山车”共用一个铁塔，这也是其特征之一。

谜语人的复仇 The Riddler's Revenge

站立式过山车令人恐惧感倍增

站立式过山车，旋转时好像从头开始降落，非常新颖刺激。3 分钟内有 6 次回旋，最高时速可达 105 公里 / 小时。

扭转巨人 Twisted Colossus

在木质结构的基础上，又建立了钢结构的混合过山车，2 辆车同时出发。同过山车的名字一样，在行驶过程中有多次恐怖的扭转，2 辆车还会相遇，一上一下行驶，相当惊险。此外还有急速下降、急转弯，时长达 4 分钟。

超人：逃离氪星 Superman : Escape from Krypton

六旗魔术山中最高的过山车。一次可以乘坐 15 人，7 秒钟即可加速到 160 公里 / 小时，瞬间升到距离地面 127 米的高空。

巨人歌利亚 Goliath

距离地面约 78 米的巨人过山车！从约 60° 的斜坡一口气冲下，时速能达到 136 公里 / 小时。行驶过程令人天旋地转，最后还会突然来一个自由落体。

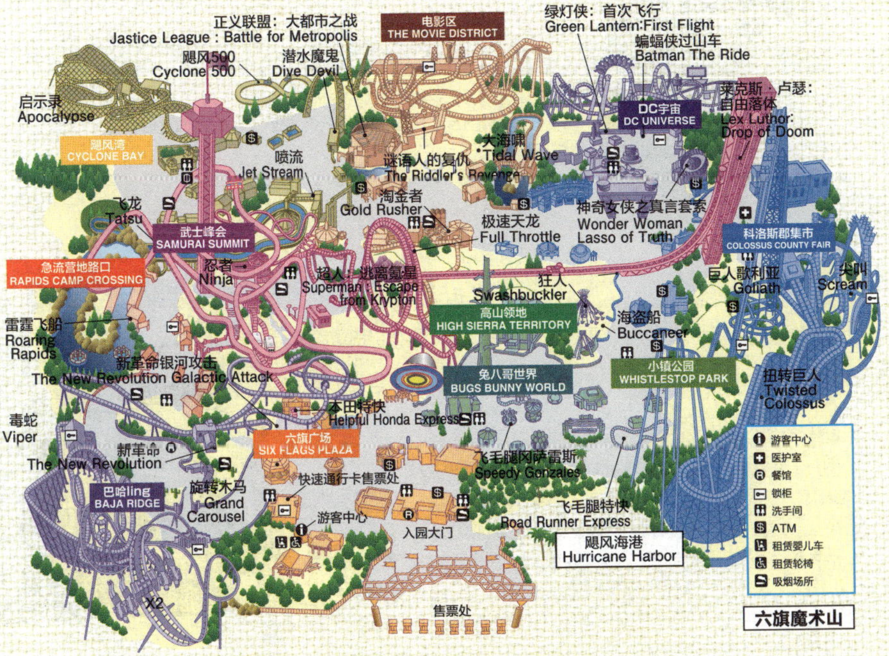

正义联盟：大都市之战
Jastice League : Battle for Metropolis
电影区
THE MOVIE DISTRICT
绿灯侠：首次飞行
Green Lantern:First Flight
蝙蝠侠过山车
Batman The Ride
飓风500
Cyclone 500
潜水魔鬼
Dive Devil
启示录
Apocalypse
莱克斯·卢瑟：自由落体
Lex Luthor: Drop of Doom
DC宇宙
DC UNIVERSE
飓风湾
CYCLONE BAY
喷流
Jet Stream
大海啸
Tidal Wave
谜语人的复仇
The Riddler's Revenge
淘金者
Gold Rusher
飞龙
Tatsu
神奇女侠之真言套索
Wonder Woman Lasso of Truth
极速天龙
Full Throttle
武士峰会
SAMURAI SUMMIT
科洛斯郡集市
COLOSSUS COUNTY FAIR
急流营地路口
RAPIDS CAMP CROSSING
忍者
Ninja
超人：逃离氪星
Superman : Escape from Krypton
巨人歌利亚
Goliath
尖叫
Scream
狂人
Swashbuckler
高山领地
HIGH SIERRA TERRITORY
海盗船
Buccaneer
雷霆飞船
Roaring Rapids
新革命银河攻击
The New Revolution Galactic Attack
兔八哥世界
BUGS BUNNY WORLD
小镇公园
WHISTLESTOP PARK
扭转巨人
Twisted Colossus
本田特快
Helpful Honda Express
毒蛇
Viper
六旗广场
SIX FLAGS PLAZA
新革命
The New Revolution
飞毛腿冈萨雷斯
Speedy Gonzales
快速通行卡售票处
巴哈ling
BAJA RIDGE
旋转木马
Grand Carousel
游客中心
飞毛腿特快
Road Runner Express
入园大门
飓风海港
Hurricane Harbor
X2
售票处

游客中心
医护室
餐馆
锁柜
洗手间
ATM
租赁婴儿车
租赁轮椅
吸烟场所

六旗魔术山

X2 X2

只固定胸部，上下都没有轨道，双脚悬空，仿佛空中飞翔的感觉，是可以将人卷入尖叫旋涡的过山车。

双脚悬空使得恐怖感加倍

蝙蝠侠过山车 Batman The Ride

双脚悬空的悬浮倒挂式过山车，坐完后感觉晕乎乎的。增加了逆行版本，恐惧翻倍。

毒蛇 Viper

园内最长的回环过山车——毒蛇。从 19 层楼高处开始急速下降，一个回环接着一个回环。

尖叫 Scream

没有顶棚和地板（Floorless Coaster）的独特设计，融合传统的过山车技术，时间长达 3 分钟。除了从最高点落下的速度外，还有连续的扭转、回环，让人感觉仿佛真的飞在空中一般。

飞龙 Tatsu

有着全球最恐怖过山车的称呼。以 100 公里 / 小时的速度前进，还有剧烈的左右摇摆。仿佛巨龙在空中起舞。

不论人气还是尖叫程度都堪称是最高等级的过山车

从小孩到大人都可以游玩的区域

尖叫设施以外的娱乐项目

进入乐园大门后，正面的兔八哥世界（Bugs Bunny World）内的娱乐设施和表演很适合小朋友们。还有面向小朋友设计的过山车。建有旋转木马的六旗广场（Six Flags Plaza）人气同样很高。此外华纳兄弟的主要角色——兔八哥、乐一通及其伙伴们登场的"Looney Tunes Live Club"也是固定节目。表演的时间表在进入大门后左侧的游客中心查找。

飓风海港 Hurricane Harbor

毗邻六旗魔术山的水上乐园。这里有流动池、波浪池、适合小朋友的泳池等标准水池，也有令人尖叫的水上骑乘设施，令人不禁感叹简直就是翻版的六旗魔术山！可以租赁游泳圈等用品，锁柜、野餐区也很齐备。因为夏天日照较强，所以上午、晚上可以在六旗魔术山，下午则可以前往飓风海港游玩。5 月下旬 ~ 8 月以及 9 月的周末开园。信息→ p.132

水上乐园中也是尖叫声不断

适合亲子游的主题乐园

圣迭戈海洋世界 SeaWorld San Diego

海洋世界位于平稳的使命湾，
以自然保护为理念，于 1964 年在此地诞生。
可以接触多种多样的海洋生物，直观感受生命的神秘。
尽情体验超越娱乐范围的乐趣。

What's New! 圣迭戈海洋世界的最新信息

虽然虎鲸的表演已于 2016 年结束，但是更加自然、更有教育意义的虎鲸生态观察项目“虎鲸相遇（Orca Encounter）”已经在 2017 年 5 月正式启动。特点是没有驯兽师。虎鲸完全是自然的潜水、飞跳、为了食饵飞向舞台。另外佩戴 VR 眼镜模拟体验虎鲸世界的“深海 VR：虎鲸 360（DeepSEE VR: Orca 360）”也已于 2017 年 7 月亮相。

脱胎换骨的虎鲸表演

独家旅行体验 Exclusive Tour Experiences

在圣迭戈海洋世界，有特别的游览和规划。虽然还需要额外缴纳一次参观费用，但是可以深入参观园内地区，跟随训练师的指示近距离接触各种动物，体验性很强。另外 14 岁以下的儿童参加游览项目的话，同行者（收取游览费用）有陪同的义务。可以从官网或者通过☎（619）226-3901 Free（1-800）257-4268 进行预约。

信息

M 圣迭戈周边 p.154-A1
住 500 Sea World Dr., San Diego
☎（619）222-4732
Free（1-800）257-4268
URL seaworld.com
营 周一～周五 10:00~17:00、周六 · 周日 ~18:00。根据季节、日期不同会有所变化（夏令时 9:00~21:00）
费 3 岁以上 $94.99、2 岁以下免费。停车费 1 天 $17
信用卡 A J M V
※ 有套票 →p.112、轮椅租赁（电动 $55、手动 $15）、婴儿车租赁（$15~20）

交通方式

从洛杉矶出发

自驾

沿 I-5 向南行驶约 2 小时。从 Exit21 的 SeaWorld Dr. 驶出，再向西行驶约 2 公里后便能看到乐园入口。

从圣迭戈市区出发

乘坐巴士

乘坐轻轨绿线在 Old Town Transit Center 下车。然后换乘 #9 巴士即可到达，约 15 分钟。发车间隔为 15~30 分钟一班。

自驾

沿 I-5 向北部的使命湾方向行驶。从 Exit21 的 SeaWorld Dr. 驶出，向西行驶约 2 公里后便能看到乐园入口。全程约 15 分钟。

准备了特别的游览项目，一生仅一次的体验
©2017 SeaWorld Parks & Entertainment

便签 **海洋世界的全天自助餐券** Calypso Bay Smokehouse 等 4 家餐馆可以使用全天自助餐券（All-Day Dining Deal）。虽然每次下单的餐食数量有限制，但仍然超值。费 成人 $35.99、儿童（3~9 岁）$18.99。

表演 Show

充满活力的表演

与虎鲸相遇 Orca Encounter

可以更近距离地观察虎鲸的表演，游客能看到海中最强捕食者虎鲸的捕猎本领、复杂的交流方式、家族的分工、游戏的重要性等。这是不可错过的圣迭戈海洋世界的代名词！

其他的表演

马戏集团通过水、光营造出的幻想世界电力马戏团（Cirque Electrique）以及由身边宠物们展现技艺的宠物表演秀（Pet's Rule）都有着很高的人气。在海狮、海獭的舞台——海狮现场秀（Sea Lions Live）上，可以观看到动物们高超的演技。

骑乘&展览 Rides & Exhibit

其他的骑乘、展览

有可以透过大型水槽观察海龟生态的海龟礁（Turtle Reef），在野生北极飞行（直升机模拟器）Wild Arctic Ride 中则可以观看到海象、白鲸、北极熊的世界。而在鲨鱼遭遇馆（Shark Encounter）可以在玻璃通道下观察鲨鱼。可以自由触碰海洋生物的探险家的礁石 Explorer's Reef，很适合小朋友们前往。

像蝠鲼游泳一样畅爽的过山车

蝠鲼 Manta

以蝠鲼在水中游动的姿态形象设计的过山车，看起来像蝠鲼在海中游泳一样。在前往乘坐地点的途中，可以在通道内学习到关于蝠鲼的知识。另外乘坐地点附近还有蝠鲼活动的水槽，可以用手触摸。

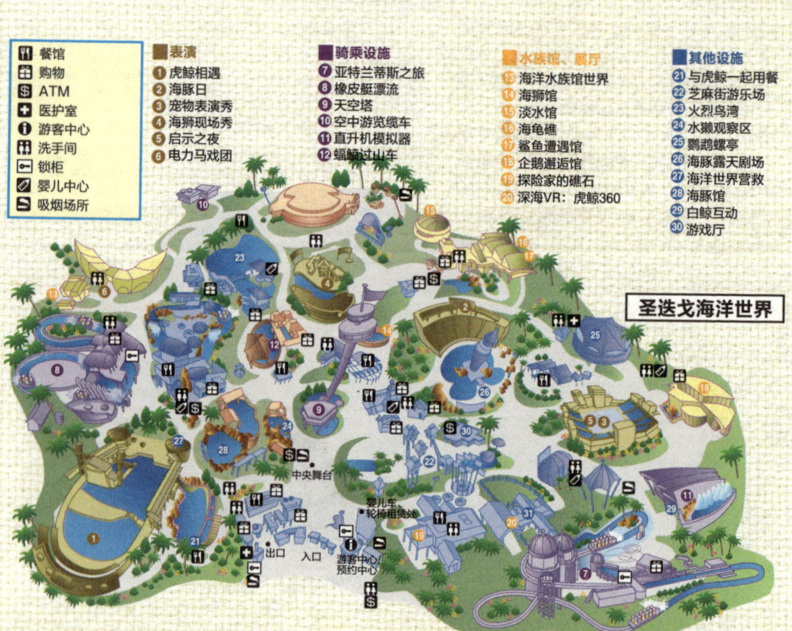

可以近距离观察大型动物

圣迭戈野生动物园

San Diego Zoo Safari Park

位于圣迭戈北部的圣迭戈野生动物园是
以保护野生动物为目的而建设的动物乐园。
占地面积达 1800 英亩（约 728.5 万平方米），尽量保留动物原本的栖息环境，
动物们在美好、熟悉的环境中，悠然自得地生活。

如同真实的野生动物考察

What's New!

圣迭戈野生动物园的最新信息

2017 年 7 月，有两头长颈鹿宝宝诞生，健康状况良好，正茁壮成长。

信息

M 圣迭戈周边 p.154-A1 外
住 15500 San Pasqual Valley Rd., Escondido
☎（760）747-8702
URL www.sdzsafaripark.org
营 每天 9:00-17:00、根据季节、日期会有所变更（夏令时 ~19:00）
费 成人 $52~、儿童（3~11 岁）$42~。停车费用 1 天 $15
※ 可以购买套票→ p.112

游览方式

可以在领地外观赏园区的动物。首先可以参加非洲电车观光（Africa Tram）。近距离观看长颈鹿、犀牛、羚羊等动物，还有导游进行讲解，游览一周大约 30 分钟。此外鸟类、动物的表演、驯兽师讲座都会随时举行，请提前确认好时间表。

动物园还准备了几个独特的园内游览项目（收费）。以大篷车观光（Caravan Safari）为代表，乘坐特殊车型在园区内移动，可以非常近地观看动物（费 $111~）。

交通方式

从圣迭戈市区出发，可以乘坐公共交通工具前往，但非常耗费时间。因此建议自驾或参加旅游团。

从洛杉矶出发

自驾

沿 I-5 向南行驶约 2 小时。从 Oceanside 的 Exit 51B 驶出，继续沿 CA-78 East 方向行驶，向东行驶 40 公里后，会有前往动物园入口的指引牌。

从圣迭戈市区出发

自驾

沿 I-15 向北行驶，从 Exit 27 的 Via Rancho Pkwy. 驶出，便能看到前往动物园入口的指引。约 45 分钟。

旅游团

• **H.I.S旅游U.S.A**
（咨询→ p.46）
圣迭戈野生动物园观光
费 成人 $130、儿童（3~11 岁）$120
所需时间 8 小时

★ 野生动物园的表演 ★

参加老虎饲养员讲座（Tiger Keeper Talk），可以听饲养员讲述苏门答腊虎的习性特征；参加猎豹奔跑（Cheetah Run），可以目睹到陆地上速度最快的猎豹全力奔跑的姿态，此外还有很多表演都非常值得一看！

犀牛可爱的屁股

长颈鹿离得好近

非洲电车观光 Africa Tram

乘坐4节车厢组成的游览车，绕园区行驶一周，约30分钟。此项目费用已包含在门票中。知识渊博的导游会进行详细的讲解，加深游客对动物们的了解。除了长颈鹿和犀牛之外，幸运的话还能看到狮子的身影。

其他的观光项目

停车观察动物们生活情形的大篷车观光项目 Caravan Safari（费$110~165）；园区内8人乘坐的游览车探险 Cart Safari（费$50）；有5种线路可供选择，游览时间2小时的揭秘动物园 Behind-the-Scenes Safari（费$80）；骑着园区内的特制三轮车进行参观的三轮车之旅 Trike Safari（12岁以下不能参加 费$75）；可以在园区内的特定区域夜宿，和野生动物共度一晚的野营项目 Roar & Snore Safari（费$40~）等，准备了许多独特的观光项目。

其他区域

- 象谷 Elephant Valley
- 非洲哨站 African Outpost
- 内罗毕村 Nairobi Village
- 大猩猩森林 Gorilla Forest
- 非洲丛林 African Woods
- 狮子营 Lion Camp
- 树林 The Grove
- 虎径 Tiger Trail
- 神鹰岭 Condor Ridge
- 亚洲草原 Asian Savanna
- 非洲平原 African Plains
- 世界花园 World Gardens

从亚洲草原乘坐滑索俯视园区

野外营地 Safari Base Camp

距离入口最近的区域。有纪念品商店和餐馆。在这里还能参观到世界上不同品种的鸟类以及狐獴。

世界花园 World Gardens
1. 加利福尼亚自然花园
2. 巴哈花园
3. 旧世界多肉植物园

大猩猩森林 Gorilla Forest
1. 水上花园
2. 隐蔽丛林
3. 鸟类表演

野外营地 Safari Base Camp
1. 亨特内罗毕馆
2. 旋转木马
3. 动物大使舞台
4. 世界之翼

象谷 Elephant Valley
1. 观象台
2. 大象体育场

内罗毕村 Nairobi Village
1. 内罗毕站
2. 触摸牧场
3. 乡村游乐场
4. 动物幼儿园
5. 蒙巴萨大厨
6. 鹦鹉园

树林 The Grove
1. 百草园
2. 露营地
3. 草原纳凉区
4. 乞力马营地

狮子营 Lion Camp
1. 雪莉的猎豹奔跑

非洲丛林 African Woods
1. 桑布鲁平台
2. 桑布鲁丛林体育馆
3. 狐猴步道
4. 非洲之旅

非洲哨站 African Outpost
1. 奥卡万戈前哨站
2. 詹姆士科研岛

游客中心
医护室
洗手间
ATM
租赁轮椅
婴儿中心
吸烟场所

亚洲无树平原 Asian Savanna
秃鹰山脉 Condor Ridge
世界花园 World Gardens
老虎小径 Tiger Trail
非洲平原 African Plains
象谷 Elephant Valley
树林 The Grove
野外营地 Safari Base Camp
内罗毕村 Nairobi Village
狮子营 Lion Camp
大猩猩森林 Gorilla Forest
非洲丛林 African Woods
非洲哨站 African Outpost

圣迭戈野生动物园

乐高迷的梦幻世界

加州乐高乐园

Legoland California

为培养儿童创造力而逐渐成为全球最热销的积木玩具品牌旗下的主题乐园。继丹麦、意大利之后，1999 年在圣迭戈和洛杉矶之间的小城卡尔斯巴德正式开放营业。乐高乐园不光小朋友喜欢，也深受大人们的支持，有许多忠实的粉丝。

What's New! 加州乐高乐园的最新信息

2017 年 3 月，在人气地区迷你美国内，电影《星球大战：原力觉醒》的主题区诞生了。

大人孩子都兴致勃勃

信息

M 圣迭戈周边 p.154-A1 外

住 1 Legoland Dr., Carlsbad

Free（1-877）376-5346 URL www.legoland.com

加州乐高乐园

费 单日票：成人 $99、儿童（3~12 岁）$91、2 岁以下免费

营 每天 10:00~18:00（夏令时 ~20:00），根据季节、日期不同有所变更

休 9 月 ~ 次年 2 月的周二、周三，但有时候也会正常营业，请提前登录官网确认

乐高水上乐园

费 两日票（包含加州乐高乐园的门票）：成人 $120、儿童（3~12 岁）$112

营 3 月中旬 ~10 月下旬。通常 10:00 开园。闭园时间为 17:00~19:00

※ 可以上网确认

海洋馆

毗邻乐高乐园的小规模海洋馆。其中人气较高的是治愈系海中生物水母所在的区域。此外在鲨鱼、热带鱼所处的水槽中还能隐约看到乐高小人和船，非常好玩。

住 ☎ URL 同加州乐高乐园

费 包含乐高乐园的通票（两日票）成人 $117、儿童（3~12 岁）$109

营 每天 10:00~17:00（根据季节、日期不同有所变化，请提前登录官网确认）

※ 上网购买均有一定优惠

交通方式

从洛杉矶出发

自驾

沿 I-5 向南行驶约 145 公里，然后从卡尔斯巴德的 Exit 48 Cannon Rd. 驶出，按照指示牌前往乐高乐园。不堵车的话大约需要 1 小时 30 分钟。

旅游团

• H.I.S旅游U.S.A

（咨询→ p.46）

乐高 1 日游

费 成人 $165、儿童（3~11 岁）$155。游玩时间 11 小时

从圣迭戈出发

地铁 + 巴士

乘坐蔻斯特（Coaster）铁路在 Carlsbad Poinsettia 站下车。换乘 #446 Breeze 巴士，约 20 分钟。从 Carlsbad Poinsettia 站出发的巴士发车时间为周一～周五的 7:21 和 8:39；从乐高站出发的时间为周一～周五的 16:47 和 17:23，每天各两班。周六、周日、节假日停运。

自驾

沿 I-5 向北行驶约 50 公里，从卡尔斯巴德（Carlsbad）的 Exit 48 Cannon Rd. 驶出，按照指示牌前往乐高乐园。约 45 分钟。

旅游团

• H.I.S旅游U.S.A

（咨询→ p.46）

乐高 1 日游

费 成人 $170、儿童（3~12 岁）$165。游玩时间 8 小时

美国的标志拉什莫尔山也被乐高化了

建有乐高乐园酒店 园内的酒店客房是适合家庭入住的套房。客房以海盗、冒险王国等乐高人气系列产品为主题进行装饰布置。

精巧再现美国城镇

趣味小镇 Fun Town

这里的娱乐设施能同时激起大人和孩子的好奇心。可以参观乐高积木制作过程的乐高工厂之旅（Lego Factory Tour）；培训过后发放乐高驾照的汽车学习场所——驾驶学校（Driving School）；乐高乐园中人气最高的设施之一——操纵消防车灭火的警察和消防学院（Police and Fire Academy）等。

乐高头脑风暴入口处摆放的爱因斯坦乐高积木头像

迷你美国 Miniland USA

位于加州乐高乐园的中心区域。使用2000万块乐高积木，将美国的代表性城市以1:20的比例重现出来。参加海岸巡航（Coast Cruise），在迷你美国内乘坐小船游览运河，还可以看到印度的泰姬陵、澳大利亚的悉尼歌剧院等世界知名的建筑物。

其他区域

- 幻想地带 Imagination Zone
- 开端 The Beginning
- 探险岛 Explorer Island
- 乐高伙伴心湖城 Lego Friends Heartlake City
- 海盗岸 Pirate Shores
- 城堡山 Castle Hill
- 冒险乐园 Land of Adventure
- 乐高忍者世界 Lego Ninjago World

加州乐高乐园

趣味小镇 Fun Town

1. 儿童力量塔
2. 空中巡逻
3. 少年驾驶学校
4. 驾驶学校
5. 乐高生活
6. 警察和消防学院
7. 乐高工厂之旅
8. 冒险家俱乐部
9. 挑战消防员
10. 航海学校
11. 乐高快车
12. 得宝游乐场

海盗岸 Pirate Shores

1. 海盗礁
2. 斯旺比兹甲板
3. 克兰奇船长的挑战
4. 海盗水战

城堡山 Castle Hill

1. 魔法步道
2. 建筑者协会
3. 好女巫
4. 游乐场
5. 皇家骑士
6. 巨龙过山车
7. 骑士锦标赛

幻想地带 Imagination Zone

1. 乐高高科技过山车
2. 生化战士冲击波
3. 水上飞艇
4. 英雄工厂
5. WB家庭游戏空间
6. 乐高头脑风暴
7. 得宝游乐场
8. 建造&测验

乐高伙伴心湖城 Lego Friends Heartlake City

1. 米娅的旋转木马
2. 心湖马厩
3. 心湖喷泉

迷你美国 Miniland USA

1. 海岸巡航

2~9 美国城市

10 星球大战区

探险岛 Explorer Island

1. 恐龙过山车
2. 模拟考古挖掘
3. 狩猎旅行
4. 童话小溪

冒险乐园 Land of Adventure

1. 瓢虫弹跳
2. 沙丘突击队
3. 货运王牌
4. 失落王国冒险

↑前往奇马水上乐园　↑前往乐高水上乐园　↘前往乐高忍者世界

游客中心　医务室　厕所　ATM　租借轮椅　婴儿中心　吸烟处

圣迭戈

San Diego

美到窒息的圣迭戈落日

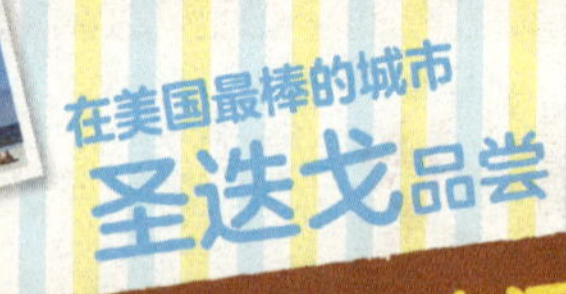
在美国最棒的城市
圣迭戈品尝

最好喝的啤酒和最好吃的墨西哥卷！

圣迭戈的阳光和热情的居民都令人心情愉悦。这里一年当中有300个晴天，全年气温既不会太热，也不会太冷。这样的圣迭戈，配上啤酒和墨西哥卷，是一座最适合夏天的美食城市。再加上海滩的话就更棒啦！以最好的心情，前往圣迭戈！

找个你喜欢的吧

啤酒

口感畅爽。

关于"我们这里才是真正的精酿啤酒"的讨论曾在美国开展过，而争论最激烈的当数圣迭戈。当地多种精酿啤酒都在啤酒品评会上获得了极高的评价。

主要的啤酒种类

IPA 印度淡色艾尔	Pilsner 皮尔森	Stout 黑啤
特点是啤酒花的味道很苦味。有较高的苦度与浓烈的香气，品尝过一次之后就会觉得中国普通的啤酒有些美中不足。如果到美国的话一定要品尝一下。	常见知名的啤酒厂生产的啤酒均属于皮尔森种类。喝起来没有怪味，很好下咽。	黑啤是由焙烤麦芽酿造而成。味道浓厚，酒精度数也普遍偏高。泡沫像奶油。可以与美国菜搭配◎。

夏天格外畅爽

室外通常都是爆满

圣迭戈啤酒界的领军者
巴乐丝平 Ballast Point

说到圣迭戈的啤酒，那就得提到这里。不在巴乐丝平喝上一杯是回不了国的。去氛围极佳的品酒室→p.170品尝吧。

如果想要品尝各个种类的话，就去品酒室

恶魔的Logo令人过目不忘
巨石酿酒公司
Stone Brewing Co.

圣迭戈，甚至可以说是美国的代表性酿酒厂。自1996年创建以来，销量逐年上升，不断成长。在沛可公园附近有精酿酒吧→p.169。

人气最高的巨石IPA

中午店内也很暗

圣迭戈老牌酿酒厂
卡尔施特劳斯
Karl Strauss

卡尔施特劳斯在圣迭戈精酿啤酒热潮到来之前的1989年便已经成立了。这里的各种啤酒都有获奖的历史，极具实力。

KARL STRAUSS

市区的店铺风格很有老店的感觉

M p.155-A2 住 1157 Columbia St., San Diego
☎（619）234-2739 网 www.karlstrauss.com
营 周日～下周五 11:00~22:00（周日 11:30~、周五 ~23:00）、周六 11:30~23:00 信用卡 A M V

适合喜欢人少，享受慢时光的人

夏天会有很多年轻人，变得十分热闹

当地人聚集的海洋海滩

墨西哥卷

超级好吃！

美国普通的墨西哥卷都是用生菜、奶酪、肉馅等做成的，而圣迭戈的墨西哥卷则大多用虾、鱼、贝类等海鲜作为食材。

稍微学习一下 墨西哥卷的基本知识

1. 墨西哥卷的英文是 Tacos，是 Taco 的复数形式。所以有时候也会叫作 Taco。
2. 正宗墨西哥的做法是用玉米制成薄饼，而在圣迭戈有时也会使用用小麦粉做成的薄饼。
3. 一个墨西哥卷是吃不饱的。一般一个人能吃 3~4 个。

炸鱼墨西哥卷 $3.95

海滩近在眼前
位置极佳的餐馆

南海滩酒吧＆烧烤

South Beach Bar & Grill →p.170

餐馆位于当地人众多的海洋海滩入口处。去海滩之前、之后，如果想吃墨西哥卷的话就来这里吧。

在店内还能喝到精酿啤酒

吃起来像是快餐

有许多人选择外带

品尝超赞的鱼肉墨西哥卷吧

奥斯卡墨西哥人海鲜餐馆

Oscars Mexican Seafood →p.169

像这样口感柔和、让人能吃好几个墨西哥卷的餐馆十分少见。位于市区的墨西哥卷名店奥斯卡餐馆，让人每天、每顿饭都想来这里吃，十分美味。

墨西哥卷和墨西哥卷饼都不要错过

洛丽塔餐馆

Lolita's

这里的墨西哥卷评价很好，但是墨西哥卷饼、墨西哥牛肉卷也同样非常美味。餐馆位于市区外，周边的治安不太好，夜间前往要多加注意。

当地人都赞不绝口的洛丽塔餐馆

M p.155-B3　住 202 Park Blvd., San Diego
☎（619）269-6055　lolitasmexicanfood.com
营 每天 8:00~22:00（周日 ~21:00）　信用卡 A M V

\ 圣迭戈的便利巴士 /

详细介绍古城电车之旅

Old Town Trolley Tour

Stops & Route

1圈约2小时

- Ⓐ 圣迭戈古城历史公园 →p.163
  ↓ 所需时间15分钟
- Ⓑ 内河码头（游客信息中心 →p.147）
  ↓ 所需时间约5分钟
- Ⓒ 海港村 →p.157
  ↓ 所需时间约5分钟
- Ⓓ 万豪侯爵与滨海酒店（会展中心）
  ↓ 所需时间约5分钟
- Ⓔ 韦斯特菲尔德霍顿广场 →p.156
  ↓ 所需时间约5分钟
- Ⓕ 煤气灯街区 →p.156
  ↓ 所需时间约5分钟
- Ⓖ 海湾希尔顿酒店
  ↓ 所需时间约20分钟
- Ⓗ 科罗纳多酒店 →p.162
  ↓ 所需时间约20分钟
- Ⓘ 巴尔博亚公园 →p.159
  ↓ 所需时间约25分钟
- Ⓙ 小意大利 →p.158
  ↓ 回到Ⓐ需要约15分钟

游客使用率很高的车站

Pick up Stops

A

圣迭戈古城历史公园

圣迭戈的发祥地，充满异域风情。圣迭戈首屈一指的观光景点，集购物、美食、观光等所有元素于一体。

在商场可以买到墨西哥的纪念品

圣迭戈古城的售票窗口

B

内河码头

这里有游客中心、中途岛号航空母舰博物馆等，是市区观光的起点、交通枢纽，紧邻圣塔菲站。

必看的中途岛号航空母舰博物馆

醒目的电车站牌

C

海港村

可以纵览圣迭戈湾的绝佳地点。拥有餐馆、商店、咖啡馆等70多家店铺。

海港村内有很多个性的商店和餐馆

在圣迭戈游览时，一定会注意到的橙绿相间的电车巴士，它的真实身份是全天都可以自由上下的观光巴士。因为线路包含了主要的观光景点，使用灵活，所以是一种很便利的交通手段。如果时间不充裕，或者想提高观光效率的话，请一定要选择它。

干净的海滩和科罗纳多酒店

H 科罗纳多酒店

科罗纳多与圣迭戈由一条高架桥相连，这里洁白的沙滩和科罗纳多酒店是最大的看点。

科罗纳多酒店象征性的三角形构造

时间表

	首车	末车
A	9:00	17:00
B	9:15	16:15
C	8:50	16:20
D	8:55	16:25
E	9:00	16:30
F	9:05	16:35
G	9:10	16:40
H	9:30	17:00
I	9:55	16:25
J	10:05	16:35

※ 每天发车间隔 30 分钟

※ 如果要乘坐一圈，建议在末班车前的一个小时上车

※ 末班车 11 月 ~ 次年 2 月提前一小时，6 月下旬 ~8 月中旬延长一小时

规模庞大，一整天都逛不完

有开往车站的 Free Shuttle

市内各个酒店都有免费班车运行。可以上网确认自己所住的酒店是否符合条件。

古城电车之旅

Free (1-866) 754-0966

URL www.trolleytours.com/san-diego

票 单日票：成人 $39.95、儿童（4~12 岁）$24.95、儿童（3 岁以下）免费、两日票：成人 $79.90、儿童（4~12 岁）$49.90、儿童（3 岁以下）免费

※ 上网购买可以享受 10% 以上的折扣。购买后可以将电子票打印出来前往车站

※ 在 A、B、C、E、H 这五个地方的窗口，可以直接购买车票

I 巴尔博亚公园

一整天都看不腻的美术馆和博物馆

除了圣迭戈动物园之外，还有 16 个美术馆、博物馆、剧院、庭院等，占地面积达 1200 英亩（约 486 公顷），景点非常多。

圣迭戈 San Diego

圣迭戈是加利福尼亚的发祥地，距离墨西哥国境仅有 20 分钟的车程。过去曾是西班牙、墨西哥的领土，这样的历史背景，使得圣迭戈充满了异域风情。加上这里全年气候稳定，城市节奏慢，治安良好，令全美人民都很向往，造访这里的人无不被其魅力所吸引，简直就是“America's Finest City”。

漫步圣迭戈

圣迭戈是作为海军基地而逐年发展起来的城市。以加利福尼亚大学圣迭戈分校为中心，聚集了生物学、海洋学的研究机构，与医疗、信息通信相关的企业发展也很惊人。从北京飞往圣迭戈大约需要 15 小时。圣迭戈位于洛杉矶南部约 195 公里处，约需 2 小时的车程，虽然从洛杉矶出发以短途旅行的形式前往圣迭戈的游客有很多，但是近来选择飞往圣迭戈入住 + 近郊观光游览的方式正逐渐成为主流。

● 行程规划的要点

乘坐巴士和轻轨（→ p.151）可以到达主要景点，基本都是步行即可游览的地区。另外地区之间的交通移动也并不复杂，因此前往目的地应该比较简单轻松（区域导览→ p.148）。首先可以购买能够用于乘坐巴士和轻轨的 Day Pass（→ p.151）。充分利用公共交通的话，1 天可以前往 2~3 个地区游览。如果停留的日期较短，可以选择古城电车或者圣迭戈海豹之旅（→ p.152）等市内观光项目。

如果计划前往市区、圣迭戈古城历史公园、海洋世界、蒂华纳等地游览，建议选择市区周边的酒店，以此为大本营进行观光。如果想在行程中加入南加利福尼亚的主题公园或者洛杉矶的话，建议租车自驾，入住圣迭戈北部的拉霍亚等地的酒店也是一个不错的选择。

综合信息

加利福尼亚州圣迭哥市

人口 约 140 万（北京市约 2173 万）

面积 约 1214 平方公里（北京市约 16410 平方公里）

● 消费税 7.75%

● 酒店税 12.5%

● **游客中心**

San Diego Visitor Information Center

M p.155-A2

住 996-B N.Harbor Dr., San Diego，CA 92101

☎（619）737-2999

URL www.sandiego.org

营 6~9 月：每天 9:00~17:00、10 月 ~ 次年 5 月：每天 9:00~16:00

旅行季节的建议

（美国西海岸的气候→ p.373）

圣迭戈县根据地形划分为沿海、内陆、山丘、沙漠 4 个地域，其中圣迭戈市位于沿海地域。平均气温 13~21℃，晴天率高，全年温暖干燥。一年四季都适合旅游，其中当地学校暑假前的 3~5 月和暑期结束后的 9~11 月最为理想。6、7 月有圣迭戈摇滚马拉松、动漫展等活动，游客较多，因此一定尽早预订酒店。

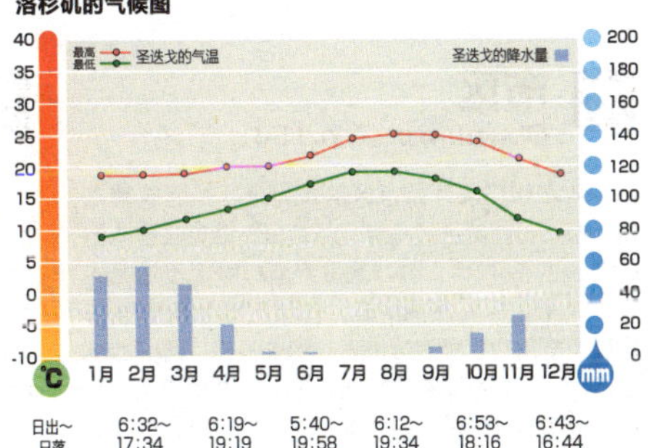

当地信息杂志

付费信息杂志《*San Diegan*》URL www.sandiegan.com 以娱乐项目为主，刊登了许多商店、餐馆等的信息，对旅游大有帮助。在杂货店可以买到。

还可以选择阅读免费报纸《*Reader*》URL www.sandiegoreader.com。

活动 & 节日

※ 详细信息可以登录旅游局官网（参考上方的综合信息）确认

摇滚马拉松

Rock' n' Roll Marathon

● 6 月 1~2 日（2019 年）

道路两旁会有很多乐队演奏，可以一边听着音乐一边跑步。参加跑步的人也可以变装，是一个非常热闹的马拉松大赛。

圣迭戈国际动漫展

San Diego Comic-Con International

● 7 月 18~21 日（2019 年）

4 天时间共计 14 万人参加的美国动漫展。在这一年一度的热门文化庆典上，会云集众多的扮装者（Cosplayer）。

舰队周

Fleet Week

● 10 月 20~27 日（2018 年）

有美国海军、美国海军陆战队和美国海岸警卫队进行的航空表演、海上阅兵、新兵训练营体验等丰富项目的传统活动。

圣迭戈区域导览

San Diego Area Guide

在圣迭戈可以尽情地享受都市生活的乐趣，除了白天的观光之外，这里还有舒适安全的夜生活。市区的煤气灯街区属于商业区，有多家餐馆、酒吧，是夜晚最繁华的区域。如果想要一个健康的假期，一定要前往海滩区域或者高尔夫球场。圣迭戈还很流行冲浪，夕阳也非常美丽。要是购物的话，可以前往市区的霍顿广场或者使命湾周边，推荐前往位于国境小镇上的购物中心和奥特莱斯。

A 市区

Downtown （→ p.156）

从霍顿广场开始市区的观光吧。在建筑物东侧，南北延伸的区域是煤气灯街区；沿建筑物北侧的 Broadway 向西，可以观赏到港口城市圣迭戈的美丽风景。需要注意的是，煤气灯街区往东的灰狗巴士站周边有很多流浪者，治安不佳，请多加小心，夜间最好不要在这里随意走动。巴尔博亚公园内有很多西班牙殖民时代留下的历史建筑，可以前去感受一下独特的氛围，很有参观价值。

B 科罗纳多

Coronado （→ p.162）

与市区相连，仿佛横穿大海的岛屿便是科罗纳多。可以乘坐渡轮或巴士前往，岛上的度假酒店——科罗纳多酒店非常出名。即使不在酒店住宿，也可以进入酒店散步、用餐，环境氛围出众。

一望无际的美丽海滩

圣迭戈的交通方法

目的地 \ 出发地	A 市区（Broadway & 3rd Ave. 周边）	B 科罗纳多（Hotel Del Coronado）
A 市区（Broadway & 3rd Ave. 周边）		901 Orange Ave. & Adella Ave.→5th Ave. & Broadway（30 分钟）
B 科罗纳多（Hotel Del Coronado）	901 Broadway & 3rd Ave.→ Orange Ave. & Glorietta Blvd.（40 分钟）	
C 古城周边（Old Town T/C）	橙线 Civic Center 站→America Plaza 站 换乘 绿线 Santa Fe Depot 站→Old Town 站（20 分钟）	901 Orange Ave. & Adella Ave.→12th & Imperial T/C 站→ Old Town 站 换乘 绿线 12th & Imperial T/C 站→ Old Town 站（60 分钟）
D 使命湾（海洋世界）	橙线 Civic Center 站→America Plaza 站 换乘 绿线 Santa Fe Depot 站→Old Town 站 换乘 9 Old Town 站→ SeaWorld（45 分钟）	901 Orange Ave. & Adella Ave.→ 12th & Imperial T/C 站 换乘 绿线 12th & Imperial T/C 站→Old Town 站 换乘 9 Old Town 站→SeaWorld（80 分钟）
E 拉霍亚（Silverado St.& Herschel Ave.）	30 5th Ave. & Broadway→Silverado St. & Herschel Ave.（60 分钟）	901 Orange Ave. & Adella Ave.→5th Ave. & Broadway 换乘 30 5th Ave. & Broadway → Silverado St. & Herschel Ave.（100 分钟）

公共交通　地铁线路　巴士线路　换乘　※ 所需时间全为大致的时间

C 古城周边
Old Town （→ p.163）

古城历史公园由 19 世纪的建筑和一部分重新修建的建筑构成，很有墨西哥风格。位于加利福尼亚发祥地的卡布里略国家纪念碑，是一个知名的观景胜地。每年 12 月～次年 3 月，这里都可以观鲸。

D 使命湾
Mission Bay （→ p.165）

以南加利福尼亚首屈一指的海洋公园——海洋世界（→ p.135）为中心，周边分布着当地居民聚集的使命海滩（→ p.165）、海上娱乐项目丰富的太平洋海滩（→ p.165）等，有着市区不具备的热闹气氛。尤其这两个海滩还由步道相连，道路两旁有很多酒吧和餐馆，夜晚来临，这里便成了年轻人的天堂。

E 拉霍亚
La Jolla （→ p.166）

深受潜水者、艺术家们喜爱的拉霍亚，是一个无论大海还是街道都十分美丽的度假胜地。这里不仅有阳光吉姆岩洞，还有岩洞上迷你步道治愈人心的景致。如果想要享受度假氛围的话推荐前往这个地方。

圣迭戈区域地图

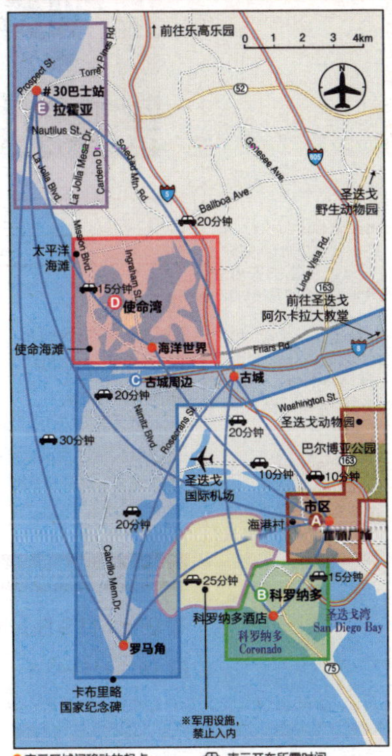

●表示区域间移动的起点　🚗表示开车所需时间

C 古城周边（Old Town T/C）	D 使命湾（海洋世界）	E 拉霍亚（Silverado St.& Herschel Ave.）
绿线 Old Town 站→Santa Fe Depot 站🚶 橙线 America Plaza 站→Civic Center 站（20 分钟）	9 SeaWorld→Old Town 站🚶 绿线 Old Town 站→Santa Fe Depot 站🚶 橙线 America Plaza 站→Civic Center 站（50 分钟）	30 Silverado St. & Herschel Ave.→Broadway & 3rd Ave.（60 分钟）
绿线 Old Town 站→12th & Imperial T/C 站🚶 901 12th & Imperial T/C 站→Orange Ave. & Glorietta Blvd.（50 分钟）	9 SeaWorld→Old Town 站🚶 绿线 Old Town 站→12th & Imperial T/C 站🚶 901 12th & Imperial T/C 站→Orange Ave. & Glorietta Blvd.（90 分钟）	30 Silverado St. & Herschel Ave.→Broadway & 3rd Ave.🚶 901 Broadway & 3rd Ave.→Orange Ave. & Rh Dana Pl.（120 分钟）
	9 SeaWorld→Old Town 站（20 分钟）	30 Silverado St. & Herschel Ave.→Old Town 站（40 分钟）
9 Old Town 站→SeaWorld（20 分钟）		30 Silverado St. & Herschel Ave.→Felspar St. & Mission Bl.🚶 9 Felspar St. & Mission BL.→SeaWorld（60 分钟）
30 Old Town 站→Silverado St. & Herschel Ave.（40 分钟）	9 SeaWorld→Old Town 站🚶 30 Old Town 站→Silverado St. & Herschel Ave.（70 分钟）	

前往圣迭戈的方法
Access to San Diego

灰狗巴士站
Greyhound Bus Depot

巴士站位于市区东部。从洛杉矶出发需 2.5 小时。到墨西哥国境内的蒂华纳需 1 小时，车次很多。

M p.155-B3
住 1313 National Ave.
☎ (619) 515-1100
URL www.greyhound.com
营 每天 5:00~24:00

圣塔菲站（美国国铁）
Santa Fe Station

在洛杉矶～圣迭戈之间运营的太平洋冲浪者线（Pacific Surfliner），全程 2 小时 50 分钟，1 天约 12 个班次。其中有几趟车在古城站也会停车。毗邻圣迭戈轻轨（→ p.151）Santa Fe Depot 站和美国国铁车站。

M p.155-A2
住 1050 Kettner Blvd.
Free (1-800) 872-7245
URL www.amtrak.com
营 每天 3:00~ 次日 1:00

圣迭戈国际机场（SAN）
San Diego International Airport

M p.154-A1~2
住 3225 N.Harbor Dr.
☎ (619) 400-2404
URL www.san.org

机场位于市区西北部，相距约 5 公里。中国没有直飞航班，一般都在洛杉矶或圣弗朗西斯科转机。从洛杉矶有许多美国国内航班频繁地飞往圣迭戈，航行时间约 1 小时。在各个航站楼之间移动，可以乘坐免费班车“Airport Loop”。1、2 号航站楼有前往租车公司的班车。

从圣迭戈国际机场出发前往市内

■ 巴士 MTS Bus #992

☎ (619) 557-4555　※ 参考 p.151

乘坐 MTS#992 巴士前往市区（美国国铁站、霍顿广场附近）很方便。$2.25。每天 5:11~23:28（周六 · 周日 ~22:58）运营，发车间隔 15~45 分钟，所需时间 20 分钟。

■ 机场上门接送 Door to Door Shuttle

从圣迭戈国际机场出发，前往市区、近郊城镇。参考价格：到市区周边 $8~10、拉霍亚 $25~35。

- Advanced Shuttle　URL www.advancedshuttle.com
- SuperShuttle　URL www.supershuttle.com

圣迭戈的交通设施
Transportation in San Diego

圣迭戈大都会交通系统巴士（MTS）
San Diego Metropolitan Transit System（MTS）Bus

巴士始末站为市区的 Broadway 和古城枢纽中心。

不找零。另外没有换乘制度，因此建议购买单日乘车票。购买单日票前必须先购买一种叫作指南卡 Compass Card 的 IC 卡（卡费 $2），单日票 $5，总计 $7。

圣迭戈轻轨
San Diego Trolley

绿线（Green Line）是从海滨出发，到东侧的桑蒂；蓝线（Blue Line）北起美国广场，南至墨西哥边境；橙线（Orang Line）从美国广场始发，一直向东延伸。总共 3 条线路，并且车型相同，请多加留意。

圣迭戈大都会交通系统巴士

MTS 巴士系统涵盖了圣迭戈市内和郊外的大片区域。

☎（619）557-4555

URL www.sdmts.com 费 成人 $2.25~2.50，根据线路而定

MTS 换乘商店

The Transit Store（巴士游客中心） M p.155-B3

住 1225 Imperial Ave.

☎（619）234-1060

URL www.sdmts.com

营 周一～周五 8:00~17:00

休 周六 · 周日、主要节假日

单日乘车票 Day Pass

费 单日票 $5、两日票 $9、三日票 $12、四日票 $15

单日乘车票除了能在换乘站购买之外，还可以在轻轨站的自动售票机上买到。

圣迭戈轻轨

☎（619）557-4555

URL www.sdmts.com

费 部分区间统一票价 $2.50 可以使用单日乘车票。

古城
Old Town T/C
时尚谷购物中心
韦斯特伍德使命湾购物中心
高通体育场
Morena/Linda Vista
Fashion Valley T/C
Hazard Center
Mission Valley Center
Rio Vista
Fenton Pkwy.
Qualcomm Stadium
Mission San Diego
Grantville
SDSU T/C
Alvarado Medical Center
70th St.
Santee
Gillespie Field
Arnele Ave.
El Cajon T/C
Amaya Dr.
Grossmont T/C
La Mesa Blvd.
Spring St.
Lemon Grove Depot
Massachusetts Ave.
Encanto/62nd St.
Euclid Ave.
47th St.
32nd & Commercial
25th & Commercial
Park & Market
City College
Fifth Ave.
Civic Center
America Plaza
Washington St.
Middletown
County Center/Little Italy
Santa Fe Depot
游船码头/中途岛号航空母舰博物馆
Seaport Village
海港村
Convention Center
Gaslamp Quarter
煤气灯街区
12th & Imperial T/C
圣迭戈市区/地图p.155
Barrio Logan
Harborside
Pacific Fleet
8th St.
24th St.
E St.
H St.
Palomar St.
Palm Ave.
Iris Ave.
Beyer Blvd.
San Ysidro T/C
前往蒂华纳（墨西哥）
N
蓝线
橙线
绿线
T/C 换乘中心
美国国铁站
圣迭戈轻轨图

轻轨
Coaster

从圣迭戈市区的美国国铁站出发，终点是位于海岸线北部的城市欧申赛德（Oceanside），全程约1小时。便于前往乐高乐园。另外在美国西海岸的冲浪胜地——恩西尼塔斯（Encinitas）也会停车。

蔻斯特
☎（760）966-6500
URL www.gonctd.com
营 圣迭戈出发：周一～周五：6:17~19:15，共11班（仅周五运营到23:15，共13班）；周六9:40~23:14，共6班；周日·节假日9:40~19:11，共4班
欧申赛德出发：周一～周五5:03~17:41，共11班（仅周五运营到21:51，共13班）；周六8:30~18:25，共6班；周日·节假日8:30~17:21，共4班
费 Zone1到Zone3之间，6岁以上$4~5.50、5岁及以下免费

参团指南

古城电车之旅
Old Town Trolley

游览市内10个主要景点，全天可以自由上下车。1圈约2小时。售票窗口在古城、游客中心（→p.147）旁等地，如果事先登录左侧列出的网站，提前购买了电子票的话，在任何一个车站出示该凭证即可上车。车上有司机兼导游进行观光讲解。详细信息请参考p.144。

观光效率不错的古城电车之旅

古城电车之旅
Free（1-866）754-0966
URL www.trolleytours.com
营 每天8:50~19:00（冬季~17:00），发车间隔30分钟
休 感恩节、圣诞节
费 $39.95、4~12岁$24.95
车站
Ⓐ Old Town State Historic Park
Ⓑ Embarcadero
Ⓒ Seaport Village
Ⓓ Marriott Marquis & Marina
Ⓔ Westfield Horton Plaza
Ⓕ Gaslamp Quarter
Ⓖ Hilton Bayfront
Ⓗ Hotel Del Coronado
Ⓘ Balboa Park
Ⓙ Little Italy

圣迭戈海豹之旅
San Diego Seal Tours

涵盖了常规景点，还能享受水陆乐趣的观光之旅

从市区的海港村（→p.157）出发，乘坐的是水陆两用车，到达谢尔特岛的码头后变成湾内游船，全程约90分钟。

圣迭戈海豹之旅
Free（1-800）868-7482
URL www.sealtours.com
营 每天10:30~17:00（根据天气和活动情况会有所调整）
休 感恩节、圣诞节
费 $42、4~12岁$25

Column 备受当地人喜爱的欣赏日落的地方

圣迭戈的夕阳是特别的。这里的气候良好，空气清新，夕阳的颜色很深。虽然在市区的海滨也能够看到落日，但是在拉霍亚（→p.166）北部的斯克里普斯海滩看到的夕阳景色格外美丽。因为远离市区，所以游客数量较少，这里大多为本地人，是一个秘密场所。如果时间充裕的话，一定要前往。

●斯克里普斯海滩 Scripps Beach
M p.154-A1
住 8564 El Paseo Grande，La Jolla
交通方式 从市区乘坐MTS#30巴士，到La Jolla Shores Dr.& Camino Del Collado下车。全程70分钟

7月中旬，20:00左右的夕阳

今天做什么？

San Diego Itinerary

—圣迭戈 1 日游线路推荐—

9:00

早餐从超赞的法式吐司面包开始

21咖啡馆

停留时间：1 小时

Café21 →p.169

位于煤气灯街区，从评价极高的早餐餐馆开启全新的一天吧。

香甜的法式吐司面包和咖啡

Point

景点比较紧凑，步行游览也不会觉得累。建议熟练运用轻轨。

Access 步行 20 分钟

10:20

尽情参观巨型航母

停留时间：2 小时

中途岛号航空母舰博物馆

USS Midway Museum →p.157

前往经历过无数次战争洗礼的圣迭戈港，参观停靠于此的巨型航空母舰！

令人难以置信的庞大规模

Access 步行 15 分钟

12:35

超棒的意大利午餐

停留时间：1 小时

小意大利

Little Italy →p.158

有多家意大利餐馆，提供比萨、意大利面等食物，每一家都很好吃。

热乎乎的比萨让人大快朵颐

Access 从 County Center/Little Italy 站乘坐轻轨绿线，约 10 分钟

13:45

感受圣迭戈的历史

停留时间：1 小时

圣迭戈古城历史公园

→p.163

Old Town State Historic Park

纪念品商店众多，非常适合购物。有很多复古的区域。

有许多墨西哥纪念品

Access 从 Old Town T/C 出发，乘坐 MTS#8 巴士，约 20 分钟

15:05

说到圣迭戈必然会令人联想到沙滩

使命海滩

停留时间：2 小时

Mission Beach →p.165

使命海滩是年轻人的聚集地。因为圣迭戈白天很长，所以似乎总是明亮的景象。

人行道上有很多游客

Access 从 Mission Blvd. & Santa Barbara Pl. 乘坐 MTS#8 巴士→从 Old Town T/C 乘坐轻轨绿线，全程约 40 分钟

17:45

感受煤气灯街区的浪漫氛围

煤气灯街区

停留时间：2 小时

Gaslamp Quarter →p.156

在这里享用晚餐。道路两旁全是餐馆。

南侧入口的霓虹灯

Access 步行 5~10 分钟

19:50

品尝引以为傲的当地啤酒

停留时间：1 小时

精酿啤酒

Brewery →p.169、170

在煤气灯街区、小意大利来上一杯精酿啤酒，结束一天的行程吧！

大部分酒吧都提供精酿啤酒

How to 夜游？

如果想夜游的话就去煤气灯街区吧。这里有很多俱乐部和酒吧。人来人往，治安状况良好，可以放心地游玩。

圣迭戈周边

A
B
1
2

斯克利普斯伯奇水族馆 Birch Aquarium at Scripps
斯克利普斯海滩 Scripps Beach
拉霍亚 La Jolla
卡尔斯巴德奥特莱斯 Carlsbad Premium Outlets、加州乐高乐园 Legoland California, Carlsbad
蒂梅丘拉 Temecula、圣迭戈野生动物园、全方位卡斯塔度假村及水疗酒店 Omni La Costa Resort & Spa
N. Torrey Pines Rd.
Mira Mesa Blvd.
Miramar Rd.
Kearny Villa Rd.
La Jolla Village Dr.
UTC Transit Center
University of California San Diego
时尚谷购物中心 Fashion Valley Mall
La Jolla Scenic Dr.
Genesee Ave.
Clairemont Dr.
Convoy St.
La Jolla Blvd.
右图
左下图
右下图
Garnet Ave.
Balboa Ave.
Linda Vista Rd.
日本诊所 Nihon Clinic
Qualcomm Stadium
太平洋海滩
使命海滩
University of San Diego
Friars Rd.
SDSU
University Ave.
El Cajon
拉米萨 La Mesa
韦斯特伍德使命湾购物中心 Westfield Mission Valley Center
汉德利酒店&度假村 Handlery Hotel & Resort
阿罗哈海滩俱乐部 Aloha Beach Club
圣迭戈海洋世界 SeaWorld San Diego
南海滩酒吧&烧烤 South Beach Bar & Grill
Catalina Blvd.
Midway
山顶 Hillcrest
圣迭戈国际机场
Balboa Park
30th St.
莱蒙格罗夫 Lemon Grove
海洋海滩
Cabrillo Mem. Dr.
圣迭戈阿尔卡拉大教堂 Mission Basilica San Diego de Alcalá
Skyline Dr.
科罗纳多 Coronado
p.155上图
圣迭戈普安特洛马国际青年旅舍 Hostelling International San Diego Point Loma
Point Loma
自由车站商场 Liberty Station
自由公共市场 Liberty Public Market
科罗纳多酒店 Hotel Del Coronado
科罗纳多渡轮码头 Coronado Ferry Landing
国家城 National City
谢尔特岛 Shelter Island
Silver Strand Blvd.
Highland Ave.
3rd Ave.
卡布里略国家纪念碑 Cabrillo National Monument
圣迭戈古城历史公园 Old Town State Historic Park
丽都酒店&餐馆 Cosmopolitan Hotel & Restaurant
卡尤迪咖啡 Cafe Coyote
埃尔森特阿斯泰诺 El Centro Artesano
丘拉维斯塔 Chula Vista
Palomar St.
Palm Ave.
Coronado Ave.
Iris Ave.
Beyer Blvd.
拉斯亚美利加奥特莱斯 Las Americas Premium Outlets
San Ysidro T/C
蒂华纳 Tijuana (Mexico)
因皮里尔海滩 Imperial Beach
#30/50/105 #20 #30 #105 #44 #50 #27 #20 #28 #923 #28/84 #84 #28/923 #84 #901 #929
5 8 15 805 52 163 94

主要巴士线路
轻轨橙线
轻轨蓝线
轻轨绿线
美国国铁路线

N
0 3km
0 2mile

拉霍亚 La Jolla

多利松高尔夫球场 Torrey Pines Golf Course
拉霍亚岩洞 La Jolla Cove
Scripps Park
阳光吉姆岩洞 Sunny Jim Cave
拉瓦伦西亚酒店 La Valencia
Prospect Pl.
圣迭戈/拉霍亚当代艺术博物馆 Museum of Contemporary Art San Diego/La Jolla（2020年之前暂不对外开放）
巴士车站
Torrey Pines Rd.
Silverado St.
Herschel Ave.
Girard Ave.
小屋餐馆 The Cottage
Kline St.
Fay Ave.
Whale View Point
Prospect St.
Pearl St.
#30

景点 购物 餐馆 酒店 游客中心 地标/其他
州际公路 美国国道 州内公路

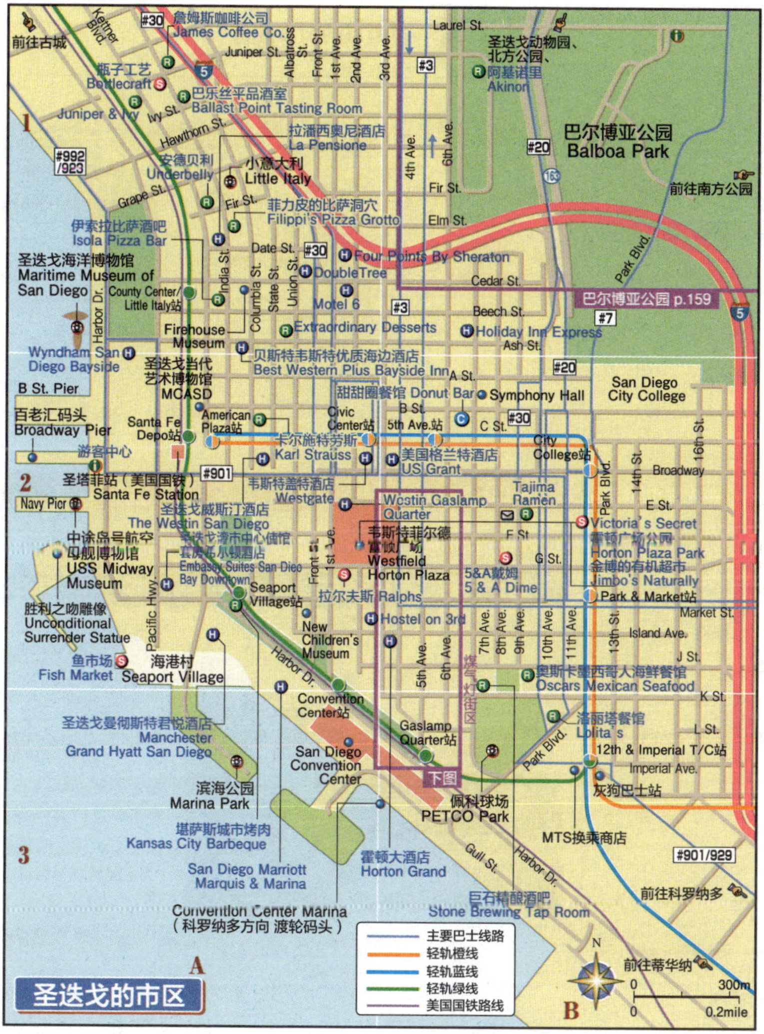

圣迭戈的市区
前往古城
Kettner Blvd.
#30
詹姆斯咖啡公司
James Coffee Co.
Juniper St.
Albatross St.
Front St.
1st Ave.
2nd Ave.
3rd Ave.
Laurel St.
#3
圣迭戈动物园、
北方公园、
阿基诺里
Akinori
瓶子工艺
Bottlecraft
巴乐丝平品酒室
Ballast Point Tasting Room
Juniper & Ivy
Ivy St.
Hawthorn St.
拉潘西奥尼酒店
La Pensione
巴尔博亚公园
Balboa Park
#20
4th Ave.
6th Ave.
#992/923
安德贝利
Underbelly
小意大利
Little Italy
Grape St.
Fir St.
前往南方公园
菲力皮的比萨洞穴
Filippi's Pizza Grotto
Elm St.
伊索拉比萨酒吧
Isola Pizza Bar
Date St.
#30
Four Points By Sheraton
Park Blvd.
圣迭戈海洋博物馆
Maritime Museum of San Diego
India St.
Columbia St.
State St.
Union St.
DoubleTree
Cedar St.
County Center/Little Italy站
Motel 6
巴尔博亚公园 p.159
Harbor Dr.
#3
Beech St.
#7
Firehouse Museum
Extraordinary Desserts
Holiday Inn Express
Ash St.
Wyndham San Diego Bayside
贝斯特韦斯特优质海边酒店
Best Western Plus Bayside Inn
A St.
#20
圣迭戈当代艺术博物馆
MCASD
B St. Pier
甜甜圈餐馆 Donut Bar
Symphony Hall
San Diego City College
百老汇码头
Broadway Pier
American Plaza站
Civic Center站
B St.
5th Ave.站
C St.
#30
Santa Fe Depot站
卡尔施特劳斯
Karl Strauss
City College站
游客中心
美国格兰特酒店
US Grant
16th St.
14th St.
Broadway
#901
圣塔菲站（美国国铁）
Santa Fe Station
韦斯特盖特酒店
Westgate
Tajima Ramen
Navy Pier
圣迭戈威斯汀酒店
The Westin San Diego
Westin Gaslamp Quarter
E St.
Victoria's Secret
中途岛号航空母舰博物馆
USS Midway Museum
圣迭戈湾市中心使馆套房酒店
Embassy Suites San Diego Bay Downtown
韦斯特菲尔德霍顿广场
Westfield Horton Plaza
F St.
霍顿广场公园
Horton Plaza Park
Front St.
1st Ave.
G St.
金博的有机超市
Jimbo's Naturally
5&A戴姆
5 & A Dime
Seaport Village站
Park & Market站
Pacific Hwy.
拉尔夫斯 Ralphs
Market St.
胜利之吻雕像
Unconditional Surrender Statue
New Children's Museum
Hostel on 3rd
7th Ave.
8th Ave.
9th Ave.
10th Ave.
11th Ave.
13th St.
Island Ave.
J St.
鱼市场
Fish Market
海港村
Seaport Village
5th Ave.
6th Ave.
煤气灯街区
奥斯卡墨西哥人海鲜餐馆
Oscars Mexican Seafood
K St.
Harbor Dr.
Convention Center站
洛丽塔餐馆
Lolita's
圣迭戈曼彻斯特君悦酒店
Manchester Grand Hyatt San Diego
Gaslamp Quarter站
L St.
Park Blvd.
12th & Imperial T/C站
Imperial Ave.
San Diego Convention Center
下图
滨海公园
Marina Park
佩科球场
PETCO Park
灰狗巴士站
MTS换乘商店
堪萨斯城市烤肉
Kansas City Barbeque
霍顿大酒店
Horton Grand
Gull St.
Harbor Dr.
#901/929
San Diego Marriott Marquis & Marina
巨石精酿酒吧
Stone Brewing Tap Room
前往科罗纳多
Convention Center Marina
（科罗纳多方向 渡轮码头）
主要巴士线路
轻轨橙线
轻轨蓝线
轻轨绿线
美国国铁路线
前往蒂华纳
N
0 300m
0 0.2mile
1
2
3
A
B

煤气灯街区
威廉希思戴维斯博物馆
William Heath Davis House Museum
Island Ave.
La Puerta
雷多·加多
Rei Do Gado
Rockin' Baja Lobster
Oceanaire
Funky Gracia's
Balboa Theatre
4th Ave.
K St.
J St.
G St.
泡泡精品店
Bubbles Boutique
蓝点海岸料理
Blue Point Coastal Cuisine
Hooters
Henry's Pub
21咖啡馆
Café 21
Harbor Dr.
拱桥
5th Ave.
Market St.
5th Ave.
Hard Rock
Chocolat Cremerie
Analog Bar
L St.
Nobu
Taka Sushi
Ghiradelli Ice Cream & Chocolate
F St.
E St.
Gaslamp Quarter站
OMNIA Nightclub
6th Ave.
圣迭戈市中心国际青年旅舍
Hostelling International San Diego Downtown
华美达酒店与会议中心
Ramada Gaslamp/Convention Center
N
0 100m
4
A
B

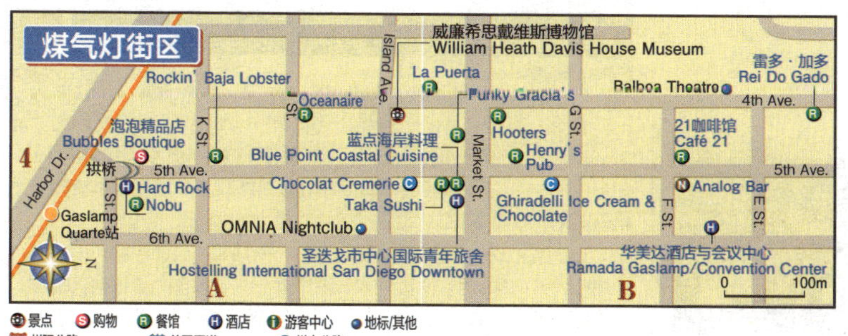

景点 购物 餐馆 酒店 游客中心 地标/其他
州际公路 美国国道 州内公路

市区 *Downtown*

市区是观光的中心。首先前往海滨的游客中心，收集信息。海岸沿线有很多景点。晚上去热闹的煤气灯街区享用晚餐。

市区 Downtown

位于城市中心便利的购物商场　　圣迭戈市区　M p.155-A2~B2

韦斯特菲尔德霍顿广场

Westfield Horton Plaza

★★

韦斯特菲尔德霍顿广场

住 324 Horton Plaza

☎（619）239-8180

URL westfield.com/hortonplaza

营 周一～周六 10:00~21:00（周六~20:00）、周日 11:00~18:00

休 主要节假日

霍顿广场公园内的巨型壁画

位于市区中心，是一个交通十分便利的购物场所。梅西百货公司、超过 120 家店铺、餐馆、邮局、电影院等设施应有尽有。里面还有金博的有机超市（Jimbo's Naturally），食材、熟食品自不必说，还有琳琅满目的日用品，非常适合买来当作纪念品。

另外，购物街前的霍顿广场公园还经常举办各种类型的活动。配有椅子、桌子，买完吃的可以在这里休息一下。

19 世纪末期格外兴旺的商业区　　圣迭戈市区　M p.155-B2~B3

煤气灯街区

Gaslamp Quarter

★★★

煤气灯街区

☎（619）233-5227

URL www.gaslamp.org

交通方式 乘坐轻轨绿线在 Gaslamp Quarter 站下车

威廉希思戴维斯博物馆（煤气灯博物馆）

M p.155-A4

住 410 Island Ave.

☎（619）233-4692

URL gaslampfoundation.org

营 周二～周六 10:00~16:30、周日 12:00~15:30

休 周一、主要节假日

费 $5（语音导览 $10）、7 岁以下免费

餐馆、夜店、酒吧、精品店等汇聚一堂的市区再开发地区。北至 Broadway、南到 Harbor Dr.、东西向分别延伸到 6th Ave. 和 4th Ave.，由此形成的一个细长的区域。街边每隔数米就有一个煤气灯，夜晚看上去格外美丽。

19 世纪初期，由西部戏剧的英雄——怀特·厄普建造，以 3 个赌场为中心发展起来，到 19 世纪末，这里建了许多维多利亚风格的房屋，发展成了一条繁华的街区。但在此之后却迎来了衰退，一度变成了鬼城。

近年来，在保留维多利亚风格建筑（威廉希思戴维斯博物馆等）的

复古风格的煤气灯街区

便签 市区的游客中心　位于海滨（→ p.147）。周边有各种旅游的窗口、公共洗手间等设施，十分便利。

同时，进行二次开发，如今已经成了市区首屈一指的繁华街区，人来人往，十分热闹。

草坪和大海的对照格外美丽　圣迭戈市区 M p.155-A3

滨海公园 游

Marina Park ✱✱

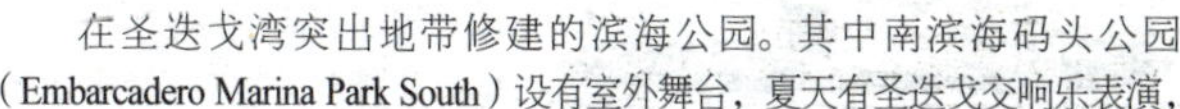

在圣迭戈湾突出地带修建的滨海公园。其中南滨海码头公园（Embarcadero Marina Park South）设有室外舞台，夏天有圣迭戈交响乐表演，别有一番风情。另外毗邻海港村的北滨海码头公园（Embarcadero Marina Park North），从一早开始就成了市民、游客穿行休息的场所。从北滨海码头公园到中途岛号航母博物馆之间是步道，距离适中，可以一边吹着海风，一边散步。

从北滨海码头公园眺望大海

面朝大海，宽敞有趣的购物中心　圣迭戈市区 M p.155-A2

海港村 食 买

Seaport Village ✱✱

地理位置绝佳，可以纵览圣迭戈美景，有 70 余家商店、餐馆、纪念品店遍布于此。另外还有建于 1895 年的旋转木马，设有喷泉、池塘、长椅等，还时常举办街头表演、现场演奏等活动。

深受孩子们喜爱的旋转木马

完成历史伟业的中途岛号航空母舰　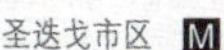 圣迭戈市区  M p.155-A2

中途岛号航空母舰博物馆 学

USS Midway Museum ✱✱✱

中途岛号航空母舰（Midway）从第二次世界大战末期开始服役，经历了无数战争的洗礼，在 1991 年完成了科威特解放任务后，结束了 47 年的军旅生涯。2004 年，该航空母舰作为博物馆对外开放。馆内采取自助语音导游服务形式，游客可以按照其指示进行参观。从下往上依次是 Second Deck、Hangar Deck、飞行甲板（Flight Deck），这里陈列了超过 60 架当时活跃的战斗机等，通过这些展品讲述中途岛号的历史，十分吸引人。另外因为要在狭窄的舰内上下走动，所以参观起来比较耗费体力。快走的话也需要 3 小时。此外还有模拟飞行器、志愿者讲解等。在甲板一角可以购买快餐，当然还设有纪念品商店。

实际使用过的机器还保持着当时的原样

开往科罗纳多的渡轮

往返于会展中心的码头（也往返于百老汇码头 → p.158）。

住 600 Convention Way
URL www.flagshipsd.com
营 每天 9:25~21:55，每 30 分钟一趟（周五 · 周六在 22:55 出发）
费 成人 $4.75、3 岁以下免费

圣迭戈交响乐

URL www.sandiegosymphony.org

附近是鱼市场

海港村

住 849 W.Harbor Dr.
☎（619）235-4014
URL www.seaportvillage.com
营 6~8 月每天 10:00~22:00、9 月 ~ 次年 5 月每天 10:00~21:00
交通方式 乘坐轻轨绿线在 Seaport Village 站下车

中途岛号航空母舰博物馆

住 910 N.Harbor Dr.
☎（619）544-9600
URL www.midway.org
营 每天 10:00~17:00（最后入场时间为 16:00）
休 感恩节、圣诞节
费 成人 $20、老人（62 岁以上）$17、学生（需要证件、13~17 岁）$15、6~12 岁 $10

旗舰游船 & 活动
Flagship Cruises & Events
住 990 N. Harbor Dr., San Diego
Free (1-800) 442-7847
URL www.flagshipsd.com
●**湾内游船**
费 1 小时：成人 $25、儿童（4~12 岁）$12.50
2 小时：成人 $30、儿童（4~12 岁）$15

圣迭戈海洋博物馆
住 1492 N.Harbor Dr.
☎ (619) 234-9153
URL www.sdmaritime.org
营 每天 9:00~20:00（夏令时 ~21:00）
费 成人 $18、老人（62 岁以上）· 学生（13~17 岁）$13、儿童（3~12 岁）$8
交通方式 乘坐轻轨绿线在 County Center/Little Italy 站下车

小意大利
交通方式 乘坐轻轨绿线在 County Center/Little Italy 站下车
小意大利协会
URL www.littleitalysd.com
除了每周六的 Mercato 农贸市场外，还时常举办艺术长廊以及各种节日活动。

乘坐圣迭戈湾游船观光 圣迭戈市区 M p.155-A2

百老汇码头 游

Broadway Pier

✹✹

圣迭戈观光的亮点之一

在平稳的圣迭戈湾，全年都可以体验游船的乐趣。最划算的是 1~2 小时的湾内游船。可以一边眺望镇守海上的现役军舰和海狮群，一边欣赏圣迭戈的市区美景。这里还有开往科罗纳多的渡轮。另外每年 12 月中旬到 4 月中旬的观鲸游船也备受欢迎。约 2 万头鲸鱼从太平洋北部的白令海峡游向墨西哥的下加利福尼亚。如果运气好的话，可以近距离观看到野生的鲸鱼。

停泊于圣迭戈湾内历史悠久的船只 圣迭戈市区 M p.155-A1

圣迭戈海洋博物馆 学

Maritime Museum of San Diego

✹✹

从甲板眺望大海

1863 年制造的世界上最古老的现役帆船印度之星号（Star of India），1898 年制造的伯克利号蒸汽船（Barkeley）、1904 年制造的美狄亚号蒸汽游艇（Medea）等历史价值极高的船只都停泊在圣迭戈湾。可以登船自由参观甲板、船长室等。

意大利移民社区 圣迭戈市区 M p.155-A1

小意大利 食 买

Little Italy

✹✹✹

位于市区西北部的小意大利一带，在 20 世纪 20 年代到 20 世纪 70 年代之间，成了许多从事水产行业的意大利移民的居住地。随着水产行业的衰退，这片地区也失去了活力，但如今经过再次开发又焕然一新。由以美籍意大利人为核心组建的小意大利协会，对该区域的复兴做出了巨大的贡献。区域内的保洁十分到位，每个街区都设置了至少 2 个垃圾箱。以印度大街（India St.）为中心，周边有许多餐馆、精品店、艺术品商店等。

夜晚热闹安全的小意大利

上城区 Uptown

巴尔博亚公园
Balboa Park

建于市区以北 2 公里的小山丘上，占地面积达 4.9 平方公里，是一座综合性公园。以圣迭戈动物园为首，还有美术馆、博物馆、剧场、庭院等 30 余座设施，是圣迭戈的休闲、文化活动中心。以蓝天为背景的西班牙殖民风格建筑遍布园内，花上些时间慢慢参观吧。

巴尔博亚公园 漫 步

El Prado 上的游客中心

巴尔博亚公园是圣迭戈人的休闲场所，花上 1 天时间也游览不完，其中圣迭戈动物园一定要前往游览。如果计划多次参观，可以到游客中心购买公园通票 Park Pass（→边栏），这样参观公园内的博物馆和美术馆比较划算。如果时间有限，也可以只在园内散散步，参观一下历史建筑群，有时在室外音乐厅还能听到管风琴的演奏，娱乐方式多种多样。

首先前往位于巴尔博亚公园中心道路 El Prado 的游客中心（Balboa Park Visitors Center）获取园内信息。这里放置着园内地图（有免费和收费两种）、圣迭戈的旅游资料。园内的移动可以乘坐红绿车身的巴尔博亚公园游览车。

巴尔博亚公园
M p.155-B1
交通方式 从市区乘坐 MTS#7 巴士，在 Park Blvd. & Village Pl. 下车

游客中心
M p.159-B1
住 1549 El Prado
☎（619）239-0512
URL www.balboapark.org
营 每天 9:30~16:30

●公园通票 Park Pass
如果计划参观园内多个美术馆和博物馆的话，购买该通票较为划算。1 day Explorer 通票［费 成人 $46、儿童（3~12 岁）$27］可以参观 16 座设施中的 5 个。从第一次使用开始 7 天有效的 Multi-Day Explorer 通票［费 成人 $57、儿童（3~12 岁）$30］可以参观所有 16 座设施。另外包含圣迭戈动物园的 Multi-Day Explorer 通票［费 成人 $97、儿童（3~12 岁）$62］十分热销。

巴尔博亚公园游览车
运行：每天 9:00~18:00（夏令时有所延长）、发车间隔 8~10 分钟
费 免费

乘坐公园观光车移动起来十分方便

圣迭戈动物园
住 2920 Zoo Dr.
☎（619）231-1515
网 zoo.sandiegozoo.org
营 每天 9:00~17:00（夏令时到 21:00、季节不同闭园时间有所调整）
费 成人 $52、儿童 $42（包含导游巴士之旅和空中缆车费用）

在 2016 年举办过开园 100 周年纪念的活动　巴尔博亚公园 M p.159-A~B1

圣迭戈动物园　学游

San Diego Zoo

✱✱

位于巴尔博亚公园北侧，是世界知名的动物园。占地面积 100 英亩（约 40 万平方米），饲养着约 650 种、3500 只动物，是世界级规模的动物园，园内随处可见的亚热带植物都十分有名。另外对濒危动物的保护和繁殖也投入了大量的人力和物力。

拥挤的园区入口

近距离观察动物

参加巴士之旅巡游动物园

因为园区的面积巨大，想要 1 天内参观完所有地方可不是一件容易的事情。因此推荐参加导游巴士之旅（Guided Bus Tour）。乘坐双层巴士，用 35 分钟即可游览园内 70% 的区域。同样推荐的还有空中缆车（Skyfari），可以从上空俯瞰动物园。

导游巴士之旅
营 每天 9:00~19:00（时期不同有所调整）

空中缆车
营 每天 9:00~21:00（时期不同有所调整）

2017 年 7 月，人们期盼已久的非洲岩石区（Africa Rocks）正式对外开放了。该区域集中了栖息于非洲大陆的珍稀物种，生活在非洲南部的非洲企鹅、马达加斯加的固有品种狐猴等，都可以在这里看到。但是园内人气最高的动物还是大熊猫。熊猫峡谷区必须要有饲养员进行人流疏导，相当有人气。2012 年这座动物园的第六只熊猫 Xiao Liwu 出生，现在正和 Bai Yun、Gao Gao 三只一起生活。网上还有公开的直播影像资料。

此外还不要错过茉莉、兰花盛开的森林，老虎、北极熊、猩猩等。在澳大利亚内陆（Australian Outback）地区还能看到以考拉为代表的澳大利亚动物，该区域也是广受好评。

大型动物的人气较高

幕后观光之旅（Inside Look Tour）需要提前预约，在这里可以参观普通游客不能进入的区域，能听到动物的饲养方法以及和工作人员交谈。

幕后观光之旅
费 $80
游玩时间 2 小时

人气最高的大熊猫

有丰富的欧洲绘画作品，庭园的雕刻也很值得一看　巴尔博亚公园 M p.159-B1

圣迭戈艺术博物馆 学

San Diego Museum of Art

文艺复兴时期的意大利、巴洛克时代的西班牙、19~20世纪的欧美绘画及雕刻艺术中心。陈列着鲁本斯、埃尔、戈雅、莫奈、雷诺阿等世界知名画家的作品。此外还有中国、日本、印度等亚洲绘画作品，以及美国现代艺术插图，庭园内还有雕刻艺术品等，有很多不可多得的作品。

感受艾米·普特南姐妹对艺术的热爱　巴尔博亚公园 M p.159-B1

铁姆肯艺术博物馆 学

Timken Museum of Art

规模虽小，但藏品质量很高

铁姆肯艺术博物馆矗立于睡莲池畔，是一栋非常雅致的建筑。主要陈列了安妮（Anne）、艾米·普特兰（Amy Putnam）姐妹后期的藏品（初期的藏品已赠予圣迭戈艺术博物馆）。

在60件以上的藏品中，包括15~19世纪的欧洲绘画作品、18~19世纪的美国绘画作品、15~17世纪的俄罗斯画像这三部分。

从美国西南部到墨西哥的自然历史　巴尔博亚公园 M p.159-B1

圣迭戈自然历史博物馆 学

San Diego Natural History Museum

博物馆地上4层、地下1层，以恐龙馆为主，陈列了1.5亿年前栖息于加利福尼亚的肉食恐龙异特龙的化石，以及7500万年前生活在墨西哥、加利福尼亚的猛犸象的化石等。另外宝石馆的藏品也很丰富，一定要去看在圣迭戈附近采掘出的粉色碧玺。另外在博物馆引以为傲的巨幕剧场（Giant Screen Theater）里，还有介绍自然界的美丽、伟大以及威胁等的影像作品。

学习飞机、宇宙开发的历史　巴尔博亚公园 M p.159-A2

圣迭戈航空宇宙博物馆 学

San Diego Air & Space Museum

位于巴尔博亚公园的最南侧，博物馆群的最深处。外形酷似UFO，馆内十分宽敞，共分为7个陈列室，展示了约60架各种各样的飞机，并且大多都是实物。另外入口处是1969年进行过宇宙飞行的阿波罗9号的驾驶舱，以及查尔斯·林白成功跨越大西洋飞行时驾驶的圣路易斯精神号的模型。

圣路易斯精神号的模型

圣迭戈艺术博物馆
住 1450 El Prado, Balboa Park
☎（619）232-7931
URL www.sdmart.org
营 周四~下周二 10:00~17:00（周五~20:00、周日12:00~）
休 周三、主要节假日
费 成人$15、老人（65岁以上）$10、学生（需证件）$8、17岁以下免费

藏品丰富的圣迭戈艺术博物馆

铁姆肯艺术博物馆
住 1500 El Prado, Balboa Park
☎（619）239-5548
URL www.timkenmuseum.org
营 周二~周日 10:00~16:30（周日12:00~）
休 周一、主要节假日
费 免费

圣迭戈自然历史博物馆
住 1788 El Prado, Balboa Park
☎（619）232-3821
URL www.sdnhm.org
营 每天 10:00~17:00
休 主要节假日
费 成人$19、老人（62岁以上）·学生$17、儿童（3~17岁）$12
巨幕剧场
费 包含在门票中

必看的猛犸象化石

圣迭戈航空宇宙博物馆
住 2001 Pan American Plaza, Balboa Park
☎（619）234-8291
URL www.sandiegoairandspace.org
营 每天 10:00~16:30
休 主要节假日
费 成人$19.75、老人·学生（需证件）$16.75、儿童（3~11岁）$10.75

科罗纳多 Coronado

从市区望向圣迭戈湾，便能看到科罗纳多。虽然有高架桥连接，但也可以乘坐渡轮前往。国家指定的遗迹科罗纳多酒店不要错过。

科罗纳多

交通方式 从市区的 Broadway & 3rd Ave. 乘坐 MTS#901 巴士，通过横跨圣迭戈湾的大桥到达科罗纳多
从早上到深夜，一小时发车 1~4 班。到达科罗纳多酒店大概需要 30 分钟

科罗纳多酒店

住 1500 Orange Ave., Coronado
☎（619）435-6611
Free（1-800）468-3533
URL www.hoteldel.com（→ p.171）

皇冠餐馆

●圣迭戈早午餐
菜单丰富，人气爆棚。需要预约。
☎（619）522-8490（要预约）
营 周日 9:30~13:00
费 成人 $93、儿童（6~12 岁）$29、5 岁以下免费
※ 菜单参考脚注

科罗纳多渡轮码头

住 1201 1st St., Coronado
URL coronadoferrylandingshops.com
营 每天 10:00~21:00（根据时期、店铺有所不同）
交通方式 从市区的百老汇码头或者会展中心乘坐渡轮。或者从市区乘坐 MTS#901 巴士也可以到达

历史悠久的高档度假酒店　　圣迭戈周边　M p.154-A2

科罗纳多酒店

食 游 学

Hotel Del Coronado

★★★

自 1888 年修建之后，美国历代总统、世界各国名流都曾入住过这家酒店。此外 1958 年由比利·怀尔德导演、玛莉莲·梦露主演的电影《热情似火》也曾以这里作为取景地，使得这里广为人知。皇冠餐馆（Crown Room）作为主餐馆，屋顶没有使用一根钉子，也没有柱子。这里的圣迭戈早午餐人气很高。酒店一层还陈列了酒店的历史资料，请一定要移步参观。

酒店前绵延不断的白色沙滩

前往科罗纳多的话乘坐渡轮会更加方便　　圣迭戈周边　M p.154-A2

科罗纳多渡轮码头

买 食 游

Coronado Ferry Landing

★★★

市区的百老汇码头和会展中心两处有前往科罗纳多的渡轮，均停靠在科罗纳多岛边。这里入驻了约 25 家的餐馆和店铺。还有自行车租赁商，可以租上一辆自行车，骑行前往科罗纳多酒店。往返会展中心约 30 分钟一趟，往返百老汇码头约 1 小时一趟。

一边散步，一边欣赏对岸林立的市区高楼群

科罗纳多酒店的圣迭戈早午餐主要菜单 有沙拉、海鲜、奶酪、甜品等，种类丰富。尤其是龙虾、螃蟹、三文鱼等海鲜食品，种类十分多样。

古城周边 *Old Town*

古城位于市区的西北部，距离市区 5 公里，是一个历史悠久的地方。1769 年西班牙人在这里建造教堂，形成了街区。这里可以说是圣迭戈的发祥地。

古城 *Old Town*

感受墨西哥的氛围　　圣迭戈周边　M p.154-A1

圣迭戈古城历史公园　买 食 游 学

Old Town State Historic Park　✹✹✹

古城中保留的大多数历史建筑，都分布在 Plaza de Las Armas/Washington Square 广场到 San Diego Ave. 和 Calhoun St. 周边。首先可以到广场上 Robinson Rose Building 内的游客中心领取免费的古城地图，然后以广场为起点开始漫步。餐馆、墨西哥风格的纪念品商店等也都分布于此，十分热闹。

来这里挑选墨西哥纪念品

圣迭戈古城历史公园

住 4002 Wallace St.

☎（619）220-5422

URL www.parks.ca.gov

营 每天 10:00~17:00（餐馆、商店营业至 19:00）

费 博物馆入场免费

交通方式 从市区乘坐轻轨绿线在 Old Town Transit Center 站下车。出站后走过东侧（右侧）的通道，便能看到古城历史公园的一角。然后一直向前走便是华盛顿广场（Washington Square），这也是古城电车之旅（→ p.152）的车站

使命湾 *Mission Valley*

加利福尼亚州最早的教堂　　圣迭戈周边　M p.154-B1

圣迭戈阿尔卡拉大教堂　学

Mission Basilica San Diego de Alcalá　✹✹

在加利福尼亚州 21 所天主教堂中，这是最早修建的一座。由通过热心的布教活动使得大量印第安人改变宗教信仰而为人所熟知的传教士——朱尼佩若·瑟拉（Junípero Serra）于 1769 年设立，并在 1774 年移址到现在的地方。

蓝天之下美丽的白色教堂

圣迭戈阿尔卡拉大教堂

住 10818 San Diego Mission Rd.

☎（619）281-8449

URL www.missionsandiego.org

营 每天 9:00~16:30

交通方式 乘坐轻轨绿线在 Mission San Diego 站下车，沿 Rancho Mission Rd. 向北，然后到 San Diego Mission Rd. 右拐。再走 5 分钟便能看到左手边的白色建筑

罗马角 *Point Loma*

科罗纳多对岸的度假胜地　　圣迭戈周边　M p.154-A2

谢尔特岛

Shelter Island

谢尔特岛是乘坐巴士前往卡布里略国家纪念碑途中的中转地点，位于科罗纳多岛对岸的度假胜地。这里号称是圣迭戈的夏威夷，想要悠闲度假的话推荐来这个区域。

如果夏天来到这里的话，一定要体验一下室外音乐会。汉弗莱斯海湾音乐会（Humphreys Concerts by the Bay）共设有 1450 个座位，每年 5~10 月，著名歌手会连日在这里进行表演。

谢尔特岛
交通方式 在轻轨绿线 Old Town Transit Center 站乘坐 MTS#28 巴士，在 Shelter Island Dr. & Anchorage Ln. 下车

汉弗莱斯海湾音乐会
住 2241 Shelter Island Dr.
Free（1-800）745-3000
URL humphreysconcerts.com

一览科罗纳多、太平洋　　圣迭戈周边　M p.154-A2

卡布里略国家纪念碑 游

Cabrillo National Monument

纪念碑建于 1913 年

突出来的细长的罗马角（Point Loma）看起来像是在守护圣迭戈湾。这是一个既可以眺望圣迭戈湾、科罗纳多岛，又可以纵览太平洋明媚风景的地方，是 1542 年西班牙探险家胡安·卡布里略（Juan Cabrillo）作为欧洲人最先登陆加利福尼亚的地方，这里也被指定为了国家纪念遗址。

在 1855 年建成的小型白色灯塔内部，还保留着 19 世纪的原貌。这里也是知名的观鲸地点，如果在 12 月～次年 4 月造访这里的话，一定不要错过，盯紧海面就有可能看到鲸鱼的身影。

卡布里略国家纪念碑
住 1800 Cabrillo Memorial Dr.
☎（619）557-5450
URL www.nps.gov/cabr
营 每天 9:00~17:00
休 圣诞节
费 1 人 $5、一台车 $10（7 天有效期）
交通方式 在轻轨绿线 Old Transit Center 站乘坐 MTS#28 巴士，在 Rosecrans St. & Shelter Island Dr. 下车，然后换乘 #84 巴士。发车间隔 1 小时，仅工作日运营。全程约 40 分钟

由曾经的海军设施改建而成的大型商业场所　　圣迭戈周边　M p.154-A1

自由车站商场 买 食

Liberty Station

1923 年由海军设施改建而成（虽然名字中有车站，但并不是站台，只是地名）。冷战结束后，为了节约军费，这里从 1997 年开始被封锁起来。2000 年这块土地规划给了圣迭哥市，并进行了二次开发，被改造成了一个融购物、美食、艺术、活动场所为一体的、供市民娱乐的大众地区。

市场内人来人往

来到自由车站商场的人，大多数都是为了去 2016 年开业的自由公共市场（Liberty Public Market）。该市场由 29 个商户组成，其中大部分是餐馆。市场内外都放置了许多桌椅，周末有很多当地人会来到这里，十分热闹。

自由车站商场
URL libertystation.com

自由公共市场
M p.154-A1
住 2820 Historic Decatur Rd.
☎（619）487-9346
URL libertypublicmarket.com
营 每天 11:00~20:00（各个商家不同）
交通方式 在轻轨绿线 Old Town Transit Center 站乘坐 MTS#28 巴士，在 Rosecrans St. & Lytton St. 下车。沿 Lytton St. 向东步行 5 分钟，右侧便是市场

便签 **海洋海滩** 当地人评价很高，会举办很多活动。周边也有很多餐馆。Ocean Beach　M p.154-A2　住 1868 Bacon St.　URL oceanbeachsandiego.com　交通方式 在轻轨绿线 Old Town Transit Center 站乘坐 MTS#35 巴士，在 ↗

使命湾 Mission Bay

使命湾与市区的圣迭戈湾形成鲜明对比，这里有着层层的海浪。在海上没有季节之分，从早上开始就有许多冲浪者来到这里，非常热闹。不要忘了这里最大的景点海洋世界（→p.135）。

来挑战一下海滩娱乐项目吧　圣迭戈周边　M p.154-A1

使命海滩 游

Mission Beach

★★★

位于使命湾和太平洋之间狭长的半岛上，靠近太平洋一侧的便是海滩。海滩上以冲浪为主，流行着许多海上运动。有很多家用品租赁商店，所以空着手去也没有关系。

使命海滩上还有一座贝尔蒙公园（Belmont Park），里面既有刺激的过山车，也有适合小朋友的游乐设施，有不少家长会带着孩子来到这里，十分热闹。

夏天的海滩是最舒服的

使命海滩
交通方式 在轻轨绿线 Old Town Transit Center 站乘坐 MTS#8 巴士，在 Mission Bay Dr. & Mission Blvd. 下车

贝尔蒙公园
住 3146 Mission Blvd.
☎（858）228-9283
URL www.belmontpark.com
营 夏季：每天 11:00~22:00（根据日期有所调整）；冬季：11:00~18:00（根据日期有所调整）。可以通过网站或电话进行确认
费 门票免费。全天任意乘坐游乐设施 $30、身高 121 厘米以下 $20

冲浪者聚集的热闹海滩　圣迭戈周边　M p.154-A1

太平洋海滩 食 游

Pacific Beach

★★

太平洋海滩毗邻使命海滩北侧，有很多冲浪点，喜欢海浪的冲浪者都会聚集于此。太平洋海滩和使命海滩由一条长 5 公里的海滨步道（Ocean Front Walk）相连，步道两侧有很多餐馆和酒吧。到了夜晚，喜欢夜生活的年轻人来到这里，可以感受到和白天完全不同的氛围。位于海滩中心的木质栈桥——水晶码头（Crystal Pier），是一个独特、绝妙的观景地点。尤其推荐想要观赏日落的人到这里来。

欣赏美丽的日落吧

太平洋海滩
交通方式 在轻轨绿线的 Old Town Transit Center 站乘坐 MTS#8 巴士，在 Mission Blvd. & Felsper St. 下车。约 18 分钟

Cable St. & Newport Ave. 下车。约 30 分钟。

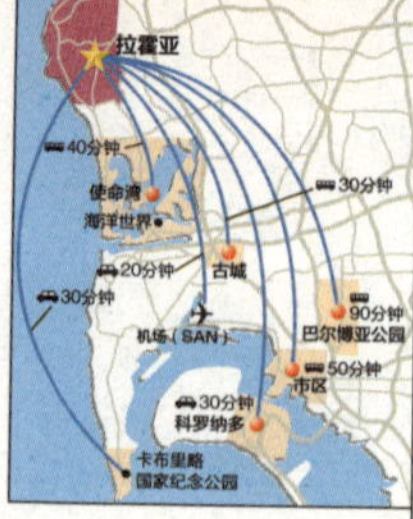

拉霍亚 *La Jolla*

位于市区西北约20公里处。作为高级住宅区而被世人所熟知的拉霍亚地区，是一片拥有大海和明媚阳光的度假胜地。变化丰富的海岸线十分美丽，并且十分盛行海上运动。

拉霍亚

交通方式 在轻轨绿线 Old Town Transit Center 站乘坐 MTS#30 巴士，在 Silverado St. & Herschel Ave. 下车。约40分钟

拉霍亚湾是最适合海游的地方　　拉霍亚 M p.154-B1

拉霍亚岩洞 & 阳光吉姆岩洞 游

La Jolla Cove & Sunny Jim Cave

★★★

沿 Girard Ave. 北上，一直走下去就能看到海滨公园。海岸沿线上，有被海浪侵蚀而形成的悬崖和洞窟，其构成十分复杂，而这一带的峡湾便是拉霍亚岩洞。因为有很多裸露的岩石，所以有许多生物栖息于海边。世界各地的潜水爱好者都会聚集于此，由此可见这里的水质透明度有多好。这一片区域还被指定为环境保护区域。

仿佛触手可及的海豹

阴暗的洞窟内部

另外面朝海滨公园的方向向右（东）前行便是拉霍亚最大的阳光吉姆岩洞。伴随着微弱的光亮，下到有145层台阶的洞窟内部，然后向外看去，大海和沿岸的风景将呈现于眼前。另外一边欣赏岩洞上步道（15分钟路程的迷你步道）四周的花草、鸟类，一边静静地散步也别有一番趣味。同时这里也是欣赏加利福尼亚海豹的绝佳地点。

阳光吉姆岩洞

住 1325 Coast Blvd., La Jolla
☎ (858) 459-0746
URL www.cavestore.com
营 6~9月：每天9:00~18:00、10月~次年5月：每天10:00~17:00（周六·周日~17:30）
费 成人$5、儿童（16岁以下）$3

阳光吉姆岩洞的入口

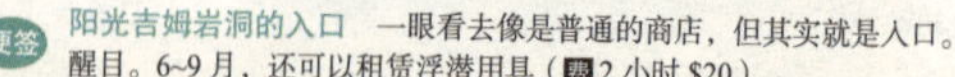
便签 **阳光吉姆岩洞的入口** 一眼看去像是普通的商店，但其实就是入口。写有 The Cave Store 的白色招牌非常醒目。6~9月，还可以租赁浮潜用具（费 2小时 $20）。

推广海洋研究的成果　　圣迭戈周边 M p.154-A1

斯克利普斯伯奇水族馆 学

Birch Aquarium at Scripps ✹

醒目的鲸鱼雕像

全美首屈一指的加利福尼亚大学圣迭戈分校（UCSD）的海洋学研究院附属设施。由平房建成的馆内，陈列了海洋科学的相关展品，还有水族馆，虽然并不奢华却十分丰富。

斯克利普斯伯奇水族馆
住 2300 Expedition Way，La Jolla
☎（858）534-3474
URL aquarium.ucsd.edu
营 每天 9:00~17:00（入场时限为 16:30）
休 主要节假日
费 成人 $18.50、老人（60 岁以上）$15.50、儿童（3~17 岁）$15.50
交通方式 在轻轨绿线 Old Town Transit Center 站乘坐 MTS# 30 巴士，在 La JollaShores Dr. & Down-wind Way 下车。50 分钟

现代艺术宝库　　拉霍亚 M p.154-B1

圣迭戈当代艺术博物馆拉霍亚分馆（MCASD/La Jolla）学

Museum of Contemporary Art San Diego/La Jolla ✹✹

绘画、写真等，20 世纪 50 年代以后的现代艺术藏品在整个西海岸也算是数一数二。本馆紧邻市区圣塔菲（Santa Fe）站（M p.155-A2）。展品自不必多说，从面朝大海的陈列室窗户所欣赏到的景色也很有观赏价值。

※ 目前该馆因装修工程而处于闭馆状态。预计 2020 年重新开放。

建筑本身也很独特

圣迭戈当代艺术博物馆拉霍亚分馆
截至本书调查时仍处于闭馆状态。下方为闭馆前的信息
住 700 Prospect St.，La Jolla
☎（858）454-3541
URL www.mcasd.org
营 周四～下周二 11:00~17:00（第三个周四 ~19:00）
休 周三
费 成人 $10、老人 $5、25 岁以下（需证件）及第三个周四的 17:00~19:00 免费

圣迭戈的体育
Sports in San Diego

棒球　Major League Baseball（MLB）

圣迭戈教士 San Dieo Padres

2006 年地区优胜以来，沉浮太快，近些年只能停留在 B 级。但是球场充满了娱乐要素，有海滩、公园，由古建筑改造而成的纪念品商店等氛围也非常不错。球场观光之旅也颇有人气。晚上气温较低，别忘记穿好上衣。

场均到场观众 2.4 万人

主场：佩科球场 M p.155–B3
住 100 Park Blvd.
☎（619）795-5000
URL sandiego.padres.mlb.com
交通方式 乘坐轻轨绿线在 Gaslamp Quarter 站下车

佩科球场观光之旅
☎（619）795-5011
费 成人 $15、老人 $10、儿童 $10
营 每天 10:30、12:30（比赛日参观时间会有所调整，可以上网进行确认）

拉霍亚的推荐区域　在拉霍亚购物可以前往 Prospect St.、Girard Ave. 周边。Y-3、拉尔夫·劳伦（Ralph Lauren）等人气品牌以及博物馆都林立于此。

圣迭戈的商店
San Diego

SHOP

位于街区中心的霍顿广场是购物的首选之地。市区的海港村则充满了个性。韦斯特菲尔德使命湾中心、时尚谷购物中心距离轻轨站很近，在西海岸是比较少见的，即便没有车的人也可以简单前往的地方。前往拉霍亚的话，可以边购物边享受大海的乐趣；前往圣迭戈古城历史公园的话，可以发现不少充满墨西哥风情的纪念品。

市区

5&A 戴姆
5 & A Dime 时尚

◆男士商品的话就选这里

位于霍顿广场向东 5 个街区，这里是圣迭戈街头文化的发源地。商品的灵感源自于 BMX 和滑冰。品质同样十分讲究，本着“Quality over Quantity 质量高于数量”的口号进行生产。T 恤 $28~ 等。

市区首屈一指的高档店铺

M 圣迭戈市区 p.155-B2

住 828 G St.
☎（619）236-0364
URL www.5andadime.com
营 每天 12:00~19:00（周日 ~18:00）
信用卡 J M V

古城周边

时尚谷购物中心
Fashion Valley Mall 购物中心

◆5 家百货商场、200 余家专卖店在此集结

室外开放式的购物中心。路易·威登、巴宝莉、蔻驰、爱马仕、古驰、蒂芙尼、凯特·丝蓓、自由人、苹果商店等都入驻其中。乘坐轻轨绿线在 Fashion Valley T/C 站下车。

在中国拥有高人气的品牌也都能在这里找到

M 圣迭戈周边 p.154-A1

住 7007 Friars Rd.
☎（619）688-9113
URL www.simon.com
营 周一～周六 10:00~21:00、周日 11:00~19:00
信用卡 各个商家不同

圣迭戈周边

卡尔斯巴德奥特莱斯
Carlsbad Premium Outlets 奥特莱斯

◆靠近乐高乐园的奥特莱斯

约 90 家商户。巴尼斯纽约、古驰等品牌，以及运动休闲、水上用品商店等十分充实。从这里的停车场还能观赏到卡尔斯巴德的花田，很有春天的味道。从圣迭戈出发沿 I-15 北上，在 Palomar Airport Rd. 驶出即到。开车约 30 分钟。

物美价廉的奥特莱斯购物中心

M 圣迭戈周边 p.154-A1外

住 5620 Paseo del Norte, Suite 100, Carlsbad
☎（760）804-9000
URL www.premiumoutlets.com
营 每天 10:00~21:00（周日 ~19:00）
信用卡 各个商家不同

拉斯亚美利加奥特莱斯
Las Americas Premium Outlets 奥特莱斯

◆想购买热门品牌就来奥特莱斯

有深受年轻人喜爱的美鹰傲飞、forever 21、老海军、U.S. Polo、汤米·希尔费格、Aeropostale 等 120 余家折扣店。乘坐轻轨蓝线在 San Ysidro 站下车，沿 Camino de Las Plaza 向西步行 5 分钟即到。

商品价格便宜

M 圣迭戈周边 p.154-B2

住 4211 Camino del la Plaza
☎（619）934-8400
URL www.premiumoutlets.com
营 每天 10:00~21:00（周日 ~19:00）
信用卡 各个商家不同

圣迭戈的餐馆
San Diego

RESTAURANT

圣迭戈靠近墨西哥国境和太平洋，墨西哥菜和海鲜自不必多说，在小意大利还能品尝到非常好吃的意大利菜，而圣迭戈引以为傲的精酿啤酒则在市内各个地方都可以喝到。圣迭戈餐厅最为密集的地方当数煤气灯街区。从日本料理到法国大餐，各类餐厅鳞次栉比。如果前往市区的话，那来煤气灯街区肯定没错。

市区

奥斯卡墨西哥人海鲜餐馆
Oscars Mexican Seafood 墨西哥菜

◆ 到市区吃墨西哥卷的话就来这里

可以品尝到圣迭戈排名前十的墨西哥卷。餐厅邻近佩科球场，每到比赛日就会有很多人来这里，十分热闹。快餐形式，先在柜台点餐付费。小份墨西哥卷（$1.99~）1个人1顿饭能吃下3个。

没有室外餐桌

M 圣迭戈市区 p.155-B2
住 927 J St.
☎（619）564-6007
URL www.oscarsmexicanseafood.com
营 每天 8:00~21:00（周五 · 周六 ~22:00）
信用卡 A M V

巨石精酿酒吧
Stone Brewing Tap Room 美式

◆ 可以轻松品尝到人气精酿啤酒

圣迭戈北部大型的巨石酿酒厂的味道在市区的这家餐厅就可以轻松尝到。位于佩科球场旁，店内还出售T恤等原创商品。也提供简单的餐食。

观看棒球前来上1杯

M 圣迭戈市区 p.155-B2
住 795 J St.
☎（619）727-4452
URL www.stonebrewing.com
营 周日~下周四 12:00~21:00（周日 11:00~）、周五 · 周六 11:00~23:00
信用卡 A J M V

21 咖啡馆
Café 21 美式

◆ 一早就会排起长队的人气餐馆

松饼、法式面包等，早餐格外好吃，是一家广受好评的餐馆。推荐铺满水果的经典松饼（$11）。15:00以后停止供应。

来品尝柔软的松饼吧

M 煤气灯街区 p.155-B4
住 802 Fifth Ave.
☎（619）795-0721
URL www.cafe-21.com
营 每天 8:00~22:00（周五 · 周六 ~23:00）
信用卡 A M V

小意大利

菲力皮的比萨洞穴
Filippi's Pizza Grotto 意大利菜

◆ 分量十足的比萨、意面

菲力皮一家从意大利移居至此，经营了这家有50多年之久的比萨餐馆。用餐高峰时店外总是排起长队。放有8种配料的菲力皮特制比萨为$21.50。分量很足，可以让好几个人分着吃。圣迭戈近郊有十多家分店。

和当地的回头客一起排队等待吧

M 圣迭戈市区 p.155-A1
住 1747 India St.
☎（619）232-5094
URL www.realcheesepizza.com
营 每天 11:00~22:00（周五 · 周六 ~23:00）
信用卡 A J M V

小意大利

巴乐丝平品酒室

Ballast Point Tasting Room 美式

◆ 圣迭戈当地人气 No.1 的啤酒

在圣迭戈精品精酿啤酒中，也是最具知名度和人气的巴乐丝平啤酒的品酒室。这里提供啤酒和餐食，周末晚上会有很多当地的客人，十分热闹。

点啤酒的柜台会排起长队

M 圣迭戈市区 p.155-A1

住 2215 India St.
☎（619）255-7213
URL www.ballastpoint.com
营 每天 11:00~23:00
信用卡 M V

古城周边

南海滩酒吧 & 烧烤

South Beach Bar & Grill 美式

◆ 一边欣赏海景，一边享受美食

海洋海滩上极具人气的海鲜餐馆。以圣迭戈的啤酒为中心，有许多美国的精酿啤酒，种类丰富。推荐菜是墨西哥卷，还有鲨鱼、剑鱼、豆腐等种类丰富的美食。

紧邻海滩的开放式氛围

M 圣迭戈周边 p.154-A1

住 5059 Newport Ave.
☎（619）226-4577
URL southbeachob.com
营 每天 11:00~ 次日 2:00
信用卡 A M V

圣迭戈的酒店

San Diego

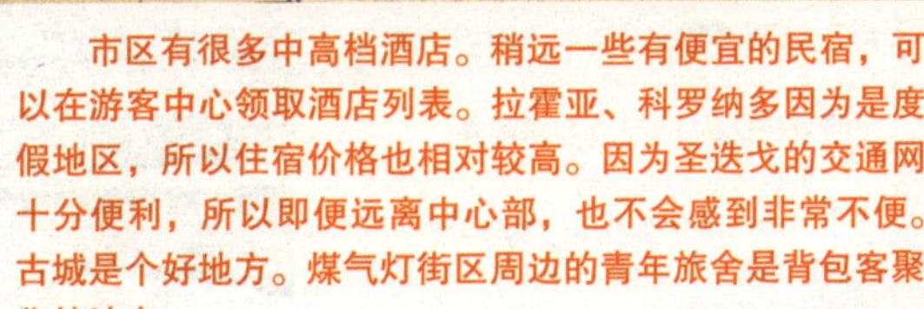

HOTEL

市区有很多中高档酒店。稍远一些有便宜的民宿，可以在游客中心领取酒店列表。拉霍亚、科罗纳多因为是度假地区，所以住宿价格也相对较高。因为圣迭戈的交通网十分便利，所以即便远离中心部，也不会感到非常不便。古城是个好地方。煤气灯街区周边的青年旅舍是背包客聚集的地方。

市区

圣迭戈曼彻斯特君悦酒店

Manchester Grand Hyatt San Diego 高档

◆ 海滨上的高层高档酒店

毗邻海港村。因为临海而建，所以全部客房都能看到大海。SPA、沙龙等设施十分齐全。顶层（40 层）是酒吧长廊，可以同时欣赏到市区和大海的夜景。

Wi-Fi 免费　1628 间客房　信用卡 A D J M V

M 圣迭戈市区 p.155-A2

住 1 Market Pl., San Diego, CA 92101
☎（619）232-1234
FAX（619）233-6464
URL manchester.grand.hyatt.com
费 Ⓢ Ⓓ Ⓣ $229~689

圣迭戈威斯汀酒店

The Westin San Diego 高档

◆ 从海景房欣赏到的夕阳是最棒的

距离霍顿广场 2 个街区，位置极佳。位于 Broadway，许多巴士都经过这里，交通十分便利。内部装修简约，令人踏实。其他设施也十分齐全。

Wi-Fi $14.95　436 间客房　信用卡 A J M V

M 圣迭戈市区 p.155-A2

住 400 W.broadway, San Diego, CA 92101
☎（619）239-4500
Free（1-866）716-8108
URL www.starwoodhotels.com
费 Ⓢ Ⓓ Ⓣ $189~869、Su $409~1069

地图上的酒店名称有部分省略　在圣迭戈的地图上，省略了部分酒店名称最前面或最后面的“酒店”一词。

市区

霍顿大酒店
Horton Grand Hotel 中档

M 圣迭戈市区 p.155-B2

◆ 圣迭戈的著名酒店

位于煤气灯街区的经典酒店。拥有砖造外观和粉色基调的浪漫客房。此外这里的 309 号房被叫作 Roger Whitaker，据传有鬼魂住在这里。

Wi-Fi 免费　132 间客房　信用卡 A M V

住 311 Island Ave.，San Diego，CA 92101
☎（619）544-1886
Free（1-800）542-1886
URL www.hortongrand.com
费 Ⓢ Ⓣ Ⓢⓤ $199~369

圣迭戈市中心国际青年旅舍
Hostelling International San Diego Downtown 经济型

M 煤气灯街区 p.155-B4

◆ 位于市区煤气灯街区的青年旅舍

由员工亲自改装的房间，使用流行的颜色，非常温馨。卫生间、浴室也很干净。

Wi-Fi 免费　153 张床　信用卡 A J M V

住 521 Market St.，San Diego，CA 92101
☎（619）525-1531
URL www.hiusa.org
费 多人房 $39~53、S$97~145

科罗纳多

科罗纳多酒店
Hotel Del Coronado 高档

M 圣迭戈周边 p.154-A2

◆ 西海岸最好的度假酒店

毗邻太平洋，大型木结构度假酒店。这里因作为玛丽莲·梦露主演的《热情似火》的摄影地而被广为人知。除了住宿费外，还需额外支付度假费，1 晚 $30。在圣迭戈人气极高。

Wi-Fi 免费　757 间客房　信用卡 A D J M V

住 1500 Orange Ave.，Coronado，CA 92118
☎（619）435-6611
Free（1-800）468-3533
URL www.hoteldel.com
费 Ⓢ Ⓓ Ⓣ $302~、Ⓢⓤ $649~

古城周边

汉德利酒店 & 度假村
The Handlery Hotel & Resort 中档

M 圣迭戈周边 p.154-A1

◆ 距离市区有几分钟路程的度假酒店

这是一个便利、充满高级感的度假型酒店。有前往圣迭戈动物园等地的免费班车。设有大型的温水泳池、健身房等设施，深受家庭出游者的喜爱。部分房间允许宠物入住。

Wi-Fi 免费　217 间客房　信用卡 A D M V

住 950 Hotel Circle N.，San Diego，CA 92108
☎（619）298-0511
Free（1-800）676-6567
FAX（619）260-8235
费 Ⓢ Ⓓ Ⓣ $93~259

圣迭戈普安特洛马国际青年旅舍
Hostelling International San Diego Point Loma 经济型

M 圣迭戈周边 p.154-A2

◆ 毗邻风光明媚的罗马角

距卡布里略国家纪念碑、海洋海滩很近。

Wi-Fi 免费　55 张床　信用卡 A M V

住 3790 Udall St.，San Diego，CA 92107
☎（619）223-4778　FAX（619）223-1883
URL www.hiusa.org　费 多人房 $27~36、Ⓢ $62~156

使命湾

巴伊亚度假酒店
Bahia Resort Hotel 中档

M 使命海滩 p.154-B3

◆ 拉霍亚的地标性存在

位于海湾的度假酒店。酒店大楼的客房宽敞，家庭入住的客人也很满意。如果想感受浪漫气氛的话，可以入住私人海滩边的别墅区。有室外温水泳池、网球场。

Wi-Fi 免费　320 间客房　信用卡 A J M V

住 998 W.Mission Bay Dr.，San Diego，CA 92109
☎（858）488-0551
URL www.bahiahotel.com
费 Ⓢ Ⓓ Ⓣ $149~392、Ⓢⓤ $199~545

拉霍亚

拉瓦伦西亚酒店
La Valencia Hotel 高档

M 拉霍亚 p.154-B1

◆ 拉霍亚的地标性存在

美丽的淡粉色墙壁，殖民风格的优雅酒店。有着可以俯瞰大海的绝佳地理位置。这是拉霍亚地区的地标性酒店，即便仅仅想边眺望大海边品茶的话，也一定要来这里一趟。

Wi-Fi 免费　112 间客房　信用卡 A D J M V

住 1132 Prospect St.，La Jolla，CA 92037
☎（858）454-0771
URL www.lavalencia.com
费 Ⓢ Ⓓ Ⓣ $249~、Ⓢⓤ $589~

咖啡机　冰箱酒柜 / 冰箱　浴缸　吹风机　BOX 室内保险柜　客房服务　餐馆　健身房 / 游泳池　前台　洗衣机　无线网络　P 停车场　可以使用轮椅的客房

前往橘子郡
蒂梅丘拉
古城
佩常加赌场度假村
圣迭戈野生动物园
加州乐高乐园
圣迭戈国际机场
圣迭戈市区
蒂华纳

从圣迭戈出发的短途旅行

蒂梅丘拉 *Temecula*

南加利福尼亚的酒乡

从沿海的 5 号州际公路向内陆行驶 21 英里（约 33.8 公里）即可到达蒂梅丘拉，这里至今仍保留着 19 世纪末期的味道，令人可以感受到朴素、复古的气氛。蒂梅丘拉东侧的酒乡，利用山谷间温暖的气候，从 20 世纪 70 年代开始就在酿造正宗的葡萄酒。如今，有许多回头客从圣迭戈、洛杉矶特地来到这里买酒。

蒂梅丘拉 漫 步

来到蒂梅丘拉，首先肯定要去酿酒厂。以 Rancho California Rd. 为中心，周边分布着 30 多个酿酒厂。如果想提高观光效率，可以参加葡萄线观光之旅，会造访多个酿酒厂，并且包含野餐风格的午餐。

蒂梅丘拉 主要景点

同时也能进行娱乐的赌场

佩常加赌场度假村

游 买 食

Pechanga Resort & Casino

距离蒂梅丘拉的古城约 5 公里远，拉斯维加斯式的赌场。酒店、SPA、体育设施、餐馆、商店应有尽有。有时来剧场表演的艺人是在洛杉矶、拉斯维加斯都一票难求的人气明星。

有 SPA、赌场，可以尽情地享受假期

蒂梅丘拉

M 文前折页“美国西海岸”

从圣迭戈到蒂梅丘拉

交通方式 从圣迭戈市区开车沿 I-15 向北行驶约 60 英里（约 96.6 公里），约 1 小时车程。从洛杉矶市区开车沿 I-10→I-15 向南行驶。约 85 英里（约 136.8 公里），1 小时 30 分钟

从圣迭戈出发的观光巴士

葡萄线观光之旅

Free（1-888）894-6379

URL www.gogrape.com

费 1 人 $95（半日观光）、$69~（仅车费）

佩常加赌场度假村

住 45000 Pechanga Pkwy., Temecula

Free（1-888）732-4264

URL www.pechanga.com

Information 南海岸酒庄度假村 South Coast Winery Resort & Spa

酒店附设有酒庄、餐馆、酒吧等，各种设施完善。还有可以举办婚礼仪式的庭院。别墅风格的客房，全部配有暖炉、浴缸、私人阳台。葡萄酒品酒室 $13~22。　76 间

住 34843 Rancho California Rd., Temecula, CA 92591

☎（951）587-9463

Free（1-866）994-6379

URL www.southcoastwinery.com

费 别墅风格 $189~359

信用卡 A M V

便签 蒂梅丘拉的最新信息可以在网站上确认！

●蒂梅丘拉旅游局 URL www.visittemeculavalley.com

前往橘子郡
蒂梅丘拉古城
圣迭戈野生动物园
加州乐高乐园
圣迭戈国际机场
圣迭戈市区
蒂华纳

从圣迭戈出发的短途旅行

蒂华纳 *Tijuana*

跨越国境前往墨西哥

前往蒂华纳感受墨西哥风情。不好的治安时代已经结束，周末有很多美国人也会到此旅游，这里已经成了一个热门的观光景点。此外，不管是否合法，约有140万墨西哥人将这里作为据点，试图进入美国的国境。

蒂华纳的出入境

中国公务普通护照和因私护照持有者，凡以旅游过境或商务为目的且持有美国有效签证，可免签证入境墨西哥。

从美国徒步至边境，必须要出示护照。另外再次入境美国时，要接受海关、入境管理局检查，以及行李检验、护照核查。因为入境美国非常拥挤混乱，一定要留出足够的时间。

此外最新的出国信息，可以登录中国领事服务网 URL cs.mfa.gov.cn，搜索墨西哥进行确认，获取墨西哥出入境状况及警告信息。

从圣迭戈前往国境

●圣迭戈轻轨

从圣迭戈市区出发，乘坐轻轨蓝线，在国境的圣易西铎枢纽中心站（San Ysidro Transit Center）下车。然后沿车站左前方的步道一直向前。穿过旋转铁门后便是墨西哥。

位于蒂华纳中心的拱桥。以此为据点进行游览吧

※因为要穿越美国、墨西哥国境，所以一定不要忘记带上护照

蒂华纳
M 文前折页“美国西海岸”

下加利福尼亚旅游局
☎（01152-664）682-3367（从美国拨打）
URL www.descubrebajacalifornia.com
ℹ 革命大街
M p.174
营 周一～周五 8:00~18:00、周六·周日 9:00~13:00

签证手续等相关问题咨询处
☎ 010-65322574
URL embamex.sre.gob.mx/china

中华人民共和国驻墨西哥合众国大使馆
住 Av. Río Magdalena No.172, Col. Tizapán San Angel, Del. Alvaro Obregón, C.p.01090, CDMX
☎（0052-55）5616-4324
营 周一～周五 9:00~18:00（节假日除外）

随处可见前往国境的指示牌

●汇率

1美元=19.0604墨西哥元（2019年7月12日）

●时差

采用太平洋标准时间（PST），比北京时间慢16个小时。采用夏令时（4月第一个周日~10月最后一个周日）比北京慢15个小时。与美国的夏令时（3月第二个周日~11月第一个周日）不同。

国境的新边检站（徒步用）投入使用 2016年7月新的边检站，培德韦斯特（PedWest）投入使用，距离圣易西铎站步行约15分钟，位于拉斯亚美利加奥特莱斯（→p.168）的东侧。之前的边检站也继续使用。↗

从圣迭戈前往国境

自驾

从圣迭戈的市区出发，沿 I-5 向南行驶约 25 分钟。但是大部分租车公司均不同意租车自驾通过国境。美国国内的保险不能在墨西哥使用，盗窃、交通事故等也常有发生。

美国一侧的停车场

从 I-5 的最后一个出口 "Last Exit in U.S.A." 驶出，然后右转驶入 Camino de la Plaza，其前方有 24 小时营业的停车场。

Border Station Parking

住 4570 Camino de la Plaza, San Ysidro

☎ (619) 428-9477

URL borderstationparking.com

从国境前往市区

从国境步行至市区约 20 分钟。

国境的等待时间（步行）

过去从墨西哥前往美国至少需要等待 2~3 小时。但近年来可以通过网站、APP 了解实时的等待时间，并且 PedWest（→ p.173 脚注）也已经建成，拥挤程度与之前相比大有改观。

URL bwt.cbp.gov（可以查看徒步、开车过境的等待时间）

●租车

从 I-5 的 "Last Exit in U.S.A." 出口驶出，利用美国一侧的停车场。请注意，这里基本上是不允许租车自驾跨越国境的。

从墨西哥前往美国经常堵车

从国境到中心（市区）

●徒步

通过旋转铁门入境后沿道路一直向前。在"出租车！"的叫声中不断前进，走过靠近美国入境队列的大桥。然后按照写着"Centro"的指示牌，随着人群行动即可。

蒂华纳 漫 步

蒂华纳的购物主要以皮革制品、银工艺品、陶器为主。因为同一种商品在许多地方都有出售，所以可以比较之后再购买。在这里购物一定要砍价，差价非常大。另外与美国国内相比，蒂华纳的药品、化妆品、香水都便宜 20%~30%，有些药没有处方也可以买到。正因如此，这里的药店很多，仅革命大街就有几十家。

主要的商店、购物中心的营业时间是 10:00~19:00。墨西哥有"午休"的习惯，而在蒂华纳并不多见。另外虽然近些年蒂华纳的治安得以改善，但还是尽量在人多、明亮的地方行动，避免走进小胡同。

在中心部虽然可以使用美元支付，但在小摊或者稍远的市场购买东西要尽量使用墨西哥元（用 $ 来表示）。国境附近有很多兑换处。在蒂华纳中心地区可以使用英语，但稍远一些的地方就不行了。建议提前学习一些简单的西班牙语词汇。纪念品商店的店家对于讲英语和讲西班牙语的态度完全不同。

原色调的蒂华纳

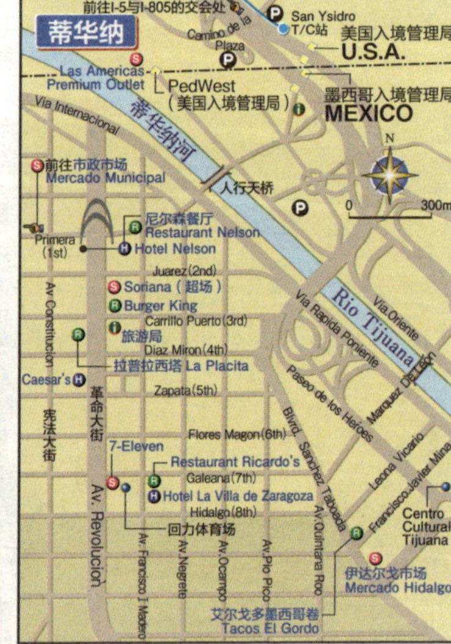

↘最初完成后，仅墨西哥→美国单向通行，从 2017 年 7 月美国→墨西哥的入境也可以使用。

值得推荐的海外高尔夫首秀！

向着令人向往的加利福尼亚高尔夫球赛 GO！

因为冯珊珊等选手的出色发挥，在中国有越来越多的人开始关注和参与高尔夫运动。而在高尔夫人口排名第一的美国，高尔夫是一项十分盛行的体育运动，随时都可以参与体验该项运动的魅力。在气候稳定的加利福尼亚，任何季节都可以舒舒服服地挥上几杆。此外这里拥有多个顶级高尔夫球场，是全美公开赛、PGA锦标赛等比赛场地。2019年的全美公开赛在圆石滩高尔夫球场举行，而2021年则是多利松高尔夫球场。在令人憧憬的高尔夫球场上开启自己的海外高尔夫首秀吧！

美国的高尔夫注意事项

高尔夫球场的种类

美国的高尔夫球场大致分为私人球场和公共球场两种。私人球场分为会员所有（会员制）和民营（完全私人和半私人），不成为会员的话就不能使用。而公共球场为公营（郡、市所有）或民营，任何人都可以使用。

球场使用费是？

球场使用费的参考价格大致如下：顶级球场 18 洞为 $150~200，再往下是 $100 左右和 $80~100。市营球场价格相对便宜。但是全美公开赛的举办场地圆石滩高尔夫球场是一个例外，仅球场使用费就要 $495~525，另外还有 $40 的球车费用。

关于高尔夫球赛

当天可以和其他人数较少的团体组队，所以一个人也可以参加。基本上都是不雇球童，自己背球包，自己开高尔夫球车在场地内移动。一场比赛没有很长的休息，都是一口气打完 18 个洞。服装方面要穿着带领的 Polo 衫。无论男女都不要忘记做好防晒措施。

到达高尔夫球场后，先到专门店登记。可以的话建议提前在网站进行预约

练习的话，将在专门店购买的高尔夫球收据交给工作人员即可

多利松高尔夫球场

预约

虽然不少球场不用预约也是空的，但要想体验高人气球场最好还是提早进行预约。除了一个人的情况，打电话或者通过网上预约比较方便。电话预约时，仅需告知人数和开始时间，但有时需要提供信用卡号作为担保，然后确定好到高尔夫球场的交通方式，最好当天提前（约1小时）到场。大部分球场都没有更衣室，所以最好穿戴可以直接打球的服装。在球场专门店登记时要先在柜台支付球场费，高尔夫球也是在这里购买。

从预约到打高尔夫当天的流程大概就是这样的，但担心“预约”“怎么到高尔夫球场”“怎么和不认识的人一块儿打球”等问题的话，可以参加高尔夫之旅，全程由当地公司负责，没有任何压力就能享受高尔夫的乐趣。还可以请教练陪同，有即使是初学者也可以参加的高尔夫教学，可以进行各种各样的挑战。以加利福尼亚之旅为契机，开始高尔夫生涯吧。

没有草的地方用肥料养护。遵守礼仪规矩，开心打球

球场内的饮料车。买完水后别忘了给小费

照片提供：藤井诚氏 URL fujii-makoto.jp

令人憧憬的高尔夫球场一览

圣弗朗西斯科周边

西尔维拉多度假村
Silverado Resort & Spa
M p.245
住 1600 Atlas Peak Rd.，Napa Valley，CA 94558
☎（707）257-0200
URL www.silveradoresort.com

半月湾高尔夫球场
Half Moon Bay Golf Links
M p.195-A3
住 2 Miramontes Point Rd.，Half Moon Bay，CA 94019
☎（650）726-1800
URL www.halfmoonbaygolf.com

圆石滩高尔夫球场
Pebble Beach Golf Links
M p.256-A2
住 1700 17 Mile Dr., Pebble Beach, CA 93953
Free（1-800）877-0597
URL www.pebblebeach.com

潜望山高尔夫球场
Spyglass Hill Golf Course
M p.256-A2
住 Stevenson Dr., Pebble Beach, CA 93953
Free (1-800）877-0597
URL www.pebblebeach.com

罂粟山高尔夫球场
Poppy Hills Golf Course
M p.256-A2
住 3200 Lopez Rd., Pebble Beach, CA 93953
☎（831）622-8239
URL www.poppyhillsgolf.com

洛杉矶周边

洛杉矶川普国际高尔夫俱乐部
Trump National Golf Club Los Angeles
M 文前折页（洛杉矶—交通图—）
住 1 Trump National Dr., Rancho Palos Verdes, CA 90275
☎（310）265-5000
URL www.trumpnationallosangeles.com

兰乔公园市政高尔夫球场
Rancho Park Municipal Golf Course
M p.53-C4
住 10460 W. Pico Blvd., Los Angeles, CA 90064
☎（310）838-7373
URL golf.lacity.org/cdp_rancho.htm

鹈鹕山高尔夫俱乐部
Pelican Hill Golf Club
M p.107-B2
住 22800 Pelican Hill Rd. S., Newport Coast, CA 92657
Free（1-844）878-0942
URL www.golfpelicanhill.com

圣迭戈周边

全方位卡斯塔度假村及水疗酒店
Omni La Costa Resort & Spa
M p.154-A1 外
住 2100 Costa Del Mar Rd., Carlsbad, CA 92009
☎（760）438-9111
URL www.omnihotels.com

多利松高尔夫球场
Torrey Pines Golf Course
M p.154-B1 外
住 11480 N. Torrey Pines Rd., La Jolla, CA 92037
☎（858）452-3226
URL www.torreypinesgolfcourse.com

棕榈泉周边

拉昆塔度假俱乐部
La Quinta Resort & Club
M 文前折页“美国西海岸”的棕榈泉周边
住 49-499 Eisenhower Dr., La Quinta, CA 92253
☎（760）564-4111
URL www.laquintaresort.com

印第安威尔斯高尔夫度假村
Indian Wells Golf Resort
M 文前折页“美国西海岸”的棕榈泉周边
住 44-500 Indian Wells Ln., Indian Wells, CA 92210
☎（760）346-4653
URL www.indianwellsgolfresort.com

圣弗朗西斯科及其近郊

San Francisco & Environs

圣弗朗西斯科的唐人街规模堪称全美之最

Ferry Building Marketplace

在圣弗朗西斯科
不可错过的
观光胜地

渡轮大厦市场及周边介绍

被大海环绕的圣弗朗西斯科的地标——渡轮大厦市场里有城市的著名餐馆，在周边可以欣赏到圣弗朗西斯科的美丽风景。如果想一站式体验圣弗朗西斯科的魅力，那不要犹豫，就来渡轮大厦市场吧。

渡轮大厦市场还起到了钟楼的作用

高高的天花板，无拘无束

两边都入驻了多家商户

渡轮大厦市场是？ →p.207

过去曾是渡轮码头，但2003年圣弗朗西斯科的许多知名店铺、餐馆纷纷入驻，由此变成了如今的市场。每周3天，围绕建筑四周还会举办农贸市场。

建筑靠海一侧矗立着甘地的铜像

Essential 1 阿珂姆面包 Acme Bread

有机面包界的开路先锋。潘尼斯之家 →p.240 等著名餐馆都会来此批发，味道绝对有保证。

看上去十分好吃的面包

Essential 2 渡轮酒家 Ferry Plaza Wine Merchant

还有不少纳帕、索诺玛之外的葡萄酒

国内外都称赞不已的索诺玛葡萄酒价格为 $75

如果想买葡萄酒作为礼物的话就来这里。这里有许多产自纳帕、索诺玛的葡萄酒。

渡轮大厦市场MAP

正面入口

滴滤咖啡 $3.50

Essential 3 蓝瓶咖啡 Blue Bottle Coffee

蓝瓶咖啡诞生于圣弗朗西斯科对岸的奥克兰。在西海岸顶尖的咖啡馆中也算得上是佼佼者。

总是排着长队

令人向往的希思餐具是必买品

Essential 4 希思陶瓷 Heath Ceramics

圣弗朗西斯科的人气陶瓷品牌。想要买时尚好看的餐具就来这里。

发现一家适合约会的餐馆！

拉·马尔
La Mar

拉·马尔是一家秘鲁餐馆。大多数人可能不太了解秘鲁菜，菜品以生鱼为主，适合喜欢海鲜的人。在可以看到大海的甲板桌边，一边享受舒服的海风，一边品尝美食。

一边看海，一边用餐，很有圣弗朗西斯科的格调

美景配美食

柠檬汁生鱼片

也有融合菜肴

前往39号码头

Ferry Building Marketplace

MUNI地铁站

50m

在垂钓者前面就是海湾大桥

意想不到的垂钓者！？

可以看到圣弗朗西斯科的天际线

1号码头
Pier 1

1号码头前会有垂钓者。从这里可以看到与对岸奥克兰相连的海湾大桥，晚上来这里也不错。

圣弗朗西斯科屈指可数的拍照胜地

图画般的风景

驶过楼前的Muni电车

渡轮大厦前
Front Ferry Building

白色的渡轮大厦和蓝蓝的天空，颜色鲜艳的轻轨和椰子树。拍一张最棒的照片吧！

保留着原本的功能

渡轮码头
Ferry Landing

过去的渡轮码头现在也仍在使用中。从这里乘坐渡轮也可以到达索萨利托→p.228。

渡轮售票处

百货商场、专卖店云集

在联合广场购物

联合广场→p.206是圣弗朗西斯科的观光大本营。以此为中心5分钟的步行范围内，到处都是商店。对于购物狂来说，联合广场简直就是他们的天堂。

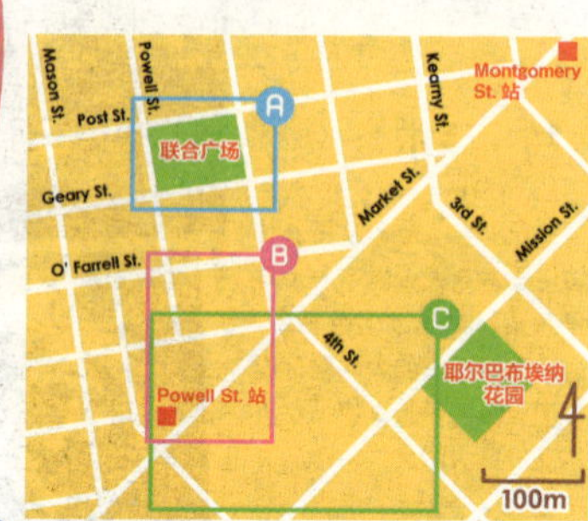

来自纽约的高档百货商店

萨克斯第五大道精品百货店
Saks Fifth Avenue

→p.235

时尚人士都会造访这里

位于联合广场北侧，美国有代表性的高档百货商店。以女性为主，高档商品琳琅满目。

位于苹果总部旁边，很特别的商店

联合广场苹果专卖店
Apple Union Square

迅速确认新产品

有很多个性十足的员工

2016年在联合广场开业的苹果专卖店。店铺设计出自苹果产品的最高设计者——乔尼·艾维，是一家很特别的商店。

M p.200-C2
住 300 Post St., San Francisco
☎（1-415）486-4800
URL www.apple.com
营 周一～周六 9:00~21:00、周日 10:00~19:00
信用卡 A D J M V

Post St.
Stockton St.
Powell St.
Geary St.
20m
A

从梅西百货（→右侧）看到的联合广场

市区的中心

联合广场
Union Square

→p.206

市民、游客聚集的广场，十分热闹。在购物途中可以来这里休息。

一定要去的老牌百货商店

梅西百货公司
Macy's

→p.235

附设有游客中心、美食广场的百货商店。乘坐直梯到楼上可以将联合广场尽收眼底。

旁边的街区也有梅西百货大楼

耐克
Nike

可以看到历代的飞人乔丹（Air Jordan）球鞋

奢华、气派的百货商店

尼曼百货清仓店
Neiman Marcus

→p.235

时尚前沿的化妆品、服饰琳琅满目。屋顶为半圆形，使用的彩色玻璃来自1909年的巴黎建筑。

内部装饰也很华丽

优衣库

Uniqlo

铛铛车从店前驶过

在美国的家居连锁商店物色小玩意儿

克拉特·巴雷尔

Crate&Barrel

和食物搭配的餐具

今天的心情是橙色！

招牌很大，很容易找到

家具、餐具等一应俱全的美国家具商店。全美有约 170 家连锁店。可以来这里购买具有美国色彩的餐具、刀叉等。

M p.200-C4
住 55 Stockton St., San Francisco
☎ (1-415) 982-5200
URL www.crateandbarrel.com
营 周一～周六 10:00~20:00、周日 11:00~18:00
信用卡 A M V

使用率高的车站

鲍威尔街站

Powell St. Station

很容易找到的巴士车站

附近有游客中心，如果在市区停留的话，是使用率最高的车站。站台位于地下。

B

O' Farrell St.
Powell St.
Ellis St.
Market St.
Powell St. 站
20m

圣弗朗西斯科韦斯特菲尔德购物中心

Westfield San Francisco Centre

规模很大的购物中心

萨克斯第五大道精品百货店工厂店

Saks Fifth Avenue Off 5th

→ p.235

设计师品牌价格也都非常便宜

西服的价格惊人得便宜

缺德舅

Trader Joe's

→ p.19

店铺位于地下

来到这里就会变成收纳高手！？

收纳用品商店

Container Store

简单实用的食品容器

特殊的收纳（容器）用品商店。调味品、食品容器、简易纸箱、桌面收纳盒等，有各式各样的收纳用品任人挑选。

M p.201-D5　住 36 4th St., San Francisco
☎ (1-415) 777-9755
URL www.containerstore.com
营 周一～周六 10:00~21:00、周日 11:00~18:00
信用卡 A M V

C

Ellis St.
4th St.
Market St.
5th St.
Mission St.
30m

综合娱乐设施

梅特隆

Metreon

→ p.208

一站式美食、购物、观影好去处！许多品牌旗舰店也都有入驻。

醒目的红色 LOGO

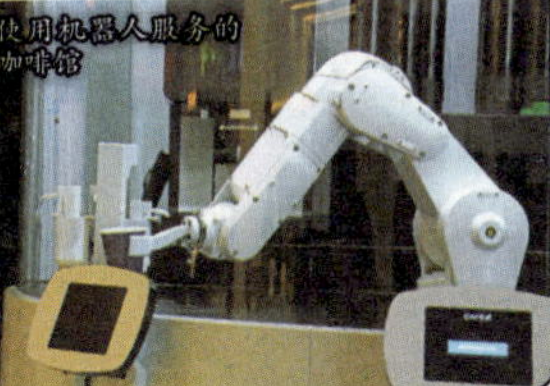

使用机器人服务的咖啡馆

圣弗朗西斯科 San Francisco

圣弗朗西斯科是一座回头客众多的观光城市，有着不可撼动的人气值。城市三面靠海，夏天十分寒冷，这在加利福尼亚极为少见。拥挤的铛铛车、复古的维多利亚式房屋、让人感受到移民力量的民族街、元气满满的渔人码头……与日常的风景相重叠，创造出了圣弗朗西斯科特有的景观。

漫步圣弗朗西斯科

市内公共交通发达，道路犹如棋盘一样规整，初次到访的人也很容易明白。中心街区治安良好，规模适中，非常适合散步。此外，开车只要行驶 1 小时左右便能来到硅谷（→ p.231），2 小时左右即可到达纳帕、索诺玛的葡萄酒乡（→ p.244），以及蒙特雷、卡梅尔（→ p.256）等，有很多小型旅行目的地可供选择。租车自驾或者参加旅游团可以轻松出行也是一大魅力。

● 行程规划的要点

开始游览之前，建议先前往市区的游客中心（M p.200-B5）。这里有着丰富的旅游资料，以及带有交通线路图的地图，十分方便。此外周边还有铛铛车的站台，沿 Market St. 行驶的 Muni 巴士、地铁、捷运（BART）车站（Powell St. Station），是一个很方便的交通大本营。

在圣弗朗西斯科以联合广场（→ p.206）为起点，徒步即可到达唐人街、金融区和北滩。前往渔人码头途中有许多坡道，因此建议乘坐铛铛车。大部分的景点靠步行 + 公共交通就可以在 1~2 天游览完。购买 Muni Passport（Muni 一卡通→ p.190），然后按照自己的节奏游览吧。

单独出行需要注意的是酒店的预订工作。圣弗朗西斯科的酒店费用较高，仅次于纽约。因为经常举办大型活动，如果正巧赶上活动时期，将很难预订到酒店。建议决定好行程后尽快着手酒店的预订工作。

便签 城市一卡通　包含 Muni 一卡通（3 天）、加州科学馆门票、蓝金舰队公司的一小时海湾游轮、海湾水族馆门票、科学探索博物馆门票、M.H. 青年艺术博物馆门票。从首次使用日开始 9 天有效。URL www.↗

综合信息

加利福尼亚州圣弗朗西斯科市

人口　约 87 万（北京市约 2173 万）

面积　约 121 平方公里（北京市约 16410 平方公里）

● 消费税

圣弗朗西斯科市 8.50%

葡萄酒乡 7.75%~8.625%

蒙特雷 & 卡梅尔 8.75%

● 酒店税

圣弗朗西斯科市约 16.45%（根据酒店规模而定）

葡萄酒乡 14%~14.19%

蒙特雷 & 卡梅尔 11%~11.8%+$1~2/ 晚

● 游客中心

San Francisco Visitor Information Center

M p.204-B5

住 900 Market St., San Francisco, CA 94102

☎（1-415）391-2000

URL www.sanfrancisco.com（英语）

营 每天 9:00~17:00（周六 · 周日 · 节假日 ~15:00）

休 圣诞节、新年、感恩节、11 月 ~ 次年 4 月的每个周日

● 圣弗朗西斯科市内的电话使用方法

在 SF 市内，无论拨打市内还是市外电话，都要先加拨“1”和“区号”。

旅行季节的建议

（美国西海岸的气候 → p.373）

冬暖夏凉是圣弗朗西斯科气候的最大特征。因此季节间的温差不大，但一天之中早晚的温差、气候却有着很大的差异。即使夏天，气温也甚至会低于 20℃，白天很热，但到了夜晚气温就会骤降。推荐的旅游时间为 6~8 月，9~11 月则是各类活动举办的旺季。因为“印第安的夏天”这一天气现象，深秋时节会忽然回暖，有时甚至比夏天还要暖和。12 月 ~ 次年 2 月冷风刺骨，降水概率高。

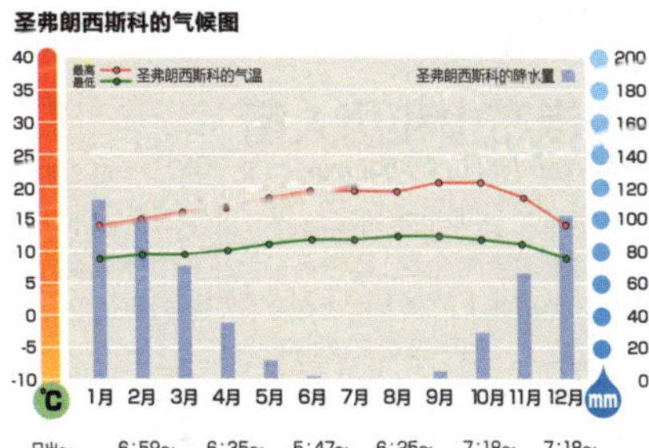

当地信息杂志

当地报纸《圣弗朗西斯科纪事报》（晨报 $1.50）和《圣弗朗西斯科观察家报》（晚报）是由同一家报社发行。周日版的纪事报（$3）会刊登圣弗朗西斯科和湾区的体育、戏剧等娱乐信息。可以在车站购买。免费报纸《*SF Weekly*》URL www.sfweekly.com、《*The San Francisco Bay Guardian*》可以在街角的岗亭、咖啡馆等地方领取。还有面向游客的免费月刊杂志《*Where*》，可以在中高档酒店或者游客中心获得。

活动 & 节日

※ 详细信息可以登录旅游局官网（参考上方的综合信息）确认

中国春节
Chinese New Year

● 2 月 5 日（2019 年）

持续 2 周的中国春节庆典活动。从 Market St. 出发的游行十分出名。

圣弗朗西斯科马拉松
San Francisco Marathon

● 7 月 28 日（2019 年）

从内河码头出发，途经渔人码头、金门大桥，是一条充满魅力的线路。

同志骄傲大游行
SF Pride

● 6 月 29~30 日（2019 年）

全美各地的男女同性恋者为争取民权、拒绝歧视而聚集于此。其中最引人关注的就是从卡斯特罗地区开始的游行。

➘ citypass.com　费 成人 $89、儿童（5~11 岁）$66。

圣弗朗西斯科区域导览
San Francisco Area Guide

主要的观光景点和购物地都集中在市区和渔人码头。除此之外的地区主要是住宅区和社区，比较适合散步。也有景点和当地生活区域紧密结合的街区。

A 市区
Downtown （→p.206）

以联合广场为中心，是圣弗朗西斯科的心脏。公共交通也以该区域为中心向外延伸，是旅行者最理想的入住区域。高档百货、品牌专卖店也都可以在这里找到。

B 诺布山和唐人街
Nob Hill & Chinatown （→p.209）

从联合广场乘坐铛铛车向北，便能到达诺布山，在这里能看到许多庄严的高档酒店和维多利亚式房屋。美国最大的唐人街也在联合广场的步行范围内。想吃美味的中餐就来这里吧。

C 市政中心和太平洋高地
Civic Center & Pacific Heights （→p.212）

市政中心地区是文化、行政的中心。在这里可以欣赏到高质量的歌剧、芭蕾、圣弗朗西斯科交响乐团的表演。而想要欣赏圣弗朗西斯科最具特色的维多利亚式房屋就去太平洋高地。

D 渔人码头和北滩
Fisherman's Wharf & North Beach （→p.215）

海鲜餐馆鳞次栉比的渔人码头是圣弗朗西斯科旅游的常规景点。位于意大利社区北滩的电报山上的科伊特塔景致极佳，可以将市区的全景尽收眼底。

圣弗朗西斯科的交通方法

出发地 / 目的地	Ⓐ A 市区（Powell & Market Sts.）	Ⓑ 诺布山和唐人街	Ⓒ 市政中心和太平洋高地
Ⓐ 市区（Powell & Market Sts.）		起点Ⓝ 铛铛车 PH Washington St. & Taylor St.→Powell St. & Market St.（15 分钟） 起点Ⓣ 铛铛车 PH/PM Powell St. & Sacramento St.→Powell St. & Market St.（10 分钟）	起点Ⓢ BART 只开往 fremont 方向 Civic Center/UN Plaza 站→ Powell St. 站（13 分钟） Ⓣ出发 巴士 1 Sacramento St. & Fillmore St. → Powell St. & Clay St. 步行 铛铛车 PH Powell St. & Clay St.→Powell St. & Market St.（30 分钟）
Ⓑ 诺布山和唐人街	终点Ⓝ 铛铛车 PM Powell St. & Market St.→Jackson St. & Taylor St.（10 分钟） 终点Ⓣ 铛铛车 PM/PH Powell St. & Market St.→Powell St. & Pine St.（5 分钟）		起点Ⓣ，终点Ⓝ 巴士 1 Sacramento St. & Fillmore St.→Clay St. & TaylorSt.（10 分钟） 起点Ⓣ，终点Ⓣ 巴士 1 Sacramento St. & Fillmore St.→Clay St. & Grant Ave.（5 分钟）
Ⓒ 市政中心和太平洋高地	终点Ⓢ BART Daly City 方向 Powell St. 站→Civic Center/Un Plaza 站（1 分钟） 终点Ⓣ 铛铛车 PM/PH Powell St. & Market St.→Powell St. & Sacramento St. 步行 巴士 1 Powell St. & Sacramento St.→California St. & Pierce St.（25 分钟）	起点Ⓝ、Ⓣ，终点Ⓢ 铛铛车 PH Washington St. & Taylor St.→Powell St. & Market St. 步行 BART Daly City 方向 Powell St. 站→Civic Center/UN Plaza 站（25 分钟）	
Ⓓ 渔人码头和北滩	终点Ⓨ 铛铛车 PH Powell St. & Market St.→Hyde St. & Beach St.（20 分钟） 终点Ⓝ 铛铛车 PM Powell St. & Market St.→Columbus Ave. & Lombard St.（15 分钟）	起点Ⓣ，终点Ⓨ 铛铛车 PH Powell St. & Washington St.→Hyde St. & Beach St.（15 分钟） 起点Ⓝ，终点Ⓝ 铛铛车 PM Powell St. & Clay St.→Taylor St. & Bay St.（10 分钟）	起点Ⓢ，终点Ⓨ 地铁 F Market St. & 7th St.→Jefferson St. & Powell St.（25 分钟） 起点Ⓣ，终点Ⓝ 巴士 1 Sacramento St. & Fillmore St.→Clay St. & Stockton St. 步行 巴士 30 Stockton St. & Sacramento St.→Union St. & Columbus Ave.（25 分钟）
Ⓔ 要塞公园和金门公园	终点Ⓨ 金门巴士 101 Mission St. & 5th St.→Golden Gate Bridge Toll Plaza（35 分钟） 终点Ⓙ 巴士 5 Powell St. & Market St.→Fulton St. & 8th Ave.（25 分钟）	起点Ⓣ，终点Ⓨ 金门巴士 101 Van Ness Ave. & Clay St.→Golden Gate Birdge Toll Plaza（30 分钟） 起点Ⓝ，终点Ⓙ 铛铛车 C California St. & Grant Ave.→California St. & Davis St. 步行 地铁 N Embarcadero 站→Irving St. & 2nd Ave.（30 分钟）	起点Ⓣ，终点Ⓨ 巴士 22 Fillmore St. & Sacramento St.→Fillmore St. & Lombard St. 步行 巴士 28 Lombard St. & Fillmore St.→ Golden Gate Bridge Toll Plaza（30 分钟） 起点Ⓣ，终点Ⓙ 巴士 1 Fillmore St. & Sacramento St.→ California St. & 6th Ave. 步行 巴士 44 6th Ave. & Cornwall St.→Fulton St. & 8th Ave.（25 分钟）
Ⓕ 海特·艾许伯里和教会区	终点Ⓗ 巴士 6/7 Market St. & 5th St.→Masonic Ave. & Haight St.（20 分钟） 终点Ⓙ BART Daly City 方向 Powell St. 站→16th St. Mission 站（5 分钟）	起点Ⓣ，终点Ⓗ 巴士 7 Market St. & 3rd St.→Haight St. & Masonic Ave..（20 分钟） BART Daly City 方向 Montgomery St. 站→16th St. Mission 站（10 分钟）	起点Ⓣ，终点Ⓗ 巴士 1 California St. & Pierce St.→California St. & Presidio Ave. 步行 巴士 43 California St. & Presidio Ave.→Masonic Ave. & Haight St.（20 分钟） 起点Ⓣ，终点Ⓙ 步行 BART Daly City 方向 Civic Center/UN Plaza 站→16th St. Mission 站（3 分钟）

公共交通工具 铛铛车（PM=Powell-Mason 线、PH=Powell-Hyde 线） Muni 巴士 金门巴士 Muni 地铁 捷运 BART ※所需时间仅供参考

 要塞公园和金门公园

Presidio & Golden Gate Park （→ p.220）

要塞公园是位于金门大桥旁的一处宽阔的地方。在面积广阔的金门公园分布着美术馆、博物馆，其中加州科学馆人气极高。

 海特·艾许伯里和教会区

Haight Ashbury & Mission （→ p.226）

海特·艾许伯里是 20 世纪 70 年代嬉皮运动的中心，该地区有许多个性商店。确立为同志街区的卡斯特罗和人气店铺云集的教会区，则是圣弗朗西斯科最时尚的区域。

圣弗朗西斯科区域地图

● 表示区域间移动的起点　　表示开车所需时间

D 渔人码头和北滩	E 要塞公园和金门公园	F 海特·艾许伯里和教会区
起点Y F Beach St. & Stockton St.→Market St. & 5th St.（25 分钟） 起点N 8 Powell St. & Francisco St.→Cyril Magnin St. & Market St.（15 分钟）	起点Y 70 Golden Gate Bridge Toll Plaza→Mission St. & 5th St.（25 分钟） 起点J 7 Frederick St. & Willard St.→Market St. & 5th St.（25 分钟）	起点H 7 Haight St. & Stanyan St.→Market St. & 4th St..（25 分钟） 起点J 只开往 millbrae 方向 16th St. Mission 站→Powell St. 站（5 分钟）
起点Y，终点T 8 North Point St. & Stockton St.→Stockton St. & Pacific Ave.（10 分钟） 起点N，终点T 8 Powell St. & Francisco St.→Stockton St. & Jackson St.（10 分钟）	起点Y，终点N 101 Golden Gate Bridge Toll Plaza→Van Ness Ave. & Sacramento St.（20 分钟） 起点J，终点T 33 Stanyan St. & Hayes St.→California St. & Arguello Blvd. 1 California St. & Arguello Blvd.→Clay St. & Grant Ave..（45 分钟）	起点H，终点N 43 Haight St. & Clayton St.→California St. & Presidio Ave. 1 California St. & Presidio Ave.→Hyde St. & Clay St.（35 分钟） 起点J，终点N 49 Mission St. & 16th St.→Van Ness Ave. & Clay St.（20 分钟）
起点Y，终点S F Beach St. & Stockton St.→Market St. & Hyde St.（25 分钟） 起点N，终点T 45 Union St. & Columbus Ave.→Union St. & Steiner St.（10 分钟）	起点Y，终点S 70 Golden Gate Bridge Toll Plaza→Hyde St. & Grove St.（25 分钟） 起点J，终点S 7 Haight St. & Stanyan St.→Market St. & 7th St.（20 分钟）	起点H，终点S 7 Haight St. & Masonic Ave.→Market St. & Hyde St.（20 分钟） 起点J，终点S 只开往 millbrae 方向 16th St. Mission 站→Civic Center/UN Plaza 站（3 分钟）
	起点Y，终点Y 101 Golden Gate Bridge/Parking Lot→Van Ness Ave. & Sacrament St.（20 分钟） 起点J，终点N N Carl St. & Stanyan St.→Montgomery 站 8BX Kearny St. & Sutter St.→Powell St. & Lombard St.（35 分钟）	起点H，终点Y 7 Haight St. & Clayton St.→Market St. & 1st St. 起点J，终点N F Market St. & 1st St.→Pier 39（60 分钟） 只开往 fremont 方向 16th St. Mission 站→Embarcadero 站 F Market St. & Main St.→Pier 39（30 分钟）
起点Y，终点Y 4/27 North Point St. & Jones St.→Golden Gate Bridge Toll Plaza（20 分钟） 起点Y，终点J F Beach St. & Mason St.→Market St. & Drumm St. N Embarcadero 站→Irving St. & 9th Ave.（45 分钟）		起点H，终点Y 7 Haight St. & Stanyan St.→Lincoln Way & 19th Ave. 28 Crossover Dr. & Lincoln St.→Golden Gate Bridge/Parking Lot（35 分钟） 起点J，终点J 33 Mission St. & 16th St.→Stanyan St. & Oak St.（25 分钟）
起点Y，终点H 8 North Point St. & Stockton St.→Cyril Magnin St. & Market St. 7 Market St. & 5th St.→Haight St. & Masonic Ave.（45 分钟） 起点Y，终点J F Beach St. & Stockton St.→Market St. & 2nd St. Daly City 方向 Montgomery St. 站→16th St. Mission 站（30 分钟）	起点Y，终点J 70 Golden Gate Bridge Toll Plaza→Hyde St. & Grove St. Daly City 方向 Civic Center/UN Plaza 站→16th St. Mission 站 起点J，终点H 7 Lincoln Way & 21st Ave.→Haight St. & Stanyan St.（10 分钟）	

N 诺布山　T 唐人街　S 市政中心　T 太平洋高地　Y 渔人码头
N 北滩　Y 要塞公园　J 金门公园　H 海特·艾许伯里　J 教会区

前往圣弗朗西斯科的方法

Access to San Francisco

飞机

北京、上海等大城市均有直飞圣弗朗西斯科国际机场的航班，此外北京、上海还有直飞圣何塞国际机场的航班，但目前国内还没有直飞奥克兰的航班，均需中转。因为圣弗朗西斯科的人气很高，毫不逊色于洛杉矶，所以来这里旅游的也有不少美国国内的游客，很多人会选择乘坐美国国铁或者灰狗巴士等地面交通。

圣弗朗西斯科国际机场（SFO）

San Francisco International Airport

M p.195-A2 ☎（1-650）821-8211 URL www.flysfo.com

北京、上海、青岛、武汉等地均有直飞航班，航空公司包括中国国航、南方航空、东方航空、美国联合航空、达美航空等。前往机场航站楼、捷运站、租车中心均可以使用无人驾驶的空中轻轨（Air Train）。从中国出发的航班均到达国际航站楼。

机场设施完善

北美规模最大的国际航站楼，有许多家商店、餐馆。当然，Wi-Fi 也是免费的。

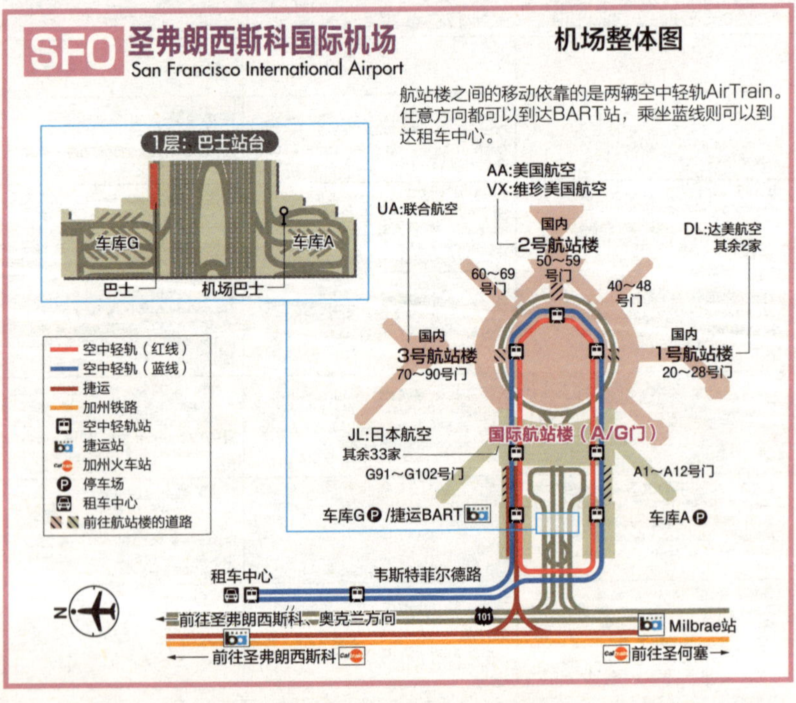

SFO 圣弗朗西斯科国际机场
San Francisco International Airport

机场整体图

航站楼之间的移动依靠的是两辆空中轻轨AirTrain。任意方向都可以到达BART站，乘坐蓝线则可以到达租车中心。

1层：巴士站台
车库G
车库A
巴士
机场巴士

AA:美国航空
VX:维珍美国航空
UA:联合航空
国内
2号航站楼
50～59号门
60～69号门
40～48号门
DL:达美航空
其余2家
国内
3号航站楼
70～90号门
国内
1号航站楼
20～28号门
JL:日本航空
其余33家
国际航站楼（A/G门）
G91～G102号门
A1～A12号门
车库G P /捷运BART
车库A P
租车中心
韦斯特菲尔德路
前往圣弗朗西斯科、奥克兰方向
101
Milbrae站
前往圣弗朗西斯科
前往圣何塞

空中轻轨（红线）
空中轻轨（蓝线）
捷运
加州铁路
空中轻轨站
捷运站
加州火车站
停车场
租车中心
前往航站楼的道路

从圣弗朗西斯科国际机场前往市区

超级摆渡车 SuperShuttle

Free (1-800) 258-3826

URL www.supershuttle.com

位于国际航站楼到达层（二层）的出口，写有 Door to Door Vans 的标志下。前往市区单程 $17，需要 30~50 分钟。除此以外还有许多接送公司。

携带行李多的话比较方便

圣马特奥郡运输巴士 samTrans (Bus)

Free (1-800) 660-4287 ※参照 p.192

KX（快车）和 #292 巴士往返于机场和市区。车站位于国际航站楼一层：Bus Courtyard A 和 G。#292 巴士单程 $4，所需时间 60 分钟。KX 快速巴士单程 $4，所需时间 30 分钟。市区的始末站位于市区的临时跨湾枢纽站周边（Main & Folsom Sts.）。

前往市区最便宜的交通方式

捷运 BART

☎ (1-650) 992-2278 ※参考 p.191

车站位于国际航站楼三层。从捷运 San Francisco Int'l Airport 站到市区的 Powell St. 站需 30 分钟。单程 $8.95。

入住酒店如果距离车站较近的话推荐乘坐捷运

出租车 Taxi

在国际航站楼二层出口标有 Taxi 的标志下乘车。如果赶上高峰，可能要花上比平常多 2 倍的时间。到达联合广场周边需要 $50，到达渔人码头周边需要约 $56（还需另付小费），所需时间 20~40 分钟（加收 $2 机场使用费）。

行李多、同行人数多的话打车比较方便划算

Information 圣弗朗西斯科国际机场的设施

● **伯曼休息中心**

机场室内的大型休息区，可以从窗户看到机场跑道。可以在这里休息、整理行李。位于国际航站楼三层，紧挨捷运车站。

营 每天 7:00~23:00

● **航空博物馆 & 图书馆**

博物馆是用机场内 20 世纪 30 年代的旅客休息室改造而成的一处场所。馆内陈列了空乘人员的制服、飞机模型等。位于国际航站楼三层，A 登机区附近。门票免费。

URL www.flysfo.com/museum/aviation-museum-library

营 每天 10:00~16:30

● **圣弗朗西斯科机场博物馆**

国际航站楼、登机口附近均设有各种展览，作品随处可见。

URL www.flysfo.com/museum

机场到处都是艺术作品

从圣弗朗西斯科国际机场前往各个区域

前往郊外的机场巴士

机场二层出口，是“Airporter”的车站。需要注意的是，前往伯克利的 BayPorter 特快巴士车站位于一层的 1、3、4、G 停车场。建议提前预约。

●**前往纳帕谷**（→ p.245）

■**Evans** ☎（1-707）255-1559

URL www.evanstransportation.com

每天 9 班。约 1 小时 30 分钟 ~2 小时 15 分钟。单程 $40（到纳帕车站）、$60（到酒店）。

※ 只收现金

●**前往索诺玛县**（→ p.250）

■**Sonoma County Airport Express**

☎（1-707）837-8700 Free（1-800）327-2024

URL www.airportexpressinc.com

每天 19 班。约 2 小时 15 分钟，单程 $34（到索诺玛县机场）。

●**前往圣何塞国际机场 / 蒙特雷**（→ p.189、257）

■**Monterey Airbus**

☎（1-831）373-7777

URL www.montereyairbus.com

每天 12 班。到圣何塞国际机场约需 45 分钟，单程 $20；到蒙特雷约 2 小时 15 分钟，单程 $50。

●**前往伯克利**（→ p.230）

■**BayPorter Express**

☎（1-415）769-4063

Free（1-877）467-1800

URL www.bayporter.com

单程 $38。（网上预约需提前 15 小时）

※ 乘坐出租车前往纳帕、索诺玛需要 $180 以上，如果同行人数少、时间充裕的话，建议乘坐 BayPorter。乘坐捷运从 SFO 到伯克利也比较方便

前往圣何塞可以乘坐蒙特雷空中巴士，十分便利

租车 Rent-a-Car

SFO 内设有租车中心。从各个航站楼均可以乘坐空中轻轨蓝线到达租车中心。

●**前往圣何塞（硅谷）**（→ p.231）

从租车中心出来后，沿 US-101 向南行驶。进入 Guadalupe Fwy.（CA-87）南下，在左侧可以看到圣何塞市区。全程约 40 分钟。

●**前往葡萄酒乡**（→ p.244）

从租车中心驶出，进入 McDonnel Rd. 向北前进，然后左转进入 San Bruno Ave.，再驶入 US-101 North。在 Bay Bridge/Oakland 分流处进入 I-80 East。再从 Exit 33 进入 CA-37 West，然后右转进入 CA-29（Sonoma Blvd.）。继续行驶，从 Exit 18A 驶出，驶向纳帕市区，从途中 CA-29 的分叉路驶向 CA-12 West，即可到达索诺玛。全程需要 1 小时 20 分钟。

●**前往蒙特雷 & 卡梅尔**（→ p.256）

从租车中心出来后，进入 US-101 向南行驶。沿 Monterey/Peninsula 方向前进，然后从 CA-156 向西行驶，然后直接驶入 CA-1。向南即可到达蒙特雷市中心。所需时间约 2 小时。

长途巴士（灰狗）

灰狗巴士站 Greyhound Bus Terminal

车站位于市区东侧的临时跨湾枢纽站内。到联合广场周边可以乘坐 Muni #38 巴士、38R，票价 $2.75、5~7 分钟。

铁路（美国国铁）

美国国铁站 Amtrak Station（铁路）

在圣弗朗西斯科没有车站，但在对岸的埃默里维尔和奥克兰都设有车站。每条线路的始末站不同，需要提前确认。从临时跨湾枢纽站有免费班车前往这两个车站。班车途经市内的金融区和渔人码头。

临时跨湾枢纽站
M p.199-F4
住 Main & Folsom Sts.（Temporary Transbay Terminal）截至 2017 年 9 月。2017 年底已经移至了新的枢纽中心（→脚注）。

灰狗巴士
Free（1-800）231-2222（24 小时）
URL www.greyhound.com
营 每天 5:30~ 次日 1:30

美国国铁 / 埃默里维尔站
M p.195-B2
住 5885 Horton St., Emeryville

美国国铁 / 奥克兰站
M p.195-B2
住 245 2nd St., Oakland

美国国铁办公室（圣弗朗西斯科）
M p.199-F4
住 205 Folsom St.
Free（1-800）872-7245
URL www.amtrak.com
营 每天 6:00~18:00、19:00~22:20

2017 年建成的交通枢纽中心

美国国铁在奥克兰设有车站

Information 圣弗朗西斯科周边机场

圣何塞国际机场（SJC）
San Jose International Airport

M p.195-B4、p.231-B
住 1701 Airport Blvd., San Jose
☎（1-408）392-3600
URL www.flysanjose.com

目前北京、上海均有直飞圣何塞的航班。机场设有国内和国际航站楼 A、国内专用航站楼 B，机场航站楼之间的移动，以及前往航站楼 B 的租车中心均可乘坐免费班车。前往圣弗朗西斯科市内可以乘坐机场巴士和公共交通设施，各个航站楼均设有车站。

从 SJC 出发前往圣弗朗西斯科市内

● **机场巴士**　随时出发。$105~120、所需时间 1 小时 20 分钟 ~1 小时 40 分钟。

● **VTA 巴士 & 加州铁路**

乘坐免费 VTA 巴士可以到达 Santa Clara 站，乘坐加州铁路可以到达 San Francisco 站。$9.75、需要约 1 小时 45 分钟。

奥克兰国际机场（OAK）
Oakland International Airport

M p.195-B2
住 1 Airport Dr., Oakland
☎（1-510）563-3300
URL oaklandairport.com

从机场可以乘坐机场巴士或者公共交通到达圣弗朗西斯科市区。也可以使用优步等叫车软件；出租车上车点在各个航站楼前；捷运 BART 站同样位于航站楼前。

从 OAK 前往圣弗朗西斯科市内

● **机场巴士**　随时出发。$57~85、所需时间约 45 分钟。

● **出租车**　$65~95、所需时间约 45 分钟。

● **BART to OAK（高架铁路）& BART**

BART 机场站（高架）位于航站楼出口外的停车场中央位置，BART 铁路终点站为 Coliseum 站。可以乘坐 BART 到市区的 Embarcadero 站、Powell St. 站等。$10.20（$6+$4.20）、所需时间约 45 分钟。

便签 SF 公共交通设施的大本营“跨湾枢纽中心”　包含湾区 11 个公共交通设施的综合枢纽中心，已于 2017 年底竣工。位于 Fremont、Mission、Minna、2nd 附近。URL transbaycenter.org

圣弗朗西斯科的交通设施
Transportation in San Francisco

Muni
☎311（圣弗朗西斯科市内）（1-415）701-2311（湾区）
Free 511
URL www.sfmta.com
※ 可以使用 Clipper 卡（→p.192 脚注）

换乘制度
乘坐 Muni 巴士和 Muni 地铁前往目的地时，如果必须要换乘的话，可以使用换乘车票。90 分钟之内，可以不限次数来回换乘。

Muni 巴士
费 $2.75
从前后门都可以上车，但如果用现金买票的话，必须要从前门上车，上车的同时购买车票，不要忘记索要换乘车票。车门附近一般是爱心座位。车站一般都是白底红字的“Muni”标志，或者是电线杆上用黄色注明的“BUS STOP”。

Muni 地铁
费 $2.75
Muni 地铁和 Muni 巴士均不设找零，一定提前准备好零钱。

Muni Passport（Muni 一卡通）
使用 Muni 一卡通，可以乘坐铛铛车、Muni 巴士、Muni 地铁，可以在旅游局或者铛铛车售票处购买。可以自己选择使用天数。
费 1 天 $21、3 天 $32、7 天 $42
在游客中心可以领取免费线路地图，便于出行。

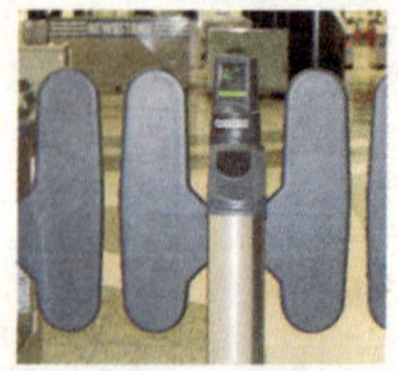
Muni 地铁的检票口

Muni 巴士 & Muni 地铁
Muni Bus & Muni Metro

行驶于圣弗朗西斯科一带的巴士和地铁线路。如果要乘坐的话，建议购买换乘车票（→边栏）。

Muni 巴士

覆盖城市整个区域，有 24 小时运营的线路。基本上每隔 2 个街区就有 1 站。

Muni 地铁

地铁从 Market St. 尽头的内河码头站，一直延伸到圣弗朗西斯科西侧。包括路面电车 E、F，以及 J、K、L、M、N、T 共 8 条线路。大部分在市内地下行驶，郊区为地面行驶。

● Muni 地铁的乘车方法

如果站台位于地下，在闸口旁的售票机直接购买车票即可。选择 Muni Tickets Single，然后投入相应金额的钱币。

通过检票口时将车票放在读卡器上即可（乘坐 E、F 线需将现金直接投入钱箱）。另外地上的车站和 Muni 巴士的乘坐方式相同。到 Market St. 为地下行驶。

铛铛车
Cable Car

铛铛车是圣弗朗西斯科的特征之一，也是观光的一大亮点。

加利福尼亚线的铛铛车

●乘车方法

①始末站以外的车站都有棕白相间的标识。招手上车。观光旺季时，在始末站也可能要等待 30 分钟以上。

②可以任意坐在靠窗或不靠窗的座位，也可以站立。乘车人数由司机决定。

捷运
BART（Bay Area Rapid Transit）

连接圣弗朗西斯科和东部海湾的铁路网。

●乘车方法

①在写有“BART TICKETS”的售票机购买车票。票价按距离递增，起步价为 $1.95。可以通过售票机的价格表，查询到达目的地的所需费用。可以使用 5 ¢、10 ¢、25 ¢ 的硬币和 $1~$20 的纸币。车票为磁卡，会记录投入的金额数。部分售票机可以使用信用卡。另外如果想要找零，可以调节磁卡的余额。部分售票机没有找零功能。

铛铛车
费 $7

乘车前，可以到始发站附近写有“SFPD”的售票亭、或者在自动售票机购买车票，也可以直接在上车时将钱交给司机。也可以使用 Clipper 卡（→ p.192 脚注）。

Muni 一卡通也可以使用。

铛铛车的线路

❶ 鲍威尔—海德线
Powell-Hyde Line

往返于联合广场南侧的 Powell St. 和 Market St. 的十字路口附近及渔人码头西侧的 Hyde St. 站。全程 20~30 分钟。

❷ 鲍威尔—梅森线
Powell-Mason Line

和鲍威尔—海德线一样，车站位于 Powell St. 和 Market St. 的十字路口附近。另一端始末站为渔人码头东侧 Taylor St.。全程 20~25 分钟。

❸ 加利福尼亚线
California Line

从 Market St. 和 California St. 的十字路口出发，到 California St. 和 Van Ness Ave. 的十字路口。全程 15~30 分钟。

捷运
☎（1-415）989-2278
网 www.bart.gov
营 每天 4:00~24:00（周六 6:00~、周日 8:00~）
※ 每条线路不同
费 根据目的地距离而定，最低起步价为 $1.95
※ 与 Muni 系统不同，不能使用 Muni 一卡通

注意

市区的 Market St. 地下捷运站，与 Muni 地铁站位于同一层。一定看清楚，不要将 Muni 和捷运 BART 站搞混。

从圣弗朗西斯科市区 Powell St. 出发的捷运价格

到 San Francisco Int'l Airport
费 $8.95
到 Downtown Berkeley
费 $4
到 Coliseum/Oakland Airport
费 $10.20

②将车票插入检票口的读卡机，然后车票会从上方退出，取回车票，检票口闸门就会自动打开。通过前方站台可以确认目的地方向。

③出站时，如果车票余额不足，可以到检票口附近的机器上补交票款。

其他巴士机构

金门巴士往返于金门大桥北侧的马林县、索诺玛县。从市内前往金门大桥、索萨利托时可以乘坐。

圣马特奥郡运输巴士往返于 BART 的 Daly City 站和帕罗奥多，途经圣马特奥县。前往机场、斯坦福大学十分方便。

AC 巴士跨海湾大桥，连接圣弗朗西斯科和东湾（奥克兰、伯克利）。

加州火车站 Caltrain

连接圣弗朗西斯科和南部的圣何塞。市区车站（San Francisco 站）位于南方市场的 4th & King Sts。前往斯坦福大学、加州大美洲游乐园、圣何塞方向十分便利。

参团指南

灰线 / 超级观光 Gary Line/Super Sightseeing

想要报名参团的话，可以前往渔人码头的 Taylon & North Point 西北角的办公室，或者大型酒店的前台，当然也可以上网预订。

● Hop On Hop Off City Tour

游览金门大桥、渔人码头等常规景点。全天可以自由上下车。

加利福尼亚帕洛尔汽车之旅 California Parlor Car Tours

适合前往约塞米蒂国家公园的观光之旅。

● Yosemite Stay Valley Tour 2 Days（3Days）

推荐 2 天 1 晚和 3 天 2 晚两种行程。第一天在约塞米蒂山谷吃午餐，然后参观山谷景点。第二天为自费项目，可以选择参观冰川点（各个季节有所不同），然后自由活动。入住酒店位于山谷内。可以尽情享受约塞米蒂国家公园的乐趣。

金门巴士
Free 511
URL www.goldengate.org
费 $4~13
市内比较好找到的车站位于 Market St. 和 7th St. 的交叉口。

临时跨湾枢纽站
M p.199-F4

圣马特奥郡运输巴士
Free（1-800）660-4287
URL www.samtrans.com
费 $2.05~4
从临时跨湾枢纽站出发。

AC 巴士
Free 511
URL www.actransit.org
从临时跨湾枢纽站出发。

加州火车站
M p.199-D5（SF 车站）
住 2700 4th St.
Free（1-800）660-4287
URL www.caltrain.com
乘坐 Muni 地铁 E、N、T 线，或者从 Market & 5th Sts. 乘坐 Muni 巴士 #30、45，在 Townsend St. 和 4th St. 的交叉口下车，均能到达加州火车站。距离联合广场大约 15 分钟。
费 成人 $3.75~13.75

灰线 / 超级观光
M p.203-D2
住 出发地点：Pier 41，Fisherman's Wharf
☎（1-415）353-5310
URL www.graylineofsanfrancisco.com
● Hop On Hop Off City Tour
费 成人 $48、儿童（5~11 岁）$33
营 每天 8:30~17:00（各个时期不同）

加利福尼亚帕洛尔汽车之旅
住 500 Sutter St.，#401
☎（1-415）474-7500
Free（1-800）227-4250
FAX（1-415）673-1539
URL www.californiaparlorcar.com
费 虽然全年运营，但还是建议提前上网确定好出发日期。
1 日游成人 $131~、儿童（5~17 岁）$69；
2 天 1 晚成人 $346~567、儿童 $186；
3 天 2 晚成人 $410~884、儿童 $186
※ 参团费用根据季节、参加人数、入住酒店会有所不同

便签 **Clipper 卡** Clipper 卡是一种十分方便的巴士 IC 卡。在湾区的交通机构 BART、Muni 巴士、Muni 地铁、铛铛车、金门巴士、AC 巴士、加州火车均可使用该卡。Clipper 卡可以在车站的自动售票机、沃尔格林（药↗

今天做什么？

San Francisco Itinerary
—圣弗朗西斯科1日游线路推荐—

9:00

包含凉爽空气的面包和咖啡

渡轮大厦市场 停留时间：1小时

Ferry Building Marketplace →p.207

在人气面包房和咖啡馆买好早点，一边欣赏海景一边品尝吧。

著名餐馆都会纷纷采购的阿珂姆面包

Point 陡坡很多。尤其要注意市中心 Market St. 以北路段，起伏很大。

Access 乘坐 Muni 地铁 E 线在 Embarcadero & Sansome St. 下车→换乘金门巴士 #27。约 30 分钟。

10:30

参观圣弗朗西斯科的地标

金门大桥 停留时间：1小时

Golden Gate Bridge →p.220

圣弗朗西斯科著名的大桥，整体建筑为橘色。没看金门大桥等于没有来过圣弗朗西斯科。

经常被大雾笼罩

Access 乘坐金门巴士 #101，然后在 BART 的 Civic Center 站下车→换乘BART，前往 Daly City 方向。50分钟。

12:20

有机餐馆和购物

教会区 停留时间：3小时

Mission →p.227

在圣弗朗西斯科首屈一指的时尚地区享用午餐并购物。

该地区有很多壁画

Access 乘坐 Mission St. 上的 Muni 巴士 #14R，20 分钟。

15:40

有着西海岸数一数二的收藏品

圣弗朗西斯科现代艺术博物馆

SF MOMA →p.208 停留时间：1.5小时

有大量美国流行艺术作品，纪念品商店也很丰富。有很多可爱的小玩意儿。

引人注目的崭新建筑

Access 步行 10 分钟

17:20

大型购物区 停留时间：2小时

联合广场 Union Square →p.206

联合广场周边有许多高档百货、高端品牌店。可以尽情地购物。

高档品牌店鳞次栉比

Access 步行 10 分钟

19:30

两旁都是汉字的招牌 停留时间：1小时

唐人街 Chinatown →p.210

今天晚上就吃中餐吧。有很多高品质的中餐馆，价格也很良心。

可以吃到好吃的中餐

Access 从 Montgomery St. 站乘坐 Muni 地铁 L 线，约 10 分钟。

20:40

在LGBT胜地纵情娱乐

卡斯特罗大街 停留时间：1小时

Castro St. →p.226

对 LGBT 十分开放的地区，夜生活非常刺激。在酒吧、俱乐部尽情释放自我吧。

在这里不要在意性别

How to 夜游？ 市区、教会区、卡斯特罗等地都是夜生活比较集中的地区。但即便是在市区，如果隔着一条马路气氛也会变得格外不同，一定小心注意。

↘店）等地购买到（$3）。在车站的售票机可以进行充值。各个交通机构的要求不同，有些上下车都需要刷卡。

位于市政中心的圣弗朗西斯科市政厅

圣弗朗西斯科近郊

前往西雅图、波特兰
Yuba City
Colfax
特拉基
Truckee
太浩湖
Lake Tahoe
内华达州
Nevada
南太浩湖
South Lake Tahoe
Auburn
Roseville
Placerville
Woodland
卡里斯托加
Calistoga
圣海伦娜
St.Helena
前往圣罗莎
Davis
萨克拉门托
Sacramento
Plymouth
Vacaville
West Point
Ione
Jackson
纳帕山谷
Napa Valley
Arnold
Lodi
Vallejo
索诺马郡
Sonoma County
Angels Camp
San Rafael
斯托克顿
Stockton
Sonora
约塞米蒂国家公园
Yosemite National Park
Emeryville
奥克兰
Oakland
曼特卡
Manteca
Moccasin
Tracy
Oakdale
圣弗朗西斯科
San Francisco
Livermore
Coulterville
约塞米蒂山谷酒店
Yosemite Valley Lodge
Fremont
莫德斯托
Modesto
Waterford
Half Moon Bay
Patterson
Mariposa
圣何塞
San Jose
硅谷
圣克拉拉
Santa Clara
Atwater
Oakhurst
默塞德
Merced
Gustine
Coarsegold
p.195
Chowchilla
Los Banos
Gilroy
圣克鲁兹
Santa Cruz
Dos Palos
Madera
Watsonville
Hollister
Firebaugh
Clovis
Monterey Bay
萨利纳斯
Salinas
Mendota
弗雷斯诺
Fresno
帕西菲克格罗夫
Pacific Grove
p.256
卡梅尔
Carmel
蒙特雷
Monterey
N
0
50km
30mile
前往洛杉矶

圣弗朗西斯科和湾区
N
0
10km
1
2
3
4
A
B
索诺玛县
Sonoma County
纳帕
Napa
诺瓦托
Novato
Petaluma River
Napa River
Kent Lake
San Pablo Bay
Six Flags Discovery Kingdom
圣拉斐尔
San Rafael
瓦列霍
Vallejo
谬尔红杉国家公园
Muir Woods National Monument
里士满-圣拉斐尔大桥
圣巴勃罗
San Pablo
密尔谷
Mill Valley
蒂布龙
Tiburon
天使岛
Angel Island
索萨利托
Sausalito
架空走廊
Bridgeway
金门大桥
San Pablo Reservoir
埃尔塞里托
El Cerrito
里士满
Richmond
太平洋
Pacific Ocean
p.196-197
圣弗朗西斯科
San Francisco
海湾大桥
伯克利
Berkeley
Briones Reservoir
普莱森特希尔
Pleasant Hill
康科德
Concord
阿拉梅达跳蚤市场
美国国铁/埃默里维尔站
皮蒙特
Piedmont
戴利城
Daly City
大黄蜂号航空母舰博物馆
USS Hornet Museum
阿拉梅达
Alameda
美国国铁/奥克兰站
胡桃溪
Walnut Creek
帕奇菲卡
Pacifica
南圣弗朗西斯科
South San Francisco
奥克兰竞技场、甲骨文球馆
Upper San Leandro Reservoir
丹维尔
Danville
圣弗朗西斯科国际机场
圣布鲁诺
San Bruno
奥克兰
Oakland
奥克兰国际机场
San Francisco Bay
伯灵格姆
Burlingame
圣莱安德罗
San Leandro
圣拉蒙
San Ramon
希尔斯堡
Hillsborough
福斯特城
Foster City
圣马特奥
San Mateo
圣马特奥-海沃德大桥
海沃德
Hayward
半月湾
Half Moon Bay
圣卡洛斯
San Carlos
半月湾高尔夫球场
Half Moon Bay Golf Links
雷德伍德城
Redwood City
圣弗朗西斯科奥特莱斯
San Francisco Premium Outlets
邓巴顿大桥
弗利蒙特
Fremont
纽瓦克
Newark
斯坦福
Stanford
帕罗奥多
Palo Alto
San Antonio Reservoir
山景城
Mountain View
加州大美洲游乐园
California's Great America
森尼韦尔
Sunnyvale
硅谷
Silicon Valley
米尔皮塔斯
Milpitas
Calaveras Reservoir
圣克拉拉
Santa Clara
圣何塞国际机场
萨拉托加
Saratoga
坎贝尔
Campbell
圣何塞
San Jose
p.231
前往蒙特雷、卡梅尔
前往吉尔罗伊
Gilroy

圣弗朗西斯科中心部
太平洋
Pacific Ocean
前往索萨利托
金门大桥
Golden Gate Bridge
尖兵堡国家历史公园
Fort Point National Historic Site
要塞
Presidio
华特·迪士尼家族博物馆
Walt Disney Family Museum
Baker Beach
Presidio Golf Course
Green Apple Books
Mountain Lake Park
China Beach
Sea Cliff
Seal Rocks Beach
Good Luck Dim Sum
House of Bagels
Toyboat Dessert Cafe
Peet's Coffee & Tea
PPQ
荣誉军团博物馆
Legion of Honor
林肯公园
Lincoln Park
Clement
克莱门大街
Clement Street
Giorgio's Pizzeria
Cliff House
Point Lobos
Geary
Kabuto
Schubert's Bakery
Thai Cafe
El Mansour
Bill's Place
我的豆腐餐馆
My Tofu House
Khan Toke Thai House
Ton Kiang
金门公园自行车&滑板租赁店
Golden Gate Park Bike & Skate
悬崖小屋和海豹岩
Cliff House & Seal Rocks
里士满
Richmond
Ocean Beach
Fulton
温室花房
Conservatory of Flowers
Dutch Windmill
史托湖船屋
Stow Lake Boathouse
笛洋博物馆
De Young Museum
海滩公园小屋
Beach and Park Chalet
Beach Chalet
日本庭园
Japanese Tea Garden
加州科学馆
California Academy of Science
金门公园
Golden Gate Park
圣弗朗西斯科植物园
San Francisco Botanical Garden
正门
Stanyan Park
Murphy Windmill
Lincoln Way
Andronico's Market
Wow Naan N Curry
太平洋海鲜餐馆
Pacific Catch
Mullusk Surf Shop
Irving
Judah
Sunrise Deli
Univercity of California Medical Center
阿里兹门迪面包房
Arizmendi Bakery
富国牛肉粉
Pho Phu Quoc
杂货店
General Store
Lawton
Moraga
Noriega
Sunset Blvd.
Mt. Sutro
Ortega
West Sunset Playground
Pacheco
Quintara
Forest Hills
Laguna Honda Hospital
Rivera
日落区
Sunset
Santiago
Taraval
Ulloa
Vicente
West Portal
Rockdale
Mt. Davidson
Ocean Park Motel
Wawona
Pine Lake Park
Crestlake
Sloat
圣弗朗西斯科动物园
San Francisco Zoo
Skyline Blvd.
默塞德湖
Lake Merced
Stonestown
Great Highway
Great Hwy.
Laguna Honda
Dewey Blvd.
Vasquez
州际公路
美国国道
州内公路

前往 阿尔卡特拉斯岛
p.202-203 渔人码头周边
39号码头
Pier39
渔人码头
Fisherman's Wharf
圣弗朗西斯科湾
San Francisco Bay
p.204 太平洋高地及周边
海港区
Marina
Marina
圣弗朗西斯科艺术宫
Palace of Fine Arts
Marina Motel
Bay
Francisco
Chestnut
Lombard
Greenwich
La Luna Inn
Filbert
Green
Vallejo
Jefferson
Embarcadero
Stockton
Grant
科伊特塔
Coit Tower
梅森堡
Fort Mason
九曲花街
Lombard Street
俄罗斯山
Russian Hill
北滩
North Beach
联合大街 Union
Octavia
Gough
Franklin
Van Ness
Polk
Hyde
Mason
Powell
Kearny
Battery
p.198-199 市区中心部
临时跨湾枢纽站
Temporary
Transbay Terminal
Steiner
Fillmore
Webster
Buchanan
Laguna
Broadway
铛铛车博物馆
The Cable Car Museum
唐人街
Chinatown
Embarcadero
哈斯-丽莲桉住宅
Hass-Lilienthal House
Larkin
Leavenworth
Washington
Clay
Sacramento
金融区
Financial
District
海湾大桥
Bay Bridge
Pacific
Jackson
Laurel Inn
Alta
Plaza
太平洋高地
Pacific Heights
诺布山
Nob Hill
p.200-201 联合广场周边
联合广场
Union Square
Walnut
Laurel
Presidio
Lyon
Baker
Broderick
Divisadero
Scott
Pierce
California
Pine
Bush
金门公交车站
（金门大桥方向）
Montgomery St.
Spear
Main
Beale
Fremont
1st
Ella's
Sutter
Post
Geary
日本城
Japantown
田德隆区
Tenderloin
游客中心
Powell St.
2nd
圣玛丽大教堂
市政中心
Civic Center
全食超市
Whole Foods Market
Kimbell
Playground
西增区
Western
Addition
Trader Joe's
Turk
Golden Gate
McAllister
Fulton
亚洲艺术博物馆
Asian Art Museum
Civic
Center
4th
5th
6th
3rd
南方市场
South of Market
Fringale
Chrome
维阿酒店
Hotel VIA
圣弗朗西斯科大学
University of
San Francisco
市政厅
吉德酒店
Gould
Wine Club
7th
加州火车站
Caltrain Station
Town's End
Restaurant & Bakery
AT&T公园球场
AT&T Park
Alamo
Square
Grove
Hayes
Van Ness
Best Western Plus Americania
潘汉德
Panhandle
FTC
海特·艾许伯里
Haight Ashbury
Fell
Oak
Page
Haight
Waller
Hermann
Duboce
10th
11th
General Bead
罗洛
Rolo
Trader Joe's
诺德斯特姆拉克
Nordstrom Rack
彩虹超市
Rainbow Grocery
14th
Church St.
15th
Market St.
16th
16th/Mission
17th
Castro St.
多罗丽教堂
Mission Dolores
18th
卡斯特罗
Castro
19th
20th
21st
22nd
23rd
24th
25th
Twin
Peaks
Burnett
Market St.
Douglas
Diamond
Castro
Noe
Sanchez
Church
Dolores
Guerrero
Valencia
Mission
Capp
S Van Ness
Shotwell
Folsom
Treat
Harrison
Alabama
Florida
Bryant
York
Hampshire
Potrero
San Bruno
Utah
Rhode Island
De Haro
Carolina
Wisconsin
Arkansas
Connecticut
Missouri
Texas
Mississippi
Pennsylvania
Indiana
Minnesota
Tennessee
3rd
Illinois
教会区
Mission
24th/Mission
Hoffman
双子峰
Twin Peaks
诺伊谷
Noe Valley
La Taqueria
Clipper
26th
Cesar Chavez
普雷希特之眼壁画艺术与游客中心
Precita Eyes Mural Arts
& Visitors Center
0
1km
0
0.5mile
27th
Duncan
28th
Valley
29th
Day
30th
p.205 海特·艾许伯里教会区
Turquoise
Diamond
Heights
O'Shaughnessy
Glen Canyon Park
Mitchell's Ice Cream
Bernal Heights
Park
Randall
Fairmont
Glen Park
Mangles
Joost
Monterey
Hearst
Flood
Staples
Judson
前往圣弗朗西斯科
国际机场
铛铛车线路
Muni巴士线路
捷运线路
Muni地铁线路
（实线为地上、虚线为地下）
金门巴士
捷运站
Muni地铁站
景点
游客中心
商店
餐馆
咖啡
酒店
地标/其他
D
E
F
1
2
3
4
5

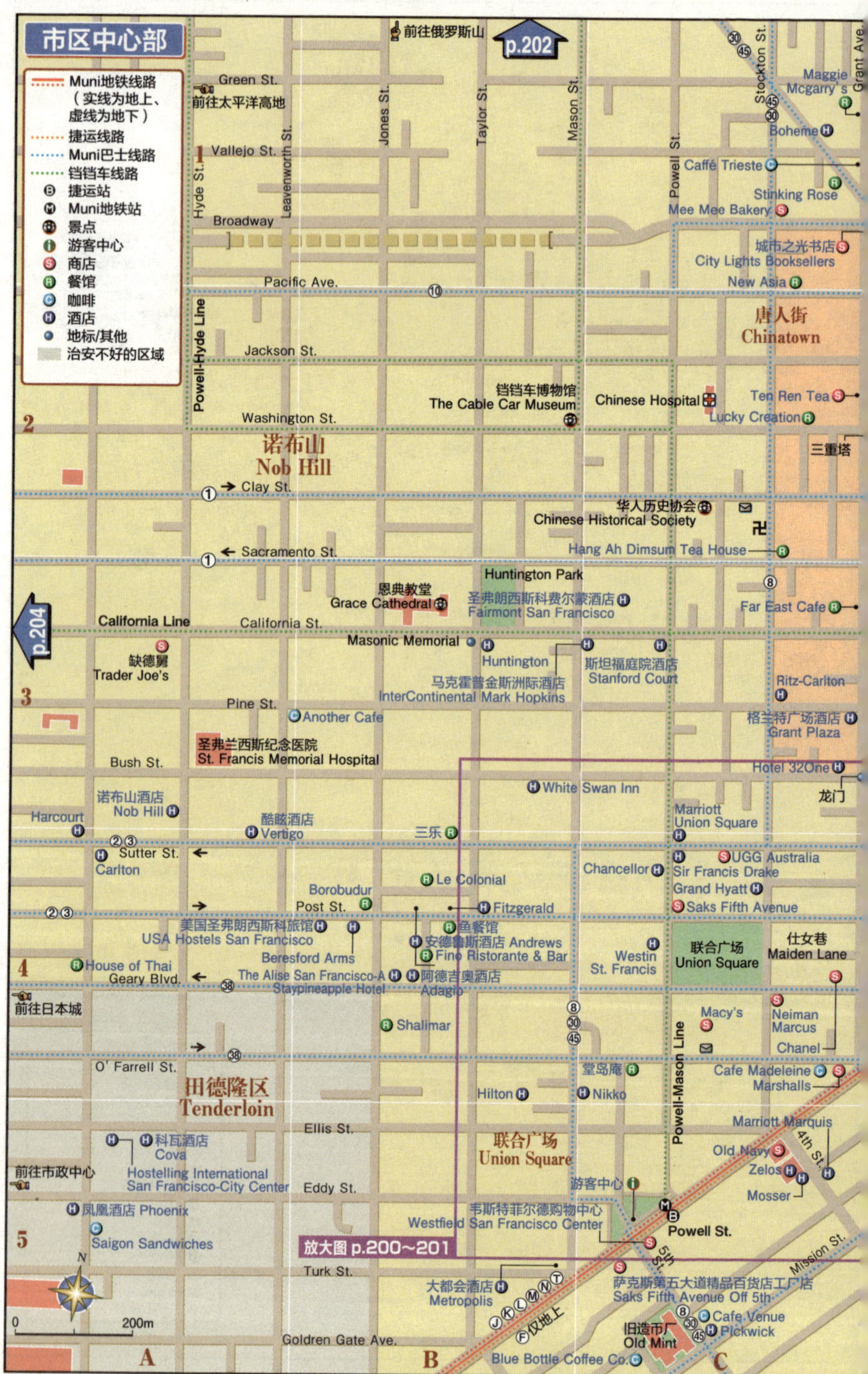

市区中心部
Muni地铁线路（实线为地上、虚线为地下）
捷运线路
Muni巴士线路
铛铛车线路
捷运站
Muni地铁站
景点
游客中心
商店
餐馆
咖啡
酒店
地标/其他
治安不好的区域
前往俄罗斯山
p.202
前往太平洋高地
Green St.
Vallejo St.
Broadway
Pacific Ave.
Jackson St.
Washington St.
Clay St.
Sacramento St.
California St.
California Line
Pine St.
Bush St.
Sutter St.
Post St.
Geary Blvd.
O' Farrell St.
Ellis St.
Eddy St.
Turk St.
Goldren Gate Ave.
Hyde St.
Leavenworth St.
Jones St.
Taylor St.
Mason St.
Powell St.
Stockton St.
Grant Ave.
Powell-Hyde Line
Powell-Mason Line
Maggie Mcgarry's
Boheme
Caffé Trieste
Stinking Rose
Mee Mee Bakery
城市之光书店
City Lights Booksellers
New Asia
唐人街
Chinatown
铛铛车博物馆
The Cable Car Museum
Chinese Hospital
Ten Ren Tea
Lucky Creation
三重塔
诺布山
Nob Hill
华人历史协会
Chinese Historical Society
Hang Ah Dimsum Tea House
Huntington Park
恩典教堂
Grace Cathedral
圣弗朗西斯科费尔蒙酒店
Fairmont San Francisco
Far East Cafe
p.204
缺德舅
Trader Joe's
Masonic Memorial
Huntington
马克霍普金斯洲际酒店
InterContinental Mark Hopkins
斯坦福庭院酒店
Stanford Court
Ritz-Carlton
格兰特广场酒店
Grant Plaza
Another Cafe
圣弗兰西斯纪念医院
St. Francis Memorial Hospital
Hotel 32One
White Swan Inn
龙门
诺布山酒店
Nob Hill
Harcourt
酷眩酒店
Vertigo
三乐
Marriott Union Square
Carlton
UGG Australia
Sir Francis Drake
Chancellor
Le Colonial
Grand Hyatt
Borobudur
Fitzgerald
Saks Fifth Avenue
美国圣弗朗西斯科旅馆
USA Hostels San Francisco
鱼餐馆
安德鲁斯酒店 Andrews
Fino Ristorante & Bar
Westin St. Francis
联合广场
Union Square
仕女巷
Maiden Lane
Beresford Arms
House of Thai
The Alise San Francisco-A
Staypineapple Hotel
阿德吉奥酒店
Adagio
前往日本城
Shalimar
Macy's
Neiman Marcus
Chanel
堂岛庵
Cafe Madeleine
Marshalls
田德隆区
Tenderloin
Hilton
Nikko
Marriott Marquis
科瓦酒店
Cova
联合广场
Union Square
Old Navy
4th St.
前往市政中心
Hostelling International San Francisco-City Center
Zelos
游客中心
Mosser
凤凰酒店 Phoenix
韦斯特菲尔德购物中心
Westfield San Francisco Center
Powell St.
Saigon Sandwiches
放大图 p.200~201
5th St.
Mission St.
大都会酒店
Metropolis
萨克斯第五大道精品百货店工厂店
Saks Fifth Avenue Off 5th
仅地上
Cafe Venue
Pickwick
旧造币厂
Old Mint
Blue Bottle Coffee Co.
200m
A
B
C

前往电报山
p.203
北滩
North Beach
Mo's Grill
Kearny St.
Montgomery St.
Sansome St.
Battery St.
The Embarcadero
Green Tortoise
Adventure Travel
Tommaso's
House of Nanking
Tandoori Mahal Indian Restaurant
North Beach
罗卡阿克尔
Roka Akor
Bix
Eden
& Eden
William Stout Architectural Books
Peninsula Seafood Restaurant
Great Eastern Restaurant
唐人街之旅
集合地点
移民局（INS）
Portsmouth
Sq.
Hilton
泛美金字塔
Transamerica Pyramid
Alfred's Steakhouse
City View Restaurant
R&G
Lounge
太平洋文化遗产博物馆
Pacific Heritage Museum
中国文化中心
Chinese Cultural Center
Hon's Wun
Tun House
Old
St. Mary
Omni
加利福尼亚银行
富国银行
历史博物馆
Wells Fargo
History Museum
St. Mary's
Sq.
美国银行
Bank of America
Ramen Underground
Cafe Tiramisu
Sams Grill &
Seafood
Crocker Galleria
Montgomery St.
Palace
New Montgomery St.
2nd St.
3rd St.
Peet's Coffee & Tea
Park Central
San
Francisco
MOAD
圣弗朗西斯科现代艺术博物馆
Museum of Modern Art(SF MOMA)
芳草地公园
Yerba Buena Garden
梅特隆
Metreon
Howard St.
南莫斯科尼
Moscone South
西莫斯科尼
Moscone West
儿童创造力博物馆
Children's Creativity Museum
前往加州
火车站
D
E
Front St.
Davis St.
Drumm St.
Golden Gateway Center
Landmark Theatres
Embarcadero Center Cinema
(Promenade Level)
L'Occitane
Osha Thai Restaurant
内河码头中心
Embarcadero Center
Le Meridien
2EC
3EC
4EC
时思糖果
See's Candies
迈克尔米娜
Michael Mina
塔迪奇海鲜餐馆
Tadich Grill
金融区
Financial District
Loews Regency
Embarcadero
Mixt
Jamba
Juice
Peet's
Coffee & Tea
Market St.
1st St.
Fremont St.
Beale St.
Main St.
Mission St.
Walgreens
Yank Sing
Ecker St.
跨湾枢纽站
南部市场
South of Market
Chipotle Mexican Grill
Benu
Starbucks
Folsom St.
渡轮大厦市场
Ferry Building Marketplace
蓝瓶咖啡
Blue Bottle Coffee
希斯陶瓷
Heath Ceramics
奥格岛牡蛎餐馆
Hog Island Oyster Company
斜门餐馆
Slanted Door
阿珂姆面包
Acme Bread
渡轮酒家
Ferry Plaza Wine Merchant
拉・马尔
La Mar
Pier3
霍恩布洛尔
游船&活动公司
Pier 1
渡轮大厦
Ferry Building
金门渡轮码头、
瓦列霍白令渡轮
Justin Herman
Plaza
圣弗朗西斯科凯悦酒店
Hyatt Regency
San Francisco
方恩市场
One
Market
Steuart St.
圣弗朗西斯科
铁路博物馆
San Francisco
Railway Museum
Chaya
Brasserie
Federal
Reserve
Bank
Spear St.
Boulvard
Griffon
Perry's
羊城茶室
Yank Sing
林康中心
Rincon Center
Harbor Court
Ozumo
临时跨湾枢纽站
Temporary Transbay Terminal
[灰狗巴士、
闪电巴士、
美国国铁办公室、
美国国铁、
AC巴士、
圣马特奥郡巴士车站]
F
1
2
3
4
5
p.202~203
p.198~199
p.204
p.200~201
p.205

联合广场周边
Uncle Vito's Pizzeria
Beanstalk Café
复古山庄行政酒店 Vintage Court
Bush St.
德尔波波洛 Del Popolo
白天鹅酒店 White Swan Inn
Golden Gate
法兰西康奈尔酒店 Cornell Hotel de France
阿姆斯特丹旅馆 Amsterdam Hostel
Maru Sushi
Marriott Union Square
Alessi
三乐
卡特赖特联合广场酒店 The Cartwright Hotel Union Square
萨克斯第五大道 Saks Fifth Avenue
Sutter St.
Subway
Beresford
Mason St.
Walgreens
Sears Fine Food
UGG Australia
金普顿弗朗西斯德雷克爵士酒店 Kimpton Sir Francis Drake
Scala's Bistro
Harry Denton's Starlight Room
联合广场大臣酒店 Chancellor
联合广场酒店 Inn at Union Square
圣弗朗西斯科凯悦酒店 Grand Hyatt San Francisco
联合广场苹果专卖店 Apple Union Square
JW万豪酒店 JW Marriott
Farallon
肯辛顿公园 Kensington Park
Morton's
蒂芙尼 Tiffany & Co.
Willams Sonoma
Post St.
Honey Honey
Post
Zeppelin
多纳特罗俱乐部酒店 Club Donatello
圣弗朗西斯科联合广场威斯汀酒店 Westin St. Francis
安普里奥鲁利 Emporio Rulli
联合广场 Union Square （地下停车场）
圣弗朗西斯科沃里克酒店 Warwick San Francisco
维多利亚的秘密 Victoria's Secret
Powell St.
TIX Bay Area （售票处）
Taylor St.
Adelaide
圣弗朗西斯科女神酒店 Diva Union Square
联合广场酒店 Union Square Plaza
Walgreens
Geary St.
地下停车场入口
The Marker
Curran Theater
Giants Dugout
Swarovski
邮局
路易·威登 Louis Vuitton
克里夫特酒店 Clift
每日烧烤餐馆 Daily Grill
纳帕谷葡萄酒交易中心 Napa Valley Winery Exchange
乔治国王酒店 King George
汉德利联合广场酒店 Handlery Union Square
佛罗伦萨别墅酒店 Villa Florence
Stratford
梅西百货公司 Macy's
Cheese Cake Factory
圣弗朗西斯科市区国际青年旅舍 Hostelling International San Francisco Downtown
Aldo
Ben&Jerry's
Thrifty Car Rental
Serrano
Skechers
O'Farrell St.
National Car Rental
Starbucks Coffee
堂岛庵
H & M
克拉特·巴雷尔 Crate & Barrel
Foley's
Herbert
蒂尔登酒店 Tilden
圣弗朗西斯科日航酒店 Nikko San Francisco
Anzu
Tad's Steak
圣弗朗西斯科联合广场希尔顿酒店 Hilton San Francisco Union Square
Walgreens
Uniqlo
联合广场酒店 Union Square
CB2
Ellis St.
都市旅行用品 Urban Outfitters
普契尼&皮内蒂 Puccini & Pinetti
Diesel
Aldo
Oakley
Market St.
Walgreens
p.202～203
p.198～199
p.204
p.200～201
p.205
Burger King
Sephola
Axiom
Flood Bldg.
帕克55希尔顿酒店 Parc 55
Bijou
GAP
美国国铁车站
铛铛车车站
Eddy St.
游客中心 SF Visitor Information Center （地下）
圣弗朗西斯科韦斯特菲尔德购物中心 Westfield San Francisco Centre
诺德斯特姆 Nordstrom
诺德斯特姆拉克 Nordstrom Rack
布鲁明戴尔百货店 Bloomingdale's
Adidas
Payless Shoe Source
Panda Express
1
2
3
4
5
A
B
C

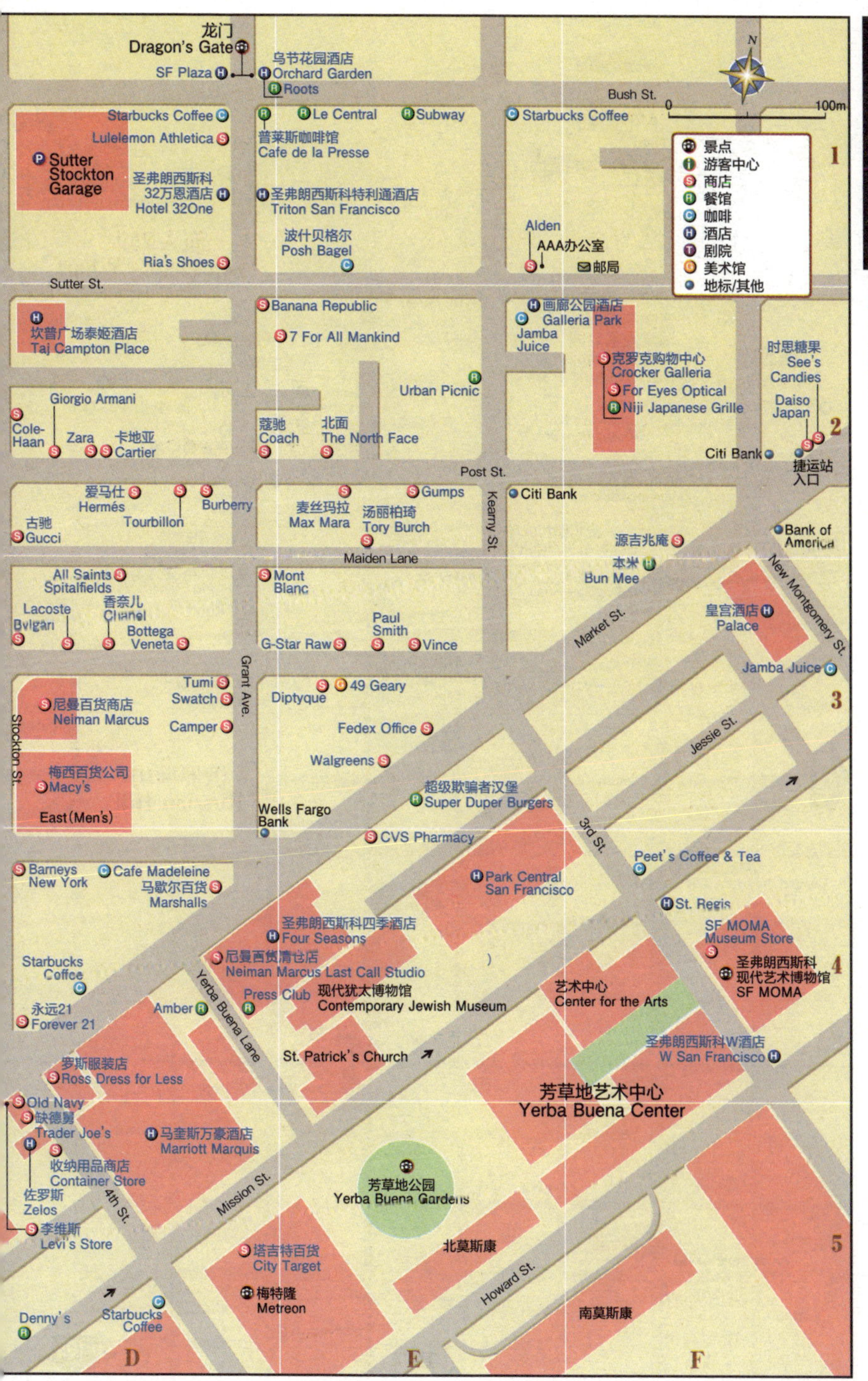
龙门
Dragon's Gate
SF Plaza
乌节花园酒店
Orchard Garden
Roots
Bush St.
Starbucks Coffee
Lululemon Athletica
Sutter Stockton Garage
圣弗朗西斯科
32万恩酒店
Hotel 32One
Ria's Shoes
Le Central
Subway
普莱斯咖啡馆
Cafe de la Presse
圣弗朗西斯科特利通酒店
Triton San Francisco
波什贝格尔
Posh Bagel
Starbucks Coffee
Alden
AAA办公室
邮局
景点
游客中心
商店
餐馆
咖啡
酒店
剧院
美术馆
地标/其他
Sutter St.
坎普广场泰姬酒店
Taj Campton Place
Banana Republic
7 For All Mankind
Urban Picnic
画廊公园酒店
Galleria Park
Jamba Juice
克罗克购物中心
Crocker Galleria
For Eyes Optical
Niji Japanese Grille
时思糖果
See's Candies
Daiso Japan
Citi Bank
捷运站入口
Giorgio Armani
Cole-Haan
Zara
卡地亚
Cartier
蔻驰
Coach
北面
The North Face
Post St.
爱马仕
Hermés
Tourbillon
Burberry
古驰
Gucci
麦丝玛拉
Max Mara
汤丽柏琦
Tory Burch
Gumps
Kearny St.
Citi Bank
源吉兆庵
Bank of America
Maiden Lane
本米
Bun Mee
All Saints Spitalfields
Lacoste
Bvlgari
香奈儿
Chanel
Bottega Veneta
Mont Blanc
Paul Smith
G-Star Raw
Vince
Market St.
皇宫酒店
Palace
New Montgomery St.
Jamba Juice
Grant Ave.
Tumi
Swatch
Camper
尼曼百货商店
Neiman Marcus
Diptyque
49 Geary
Fedex Office
Walgreens
Jessie St.
Stockton St.
梅西百货公司
Macy's
East (Men's)
超级欺骗者汉堡
Super Duper Burgers
Wells Fargo Bank
CVS Pharmacy
3rd St.
Peet's Coffee & Tea
Barneys New York
Cafe Madeleine
马歇尔百货
Marshalls
Park Central San Francisco
St. Regis
圣弗朗西斯科四季酒店
Four Seasons
SF MOMA Museum Store
尼曼百货清仓店
Neiman Marcus Last Call Studio
圣弗朗西斯科现代艺术博物馆
SF MOMA
Starbucks Coffee
Press Club
现代犹太博物馆
Contemporary Jewish Museum
艺术中心
Center for the Arts
永远21
Forever 21
Amber
Yerba Buena Lane
St. Patrick's Church
圣弗朗西斯科W酒店
W San Francisco
罗斯服装店
Ross Dress for Less
芳草地艺术中心
Yerba Buena Center
Old Navy
缺德舅
Trader Joe's
马奎斯万豪酒店
Marriott Marquis
收纳用品商店
Container Store
佐罗斯
Zelos
Mission St.
4th St.
芳草地公园
Yerba Buena Gardens
李维斯
Levi's Store
塔吉特百货
City Target
北莫斯康
梅特隆
Metreon
Howard St.
Denny's
Starbucks Coffee
南莫斯康
1
2
3
4
5
D
E
F

p.202～203
p.198～199
p.204
p.200～201
p.205
红白舰
布丹面包店和咖啡馆
Boudin Bakery & Cafe
布丹博物馆
Boudin Museum
渔人码头
Fisherman's Wharf
U.S.S.Pampanito
螃蟹招牌
海德街码头
Hyde Street Pier
圣弗朗西斯科海洋国家公园
S.F. Maritime Nat'l Historic Park
梅森堡
Fort Mason
Scoma's
Franciscan
Alioto's
Castagnola
Tarantino's
Blue Mermaid
Las Margaritas
阿戈劳特酒店 Argonaut
圣弗朗西斯科渔人码头国际青年旅舍
Hostelling International SF Fisherman's Wharf
Aquatic Park Beach
罐头工厂
The Cannery
In-N-Out Burger
安克雷奇广场
Anchorage Square
Rainforest Cafe
渔人码头假日酒店
Holiday Inn Fisherman's Wharf
Courtyard by Marriott
圣弗朗西斯科海洋国家历史公园
Aquatic Park Bathhouse Building
(Maritime Museum)
Buena Vista Cafe
Bay City Bike Rental & Tours
Bay City Bike Rental & Tours
吉尔德利广场
Ghirardelli Square
Blazing Saddles
加里丹科
Gary Danko
智选假日酒店
Holiday Inn Express
前往海港区
The Original Ghirardelli Ice Cream & Chocolate Shop
North Point St.
Patagonia
渔人码头中心凯悦酒店
Hyatt Centric Fisherman's
渔人码头万豪酒店
Marriott Fisherman's Wharf
科斯特全球精品超市
Cost Plus World Market
Cafe Pescatore
渔人码头套房酒店
Suites at Fisherman's Wharf
Bay St.
俄罗斯山公园
Russian Hill Park
渔人码头2620号酒店
Pier 2620
Francisco St.
p.204
Chestnut St.
俄罗斯山
Russian Hill
Powell-Mason Line
九曲花街
Lombard St.
Lombard St.
海湾凯富酒店
Comfort Inn by the Bay
Van Ness Ave.
Polk St.
Larkin St.
Hyde St.
Leavenworth St.
Jones St.
Taylor St.
Greenwich St.
Franklin St.
Filbert St.
Fillbert St
Powell-Hyde Line
Zarzuela
Union St.
Bacchus Wine & Sakebar
Green St.
Vallejo St.
Inn on Broadway
Broadway
前往诺布山
p.198

渔人码头周边
N
0
200m
39号码头螃蟹屋
Crab House at Pier 39
Bubba Gump Shrimp Co.
Crepe Cafe
Hard Rock Cafe
布丹面包房&咖啡馆
Boudin Bakery & Cafe
NFL / College Shop
Chocolate Heaven
39号码头
Pier 39
41号码头
Pier 41
43
沃尔夫旅馆
The Wharf Inn
灰线旅游出发地点
索萨利托、蒂布龙、瓦列霍方向码头售票处
海湾水族馆
Aquarium of the Bay
圣弗朗西斯科湾
San Francisco Bay
35
33
31
29
Jefferson St.
Zephyr
Beach St.
渔人码头喜来登酒店
Sheraton Fisherman's Wharf
North Point Center
西夫韦 Safeway
沃尔格林 Walgreens
Bay St.
The Embarcadero
阿尔卡特拉斯岛观光码头
Hotel Zoe
缺德舅
Trader Joe's
Kearny St.
Montgomery St.
Mason St.
圣雷莫
San Remo
Powell St.
北滩
North Beach
Grant Ave.
Chestnut St.
Stockton St.
电报山
Telegraph Hill
Lombard St.
Sansome St.
Battery St.
XOX Truffles
Joe DiMaggio Playground
圣彼得和保罗教堂
St. Peter & Paul Church
Greenwich St.
Petite Deli
母亲的华盛顿餐馆
Mama's on Washington Square
Il Fornaio
科伊特塔
Coit Tower
李维斯广场
Levi's Plaza
哥伦布大街
Columbus Ave.
Liguria Bakery
Da Flora
台阶
华盛顿广场酒店
Washington Square Inn
华盛顿广场
Washington Square
探索馆
Exploratrium
Mario's Bohemian Cigar Store Cafe
Union St.
North Beach Pizza
Lola North Beach
Savoy Tivoli
Cafe Sport
Delucchi
Green St.
巴比伦沙滩摊子
Beach Blanket Babylon
Little City Market
Vallejo St.
Molinari Delicatessen
垮掉的一代博物馆
Beat Museum
Green Tortoise Hostel
Broadway
铛铛车线路
Muni巴士线路
Muni地铁线路
（实线为地上、虚线为地下）
景点
游客中心
商店
餐馆
咖啡
酒店
剧院
地标/其他
p.199
D
E
F
1
2
3
4
5

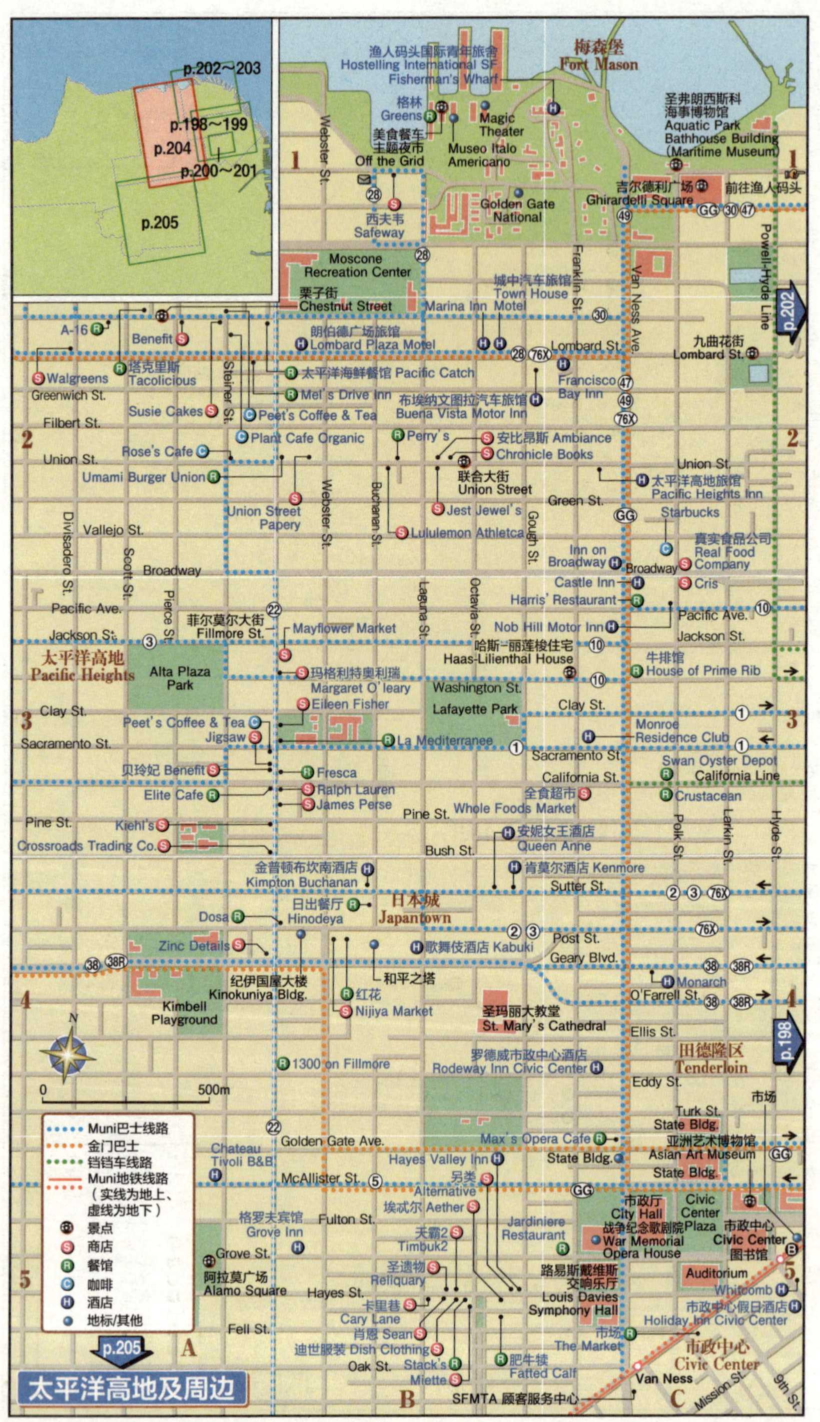

太平洋高地及周边
p.202～203
p.198～199
p.204
p.200～201
p.205
渔人码头国际青年旅舍
Hostelling International SF Fisherman's Wharf
梅森堡
Fort Mason
格林
Greens
Magic Theater
美食餐车主题夜市
Off the Grid
Museo Italo Americano
圣弗朗西斯科海事博物馆
Aquatic Park Bathhouse Building (Maritime Museum)
吉尔德利广场
Ghirardelli Square
前往渔人码头
西夫韦
Safeway
Golden Gate National
Moscone Recreation Center
栗子街
Chestnut Street
城中汽车旅馆
Town House Motel
Marina Inn
A-16
Benefit
朗伯德广场旅馆
Lombard Plaza Motel
Lombard St.
九曲花街
Lombard St.
Walgreens
塔克里斯
Tacolicious
太平洋海鲜餐馆 Pacific Catch
Francisco Bay Inn
Greenwich St.
Mel's Drive Inn
布埃纳文图拉汽车旅馆
Buena Vista Motor Inn
Susie Cakes
Peet's Coffee & Tea
Filbert St.
Plant Cafe Organic
Perry's
安比昂斯 Ambiance
Chronicle Books
Union St.
Rose's Cafe
联合大街
Union Street
太平洋高地旅馆
Pacific Heights Inn
Umami Burger Union
Green St.
Jest Jewel's
Starbucks
Union Street Papery
Lululemon Athletca
真实食品公司
Real Food Company
Vallejo St.
Inn on Broadway
Broadway
Cris
Castle Inn
Harris' Restaurant
Pacific Ave.
Jackson St.
菲尔莫尔大街
Fillmore St.
Mayflower Market
Nob Hill Motor Inn
哈斯-丽莲梭住宅
Haas-Lilienthal House
牛排馆
House of Prime Rib
太平洋高地
Pacific Heights
Alta Plaza Park
玛格利特奥利瑞
Margaret O'leary
Washington St.
Eileen Fisher
Lafayette Park
Clay St.
Peet's Coffee & Tea
Monroe Residence Club
Sacramento St.
Jigsaw
La Mediterranee
贝玲妃 Benefit
Fresca
Swan Oyster Depot
California St.
California Line
Elite Cafe
Ralph Lauren
全食超市
Whole Foods Market
Crustacean
James Perse
Pine St.
Kiehl's
安妮女王酒店
Queen Anne
Crossroads Trading Co.
Bush St.
金普顿布坎南酒店
Kimpton Buchanan
肯莫尔酒店 Kenmore
Sutter St.
日出餐厅
Hinodeya
日本城
Japantown
Dosa
Post St.
Zinc Details
歌舞伎酒店 Kabuki
Geary Blvd.
和平之塔
纪伊国屋大楼
Kinokuniya Bldg.
红花
Monarch
O'Farrell St.
Kimbell Playground
Nijiya Market
圣玛丽大教堂
St. Mary's Cathedral
Ellis St.
田德隆区
Tenderloin
1300 on Fillmore
罗德威市政中心酒店
Rodeway Inn Civic Center
Eddy St.
500m
Turk St.
市场
State Bldg.
Golden Gate Ave.
Max's Opera Cafe
亚洲艺术博物馆
Asian Art Museum
Chateau Tivoli B&B
Hayes Valley Inn
McAllister St.
另类
Alternative
埃忒尔 Aether
市政厅
City Hall
Civic Center Plaza
格罗夫宾馆
Grove Inn
Fulton St.
Jardiniere Restaurant
战争纪念歌剧院
War Memorial Opera House
市政中心
Civic Center
图书馆
天霸2
Timbuk2
Grove St.
圣遗物
Reliquary
路易斯戴维斯交响乐厅
Louis Davies Symphony Hall
Auditorium
阿拉莫广场
Alamo Square
Hayes St.
Whitcomb
卡里巷
Cary Lane
市政中心假日酒店
Holiday Inn Civic Center
肖恩 Sean
市场
The Market
Fell St.
迪世服装 Dish Clothing
肥牛犊
Fatted Calf
市政中心
Civic Center
Oak St.
Stack's
Miette
SFMTA 顾客服务中心
Van Ness
Mission St.
9th St.
Webster St.
Steiner St.
Buchanan St.
Laguna St.
Octavia St.
Gough St.
Franklin St.
Van Ness Ave.
Polk St.
Larkin St.
Hyde St.
Powell-Hyde Line
Divisadero St.
Scott St.
Pierce St.
p.202
p.198
p.205
Muni巴士线路
金门巴士
铛铛车线路
Muni地铁线路（实线为地上、虚线为地下）
景点
商店
餐馆
咖啡
酒店
地标/其他

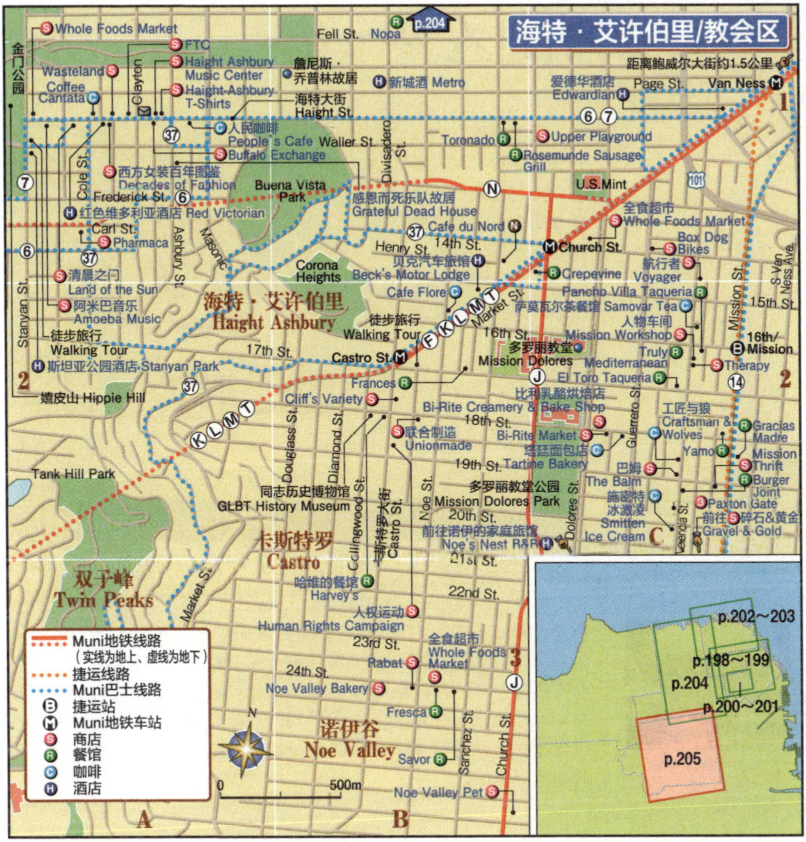

海特·艾许伯里/教会区
p.204
距离鲍威尔大街约1.5公里
Whole Foods Market
FTC
Haight Ashbury Music Center
Haight-Ashbury T-Shirts
Wasteland
Coffee Cantata
金门公园
Clayton
詹尼斯·乔普林故居
海特大街 Haight St.
新城酒 Metro
Fell St.
Nopa
爱德华酒店 Edwardian
Page St.
Van Ness
人民咖啡 People's Cafe
Waller St.
Buffalo Exchange
Toronado
Upper Playground
Rosemunde Sausage Grill
西方女装百年图鉴 Decades of Fashion
Buena Vista Park
Divisadero St.
Cole St.
Frederick St.
红色维多利亚酒店 Red Victorian
感恩而死乐队故居 Grateful Dead House
U.S.Mint
Carl St.
Pharmaca
Cafe du Nord
全食超市 Whole Foods Market
Box Dog Bikes
Henry St.
14th St.
Church St.
清晨之门 Land of the Sun
Corona Heights
贝克汽车旅馆 Beck's Motor Lodge
Crepevine
航行者 Voyager
Cafe Flore
Pancho Villa Taqueria
阿米巴音乐 Amoeba Music
海特·艾许伯里 Haight Ashbury
萨莫瓦尔茶餐馆 Samovar Tea
人物车间 Mission Workshop
Mission St.
S.Van Ness Ave.
15th St.
徒步旅行 Walking Tour
Ashbury St.
Masonic
Market St.
16th St.
16th/Mission
Stanyan St.
斯坦亚公园酒店 Stanyan Park
17th St.
Castro St.
多罗丽教堂 Mission Dolores
Truly Mediterranean
Therapy
El Toro Taqueria
嬉皮山 Hippie Hill
Frances
比利乳酪烘焙店 Bi-Rite Creamery & Bake Shop
Cliff's Variety
工匠与狼 Craftsman & Wolves
Gracias Madre
18th St.
联合制造 Unionmade
Bi-Rite Market
塔廷面包店 Tartine Bakery
Guerrero St.
Yamo
Mission Thrift
19th St.
巴姆 The Balm
Burger Joint
Tank Hill Park
同志历史博物馆 GLBT History Museum
Douglass St.
Diamond St.
多罗丽教堂公园 Mission Dolores Park
施密特冰激凌 Smitten Ice Cream
Paxton Gate
前往碎石&黄金 Gravel & Gold
Valencia St.
20th St.
卡斯特罗 Castro
Collingwood St.
卡斯特罗大街 Castro St.
Noe St.
前往诺伊的家庭旅馆 Noe's Nest B&B
Dolores St.
21st St.
双子峰 Twin Peaks
哈维的餐馆 Harvey's
Market St.
22nd St.
人权运动 Human Rights Campaign
全食超市 Whole Foods Market
23rd St.
Rabat
24th St.
Noe Valley Bakery
Fresca
诺伊谷 Noe Valley
Savor
Sanchez St.
Church St.
Noe Valley Pet
0 500m
Muni地铁线路（实线为地上、虚线为地下）
捷运线路
Muni巴士线路
捷运站
Muni地铁车站
商店
餐馆
咖啡
酒店
p.202～203
p.198～199
p.204
p.200～201
p.205

伯克利
参照:p.195-B2
酒店
商店
餐馆
咖啡
Gilman St.
8th St.
REI
Page St.
Cornell Ave.
Peralta Ave.
Hopkins St.
M L King Jr. Way
Milvia St.
Rose St.
Safeway
Epicurious Garden
潘尼斯之家 Chez Panisse
Sacramento St.
Oxford St.
Vine St.
0 0.5km
0 0.3mile
Euclid Ave.
Sur La Table
Earthsake
Frontage Rd.
Acme Bread
Cedar St.
Crate & Barrel Outlet Store
Guerilla Cafe
Berkeley Inn
Virginia St.
沙特克大街 Shattuck Ave.
Bette's Oceanview Diner
Chestnut St.
Delaware St.
Body Time
UC伯克利美术馆
Aveda
Hearst Ave.
Convert
Berkeley Way
加利福尼亚大学伯克利分校 UCB
University Ave.
Berkley Repertory Theatre
Amtrak Station
Erica Tanov
Travelodge
Addison St.
Freight & Salvage
Center St.
Doubletree by Hilton Berkeley Marina
伯克利旅游局
BART捷运站
古生物学博物馆
萨瑟塔
Allston Way
Downtown Berkeley YMCA
BART出入口
学生会馆
人类学博物馆
第四大街 4th St.
6th St.
San Pablo Ave.
Curtis St.
Bonar St.
Acton St.
Bancroft St.
Shattuck Plaza
Durant Ave.
San Francisco Bay
Amtrak
Channing Way
California St.
Mcgee Ave.
Grant St.
公共图书馆
Fulton St.
Berkeley City Club
Haste St.
电报大街 Telegraph Ave.
Bancroft
前往柯莱特游客中心
College Ave.
Aquatic Park
生态中心 Ecology Center
Dwight Way

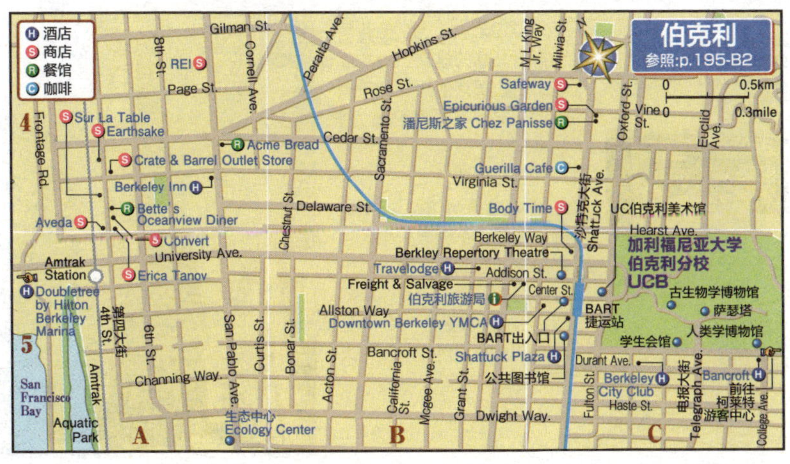

市区 *Downtown*

圣弗朗西斯科市区分为联合广场、商业中心的金融区、博物馆等文化设施集中的索玛区等，当地人和游客都聚集于此，十分热闹。这里有许多酒店，不少人都以这里为起点开启自己的旅程。

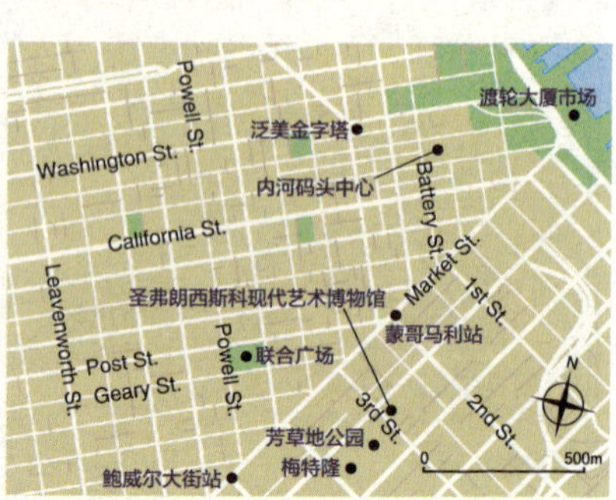

市区的休闲场所　　联合广场周边　M p.200-C2~3

联合广场
Union Square

✹✹✹

联合广场指的是位于鲍威尔街（Powell）、邮政街（Post）、斯托克顿街（Stockton）、吉尔里街（Geary）4条马路之间的一个广场。名字的由来与南北战争期间支持北军（联合军）的市民发起的游行有关。联合广场位于市区的中心，经常有大型活动、露天集市在这里举办，周边集中着酒店、百货商店、专卖店、餐馆等。尤其是广场东侧的仕女巷（Maiden Lane），一排排的世界一流名店，使得这里格外时尚亮眼。购物指南→p.180。

联合广场

交通方式 Powell & Market Sts. 的交叉路口是铛铛车的始发站。从旁边的台阶下去便是Muni地铁和捷运站。从这里向北3个街区便是联合广场

联合广场上心型的装饰物

TIX Bay Area

可以半价买到海湾地区的戏剧演出、音乐会等当日门票。也出售正规的预售票、Muni一卡通、城市一卡通。

M p.200-C3（联合广场内）
住 350 Powell St.（bet Geary & Post Sts.）
☎（1-415）433-7827
URL tixbayarea.org
营 每天 8:00~16:00（周五·周六~17:00）

在TIX Bay Area可以买到各种票

圣弗朗西斯科的标志性建筑　　市区中心部　M p.199-D2

泛美金字塔
Transamerica Pyramid

学

✹✹

高260米、48层的白色三角形建筑物，也是圣弗朗西斯科最高的建筑。1972年竣工后，圣弗朗西斯科市民对大楼的造型颇为不满，但如今却成了圣弗朗西斯科最具代表性的建筑之一。从顶层到塔尖高65米，尖塔顶端是一个虚拟观景平台，顶部由铝板覆盖。大楼内部平时不对外开放，但是一层的游客中心（营 周一～周五 10:00~15:00）会播放介绍大楼历史的影片。

时尚的外观和圣弗朗西斯科的街区融为一体

泛美金字塔

住 600 Montgomery St.
交通方式 在铛铛车的鲍威尔—梅森线的Powell St. 和Washington St. 路口附近下车，再向东走4个街区

 美食  购物  学习 游 游玩 ✹✹✹推荐度

商务人士来来往往的综合大楼　　市区中心部　M p.199-E~F2

内河码头中心 食 买

Embarcadero Center

✱

办公街区兼购物中心

位于金融区的中央，占据4个街区，是一个由多座建筑构成的大型综合设施。虽然大部分都是办公楼，但以二层的Lobby Level为中心，有多达70家商店和餐馆，成了一个购物中心。室外有来自世界各地的艺术家创作的装饰物，在走路的途中就能欣赏到艺术。

美食街，圣弗朗西斯科的地标　　市区中心部　M p.199-F2

渡轮大厦市场 食 买

Ferry Building Marketplace

✱✱✱

时尚的美食购物地区，是一个人气极高的市场，有索萨利托的陶瓷品、希思陶瓷等，还有很多来自湾区当地的精选商店和餐馆。每周还会举办3次农贸市场（→p.178），在建筑物前后的广场上，可以买到当地的新鲜水果、蔬菜、奶酪等。

美食、纪念品的宝地

从构思到竣工耗时30年　　联合广场周边　M p.201-E5

芳草地公园 学 游

Yerba Buena Gardens

✱✱

曾经治安恶劣的索玛地区（South of Market= 南部市场街）随着芳草地公园的诞生逐渐发生了变化。在Mission、Folsom、3rd、4th内，占据2个街区，其中设有一个由美术馆和剧院组成的艺术中心（Center for the Arts）、绿草茵茵的庭园（Esplanade）、综合性的娱乐设施梅特隆（Metreon，→p.208）、作为会展中心的莫斯科尼（Moscone Center）等。莫斯科尼中心的屋顶被称作天台（Rooftop），附设博物馆、保龄球馆、滑冰场等。

芳草地中心内的会展中心

内河码头中心
住 1 Embarcadero Center
☎（1-415）772-0700
URL embarcaderocenter.com
营 店铺营业时间：周一～周六 10:00~19:00（周六～18:00）、周日 12:00~17:00

渡轮大厦市场
住 1 Ferry Building
☎（1-415）980-8030
URL www.ferrybuildingmarketplace.com
营 周一～周六 10:00~19:00、周六8:00~18:00、周日 11:00~17:00（各个商家不同）

渡轮大厦里有许多当地的人气店铺

渡轮大厦农贸市场
☎（1-415）291-3276
URL www.cuesa.org
营 周二·周四 10:00~14:00、周六 8:00~14:00

芳草地公园
住 Mission, Folsom, 3rd & 4th Sts.
☎（1-415）820-3550
URL www.yerbabuenagardens.com
营 每天 6:00~22:00

保龄球馆
☎（1-415）820-3532
URL www.skatebowl.com
营 周一·周三～周日 12:00~22:00（周一～21:00、周五～24:00、周六·周日～17:00）、周二 10:00~21:00
费 1条球道（1小时）$28~50/小时
租鞋 $5.25
有包场日，建议提前打电话或上网进行确认。

滑冰场
URL www.skatebowl.com
营 每天营业时间不同，请提前上网确认。夏天会停业
费 成人 $12、老人（55岁以上）·儿童（6~12岁）$10、儿童（5岁以下）$7、租鞋 $4

儿童创造力博物馆
住 221 4th St. & Howard St.
☎（1-415）820-3320
URL creativity.org
营 周二～周日 10:00~16:00
休 周一。时间不固定，请在官网确认
费 $12.95

大人孩子都可以体验的博物馆

大人们也会在不知不觉间学习到很多东西　联合广场周边 M p.199-D5

儿童创造力博物馆 学 游

Children's Creativity Museum

体验型的博物馆。其中人气较高的是从 2000 首歌曲中，选择自己喜欢的歌曲，然后录制 MV 的区域。此外还会定期以儿童艺术为主题设计阵列展览。

博物馆前有 1906 年罗得岛制造的旋转木马的复制品（Leroy King Carousel，营每天 10:00~17:00、费 $4），很有复古气息。

圣弗朗西斯科现代艺术博物馆
住 151 3rd St.
☎（1-415）357-4000
URL www.sfmoma.org
营 周四～下周二 10:00~ 17:00（周四 ~21:00）
休 周三、感恩节、12/25
费 成人 $25、老人（65 岁上）#22、19~24 岁 $19、18 岁以下免费

全美首屈一指的现代艺术　联合广场周边 M p.201-F4

圣弗朗西斯科现代艺术博物馆 学

San Francisco Museum of Modern Art（SF MOMA）

2016 年 5 月，万众期待的圣弗朗西斯科现代艺术博物馆，俗称 SF MOMA，经过重建后再次开放。馆内藏品超过 3.3 万件，是美国西海岸有代表性的艺术博物馆。

安迪 · 沃霍尔、贾斯培 · 琼斯、罗伊 · 利希滕斯坦等美国流行艺术先锋的作品十分丰富。此外附设有餐馆、咖啡馆，以及出售书籍、原创商品的纪念品商店。由瑞士建筑师马里奥 · 博塔设计的建筑本身也很有看点。

个性化的建筑很有存在感

梅特隆
住 135 4th St.
☎（1-415）369-6000
URL www.shoppingmetreon.com
营 每天 10:30~20:30（周五 · 周六 ~21:30）
电影院
URL www.amctheatres.com
费 成人 $15.49、老人（60 岁以上）$12.49、儿童（2~12 岁）$12.49
IMAX 影院
费 成人 $22.49、老人 $19.49、儿童 $19.49

综合娱乐设施中心　联合广场周边 M p.201-D~E5

梅特隆 游

Metreon

除购物之外还有很多乐趣

设有餐馆、商店、电影院、美食区，游客也可放心到此游玩。圣弗朗西斯科第一家塔吉特百货旗舰店也位于该区域。这是市内少有的集娱乐、美食、购物于一身的场所，也可以来这里挑选礼物。美食广场有不少特色餐饮，从天台还可以欣赏到芳草地公园的景色。

Market St. 南侧的索玛区　虽然该区域餐馆、店铺的数量逐渐增多，但仍需注意靠近大海的地方治安状况仍然堪忧，尽量不要走人少的道路。

渔人码头 10~20分钟
15~25分钟 要塞
诺布山和唐人街
市政中心 10~20分钟
市区 10~15分钟
金门公园 45分钟
海特·艾许伯里 15~20分钟
0 5km N

诺布山和唐人街

Nob Hill & Chinatown

景致极佳的诺布山是高档酒店、豪华宅邸遍布的住宅区，环境幽雅安静。而诺布山东侧氛围截然不同。到处都是汉字的招牌，听到的不是英语，而是熟悉的汉语。这里的唐人街和纽约唐人街相当，在全美规模最大。

诺布山 *Nob Hill*

庄严肃静的教堂　　市区中心部 M p.198-B3

恩典教堂 学

Grace Cathedral

✹✹

恩典教堂位于诺布山山顶，是全美的基督教英国国教派别中的第三大教堂。哥特式建筑风格，庄严肃静，彩色玻璃十分美丽。最早建成于1849年淘金热期间，但1906年因地震被破坏，如今大家看到的恩典教堂是于1964年建成的。也有人说这座教堂的建立是为了平衡罗马天主教和新教。教堂内，从两侧的彩窗射入微弱的阳光，仿佛与世隔绝般十分寂静。入口处凯斯·哈林抱着消灭艾滋病毒的愿望制作的《基督的一生（The Life of Christ）》也很有观赏价值。

在附设的商店 The Shop at Grace Cathedral 内还能买到恩典教堂的原创商品。

恩典教堂
住 1100 California St.
☎（1-415）749-6300
URL www.gracecathedral.org
营 每天 8:00~18:00（周四～19:00）节假日 8:00~16:00
费 捐赠（建议 $10）
交通方式 乘坐铛铛车加利福尼亚西线，在 California St. 和 Taylor St. 路口下车

恩典教堂。教堂内部庄严肃静

铛铛车的动力近在眼前　　市区中心部 M p.198-B2

铛铛车博物馆 学

The Cable Car Museum

✹✹

复古的砖造博物馆。也是铛铛车的车库，控制铛铛车的地下钢缆会发出巨大的声音。进到博物馆后，会为其巨大的声势所震撼。所有的铛铛车动力都是从这里生产出来的。馆内的资料馆除了展示了一些有关铛铛车的资料和照片之外，还有铛铛车的旧模型等，很值得一看。商店内还可以买到铛铛车的周边商品。

在博物馆可以看到铛铛车的运作方式

铛铛车博物馆
住 1201 Mason & Washington Sts.
☎（1-415）474-1887
URL cablecarmuseum.org
营 4~9月每天 10:00~18:00、10月～次年3月每天 10:00~17:00
休 感恩节、12/15、1/1
费 免费
交通方式 乘坐铛铛车鲍威尔—海德线、鲍威尔—梅森线，在 Washington St. 和 Mason St. 下车

 美食  购物  学习 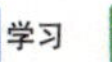 游玩  推荐度

唐人街 *Chinatown*

唐人街
住 龙门：Bush St. & Grant Ave.
交通方式 从联合广场向北走2个街区，然后沿Bush St.向东走1个街区。约10分钟。或者乘坐铛铛车加利福尼亚线，在Grant Ave.或Stockton St.附近下车。

唐人街两旁的中餐馆

1970年完成的唐人街入口　联合广场周边　M p.201-D1

龙门

食 买

Dragon's Gate

✹

位于圣弗朗西斯科最古老道路Grant Ave.和Bush St.路口的地方便是龙门（Dragon's Gate）。建成于1970年，是通向唐人街的入口。龙门两侧是用于辟邪的石狮子，上方两端的鱼代表繁荣，龙代表力量和丰收，中央的玉代表真实。

唐人街的象征

华人历史协会
住 965 Clay St.
☎（1-415）391-1188
讯 chsa.org
营 周二～周五 12:00~17:00、周六·周日 11:00~16:00
休 周一、主要节假日
费 成人$15、老人（65岁以上）·学生（13~17岁）$10、12岁以下免费

美籍华裔的历史记录　市区中心部　M p.198-C2

华人历史协会

学

Chinese Historical Society

✹✹

不定期的会举办特殊展览

于1963年建成的协会，是一个非营利团体，是为了记录中国移民、美籍华人的历史，保护文化遗产而成立的。是邀请到第36届美国总统林登·贝恩斯·约翰逊成为名誉会员的最早的华裔美国人的协会。该协会内部设有一座小型博物馆，陈列了中国移民的历史照片和相关物品。可以看到19世纪50年代初期，从移民时代开始到今天的历史变迁，感受中国移民为扎根美国社会而遭受的苦难。

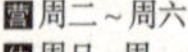

太平洋文化遗产博物馆
住 608 Commercial St.
☎（1-415）399-1124
营 周二～周六 10:00~16:00
休 周日·周一
费 免费

由圣弗朗西斯科最早的造币厂改建而成的博物馆　市区中心部　M p.199-D2

太平洋文化遗产博物馆

学

Pacific Heritage Museum

✹✹

在圣弗朗西斯科最早的造币厂（1854~1874年）遗址上，再现了过去砖结构的造币厂建筑。建筑所有权多次易主，最终在1970年，以广东银行收购为契机，从1984年开始作为博物馆对外开放，主要展示了环太平洋国家的艺术作品。入口旁的美术馆会举办特殊展览。该建筑本身也被加利福尼亚州指定为历史建筑物。

过去曾是造币厂

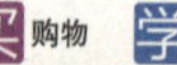  
食 美食　买 购物　学 学习　游 游玩　✹✹✹ 推荐度

Column 诺布山的历史

1865 年亚瑟 · 海恩在茂密的草木中开辟出了一条道路，可以通向山丘的顶点，在如今费尔蒙酒店的位置上建造了房屋。数年之后，许多穷人沿着这条道路来到这里，并在此定居。在过去没有巴士和铛铛车的年代，骑马上山都是一件很困难的事情。

●铛铛车出现，富人聚集

1873 年，圣弗朗西斯科的特色交通工具铛铛车诞生了。从克莱大街（Clay St.）到乔伊斯大街（Joice St.），历史性的测试运营在大雾中开始了。因为铛铛车的出现，景致极佳的山丘成为了富人们纷纷向往的地方，这里的豪宅也逐渐多了起来。当时的诺布山，被人们称作“千金一诺（Golden Promise）”，代表着美好的前途。

然而，1906 年圣弗朗西斯科发生大地震，并因火炉倾倒而发生火灾，一夜之间被烧得一干二净。

●如今的诺布山

从某种意义上讲，诺布山至今仍然是宫殿山丘（Palaces）。虽然没有了过去的奢华，但仍然透露出一种高雅的气质。如今这里还有一种过去权贵人士留下的氛围。

●诺布山的徒步观光之旅

可以参加诺布山徒步观光之旅，有导游介绍诺布山的历史建筑。每周三、周四、周日 14:00 开始。免费参加。集合地点在 California St. 的斯坦福庭院酒店（M p.198-C3 住 905 California St.）的前门。

此项观光之旅由 San Francisco City Guides 主办，圣弗朗西斯科公立图书馆赞助运营，已有约 30 年的历史。由志愿者导游带领大家徒步参观圣弗朗西斯科市内的著名地区。详细信息可以到网站查询。

URL www.sfcityguides.org

诺布山的象征——恩典教堂

深入唐人街

在上述的“诺布山的徒步观光之旅”中提到的 San Francisco City Guides 主办的唐人街之旅也很值得推荐。周一 · 周六 10:00 出发。集合地点是朴茨茅斯公园（Kearny & Clay Sts.）Washington St. 一侧的电梯前（M p.199-D2）。

想更加深入学习的人，可以参加右侧介绍的中国文化中心（Chinese Culture Center）主办的观光之旅。

朴茨茅斯公园是华人们休息的场所

中国文化中心 Chinese Culture Center of San Francisco

M p.199-D2
住 750 Kearny St., 3rd Floor
☎（1-415）986-1822
URL www.cccsf.us

●唐人街徒步观光之旅 Chinatown Walking Tour

一边听历史、文化的讲解，一边参观佛教寺院、中药店、学校等。游玩时间约 2 小时。

营 指定的周五～周日 10:00~（有时不发团，建议提前上网确认）

费 成人 $30、儿童（15 岁以下）$20

圣弗朗西斯科在美国城市中算得上是治安不错，可以放心出行的地方。除了上述的诺布山、唐人街之外，还有维多利亚式房屋、壁画的步行观光之旅。一定要去游客中心（→ p.183）进行确认。

渔人码头 15~30分钟
10~20分钟 要塞
诺布山 10~15分钟
市政中心和太平洋高地
市区 1~15分钟
金门公园 20~30分钟
15分钟 海特·艾许伯里
0 5km

市政中心和太平洋高地

Civic Center & Pacific Heights

市政中心以市政厅为中心，联邦政府大楼、州政府大楼都集中于此，文化设施也很齐全。

太平洋高地以19世纪建造的维多利亚式房屋为主，光是在这里散步就会有一种高贵的感觉。

市政中心
交通方式 乘坐 Muni 地铁、巴士在 Civic Center 站、Van Ness 站下车。然后步行约5分钟。或者从 Market St. 乘坐 Muni 巴士 #5、9、21 在 Van Ness Ave. 下车，然后向北走3个街区

市政厅
住 1 Dr.Carlton B. Goodlett Pl.
☎（1-415）554-6139
URL sfgov.org
营 周一～周五 8:00~20:00
休 周六·周日·节假日

战争纪念歌剧院
住 301 Van Ness Ave.
☎（1-415）864-3330
URL www.sfopera.com

戴维斯交响乐厅
住 201 Van Ness Ave.
☎（1-415）864-6000
URL www.sfsymphony.org

阿拉莫广场
交通方式 从 Market St. 乘坐 Muni 巴士#21，在 Steiner St. 或者 Pierce St. 下车

因美剧《欢乐满屋》而被人所熟知

日本城
URL www.sfjapantown.org
交通方式 从联合广场乘坐 Muni 巴士 #2、3，在 Buchanan St. 下车。或者从 Geary St. 乘坐 #38 在 Laguna St. 下车。从金融区出发的话，乘坐 #1，在 Laguna St. 下车，再向南走4个街区

市政中心 Civic Center

威风凛凛的建筑群　太平洋高地及周边 M p.204-C5

市政中心 Civic Center

学 ✱✱

圣弗朗西斯科的市政府大楼、联邦政府大楼、州政府大楼、图书馆等设施所在的地区。中心是庄严的穹顶形市政厅（City Hall）。令人印象最深的是美丽的圆形大厅。对外开放，所以一定要来参观。市政厅对面矗立的是巴洛克风格的战争纪念歌剧院（War Memorial Opera House）。而大型的玻璃建筑则是圣弗朗西斯科交响乐团的大本营戴维斯交响乐厅（Davies Symphony Hall），歌剧、芭蕾、古典乐的季节会变得格外华丽。

拍照胜地　太平洋高地及周边 M p.204-A5

阿拉莫广场 Alamo Square

游 ✱✱

位于高档住宅区所在的山丘，是一片被草坪覆盖的广场。这个广场前是7座浅色的维多利亚式房屋。这里是圣弗朗西斯科有代表性的观景地点之一。

集结了日式商店和餐馆　太平洋高地及周边 M p.204-A~B4

日本城 Japantown

食 买 ✱✱

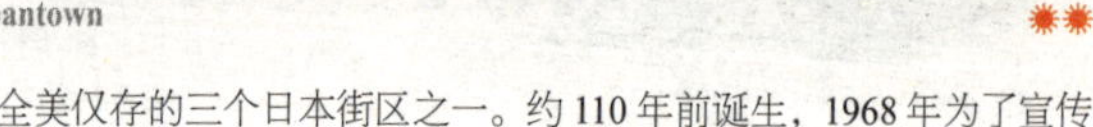

全美仅存的三个日本街区之一。约110年前诞生，1968年为了宣传日本文化和产业建成了日本中心。以五重塔为中心，有纪伊国屋书店、日本料理店、日本超市。每年还会举办盛大、传统的春樱祭活动。

便签 **市政中心的农贸市场** 与渡轮大厦相比更加平民。M p.204-C5 住 Market St., bet. 7th & 8th Sts. 营 周三 7:00~17:30、周日 7:00~17:00

全美规模最大的亚洲博物馆　　太平洋高地及周边　M p.204-C5

亚洲艺术博物馆　学

Asian Art Museum

✸✸

收藏有包括中东、东亚等反映了亚洲广阔风土人情的艺术作品。本座博物馆设计源自曾建造巴黎奥赛美术馆的著名意大利女性建筑师——盖·奥伦蒂（Gae Aulenti），她将过去的图书馆重新设计，改造成了如今的博物馆，建筑本身也极具价值。馆内的半数藏品都是由实业家埃弗里·布伦戴奇（Avery Brundage）向圣弗朗西斯科市捐赠的。二、三层为印度、东南亚、韩国、日本的绘画作品，青铜、陶瓷器、翡翠等，最早的可追溯到6000年前，藏品数量超过1.8万件。每天会有数个主题不同的观光之旅。一层的咖啡馆提供丰富的亚洲美食。

因为大量的亚洲藏品而被人熟知

世界闻名的中国最古老的如来佛
©Asian Art Museum

亚洲艺术博物馆
住 200 Larkin St.
☎（1-415）581-3500
URL www.asianart.org
营 周二～周日 10:00~17:00（周四～21:00）
休 周一、主要节假日
费 成人 $15、老人（65岁以上）$10、学生（13~17岁）$10、特殊展览另付费。每月的第一个周日免费
交通方式 从 Muni 地铁、捷运的 Civic Center 站出发，步行5分钟

太平洋高地 *Pacific Heights*

优雅时尚的大街　　太平洋高地及周边　M p.204-B2

联合大街　食 买

Union Street

✸✸

充满乐趣的联合大街

联合大街和菲尔莫尔大街附近遍布着时尚的精品店，有以自然、放松为主题的化妆品店、有机超市等，商品都十分讲究。逛一逛规模不大却个性十足的店铺，真是乐趣十足。

联合大街
交通方式 从联合广场出发乘坐 Muni 巴士 #41、45，到 Union St. 下车

感受自然的 SF 生活　　太平洋高地及周边　M p.204-A2

栗子街　食 买

Chestnut Street

✸

杂货店、精品店、咖啡馆、餐馆遍布的大众购物街，这里是当地居民很喜欢的购物去处，店内的商品种类琳琅满目。位于联合大街（Union St.）北侧，相距4个街区，在菲尔莫尔大街（Fillmore St.）和迪维萨德罗大街（Divisadero St.）间，便是这条道路的中心。

前往栗子街寻找连锁店里所没有的商品吧

栗子街
交通方式 乘坐 Muni 巴士 #30，在 Chestnut St. 和 Fillmore St. 附近下车

便签 **市政中心周边治安不佳**　市政厅周边地区，白天的治安没有问题，但是 Golden Gate Ave. 以北的田德隆区（M p.204-C4~5）夜间治安不好，晚上避免前往这个地区。

哈斯—丽莲梭住宅

住 2007 Franklin St.（旅游团集合地点）
☎（1-415）441-3000
URL www.sfheritage.org/haas-lilienthal-house
营 周三·周六 12:00~15:00（周六有时会闭馆，请提前确认）、周日 11:00~16:00
休 周一·周二·周四·周五
费 成人 $8、老人（60 岁以上）·儿童（12 岁以下）$5（馆内观光之旅需要 1 小时）
交通方式 从联合广场出发，乘坐 Muni 巴士 #38、38R，在 Geary Blvd. & Van Ness Ave. 下车。在 O'Farrell St. & Van Ness Ave. 换乘 Muni 巴士 #49，在 Van Ness Ave. Jackson St. 下车

安妮女王风格的代表性建筑　　太平洋高地及周边　M p.204-C3

哈斯—丽莲梭住宅　学

Hass-Lilienthal House

★★★

太平洋高地地区给人的印象就是拥有许多美丽的维多利亚式房屋。其中最具代表的是建于 1886 年的维多利亚式住宅。参加一小时的观光之旅，还可以进到内部进行游览。家具、内饰都保留着当年的状态，感兴趣的人不妨参加下。

可以参观内部的旅游团

代表性的维多利亚式房屋——哈斯—丽莲梭住宅

这一地区有很多维多利亚式房屋

梅森堡中心

☎（1-415）345-7500
URL www.fortmason.org
交通方式 从联合广场附近的 Kearny St. 出发，乘坐 Muni 巴士 #30 在 Chestnut St. & Laguna St. 下车

美食餐车主题夜市

M p.204-B1
住 2 Marina Blvd.
☎（1-415）339-5888
URL offthegrid.com
营 3~10 月周五 17:00~22:00（详细信息请到网站确认）

博物馆、美术馆等汇聚一堂　　太平洋高地及周边　M p.204-B1~C1

梅森堡　食 学

Fort Mason

★★★

从 1870 年到第二次世界大战之间，这里都作为军队的驻扎地使用。现在这里成了国家休闲地区，而战争年代的建筑物现在作为博物馆、餐馆、美术馆直接投入了使用。其中心便是梅森堡中心（Fort Mason Center），这里会举办以艺术、文化、环境为主题的美术展、文化教室、戏剧演出等文娱活动，十分独特。

从这里眺望到的市区天际线也十分美丽，可以看到很多人坐在草坪上悠闲地放松。另外，在用地内的停车场每周五晚上还有美食餐车主题夜市 Off the Grid，热闹非凡。高人气的格林素食餐馆也位于此。

每周五晚上美食餐车都会在梅森堡聚集

渔人码头
35分钟 要塞公园
15分钟 诺布山
市政中心 25分钟
市区 15分钟
金门公园 45~60分钟
海特 · 艾许伯里 35分钟
30分钟 SFO（机场）
0 5km

渔人码头和北滩

Fisherman's Wharf & North Beach

渔人码头是港口城市圣弗朗西斯科的代表性观光区域。稍微靠南一些的地方是北滩，由于这里有很多意大利移民，因此也被称作“小意大利”。另外距离渔人码头3公里的海面上，便是监狱之岛——阿尔卡特拉斯岛。

渔人码头 Fisherman's Wharf

周末有街头表演　　渔人码头周边　M p.203-D2

39号码头

食 买 游

Pier 39

✱✱✱

上下两层的购物中心，17座建筑物由木质平台连接，大人孩子都可以在栈桥上尽情地游玩，这是一个人气极高的地方。这里是渔人码头最热闹的地方，有34家餐馆、60多家纪念品商店等。而39号码头里最有名的则是K船坞的野生海狮们。它们总是成群结队地趴在浮板上悠闲地晒着太阳。

观光巴士一定会开往39号码头

另外码头占地内还设有海湾水族馆（Aquarium of the Bay），在深90米的玻璃管道，可以看到2万多个海洋生物。水母馆的人气颇高。

圣弗朗西斯科著名的“酵母面包”博物馆　　渔人码头周边　M p.202-C2

布丹博物馆

食 买 学

Boudin Museum

✱✱

首个改用酸味面包作为渔人码头上很有名的蛤蜊汤的盛放容器的，正是在市内各个地方都能看到的布丹面包房。在浓缩了法国移民布丹一家160多年之久的历史博物馆内，除了展品之外，还有面包房、咖啡馆、餐馆、酒吧、纪念品商店。

渔人码头

交通方式 乘坐铛铛车的鲍威尔—海德线，或者鲍威尔—梅森线，在终点下车。从联合广场出发需要15~25分钟。鲍威尔—海德线的终点位于Hyde St. 和Beach St. 的路口附近。距离Jefferson St. 1个街区。鲍威尔—梅森线的终点则在Taylor St. 和Bay St. 路口附近。位于Jefferson St. 北侧，相差3个街区的距离。或者也可以在Market St. 乘坐Muni地铁F线，去往Market St. 方向

39号码头

住 Beach St. & The Embarcadero
☎（1-415）705-5500
URL www.pier39.com
营 每天10:00~22:00（大部分餐馆为11:30~23:00）
※根据时期、餐馆各不相同

海湾水族馆

☎（1-415）623-5300
URL www.aquariumofthebay.org
营 夏季：每天9:00~20:00；冬季：每天10:00~18:00（周五~周日~19:00；春·秋季~19:00）
休 圣诞节
费 成人$24.95、儿童（4~12岁）$14.95、老人（65岁以上）$19.95。家庭套票（2名成人、2名3~11岁儿童）$70。有各种套票

布丹博物馆

住 160 Jefferson St.
☎（1-415）928-8882
URL www.boudinbakery.com
营 每天11:30~21:00
费 1人$3~5（含试吃）

便签 注意小偷　渔人码头是游客较为集中的地区。小偷惯用的一种伎俩是团伙中一人假装请求他人为自己拍照，然后团伙中另外一人会趁机将被放在地上的行李抢走。被人搭话时一定要做好防范。

圣弗朗西斯科海洋国家历史公园
M p.202-B2
住 900 Beach St.
☎（1-415）447-5000
URL www.maritime.org
营 每天 10:00~16:00

海德街码头
M p.202-B1~B2
住 Hyde St. Pier
☎（1-415）561-7169
营 每天 9:30~16:30
费 成人 $10、16 岁以下免费

学习了解圣弗朗西斯科的船舶历史　渔人码头周边 M p.202-A2~B2

圣弗朗西斯科海洋国家历史公园 学

San Francisco Maritime National Historic Park ✸

公园内的圣弗朗西斯科海洋博物馆（Aquatic Park Bathhouse Building），介绍了 19 世纪 40 年代开始长达 1 个世纪的美国西海岸海运史，陈列有船桅等实物，还有过去的老照片、船舶模型等。在海洋博物馆北侧的海德街码头（Hyde Street Pier）上，停泊着 1886 年下水的货船巴尔克卢萨号、1890 年建造的客船尤里卡号、1907 年建造的拖航船赫拉克勒斯号等。

船形设计的海洋博物馆

吉尔德利广场
住 900 North Point St.
☎（1-415）775-5500
URL www.ghirardellisq.com
营 每天 10:00~21:00（周日 ~18:00）（冬季时间缩短，各个商家不同）
交通方式 乘坐铛铛车的鲍威尔—海德线，在 Hyde St. & North Point St. 下车，20 分钟

广场上设有游客中心

曾经的巧克力工厂　渔人码头周边 M p.202-B2

吉尔德利广场 食 买

Ghiradelli Square ✸✸

1849 年，意大利人多明戈·吉尔德利来到圣弗朗西斯科，开创了如今圣弗朗西斯科尽人皆知的吉尔德利巧克力（Ghirardelli Chocolate）。在由过去的巧克力工厂改建而成的砖造建筑的内部，有多家精品店和餐馆。广场位于铛铛车鲍威尔—海德线终点的斜前方。广场中央被 7 座建筑环绕，钟塔建筑里的咖啡馆 Ghirardelli Soda Fountain and Chocolate 附设有吉尔德利的商店。夜晚“Ghirardelli”的灯光也很漂亮。

吉尔德利是最好的巧克力礼物

罐头工厂
住 2801 Leavenworth St.（bet. Beach & Jefferson Sts.）
☎（1-415）771-3112
营 每天 10:00~22:00（周日 9:00~）
※ 餐馆的营业时间各不相同
休 感恩节、圣诞节

安克雷奇广场
住 2800 Leavenworth St.（bet. Beach & Jefferson Sts.）
☎（1-415）775-6000
URL www.anchoragesquare.com

渔人码头的购物中心　渔人码头周边 M p.202-B2~C2

罐头工厂 / 安克雷奇广场 食 买

The Cannery/Anchorage Square ✸✸

美丽的砖造罐头工厂。建筑物前身是德尔蒙的罐头工厂。如今有很多精品店、美术馆、酒吧、俱乐部入驻其中。东侧的白色建筑是被称作安克雷奇广场的购物中心，这里集中了很多商店和餐馆。二层以上是万豪集团旗下的万怡酒店。两个地方都有中央庭院，经常有乐队、街头表演家在这里表演、举办活动。

好看的红砖建筑给人留下深刻印象

 美食   购物  学习  游玩  推荐度

过去的监狱之岛　　圣弗朗西斯科中心部 M p.197-E1 外

阿尔卡特拉斯岛 学

Alcatraz Island

★★★

每年有140多万游客到此观光，是圣弗朗西斯科著名的人气景点。这里还多次作为电影的拍摄地，很长时间都是一个恐怖的存在。岛屿在1934年到1963年之间，一直作为联邦监狱使用，在此期间共收监1576名囚犯。周围海域风高浪急、海水冰冷刺骨，水温仅有7~10℃，因此想要越狱游泳逃跑是根本不可能的。这座被称作“岩石”的监狱岛曾经关押过黑手党卡彭、“机关枪”凯利等人。因为经费问题，随着1963年3月21日最后一批囚犯离岛，这里也走向了历史的终点。

想要上岛游览必须要参加旅游团，可以在网站进行预约（最早提前90天）。有多种行程可供选择，包括早上出发的早鸟之旅、常规的一日游、黄昏出发的夜游以及阿尔卡特拉斯+天使岛的观光之旅。

令人无法逃离的阿尔卡特拉斯岛——一个人气景点

阿尔卡特拉斯岛

URL www.nps.gov/alca

营 最早的渡轮每天在33号码头9:00前后出海，根据季节，间隔20~30分钟一班。除夜游之外，其他行程最晚一班的时间为15:50

休 主要节假日

霍恩布洛尔游船 & 活动公司（前往阿尔卡特拉斯岛的渡轮）

M p.203-E3(旅游团出发地点)

住 Pier 33

☎（1-415）981-7625

URL www.alcatrazcruises.com

营 每天8:00~19:00

费 成人$37.25~71.50、老人（62岁以上）$35.25~69.50、儿童（5~11岁）$23~48.25。4岁以下免费

交通方式 从市区的Market St.乘坐Muni地铁F线即可到达33号码头

提前预约旅游团的话，至少要在离岸出发前30分钟到达。在售票处的“Will Call”排队，领取船票，需要出示护照、预约时使用的信用卡卡号和预约号码。

Information 从渔人码头周边出发的观光游船

从圣弗朗西斯科湾周边的码头出发，除了有前往湾区的固定船舶之外，还有乘坐豪华客轮的美食航海之旅、从海上欣赏景色的观光船等多种多样的观光游船。

●霍恩布洛尔游船 & 活动公司 Hornblower Cruises & Event

M p.199-F1

住 Pier 3，at the Embarcadero

☎（1-415）788-8866

Free（1-888）467-6256

URL www.hornblower.com

从3号码头出海。建议穿着休闲服饰，但也不要穿牛仔裤、吊带背心等过于休闲的服装。显示的金额为成人价。有老人、儿童（4~12岁）价。3岁以下免费。一般需额外支付饮料、服务费，各线路不同。

圣弗朗西斯科早午餐游船之旅 San Francisco Brunch Cruise

从金门大桥到湾区的2小时游船活动，享受自助早午餐。有免费的起泡酒、咖啡、果汁，还包含现场演出。

营 主要在周末出航。周六·周日11:00开始登船

费 成人$77、老人（55岁以上）$69.30、儿童（4~12岁）$46.20

●红白舰 Red and White Fleet

M p.202-C2

住 Pier 43 1/2 at Fisherman's Wharf

☎（1-415）673-2900

URL www.redandwhite.com

金门大桥湾游船之旅 Golden Gate Bay Cruise

从43 1/2号码头出海。常规的湾内游船，在金门大桥和阿尔卡特拉斯岛周边游览，大约需要1小时。

营 每天10:00出发，每天8~12班（圣诞节休息）

费 成人（18岁以上）$32、儿童·学生（5~17岁）$22、4岁以下免费

※此外还有前往海湾大桥的2小时游船，日落游船（2小时）等

不妨体验一下1小时的湾内游船

九曲花街

交通方式 铛铛车的鲍威尔—海德线在 Hyde St. 和 Lombard St. 的路口停靠。听从缆车司机的播报下车即可

九曲花街最高点是拍照的胜地

两旁布满花草的陡坡　　渔人码头周边 M p.202-B4

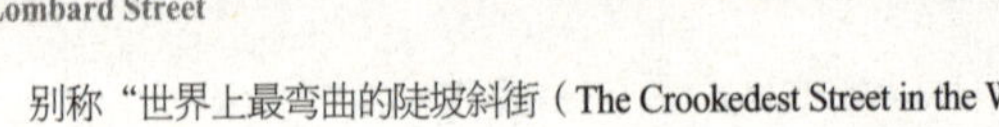

九曲花街 游

Lombard Street

✹✹✹

别称“世界上最弯曲的陡坡斜街（The Crookedest Street in the World）”。俄罗斯山的著名景点之一，在海德大街（Hyde St.）和莱文沃斯大街（Leavenworth St.）之间一个很短的街区，却有着 8 个急转弯，是一个呈 S 形的斜坡。1920 年，考虑到行车安全，为了让汽车也可以通过陡坡，增加了这 8 个急弯，因此成了现在的样子。很多对自己的驾驶技术自信的人，都会来这里挑战一下 S 弯。道路两旁也有人行道，可以一边看汽车驾驶，一边向下走。往返一趟大约需要 15 分钟，因人而异。上坡很累，可能需要停下来休息。路旁种着色彩鲜艳的绣球花、绿植等，非常好看。从斜坡顶端向右前方看去，可以看到很美丽的科伊特塔。

对自己驾驶技术充满自信的人纷纷来这里挑战

Information 渔人码头有趣的超市巡游

铛铛车鲍威尔—梅森线的渔人码头终点附近，分布着几个当地的超市。在这里可以买到便宜的葡萄酒、奶酪、用作礼物的巧克力、小玩意儿等。

●沃尔格林
Walgreens

M p.203-D3
住 320 Bay St.（Bay St. 和 Mason St. 的路口）
☎（1-415）296-0521
URL www.walgreens.com
营 每天 7:30~22:00（周日 9:00~）

零食、饮料、化妆品、非处方药等都可以在这里买到。旅行中的必需品也很齐全，非常便利。

●缺德舅
Trader Joe's

M p.203-D3　住 401 Bay St.
☎（1-415）351-1013
URL www.traderJoes.com
营 每天 8:00~21:00

有进口葡萄酒、奶酪等，商品考究，品种丰富。环保袋是经典的纪念品。（→ p.19）

●科斯特全球精品超市
Cost Plus World Market

M p.202-C3
住 2552 Taylor St.
☎（1-415）928-6200
URL www.worldmarket.com
营 每天 10:00~21:00（周六 9:00~、周日 ~20:00）
休 主要节假日

有进口自世界各地的室内装饰用品，葡萄酒、啤酒、食品等种类齐全。

●西夫韦
Safeway

M p.203-D3
住 350 Bay St.（Bay St. 和 Powell St. 的路口）
☎（1-415）781-4374
URL www.safeway.com
营 每天 6:00~24:00

美国的代表性全国连锁超市。以熟食、面包、酒为中心。海港店的规模很大（M p.204-B1 住 15 Marina Blvd.　营 每天 5:00~ 次日 1:30），葡萄酒种类很多。

北滩 North Beach

不可错过的庄严美丽的圣彼得和保罗教堂　　渔人码头周边　M p.203-D4

华盛顿广场 学 游

Washington Square

和联合广场、唐人街的朴茨茅斯广场齐名，是市内一座比较有历史的公园。附近咖啡馆飘来咖啡的浓郁香气，意大利裔的老人坐在公园长凳上与人促膝长谈，还有早上打太极拳、做操的华人，在这里可以最直观地感受到来自不同民族、拥有不同肤色的人所居住的北滩区的地区特色。

公园对面的教堂是圣彼得和保罗教堂（Saints Peter and Paul Church）。1884 年作为意大利国家教堂（Italian National Church）开始建造，于 1924 年耗时 40 年竣工。祭坛的雕像、彩窗使得教堂显得格外庄严美丽，礼拜堂内如同另外一个世界。

附近居民的休息场所

洁白的圣彼得和保罗教堂

圣彼得和保罗教堂
M p.203-D4
住 666 Filbert St.
☎（1-415）421-0809
URL saleslansspp.org
交通方式 从联合广场乘坐 Muni 巴士 #30、45，在华盛顿广场前下车。另外也可以乘坐铛铛车的鲍威尔—梅森线，在 Mason St. & Filbert St. 下车，约 11 分钟
※ 平日对一般人开放

1933 年建成　　渔人码头周边　M p.203-E4

科伊特塔 游

Coit Tower

位于电报山山顶，一座高 64 米的塔。使用利利·希契科克·科伊特（Lillie Hitchcock Coit）的 12.5 万美元遗产建造，于 1933 年竣工。有人说该塔的建造是为了纪念在 1906 年因地震而引发的火灾中进行营救工作的消防员们，因此外形很像消防水管的喷嘴，但设计者否认了这一说法。因为预算有限，为了在狭小的用地内建造纪念碑，才采用了简单的圆柱形设计。虽然建在山丘上，但为了不给人留下不安定的印象，并没有完全设计成圆柱形，顶部的直径实际上要比下部短约 50 厘米。可以乘坐电梯到达塔顶的观景台，在那里能眺望到市区的美景。在一层还有描绘加利福尼亚产业、圣弗朗西斯科市民生活的一角、百货商店、港口景色等的壁画，一定不要错过。

科伊特塔

从科伊特塔可以眺望到金融区的风景

科伊特塔
住 1 Telegraph Hill Blvd.
☎（1-415）249-0995
URL 登录 sfrecpark.org，搜索 Coit Tower
营 5~10 月：每天 10:00~18:00
11 月～次年 4 月：每天 10:00~17:00
休 感恩节、圣诞节、元旦
费 成人 $8、老人（62 岁以上）· 12~17 岁 $5、儿童 $2
※ 门票在一层的纪念品商店购买
交通方式 从渔人码头乘坐 Muni 巴士 #39，在科伊特塔下车

要塞公园和金门公园

Presidio & Golden Gate Park

要塞公园位于圣弗朗西斯科西北部的金门大桥附近，有一片美丽的森林。其南侧便是金门公园。这一区域都被绿色覆盖着，深受市民喜爱。圣弗朗西斯科最著名的景点金门大桥，更是不可错过。

金门大桥
URL www.nps.gov/goga
交通方式 从临时跨湾枢纽站（M p.199-F4）出发，乘坐金门巴士 #30、70、101 到达大桥旁边
大桥上有人行道，可以步行通过（营 夏季 5:00~21:00、冬季 5:00~18:30）。

过桥费（汽车）
可以通过电子收费、电话、网站、当面支付的方式缴纳金门大桥的过桥费（$6.50~7.50）。详细信息可以登录下述网站进行查询确认。如果是租车自驾过桥的话，事先要与所属的租车公司进行确认。
Fas Trak
URL www.bayareafastrak.org

橘色的金门大桥

尖兵堡国家历史公园
☎（1-415）556-1693
URL www.nps.gov/fopo
营 周四～下周一 10:00~17:00（冬季：周五～周日）
休 周二・周三、主要节假日
费 免费
交通方式 金门大桥旁

要塞 *Presidio*

圣弗朗西斯科的象征，世界上最美的大桥之一　圣弗朗西斯科中心部 M p.196-B1

金门大桥 游

Golden Gate Bridge ✹✹✹

骑车通过金门大桥也是一个不错的选择

世界知名大桥，全长 2737 米，桥中央距离水面高 67 米，伊丽莎白王后号邮轮通过金门大桥时距桥仅 60 厘米，也创造了一项纪录。

2012 年为大桥建成 75 周年，与此同时游客中心（营 每天 9:00~18:00）也正式开放。内部展示了建设当初的照片、介绍大桥历史的影像等，起到了博物馆的作用。此外还可以买到金门大桥的 T 恤、画册、写真集等原创商品。

当年装备有 126 座大炮　圣弗朗西斯科中心部 M p.196-B1

尖兵堡国家历史公园 学

Fort Point National Historic Site ✹✹

为了保护圣弗朗西斯科的海上安全，于 1853~1861 年建造的花岗岩堡垒。密西西比河以西，很少有堡垒的存在，这里还装备了 126 座大炮。堡垒位于金门大桥的南端，如今已经改为博物馆。堡垒内陈列着当年的古剑、枪、大炮、制服、照片等。可以参加由管理员带领的导游之旅（游玩时间 30 分钟）。

美食

购物

学习

游玩 ✹✹✹推荐度

Column 金门大桥完工前

大桥的设计者——约瑟夫·施特劳斯

依靠居民们的力量开工

1930年，通过圣弗朗西斯科及周边6县的居民投票决定开始建设大桥。当时虽然同意用各县的财产作为担保发行公债，但因为当时还处在大萧条时期，没有金融机构愿意接受这个公债。

拯救这个危机的是西部最大的银行——美国银行的创始人阿马迪·彼得罗·贾尼尼。因为他的决断，许多同行纷纷接受了这个公债。

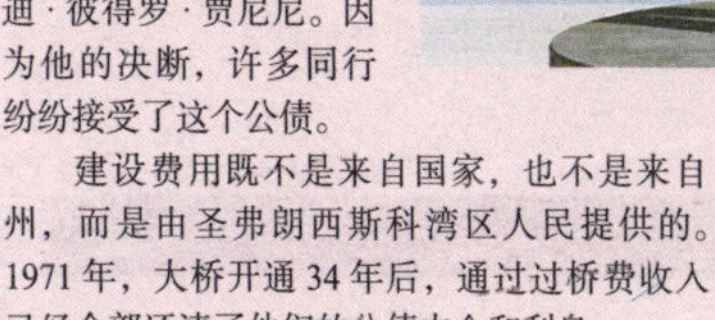

建设费用既不是来自国家，也不是来自州，而是由圣弗朗西斯科湾区人民提供的。1971年，大桥开通34年后，通过过桥费收入已经全部还清了他们的公债本金和利息。

将不可能变成可能的男人

既是诗人、哲学家，更是这座金门大桥设计者的约瑟夫·施特劳斯，在此之前设计了400多座大桥，而为了继续追逐自己的架桥梦，金门大桥成了他的终极梦想。在他发布设计方案之后，被人说要想在海流速度快、强风、大雾的海峡上架设吊桥是不可能的。

但是他却取得了成功。竣工后施特劳斯还创作了一首诗，如今也感动着很多人。而一年后在技术报告书上签字后，施特劳斯也静静地拉下了自己架桥生涯的大幕。

距离死亡一步之遥的建设工程

大桥于1933年1月开工。开工后3个月内因为没有到达脚手架的电梯，工人需要爬30分钟才能上去，非常危险。脚手架上风很大，不系好安全绳是没有办法施工的。

另外，为了施工安全，还花费了8万美元在桥下铺设了一张巨网。从开工到1937年5月竣工开通的4年时间里，安全网拯救了19名坠落工人的性命。他们在此后成立了“半路黄泉”俱乐部，进一步加强交流。

反映雾都的橘色

建设当时在颜色选择上有几个方案，包括金色、灰色或者黄黑条纹。为了能在雾中也可以清楚地看见，与周边颜色形成对比，决定使用国际橘（International Orange）。

由40名油漆工进行粉刷工作。粉刷工作耗时48天，每周用掉2吨油漆。顺便一提，油漆使用的是橘色和黑色的混合涂料。

“金门”大桥为何是橘红色的？

肯定会有人问，大桥为什么不是金色。答案很简单。“Golden” 不是指 “Bridge”，而是接在 “Gate” 前。也就是说连接 “Bridge” 的是 “Golden Gate”。

那么为什么这个海峡被称作 “Golden Gate” 呢？很多人都会联想到当年的淘金热吧。但在加利福尼亚发现金矿是1848年，而约翰·查尔斯·弗里蒙特将海峡命名为 “Golden Gate” 则是在1846年。实际上，探险家弗里蒙特在看到这个海峡时，想起了土耳其伊斯坦布尔的金角湾（Golden Horn），这个海峡因此而得名。

大桥开通日

1937年5月，开通的第一天，仅对行人开放。参观人数竟多达20万。第一个过桥的人是唐纳德·布莱恩特。

当天富兰克林·德拉诺·罗斯福总统从2800英里（4500公里）外的白宫发来贺电，并响起了电铃、汽笛、雾笛。军舰等在此集结，整个城市为桥梁开通而庆祝。

便签 **此人是谁？** 在金门大桥游客中心（→p.220）前的广场 Bridge Plaza 上矗立着一个男性的铜像，这便是大桥的设计者约瑟夫·施特劳斯。

华特·迪士尼家族博物馆
住 104 Montgomery St.（The Presidio of San Francisco）
☎（1-415）345-6800
URL www.waltdisney.org
营 周三～下周一 10:00~18:00（入场时间截至 16:45）
休 周二、主要节假日
费 成人 $25、老人（65 岁以上）·学生 $20、儿童（6~17 岁）$15、5 岁以下免费

在亲情支持下的华特　圣弗朗西斯科中心部　M p.196-C1

华特·迪士尼家族博物馆

食 买 游

Walt Disney Family Museum

✱✱

这里是梦想和魔法王国的缔造者——华特·迪士尼的博物馆。如果没有他的存在，也就没有米老鼠，更没有迪士尼乐园。这座博物馆正是着眼于他的一生和艺术作品。博物馆按照主题分成 10 个展厅，陈列了米老鼠的原画，无数的动画角色、电影制作的珍藏品等。在这里通过家庭照片、影片可以了解到作为丈夫、父亲的华特是如何在亲情的支持下完成自己的梦想的。

博物馆中有咖啡馆，可以悠闲地放松

荣誉军团博物馆
住 100 34th Ave.，Lincoln Park
☎（1-415）750-3600
URL legionofhonor.famsf.org
营 周二～周日 9:30~17:15
休 周一、主要节假日
费 成人 $15、老人（65 岁以上）$10、学生 $6，17 岁以下、第一个周二门票免费。出示 Muni 的换乘票可以优惠 $2
交通方式 乘坐行驶于 California St. 的 Muni 巴士 #1，在 Clement St. 和 33rd Ave. 路口下车。然后换乘 #18，在荣誉军团博物馆前下车

藏有许多法国艺术家的作品　圣弗朗西斯科中心部　M p.196-A2

荣誉军团博物馆

学

Legion of Honor

✱✱

荣誉军团博物馆的标志——《思想者》

博物馆耗资 3400 万美元，地理位置绝佳，在这里可以将金门大桥和太平洋尽收眼底。是全美首屈一指的欧洲艺术殿堂，收藏有公元前 2500 年到 20 世纪的绘画、素描、印刷品、欧洲装饰艺术等 12.4 万件作品。藏品中 14 世纪 80 年代的昂热挂毯、巴黎酒店 18 世纪的内饰品等十分出名。入口前还摆放着罗丹的《思想者》的雕塑。馆内设有 25 座展厅，照入馆内的自然光也成了博物馆的一大特征。博物馆位于林肯公园山丘上，洁白的建筑外观令人仿佛置身于欧洲，白天浓雾笼罩下的风景充满幻想。

悬崖小屋
住 1090 Point Lobos Ave.
☎（1-415）386-3330
URL www.cliffhouse.com
交通方式 乘坐 Muni 巴士 #38、38R 在终点下车，然后往回沿 Point Lobos Ave. 向海边步行约 5 分钟。从联合广场周边出发的话，大约需要 40 分钟

可以看到海豹岩的陆地尽头观景室

欣赏夕阳美景的绝佳地点　圣弗朗西斯科中心部　M p.196-A2

悬崖小屋和海豹岩

游

Cliff House & Seal Rocks

✱✱

位于断崖的悬崖小屋，常年刮着来自太平洋的强烈西风。这里过去曾是一座 7 层建筑，但因火灾而被烧毁。现在看到的建筑是于 1909 年修建的。这里的夕阳格外美丽。一层是休息室和纪念品商店，二层则是餐馆，深处设有博物馆。从这里望向海面可以看到一座小岛，那便是海豹岩。每年 9 月～次年 6 月在这里可以看到成群的海豹。

悬崖小屋（左）和海豹岩（右）

 美食   购物  学习 游玩  推荐度

有许多中国店铺　　圣弗朗西斯科中心部　M p.196-C2

克莱门大街 食

Clement Street

这条大街贯穿华裔众多的里士满地区。尤其是安古洛大街（Arguello Blvd.）和第十二大街（12th Ave.）之间，还被称作第二唐人街，不光有华人，这里还吸引着拥有多重种族背景的圣弗朗西斯科人。市区的唐人街有很多吸引游客的纪念品商店等，而与之相对，这里则是当地居民们常常造访的地方。越南、泰国、印度尼西亚、缅甸、印度、日本料理等休闲餐馆鳞次栉比，多民族共存，到了周末可以看到国际化的热闹景象。

充满生活感的第二唐人街

金门公园 Golden Gate Park

文化设施齐全的市民公园　　圣弗朗西斯科中心部  M p.196-A3~C3

金门公园 学游

Golden Gate Park

位于圣弗朗西斯科西北部的金门公园内，设有美术馆、博物馆、网球场、高尔夫等设施，还有温室、日本庭园、池塘等，是一座内容广泛的大型娱乐公园。公园西口的海滩公园小屋（Beach and Park Chalet）是游客中心。可以在这里获取公园的手册和地图，不妨以此作为起点。

这座公园东西长 5 公里，南北长 800 米，呈长方形，面积很大。如果步行的话会很累，不如乘坐园内定期运营的摆渡车，或者在公园东侧史托湖（Stow Lake）的自行车租赁店租一辆自行车进行游览。

公园内格外引人关注的是笛洋博物馆（De Young Museum）。这里收藏了以美国为中心，包括大洋洲、非洲等地超过 2.7 万件的艺术作品，现代艺术色彩浓郁。其中美国绘画收藏品更是吸引人眼球，乔治娅·奥·吉弗、爱德华·霍普、格兰特·伍德等巨匠的作品一幅挨着一幅。此外还收集了来自世界各地的织物。园内的最东端被称作嬉皮山（Hippie Hill），如今成了嬉皮士和市民的休息场所。

1895 年开馆的笛洋博物馆

克莱门大街

交通方式 行驶于 Geary St. 的 Muni 巴士 #38，途经 Clement St. 以南与其紧邻的一条道路

从 14th St. 到 26th St. 之间，有许多家餐馆。

金门公园

交通方式 从联合广场出发，乘坐 Muni 巴士 #5，在 8th Ave. 下车。可以到达美术馆、博物馆、日本庭园所在位置，十分方便。或者乘坐 Muni 地铁 N 线，在 9th Ave. 和 Irving St. 的路口下车

海滩公园小屋

M p.196-A3
住 1000 Great Hwy.
☎（1-415）386-8439
URL goldengatepark.com/beach-an-park-chalet.html
营 每天 11:00~17:00。二层是可以望见太平洋的餐馆

金门公园摆渡车

☎（1-415）831-2727
营 6 月中旬 ~12 月中旬的周六·周日·节假日 9:00~18:00
休 12 月中旬 ~ 次年 6 月中旬全天，6 月中旬 ~12 月中旬平日
费 免费

笛洋博物馆

M p.196-C3
住 50 Hagiwara Tea Garden Dr.
☎（1-415）750-3600
URL deyoung.famsf.org
营 周二 ~ 周日 9:30~17:15（周五 ~20:30、闭馆前 1 小时为特别展厅的最后入场时间）
休 周一、主要节假日
费 成人 $15、老人（65 岁以上、需 ID）$10、学生 $6、17 岁以下免费。每月第一个周二免费。出示 Muni 一卡通或者换乘票可以优惠 $2

嬉皮山

M p.205-A1

笛洋博物馆为 3 层建筑，除了设有展厅、商店、咖啡馆，塔的九层是玻璃展厅，从那里可以一览圣弗朗西斯科市内的风光。

在拥有 140 年历史的温室花房（Conservatory of Flower）内，可以观赏到 2000 种热带植物和花。建筑的外观为维多利亚风格，十分优雅。

圣弗朗西斯科植物园（San Francisco Botanical Garden）内种植着来自世界各国的 8000 种珍贵植物、树木，在都市中也可以享受森林浴。这里每天都有免费的观光之旅（13:30~）可以参加。

在温室花房可以看到许多热带植物

加州科学馆（California Academy of Science）附设有水族馆、天文馆、博物馆，是世界少有的大型设施。馆中央是世界热带雨林（Rainforests of the World）。雨林中有蝴蝶、鸟儿飞来飞去，创造出了哥斯达黎加、马达加斯加、亚马孙的世界。世界最大、使用数码影像的莫瑞森天文馆（Morrison Planetarium）人气最高。截至本书调查时，天文馆内轮流播放着两个节目，一个是用数据解析 1906 年圣弗朗西斯科地震的 Earthquake，一个是探险太阳系的 Incoming！，从宇宙中探索地球、月亮、火星，乃至银河系。

大家都很关心的是地震 Earthquake。在这座维多利亚式房屋中装置有体感设施，可以体验 1906 年和 1989 年在圣弗朗西斯科发生的两起地震，学习了解防灾知识。

此外还有可以看到非洲企鹅的非洲馆（African Hall），能欣赏到 4000 多条热带鱼的菲律宾珊瑚礁（Philippine Coral Reef）等，介绍地球

水族馆内的大型水箱

温室花房

M p.196-C3　住 100 JFK Dr.
☎（1-415）831-2090
URL www.conservatoryofflowers.org
营 周二～周日 10:00~16:30（3 月中旬 ~10 月营业至 18:30）
休 周一、主要节假日
费 成人 $8、老人（65 岁以上）· 学生（12~17 岁）$6、儿童（5~11 岁）$2，每月第一个周二免费

圣弗朗西斯科植物园

M p.196-C3
住 9th Ave. at Lincoln Way
☎（1-415）661-1316
URL www.sfbotanicalgarden.org
营 2~10 月每天 7:30-17:00（3 月中旬 ~9 月 ~18:00）、11 月 ~ 次年 1 月每天 7:30~16:00
费 成人 $8、老人（65 岁以上）· 学生（12~17 岁）$6、儿童（5~11 岁）$2

免费旅游团

在正门入口附近的书店前，每天 13:30；4~8 月的周五 · 周六 · 周日在北入口，14:00 出发。

加州科学馆

M p.196-C3
住 55 Music Concourse Dr., Golden Gate Park
☎（1-415）379-8000
URL www.calacademy.org
营 每天 9:30-17:00（周日 11:00~）
休 无休
费 成人 $35.95、老人（65 岁以上）· 学生（12~17 岁）$30.95、儿童（4~11 岁）$25.95、3 岁以下免费

馆内游览要点

入馆后，去闷热的“世界热带雨林”前，如果穿的较多，可以先将衣服寄存（免费）。然后领取天文馆的入场券（每天 10:30-16:30，每隔 45 分钟发放一次），在指定时间前可以游览馆内中央的“世界热带雨林”或者地下水族馆。但是这些地方也需要排队，最好参观一些不需要排队的展览或者现场表演（当天会分发时间表），效率更高。

另外午餐时咖啡馆也会十分拥挤。占地内有野餐区，可以提前买好食品进到里面。

环保的博物馆

加州科学馆是由著名建筑师伦佐 · 皮亚诺负责设计的。90% 的建筑素材为再生材料，置于屋顶的太阳能板可以实现自我供电。

便签 **如果想游览金门公园的话** 在赛格威（Segway）也有巡游公园的旅游团。游玩时间约 2 小时 30 分钟，1 人 $75。Golden Gate Park Segway Tours ☎（1-415）474-3130 URL www.electrictourcompany.com

生物、自然的无穷魅力。屋顶的庭院也不容错过。

日本庭园（Japanese Tea Garden）是1894年加利福尼亚世博会上的一座日本风格庭园。由日本人萩原真负责设计，他们一家人在50年的岁月中一直从事庭园修缮的工作。此后在第二次世界大战期间，这里更名为“东洋茶园”，许多建筑物还遭到了破坏，最后变成了纪念品商店，1952年又改用之前的名称，佛教色彩浓烈，建造了各式各样色彩华丽的塔和月亮桥。园内有五重塔、半圆形拱桥等，还有2000余棵樱花树、松树、枫树，很有日本情调。在喜欢日本文化的圣弗朗西斯科，这里也成了一个人气景点。在凉亭可以饮茶。

日本庭园的半圆形拱桥。来挑战的人络绎不绝

日本庭园

M p.196-C3
住 75 Hagiwara Tea Garden Dr.
☎（1-415）752-1171
URL www.japaneseteagardensf.com
营 每天 9:00~18:00（11月~次年2月每天~16:45）
费 成人$8、老人（65岁以上）·学生（12~17岁）$6、儿童（5~11岁）$2

庭园内的五重塔

Information 金门公园内的娱乐活动

高尔夫 Golf

公园西侧，靠近47th Ave.的9洞高尔夫球场，距离1357码，标准杆27杆。虽然球场不大，但有租赁俱乐部，玩起来轻松愉快。

● Golden Gate Park Golf Course

住 970 47th & Fulton Sts.
☎（1-415）751-8987
URL goldengateparkgolf.com
营 每天 日出30分钟后~日落前30分钟（建议上网确认）
费 周一~周四 $12~19、周五~周日 $13~23

网球 Tennis

公园内共有21个网球场。位于温室花房（Conservatory of Flowers）的南侧。虽然有很多附加费用，但只要带着球拍随时都可以打球。平日不接受预约。周末和节假日必须提前预约。

● Golden Gate Park Tennis Complex

☎（1-415）831-6302（预约电话）
受理时间：周三16:00~18:00、周四9:00~17:00、周五9:00~11:30
☎（1-415）753-7001（上述以外的时间拨打该电话号码）
营 每天 9:00~16.30
费 成人$6、老人$2~5

划船 Boat

公园内的史托湖（Stow Lake）有船出租。周末会有很多带孩子的家庭或者情侣到这里游玩。

● Stow Lake Boathouse

M p.196-B3
住 50 Stow Lake Dr.
☎（1-415）702-1390
URL stowlakeboathouse.com
营 每天 10:00~18:00（出租时间提前一小时结束）
费 1小时 $22~37.50

自行车和滑板 Bike & Skate

公园内铺设有全长12公里的自行车道。另外每周日John F. Kennedy Dr.会变成步行者的天堂，可以在这里尽情体验轮滑的乐趣。有租赁店，不妨尝试一下。另外租赁需要ID（护照等证件）和信用卡。

● Golden Gate Park Bike & Skate

M p.196-C3
住 3038 Fulton St.
☎（1-415）668-1117
URL goldengateparkbikeandskate.com
费 自行车1小时$5~、1天$25~、轮滑鞋1小时$6、1天$24

便签 **加州科学馆的超人气展览** 再现了婆罗洲、南美热带雨林的Rainforests of the World，深受成人们的喜爱。可以看到很多只能在湿度较高的空间中生存的动植物。

渔人码头 40分钟
市政中心 10分钟
诺布山 40分钟
要塞公园和金门公园 40分钟
市区 15分钟
海特·艾许伯里和教会区
0 5km

海特·艾许伯里和教会区

Haight Ashbury & Mission

海特·艾许伯里是20世纪60年代嬉皮文化的发祥地，至今还能看到许多当时的样貌，这里有不少具有爵士风格的乐器店、二手服装店、俱乐部等。在其东南方向的教会区深受当地人喜爱，其中心卡斯特罗是知名的同性恋社区。

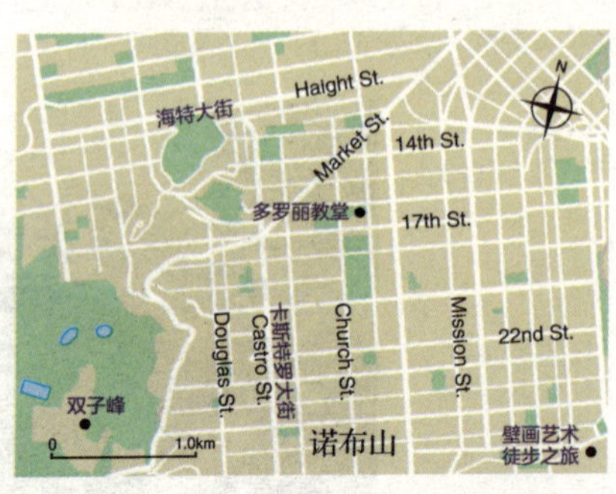

海特·艾许伯里 *Haight Ashbury*

20世纪60年代嬉皮文化的发祥地　海特·艾许伯里／教会区　M p.205-A1

海特大街　买

Haight Street　★★★

在动荡的20世纪60年代，年轻人纷纷搬到这个房租便宜的地区，打着“反战·和平·自由”的口号，创造出了一个独特的文化。如今这里有许多摇滚·朋克店、二手服装店，是许多个性鲜明的年轻人聚集的场所。詹尼斯·乔普林和乔·麦克唐纳曾一起居住的公寓也在海特·艾许伯里附近（M p.205-B1　住 122 Lyon St.。因为现在有其他人入住，所以禁止参观）。

世界最大的同性恋社区　海特·艾许伯里／教会区　M p.205-B2~B3

卡斯特罗大街　游

Castro Street　★★★

以Castro St.和Market St.周边为中心的地区，是LGBT（Lesbian、Gay、Bisexuality、Transgender的首字母）社区，通称“卡斯特罗”。从20世纪60~70年代，劳动阶级纷纷入住卡斯特罗开始，便诞生了同性恋社区。随着公开自己同性恋身份并成功当选议员的哈维·米尔克的活跃表现，这里不断取得发展，如今已经成了来自世界各地、持有各种性观念的人们的聚集地。

同志历史博物馆GLBT History Museum（GLBT与LGBT为同一个意思）中有从20世纪60年代至今，以历史、社会为背景的照片、资料等陈列物，还有视频影像，通过这些，游客可以更好地了解这一群体。这里也有导游讲解（→边栏），如果感兴趣的话不妨参加。

卡斯特罗大街上引人注目的彩虹图案

海特大街

交通方式 从联合广场、金融区出发，在Market St.乘坐Muni巴士#6、7、7R，在Cole St.下车。从海港区出发，在Lombard St.乘坐#43，在Haight St. & Cole St.下车

海特·艾许伯里花儿权利徒步之旅
Haight Ashbury Flower Power Walking Tour

网 www.haightashburytour.com
营 周二10:30、周五14:00、周六10:30。游玩时间2小时30分钟
费 $20
※从Waller & Stanyan Sts.出发（M p.205-A1）。需要预约

卡斯特罗大街

交通方式 乘坐Muni地铁K、L、M、T线，在终点Castro St.站下车

克鲁辛卡斯特罗区徒步旅行
Crusin' the Castro Walking Tour

住 Market & Castro Sts.（集合地点）
☎（1-415）550-8110
网 cruisinthecastro.com
营 周一～周六9:00～（营业时间不固定，建议提前确认）
游玩时间2小时
费 成人$30、儿童（5~12岁）$25
集合地点：Castro站外，Market St.和Castro St.路口的大型彩虹旗下（M p.205-B2）

同志历史博物馆

M p.205-B2
住 4127 18th St.
☎（1-415）621-1107
网 www.glbthistory.org/museum
营 周一～周六11:00-18:00、周日12:00~17:00
费 $5、每月第一个周三免费

便签　电影《米尔克》（*Milk*）　影片讲述了美国首位同性恋市议会议员米尔克的传奇一生。走在卡斯特罗地区，还有着当年的风貌。2008年，美国电影。

欣赏圣弗朗西斯科夜景的绝佳地点！ 海特·艾许伯里 / 教会区 M p.205-A3

双子峰 游

Twin Peaks

★★

高 277 米的两座山峰，在市内 43 座山丘中，是景色最好的地方。山顶上自然状态保存良好。从这里可以将街区、圣弗朗西斯科湾尽收眼底，尤其是夜晚，灯光亮起的海湾大桥和市区的高层建筑群更是格外美丽。山上凉风瑟瑟，夏天也需要穿长袖。白天的话虽然可以步行前往，但是打车或租车更为便利。

双子峰

交通方式 从 Powell St. 站出发，乘坐 Muni 地铁 K、L、M、T 线，在 Forest Hill 站下车。然后换乘 Muni 巴士 #36，在 Marview Way & Panorama Dr. 下车，再步行 10 分钟

从双子峰欣赏市区美景

教会区 Mission

1791 年建造的古老教堂 海特·艾许伯里 / 教会区 M p.205-C2

多罗丽教堂 学

Mission Dolores

★★

装有彩窗的美丽教堂。于 1776 年开工，1791 年竣工，哥特式风格，乍一看给人的印象不太像是基督教风格，但内部十分静谧，令人心境平和。教堂内设有小型博物馆，藏有不少过去的展品。这里有不少湾区一带的原住民欧隆尼族（Ohlone）的相关资料和圣弗朗西斯科淘金热前的记录。眼前的小山丘是多罗丽教堂公园（Mission Dolores Park），周末有很多人来到这座公园休闲放松。

圣弗朗西斯科最古老的教堂——多罗丽教堂

多罗丽教堂

住 3321 16th at Dolores Sts.

☎（1-415）621-8203

URL www.missiondolores.org

营 每天 9:00~16:00（5/1~10/31 每天 9:00~16:30）

休 主要节假日

费 成人 $7、儿童（18 岁以下）$5

交通方式 乘坐 Muni 地铁 J 线，在 16th St. 和 Church St. 路口下车，然后向东走 1 个街区

多罗丽教堂公园

M p.205-C2

住 19th St. & Dolores St.

市民的休息场所——多罗丽教堂公园

形形色色的壁画聚集地！ 圣弗朗西斯科中心部 M p.197-E4

壁画艺术徒步之旅 游

Mission Trail Mural Walk Tour

★★

在拉美裔众多的教会区周边，有很多优雅的壁画艺术。参加徒步之旅可以在 6 个街区内参观 70 多幅壁画作品。其中最出色的当数 18th St.、Valencia St. 和 Guerrero St. 之间的“Woman's Building”壁画。除团体外不需要预约。

好看的 Woman's Building 壁画

壁画艺术徒步之旅

M p.197-E4（集合地点）

☎（1-415）285-2287

URL www.precitaeyes.org

营 周六·周日 13:30、游玩时间 2 小时 15 分钟

费 成人 $20、老人·学生 $10、17 岁以下 $6、12 岁以下 $3

集合地点为普雷希特之眼壁画艺术与游客中心 Precita Eyes Mural Arts & Visitors Center（住 2981 24th St.）。

交通方式 乘坐捷运在 24th St. & Mission 站下车。沿 24th St. 向东步行约 8 分钟。位于 Harrison St. 和 Alabama St. 之间

 美食  购物  学习  游玩 ★★★推荐度

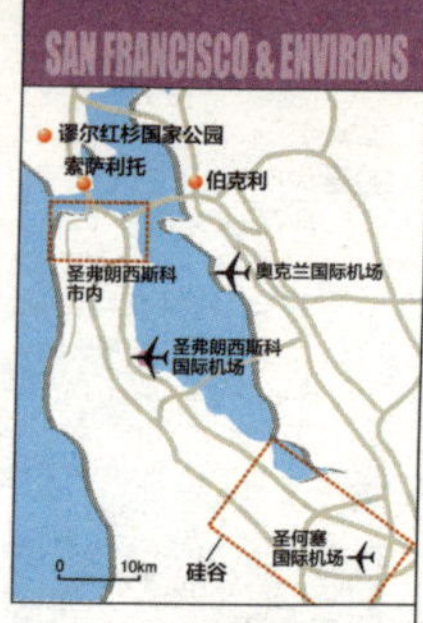

湾区和硅谷

Bay Area & Silicon Valley

本书会介绍圣弗朗西斯科湾周边的湾区城市，包括索萨利托、伯克利、谬尔红杉国家公园等，以及位于圣何塞的电子产业基地硅谷。

索萨利托 *Sausalito*

位于圣弗朗西斯科湾的北侧，北滩山丘和圣弗朗西斯科湾之间一块狭窄的土地，建有许多漂亮的住宅、店铺、美术馆。索萨利托是著名的艺术之城，是湾区中最时尚的城市。在圣弗朗西斯科被浓雾笼罩的时候，这里仍然有明媚的阳光，具有地中海城市的风格。

索萨利托的主要街道　　圣弗朗西斯科和湾区　M p.195-A2

架空走廊　游 买

Bridgeway

★★★

索萨利托的主要景点就是海岸边的架空走廊（Bridgeway）。这里设有专门的自行车道，不少人都会来这里骑行放松。这条仅1公里长的道路两旁，建满了餐馆、美术馆、精品店、古董店等，每一个都个性十足，又极具品位。一边眺望停泊在海港的豪华游轮，一边购物，欣赏美术馆的作品，十分惬意。另外从海岸边还可以欣赏到圣弗朗西斯科市区、阿尔卡特拉斯岛、金门大桥的风景，别有一番风情。

索萨利托市面积不大，光在架空走廊游览就很有乐趣。如果想在这里玩上一整天，建议在圣弗朗西斯科租一辆自行车然后游玩。另外，游客中心就位于码头附近的野草莓酒店及水疗中心（Casa Madrona Hotel & Spa）前，提供地图和酒店信息等，内部是一个小型资料馆，介绍索萨利托的历史，还展出了一些照片。

索萨利托的店铺都十分可爱

索萨利托
M p.195-A2

从圣弗朗西斯科乘坐巴士
（乘车时间约35分钟）
交通方式 乘坐金门巴士#30等，从Market & 7th Ave.和Lombard & Fillmore Sts.出发，发车间隔1小时。有些巴士可能为区间车，不到索萨利托，上车时一定与司机确认
Golden Gate Transit
☎（1-415）455-2000
Free 511
URL goldengatetransit.org
费 $6、老人（65岁以上）· 儿童（6~18岁）$3

从SF渡轮大厦乘坐渡轮
从渡轮大厦（M p.199-F2）的1号码头出发（乘船时间30分钟）。
Golden Gate Ferry
☎（1-415）455-2000
Free 511
URL www.goldengateferry.org
费 成人单程$12、老人·儿童（6~18岁）$6

从SF41号码头乘坐渡轮
从渔人码头的41号码头（M p.203-D2）出发。
Blue & Gold Fleet Ferry
☎（1-415）705-8200
URL www.blueandgoldfleet.com
费 成人单程$12.50、老人（65岁以上）· 儿童单程$7.50

索萨利托游客中心
Sausalito Visitor Center
住 780 Bridgeway, Sausalito
☎（1-415）331-1093
营 每天 11:00~16:00

谬尔红杉国家公园 *Muir Woods National Monument*

谬尔红杉国家公园位于圣弗朗西斯科西北方向27公里处，是重要的红杉（Redwood）自然保护区。这里是地球上树木年龄最大的地方，如今公园内的红杉平均树龄达到了600~800年。远离都市，走在高耸入云的大树下，令人神清气爽。如果有时间的话，一定要造访这里。

谬尔红杉国家公园 漫 步

国家公园是以当地哲学家约翰·谬尔命名的，谬尔是一位爱护自然，并为之付出巨大努力的人。公园内最古老的红杉树龄可达2200年以上，最高长到了115.6米。19世纪西部开发前，北加利福尼亚一带的海岸线种满了这种红杉。但因为红杉防潮的特性，经常被用作建筑材料，如今经过砍伐，仅存留下了部分红杉。

园内的徒步线路全长9.6公里。走在穿过树叶空隙照进来的阳光下，慢慢地感受红杉森林的魅力吧。这里还有丰富的蕨类和苔藓类植物，可以尽情地吸收负离子，享受森林浴。另外公园内有铺设好的道路，身体状况如果不太好也可以选择散步线路。

在游客中心可以获取园内信息，还可以在里面的商店购买快餐。快餐店跟纪念品商店设在一起，要挑选礼物的话也可以来这里。

最高的红杉相当于37层楼的高度

入口附近有商店和咖啡馆

谬尔红杉国家公园

M p.195-A1

住 Muir Woods National Monument，Mill Valley

费 门票成人（16岁以上）$10、儿童免费

从圣弗朗西斯科开车

交通方式 沿US-101或CA-1在Exit 445B Mill Valley/Stinton Beach的出口驶出

巴士之旅

● Blue & Gold Fleet

☎（1-415）705-8200

URL www.blueandgoldfleet.com

营 41号码头出发，每天9:00、14:00，游玩时间4小时

费 成人$59、儿童（5~11岁）$34

灰线旅游

（→参考p.192）

游览谬尔红杉国家公园和索萨利托。

☎（1-415）434-8687

Free（1-888）428-6937

营 每天9:00~14:00，游玩时间4~6小时

费 成人$62、儿童（5~11岁）$35

谬尔红杉游客中心
Muir Woods Visitor Center

☎（1-415）388-2595

URL www.nps.gov/muwo

营 夏季：每天8:00~20:00、冬季：每天8:00~17:00（根据季节有所不同）

※游客中心的关门时间比上述时间提前30分钟

便签 **前往谬尔红杉国家公园的巴士** 5月中旬~10月的周末、节假日，6月中旬~8月中旬的平日，从索萨利托游客中心前的巴士站，乘坐Marine Transit#66的巴士，可以到达谬尔红杉国家公园。往返$5。9:05~17:05，发车间隔10~20分钟。

伯克利 *Berkeley*

伯克利位于圣弗朗西斯科对岸的东海岸地区。加利福尼亚大学（University of California）在加利福尼亚州内有多座分校，伯克利也是其中之一，这里以伯克利分校为中心，形成了一座充满“教育和文化”的学院城市。作为湾区的艺术、文化中心，这里还是许多作家、音乐家、艺术家的居住地。市内有不少时尚、个性的街道。另外该地区的居民有着很强的环保意识。

伯克利
M p.195-B2
交通方式 从圣弗朗西斯科市区出发，乘坐前往 Richmond 或者 Pittsburg/Bay Point（需换乘）方向的捷运，在 Downtown Berkeey 站下车。全程 30 分钟。也可以在临时跨湾枢纽站乘坐 AC 巴士 F 线。所需时间 30 分钟

加利福尼亚首个公立大学　　伯克利 M p.205-C5

加利福尼亚大学伯克利分校（UCB） 学

University of California，Berkeley

UC 伯克利的标志——萨瑟塔

20 世纪 60 年代，全美学生运动的发祥地，诺贝尔奖获奖者层出不穷，是美国数一数二的顶尖公立大学。

大学的地标建筑是萨瑟塔（Sather Tower）。乘坐电梯可以到达观景台（费 $3），要是晴天的话可以将圣弗朗西斯科市区的景色尽收眼底。此外还有伯克利美术馆、劳伦斯科学馆、UC 植物园等，可以参加校园内的免费旅游团。出发地点在纪念体育馆西南角的游客中心前。

UC 伯克利分校
URL www.berkeley.edu

柯莱特游客中心
M p.205-C5 外
住 2227 Piedmont Ave.
☎（1-510）642-5215
营 周一～周五 8:30~16:30、周六 · 周日 9:00~13:00

Bear Transit Campus Shuttles
平日从早到晚，有班车 H、P、中央校园、RFS 线往返于 Downtown Berkeley 站～校园内；夜间有南、北两条线路行驶（从 Shattuck Ave. & Addison St. 路口附近出发）。
☎（1-510）643-7701
费 免费 ~$1.50

伯克利的主街　　伯克利 M p.205-C5

电报大街 买食

Telegraph Avenue

从伯克利分校的学生工会一直向南便是电报大街。在 Durant Ave. 的路口附近有书店、咖啡馆、面包房、餐馆、鞋店、唱片店、手工饰品店等。是一个放松闲逛的好去处。

有很多适合学生的餐馆和酒吧

有名的美食大街　　伯克利 M p.205-C4、p.205-A5

沙特克 & 第四大街 食

Shattuck Avenue & 4th Street

沙特克大街位于伯克利站的东北方向，步行需 10 分钟。这里是热门的美食大街，被称为加利福尼亚烹饪始祖的潘尼斯之家餐馆（→ p.240）也在这里。而第四大街（4th Street）则是流行的发源地，这里的时尚店铺随处可见。即便不太显眼的店铺，也会彰显出店主独特的品位，就算不打算在这里消费，也很值得参观一下。

伯克利旅游局
Berkeley Convention & Visitors Bureau
M p.205-B5
住 2030 Addison St.
☎（1-510）549-7040
Free（1-800）847-4823
URL www.visitberkeley.com
营 周一～周五 9:00~17:00（午休时间 13:00~14:00）
休 周六 · 周日、主要节假日

便签 **环保之城伯克利的学习地点**　在崇尚自由的 UC 伯克利大学内，有很多具有环境保护意识的人。可以在这里学习一下环保知识。**生态中心 Ecology Center**　M p.205-A5　住 2506 San Pablo Ave.　URL ecologycenter.org

硅谷 *Silicon Valley*

圣何塞位于圣弗朗西斯科南侧的湾区。这里气候温暖，生活水平高，是美国人十分向往居住的一座城市，人气极高。到第二次世界大战前，这一带还全是果园，是被称作“令人心情愉悦的山谷”（The Valley of Heart's Delight）的农业中心。如今该地区被称作硅谷（Silicon Valley），作为 IT 产业中心不断发展。如果有车的话可以到这边参观一下 IT 公司。

圣何塞
M p.195-B4

圣何塞旅游局
Team San Jose
M p.231-B
住 408 Almanden Blvd., San Jose
☎（1-408）792-4511
URL www.sanjose.org
营 周一～周五 8:00~17:00
休 周六 · 周日

圣何塞引以为傲的科技博物馆　　圣何塞 & 硅谷　M p.231-B

创新科技博物馆　学

Tech Museum of Innovation　★★★

圆顶橘色外观的建筑，在圣何塞市区格外显眼。博物馆凝聚了硅谷的高科技技术，可以观看、触摸、体验。自己进行编程的游戏、装上可佩戴的终端设备将身体动作可视化的高科技产品、将自己的面部立体影像化的扫描仪、修复电脑等，对于成年人来讲这里就是他们的主题乐园。没有什么很难的事情，大胆去尝试吧。

对于成年人来说也很有趣的博物馆

创新科技博物馆
住 201 S.Market St., San Jose
☎（408）294-8324
URL www.thetech.org
营 每天 10:00~17:00
休 感恩节、圣诞节
费 博物馆 $24（包含一个 IMAX 影片）
交通方式 乘坐 VTA 巴士，在 Convention Center 站下车

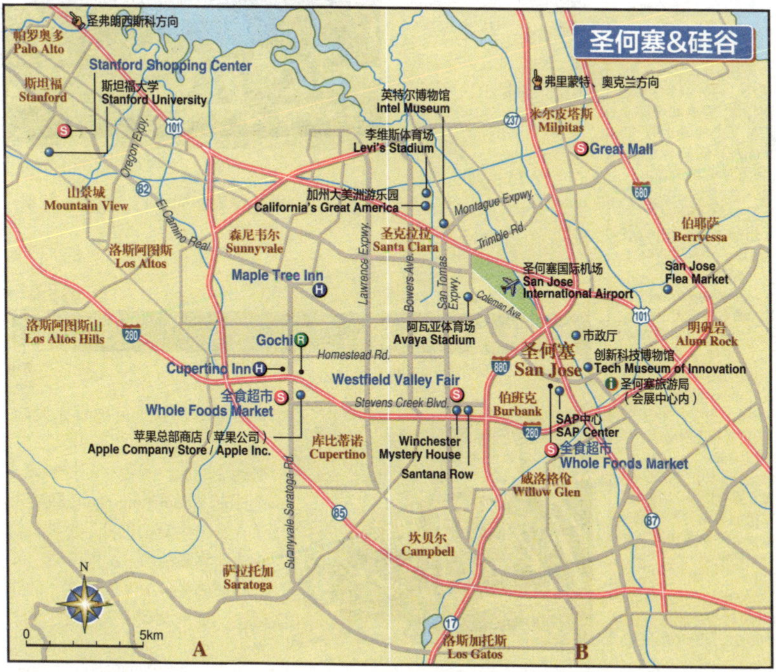

圣何塞&硅谷

圣弗朗西斯科方向
帕罗奥多 Palo Alto
Stanford Shopping Center
斯坦福 Stanford
斯坦福大学 Stanford University
英特尔博物馆 Intel Museum
弗里蒙特、奥克兰方向
米尔皮塔斯 Milpitas
李维斯体育场 Levi's Stadium
Great Mall
Oregon Expy.
山景城 Mountain View
加州大美洲游乐园 California's Great America
Montague Expwy.
El Camino Real
森尼韦尔 Sunnyvale
圣克拉拉 Santa Clara
Trimble Rd.
伯耶萨 Berryessa
洛斯阿图斯 Los Altos
Lawrence Expwy.
Bowers Ave.
San Tomas Expwy.
圣何塞国际机场 San Jose International Airport
San Jose Flea Market
Maple Tree Inn
Coleman Ave.
洛斯阿图斯山 Los Altos Hills
阿瓦亚体育场 Avaya Stadium
市政厅
明矾岩 Alum Rock
Gochi
Homestead Rd.
圣何塞 San Jose
创新科技博物馆 Tech Museum of Innovation
Cupertino Inn
Westfield Valley Fair
圣何塞旅游局（会展中心内）
全食超市 Whole Foods Market
Stevens Creek Blvd.
伯班克 Burbank
SAP中心 SAP Center
苹果总部商店（苹果公司） Apple Company Store / Apple Inc.
库比蒂诺 Cupertino
Winchester Mystery House
全食超市 Whole Foods Market
Santana Row
威洛格伦 Willow Glen
Sunnyvale Saratoga Rd.
坎贝尔 Campbell
萨拉托加 Saratoga
N
0　5km
A
洛斯加托斯 Los Gatos
B

便签 **前往圣何塞的交通方式**　从 SF 市区的 San Francisco 站出发，乘坐加州火车在 San Jose Diridon 站下车，车程 1 小时 20 分钟。从加州火车站出来后，左手边就是圣何塞鲨鱼队的主场——SAP 中心（→p.234）。

全球流行的 iPhone　　圣何塞 & 硅谷　M p.231-A

苹果总部商店（苹果公司）

Apple Company Store/Apple Inc.

★★★

苹果公司从 Mac 开始，不断研发出 iPod、iPhone、iPad、Apple Watch 等革新性产品。其本部就位于这里。虽然不能参观公司内部，但是可以到旁边的苹果总部商店购买原创的 T 恤、文具用品等。另外，苹果公园（Apple Park）、苹果公司新的宇宙飞船总部大楼也在其旁边。2017 年末商店和咖啡馆向普通客人开放。

世界上最有名的半导体制造商　　圣何塞 & 硅谷　M p.231-B

英特尔博物馆（英特尔公司）

学

Intel Museum

★★★

英特尔公司总部下的一家介绍“微处理器”的博物馆。在这里可以了解 300 毫米半导体的制造过程，还有约 30 个体验性展品以及英特尔公司历史的相关资料。附设有博物馆商店。

全美顶尖大学　　圣何塞 & 硅谷　M p.231-A

斯坦福大学

学

Stanford University

★★★

斯坦福大学的建筑也很美丽

斯坦福大学位于圣弗朗西斯科和圣何塞之间的帕罗奥多（Palo Alto），与东边的哈佛大学齐名，均是全美首屈一指的私立大学。斯坦福大学是由铁路富豪利兰 · 斯坦福于 1891 年成立的，以此纪念他们年仅 15 岁就因病去世的儿子。校园面积巨大，正门入口附近设有游客中心，提供游览观光行程（约 70 分钟）。

北加利福尼亚最大的主题乐园　　圣何塞 & 硅谷　M p.231-B

加州大美洲游乐园

California's Great America

★★

加州大美洲游乐园内有许多刺激的娱乐设施

既有适合家庭的娱乐设施，也有刺激的骑乘项目，还设有史努比主题区。另外在回旋镖湾水上乐园 Boomerang Bay（仅在夏季开放）内有海浪池、滑梯、大小泳池等多种水上娱乐设施。

最新的 4D 模拟装置“质量效应”更是深受大人和孩子们的喜爱。

苹果总部商店

住 1 Infinite Loop，Cupertino

☎（408）606-5775

URL www.apple.com/retail/infiniteloop

营 周一～周五 9:00~19:00、周六 10:00~18:00、周日 11:00~17:00

交通方式 从圣弗朗西斯科开车沿 I-280 行驶，然后驶出 De Anza 出口，再左转，左手边便是

英特尔博物馆

住 2200 Mission College Blvd., Santa Clara

☎（408）765-5050

URL www.intel.com/museum

营 周一～周五 9:00~18:00、周六 10:00~17:00

休 周日、主要节假日

费 免费

交通方式 从圣弗朗西斯科开车沿 US-101 向南行驶，然后驶向 Montague Expwy.，再左转至 Mission College Blvd.，最后再左转即可到达英特尔公司

斯坦福大学游客中心

住 295 Galvez St.，Stanford

☎（650）723-2560

URL visit.stanford.edu

营 每天 8:30~17:00（周六 · 周日 10:00~）

交通方式 乘坐加州火车在 Palo Alto 站下车。从车站前的巴士车站乘坐前往斯坦福大学的免费班车 Marguerite Shuttle。其中 #X、Y 线比较便于观光。从圣弗朗西斯科出发大约需要 1 小时。开车的话沿 US-101 或 I-280 向南行驶。需要 40 分钟

游览观光活动：每天 11:00、15:15。从游客中心出发，游玩时间 70 分钟。

费 免费

加州大美洲游乐园

住 4701 Great America Pkwy., Santa Clara

☎（408）988-1776

URL www.cagreatamerica.com

营 6 月上旬 ~8 月下旬：每天 10:00~20:00（周五 · 周六 ~22:00）、3 月下旬 ~5 月下旬、8 月下旬 ~10 月中旬：仅周末 10:00~20:00

※ 冬季停业。营业时间很不规律，一定提前上网确认

费 3 岁以上 $69

交通方式 从圣何塞的市区出发，乘坐市区 · 山景城方向的轻轨，在 Great American 站下车。步行 8 分钟

回旋镖湾水上乐园

营 仅夏季开放（上述时间中也有不开放的时候）

费 包含在加州大美洲游乐园门票中

圣弗朗西斯科的体育
Sports in San Francisco

棒球 Major League Baseball（MLB）

圣弗朗西斯科巨人队 San Francisco Giants

球队于 1883 年建立，最初队名为纽约高谭队，1885 年改名为纽约巨人队。1958 年球队搬迁至圣弗朗西斯科，在此之前球队共获得过 17 次国家联盟冠军（总计 23 次）、5 次世界大赛冠军。美国职棒生涯本垒打纪录保持者贝瑞·邦兹也曾是巨人队一员，球队在中国有着较高的知名度。

2018 年球队战绩不佳，投打两方面不甚理想，虽然胜率超过四成，但球队还是未能进入季后赛。而作为球队基石、MLB 的超级明星，捕手巴斯特·波西也已经 31 岁，圣弗朗西斯科急需另一位明星的加入。

主场：AT&T 公园球场

M p.197-F3

住 24 Willie Mays Plaza，San Francisco

☎（1-415）972-2000

URL sanfrancisco.giants.mlb.com

交通方式 乘坐 Muni 地铁 N、T、E 线，在 AT&T 公园球场下车。从联合广场步行需要 20~30 分钟

AT&T 公园球场之旅

10:30、12:30 从球场商店出发（白天有比赛时除外）

费 成人 $22、老人 $17、儿童 $12、2 岁以下免费

奥克兰运动家队 Oakland Athletics

奥克兰运动家建队以来共获得过 15 次美国联盟西区冠军、9 次世界大赛冠军的优秀成绩。通称“A's”。20 世纪 70~90 年代初期是其黄金期。虽然紧邻圣弗朗西斯科湾对面的人气球队巨人队，但奥克兰运动家队的人气却相形见绌，财政上也比较紧张。但是依靠精明能干的总经理比利·比恩，球队作为一匹黑马，成了棒球迷格外关注的一支球队。2011 年上映的电影《点球成金》讲述的便是弱小的球队通过比恩独特的方法成为强队的大快人心的故事。

近些年球队陷入低迷期。从 2015 年开始连续 3 个赛季都是分区垫底，无法走出困境。唯有连续 2 年轰出 40 发本垒打的戴维斯能让人舒一口气。2018 年球队获得外卡赛资格，可惜最终不敌纽约扬基队，遗憾止步季后赛。

主场：奥克兰竞技场

M p.195-B2

住 7000 Coliseum Way，Oakland

Free（1-877）493-2255

URL oakland.athletics.mlb.com

交通方式 乘坐前往 Fremont 方向的捷运，在 Coliseum/Oakland Airport 站下车。球场就位于车站前

篮球 National Basketball Association（NBA）

金州勇士队（奥克兰） Golden State Warriors

1946 年，球队诞生于费城，是 NBA 历史最久的 3 支球队之一。球队共获得过 6 次 NBA 总冠军。2012~2013 年、2013~2014 年球队连续两年进入季后赛，随后在 2014~2015 年终于时隔 40 年拿到了球队历史上第四座总冠军奖杯。2015~2016 赛季，球队又再次闯入总决赛，但遗憾告负，2016~2017 赛季，球队以 16 胜 1 负的战绩赢得总冠军。2017~2018 赛季，总决赛 4:0 横扫骑士，连续两年获得总冠军。2018 年考辛斯加盟勇士，球队先发 5 人均是全明星级别球员，实力可见一斑。

主场：甲骨文球馆

M p.195-B2

住 7000 Coliseum Way，Oakland

☎（510）986-2200

URL www.nba.com/warriors

交通方式 同奥克兰运动家（上述）。体育馆紧邻奥克兰竞技场

橄榄球 National Football League (NFL)

圣弗朗西斯科 49 人队 San Francisco 49ers

全美人气第一的橄榄球队——圣弗朗西斯科49人队。49人队与达拉斯牛仔队和匹兹堡钢人队一样，都获得过5次超级碗冠军，并列NFL之最。在20世纪80~90年代的黄金期，因著名四分卫乔·蒙塔纳而声名大噪。他在比赛结束前的最后关头，通过一记达阵长传帮助球队逆转取胜，至今仍是橄榄球界的一段传奇故事。2014赛季开始，球队搬迁至圣克拉拉的李维斯体育场。

主场：李维斯体育场

M p.231-B 住 4900 Marie p. DeBartolo Way，Santa Clara
☎ (1-415) 464-9377 URL www.49ers.com
交通方式 从圣弗朗西斯科乘坐加州火车，在Mountain View站下车。换乘开往Winchester方向的VTA巴士，在Great America站下车，再步行5分钟（所需时间1小时30分钟）

李维斯体育场运用了全新的IT技术

奥克兰突袭者队 Oakland Raiders

19世纪70年代的最强球队，1993年球队时隔13年，从洛杉矶搬回至奥克兰，与此同时球场进行了扩建，增加了观众席人数。2002~2003年球队获得美联冠军，第五次进入超级碗决赛，但却完败给了坦帕湾海盗队。2016~2017年时隔14年再次进入季后赛，久违的胜利令球迷们感到非常开心。另外因为突袭者球迷将圣弗朗西斯科49人队视为死敌，所以如果去现场观看比赛的话，一定不要穿红色和金色的服装。2019年球队将搬迁至拉斯维加斯。

主场：奥克兰竞技场

M p.195-B2 住 7000 Coliseum Way，Oakland
☎ (510) 864-5040 Free (1-800) 724-3377
URL www.raiders.com
交通方式 同奥克兰运动家队（→p.233）

足球 Major League Soccer (MLS)

圣何塞地震队 San Jose Earthquakes

球队成立于1996年，最早名为圣荷塞冲击队，并以1:0的成绩取得了MLS成立后的首场比赛胜利，2005年球队搬迁至休斯敦，使得圣何塞不再拥有职业足球俱乐部。但在2008年，新球队圣何塞地震足球俱乐部重新加入大联盟。2012年获得常规赛第一，但此后陷入了低谷。与死敌洛杉矶银河的"加州德比"格外引人关注。有时和强队的比赛会在李维斯体育场进行。

主场：阿瓦亚体育场

M p.231-B 住 1123 Coleman Ave.，San Jose
☎ (408) 556-7700 URL www.sjearthquakes.com
交通方式 从圣弗朗西斯科出发，乘坐加州火车在Santa Clara站下车。换乘VTA#10的Airport Flyer，在Coleman St. & Earthquake Way下车即到。（所需时间1小时30分钟）

冰球 National Hockey League (NHL)

圣何塞鲨鱼队 San Jose Sharks

主场位于圣何塞，也是湾区唯一一支冰球球队。1991年NHL联盟扩张，圣何塞鲨鱼加入联盟。1993年球队搬迁至圣何塞市区新建成的球馆，并首次闯入季后赛，此后更是成了季后赛常客。2015~2016年，球队在季后赛中连战连捷，进入了斯坦利杯决赛。虽然球队从未赢得过斯坦利杯，但球队核心乔·帕韦尔斯基和乔·索恩顿两名选手的攻击得分能力十分出众。

主场：SAP 中心

M p.231-B 住 525 W.Santa Clara St.，San Jose
☎ (408) 999-5757（购票）
URL sharks.nhl.com
交通方式 从圣弗朗西斯科乘坐加州火车，在San Jose Diridon站下车。然后步行1分钟（全程1小时30分钟）。因为距离圣何塞较远，所以如果观看晚场比赛的话，一定要提前确认是否还有加州火车运行

圣何塞鲨鱼队的主场——SAP中心

圣弗朗西斯科的商店

San Francisco

SHOP

前往圣弗朗西斯科的话，大部分人一定会去联合广场。周边是圣弗朗西斯科商业中心、百货商场、购物街、高端品牌商店等，十分繁华热闹。在该地区购物休息都很方便，各类设施齐全，这在整个美国都很少见。如果想去二手服装店则可以前往海特·艾许伯里地区。另外教会区的 Valencia St. 和 Hayes St. 有许多圣弗朗西斯科的原创品牌和首饰品店，一定不要错过。

联合广场周边

梅西百货公司

Macy's 百货商场

◆商品齐全的大众百货商场

来自纽约的老牌百货公司，商品种类齐全是其特征。圣弗朗西斯科店位于 Stockton St. 上，分为 West 和 East 两座大楼，West 是以女性时装为中心，East 则是以男性时装为中心。设有美食广场和邮局。

面朝联合广场，由两个大楼构成

M 联合广场周边 p.200-C3~201-D3

住 170 O'Farrell St.
☎ (1-415) 397-3333
URL www.macys.com
营 周一～周六 10:00~21:00（周五·周六～22:00）、周日 11:00~20:00
信用卡 A D J M V

萨克斯第五大道

Saks Fifth Avenue 百货商场

◆总部位于纽约的高档百货商场

来自纽约时尚前端的商品琳琅满目。女性时装店铺深受职场女性的喜爱。化妆品的种类也非常齐全。五层有餐馆，一层是化妆品区。

高档百货商场

M 联合广场周边 p.200-C2

住 384 Post St.
☎ (1-415) 986-4300
URL www.saksfifthavenue.com
营 周一～周六 10:00~19:00（周四·周六～20:00）、周日 12:00~19:00
休 主要节假日
信用卡 A D J M V

尼曼百货清仓店

Neiman Marcus Last Call Studio 折扣店

◆市区超人气的折扣店

和萨克斯第五大道精品百货店工厂店一样，走的是高档品牌线路。与第五大道工厂店相比更加基础，时尚商品的种类更加齐全。一定要多花些时间在这里尽情地购物。

会注明优惠幅度

M 联合广场周边 p.201-D4

住 767 Market St.
☎ (1-415) 671-7800
URL www.lastcall.com
营 周一～周六 10:00~20:00、周日 11:00~19:00
信用卡 A D J M V

马歇尔百货

Marshalls 折扣店

◆鞋的种类丰富

有 BCBG、Nike、Polo 等品牌入驻，这是联合广场周边的一家折扣店。其中鞋类商品十分丰富。可以买到比在中国便宜不少的商品。位于 O' Farrell St. 和 Market St. 的路口。

可以买到意想不到的商品

M 联合广场周边 p.201-D4

住 760 Market St.
☎ (1-415) 395-9068
URL www.marshallsonline.com
营 周一～周六 9:00~21:30（周五·周六～22:00）、周日 10:00~20:00
信用卡 A D J M V

便签 梅西百货公司的超值购物！ 在西馆 6 层的游客中心，出示护照或信用卡可以获得 10% 的购物优惠卡（部分商品除外）。

联合广场周边

李维斯
Levi's Store 时尚

◆**第一条牛仔裤的诞生地**

如今风靡全球的牛仔裤便是从李维斯发祥的。这家店是全球第三大店铺，全新的、满足多种需求的商品琳琅满目，不辱老牌商店的名号。接受顾客的定制。

李维斯店内知识丰富的店员

M 联合广场周边 p.201-D5

住 815 Market St.
☎（1-415）501-0100
URL global.levi.com
营 周一～周六 9:00~21:00、周日 10:00~20:00
信用卡 A J M V

古驰
Gucci 时尚

◆**迅速获悉流行商品的信息**

集合了时尚、鞋类、小配件等商品的总店。可以在这里找到很多新品的包类、钱包。男士商品的种类也很齐全。

M 联合广场周边 p.201-D2

住 240 Stockton St.
☎（1-415）392-2808
URL www.gucci.com
营 周一～周六 10:00~19:00、周日 12:00~18:00
信用卡 A J M V

路易 · 威登
Louis Vuitton 时尚

◆**人气系列商品一应俱全**

以经典的波士顿包为主，从钥匙链等小物件到大型行李箱等，人气商品琳琅满目。新系列产品也能在这里找到，一定不要错过。

M 联合广场周边 p.200-C3

住 233 Geary St.
☎（1-415）391-6200
URL www.louisvuitton.com
营 周一～周六 10:00~19:00（周五 ~20:00）、周日 11:00~19:00
信用卡 A D J M V

卡地亚
Cartier 珠宝饰品

◆**散发出高贵的气质**

店内充满高档感，摆满了豪华、雅致的饰品。有许多人到此购买结婚戒指。法国坦克腕表、水晶、银饰品等一应俱全。

M 联合广场周边 p.201-D2

住 250 Post St.
☎（1-415）397-3180
URL www.cartier.com
营 周一～周六 10:00~18:00、周日 11:00~18:00
信用卡 A D J M V

蒂芙尼
Tiffany & Co. 珠宝饰品

◆**美国首屈一指的高档品牌**

进入店内就能看到许多水晶、陶器、银饰品。里面陈列的是黄金饰品。有很多标准纯银的饰品，设计可爱。

M 联合广场周边 p.200-C2

住 350 Post St.
☎（1-415）781-7000
URL www.tiffany.com
营 周一～周六 10:00~20:00、周日 11:00~18:00
信用卡 A J M V

蔻驰
Coach 包

◆**做工精细，缝制讲究**

美国的代表性品牌。从经典的产品线到时尚的设计，有着各种各样的包类产品。能满足各个年龄层顾客的需求。

M 联合广场周边 p.201-D2

住 190 Post St.
☎（1-415）392-1772
URL www.coach.com
营 周一～周六 10:00~20:00、周日 11:00~18:00
信用卡 A J M V

市区

渡轮大厦市场
Ferry Building Marketplace 购物中心

◆**圣弗朗西斯科名品齐聚一堂**

渡轮大厦市场的商户包括希思陶瓷、丹丽安巧克力、阿珂姆面包等圣弗朗西斯科的代表性店铺。食品、物品的质量都很高，还有很多圣弗朗西斯科的限定店铺。如果不知道买什么礼物的话，也可以来这里寻找。

渡轮大厦市场内的希思陶瓷店

M 市区中心 p.199-F2

住 1 Ferry Building
☎（1-415）983-8030
URL www.ferrybuildingmarketplace.com
营 周一～周六 10:00~18:00（周六 9:00~）、周日 11:00~17:00（各家店铺不同）
信用卡 各家店铺不同

便签

当地的人气餐馆　太平洋海鲜餐馆的菜品多为鱼贝、蔬菜类，其中推荐夏威夷的波奇（金枪鱼酱油汁）盖饭（$19）。Pacific Catch M p.204-A2 住 2027 Chestnut St. ☎（1-415）440-1950 URL pacificcatch.com 营 每天 11:00~21:30　此外在金门公园附近的 9th Ave. 上也有分店。M p.196-C3 住 1200 9th Ave. ☎（1-415）504-6905 营 每天 11:00~22:00（周五 · 周六 ~23:00）

市区

时思糖果
See's Candies 食品 / 礼物

◆**有特点的巧克力**

虽然吉尔德利巧克力在圣弗朗西斯科很有名，但是也不要忘记时思糖果的存在。推荐艾泰什太妃糖（Toffee-Etes）$19。在苏格兰糖果上用巧克力做糖衣，非常好吃。在市场大街（M p.201-F2）等地也有分店。

适合作为礼物的艾泰什太妃糖

M 市区中心 p.199-E2
住 3 Embarcadero Center（Street Level）
☎（1-415）391-1622
URL www.sees.com
营 周一～周六 10:00~18:00、周日 12:00~17:00
信用卡 A J M V

市政中心和太平洋高地

安比昂斯
Ambiance 时尚

◆**首饰齐全**

从时尚的普通服饰到聚会穿的裙子，商品设计充满女人味。也有鞋类、包类等商品，可以搭配服装挑选。

M 太平洋高地及周边 p.204-B2
住 1864 Union St.
☎（1-415）923-9797
URL www.ambiancesf.com
营 周一～周五 11:00~20:00、周六 10:00~20:00、周日 11:00~19:00
信用卡 A J M V

天霸 2
Timbuk2 杂货

◆**SF 原创的邮差包**

商品设计感十足，质量很好，在 SF 有着超高的人气。在 SF 很多骑车的人都会使用这里的邮差包。外观、颜色丰富，令人眼花缭乱。

M 太平洋高地及周边 p.204-B5
住 506 Hayes St.
☎（1-415）252-9860
URL www.timbuk2.com
营 周一～周六 10:00~19:00、周日 11:00~18:30
信用卡 A J M V

海特 · 艾许伯里及教会区

碎石 & 黄金
Gravel & Gold 杂货

◆**教会区的代表性商店**

原创的纺织袋、手提包等商品琳琅满目，当地的时尚达人也经常造访这里。此外还有来自国内、国外的精选商品，品位很高。

有许多原创的纺织品

M 海特 · 艾许伯里 / 教会区 p.205-C2 外
住 3266 21st St.
☎（1-415）552-0112
URL gravelandgold.com
营 每天 12:00~19:00（周日 ~17:00）
信用卡 A J M V

巴姆
The Balm 化妆品

◆**没有添加任何防腐剂，对肌肤很好的化妆品**

SF 化妆品的特征是使用有机素材等，对环境友好。巴姆的化妆品不使用滑石粉等防腐剂，皮肤较为敏感的人也可以放心使用。保湿效果良好的眼影打底液（Put a Lid on It）人气极高。

对皮肤很好的巴姆化妆品

M 海特 · 艾许伯里 / 教会区 p.205-C2
住 788 Valencia St.
☎（1-415）817-1800
URL thebalm.com
营 周日 · 周一 10:00~19:00、周二 · 周三 11:00~20:00、周四 · 周六 10:00~20:00
信用卡 A M V

彩虹超市
Rainbow Grocery 超市

◆**认真致力于地球环境保护的超市**

为了减少不必要的容器，从食材到清洁用品都可以按分量购买，这里是圣弗朗西斯科有代表性的高级超市。糖果、画有圣弗朗西斯科著名景点插图的文具用品、原创购物袋等商品都很适合作为礼物。

琳琅满目的杂货

M 圣弗朗西斯科中心部 p.197-E3
住 1745 Folsom St.
☎（1-415）863-0620
URL www.rainbow.coop
营 每天 9:00~21:00
信用卡 A M V

便签 距离鲍威尔站步行仅需 1 分钟的人气百货折扣店——诺德斯特姆拉克 Nordstrom Rack M p.200-B5 住 901 Market St. ☎（1-415）814-4955 URL www.nordstromrack.com

圣弗朗西斯科的餐馆

San Francisco

RESTAURANT

圣弗朗西斯科市是美国数一数二的美食城市，在这里可以品尝到许多种类的菜肴。既有可以随意出入的快餐店、休闲餐馆，也有需要盛装打扮才能进入的高档餐馆。尤其是联合广场周边有很多餐馆，方便游客用餐。最近数年的流行趋势是使用咖啡豆研磨咖啡和出售面包的咖啡馆的数量在逐渐增多。那就好好享用美食吧！

联合广场周边

超级欺骗者汉堡

Super Duper Burgers 美式

◆ **美味多汁的肉酱**

注重食材和新鲜度的美食汉堡餐馆。超级汉堡（8oz $7.75）和迷你汉堡（4oz $5.50）都可以自选配菜。肉饼可口多汁，非常好吃。软奶油（$3.25~4）也很受欢迎。还有有机的蔬菜汉堡（$6.50）。

位于 Market St.，交通便利

M 联合广场周边 p.201-E3

住 721 Market St.

☎（1-415）538-3437

URL superduperburgers.com

营 周一～周五 8:00~23:00（周四·周五 ~23:30）、周六 10:30~23:30、周日 10:30~22:00

信用卡 A J M V

德尔波波洛

Del Popolo 意大利菜

◆ **如果想吃极品比萨的话**

距离联合广场西北方向 3 个街区的 Bush St. 上的一家比萨店。这家店是圣弗朗西斯科市内人气最佳的比萨店，因此在用餐时间非常拥挤，最好提前预约。比萨 $12~18。红酒的种类也很丰富。

店内幽暗的气氛

M 联合广场周边 p.200-A1

住 855 Bush St.

☎（1-415）589-7940

URL www.delpopolosf.com

营 周二～周日 17:30~22:00（周五·周六 ~23:00）

休 周一

信用卡 A M V

安普里奥鲁利

Emporio Rulli 咖啡

◆ **玩累了就来这里小憩一下**

可以品尝到正宗的意式咖啡、卡布奇诺等。甜度适中的糕点、帕尼尼 $9~11 也很好吃，值得推荐。这里还是圣弗朗西斯科最好的观察人群的地方。机场有分店。

联合广场上最理想的休息地

M 联合广场周边 p.200-C2

住 225 Stockton St.（Union Square 内）

☎（1-415）433-1122

URL www.rulli.com

营 每天 7:30~19:00

休 感恩节、圣诞节

信用卡 A M V

市区

羊城茶室

Yank Sing 中餐

◆ **60 多种茶点！**

经营 30 余年、专卖点心的餐馆，超过 60 种菜品。味道大多十分爽口，也可以点烧麦等。人气很旺，周末用餐人数较多，但排队也是值得的。周末的菜品增加到 80 多种。茶点一人 $20~。

想吃茶点的话就来这里

M 市区中心部 p.199-F3

住 101 Spear St.（Rincon Center 内）

☎（1-415）781-1111

URL www.yanksing.com

营 周一～周五 11:00~15:00）、周六·周日、节假日 10:00~16:00

※ 要预约

信用卡 A J M V

便签 **蓝瓶咖啡** 位于渡轮大厦内［M p.199-F2 住 1 Ferry Bldg. ☎（1-510）653-3394（本部）］，此外还有多家分店。在塔廷面包店（→ p.240）也可以购买到。

市区

奥格岛牡蛎餐馆

Hog Island Oyster Company 海鲜

渡轮大厦内的人气海鲜餐馆

◆ **超值的优惠时间（Happy hour）**

餐馆供应新鲜的牡蛎，食材也都是当地的最高级别，喜欢牡蛎的当地人络绎不绝。每到优惠时间（周一·周四 17:00~19:00），店前就会排起长队，半打牡蛎只要 $18~。一定尽早前去。

M 市区中心部 p.199-F2
住 1 Ferry Bldg.（渡轮大厦内）
☎（1-415）391-7117
URL www.hogislandoysters.com
营 每天 11:00~21:00
信用卡 A M V

市政中心和太平洋高地

塔克里斯

Tacolicious 墨西哥菜

小号的墨西哥卷，看上去可以吃掉很多种

◆ **感觉像是小吃的墨西哥菜**

本着提供创新风格的墨西哥菜这一理念而诞生的餐馆。融入西班牙的它帕风格（Tapas），让吃墨西哥卷变得像小吃一样。共有 10 种人气较高的墨西哥卷。价格 $4.95~，性价比很高。

M 太平洋高地及周边 p.204-A2
住 2250 Chestnut St.
☎（1-415）649-6077
URL tacolicious.com
营 周一～周六 10:00~21:00（周五·周六~22:00）、周日 12:00~20:00
信用卡 A M V

市场

The Market 美食大厅

有很多健康营养餐点

◆ **圣弗朗西斯科的人气美食大厅**

大厅中央是一家超市，四周则围满了餐馆和饮品店。寿司、夏威夷的波奇料理、三明治、墨西哥卷等，有十多家各式餐馆，平日中午，在周边上班的职员也都会到此用餐，十分热闹。

M 太平洋高地及周边 p.204 C5
住 1355 Market St.
☎（1-415）767-5130
URL www.visitthemarket.com
营 每天 11:00~21:00（各个商家不同）
信用卡 各个商家不同

肥牛犊

Fatted Calf 三明治

堪称顶级的肉质

◆ **好吃至极的肉类专卖店制作的三明治**

被称作加州最佳餐馆的“法国洗衣店餐馆”使用的肉类都来自这家店。使用一流餐馆主厨认可的肉类，制作出的三明治也是广受好评。Pulled Pork 的三明治 $10.50 等。

M 太平洋高地及周边 p.204-B5
住 320 Fell St.
☎（1-415）400-5614
URL www.fattedcalf.com
营 每天 10:00~20:00
信用卡 A J M V

渔人码头和北滩

母亲的华盛顿餐馆

Mama's on Washington Square 美式

深受当地人喜爱

◆ **周末排起长队**

进入餐馆后，要先在柜台点菜。然后会有人指引带到座位。软软的松饼（$11.50）配上自制的糖浆非常可口。还有多种蛋包饭可供选择。因为周末用餐人数很多，所以一定要尽早来这里排队等候。想要品尝一次美式早餐的话不妨来这里。

M 太平洋高地及周边 p.203-D4
住 1701 Stockton St.at Filbert St.
☎（1-415）362-6421
URL www.mamas-sf.com
营 周二～周日 8:00~15:00
休 周一
信用卡 只收现金

布丹面包房 & 咖啡馆

Boudin Bakery & Cafe 咖啡

西红柿面包汤碗也很不错

◆ **品尝烤制的酵母面包**

圣弗朗西斯科著名的酵母面包。这家店在 1849 年便开始在渔人码头精心烘焙面包。将略带酸味的面包挖空，然后加入蛤蜊汤，是这里的一道经典菜（$9.39）。此外西红柿面包汤碗和辣牛肉汤也很好吃。

M 渔人码头周边 p.203-D2
住 Pier 39
☎（1-415）421-0185
URL www.boudinbakery.com
营 每天 7:30~22:00
距离这里步行 5 分钟的 Jefferson St. 店，还设有博物馆和餐馆。
信用卡 A D J M V

市区的知名餐馆——迈克尔米娜 圣弗朗西斯科市内、近郊有多家米其林星级餐馆。市区也有几家，其中位于金融区的迈克尔米娜餐馆，非常适合在纪念日等特殊日子前往用餐。Michael Mina M p.199-E3 URL www.michaelmina.net

海特·艾许伯里和教会区

哈维的餐馆
Harvey's 美式

◆ 从动荡年代而来，如今的人气餐馆

以哈维·米尔克（→p.226）的名字命名的餐馆，在动荡的20世纪70年代这里曾是一家酒吧，到了1996年重新装修成了一家餐馆。店内用米尔克的照片作为装饰，从窗边的座位可以看到卡斯特罗区穿梭的人群。

极力推荐的黄油米尔克·炸鸡 $13.95

M 海特·艾许伯里/教会区 p.205-B2

住 500 Castro St.
☎（1-415）431-4278
URL www.harveyssf.com
营 周一～周五 11:00~23:00、周六·周日 9:00~次日 2:00
信用卡 A M V

塔廷面包店
Tartine Bakery 咖啡

◆ 深受当地人喜爱的人气店铺

早餐有羊角面包（$3.95~）、晚上有天然酵母面包（$8.25~），因为烤制比较花时间，经常排起长队。乳蛋饼、热三明治、蛋糕也都非常美味。2号店（住 595 Alabama St.）也已经开业，店铺面积是这里的4倍。可以很快入座。

烤制的面包香气四溢

M 海特·艾许伯里/教会区 p.205-C2

住 600 Guerrero St.
☎（1-415）487-2600
URL www.tartinebakery.com
营 周一 8:00~19:00、周二·周三 7:30~19:00、周四·周五 7:30~20:00、周六·周日 8:00~20:00
信用卡 A M V

伯克利

潘尼斯之家
Chez Panisse 加利福尼亚菜

◆ 安全、新鲜的食材

店主是被称作"加利福尼亚烹饪始祖"的爱丽丝·沃特斯。需要提前预约。预约时可以选择是在咖啡馆还是餐馆用餐。预约时还需要提供信用卡信息。餐馆仅允许在周一～周六的17:30~20:00进店。

蘑菇意面。加利福尼亚菜老字号

M 伯克利 p.205-C4

住 1517 Shattuck Ave., Berkeley
☎（1-510）548-5525
URL www.chezpanisse.com
营 午餐周一～周六 11:30~14:45（周五·周六~15:00）、晚餐周一～周六 17:00~22:30（周五·周六~23:30）
休 周日
信用卡 A D M V

圣弗朗西斯科的酒店

San Francisco

HOTEL

圣弗朗西斯科酒店较为集中的地区是联合广场和渔人码头周边。从民宿到大型酒店，酒店的种类、星级选择多样。在诺布山地区有很多高档酒店，从客房可以欣赏到圣弗朗西斯科的美景。另外4~6月、9~10月是展会旺季，酒店价格也会水涨船高，如果要在此期间前往圣弗朗西斯科旅行，一定要尽早预订酒店。

另外，市政中心周边虽然酒店价格较为便宜，但一定要确定好酒店周围的治安情况再进行预订。

联合广场周边

画廊公园酒店

Galleria Park Hotel 高档

◆紧邻购物中心

距离Montgomery站步行仅需3分钟，此外前往联合广场、渡轮大厦也是步行即可到达，观光、购物、吃饭都非常方便。虽然大堂和外观给人较为复古的印象，但是客房很时尚，住起来非常舒适。大厅早上提供咖啡，晚上提供红酒服务。

Wi-Fi 免费　177间客房　信用卡 A J M V

M 联合广场周边 p.201-E2

住 191 Sutter St., San Francisco, CA 94104

☎ (1-415) 781-3060

Free (1-800) 792-9639

FAX (1-415) 433-4409

URL www.galleriapark.com

费 ⓈⒹⓉ $179~789、Ⓢⓤ $419-939

皇宫酒店

Palace Hotel 高档

◆历史悠久的奢华酒店

1875年开业的老牌酒店。客房极具美感，格外优雅时尚，环境舒适，仿佛另一个世界。位于地铁Montgomery St.站的正上方。这里的下午茶（周六14:00~17:00）也很不错。

Wi-Fi $16　556间客房　信用卡 A D J M V

M 联合广场周边 p.201-F3

住 2 New Montgomery St., San Francisco, CA 94105

☎ (1-415) 512-1111

FAX (1-415) 543-0671

URL www.sfpalace.com

费 ⓈⒹⓉ $275~1179、Ⓢⓤ $485-7500

汉德利联合广场酒店

Handlery Union Square Hotel 中档

◆地理位置绝佳的舒适酒店

距离联合广场仅半个街区。客房面积大，入住舒适，服务堪比高档酒店，是中心区难得的一家高性价比酒店。

Wi-Fi 免费　377间客房　信用卡 A D J M V

M 联合广场周边 p.200-B3

住 351 Geary St., San Francisco, CA 94102

☎ (1-650) 827-9491

FAX (1-650) 827-9105

URL sf.handlery.com

优惠价格 ⓈⒹⓉ $200~260

联合广场酒店

Inn at Union Square 中档

◆极力推荐给出行的女性

深受女性喜爱的完美酒店。一个人出行也可以安心入住。紧邻联合广场。

Wi-Fi 免费　30间客房　信用卡 A D J M V

M 联合广场周边 p.200-B2

住 440 Post St., San Francisco, CA 94102

☎ (1-415) 397-3510　FAX (1-415) 989-0529

URL www.unionsquare.com　费 ⓈⒹ $209~719、Ⓢⓤ $269~859

地图上的酒店名称有部分省略　在圣弗朗西斯科的地图上，省略了各部分酒店名称最前面或最后面的“酒店”一词。

联合广场周边

圣弗朗西斯科特利通酒店

Hotel Triton San Francisco 中档

◆艺术、考究的酒店

每个房间风格各异，内部装饰时尚。位于唐人街龙门旁。酒店内有以“禅”为主题的 Zen Dens 房间等，十分独特。对面还有一家星巴克，十分方便。

Wi-Fi 免费　140 间客房　信用卡 A J M V

M 联合广场周边 p.201-D1

住 342 Grant Ave., San Francisco, CA 94108
☎ (1-415) 394-0500
Free (1-855) 212-6775
FAX (1-415) 394-0555
URL www.hoteltriton.com
费 Ⓢ Ⓓ Ⓣ $159~669、Su $259~789

圣弗朗西斯科女神酒店

Diva Union Square 中档

◆最新锐的设计和亲切的服务

周到的服务、合理的价格设定，使得酒店拥有许多回头客。休息室内有可以免费使用的电脑。

Wi-Fi 免费　130 间客房　信用卡 A D J M V

M 联合广场周边 p.200-A3

住 440 Geary St., San Francisco, CA 94102
☎ (1-415) 885-0200　Free (1-844) 592-4559
FAX (1-415) 346-6613
URL hoteldiva.com
费 Ⓢ Ⓓ Ⓣ $148~1149、Su $221~（度假村费用 $15）

格兰特广场酒店

Grant Plaza Hotel 经济型

◆位于唐人街入口处的高性价比酒店

酒店周边有铛铛车站，步行即可到达联合广场、金融区，地理位置出众，交通非常便利。客房虽然面积不大，但是干净整洁，住起来很方便，并且价格便宜。正因如此人气很高，一定趁早预订。全楼禁止吸烟。

Wi-Fi 免费　71 间客房　信用卡 A J M V

M 市区中心部 p.198-C3

住 465 Grant Ave., San Francisco, CA 94108
☎ (1-415) 434-3883
FAX (1-415) 434-3886
URL www.grantplaza.com
费 Ⓢ Ⓓ Ⓣ $108~289

圣弗朗西斯科市区国际青年旅舍

Hostelling International San Francisco Downtown 经济型

◆联合广场附近的青年旅舍

位于 Geary St. 和 O' Farrell St. 之间的青年旅舍。有带浴缸的房间。厨房、淋浴、自动贩卖机等都可以 24 小时使用。地理位置很好，在青年旅舍中也有着很高的人气，一定要尽早预订。全楼禁止吸烟。

Wi-Fi 免费　330 张床　信用卡 A M V

M 联合广场周边 p.200-B3

住 312 Mason St., San Francisco, CA 94102
☎ (1-415) 788-5604
FAX (1-415) 788-3023
URL www.sfhostels.org/downtown
费 多人房 $37~70、Ⓢ $89~204

市区

科瓦酒店

Cova Hote 高档

◆紧邻市政厅和市政中心

客房宽敞明亮，屋顶设有酒吧和游戏室，环境舒适。每天 8:00~22:00 有前往联合广场、渔人码头等地的免费班车。周边治安不佳，夜晚出行建议打车。

Wi-Fi 免费　95 间客房　信用卡 A D J M V

M 市区中心部 p.198-A5

住 655 Ellis St., San Francisco, CA 94109
☎ (1-415) 771-3000
URL www.covahotel.com
费 Ⓢ Ⓓ Ⓣ $109~350

凤凰酒店

Phoenix Hotel 中档

◆SF 的摇滚酒店

酒店中央是一片休闲的开放区域，好像南方岛屿的度假胜地。建筑物的设计和颜色非常时尚独特，客房也是非常舒适。早餐免费。

Wi-Fi 免费　44 间客房　信用卡 A J M V

M 市区中心部 p.198-A5

住 601 Eddy St., San Francisco, CA 94109
☎ (1-415) 776-1380
FAX (1-415) 885-3109
URL www.phoenixsf.com
费 Ⓢ Ⓓ Ⓣ $169~489、Su $199~

市区

古德酒店

Good Hotel 经济型

M 圣弗朗西斯科中心部 p.197-E2

◆ **生态友好酒店**

环境宜人，服务周到。客房的床均由废弃材料制成，卫生间稍有不同，十分独特。周围有很多流浪者。夜间要多加注意安全。

Wi-Fi 免费　117 间客房　信用卡 A D J M V

住 112 7th St., San Francisco, CA 94103
☎ (1-415) 621-7001
FAX (1-415) 621-4069
URL www.thegoodhotel.com
费 Ⓢ Ⓓ Ⓣ $150~390、Su $385~390

市政中心和太平洋高地

安妮女王酒店

Queen Anne Hotel 中档

M 太平洋高地及周边 p.204-B4

◆ **圣弗朗西斯科风格的酒店**

位于安静的太平洋高地住宅区。酒店大楼是建于 100 年前的维多利亚式房屋，踏入酒店便是奢华的大堂。酒店历史悠久。早餐免费。

住 1590 Sutter St., San Francisco, CA 94109
☎ (1-415) 441-2828
Free (1-800) 227-3970
FAX (1-415) 775-5212
URL www.queenanne.com
费 Ⓢ Ⓓ Ⓣ $149~559

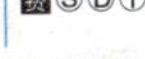

Wi-Fi 免费　48 间客房　信用卡 A D J M V

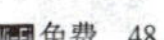

渔人码头和北滩

渔人码头 2620 号酒店

Pier 2620 Hotel 高档

M 渔人码头周边 p.202-C3

◆ **客房舒适、设施齐全**

酒店位于铛铛车的鲍威尔—梅森线，鲍威尔—海德线的终点，交通非常便利。

Wi-Fi 免费　233 间客房　信用卡 A D J M V

住 2620 Jones St., San Francisco, CA 94133
☎ (1-415) 885-4700　FAX (1-415) 771-8945
URL www.pier2620hotel.com
费 Ⓢ Ⓓ Ⓣ $199~809、Su $399~859

圣弗朗西斯科渔人码头国际青年旅舍

Hostelling International SF Fisherman's Wharf 经济型

M 渔人码头周边 p.202-A2

◆ **大海旁边，环境、设施极佳**

位于梅森堡高地的森林之中。虽然距离市中心较远，但周围十分安静。入住房客的年龄层也偏大。

Wi-Fi 免费　44 张床　信用卡 A J M V

住 240 Fort Mason, San Francisco, CA 94123
☎ (1-415) 771-7277　FAX (1-415) 771-1468
URL www.sfhostels.org
费 多人房 $35~58、S $112~167

索玛

维阿酒店

Hotel VIA 高档

M 圣弗朗西斯科中心部 p.197-F2

◆ **酒店紧邻 AT&T 公园球场**

2017 年 6 月开业。位于圣弗朗西斯科巨人队的主场 AT&T 公园球场对面，比赛日时周边会聚集大量的人群，非常热闹。距离 Muni 地铁站步行仅需 3 分钟，前往市区十分方便。

客房使用现代家具，备有咖啡机、吹风机等，一次性用品也很齐全。无论是旅游、出差还是其他目的，这家酒店都可以满足客人的需求。屋顶的酒吧可以将 AT&T 公园球场尽收眼底，另外在一层设有餐馆。

Wi-Fi 免费　159 间客房　信用卡 A D J M V

住 138 King St., San Francisco, CA 94107
☎ (1-415) 200-4977
URL www.hotelviasf.com
费 Ⓢ Ⓓ Ⓣ $300~600

干净的客房

酒店员工服务周到

咖啡机　冰箱酒柜 / 冰箱　浴缸　吹风机　BOX 室内保险柜　客房服务　餐馆　健身房 / 游泳池　前台　洗衣机　无线网络　P 停车场　可以使用轮椅的客房

葡萄酒乡（纳帕 & 索诺玛）

Wine Country（Napa & Sonoma）

浪漫的周末度假地

颇具知名度的葡萄酒乡——纳帕和索诺玛，该地区拥有大大小小400多家酿酒厂，其中一些还拥有餐馆和住宿设施。此外可以同时享受葡萄酒、美食、美景的葡萄酒列车也深受欢迎。周边的小镇也都独具特色。以泥浴闻名的卡里斯托加、纪念史努比作者的博物馆则位于圣罗莎。这里非常适合作为从圣弗朗西斯科出发的短途旅行目的地。

从圣弗朗西斯科市区出发前往葡萄酒乡

交通方式 开车驶过海湾大桥，沿I-80向萨克拉门托Sacramento方向行驶，从瓦列霍（Vallejo）驶入CA-29，然后按指示牌行驶即可

从圣弗朗西斯科出发的机场巴士（→p.188）

埃文斯

☎（707）255-1559

URL www.evanstransportation.com

费 单程 成人 $40~60

索诺玛县机场特快

☎（707）837-8700

URL airportexpressinc.com

费 单程 成人 $34

前往葡萄酒乡（纳帕 & 索诺玛）的交通方式

与圣弗朗西斯科有1小时30分钟的车程，这个距离刚好可以作为一日游的目的地。从葡萄酒乡南北走向的CA-29驶出，进入St.Helena Rd.，向西行驶可以到达索诺玛、圣罗莎；如果从索诺玛西边的纳帕区驶入CA-29，然后向北，可以到达圣海伦娜、卡里斯托加。另外，为了避免酒后驾车，可以参加从圣弗朗西斯科出发的旅游团（→p.192）。还有纳帕著名的“葡萄酒列车”之旅（→p.246）等，当天往返也可以玩得十分尽兴。

从圣弗朗西斯科国际机场（SFO）出发，由埃文斯公司（Evans）运营的巴士每天有9班（每天6:30~22:30）开往纳帕方向；由索诺玛县机场特快（Sonoma County Airport Express）运营的巴士每天有19班（每天5:30~次日0:30）开往索诺玛方向。需要注意的是，埃文斯巴士公司不支持信用卡（网站购买除外）。

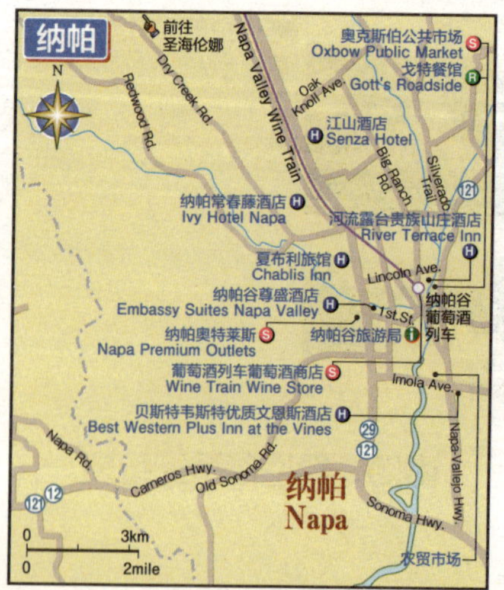

葡萄酒乡（纳帕 & 索诺玛）漫步

最不容错过的当数酿酒厂巡礼。在以纳帕谷（Napa Valley）、索诺玛县（Sonoma County）为中心，以圣罗莎、圣海伦娜为边界的这一片地区内，分布着许多酿酒厂，不妨选择一个最感兴趣的前去参观。纳帕谷北侧的卡里斯托加（Calistoga）是著名的温泉疗养地，这里还有不少美食餐馆和极具特色的酒店，此外矿物质水、温泉、间歇泉也是这里的特色。开车行驶在葡萄酒乡的城镇间，在温泉度假地住上一晚，在餐馆品尝美食……这样的旅行方式真是再理想不过了。

纳帕谷

Napa Valley

在 1972 年法国巴黎举办的葡萄酒大会中，来自纳帕的赤霞珠摘得桂冠，这也使得加利福尼亚的葡萄酒名声大噪。如今美国生产的葡萄酒大多来自这里。

纳帕市区内有游客中心和巴士枢纽中心（VINE Transit），距离葡萄酒列车的车站也很近，是出发前往葡萄酒乡的绝佳地点。这里有许多巴士，交通便利，可以把车停在这里，然后乘坐巴士出行观光。尤其是 #10 巴士，是从纳帕出发，沿葡萄酒大道圣海伦娜高速公路行驶。

酒庄前的葡萄庄园

纳帕谷
Ⓜ p.195-B1

纳帕谷旅游局（游客中心）
Napa Valley Welcome Center
Ⓜ p.244
住 600 Main St., Napa, CA 94559
☎（707）251-5895
URL www.visitnapavalley.com
营 每天 9:00~17:00

Information

纳帕谷的主要酒庄

1 Fairwinds Estate Winery
☎（707）341-5300

2 Sterling Vineyards
（→ p.249）
Free（1-800）726-6136

3 Dutch Henry
☎（707）942-5771

4 Schramsberg Vineyards
☎（707）942-4558

5 Larkmead Vineyards
☎（707）942-0167

6 Rombauer Vineyards
Free（1-800）622-2206

7 Viader
☎（707）963-3816

8 Freemark Abbey
Free（1-800）963-9698

9 Markham Vineyards
☎（707）963-5292

10 Beringer Vineyards
（→ p.249）
☎（707）257-5771

11 Prager
☎（707）963-7678

12 Merryvale Vineyards
☎（707）963-7777

13 Louis M. Martini
☎（707）968-3362

14 V. Sattui
☎（707）963-7774

15 Sutter Home
Free（1-800）967-4663

16 Joseph Phelps Vineyards
☎（707）963-2745

17 Whitehall Lane
Free（1-800）963-9454

18 Inglenook
（→ p.249）
☎（707）968-1161

19 Sullivan Vineyards
☎（707）963-9646

20 Mumm Napa
☎（707）967-7700

21 Z D Wines
Free（1-800）487-7757

22 Miner Family Winery
☎（707）944-9500

23 Beaulieu Vineyards
Free（1-800）373-5896

24 Peju Province
Free（1-800）446-7358

25 Opus One（→ p.281）
☎（707）944-9442

26 Robert Mondavi
（→ p.249）
Free（1-888）766-6328

27 Silver Oak
☎（707）942-7022

28 Silverado Vineyards
☎（707）257-1770

29 Clos Du Val
☎（707）261-5251

30 Trefethen Family Vineyards
Free（1-866）895-7696

31 William Hill
☎（707）265-3024

32 Domaine Carneros
Free（1-800）716-2788

33 Bouchaine
Free（1-800）654-9463

34 Domaine Chandon
（→ p.249）
Free（1-888)242-6366

35 Larson Family Winery
（→ p.249）
☎（707）938-3031

36 Jaccuzi Family Vineyards
（→ p.249）
☎（707）931-7575

※ 左侧表格里的数字序号与右侧地图里的数字对应

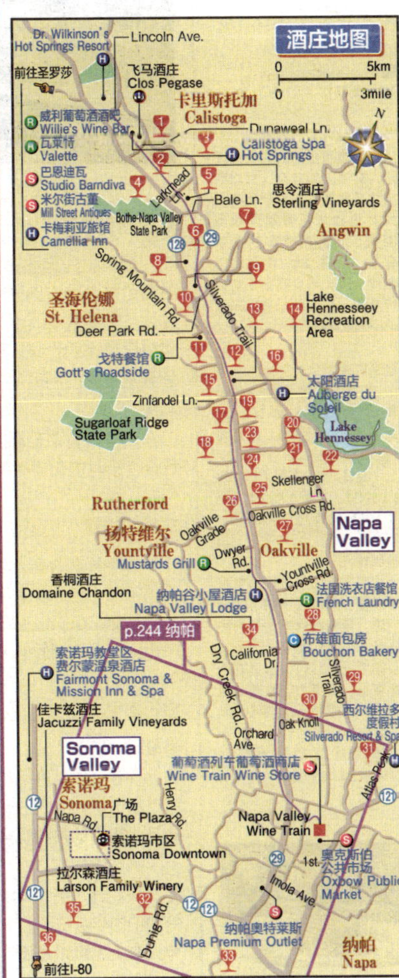

纳帕谷 主要景点

一边怀旧，一边享用美食

纳帕 M p.244

纳帕谷葡萄酒列车

Napa Valley Wine Train

食 游 ✹✹✹

纳帕谷每年要接待超过350万名游客，其中最受欢迎的项目当数纳帕谷葡萄酒列车。该趟列车已经有30多年的历史，随着岁月的流逝，人气却不断攀升。从圣弗朗西斯科出发，可以乘坐渡轮和摆渡车到达。

推荐不开车的人乘坐葡萄酒列车

葡萄酒列车是?

葡萄酒列车是从纳帕市区出发，开往北部圣海伦娜的观光火车。在圣海伦娜调转方向驶回纳帕。火车往返约3小时，徐徐前进，令人心情愉悦。车厢由19世纪初的经典复古车厢改良而成，非常怀旧，受到各个年龄层游客的青睐。从车窗可以眺望到美丽的葡萄庄园，同时还可以品尝到正宗的加利福尼亚菜。美景配美食，使得优雅的列车之旅气氛更为高涨。

火车内有葡萄酒品酒室，可以品尝到纳帕产的葡萄酒等。通过这趟仅仅3小时的葡萄酒列车之旅，可以充分体验到葡萄酒乡的十足魅力。

车厢的选择

火车有两种车厢可供选择，一种是19世纪50年代的复古拱形玻璃天顶车厢（拱形观景车厢 Vista Dome Car），一种是非常适合放松身心的美食车厢（Gourmet Cars）。可以在车厢内一边品尝美食、葡萄酒、甜点，一边享受着片刻的悠闲时光。※ 不同车厢的菜单内容不同。

旅行摘要

● 登记

在柜台确认姓名、人数、申请内容等信息。上车前有葡萄酒研讨会，可以品尝纳帕生产的红、白葡萄酒。会有员工介绍品酒方法等。

● 品尝正宗的加利福尼亚菜

列车上共有3个厨房。在火车上制作正宗的加利福尼亚菜，上菜速度很快。选用当地食材，均是大厨拿手的应季菜品。在这里可以一边享受纳帕的丰富资源，一边品尝美酒。

● 火车上也可以品酒

火车上有葡萄酒吧，供应各式葡萄酒，可以任意品尝4款。

纳帕谷葡萄酒列车

住 出发地点：1275 McKinstry St., Napa
☎ (707) 253-2111
Free (1-800) 427-4124
URL www.winetrain.com
※ 需要预约

不开车也可以轻松抵达

葡萄酒乡的公共交通发达，交通设施齐全。可以购买从圣弗朗西斯科到瓦列霍的渡轮和从瓦列霍到葡萄酒列车站的摆渡车的往返套票，价格$60。需要打电话或上网，至少提前1天进行预约。详细信息 URL www.winetrain.com

套餐种类

午餐：美食车厢（3道菜和1杯葡萄酒）$146~166、观景车厢（4道菜和1杯葡萄酒）$221~241。

晚餐：美食车厢（4道菜）$166~186、观景车厢（4道菜和1杯葡萄酒）$241~261。

顺便前往

在等待回程渡轮的自由时间里，可以去纳帕市区逛一逛。葡萄酒列车站的旁边是美食集结的奥克斯伯公共市场（→p.253）。这里有纸杯蛋糕、巧克力、橄榄油专卖店，咖啡馆等22家店铺。在纳帕奥特莱斯（→p.253），人气品牌商品每天都有25%~65%的优惠。

乘车时可以享受美食、美酒

时尚清新的小镇

圣海伦娜 M p.245

圣海伦娜

食 游

St. Helena

实际酿酒厂较为集中的地方是纳帕市区以北10公里的区域。到达圣海伦娜后，就会看到路两旁全是酒庄。从纳帕北上，可以在时尚的圣海伦娜小镇上，吃上一顿加利福尼亚式的午餐。

圣海伦娜商会（游客中心）
St. Helena Chamber of Commerce

M p.247
住 657 Main St., St. Helena, CA 94574
☎ (707) 963-4456
URL www.sthelena.com
营 周一～周五 9:00~17:00、周六・周日 10:00~16:00

市区有许多美食店

享受泥浴

卡里斯托加 M p.245

卡里斯托加

游

Calistoga

位于纳帕、圣海伦娜更北侧的卡里斯托加是一处温泉疗养地。卡里斯托加盛产天然水，此外，这里因久负盛名的泥浴而成了著名的温泉度假胜地。小镇的林肯大街（Lincoln Avenue）周边500米的范围内，有许多温泉。价格合理，不妨体验一下。

温泉内摆着纳帕近郊生产的葡萄酒，还放有各种卡里斯托加的天然水。天然水中富含矿物质、钙、钠等元素，有助于肌肤光滑。大部分温泉使用的都是这种水。

卡里斯托加游客中心
Calistoga Welcome Center

提供大量旅游观光信息。员工态度亲切，会帮助提供新葡萄酒、各个时期的免费品酒活动等信息，还会介绍温泉、酒店。

M p.248
住 1133 Washington St., Calistoga, CA 94515
☎ (707) 942-6333
URL visitcalistoga.com
营 每日 9:00~17:00

在泥浴中放松身心

飞马酒庄
住 1060 Dunaweal Ln., Calistoga
☎ (707) 942-4981
URL www.clospegase.com
营 每天 10:30~17:00（旅游团为 11:00、15:00）
费 品酒 & 旅游 $60（需要预约）、仅品酒 $18/30

建筑外观同样备受关注

在卡里斯托加休闲放松

充满艺术性的酒庄 酒庄地图 M p.245

飞马酒庄

Clos Pegase

酒庄主人 Jan Schrem 作为一名创业者在出版行业取得了巨大的成就。因受夫人的影响，他对葡萄酒产生了浓厚的兴趣，并在波尔多第二大学潜心钻研学习。随后在 1984 年，于当地建造了这座飞马酒庄，如今已经成了全美最受关注的一家酒庄。这座酒庄曾和圣弗朗西斯科现代美术馆一同作为设计大赛的作品，与夫妇两人的艺术收藏完美融合。周末午后游客较多。

Information 卡里斯托加的温泉

下述地点均在 M p.248

● Calistoga Spa Hot Springs
住 1006 Washington St., Calistoga
☎ (707) 942-6269 URL calistogaspa.com
营 每天 9:00~15:00（周五 ~ 下周一 ~19:00）

泥浴 $99、矿泉浴 $45、按摩（60~90 分钟）$99~138。每名房客最多可以带一名友人进入矿物池。$25。

● Golden Haven Hot Springs Spa & Resort
住 1713 Lake St., Calistoga
☎ (707) 942-8000（预约）
URL www.goldenhaven.com
营 每天 8:00~23:00

泥浴 $89~99，全身按摩 $99~105，脖子、肩、后背的局部按摩（25 分钟、$59~65），足底按摩（25 分钟、$59~65）。

● Indian Springs Spa & Resort
住 1712 Lincoln Ave., Calistoga
☎ (707) 709-8139
URL www.indianspringscalistoga.com
营 每天 9:00~21:00

泥浴 $80~95、按摩 $140~290、美容 $145~150。

● Roman Spa Hot Springs Resort
住 1300 Washington St., Calistoga
Free (1-800) 914-8957
URL www.romanspahotsprings.com
营 每天 9:00~17:00（周四 ~ 周日 ~21:00）

泥浴 $90、矿泉浴 $85、按摩（50~80 分钟）$99~169 等。

● Mount View Hotel & Spa
住 1457 Lincoln Ave., Calistoga
☎ (707) 942-6877
URL www.mountviewhotel.com
营 每天 9:00~19:00

7 种按摩套餐，$125~215。

Information 主要酒庄

※ 未满 21 岁不可饮酒

●蒙大维酒庄　Robert Mondavi

M p.247
住 7801 St. Helena Hwy., Oakville
Free (1-888) 766-6328
URL www.robertmondaviwinery.com
营 每天 10:00~17:00
休 主要节假日

蒙大维酒庄酿造的葡萄酒在加利福尼亚堪称极品。除了参观酒庄外，还可以自费参加品酒旅行。费用 $25~55。因为酒庄人气颇高，所以如果要在餐馆用餐，或参加自费项目一定要提前预约。

●鹦歌酒庄　Inglenook

M p.247
住 1991 St. Helena Hwy., Rutherford
☎ (707) 968-1161
Free (1-800) 782-4266
URL www.inglenook.com
营 每天 10:00~17:00

100% 使用有机葡萄酿成的“卢比康”人气最高。导游讲解 $75~135、品鉴葡萄酒 $45。建议提前预约。

●作品一号酒庄　Opus One

M p.247
住 7900 St. Helena Hwy., Oakville
☎ (707) 944-9442
URL en.opusonewinery.com

该酒庄由波尔多木桐酒庄庄主罗斯柴尔德家族和蒙大维家族共同建立。品酒时间 10:00~16:00、价格 $45。每天 10:30 有自费导游讲解（费 $85），喜欢葡萄酒的话不妨参加。品酒、导游讲解都需要提前预约。

●香桐酒庄　Domaine Chandon

M p.245
住 1 California Dr., Yountville
Free (1-888) 242-6366
URL www.chandon.com
营 每天 10:00~16:30
休 主要节假日

著名的香槟品牌，生产酩悦香槟系列的酒庄。酒庄内郁郁葱葱，环境优美，令人感到舒适惬意。品酒 $18~32。

●贝灵哲酒庄　Beringer Vineyards

M p.247
住 2000 Main St. St. Helena
☎ (707) 257-5771
URL www.beringer.com
营 每天 10:00~17:30

1876 年诞生的老字号酒庄。提供多种自费导游讲解服务（$25~85），可以在 1884 年建造的彩窗豪宅中品酒。

●思令酒庄　Sterling Vineyards

M p.245
住 1111 Dunaweal Ln., Calistoga
Free (1-800) 726-6136
URL www.sterlingvineyards.com
营 每天 10:00~17:00
休 主要节假日

酒庄位于可以俯瞰纳帕谷的山丘之上。从停车场可以乘坐有轨车到达山丘上的酒庄。门票（费 $32）包含往返有轨车票、品酒费用和葡萄酒杯纪念品。

●佳卡兹酒庄　Jaccuzi Family Vineyards

M p.245
住 24724 Arnold Dr., Sonoma
☎ (707) 931-7575
URL www.jacuzziwines.com
营 每天 10:00~17:30
休 圣诞节

酒庄庄主是意大利的佳卡兹家族，首台家用按摩浴缸也是由他们发明的。在品酒活动上可以品尝 5 种葡萄酒（费 $15~35）。

●拉尔森酒庄　Larson Family Winery

M p.245
住 23355 Millerick Rd., Sonoma
☎ (707) 938-3031
URL larsonfamilywinery.com
营 每天 10:00~17:00

位于索诺玛县的酒庄。酒庄由家族经营，气氛温馨。这里生产的红酒还获过奖。品酒 $15~20。

香桐酒庄的酿酒厂。每个酒庄都独具特色

索诺玛县
M p.195-B1

索诺玛谷旅游局
Sonoma Valley Visitors Bureau
位于广场一角。
住 453 1st St. E., Sonoma, CA 95476
Free (1-866) 996-1090
URL www.sonomavalley.com
营 每天 9:00~17:00（周日 10:00~）

广场（索诺玛州立历史公园）
住 363 3rd St. W., Sonoma
☎ (707) 938-9560
营 每天 10:00~17:00
休 感恩节、圣诞节、元旦
费 成人 $3、儿童 $2

索诺玛县
Sonoma County

索诺玛县是加利福尼亚葡萄酒的发祥地。1823年，来自索诺玛的索拉诺圣弗朗西斯科教堂的传道士们在此地开始经营葡萄园。酒庄分布在山谷各地，建议先去市区收集信息。除酒庄之外的观光景点主要分布在旁边的圣罗莎（Santa Rosa）小镇。

索诺玛的市区也很适合散步

被酒庄环绕的历史遗迹　　酒庄地图 M p.245

广场（索诺玛州立历史公园）　游
The Plaza（Sonoma State Historic Park）

广场曾是旧索诺玛的中心。西班牙风格的历史广场周边是老教堂、市政厅等建筑。周末有徒步观光团。

Column 在索诺玛县骑行

索诺玛县位于圣弗朗西斯科以北 56 公里处，可以开车或参团到访此地，是热门的一日游、周末出游的观光胜地。从圣弗朗西斯科市内出发开车需要约 1 小时 30 分钟，这里的风景也是截然不同。平缓连绵的丘陵，一片片新鲜的葡萄园……如果很快驶过的话，就太可惜了。

策划酒庄自然巡礼的 Getaway Adventures，还有不少独特的旅游行程。参加其中的 Healdsburg Sip' N Cycle 可以骑行在宽阔的道路上，感受大自然的气息，并巡游索诺玛谷的酒庄。全程 24~32 公里，道路平坦，骑行体验很好。

和导游一起骑车穿过葡萄园

● Getaway Adventures
住 2228 Northpoint Pkwy., Santa Rosa
Free (1-800) 499-2453
URL getawayadventures.com

非常适合骑行的道路

Healdsburg Sip'N Cycle
游览索诺玛谷的酒庄（品酒费用另付），中午在途中享用野餐。10:00 集合（住 401 Grove St., Healdsburg），游玩时间约 5 小时 30 分钟。
费 $149、包含自行车、头盔、水、午餐、私人导游
※ 需要上网报名申请

《花生》是？ 讲述查理·布朗和个性十足的伙伴们日常生活的漫画。当初决定在报刊上连载时，舒尔茨一直在思考根据主人公“查理·布朗”的名字来给漫画命名，结果工作人员却擅自将其命名为了《花生》，↗

查尔斯·舒尔茨博物馆 学游

Charles M. Schulz Museum ✺✺✺

位于圣罗莎的查尔斯·舒尔茨博物馆内，陈列着史努比作者查尔斯·M. 舒尔茨的相关物品，这是世界上独一无二的博物馆。舒尔茨在世时，就曾有人提议为其建造一座博物馆，但其性格谦逊，并没有对此展现出任何兴趣。然而舒尔茨的至交们却始终没有丧失这份热情。为了将他的功绩留存给后世，以日本艺术家大谷芳照在日本建造史努比小镇商店为契机顺势启动。被史努比小镇的创造性和娱乐性深深吸引的发起人们请来了大谷先生，并在舒尔茨的监督下将这一项目进行了下去。2002年，为了纪念舒尔茨而诞生了这座博物馆，向公众开放。

馆内除了展示了舒尔茨的作品、原画之外，还有相关书籍的阅览室，使用舒尔茨用过的桌椅再现了他的办公环境，这里全是与舒尔茨相关的物品。另外大谷芳照的《花生瓷砖壁画》(*Peanuts Tile Mural*)和《*Morphing Snoopy Wood Culture*》这两部作品也不容错过。前一部作品花费了2年时间，使用了3588块瓷砖，再现了《花生》(→p.250脚注)4格漫画。后一部作品是通过木雕艺术，描绘了舒尔茨孩童时代的爱犬——比格犬“斯派克”进化成史努比的过程，该作品由43个图层构成，重量超过3吨。

日本艺术家大谷芳照创作的作品

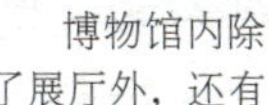

博物馆内除了展厅外，还有纪念品商店，里面满是与史努比相关的商品。在博物馆入口前还有以史努比的头部为图案设计的迷宫，十分独特。另外，马路对面还有史努比美术馆 & 纪念品商店和红杉帝国滑冰场（Redwood Empire Ice Arena），深爱冰球运动的舒尔茨也对这里情有独钟。

陈列着《花生》中各个角色的手办模型

圣罗莎

M 文前折页“美国西海岸”

查尔斯·舒尔茨博物馆

住 2301 Hardies Ln., Santa Rosa

☎ (707) 579-4452

URL schulzmuseum.org（英语）

营 夏季：每天 11:00~17:00（周六·周日 10:00~）
冬季：周三~下周一 11:00~17:00（周六·周日 10:00~）

休 周二（仅冬季）、主要节假日

费 成人 $12、老人 $8、儿童 $5

从圣弗朗西斯科出发

交通方式 开车沿 US-101 行驶，跨过金门大桥，继续沿 US-101 向北行驶 55 英里（约 90 公里），然后驶出 Exit488B，即可到达圣罗莎市区。需要 1 个多小时的时间

↘这使得舒尔茨极为不满。如今这部漫画在75个国家、2600份报刊上登载，成了一部深受世界各地人们喜爱的作品。

西部野生动物园

住 3115 Porter Creek Rd., Santa Rosa

☎ (707) 579-2551

Free (1-800) 616-2695

URL www.safariwest.com

野生之旅需提前预约

营 野生之旅：每天 9:00、10:00、13:00、14:00、16:00（根据季节 2~4 回）

费		成人	儿童	老人
9月~次年5月	周一~周五	$83	$45	$80
	周六·周日	$93	$45	$88
6~8月	周一~周五	$98	$45	$94
	周六·周日	$115	$50	$100

※4 岁以下不能参加野生之旅

※4~12 岁可以享受儿童价

※ 建议穿着便于步行的鞋和较长的裤子，携带相机和望远镜。夏天穿短裤即可，戴好墨镜，做好防晒。秋天~春天最好穿一件薄外套。冬天道路较为泥泞，最好穿一双不怕脏的鞋子

住宿设施

帐篷

费 $260~425

从圣弗朗西斯科出发

交通方式 开车沿 US-101 跨过金门大桥，然后向北行驶，从 River Rd.（Exit 494）出口驶出，再右转进入 Mark West Spring Rd. 直行。行驶约 8 公里后进入 Porter Creek Rd.。与 Frantz Valley Rd. 交会的十字路口左侧便是公园入口。所需时间 1 小时 30 分钟

西部野生动物园 游

Safari West

★★★

由非营利的野生动物保护组织运营的野生动物园，是一座放养由他们保护、养育的野生动物的自然公园。有 90 多种、1000 多只动物栖息于此。可以看到在加利福尼亚干燥空气和广袤自然之中生活着的动物们，居住环境十分接近非洲，可以感受到动物们悠闲平和的生活状态。

首先建议参加由知识丰富的导游陪同的野生之旅。在公园内乘坐敞篷车，游览主要景点，全程约 2 小时 30 分钟。在导游讲解的同时还会在各个地方停车，让游客近距离观察猎豹，触摸草食动物，是充满冒险的一趟观光之旅。

公园内还有完善的住宿设施，分为非洲风格露营帐篷和小屋 2 种类型，设施齐全，入住环境舒适宜人。如果想体验野外生存的话，一定要选择入住露营帐篷。虽然帐篷内有灯，但是没有电话、电视，在万籁俱寂之中，可以听到远处传来的虫鸣和动物们的嚎叫声……赶上晴天的话还能看到满天闪烁的星星。将入住露营区变得如此高规格，令人不禁感叹不愧是美国！

与动物们近距离接触

Column 在索诺玛品尝美味的奶酪

位于索诺玛市区广场（→p.250）前的奶酪专卖店索诺玛奶酪工厂（Sonoma Cheese Factory），是由 3 代人传承守护的老字号味道。店铺创立于 1931 年。如今除了店铺线下销售外，也开通了网购渠道，除了出售葡萄酒之外，还有奶酪、意大利腊肠等小吃。

店内陈列着大量各式各样的奶酪，可以试吃后选择购买自己喜欢的口味。另外在熟食区可以自己选择三明治和汉堡的食材，不妨买完后带到广场去野餐。因为三明治是在下单后现场制作的，所以也非常新鲜。

●索诺玛奶酪工厂 Sonoma Cheese Factory

M p.251

住 2 Spain St., Sonoma

☎ (707) 996-1931

Free (1-800) 535-2855

URL www.sonomacheesefactory.com

营 每天 9:00~18:00（周五~周日 ~19:00）

有名的奶酪店

葡萄酒乡（纳帕 & 索诺玛）的商店

Wine Country

SHOP

说起葡萄酒乡的纪念品，那一定是葡萄酒了。游客可以在品尝葡萄酒之后，选择自己喜欢的味道。在盛产葡萄酒的地区，食材也都非常不错。因为农场较多，所以水果、草本植物等也颇具人气。

纳帕谷

葡萄酒列车葡萄酒商店

Wine Train Wine Store 葡萄酒商店

◆纳帕葡萄酒

位于葡萄酒列车站的葡萄酒商店，有 600 多种葡萄酒。除了纳帕知名的酒庄之外，还有许多少量生产的稀有葡萄酒。可以进行配送。

出售葡萄酒列车上的葡萄酒

M 纳帕 p.244

住 1275 McKinstry St.，Napa（葡萄酒列车站内）
Free（1-888）721-8919
URL store.winetrain.com
营 每天 9:30~17:30
休 圣诞节、元旦、12 月中旬 ~ 次年 2 月的周一 ~ 周四
信用卡 A M V

奥克斯伯公共市场

Oxbow Public Market 购物中心

◆位于纳帕市区的美食区域

市场内有 22 家美食餐馆和商店，高人气的咖啡馆、纸杯蛋糕等名店都可以在这里找到。如果想购买纪念品的话，这里也不会让人失望。此外可以租到自行车，不妨骑车参观一下周边的酒庄。

买完食材之后，可以在咖啡馆小憩

M 纳帕 p.244

住 610 & 644 1st St.，Napa
☎（707）226-6529
URL www.oxbowpublicmarket.com
营 每天 9:00~21:00，各个商家不同
休 感恩节、圣诞节
信用卡 各个商家不同

纳帕奥特莱斯

Napa Premium Outlets 奥特莱斯

◆品牌商品每天都有 25%~65% 的折扣

从市区前往这家奥特莱斯交通十分便利。有汤米 · 希尔费格、蔻驰、迈克 · 柯尔、小克鲁、布克兄弟等人气品牌。有约 50 家店铺，逛起来也不会太累。

位于纳帕中心的奥特莱斯

M 纳帕 p.244

住 629 Factory Stores Dr.，Napa
☎（707）226-9876
URL www.premiumoutlets.com
营 每天 10:00~21:00（周日 ~19:00）
休 主要节假日
信用卡 各个商家不同

希尔兹堡

巴恩迪瓦

Studio Barndiva 杂货

◆眼光独到的纪念品商店

由歌剧院改装而成的店铺。店主独具慧眼，将来自全球各地的商品聚集于此。商品以杂货为主，还有一些玻璃制品、皮革制品、珠宝首饰等，品质自不必说，做工也十分精致考究。

旁边设有同系列的餐馆

M 酒庄地图 p.245 外

住 237 Center St.，Healdsburg
☎（707）771-9481
URL www.barndiva.com
营 每天 10:00~18:00
信用卡 A M V

米尔街古董

Mill Street Antiques 古董

◆古董的宝库

店内面积很大，摆满了古董商品，包括旧衣服、家具、玩具等。美国老牌的 Fire King 玻璃制品也可以在这里找到。在因古董店众多而闻名的希尔兹堡地区，这里也是不可多得的一家店铺。

品种数量很多，光是看看就很有意思

M 酒庄地图 p.245 外

住 44 Mill St.，Healdsburg
☎（707）433-8409
营 每天 11:00~17:00
信用卡 M V

带葡萄酒回国时需注意 乘飞机携带葡萄酒，一定要将葡萄酒装在行李箱中，或者在机场付费打包。所有机场都是不能随身携带酒精性饮料的。因此，葡萄酒一定要拿到机场托运处进行托运。

葡萄酒乡（纳帕 & 索诺玛）的餐馆

Wine Country

RESTAURANT

作为葡萄酒的生产地，同样少不了美食，餐馆规格从快餐到高档餐馆应有尽有。如果在该地区住宿，可以品尝到豪华的晚宴。只吃午餐的话，也可以用合理的价格享受到美国顶级的餐饮。

纳帕谷

法国洗衣店餐馆

French Laundry 美式

◆ 知名旅游指南也对其盛赞

餐馆为石造建筑外观，外面爬满了常春藤，给人感觉很沉稳。创新的美式美食使用较大的器皿来盛装，分量较少。内行人都知道的名店，人气极高，需要提前两个月预订。晚餐套餐 $310。

纳帕代表性的超人气餐馆

M 酒庄地图 p.245

住 6640 Washington St., Yountville
☎（707）944-2380
URL www.thomaskeller.com
营 午餐周五～周日 11:00~12:30、晚餐每天 17:00~20:45
※ 只接待预约的客人。有着装要求

信用卡 A M V

戈特餐馆

Gott's Roadside 美式

◆ 圣弗朗西斯科有人气的总店

诞生于圣海伦娜的老字号汉堡店。圣弗朗西斯科、纳帕市区也都设有分店。因为人气颇高，所以中午用餐人数很多。最热销的是多汁的汉堡包（$7.99~16.99）。也有三明治和热狗。这家店可以称得上是圣弗朗西斯科美式汉堡的先驱。

多汁的汉堡堪称极品

M 酒庄地图 p.245

住 933 Main St., St. Helena
☎（707）963-3486
URL gotts.com
营 每天 10:00~22:00（冬季 ~21:00）

信用卡 A M V

布雄面包房

Bouchon Bakery 面包房

◆ 面包、甜点都很美味

布雄面包房和上述的法国洗衣店餐馆同属一个系列。羊角面包（$3.50~）、奶油面包都很热销，当地人也都会来此购买。面包的黄油味飘香四溢，口感松软。使用高级巧克力制成的蛋糕、马卡龙也很好吃。

知名面包房，许多人从圣弗朗西斯科特意来此

M 酒庄地图 p.245

住 6528 Washington St., Yountville
☎（707）944-2253
URL www.bouchonbakery.com
营 每天 7:00~19:00

信用卡 A J M V

圣罗莎

威利葡萄酒酒吧

Willi's Wine Bar 加利福尼亚菜

◆ 像小吃一样的小碗菜

餐馆有 30 多种小碗菜，可以一边喝着索诺玛产的葡萄酒，一边品尝小碗美食，其乐无穷。提供品酒服务。预算 $30~50。在圣弗朗西斯科纪事报评选的 100 家最佳餐馆评选中，连续 4 年上榜。

纳帕风格美食，可以品尝多道菜肴

M 圣罗莎周边 p.251

住 4404 Old Redwood Hwy., Santa Rosa
☎（707）526-3096
URL www.starkrestaurants.com
营 每天 11:30~21:30（周五·周六 ~22:00、周日·周一 17:00~）

信用卡 A M V

希尔兹堡

瓦莱特

Valette 加利福尼亚菜

◆ 由当地一对兄弟经营

开业一年后就被 Open Table（美国餐馆预约网上平台）评选为 2015 年度全美最好的 100 家餐馆之一。餐馆选用新鲜的食材，还提供索诺玛葡萄酒。开胃菜是自制的火腿奶酪拼盘，极力推荐。

很多菜品都与红酒完美搭配

M 酒庄地图 p.245外

住 344 Center St., Healdsburg
☎（707）473-0946
URL www.valettehealdsburg.com
营 晚餐每天 17:30~21:30
休 主要节假日

信用卡 A M V

便签 纳帕谷的农贸市场 纳帕市区南部 住 195 Gasser Dr. 5~10 月周二·周六 8:00~12:30 举行。M p.244
☎（707）501-3087 URL napafarmersmarket.org

葡萄酒乡（纳帕&索诺玛）的酒店

Wine Country

HOTEL

推荐入住餐馆较为集中的圣海伦娜地区和泥浴疗养地卡里斯托加。不少人周末都会选择从圣弗朗西斯科到此地旅游，既有住宿的也有来泡温泉的，游客数量较多，建议提前预约。5~10月属于旺季。每个酒店淡旺季、平日和周末的价格都有不少的差别。

纳帕谷

太阳酒店

Auberge du Soleil 高档

◆连餐馆也有很高人气的高档酒店

按摩浴缸、游泳池、按摩室、网球场等休闲娱乐设施齐全。餐馆提供的加利福尼亚美食广受好评。清爽的地中海风格内饰深受女性客人的青睐。

Wi-Fi 免费　50间客房　信用卡 ADJMV

M 酒庄地图 p.245

住 180 Rutherford Hill Rd., Rutherford, CA 94573
☎ (707) 963-1211
Free (1-800) 348-5406
FAX (707) 963-8764
URL www.aubergedusoleil.com
费 ⓈⒹⓉ $788~、Ⓢu $1838~

纳帕谷小屋酒店

Napa Valley Lodge 高档

◆入住环境舒适

宽敞漂亮的入口是酒店的一大特征。客房品位很高，内饰非常时尚。此外泳池、SPA、桑拿等设施也很齐全。提供香槟的早餐也很加分，周围还有许多餐馆。夏季预约需连住两晚。室内全面禁烟。

Wi-Fi 免费　55间客房　信用卡 ADJMV

M 酒庄地图 p.245

住 2230 Madison St., Yountville, CA 94599
☎ (707) 944-2468
Free (1-844) 830-8998
FAX (707) 944-9362
URL napavalleylodge.com
费 ⓈⒹⓉ $268~855

河流露台贵族山庄酒店

River Terrace Inn 中档

◆从阳台欣赏美景

紧邻纳帕河。周围绿意盎然，充满葡萄酒乡的假日气息，可以在这里肆意挥霍时间。客房面积大，全家入住也没有问题。从酒店可以步行到达纳帕市区，非常适合旅游观光。

Wi-Fi 免费　106间客房　信用卡 ADMVV

M 纳帕 p.244

住 1600 Soscol Ave., Napa, CA 94559
☎ (707) 320-9000
Free (1-866) 627-2386
FAX (707) 258-1236
URL www.riverterraceinn.com
费 ⓈⒹⓉ $229~629

卡里斯托加

切尔西花园酒店

Chelsea Garden Inn B&B

◆在家庭酒店享受舒适的时光

位于卡里斯托加市区，是一个便利的观光大本营。客房的内饰十分可爱，房间宽敞，环境舒适。早餐丰富，分量十足。

Wi-Fi 免费　5间客房　信用卡 MV

M 卡里斯托加 p.248

住 1443 2nd St., Calistoga, CA 94515
☎ (707) 942-0948
FAX (707) 942-5102
URL www.chelseagardeninn.com
费 ⓈⒹⓉ 4~11月 $195~400、12月~次年3月 $165~400

希尔兹堡

卡梅莉亚旅馆

Camellia Inn B&B

◆希尔兹堡的秘密民宿

位于希尔兹堡市区的民宿。庭院绿意盎然，格外温馨，令人感到非常满足。客房的内饰可爱，尤其受到女性住客的喜爱。晚上还提供葡萄酒和奶酪服务。

Wi-Fi 免费　9间客房　信用卡 AMV

M 卡里斯托加 p.245 外

住 211 North St., Healdsburg, CA 95448
☎ (707) 433-8182
URL www.camelliainn.com
费 ⓈⒹⓉ $139~365、Ⓢu $259~269

咖啡机　冰箱酒柜/冰箱　浴缸　吹风机　BOX 室内保险柜　客房服务　餐馆
健身房/游泳池　前台　洗衣机　无线网络　P 停车场　可以使用轮椅的客房

蒙特雷 & 卡梅尔

Monterey & Carmel

加利福尼亚文化的发祥地

圣弗朗西斯科以南 200 公里处，在蔚蓝的太平洋边的蒙特雷半岛海岸沿线上，有着两座美丽动人的城镇，那便是因斯坦贝克的小说而闻名的蒙特雷和艺术家聚集的卡梅尔。

蒙特雷是一个知名的港口城市，如今已经成了观光胜地，还留有过去的沙丁鱼罐头工厂等旧时建筑。卡梅尔拥有许多艺术画廊，是一座适合散步的小城。两座城市紧紧相连，可以一同造访。

前往蒙特雷 & 卡梅尔的交通方式

从圣弗朗西斯科出发，开车前往较为便利。沿 US-101 向南行驶至萨利纳斯（Salinas），然后走 CA-68 前往蒙特雷，所需时间 2 小时 30 分钟。灰狗巴士可以到达旁边的萨利纳斯城镇。想要乘坐美国国铁的话，要先从圣弗朗西斯科乘坐联运巴士到达奥克兰站，再坐国铁列车在萨利纳斯站下车。如果从圣弗朗西斯科国际机场（SFO）直接出发的话，可以乘坐蒙特雷机场大巴，终点站便是蒙特雷（车站位于航站楼一层外）。想要当日往返的话可以选择旅游大巴（→ p.192）。

从 SF 出发前往蒙特雷

交通方式 灰狗巴士到萨利纳斯的费用为 $22~32，需要 4 小时。下车后走一个街区（Central Ave. & Salinas St.），在巴士车站乘坐 MST 巴士 #20 即可到达蒙特雷

URL www.greyhound.com

URL mst.org

交通方式 乘坐美国国铁的话，建议在购买火车票的同时，购买前往奥克兰美国国铁站的联运巴士。从圣弗朗西斯科到蒙特雷需要 $33~58，所需时间 4 小时

URL www.amtrak.com

蒙特雷机场巴士

1 天 12 班。

URL www.montereyairbus.com

费 $50

便签 景色优美的自驾线路　从 SF 沿 I-280 南下，从蜿蜒的山道 CA-85 驶入萨拉托加（Saratoga）。然后进入 CA-17，驶向圣克鲁斯（Santa Cruz），最后沿蒙特雷湾的 CA-1 开往蒙特雷。全程约 2 小时。

蒙特雷 & 卡梅尔 漫 步

蒙特雷半岛是圣弗朗西斯科的热门周边游地区，是周末 2 天 1 晚短途游的绝佳目的地，全年都有大批游客到此观光。

观光景点和娱乐设施都集中在蒙特雷，这里是一个欣赏变化多端的海洋环境、自然景色的绝佳地点。

从蒙特雷出发，开车沿 US-1 行驶 15 分钟左右即可到达旁边的卡梅尔市。一般去蒙特雷的游客，也都会顺道前往卡梅尔。开车的话，可以在黄昏时分沿 17 英里路（→ p.262）欣赏日落，然后前往安静的卡梅尔入住休息。

蒙特雷
Monterey

市区内还保留着加利福尼亚最早的海关、古剧场等历史建筑物，可以感受到曾经作为渔港的繁荣。蒙特雷有着很多景点，朴素却充满魅力的渔人码头、斯坦贝克小说中的罐头厂街、因拥有丰富海洋生物而知名的蒙特雷湾水族馆等。

蒙特雷
M p.194

蒙特雷游客中心
Monterey Visitors Center

提供免费的地图、小册子、酒店手册，还为没有酒店的客人准备了电话，可以进行预订。

M p.257-B2
住 401 Camino El Estero, Monterey
Free（1-888）221-1010
URL www.seemonterey.com
营 夏季：每天 9:00~18:00（周日 ~17:00）
冬季：每天 9:00~17:00
休 主要节假日

斯坦贝克小说中的罐头厂街

便签 蒙特雷的交通机构 MST　巴士运营范围涵盖蒙特雷及周边广域地区，还有连接蒙特雷观光景点的免费轻轨。URL mst.org　费 巴士 $1.50~3.50

渔人码头是蒙特雷的观光中心

观鲸

●蒙特雷湾观鲸出发地点 Monterey Bay Whale Watching

M p.257-A1

住 96 Fisherman's Wharf #1

☎（831）372-2203

URL www.montereywhalewatching.com

费 成人 $45~65、儿童（3~11岁）$35~55

营 每天 9:00、10:00、12:30、14:00、15:30、夏季会加开。所需时间 2.5~3 小时

※ 可以登录网站预订

信用卡 A D J M V

蒙特雷湾水族馆

住 886 Cannery Row, Monterey

☎（831）648-4800

URL www.montereybayaquarium.org

费 成人 $49.95、老人（65岁以上）·学生（需要 ID、13~17 岁）$39.95、儿童（3~12 岁）$29.95、2 岁以下免费

营 每天 10:00~18:0（夏季和主要节假日为 9:30~。另外夏季周五·周六 ~20:00、冬季 10:00~17:00）

休 12/24、圣诞节

蒙特雷 主要景点

蒙特雷观光的主要街道　　蒙特雷 M p.257-A1

罐头厂街

买 食

Cannery Row

✹✹

街道位于渔人码头西北方向 1.5 公里处，靠近海岸，非常热闹。20 世纪 40 年代，成为斯坦贝克小说舞台的这条街道，两旁还都是罐头工厂，是一座朴素的港口城市。如今，在保留 20 世纪 20~30 年代气氛的同时，将罐头工厂改装成了商店、餐馆，游客也变得多了起来。

蒙特雷发祥地的栈桥　　蒙特雷 M p.257-A1

渔人码头

买 食

Fisherman's Wharf

✹✹✹

市区北侧，海边突出的一片区域便是渔人码头。栈桥建于 1846 年，曾是许多渔夫工作的地方，如今这里已改造成纪念品商店、餐馆遍布的观光景点。

在复古的木质栈桥上，有不少休闲餐馆，可以吃到蛤蜊浓汤、现蒸现烤的新鲜鱼肉。另外在栈桥尽头聚集着许多海鸥，它们正虎视眈眈地盯着游客扔出来的小鱼。整个栈桥步行需要 10 分钟。从这座栈桥可以乘坐湾内游船和观鲸游船。如果时间充裕一定要参加。

世界知名水族馆　　蒙特雷 M p.257-A1

蒙特雷湾水族馆

学

Monterey Bay Aquarium

✹✹✹

水族馆内养殖着蒙特雷湾特有的动植物，是一座十分宝贵的水族馆。这里的教育活动、研究领域在世界上都很有名，尤其是“海藻森林（Kelp Forest）”馆更是广为人知。因为馆内面积很大，所以建议在游客中心领取地图和指南，游客人数较多时可以把行程集中于想要参观的地方，提高效率。

馆内的主要看点

●**海藻森林**　Kelp Forest

在高约 9 米的亚克力水槽中，生长着加利福尼亚沿岸随处可见的巨大海藻群。有些海藻能长至 30 米，在这片森林中还栖息着各种生物。

●**水母**　Jellies

拥有高人气的治愈系水母也很值得一看。设有 6 个水母展厅，通过手腕上的 LED 灯即可观察到水母的反应。

●**海獭**　Sea Otters

在蒙特雷湾的海藻森林中，居住着许多海獭。这里栖息的海獭是在冬天因暴风雨与母亲走散，于岸边被救治的海獭群。水族馆的员工和志愿者都非常细心地照顾它们。

●**外海**　Open Sea

水族馆的水槽容量约为 126 万升，翻车鱼、路氏双髻鲨从容不迫的泳姿令人印象深刻。在蒙特雷湾栖息地（Monterey Bay Habitats）内，有刺魟、鲟等，与海藻区域不同，在这里可以看到许多种鱼类。

巨型水槽内的海藻森林

蒙特雷周边
Outskirts

蒙特雷市的西侧便是帕西菲克格罗夫海岸线。与游客众多的蒙特雷截然不同，这里是一片居民区，大海、维多利亚式房屋、鲜花点缀其间，美不胜收。另外从蒙特雷开车向内陆地区行驶约30分钟（约17英里，约27公里）后，即可到达文学家斯坦贝克的故乡——被甘蓝围绕的萨利纳斯小镇。

太平洋沿岸的帕西菲克格罗夫盛开的针叶天蓝绣球格外美丽

曾经守护蒙特雷祥和的住宅区　　蒙特雷半岛　M p.256-A1

帕西菲克格罗夫　游
Pacific Grove　✱✱

每年11月成群的蝴蝶为了躲避严寒会从阿拉斯加和加拿大迁徙至此，因此这里也被叫作蝴蝶镇（Butterfly Town）。

观光中心是被称作情人角（Lovers Point）的海岬。此处距离罐头厂街仅1公里远，步行即可游览。在5月还可以欣赏到粉色的针叶天蓝绣球。

沿海岸步行至岛屿最北端可以看到皮诺斯角灯塔（Point Pinõs Lighthouse）。登上灯塔可以眺望太平洋，欣赏整个半岛的风景，十分畅快。

这里有维多利亚式房屋的民宿，可以选择入住。

了解美国文学家斯坦贝克　　蒙特雷半岛　M p.256-B2 外

国家斯坦贝克中心

National Steinbeck Center　✱✱

萨利纳斯（Salinas）是电影《伊甸园之东》的取景地，也是原作者斯坦贝克的出生地。通过位于小镇的国家斯坦贝克中心可以更加深入地了解他的为人以及其作品想要表达的思想。他的每部作品都被单独设置了一个区域，可以深入挖掘作品的背景。其中对斯坦贝克创作的《愤怒的葡萄》一书的写作缘由等进行了陈列讲解，为了让参观者更好地理解作者的本意和用心，下了很大的功夫。

如今成了餐馆和纪念品商店　　蒙特雷半岛　M p.256-B2 外

斯坦贝克故居

Steinbeck House　✱

看完展览后不妨顺道来此

斯坦贝克出生的地方，距离斯坦贝克中心仅3个街区，并且有参观其出生之家（仅夏季）的旅游团行程。如今这里已经作为餐馆进行营业，午餐需要提前预约。地下设有纪念品商店 The Best Cellar［☎（831）757-0508］。

从蒙特雷前往帕西菲克格罗夫

[交通方式] 从换乘广场（M p.257-A2）乘坐MST巴士#1。途经蒙特雷湾水族馆在 Pacific Grove Golf Course 下车的话，可以到达灯塔。途经灯塔在 Ocean View Blvd. & Coastal Trail 下车的话，可以到达情人角

[URL] mst.org

帕西菲克格罗夫游客中心
Pacific Grove Chamber of Commerce

M p.256-A1
[住] 100 Central Ave., Pacific Grove
☎（831）324-4668
[URL] www.pacificgrove.org
[营] 每天 10:00~17:00

皮诺斯角灯塔

M p.256-A1
[住] 80 Asilomar Blvd., Pacific Grove
☎（831）648-3176
[URL] www.pointpinoslighthouse.org
[营] 周四～下周一 13:00~16:00
[费] 成人 $4、儿童 $2（捐赠）

萨利纳斯

M p.194、文前折页“美国西海岸”

国家斯坦贝克中心

[住] 1 Main St., Salinas
☎（831）775-4721
[URL] www.steinbeck.org
[营] 每天 10:00~17:00
[休] 主要节假日
[费] 成人 $12.95
[交通方式] MST巴士#20早上1小时有2班往返于蒙特雷和萨利纳斯之间。MST巴士的萨利纳斯车站就位于斯坦贝克中心前

斯坦贝克故居

[住] 132 Central Ave., Salinas
☎（831）424-2735
[URL] www.steinbeckhouse.com
[营] 周二～周六 11:30~14:00
旅游团 [费] $10

卡梅尔
M p.194

从蒙特雷出发前往卡梅尔
交通方式 从换乘广场（M p.257-A2）出发，乘坐 MST 巴士 #2、22、24 均可到达卡梅尔市区。运行班次较少，建议通过网站等途径提前确认好时刻表
※ 打车的话需要约 15 分钟，参考价格 $18~23

卡梅尔游客中心
Carmel Visitors Center
M p.261-A1
住 Carmel Plaza 2F，Ocean Ave. & Mission St.，Carmel，CA 93921
☎（831）624-2522
Free（1-800）550-4333
URL www.carmelcalifornia.org
营 周一～周六 10:00~18:00、周日 11:00~17:00
休 主要节假日

卡梅尔教堂
住 3080 Rio Rd.，Carmel
☎（831）624-1271
URL www.carmelmission.org
营 每天 9:30~16:30（周六 · 周日 10:00）
休 主要节假日
费 成人 $6.50、老人 $4、儿童（7~17 岁）$2、6 岁以下免费
交通方式 乘坐从蒙特雷出发的 MST 巴士 $24 即可到达

小型购物中心——卡梅尔广场

卡梅尔
Carmel

20 世纪初期由众多画家、作家打造的艺术家之城。格状的城市布局十分规整，绿意盎然，舒适整洁，是一座时尚、祥和的小镇，很符合艺术家们的气质。为了不破坏城市的美观，在建筑物、广告牌上都下足了功夫。此外著名的电影演员、导演克林特 · 伊斯特伍德还曾担任过这里的市长。城市西侧的海滩也很适合放松。

卡梅尔 主要景点

卡梅尔的著名景点　　卡梅尔市区　M p.261-B2

卡梅尔教堂　学
Carmel Mission Basilica
✹✹

从小镇的中心一直向南走，就可以看到被盛开的鲜花所环绕的教堂。其官方名称为“Mission San Carlos Borromeo Del Rio Carmelo”。教堂由西班牙人胡尼佩罗 · 塞拉神父于 1771 年建造，在 1771~1836 年间，约有 4000 人曾到此接受洗礼，其中有很多是美国的原住民。

老教堂和鲜花遍地的美丽庭院

塞拉神父在 1784 年辞世，生前他一直居住在教堂，遗体也被埋葬在了教堂旁边。教堂内摆放着他生前最爱的书籍。教堂内部比较陈旧，土坯墙壁很有历史感。

教堂位于小镇南部 Rio Rd. 和 Lasuen Dr. 的路口，从市中心步行至此需要 15~20 分钟。

卡梅尔的主干道　　卡梅尔市区　M p.261-A~B1

海滨大道　买 食
Ocean Avenue
✹✹

贯穿卡梅尔市区的东西走向主干道。街边布满了适合小憩的咖啡馆、彰显店主个性的商店。道路两旁还有许多画廊，陈列着许多搬迁至这个风光明媚的地方的艺术家们的作品。首先可以到游客中心所在的卡梅尔广场（→ p.264）看一看。这里的餐馆价格虽然不太便宜，但均选用的是当地的食材，味道非常不错。周末的话一定要提早预约餐馆。

海滨大道是一个漫步休闲的好地方

去看日落吧

卡梅尔市区 M p.261-A1~2

卡梅尔海滩 游

Carmel Beach

★★★

沿海滨大道的坡道一直向下走，便能看到白色的海滩。卡梅尔海滩是欣赏日落的浪漫之地，这也是许多人到此游览的目的。当地人平时也会带着自己家的狗到这里散步。“夕阳映照下在海边嬉戏的孩子和狗”这样存在于画中的风景在这里就可以看到。

从海滩可以看到圆石滩高尔夫球场

白沙映衬下的美丽海滩

卡梅尔市区

景点
地标/其他
游客中心
商店
餐馆
咖啡
酒店
美术馆
停车场

17英里路 17 Mile Dr.
Carmel Way
1st Ave.
2nd Ave.
3rd Ave.
4th Ave.
5th Ave.
6th Ave.
7th Ave.
8th Ave.
9th Ave.
10th Ave.
11th Ave.
12th Ave.
13th Ave.
15th Ave.
16th Ave.
Camino del Monte
Santa Fe St.
Santa Rita St.
Guadelupe St.
Carpenter St.
Lobos St.
Monterey St.
前往蒙特雷
Valley Way
Carmel Hills Dr.
Horizon Inn & Ocean View Lodge
Carmel Garden Inn
Carmel Wayfarer Inn
猪的呼吸餐馆 Hog's Breath Inn
烛光酒店 Candle Light Inn
Best Western Plus Carmel Bay View Inn
Carmel Drugstore
Bruno's Market & Deli
图书馆
松树旅馆 Pine Inn
蔻驰 Coach
Forest Lodge
Presbyterian Church
海滨大道 Ocean Ave.
San Antonio Ave.
Lamp Lighter Inn
Normandy Inn
洛博斯小屋酒店 Lobos Lodge
拉普拉亚酒店 La Playa Hotel
Forest Theater（仅夏季）
Torres St.
Forest Rd.
威赛德旅馆 Wayside Inn
Star Child
The Carmel Coffee House
Carmel Valley Coffee Roasting Co.
市政厅 City Hall
波塔特贝拉 Porta Bella
Sea View Inn
卡梅尔广场 Carmel Plaza
Anthropologie
Bottega Veneta
Kate Spade
Tiffany
Flying Fish Grill
游客中心
Hatton Rd.
Randall Way
Ocean Ave.
Flanders Dr.
Shafter Way
Mountain View Ave.
Mesa Dr.
Martin Rd.
Atherton Dr.
Trevis Wy.
Taylor Rd.
Lazarro Dr.
Carmel Valley Rd.
卡梅尔海滩 Carmel Beach
Scenic Rd.
Carmelo St.
Camino Real
Casanova St.
Monte Verde St.
Lincoln St.
Dolores St.
San Carlos St.
Mission St.
Junipero St.
Ridgewood Rd.
Edgemere Cottages
Carmel Point
Santa Lucia Ave.
Franciscan Wy.
Rio Rd.
Ladera Dr.
The Sandpiper Inn
Lincoln Green Inn
Isabella Ave.
Ocean View Ave.
任务牧场 Mission Ranch
卡梅尔教堂 Carmel Mission Basilica
400m
0.3mile
前往罗伯斯角州立保护区
1 2 A B

17英里路

穿梭于海岸线和森林之中的人气自驾线路

蒙特雷半岛仿佛被蒙特雷、卡梅尔这两座城市夹在中间。穿梭于这座半岛海岸线和森林之中的人气自驾线路，便是17英里路（17 Mile Drive）。

从5个入口开始

5个入口分别为帕西菲克格罗夫入口、1号公路入口、乡村俱乐部入口、S.F.B.摩尔斯入口和卡梅尔入口。在收费站每辆车需支付$10.25（如果在圆石滩高尔夫球场花费$35用于吃饭或者购买商品，可以退还），随后就可以开始行程了（※摩托车不能通行）。

在入口处可以领取地图，上面详细介绍了21个观景地点。如果想按序号顺序行驶的话，可以走1号公路入口。每个观景地点都有和地图序号相对应的数字标识（有些标识很小，不小心就会错过）。

帕西菲克格罗夫入口
Pacific Grove Gate

这是帕西菲克格罗夫入口至海岸沿线圆石滩的路段。按照标识穿过松树林，进入连续弯道，在右手边可以看到④西班牙林克斯球场（The Inn & Links at Spanish Bay），这是建于1987年的苏格兰风格的高尔夫球场。从这里右转便是⑤西班牙湾（Spanish Bay）。这里是1769年西班牙探险家登陆的地方，海湾沿线设有野餐区。右侧是广袤的沙地，对面大山一侧有高尔夫球场和民居等时尚外观的房屋。沿较为平缓的弯道继续行驶可以接连看到⑥无眠之海（The Restless Sea）和⑦乔伊岬（Point Joe）。从这里可以眺望西班牙湾和太平洋。继续向前进入⑧中国岩（China Rock）和⑨鸟岩狩猎球场（Bird Rock Hunt Course）之间的道路，右侧是太平洋，左侧则是高尔夫球场。

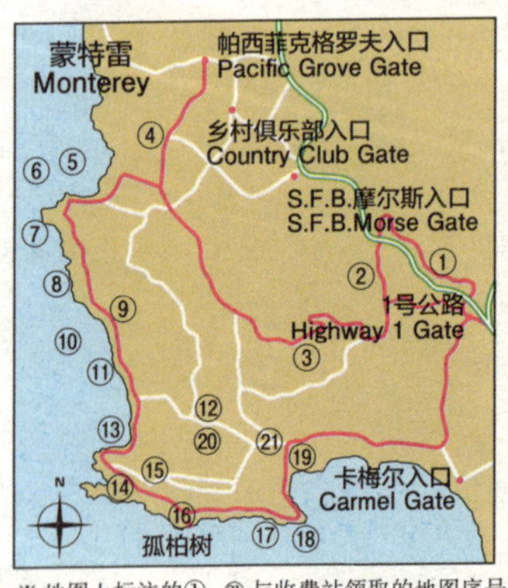

※地图上标注的①~㉑与收费站领取的地图序号相对应

海豹岩 & 鸟岩
Seal Rock & Bird Rock

驶过利用地形变化、加入沙地的高尔夫球场后，便是17英里的人气景点——⑩鸟岩和⑪海豹岩。距离海岸线稍远的地方有一块巨大的岩石，海鸥、海豹都会在这里歇脚放松。如果有望远镜的话，会看到更加动人心魄的景象。另外在⑪设有野餐区和卫生间，可以稍作休息调整。

过了岩石后，右手边是⑬白沙海滨、扇壳眺望台 Fanshell Overlook（4/1~6/1因为海豹会在此分娩、育子，不对外开放），左手边是⑫潜望山高尔夫球场（Spyglass Hill Golf Course）。

孤柏树
Lone Cypress

在松树林中行驶一段时间后，前往⑭柏树岬（4/1~6/1不对外开放）的岔路口就会出现在眼前。这里设有观景台，可以看到海浪拍打岩石的壮观景象。另外在晴天的时候，还能看到南方32公里远的灯塔。⑯孤柏树（The Lone Cypress），即"孤独的柏树"，正如这个名字一样，在断崖上有一棵柏树孤零零地立在上面，它也是北加利福尼亚的象征。游客们不断按下相机快门将这一画面记录下来。从孤柏树出发，驶过⑯鬼树（Ghost Tree），这一带的树木因常年受海风和海浪飞沫的洗礼，树干全都变成了白色。

便签 卡梅尔步道之旅 Carmel Walks　可以参观成排的房屋、小道和庭院等。☎（831）223-4399　营 周三~周五 10:00、周六 10:00、14:00（约2小时）　URL www.gaelgallagher.com　费 $30

光和风的圆石滩

行驶在绿意盎然的杉树林中，没过多久眼前就会豁然开朗。这里便是⑲圆石滩（Pebble Beach），也是世界知名的圆石滩高尔夫球场（Pebble Beach Golf Links）的所在地。该球场建于1919年，由约翰·F. 内维尔设计。曾举办过1972年、1982年、1992年、2000年、2010年的美国公开赛，1977年的美国职业高尔夫锦标赛（PGA）等大型赛事，2019年的美国公开赛也在这里举行。球场巧妙地将大海、断崖、沙地、树林、池塘等元素进行搭配，是全世界高尔夫球手们都很憧憬的地方。在美国国内的前十名高尔夫球场中，必定会有它的名字。这里的景致也非常出色。Pebble有“水晶”的意思，正如这个名字一样，美丽的海滨就如同真的镶嵌了水晶一般。

圆石滩周边

高尔夫球场费用$495（住在附近酒店的房客还有高尔夫球车）。必须提前一个月以上预约。
Free（1-800）877-0597
URL www.pebblebeach.com
另外在俱乐部小屋的商店内，出售标有圆石滩名称的体育用品。

圆石滩一带有邮局、商场、餐馆、熟食品店等。但是价格非常贵。海滩边是高档酒店——圆石滩酒店（Lodge at Pebble Beach）。从大厅的全景窗可以望见圆石滩和高尔夫球场。

风光明媚的17英里自驾路

住 1700 17 Mile Dr., Pebble Beach, CA 93953
☎（831）624-3811
Free（1-800）877-0597（预约专用）
FAX（831）625-8598
费 1晚$840~4230

最后……

如果要过卡梅尔的话，按标识前往卡梅尔入口，想要进入CA-1的话，驶出卡梅尔入口后，向山上行驶，就会看到其入口。

17英里这段自驾线路，开车的话最快只需要30分钟就可以走完全程。但是这里有着美丽的白色海滩、来自太平洋汹涌的波涛和由海风形成的断崖、岩石上聚集的鸟儿、树林和盛开的鲜花，还有栖息于此的动物们，放慢脚步尽情地欣赏大自然的景色，感受大自然的魅力，才是这条道路存在的价值。

※在收费站领取的地图上，有更为详细的景点介绍。如果想更好地体验自驾的乐趣，务必参考阅读

如果在圆石滩高尔夫球场住宿的话，也有机会在这里打球

便签 演员克林特·伊斯特伍德曾担任过卡梅尔市长 任务牧场（Mission Ranch）是他所经营的餐馆&酒店。
M p.261-A2 住 26270 Dolores St., Carmel URL www.missionranchcarmel.com

蒙特雷 & 卡梅尔的商店 & 餐馆

Monterey & Carmel

SHOP & RESTAURANT

蒙特雷作为观光胜地，在罐头厂街附近有很多可以吃饭的地方。而在卡梅尔，虽然餐馆没有那么华丽，但是也有不少美食餐馆，美国随处可见的连锁快餐店也都在这里开有分店。

卡梅尔

卡梅尔广场

Carmel Plaza 购物中心

◆有很多中国人喜欢的品牌

位于海滨大道东侧的购物中心。规模虽然不大，但是有在中国颇有人气的凯特·丝蓓、可汗、葆蝶家、蒂芙尼、J. 克鲁等商店及餐馆等约 40 家店铺，游客中心也设在这里。

没有破坏卡梅尔街景的购物中心

M 卡梅尔市区 p.261-A1

住 Ocean Ave.（bet. Junipero Ave. & Mission St.），Carmel
☎（831）624-0138
URL www.carmelplaza.com
营 周一～周六 10:00~18:00、周日 11:00~17:00（各家店铺不同）
信用卡 各家店铺不同

蒙特雷

阿甘虾餐馆

Bubba Gump Shrimp Co. 海鲜

◆以电影《阿甘正传》为主题的餐馆！

餐馆名字引用自电影中阿甘创立的海鲜公司名。餐馆位于蒙特雷中心的罐头厂街，店内使用电影中出现过的服装进行了装饰，菜单当然是以虾为主。经典的 Shrimper's Net Catch（$13.49）是必点菜之一。

Cajun Shrimp 也非常美味

M 蒙特雷 p.257-A1

住 720 Cannery Row, Monterey
☎（831）373-1884
URL www.bubbagump.com
营 每天 10:00~23:00（周五·周六 ~24:00）
信用卡 A J M V

卡梅尔

猪的呼吸餐馆

Hog's Breath Inn 美式

◆西部复古风格

午餐有三明治、汉堡、沙拉等，人均 $14 左右。晚餐主菜为 $23~38，含沙拉和烤土豆。可以品尝到美式风格美食。克林特·伊斯特伍德设计的招牌令人印象深刻。

环境极佳的人气餐馆

M 卡梅尔市区 p.261-A1

住 San Carlos St.（bet. 6th & 5th Aves.），Carmel
☎（831）625-1044
URL www.hogsbreathinn.net
营 午餐：每天 11:00~16:00
晚餐：每天 16:00~22:00
信用卡 A M V

波塔特贝拉

Porta Bella 意大利菜

◆人气的地中海风格美食

充分使用当地食材，有许多道菜是将意大利、西班牙、法国南部的美食完美融合制作而成的。光是新鲜蔬菜的甜味就令人难以置信。晚餐前菜价格约为 $14，主菜为 $24~39。

说到卡梅尔的意大利菜就是这里了

M 卡梅尔市区 p.261-A1

住 Ocean Ave.（bet. Lincoln & Monte Verde Sts.），Carmel
☎（831）624-4395
URL www.portabellacarmel.com
营 每天 11:30~21:30（周五·周六 ~22:00）
信用卡 A J M V

Information 能量点"大瑟尔（Big Sur）"

从卡梅尔出发，沿 CA-1 向南开往 Cabrillo Hwy.，约 40 分钟即可到达大瑟尔。近年来因为这里绝佳的景色和清爽的空气被认为是一个能量点。陡峭的悬崖和太平洋形成鲜明的对比，周围有将近 10 个州立公园。

●大瑟尔商会
Big Sur Chamber of Commerce
M 文前折页"美国西海岸"
URL www.bigsurcalifornia.org

蒙特雷&卡梅尔的酒店

Monterey & Carmel

HOTEL

因为蒙特雷和卡梅尔都属于旅游胜地，酒店的价格也是比较贵的。如果是开车自驾的话，推荐到蒙特雷郊外的汽车旅馆街。如果没有车的话，一定提早在网站预订酒店。建议白天在蒙特雷游玩，晚上前往卡梅尔，这里的民宿较多。

维多利亚贝斯特韦斯特酒店

Best Western Plus Victorian Inn 高档

◆紧邻观光中心的罐头厂街

维多利亚风格的酒店。每个房间的面积都很大，装修奢侈，晚上提供葡萄酒和奶酪。在快捷酒店较多的贝斯特韦斯特国际酒店集团中是一个很特殊的存在。酒店紧邻罐头厂街和水族馆，位置绝佳。

Wi-Fi 免费　70 间客房　信用卡 A D J M V

M 蒙特雷 p.257-A1

住 487 Foam St., Monterey, CA 93940
☎ (831) 373-8000
Free (1-800) 232-4141
FAX (831) 655-8174
URL www.victorianinn.com
费 ⓈⒹⓉ $134~279

蒙特雷克莱门特洲际酒店

InterContinental the Clement Monterey 高档

◆可以在蒙特雷度过美好时光

眼前便是大海，伴随着海浪的声音慢慢入睡。此外还有可以欣赏落日的餐馆。步行到水族馆仅需 3 分钟。

Wi-Fi $9.95　208 间客房　信用卡 A D J M V

M 蒙特雷 p.257-A1

住 750 Cannery Row, Monterey, CA 93940
☎ (831) 375-4500　Free (1-866) 781-2406
FAX (831) 375-4501　URL www.ictheclementmonterey.com
费 ⓈⒹⓉ $280~966、Su $443~1094

斯皮恩德里福特旅馆

Spindrift Inn 中档

◆不错的海景房

位于蒙特雷观光中心的罐头厂街，是一家欧式风格的小酒店。内饰风格浪漫，客房宽敞，入住舒适。可以在客房享用早餐，晚上提供葡萄酒和奶酪。

Wi-Fi 免费　45 间客房　信用卡 A D M V

M 蒙特雷 p.257-A1

住 652 Cannery Row, Monterey, CA 93940
☎ (831) 646-8900
Free (1-800) 841-1879
FAX (831) 655-8174
URL www.spindriftinn.com
费 ⓈⒹⓉ $184~439

海风酒店

Sea Breeze Inn & Cottage 中档

◆靠近海滩

从酒店步行即可到达海滩。分为酒店和别墅两种房型。早餐免费。

Wi-Fi 免费　42 间客房　信用卡 A J M V

M 蒙特雷半岛 p.256-A1

住 1100 Lighthouse Ave., Pacific Grove, CA 93950
☎ (831) 655-6325　Free (1-800) 575-1805
FAX (831) 643-0235　URL www.montereyinns.com
费 ⓈⒹⓉ $89~259、别墅 $105~289

蒙特雷湾酒店

Monterey Bay Inn 中档

◆眺望蒙特雷湾，景致极佳

位于罐头厂街，地理位置极佳，便于观光。在阳台上可以聆听大海的声音，安静地享受美好时光。早餐可以送到客房。

Wi-Fi 免费　49 间客房　信用卡 A D M V

M 蒙特雷 p.257-A1

住 242 Cannery Row, Monterey, CA 93940
☎ (831) 373-6242　Free (1-800) 424 6242
FAX (831) 655-8174　URL www.montereybayinn.com
费 ⓈⒹⓉ $169~509

咖啡机　冰箱酒柜 / 冰箱　浴缸　吹风机　BOX 室内保险柜　客房服务　餐馆
健身房 / 游泳池　前台　洗衣机　无线网络　P 停车场　可以使用轮椅的客房

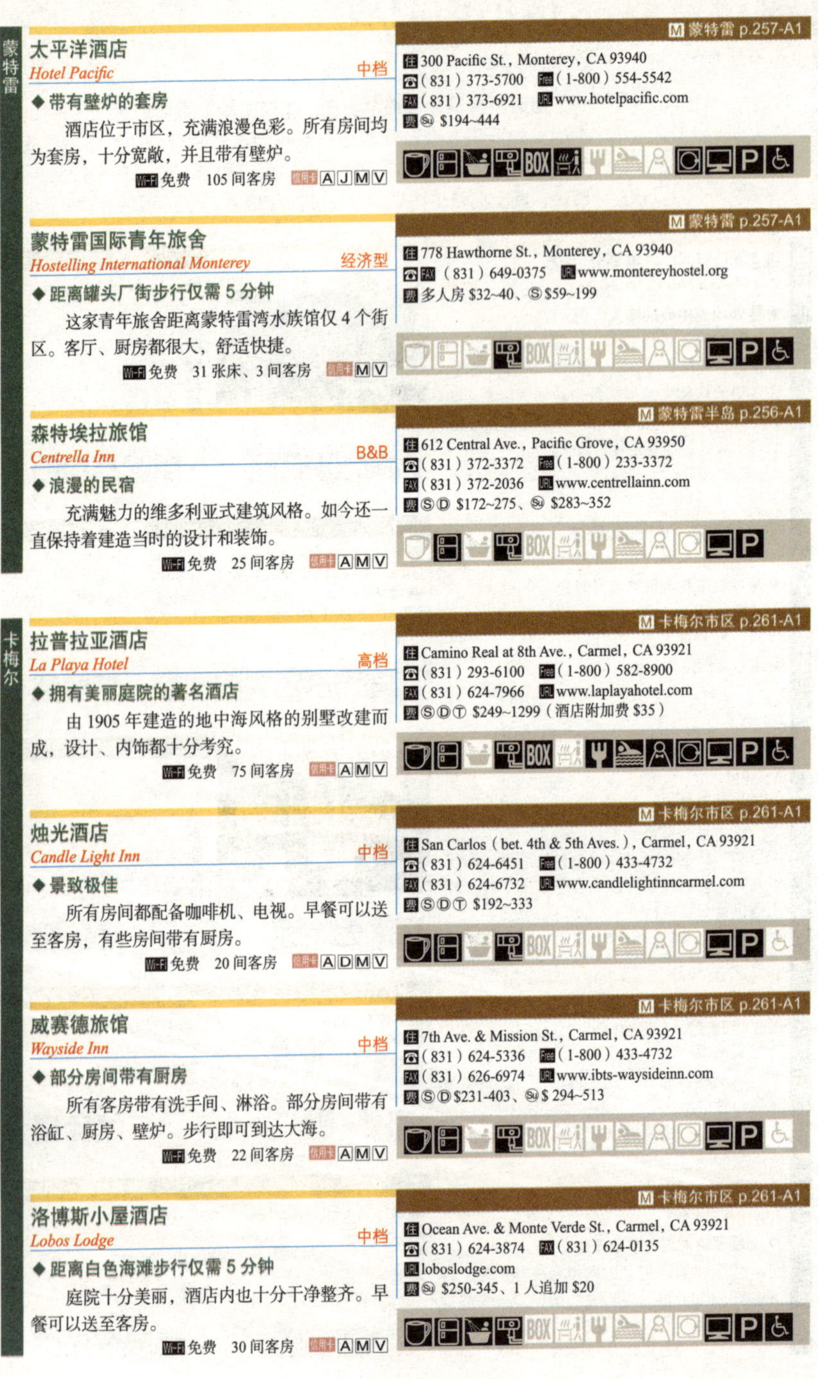

蒙特雷

太平洋酒店
Hotel Pacific 中档

M 蒙特雷 p.257-A1

◆带有壁炉的套房

酒店位于市区，充满浪漫色彩。所有房间均为套房，十分宽敞，并且带有壁炉。

Wi-Fi 免费　105 间客房　信用卡 A J M V

住 300 Pacific St., Monterey, CA 93940
☎ (831) 373-5700　Free (1-800) 554-5542
FAX (831) 373-6921　URL www.hotelpacific.com
费 Su $194~444

蒙特雷国际青年旅舍
Hostelling International Monterey 经济型

M 蒙特雷 p.257-A1

◆距离罐头厂街步行仅需 5 分钟

这家青年旅舍距离蒙特雷湾水族馆仅 4 个街区。客厅、厨房都很大，舒适快捷。

Wi-Fi 免费　31 张床、3 间客房　信用卡 M V

住 778 Hawthorne St., Monterey, CA 93940
☎ FAX (831) 649-0375　URL www.montereyhostel.org
费 多人房 $32~40、Ⓢ $59~199

森特埃拉旅馆
Centrella Inn B&B

M 蒙特雷半岛 p.256-A1

◆浪漫的民宿

充满魅力的维多利亚式建筑风格。如今还一直保持着建造当时的设计和装饰。

Wi-Fi 免费　25 间客房　信用卡 A M V

住 612 Central Ave., Pacific Grove, CA 93950
☎ (831) 372-3372　Free (1-800) 233-3372
FAX (831) 372-2036　URL www.centrellainn.com
费 Ⓢ Ⓓ $172~275、Su $283~352

卡梅尔

拉普拉亚酒店
La Playa Hotel 高档

M 卡梅尔市区 p.261-A1

◆拥有美丽庭院的著名酒店

由 1905 年建造的地中海风格的别墅改建而成，设计、内饰都十分考究。

Wi-Fi 免费　75 间客房　信用卡 A M V

住 Camino Real at 8th Ave., Carmel, CA 93921
☎ (831) 293-6100　Free (1-800) 582-8900
FAX (831) 624-7966　URL www.laplayahotel.com
费 Ⓢ Ⓓ Ⓣ $249~1299（酒店附加费 $35）

烛光酒店
Candle Light Inn 中档

M 卡梅尔市区 p.261-A1

◆景致极佳

所有房间都配备咖啡机、电视。早餐可以送至客房，有些房间带有厨房。

Wi-Fi 免费　20 间客房　信用卡 A D M V

住 San Carlos (bet. 4th & 5th Aves.), Carmel, CA 93921
☎ (831) 624-6451　Free (1-800) 433-4732
FAX (831) 624-6732　URL www.candlelightinncarmel.com
费 Ⓢ Ⓓ Ⓣ $192~333

威赛德旅馆
Wayside Inn 中档

M 卡梅尔市区 p.261-A1

◆部分房间带有厨房

所有客房带有洗手间、淋浴。部分房间带有浴缸、厨房、壁炉。步行即可到达大海。

Wi-Fi 免费　22 间客房　信用卡 A M V

住 7th Ave. & Mission St., Carmel, CA 93921
☎ (831) 624-5336　Free (1-800) 433-4732
FAX (831) 626-6974　URL www.ibts-waysideinn.com
费 Ⓢ Ⓓ $231-403、Su $ 294~513

洛博斯小屋酒店
Lobos Lodge 中档

M 卡梅尔市区 p.261-A1

◆距离白色海滩步行仅需 5 分钟

庭院十分美丽，酒店内也十分干净整齐。早餐可以送至客房。

Wi-Fi 免费　30 间客房　信用卡 A M V

住 Ocean Ave. & Monte Verde St., Carmel, CA 93921
☎ (831) 624-3874　FAX (831) 624-0135
URL loboslodge.com
费 Su $250-345、1 人追加 $20

从圣弗朗西斯科出发的短途旅行

约塞米蒂国家公园

Yosemite National Park

由冰川创作出的艺术

约塞米蒂国家公园位于内华达山脉，占地面积约 3000 平方公里。公园内有巨大的岩石山峰，大雪融化后形成了许多瀑布、溪流、冰川、湖泊等，这是"大自然创造的最好的礼物"。2 万年前，溪谷被厚达 1000 米的冰川所覆盖，但受到急速的温室效应的影响而不断融化。冰川不断冲刷着岩石，形成了现在的岩壁。这里是美国有代表性的自然胜地，一定要到此游玩。

前往约塞米蒂国家公园的交通方式

高高耸立的酋长石

约塞米蒂国家公园位于加利福尼亚州东部，距离圣弗朗西斯科有 5 小时的车程，距离洛杉矶 6 小时车程。推荐开车自驾前往，但也可以通过参团，或者乘坐火车、巴士等方式到达这里。

乘坐巴士、火车前往约塞米蒂国家公园的话，可以先到达距离这里 110 公里的默塞德（Merced）。从默塞德可以乘坐 YARTS 巴士到达国家公园。

●灰狗巴士 +YARTS 巴士

从圣弗朗西斯科出发乘坐直达车需要 4 小时抵达默塞德，1 天 1 班。从洛杉矶乘坐直达车需要 6~7.5 小时，1 天 5 班。

再从默塞德换乘 YARTS 巴士（夏季 5 班、冬季 2~3 班）。

●美国国铁（铁路）

连接圣弗朗西斯科—洛杉矶的火车（San Joaquins 号）在默塞德停车，然后可以换乘上述的 YARTS 巴士前往约塞米蒂国家公园。另外从圣弗朗西斯科市内到国铁 Emeryville 站，从洛杉矶的 Union 站到国铁 Bakersfield 站，都有美国国铁的联运巴士运营。从圣弗朗西斯科出发全程需要 6.5~8.5 小时，从洛杉矶出发大概需要 10 小时。

从默塞德可以乘坐 YARTS 巴士前往国家公园

从圣弗朗西斯科前往默塞德

●灰狗巴士

Free（1-800）231-2222

URL www.greyhound.com

默塞德的大巴停车场

住 710 W.16th St., Merced

营 周一～周五 8:00~17:30、周六 · 周日 8:30~16:00

休 周日

费 SF →默塞德单程 $27~48
LA →默塞德单程 $33~62

●美国国铁

Free（1-800）872-7245

URL www.amtrak.com

默塞德的火车站

住 324 W.24th St., Merced

营 24 小时

费 SF →约塞米蒂国家公园单程 $34~54
LA →约塞米蒂国家公园单程 $58~94

从默塞德出发前往约塞米蒂国家公园

● YARTS

Free（1-877）989-2787

URL www.yarts.com

费 默塞德←→约塞米蒂往返成人 $26（含国家公园门票）

有很多人会开露营车来这里

从 SF 出发的行车线路 过海湾大桥，走 I-580 East、I-205 East、I-5 North，最后从 CA-120 驶出即可到达默塞德。然后在沿 CA-120 向东行驶约 115 英里（约 185 公里）后即可到达 Big Oak Flat Entrance。全程 4~5 小时。后半段是山路，冬天行驶要注意积雪。

约塞米蒂国家公园 漫步

公园面积广大，但是巨大的岩石峭壁、瀑布等景点都集中在约塞米蒂山谷（Yosemite Valley）。这里深 1 公里、宽 1.6 公里、长 11.5 公里，是一个细长的 U 字形溪谷。山谷内建有酒店、餐馆、宿营地等，可以的话最好在这里住上一晚。也有免费的摆渡车运营。这个山谷的中心是约塞米蒂村（Yosemite Village），是一个建在大自然中的“村庄”，这里有游客中心、邮局、诊所、超市、纪念品商店、画廊等设施。另外游客中心提供的约塞米蒂指南 *Yosemite Guide*（→边栏）是非常重要的信息杂志，有很大的利用价值。距离约塞米蒂村稍远的地方，默塞德河对岸的是半圆丘村（Half Dome Village）。营地等住宿设施都被绿色所环绕。食品杂货店、自助餐厅等设施也很齐全。

眼前是广袤的大自然

约塞米蒂国家公园的交通

●约塞米蒂山谷摆渡车 Yosemite Valley Shuttle

山谷内的循环巴士。共有 2 条线路，一条是已调试全年运营的山谷摆渡车 Valley Shuttle Bus（参考→ p.270~271 的地图）；还有一条是仅限夏季，从约塞米蒂山谷到酋长石方向的酋长石摆渡车（El Capitan Shuttle Bus）。摆渡车为免费乘坐，所以请充分利用吧。

●自行车租赁 Bike Rentals

如果想在山谷内自由观光游览的话，推荐租一辆自行车。铺设有专门的自行车道，可以安全、快速地骑行。仅限 4~10 月。

●旅游巴士 Yosemite Tours

全年都有各种收费的导游大巴观光服务，可以去到园内的各个景点。可以通过游客中心等地提供的 Yosemite Guide 或者登录网站查询时间表，建议到达后提早预约。

约塞米蒂国家公园
Yosemite National Park

M p.194
住 P.O. Box 577, Yosemite N.P., CA 95389
☎（209）372-0200
园内道路 & 天气信息
☎（209）372-0200
URL www.nps.gov/yose
营 大部分为全年 24 小时营业
费 1 辆汽车 $30、1 辆自行车 $20。除此以外的方法为 1 人 $15
※ 离开约塞米蒂时还需要出示入园门票的凭证，一定要保存好。7 天之内出入自由。约塞米蒂的各个大门都可以使用 A M V 的信用卡

约塞米蒂游客中心

M p.271
营 每天 9:00~17:00（夏季 ~17:30）
到达约塞米蒂山谷后，建议首先前往游客中心，这里提供大量地图、书等资料信息。另外一年中多次发行出版的《约塞米蒂指南》（*Yosemite Guide*）是必须要领取的信息杂志，里面刊登了活动、园内摆渡车时间表、旅游团指南、梗概信息等。也可以上网下载中文版指南。
URL www.nps.gov/yose/planyourvisit/upload/chinese-brochure.pdf

山谷摆渡车

● Valley Shuttle Bus
营 每天 7:00~22:00、发车间隔 10~15 分钟
● El Capitan Shuttle Bus
营 6 月中旬 ~10 月上旬的每天 9:00~17:00、发车间隔 30 分钟

自行车租赁

从约塞米蒂山谷酒店、半圆丘村可以租到自行车。
营 每天 8:00~19:00（最后租借时间为 16:45）
费 1 小时 $12、1 天 $34

旅游巴士

在约塞米蒂 · 小屋大厅内的旅游服务台进行申请（夏季在半圆丘村和村庄商店也可以申请）。
Free（1-888）413-8869
● Glacier Point Tours
营 春 ~ 秋 8:30、10:00、13:00 从约塞米蒂山谷酒店出发。游玩时间 4 小时
费 成人往返 $41、儿童 $23（也可购买单程，然后徒步返回。成人单程 $25、儿童 $15）

便签 **从洛杉矶出发的行车线路** 沿 I-5 向北行驶。驶过山区路段后上 CA-99，驶向弗雷斯诺。随后沿 CA-41 继续向北行驶即可到达约塞米蒂的 South Entrance。全程需要约 6 小时。全长约 460 公里。

约塞米蒂国家公园 主要景点

约塞米蒂的标志

约塞米蒂山谷 M p.271

半圆丘

Half Dome

✹✹✹

一定不要错过参观半圆丘

犹如一个巨大的圆球被巨斧纵向劈去了一半。从山脚到山顶约有1443米。这个巨大的岩壁极有可能是由过去的冰川形成的，不得不令人感叹大自然的鬼斧神工。山谷内的哨兵桥（Sentinel Bridge）景致极佳。半圆丘对面的圆顶状的岩石山峰是北圆丘。

由大自然创造的全景观景台

约塞米蒂山谷 M p.271

冰川点（积雪时关闭）

Glacier Point

✹✹

观赏半圆丘的特等席位于半圆丘村上的岩壁顶端。眼前便是半圆丘和延绵至远方的内华达山脉。从上往下看，村庄只有豆粒大小。前往冰川点可以乘坐旅游巴士（仅夏季，约1小时15分钟），或者从约塞米蒂山谷酒店附近出发，沿 Four-Mile Trail 步行需要半天的时间。

攀岩爱好者们憧憬的岩壁

约塞米蒂山谷 M p.270

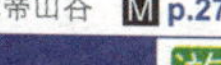

酋长石

El Capitan

✹✹✹

位于约塞米蒂山谷入口的酋长石高996米，是世界上最大的花岗岩，威风凛凛，十分具有男子汉气概。酋长石垂直于谷底高耸树立，这也成了全球攀岩爱好者们都期待征服的巨岩。攀登途中，他们会在岩壁狭窄的平台上睡觉休息，登顶需要3~6天的时间。通过望远镜可以看到半山腰上米粒大小的攀登者们。

充满神圣感

从圣弗朗西斯科出发的观光

约塞米蒂是美国人气很高的国家公园之一，因此很难保证能够随时预约到住宿设施。建议可以选择包含住宿的旅游团。到当地后再进行预约也比较困难，最好出发前直接预约，或者咨询国内的旅行社。

● California Parlor Car Tours

住 500 Sutter St.，#401，San Francisco

☎（1-415）474-7500

Free（1-800）227-4250

URL www.californiaparlorcar.com

费 约塞米蒂山谷酒店1晚$493、2晚$690
马杰斯缇克酒店1晚$690、2晚$1090

※1人入住大床房（入住人数2人）的价格。包含门票、税

园内的旅游巴士（→p.268）

春天必看的景点

如果在春天前往这里，千万不要错过从酋长石左侧绝壁落下的里本瀑布（→p.272）。另外酋长石对面还有新娘面纱瀑布（→p.272）。

多多利用免费的山谷摆渡车

早上的山谷观景台

约塞米蒂有代表性的绝景

约塞米蒂山谷 M p.270

山谷观景台

Valley View

从这里可以沿着默塞德河，近距离地观赏酋长石和新娘面纱瀑布。瀑布旁耸立的是教堂岩（Cathedral Rocks）。冰川的雕刻杰作令人过目难忘。

约塞米蒂最知名的景色之一

约塞米蒂山谷 M p.270

隧道观景台

Tunnel View

从隧道观景台可以看到约塞米蒂的高山风景

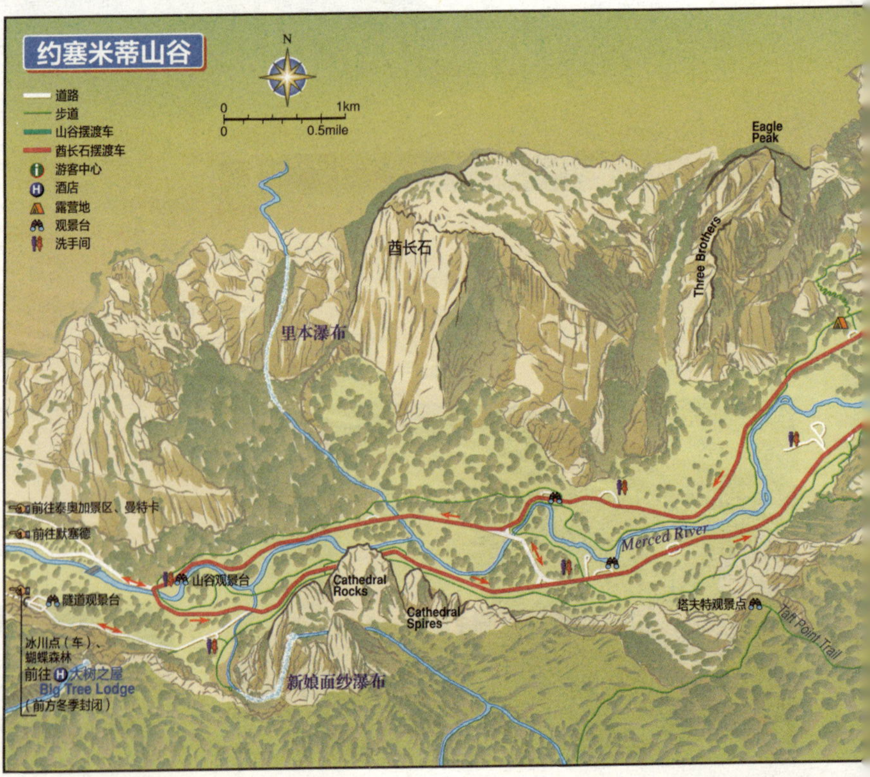

从约塞米蒂山谷出发，往冰川点、公园南门方向的道路（CA-41）走去，途中便是瓦乌纳隧道（Wawona Tunnel）。隧道入口处即是隧道观景台。安塞尔·亚当斯也经常到此拍摄作品，这里是最有名的风景之一。半圆丘、酋长石、教堂岩、新娘面纱瀑布都可以尽收眼底，说是美国最佳的观景地也不为过。

巨杉森林　　约塞米蒂山谷 M p.270 外

蝴蝶森林（积雪时封闭）　游

Mariposa Grove

近距离感受高达 60 米的大树

蝴蝶森林位于约塞米蒂山谷以南，相距约 1 小时 15 分钟车程，是公园南端的一片巨杉森林。红杉是世界上最大的树木之一，又名海岸红杉、常青红杉、北美红杉、加利福尼亚红杉。约塞米蒂内最大的一棵红杉被称作大灰熊（Grizzly Giant），直径 8.7 米，树根周围达 28 米，据推测该树的树龄达到了惊人的 2700 年。因为多次被落雷击中，树高停止在了 63.7 米，倾斜 17°。一般汽车只能停在森林的入口处，然后步行或乘坐缆车进入。

蝴蝶森林经过整修后，于 2017 年 11 月重新对外开放。下述为整修前的信息（※）。

※ 蝴蝶森林的停车场较小，高峰时没有空位。因此在公园南门和瓦乌纳商店设有预备停车场。从这里可以乘坐免费的摆渡车往返蝴蝶森林

营 5~9 月：每日 9:00~18:00

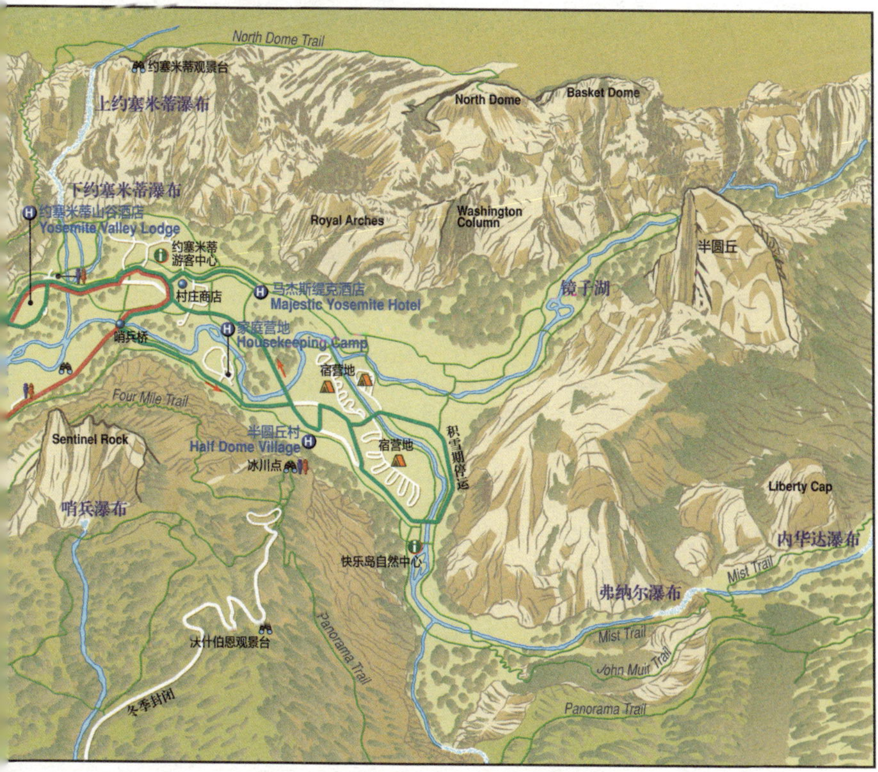

North Dome Trail
约塞米蒂观景台
上约塞米蒂瀑布
North Dome
Basket Dome
下约塞米蒂瀑布
约塞米蒂山谷酒店
Yosemite Valley Lodge
Royal Arches
Washington Column
半圆丘
约塞米蒂游客中心
村庄商店
马杰斯缇克酒店
Majestic Yosemite Hotel
镜子湖
哨兵桥
家庭营地
Housekeeping Camp
宿营地
Four Mile Trail
积雪期停运
Sentinel Rock
半圆丘村
Half Dome Village
冰川点
宿营地
哨兵瀑布
Liberty Cap
内华达瀑布
快乐岛自然中心
Mist Trail
弗纳尔瀑布
Mist Trail
Panorama Trail
沃什伯恩观景台
John Muir Trail
冬季封闭
Panorama Trail

约塞米蒂内最具代表性的 6 个瀑布 游

Fall & Falls

★★★

春季至初夏是公园内观赏瀑布的最佳时节

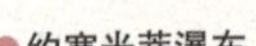

● 约塞米蒂瀑布

Yosemite Falls（739 米）

瀑布位于约塞米蒂山谷内，步行即可到达瀑潭。分为上瀑布、湍流区（小瀑布）和下瀑布三段。这三段相加是世界落差第八大的瀑布，从 7 月份开始水量会逐渐变少，秋季到春季之间逐渐干涸。

● 哨兵瀑布

Sentinel Falls（610 米）

从哨兵岩南侧绝壁处落下的台阶状瀑布，是世界上落差第七大的瀑布，只能在春天观赏到。

● 里本瀑布

Ribbon Fall（491 米）

犹如缎带般美丽的瀑布，因此也被叫作“处女的眼泪”，从酋长石西侧的绝壁处流下。5 月中旬 ~6 月上旬之外均为干涸状态。

● 新娘面纱瀑布

Bridalveil Fall（189 米）

细流涓涓而下的瀑布，被风吹起的飞沫形成的雾气看起来格外美丽，犹如新娘的面纱一般，因此起了这样一个浪漫的名字。位于教堂岩稍微靠下的地方。

● 内华达瀑布

Nevada Fall（181 米）

瀑布的气势不禁让人联想到雪崩的景象。位于半圆丘的后面，从冰川点可以清楚地看到。水量大，宽度广，非常具有震慑力。

● 弗纳尔瀑布

Vernal fall（97 米）

位于内华达瀑布下游位置的弗纳尔瀑布，也被叫作“青春瀑布”。

Fall 和 Falls 的不同

像 Nevada Fall 这样“Fall”为单数的，就是一口气落下的瀑布。像 Yosemite Falls 这样“Falls”为复数的，则是分为几段连续落下的瀑布。

内华达瀑布徒步

徒步前往内华达瀑布可以沿步道当日往返。往返全程 8.6 公里，需 5~7 小时。往返于途中的弗纳尔瀑布全程 4.8 公里，约 3 小时。

约塞米蒂国家公园 娱乐活动

约塞米蒂国家公园内所有的娱乐活动均可参加，一定要去挑战一下。

● 攀岩

在半圆丘村（→p.273）的 Mountaineering School 可以参加攀岩课程。课程时间约 7 小时，会教授保护带、绳索的使用方法等基础知识。如果想要攀登酋长石不妨参加。除了初学课程之外，也有中级、高级课程。需要提前预约。

● 漂流

仅限夏季，可以在默塞德河体验漂流的乐趣。6~7 月开放（根据每年气候而定）。从半圆丘村的活动亭出发，沿 4.8 公里长的河流而下。摆渡车往返于终点和中心。

约塞米蒂也是攀岩胜地

攀岩

● Mountaineering School

URL www.travelyosemite.com/things-to-do/rock-climbing

费 1 人 $143~

漂流

Rafting at Yosemite

在半圆丘的租赁中心申请。

费 1 人 $29.50（体重不足 22.7 千克者不能参加）

便签 注意熊　约塞米蒂国家公园内，无论昼夜都有熊出没在宿营地，它们会在此寻找人类的食物等。宿营的游客一定注意要将食物或带有味道的东西存入食品柜中。

约塞米蒂国家公园的酒店

Yosemite National Park

HOTEL

通过下述的联系方式可以提前一年预约酒店。
Yosemite Reservations
☎（602）278-8888 URL www.travelyosemite.com
通过下述的联系方式可以提前5个半月（10:00~，太平洋时间）预约宿营地。
National Park Reservation Center
☎（518）885-3639 Free（1-877）444-6777 URL www.recreation.gov
※Mariposa County Room Tax 加收 10%

约塞米蒂山谷

马杰斯缇克酒店
The Majestic Yosemite Hotel 高档

M 约塞米蒂山谷 p.271

费 Ⓢ Ⓓ Ⓣ $317~610

◆ 自然和谐的设计十分出色

该度假酒店的地理位置极佳，从这里可以观赏到半圆丘和约塞米蒂瀑布。利用花岗岩、松树、橡树等约塞米蒂山谷内的素材打造而成。是美国人憧憬的“一生想要居住一次的地方”。

Wi-Fi 免费 123 间客房 信用卡 A D J M V

约塞米蒂山谷酒店
Yosemite Valley Lodge 中档

M 约塞米蒂山谷 p.271

费 Ⓢ Ⓓ Ⓣ $181~289

◆ 约塞米蒂内人气最高的住宿设施

约塞米蒂国家公园内人气第一的住宿设施。为了让游客充分体验大自然的魅力，特别没有放置电视等会发出声音的设备。客房的种类也很丰富。还有自行车租赁店（→p.268 边栏）。

Wi-Fi 免费 245 间客房 信用卡 A D J M V

大树之屋
Big Tree Lodge 中档

M 约塞米蒂山谷 p.270 外

费 Ⓢ Ⓓ Ⓣ 带浴缸 $166~250、不带浴缸 $96~160

◆ 位于蝴蝶森林入口

约塞米蒂国家公园内最古老的酒店。外观为维多利亚风格，富有浪漫气息。建筑本身虽然较旧，但客房状态保持良好。位置距离山谷较远，但就在公园南门旁的蝴蝶森林入口处。

Wi-Fi （仅日光房） 104 间客房 信用卡 A D J M V

半圆丘村
Half Dome Village 经济型

M 约塞米蒂山谷 p.271

费 酒店 $144~245、带浴缸的木屋 $184~212、不带浴缸的木屋 $139~155、帐篷小屋 $75~159

◆ 林中朴素的营地

虽然也有酒店形式的客房，但是如果想要亲身感受大自然的话一定要入住营地。在木质小屋露营，除夏季外，如果不用睡袋的话会很冷。按照先后顺序会分发睡袋，数量有限，在前台也可以租用。

Wi-Fi （仅大堂） 481 间客房 信用卡 A D J M V

家庭营地
Housekeeping Camp 经济型

M 约塞米蒂山谷 p.271

费 1 个单元 $102（最多入住 4 人）

◆ 按照营地标准建造的设施

约塞米蒂内最便宜的住宿设施。一个帐篷可以入住 4 人。仅夏季开放。帐篷内有双层床，整体较为简陋，要是能忍受雨露可以考虑。4 月中旬 ~10 月上旬营业。

266 栋 信用卡 A D J M V

咖啡机　冰箱酒柜／冰箱　浴缸　吹风机　室内保险柜　客房服务　餐馆
健身房／游泳池　前台　洗衣机　无线网络　停车场　可以使用轮椅的客房

沙斯塔山 Mount Shasta

北加利福尼亚的治愈景点

壮丽的沙斯塔山

在沙斯塔山中，有着延绵不断的喀斯喀特山脉、大片的绿色以及滋润的水源。这里涌出的水为可饮用水，非常好喝，享誉全球。从位于海拔 4300 米的沙斯塔山脚下的沙斯塔山市、麦克劳德、威德都可以仰望沙斯塔山。近年来有许多人来到沙斯塔山寻求治愈，这里虽然没有所谓的“气场”，但是这片区域被很强的能量所包围。

沙斯塔山 漫 步

沙斯塔山的中心为沙斯塔山市（Mt. Shasta City）。从 I-5 驶出后即可到达，在 Lake St. 和 Pine St. 路口的游客中心可以收集信息。餐馆、商店等集中在主干道 Mt. Shasta Blvd.（北部的 Jesse St. 和南部的 Old McCloud Rd. 之间）。酒店和民宿等住宿设施也分散在这里。

沙斯塔山市东侧的麦克劳德（McCloud）是一座林业繁荣的城市。当时的职工宿舍如今已被改建成了住宅、民宿、食品杂货店、餐馆等，充满了复古的味道。这座小镇也是观赏沙斯塔山旭日的最佳地点。

沙斯塔山北侧的威德（Weed）设有矿泉水的采集点和饮用水工厂，在森林内的温泉设施（→参考下述信息）可以享受独特的 SPA 体验。

沙斯塔山 主要景点

邦尼平台 Bunny Flat（海拔约 2118 米）是沙斯塔山半山腰上的平台，全年车辆可以通行。7~10 月（根据积雪情况有所调整）从邦尼平台可以开车到达旧滑雪碗 Old Ski Bowl（海拔约 2408 米）。此外，这里还设有可以欣赏自然风光的步道。另外在威德的斯图尔特矿泉（Stewart Mineral Springs）设有浴室，不是这里的房客也可以使用（费用根据时间、日期有所不同）。入浴方式为反复三次温泉→桑拿→进入河水（放松）。

到此汲取公园内涌出的水的人源源不断

沙斯塔山
M 文前折页“美国西海岸”

从 SF 前往沙斯塔山
●**飞机** 从 SFO 乘坐国内航班到达雷丁机场。从机场租车自驾沿 I-5 向北行驶约 1 小时，前往沙斯塔山市。
●**汽车** 从 SF 出发，沿 I-80 向东往萨克拉门托方向行驶。沿 I-505 向北，然后直接进入 I-5，再一直向北即可。全程约 275 英里（443 公里），需要 5 小时。

雷丁机场（RDD）
住 6751 Woodrum Circle, Redding
URL www.cityofredding.org/departments/airports
美国联合航空每天有 3 班从 SFO 出发。

游客中心
Mt. Shasta Chamber of Commerce
住 300 Pine St., Mt. Shasta, CA 96067
☎（530）926-4865
URL visitmtshasta.com
营 每天 9:00~16:30

斯图尔特矿泉
住 4617 Stewart Springs Rd., Weed
☎（530）938-2222
URL www.stewartmineralsprings.com
营 周一~周三 12:00~18:00（周一~19:00）、周四~周六 10:00~20:00、周日 10:00~18:00、入浴截止时间为关门前 90 分钟
费 基本价格 $35、周二 $30，租毛巾 $1
交通方式 从沙斯塔山市出发沿 I-5 北上，距离游客中心约 17 英里（约 27 公里），需要 25 分钟

便签 **加利福尼亚游客中心** 提供以沙斯塔喀斯喀特山脉地区为中心的旅游信息。住 1699 Hwy. 273, Anderson ☎（530）365-7500 URL www.visitcwc.com/anderson 营 周一~周五 9:00~17:00、周六·周日 10:00~16:00

拉斯维加斯和大峡谷

Las Vegas & Grand Canyon

灯火辉煌的拉斯维加斯

到处都是亮闪闪！

超级上镜的拉斯维加斯 攻略手册

夜晚霓虹灯映照下的金字塔、自由女神像、埃菲尔铁塔都在这里。拉斯维加斯就是这样一座可以将所有景点都上传到社交网络的超级上镜的城市。下面选出几个备受欢迎的摄影地进行介绍。

巴士是出行的要点！

拉斯维加斯虽然是一座比较利于步行的城市，但天气炎热，走起来还是比较累的。不妨选择双层巴士和 SDX →p.283，以拉斯维加斯大道（Las Vegas Blvd.）为中心，沿观光地行驶。

双层巴士

快速巴士 SDX

社交网络上最佳的拍照地点

夜晚可以拍到令人十分激动的画面

A 林尼克 The Linq

位于赌城大道中心十字路口的综合设施。在步道两旁有许多独特的商户，还有号称世界最高的摩天轮“豪客”。不妨在这里步行感受一下昼夜的不同氛围。

M p.286-A3
住 3545 Las Vegas Blvd. S.
URL www.caesars.com/linq
交通方式 从十字路口向北步行 10 分钟。乘坐双层巴士在 Caesars Palace、Harrah's 下车

B 拉斯维加斯的标志 Welcome to Fabulous Las Vegas

1959 年在拉斯维加斯大道的中央设置了隔离带。近年来为了使游客可以不用在意来往的车辆尽情地拍照，特意设置了停车场，巴士也会在这里停车。不要忘记里面的标志（图片可以参照 →p.277）！

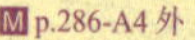

M p.286-A4 外
住 5100 Las Vegas Blvd. S.
交通方式 乘坐双层巴士、SDX 在 Welcome to LV Sing 下车

蓝天映照下的拉斯维加斯标志

不分昼夜都可以拍出好看的照片

C 公园 The Park

位于赌城大道南侧，新十字路口的公园，以“都市的绿洲”为理念打造的空间。从这里到 2016 年建成的 T-Mobile 体育馆之间的步道两旁，有许多餐饮店和雕塑作品。

M p.286-A4
URL www.theparkvegas.com
交通方式 乘坐双层巴士在 Monte Carlo、MGM/Showcase Mall 下车，或乘坐 SDX 在 Showcase Mall/ MGM 下车

绝对上镜的商店介绍！！

还可以乘坐威尼斯游船

1 大运河购物中心 The Grand Canal Shoppes

运河上来来往往的游船、街头艺人聚集的广场等，可以满足大家的任何需求。

M p.286-A3
URL www.grandcanalshoppes.com

2 恺撒宫购物中心 The Forum Shops

罗马建筑、壁画艺术等，再现了古罗马的城市样貌。还有喷泉表演、人造天空等也是不能错过的！

M p.286-A3
URL www.simon.com/mall/the-forum-shops-at-caesars-palace

3 可口可乐世界 World of Coca-Cola

除了和门口巨大的瓶子合影之外，也不要忘记与“北极熊”卡通人偶拍一张照片。

M p.286-A4
URL www.theparkvegas.com

4 M&M世界 M&M's World

由五颜六色的巧克力豆和卡通形象装饰的入口处是最好的拍照地。还有卡通角色和员工表演的舞蹈时间。

M p.286-A4
URL www.mmsworld.com

5 好时巧克力世界 Hershey's Chocolate World

除了门口的拍照角之外，还放置有创造了好时产品的自由女神等形象。还有可爱的吉祥物出没！

M p.286-A4
URL hersheyschocolateworldlasvegas.com

拉斯维加斯拍摄地点
95
还没有观景台!
云霄塔 →p.294
乘坐直升机（→p.284）从高空欣赏拉斯维加斯
老城区
弗里蒙特街体验 →p.293
日落后的LED灯光秀。拍摄具有拉斯维加斯风格的照片
拉斯维加斯北奥特莱斯 →p.295
Las Vegas Blvd.
Sahara Ave.
林尼克
最高点约168米
当座舱达到顶点时赶快摁下快门吧
拉斯维加斯大道
大运河购物中心
时尚秀购物中心 →p.295
Spring Mountain Rd.
Sands Ave.
恺撒宫购物中心
奇迹哩购物中心 →p.295
水晶购物中心 →p.295
Flamingo Rd.
十字路口
稍微变换一下观看喷泉的位置和角度，就能拍出很多不同的照片
可口可乐世界
M&M世界
Tropicana Ave.
贝拉吉奥喷泉 →p.293
好时巧克力世界
新十字路口
15
公园
Russell Rd.
拉斯维加斯的标志
DRIVE CAREFULLY Come Back SOON
夜晚被灯光所点亮!
Las Vegas Blvd.
Sunset Rd.
麦卡伦国际机场 →p.281
机场航站楼内也是满满的拉斯维加斯感
Welcome to LAS VEGAS
下飞机后马上就是拍照点!
在标志背后拍照吧！是一个不用排队等待的好地方

拉斯维加斯 Las Vegas

在荒凉的莫哈维沙漠中突然出现的绿洲——拉斯维加斯。第二次世界大战后，黑帮在这里建造了首座赌场酒店，并以此作为开端，开始了拉斯维加斯赌城的发展。近年来街道上增加了许多富有娱乐性的设施，正在朝“世界娱乐之都”的方向转变。

漫步拉斯维加斯

每年有超过 4000 万人造访拉斯维加斯，全年有各种各样的活动展览在此举办，同时作为商务场所也是充满了活力。

拉斯维加斯的中心是酒店霓虹灯闪耀的拉斯维加斯大道 Las Vegas Blvd（→ p.280）。距离拉斯维加斯大道北端约 3 公里的地方是老城区（→ p.280）。拉斯维加斯由这两个区域组成，结构非常简单。走在这座城市中绝对不会迷路，反而是“巨大的赌场酒店”内部结构更为复杂，很容易晕头转向。另外拉斯维加斯大道晚上非常热闹，即便一个人走在外面也不用担心，良好的治安在美国所有城市中是极为少见的。除了赌场之外，以太阳剧团为代表的表演、著名艺人带来的演出、购物、美食、SPA 等，娱乐活动也丰富多彩。这就是可以 1 天 24 小时不停游玩的“不夜城”拉斯维加斯。

● 行程规划的要点

虽然城市的构造简单，但想要高效地出行还是有些麻烦的。拉斯维加斯大道上的酒店占地面积都很大，想要步行前往旁边的酒店要比想象中花费更多的时间。尤其夏季酷暑难当，白天走在外面更是很累。开车的话某些时间段交通也非常糟糕，基本从黄昏到傍晚都会堵车，而且一般停车场距离酒店也都不太近。因此推荐乘坐巴士、单轨列车等公共交通工具。乘坐行驶于 Las Vegas Blvd. 的双层巴士、SDX 巴士（→ p.283）、免费轻轨、单轨列车（→ p.284）可以更有效地游览城市。

住宿方面，具有娱乐性的赌场酒店都集中在拉斯维加斯大道，酒店的星级也是参差不齐。如果有活动展会举行，酒店价格势必会受到影响，另外平日和周末的价格也是相差甚远。但对于初次造访拉斯维加斯的人来说，即使价格浮动较大，还是应该更加重视酒店的地理位置，推荐入住拉斯维加斯大道中心区域。

综合信息

内华达州拉斯维加斯市

人口 约 63 万（北京市约 2173 万）

面积 约 352 平方公里（北京市约 16410 平方公里）

- 消费税 8.25%
- 酒店税 12.5%~13.38%。演出门票等加收 10% 的现场演出税

※ 拉斯维加斯几乎所有的酒店都会加收度假费 Resort Fee（1 晚 $30~39）。虽然网络、健身房都可以免费使用，但对于不使用这些的人来说价格有些昂贵。预约酒店时一定要进行确认。

游客中心

Las Vegas Convention and Visitors Authority

M p.286-B3

住 3150 Paradise Rd., Las Vegas

Free（1-877）847-4858

URL www.lvcva.com（英语）

URL www.visitlasvegas.com/zh/（中文）

营 周一～周五 8:00~17:30

休 周六 · 周日

旅行季节的建议

（美国西海岸的气候→ p.373）

拉斯维加斯属于沙漠性气候，全年昼夜温差较大，平均湿度仅有 29%。3~5 月平均最高气温 21~32℃，气候相对宜人，但晚上也需要穿夹克衫。6~8 月是一年中最热的时候，平均最高气温达到了 37~40℃，一直到 10 月底之前气温都保持在 30℃上下，这样的温度刚好可以在泳池里游泳。12 月～次年 2 月有许多人到此欢度圣诞节、新年等节假日。平均温度为 15℃，个别时间段会到 0℃以下。

拉斯维加斯的气候图

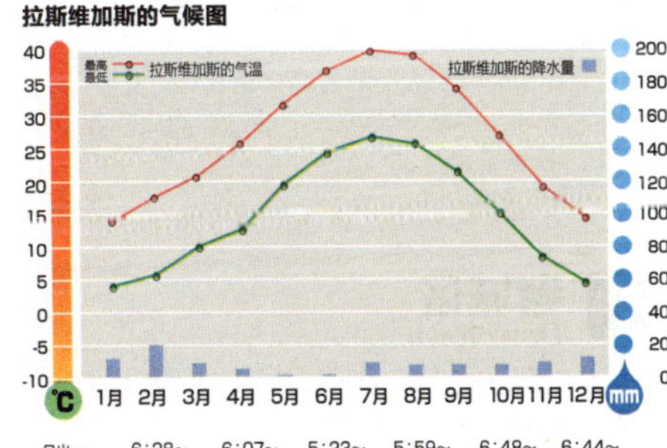

日出~日落	6:28~17:22	6:07~19:15（夏令时）	5:23~20:00（夏令时）	5:59~19:31（夏令时）	6:48~18:05（夏令时）	6:44~16:27

当地信息杂志

酒店客房放置的《*Las Vegas Magazine*》URL lasvegasmagazine.com 刊登有演出、娱乐活动、购物、美食、夜生活、团购等各个方面的信息，约有 100 页的篇幅。《*Where*》URL wheretraveler.com 也是重要的信息来源。有丰富的演出、餐馆信息。另外《*Las Vegas Weekly*》URL lasvegasweekly.com 除了介绍详细的拉斯维加斯大道信息之外，还会刊登当地的热门话题，很值得一看，放置在购物中心、咖啡馆、超市等地。

活动 & 节日

※ 详细信息可以登录旅游局官网（参考上方的综合信息）进行确认

纳斯卡赛车周末
NASCAR Weekend

- 3 月 1~3 日（2019 年）

在拉斯维加斯赛道举办的纳斯卡汽车赛事。赛车手们驾驶改装后的汽车在环形赛道上一较高下。

拉斯维加斯美食节
Vegas Uncork'd

- 4~5 月开幕

美食杂志《好胃口》举办的美食盛典。虽然是收费活动，但是拉斯维加斯的大厨们会齐聚一堂，大展身手，每年活动的规模都十分盛大。

拉斯维加斯摇滚马拉松
Rock'n Roll Las Vegas Marathon

- 11 月上旬

在璀璨的霓虹灯下，沿拉斯维加斯大道奔跑。黄昏时刻起跑。拉斯维加斯风格的华丽艺人们也会穿插其中。随处都有摇滚演奏。

拉斯维加斯区域导览

Las Vegas Area Guide

A 拉斯维加斯大道 *Strip*

从 Las Vegas Blvd. 北部的云霄塔到南部的曼德勒海湾之间被称作拉斯维加斯大道，全程约 4 英里（约 6.4 公里）。拉斯维加斯大道为南北走向，因此只要记住与其交叉的东西走向的道路（右侧区域地图中标为粉色的道路），对于自己所在的位置或者要前往的酒店位置就会非常清晰了。在这里，每个大型酒店都极具看点。演出、商店、餐馆、赌场等设施齐全的主题酒店乐趣无限。

B 老城区 *Downtown*

拉斯维加斯大道往北约 3.2 公里的地方便是老城区。这里最大的看点是弗里蒙特街体验，周边是政府机关、行为艺术的大本营史密斯中心、灰狗巴士站等。酒店费用相比拉斯维加斯大道要便宜不少。但夜间出行尽量避免走人少的道路。

拉斯维加斯区域地图

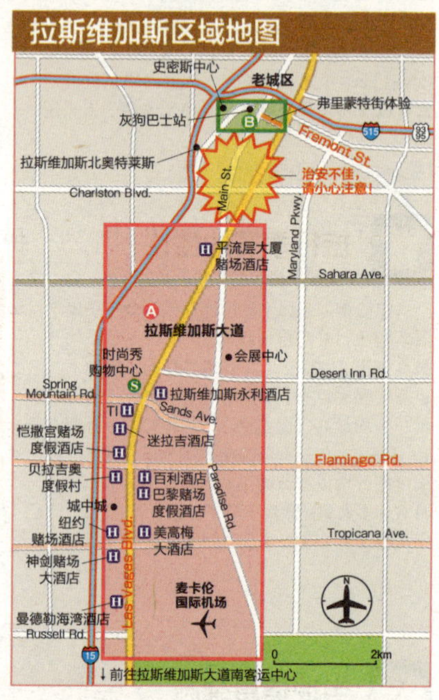

拉斯维加斯的交通方法

出发地 / 目的地	麦卡伦国际机场	A 拉斯维加斯大道	B 老城区 弗里蒙特街体验
麦卡伦国际机场		南线 Bellagio 前（Las Vegas Blvd. 十字路口附近）→SSTT 换乘 109 SSTT→McCarran International Airport（45 分钟）	南线 Casino Center Blvd. & Fremont St.→McCarran International Airport（30 分） 南线 Casino Center Blvd. & Fremont St.→McCarran International Airport（40 分钟）
A 拉斯维加斯大道	109 McCarran International Airport→SSTT 换乘 北线 SSTT→Paris 前（Las Vegas Blvd. 十字路口附近）（40 分钟）		南线 Casino Center Blvd. & Fremont St.→Bellagio 前（Las Vegas Blvd. 交差点附近）（40 分钟）
B 老城区 弗里蒙特街体验	北线 McCarran International Airport→4th St. & Carson Ave.（50 分钟） 北线 McCarran International Airport→4th St. & Carson Ave.（40 分钟）	北线 Harrah's 前（Las Vegas Blvd. 十字路口附近）→Casino Center Blvd. & Carson Ave.（40 分钟）	

公共交通 Deuce SDX WAX CX 巴士 换乘 ※SSTT=South Strip Transfer Terminal

前往拉斯维加斯的方法

Access to Las Vegas

拉斯维加斯麦卡伦国际机场（LAS）

McCarran International Airport

M p.286-B4　住 5757 Wayne Newton Blvd.

☎（702）261-5211　URL www.mccarran.com

目前中国国内海南航空 HU7969 从北京直飞拉斯维加斯，中国航空、美国航空、达美航空、联合航空等会在西海岸城市中转后，前往拉斯维加斯。机场距离主干道拉斯维加斯大道很近，与美高梅大酒店仅相隔 4 公里，与市区也仅有 9 公里的路程。但是堵车情况较为严重，交通移动上可能会花费比预期更久的时间。

如果想在拉斯维加斯自由自在出行，或者前往郊区的话，推荐在机场租车。

从麦卡伦国际机场前往市区

机场摆渡车　超级摆渡车　SuperShuttle

Free（1-800）258-3826　URL www.shuttlelasvegas.com

营 24 小时

如果 1~2 人出行的话，乘坐拼车形式的摆渡车要比打车更加便宜。前往拉斯维加斯大道、老城区单程为 $11。除了超级摆渡车公司外，还有多家摆渡车公司运营（→本页脚注）。

1 号航站楼的摆渡车上车地点位于行李领取处的 11 号门附近，3 号航站楼的摆渡车售票处和车站位于行李领取处所在的楼层。

RTC 巴士　RTC Bus（→p.283）

前往老城区可以乘坐快速巴士 WAX 和 CX，前往 Paradise Rd. 可以乘坐 #108 巴士。所有巴士均不通过拉斯维加斯大道，但 CX 经停时尚秀购物中心（→p.295）附近。另外乘坐 #109 可以到达拉斯维加斯大道南客运中心 South Srip Transfer Terminal（→p.283 边栏），然后换乘双层巴士 Deuce 或 SDX 巴士即可到达拉斯维加斯大道。

1 号航站楼附近的车站有 #108、109。3 号航站楼二层（出发层 44 号门对面）的车站有 WAX 和 CX。

出租车　Taxi（→p.283）

出租车上车点分别在 1 号航站楼一层行李领取处的 1~4 号门外、3 号航站楼出口外。从机场出发的参考时间和价格（小费另算）：从拉斯维加斯大道南侧的曼德勒海湾酒店到北侧的平流层大厦赌场酒店需要 13~17 分钟，$20~25；到达老城区的酒店需要 25 分钟，大概 $35。

麦卡伦国际机场的航站楼

基本上 1 号航站楼运营国内航班，3 号航站楼运营国际航班。机内托运行李的领取处不同，请到当地进行确认。

1 号航站楼的行李领取处，各种演出、赌场的广告使这里显得非常热闹

租车 Rent-a-Car

租车公司位于机场用地外的租车中心。从行李领取处出来后，可以看到写有“McCarran Rent-A-Car Center”的白底蓝线的巴士，乘坐该巴士（免费）约 7 分钟即可到达租车中心。在租车公司办理完相应手续后，进入租车公司各自专属的大门，即可到达最终的停车场。24 小时营业。

租车中心

住 7135 Gilespie St.

☎（702）261-6001

营 24 小时

灰狗巴士站 Greyhound Bus Depot

灰狗巴士站（停车场）位于 Main St. 沿线上，距离老城区的繁华街很近。24 小时营业。前往拉斯维加斯大道的话，从灰狗巴士站往东走 5 个街区，从 Las Vegas Blvd. 乘坐双层巴士即可到达。

M p.286-A1、B1

住 200 S.Main St.

☎（702）384-9561

营 24 小时

便签 其他的机场摆渡车 ● Airline Shuttle URL www.bestairlineshuttle.com 费 拉斯维加斯大道往返 $15
● Bell Trans URL www.aiportshuttlelasvegas.com 费 拉斯维加斯大道往返 $14

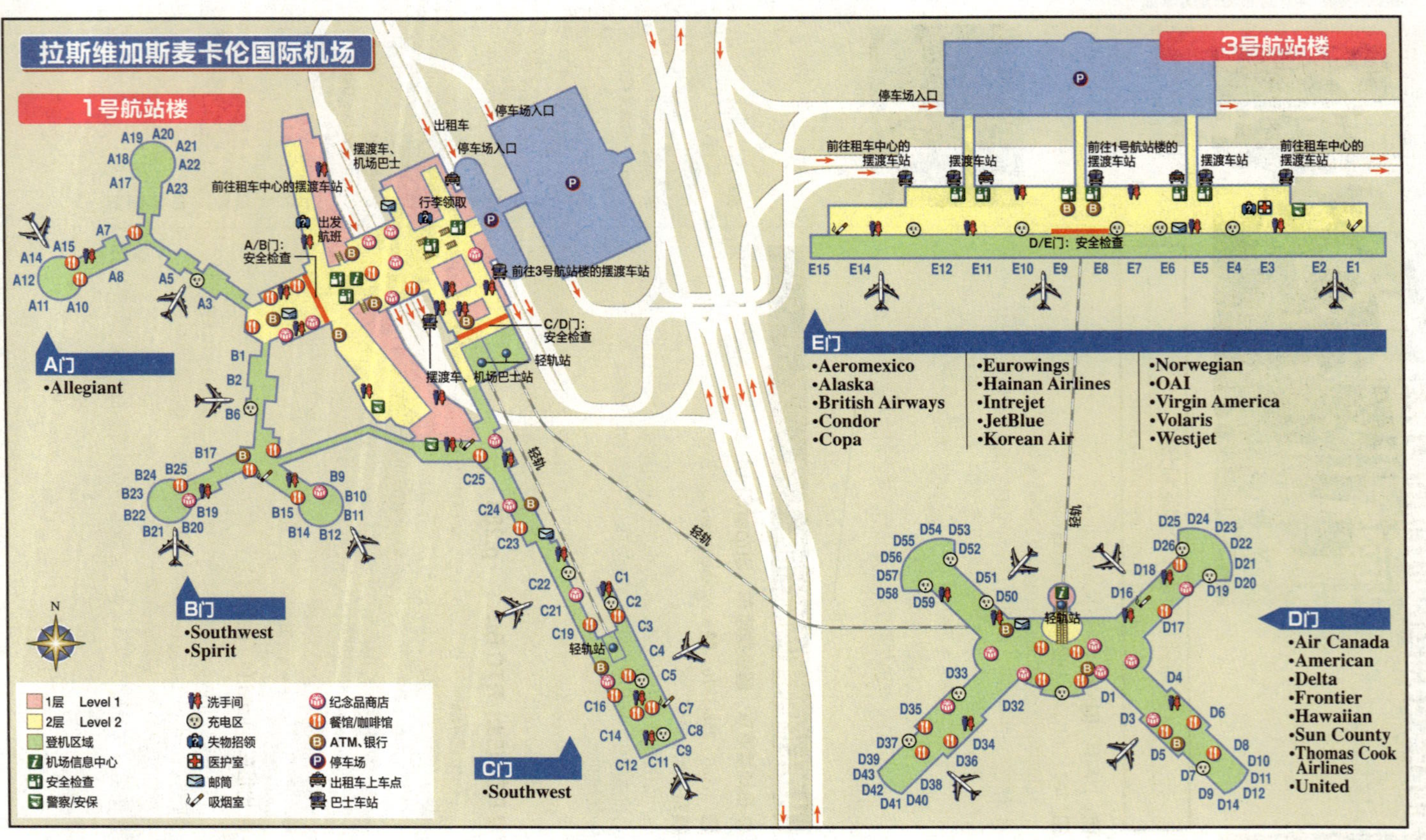

便签 **拉斯维加斯大道的交通方法** 拉斯维加斯大道每到周末，南北方向的交通非常不便，经常大堵车，步行反而更快。周末的话建议不要乘坐巴士，最好选择单轨列车。但是单轨列车的价格较贵（1次 $5），线路↗

拉斯维加斯的交通设施
Transportation in Las Vegas

双层巴士和 SDX（公共汽车）
Deuce & Strip Downtown Express

拉斯维加斯一带的公共交通由 RTC 运行。一般游客经常乘坐的是行驶于拉斯维加斯大道南北方向的双层巴士 Deuce 和 2 节车厢组成的 SDX（Strip & Downtown Express）。另外还有连接麦卡伦机场和老城区的快速巴士 WAX 和 CX，以及同样从机场出发，途经天堂大道，终点为老城区的 #108 和途经马里兰公园大道的 #109 等共 6 条巴士线路。

双层巴士从老城区的弗里蒙特大道出发，一直到拉斯维加斯大道南部的南客运中心（SSTT）。24 小时运营，发车间隔 15~20 分钟。SDX 的运营时间为每天 9:00~24:00，发车间隔大约为 15 分钟。从拉斯维加斯北奥特莱斯出发，途经老城区的弗里蒙特大道、南奥特莱斯、SSTT。需要注意的是南行和北行的车站不同。

拉斯维加斯大道白天之外的时间几乎都会堵车。要花很长时间来等巴士。另外 SDX 车内没有投币箱，需要提前购买车票，然后乘车。

连接拉斯维加斯大道和老城区的便利双层巴士

出租车
Taxi

在拉斯维加斯，是禁止在路边叫停出租车的，需要到酒店门口排队候车。打车往返于拉斯维加斯大道和老城区之间比较方便，也可用于拉斯维加斯大道上的短距离移动。起步价 $3.50，随后每 1/12 英里 23¢（里程费用）。从机场出发乘坐出租车需 $2，如果用信用卡支付需要另加 $3 的手续费。起步价、里程费用和手续费等加在一起的总额，还要再支付 3% 的州税才是最终支付的金额。

RTC（Regional Transportation Commission）

☎（702）228-7433

Free（1-800）228-3911

URL www.rtcsnv.com

费 双层巴士和 SDX 的 2 小时通票为 $6、24 小时通票为 $8、3 日通票为 $20。除此之外的巴士线路为 $2

拉斯维加斯经常会出现堵车的情况

RTC 的主要交通枢纽

老城区的 BTC 和国际机场附近的 SSTT。设有游客中心。

●**博纳维尔客运中心**
Bonneville Transit Center（BTC）

M p.286-B1

住 101 E.Bonneville Ave.

营 售票窗口：每天 7:15~17:45（大厅 24 小时开放）

●**拉斯维加斯大道南客运中心**
South Strip Transfer Terminal（SSTT）

M p.286-A4 地图外

住 6675 Gilespie St.

营 每天 6:00~22:00（大厅开放）

出租车的参考价格等

Nevada Taxicab Authority

URL taxi.nv.gov

主要的出租车公司

Yellow/Checker/Star Cab

☎（702）873-8012

Western Cab

☎（702）736-8000

出租车的参考价格

从云霄塔到老城区约 $15、到美高梅大酒店约 $23、到城市广场 Town Square［拉斯维加斯大道以南 2.5 英里（约 4 公里）的购物中心］约 $31。

使用优步 Uber → p.390

↘设置也不太方便（靠各个酒店的东侧行驶，要想走到拉斯维加斯大道上必须横穿大型主题酒店 M p.284），因此仅建议在周末乘坐。

拉斯维加斯单轨列车

URL www.lvmonorail.com

上下车方式

乘坐拉斯维加斯单轨列车需在检票口附近的售票机购买车票，然后刷票通过检票口。下车时也是刷票出站。

轻轨和单轨列车
Tram & Monorail

轻轨和单轨列车连接部分酒店。轻轨免费，拉斯维加斯单轨列车收费。部分单轨列车站距离拉斯维加斯大道较远。

- **神剑赌场大酒店⟷曼德勒海湾酒店**（轻轨：免费）车站位于新十字路口。两条线路平行行驶。每天 9:00~22:30 运营，发车间隔为 3~7 分钟（仅北行在卢克索赌场酒店停车）。
- **贝拉吉奥度假村⟷城中城（马戏团赌场酒店）⟷蒙特卡罗酒店**（轻轨：免费）线路往返于设有马戏团赌场酒店等设施的城中城和两旁的贝拉吉奥、蒙特卡罗酒店。每天 8:00~ 次日 4:00 运营，发车间隔为 15 分钟。
- **迷拉吉酒店⟷TI：金银岛酒店**（轻轨：免费）往返于迷拉吉酒店的正门附近，及 TI：金银岛酒店的二层。每天 7:00~ 次日 2:00 运营，发车间隔为 15 分钟。
- **MGM 大酒店⟷SLS 拉斯维加斯 单程约 15 分钟**（拉斯维加斯单轨列车：1 次 $5、单日票 $12、3 日票 $28）从新十字路口出发，途经十字路口、会展中心，一直到云霄塔所在的撒哈拉大道。每天 7:00~ 次日 2:00 运营（周一 ~24:00、周五 ~ 周日 ~ 次日 3:00），发车间隔为 4~8 分钟。

参团指南

喜美航空

☎（702）638-3300（拉斯维加斯）

Free（1-800）634-6801（拉斯维加斯）

URL www.scenic.com

喜美航空
Scenic Airlines

喜美航空 Scenic Airlines（→ p.299）有从拉斯维加斯出发的旅游观光活动。其中比较推荐的有欣赏拉斯维加斯夜景的飞行游览（$119）、乘坐观光巴士等前往大峡谷的一日游行程（$150）。包含拉斯维加斯的酒店往返。

便签 **在热闹的拉斯维加斯寻觅一丝恬静** 曼德勒海湾酒店（→ p.288）的塔楼是由德拉诺拉斯维加斯运营的，位于顶层的酒吧是一处隐秘的可以欣赏夜景的地方。天幕酒吧 Skyfall Lounge M p.286-A4 营 周日 ~↗

今天做什么？

Las Vegas Itinerary
—拉斯维加斯 1 日游线路推荐—

8:00

早上前往治愈空间　停留时间：3 小时

洗浴&水疗中心

Qua Bath & Spa →p.291脚注

早饭前享受一下 50 分钟的按摩（$165~），并通过热水浴放松。

设有 3 个热水浴池

Point

在拉斯维加斯的每天都想熬夜，但是不把疲劳感留到第二天是这里的铁则。早上放松，夜晚娱乐！

Access 徒步20分

11:20

享用自助早午餐　停留时间：1.5 小时

邪恶的勺子 Wicked Spoon →p.296

丽都酒店的自助餐，味道、种类、环境俱佳。肉、甜点应有尽有！

在烤肉台选择自己喜爱的肉类美食

Access 从丽都酒店步行到巴黎酒店前的巴士车站约 5 分钟→乘坐 SDX 约 30 分钟

13:30

在拱廊街呐喊　停留时间：1 小时

弗里蒙特街体验

Fremont Street Experience →p.293

日落后会有 LED 灯光秀。白天可以体验索道（→p.293 脚注），从拱廊街上方飞过！

很有意思

Access 从老城区出发乘坐 SDX，约 7 分钟

14:40

物美价廉　停留时间：2.5 小时

拉斯维加斯北奥特莱斯

LV North Premium Outlets →p.295

待上多久也不会嫌累的奥特莱斯。集中精力逛自己喜欢的几个品牌，提高效率。

惊人的便宜

Access 乘坐 SDX 到达拉斯维加斯大道中心，约 45 分钟

17:55

乘坐摩天轮，在空中漫步　停留时间：2.5 小时

林尼克 The Linq →p.276

在纽约的摩天轮建成前曾是世界上最大的摩天轮。可以在步行街旁的餐馆享用晚餐。

黄昏时的景色最好

Access 步行 15 分钟到贝拉吉奥酒店前的巴士车站→乘坐 SDX 在曼德勒海湾酒店下车→步行 10 分钟

21:00

欣赏期待已久的太阳剧团演出

致敬迈克尔·杰克逊　停留时间：2 小时

Michael Jackson One →p.290

可以同时欣赏到太阳剧团、MJ 的最佳致敬演出。通过全息影像重现迈克尔·杰克逊的经典时刻！！

《犯罪高手》中的一幕

©IsaacBrekkanGettyImages

Access 从剧场步行很快就可以到达德拉诺拉斯维加斯酒店

23:00

在顶层的酒吧享受最美味的一杯

天幕酒吧　停留时间：1 小时

Skyfall Lounge →p.284脚注

与曼德勒海湾酒店（→p.288）构成双子塔的德拉诺。在顶层可以欣赏最棒的景色。

开放式的露台

How to 夜游？

俱乐部、酒吧都位于酒店内，如果是入住酒店内的话就不需要担心交通问题了。但是千万不要喝得酩酊大醉。详细信息参考→p.297。

↘下周四 17:00~24:00、周五·周六~次日 1:00

投稿 拉斯维加斯的 Uber　Uber（→p.390）正逐步取代出租车，在拉斯维加的主要酒店、机场都设有明显的乘车地点标识。

拉斯维加斯的酒店 & 赌场

Las Vegas

HOTEL & CASINO

拉斯维加斯的酒店不仅仅是住宿设施而已。大部分集中在拉斯维加斯大道的酒店，都附设有大型赌场，并且具有各自的主题特色。无论外观还是内饰造型都很独特，令来访者心动不已。没错，拉斯维加斯的酒店就是“景点”。为了吸引更多的人前来，在诸如赌场之类的场所投入了巨大的财力，付出了许多的努力。

另外，拉斯维加斯的酒店都会加收度假费 Resort Fee（1晚 $30~39）。预约时请确认。

永利安可酒店

Wynn Las Vegas & Encore 高档

◆设计时尚的酒店

推动拉斯维加斯发展成如今繁荣景象的幕后人——斯蒂芬·永利梦想的酒店。酒店可以说是融合了拉斯维加斯的精华，装修雅致的赌场、由精选食材制作而成的美食、高档奢侈品店等一应俱全。度假费$39。

Wi-Fi 免费　2716 间客房　信用卡 ADJMV

M p.286-A3

住 3131 Las Vegas Blvd. S., Las Vegas, NV 89109

☎（702）770-7000

Free（1-877）321-9966

URL www.wynnlasvegas.com

费 标准间 $199~549、Su $229~5959

巴黎赌场酒店

Paris Las Vegas 高档

◆沙漠大道上的法国元素

酒店集合了埃菲尔铁塔、凯旋门、卢浮宫等巴黎的重要元素，工作人员也会使用法语进行问候。餐食广受好评。从埃菲尔铁塔观景台（$16~22）可以看到贝拉吉奥的喷泉表演。度假费 $35。

Wi-Fi 免费　2916 间客房　信用卡 ADJMV

M p.286-A4

住 3655 Las Vegas Blvd. S., Las Vegas, NV 89109

Free（1-877）796-2096

URL www.caesars.com/paris-las-vegas

费 标准间 $69~291、Su $159~1477

幻想酒店

Mirage 高档

◆性价比极高的老牌度假酒店

大堂内巨大的热带鱼水箱、庭院内盛开的兰花、用椰树叶装饰的赌场等，充满了热带气氛。酒店内还有海豚、白狮子等珍稀动物。度假费 $35。

Wi-Fi 免费　3044 间客房　 信用卡 ADJMV

M p.286-A3

住 3400 Las Vegas Blvd. S., Las Vegas, NV 89109

☎（702）791-7111

Free（1-800）374-9000

URL www.mirage.com

费 标准间 $184~284、Su $439~989

威尼斯人 & 帕拉佐

Venetian & Palazzo 高档

◆灼热城市中出现的水之都

被游船穿梭的运河，太阳高照的沙漠，雕刻精细的威尼斯总督府、里亚尔托桥所吸引进入大堂，随即又为圆形天花板上装饰的壁画所倾倒。威尼斯人和帕拉佐别馆全部为套房。度假费 $39。

Wi-Fi 免费　7093 间客房　信用卡 ADJMV

M p.286-A3

住 3355 Las Vegas Blvd. S., Las Vegas, NV 89109

☎（702）414-1000

Free（1-866）659-9643

URL 威尼斯人 www.venetian.com
帕拉佐 www.palazzo.com

费 G $149~579

咖啡机　冰箱酒柜 / 冰箱　浴缸　吹风机　BOX 室内保险柜　客房服务　餐馆
健身房 / 游泳池　前台　洗衣机　无线网络　P 停车场　可以使用轮椅的客房

曼德勒海湾酒店
Mandalay Bay 高档

M p.286-A4

◆ **餐馆丰富多彩，富有娱乐性的度假酒店**

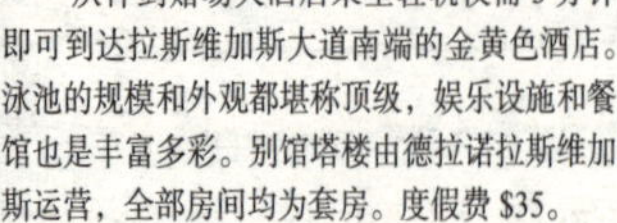

从神剑赌场大酒店乘坐轻轨仅需 3 分钟即可到达拉斯维加斯大道南端的金黄色酒店。泳池的规模和外观都堪称顶级，娱乐设施和餐馆也是丰富多彩。别馆塔楼由德拉诺拉斯维加斯运营，全部房间均为套房。度假费 $35。

Wi-Fi 免费　3211 间客房　信用卡 A D J M V

住 3950 Las Vegas Blvd. S., Las Vegas, NV 89119
☎ (702) 632-7777
Free (1-877) 632-7800
URL www.mandalaybay.com
费 标准间 $105~555、Su $149~1395

林尼克酒店及赌场
The LINQ Hotel & Casino 中档

M p.286-A3

◆ **紧邻林尼克综合设施的酒店**

自动入住登记机、餐馆入口设置了触摸式预约系统等，拥有高科技系统是这家酒店的一大特色。客房设计风格现代简洁。还有室外泳池、全套SPA服务等。度假费 $30。

Wi-Fi 免费　2256 间客房　信用卡 A D J M V

住 3535 Las Vegas Blvd. S., Las Vegas, NV 89109
Free (1-800) 634-6441
URL www.caesars.com/linq
费 标准间 $44~372、Su $138~387

卢克索酒店
Luxor 中档

M p.286-A4

◆ **高 107 米、30 层高的金字塔形状**

以埃及法老像守护的神殿赌场为代表，酒店内极具古代埃及元素。客房沿金字塔外墙设置，电梯也是斜上斜下。塔楼的客房更为宽敞美观。度假费 $29。

Wi-Fi 免费　4405 间客房　信用卡 A D J M V

住 3900 Las Vegas Blvd. S., Las Vegas, NV 89119
☎ (702) 262-4120
Free (1-877) 386-4658
URL www.luxor.com
费 标准间 $129~310、Su $184~515

美高梅大酒店
MGM Grand 中档

M p.286-A4

◆ **全球面积最大的度假酒店**

光是徒步横穿过酒店都会很累，可见面积之大。娱乐设施的丰富程度也在拉斯维加斯首屈一指，巨星演唱会、世界级拳击比赛等也都会在这里举办。另外餐馆也都是由知名大厨经营。度假费 $35。

Wi-Fi 免费　5044 间客房　信用卡 A D J M V

住 3799 Las Vegas Blvd. S., Las Vegas, NV 89109
☎ (702) 891-1111
Free (1-877) 880-0880
URL www.mgmgrand.com
费 标准间 $56~593、Su $124~852

弗拉明戈酒店
Flamingo 中档

M p.286-A3

◆ **过去作为弗拉明戈希尔顿酒店被人所熟知**

拉斯维加斯的兴盛正是从这家酒店开始的。在酒店引以为傲的泳池甚至可以看到火烈鸟和企鹅。仿照火烈鸟羽毛制作的霓虹灯标志也是家喻户晓。因为酒店年代久远，价格十分合适。度假费 $30。

Wi-Fi 免费　3565 间客房　信用卡 A D J M V

住 3555 Las Vegas Blvd. S., Las Vegas, NV 89109
☎ (702) 733-3111
Free (1-800) 342-7724
URL www.caesars.com/flamingo-las-vegas
费 标准间 $38~329、Su $110~979

猫头鹰赌场酒店
Hooters 经济型

M p.286-A4

◆ **深受男性喜爱的赌场**

猫头鹰餐馆以美国为中心开了 430 多家分店，因麻辣鸡和漂亮的女服务员而知名，这家酒店则正是属于他们旗下。除了餐馆外，赌场里每桌的庄家也是由女服务员来担当。度假费 $26。

Wi-Fi 免费　696 间客房　信用卡 A J M V

住 115 E. Tropicana Ave., Las Vegas, NV 89109
☎ (702) 739-9000
Free (1-866) 584-6687
URL www.hooterscasinohotel.com
费 标准间　T $38~425

便签 **在热闹的拉斯维加斯寻觅一丝恬静**　哈拉斯酒店的富尔顿街美食中心与一般快餐馆云集的美食中心风格截然不同，人气极高（→p.13）。M p.286-A3　URL www.caesars.com/harrahs-las-vegas → Restaurants　营 24 小时

拉斯维加斯的表演

Las Vegas

©Matt Beard

©Denise Truscello

SHOW

拉斯维加斯的夜晚会不断上演华丽的演出。近些年有越来越多的人不是为了去赌场，而是为了观看超一流的演出来到这里。拉斯维加斯的特色是以音乐为主，有大型的视觉特效、神秘的特技杂耍、娱乐巨星的音乐会等，种类丰富多彩。而且大部分都有专门的特别剧场，装置也是充满新意。快来欣赏走在时代最前端的一流娱乐表演吧。

太阳剧团中有很多活跃的表演者
©Eric Jamison

拉斯维加斯的半价售票处！

虽然像太阳剧团这样的人气演出很难买到半价票，但是观众不太多的演出就会半价优惠出售（参考下述信息）。

另外许多剧场都会为赌场的大客户保留座位，如果演出当天客户不来的话，就会提前数日或者在演出前出售此座位。运气好的话也有可能买到位置不错的座位，所以还是有必要去剧场的售票处看一看。

演出门票的购买方式

最简单的方式是在当地现场购买。直接前往演出剧场内的“Box Office”购买即可。

如果想事先预约购买的话，可以登录演出官网，使用信用卡进行支付。办完手续后，会收到用于换取纸质票的预约确认号Confirmation Number，在指定的时间内（演出前30分钟等的提示），前往当地剧场的“Will Call”窗口，出示预约号、护照等信息以及支付时使用的信用卡等，进行换票。最近几年也支持自行提前打印好电子票，这节省了到“Will Call”换票的步骤，更为方便。

Information ★ Tix 4 Tonight

出售即将公演的演出门票、娱乐活动优惠预售票、自助餐餐票等。但是在店内购买时，需另付$2~6的手续费，加上税钱，实际上要比半价票稍贵一些。

URL www.tix4tonight.com

营 每天 10:00~20:00（各家店铺不同）

主要分店（市内共有8家）

时尚秀购物中心

M p.286-A3 尼曼百货入口

橱窗购物中心

M p.286-A4 巨大的可乐瓶标志下

贝斯特韦斯特优质赌场皇家酒店

M p.286-A3 巨大的麦当劳标志下

《欧》

O 杂技表演

◆太阳剧团特有的优美的水上舞台

梦幻的水上 & 水中杂技表演。通过舞台上设置的大型泳池，进行跳水、水上芭蕾、空中秋千等表演。还会呈现出泳池消失等超越魔术的不可思议的表演，令观众大饱眼福。5 岁以下不能入内，18 岁以下需有成人陪同。

© Cirque du soleil

人气第一的演出《O》

〈地点〉贝拉吉奥

M p.286-A4
URL www.cirquedusoleil.com
营 周三～周日 19:00、21:30
休 周一 · 周二
费 $99~221.85 可以通过网站
☎ (702) 693-8866
Free (1-888) 488-7111 进行预约
信用卡 A M V

《卡》

KÁ 杂技表演

◆超级精彩的演出，从始至终令人兴奋不已

在拉斯维加斯，毫不夸张地说，还没有哪个表演的舞台装置可以超过《卡》。实际上，《卡》的舞台制作经费耗资巨大，超过了 13 亿人民币。在火的场景中，使用了约 120 个火药装置，火焰高达 92 米，座椅头部位置还藏有 2 个音响，声音效果也是非常震撼人心。

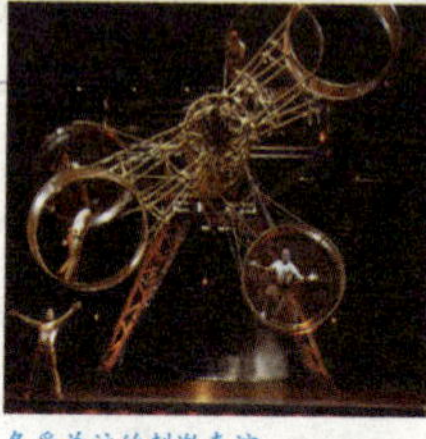

备受关注的刺激表演

〈地点〉美高梅大酒店

M p.286-A4
URL www.cirquedusoleil.com
营 周六～下周三 19:00、21:30
休 周四 · 周五
费 $69~210.15 可以通过网站
☎ (702) 531-3826
Free (1-800) 929-1111 进行预约
信用卡 A M V

《人类动物园》

Zumanity 杂技表演

◆各有所好的性感表演

以卡巴莱舞蹈等大众文化为基础表现爱与性，由太阳剧团带来的令人震惊的杂技表演。不分性别、肤色的男男女女带来的性感、极具冲击力的表演。未满 18 岁者不能入内观看这样的刺激表演秀。

震撼的人物造型

〈地点〉纽约酒店

M p.286-A4
URL www.cirquedusoleil.com
营 周五～下周二 19:00、21:30
休 周三 · 周四
费 $69~127.40 可以通过网站
☎ (702) 740-6815
Free (1-866) 606-7111 进行预约
信用卡 A M V

《致敬迈克尔 · 杰克逊》

Michael Jackson One 杂技表演

◆太阳剧团的最佳标签——迈克尔！

“流行天王”迈克尔 · 杰克逊于 2009 年 6 月因病去世。这里将迈克尔留下的无数金曲，融合进太阳剧团华丽、轻快的杂技表演之中而组成梦幻舞台表演。通过全新的形式，回顾无人不知的经典名曲。

©Lsaac Brekken/Getty Images

MJ 的致敬演出

〈地点〉曼德勒海湾酒店

M p.286-A4
URL www.cirquedusoleil.com
营 周五～下周二 19:00、21:30
休 周三 · 周四
费 $69~216.75 可以通过网站
Free (1-877) 632-7400 进行预约
信用卡 A M V

《人之本性》

Human Nature 摩城秀

◆帅气的 4 人歌手组合令人注目

将 20 世纪 60 年代流行的“摩城音乐”加上现代音乐的编排。悠扬轻快的旋律令观众着迷。史提夫 · 汪达、诱惑乐队等耳熟能详的唱片令剧场气氛高涨。5 岁以上、12 岁以下需要有成人陪同。

有的狂热粉丝还会在座位上纵情舞蹈

〈地点〉威尼斯人

M p.286-A3
URL www.humannaturelive.com
营 周二～周六 19:00
休 周日 · 周一
费 $67.45~121.95 可以通过网站
☎ (702) 414-9000
Free (1-866) 641-7469 进行预约
信用卡 A M V

《脱衣舞男》

Chippendales 成人表演

◆令女人们心跳加速

由肌肉型男舞者带来的成人表演。在美国，即将结婚的女性都会来这里观看一次演出，以此来纪念自己单身生活的结束。虽然是脱衣舞表演，但性也只是作为娱乐活动的一个卖点。18 岁以下不能入内。

观看表演的 99% 都是女性

〈地点〉里约酒店

M p.286-A3
URL www.chippendales.com
营 周四～周六 20:30、22:30、周日～下周三 20:30
费 $49.95~73.00 可以通过网站
☎ (702) 777-7776 进行预约
信用卡 A M V

便签 **注意太阳剧团的长期休演日** 通常每天晚上会有两场演出，每周有 1、2 天休息，但每 3~4 个月，会有一次不固定的 1 周左右的长期休息，可以通过网站提前确认。

赌场的游戏规则
How to play games

◆赌场规定◆

- 穿休闲服饰也可以进入赌场，但是根据酒店规模等级，最好也不要穿得过于随便
- 游戏桌仅玩家可以入座。如果是观看的话务必站在一旁
- 赌场内禁止拍照、摄像
- 严禁进入赌区（庄家身后）
- 酒类服务需付 $1~2 的小费
- 21 岁以下禁止参加。参加游戏时一定随身携带好护照
- 玩卡牌类游戏时，需使用各个酒店专门的筹码
- 在兑换处可以将筹码兑换成现金

◆自动赌博机◆

大多数赌博机可以投入 25¢ 和 $1，但也有部分机器可以投入 5¢、$100 等。不能调整旋转速度、停止时机等，与智商、技术基本没有太大关系，只能向幸运女神祈祷。

◆ 投入硬币或纸币后，如果赌 1 枚就选择 Bet One Credit，如果赌 3 枚，就摁下 Play 3 Credits。如果是 25¢ 的机器，赌 3 枚的话，一次就是赌 75¢。

◆ 摁下旋转盘键（Spin Reels）。有的机器是拉手柄。

◆ 中奖与否根据中间一排的图案来决定。

◆ 堵注、彩金的计算由机器自动处理，每次都会显示当前余额。

◆ 离开时摁下兑换键（Change），会退还相应余额的硬币或收据。

◆轮盘赌◆

◆ 坐下后，购买放在桌上的轮盘赌专用的纸币"轮盘赌筹码"，每名玩家都有自己专属的颜色。

◆ 将筹码放到赌桌的赌注图案内或者押在线上。在轮盘转动前，会听到"No More Bet!"的提示，此时便不能再接触筹码了。

◆ 只有赌对了小球最后停在的数字，或者选择了正确的颜色、数列的人，才能获得相应的彩金。

◆ 离开时跟庄家说"Change，Please"，换回普通的赌场筹码。

※ 下面Ⓐ~Ⓘ的下注方式与右图相对应。

Ⓐ 只投注单个数字，赔率 1:35
Ⓑ 投注 2 个数字组合，赔率 1:17
Ⓒ 投注 列（3 个数字组合），赔率 1:1
Ⓓ 投注 4 个数字组合，赔率 1:8
Ⓔ 投注 0、00、1、2、3 这 5 个数字组合，赔率 1:6
Ⓕ 投注两列（6 个数字组合），赔率 1:5
Ⓖ 投注一行（12 个数字组合），赔率 1:2
Ⓗ 投注 4 列 12 个数字组合，赔率 1:2
Ⓘ 投注 1~18、19~36、偶数 EVEN、奇数 ODD、红色 RED、黑色 BLACK，都相当于投注了 18 个数字，也就是有 1/2 的概率中奖，风险较小，赔率 1:1。

※ 根据中国法律，中国公民在境内和境外赌博都属违法行为。

◆ 21点 ◆

- 同中国的21点规则基本相同，是赌场里最盛行的游戏。每张赌桌的赌注不同，开始玩之前一定要确认好。最小下注金额约为$10。
- 游戏者的目标是使手中的牌的点数之和不超过21点且尽量大。如果玩家的牌点数的和超过21点，玩家就输了，叫作爆牌（Bust）。
- 每个赌桌可以有多名玩家，由庄家对战每名玩家。
- 坐到座位上之后，用现金换取筹码。
- 每人最少会有2张牌，牌数没有上限，只要不超过21点即可。想要拿牌时，手掌朝下，用食指轻敲赌桌即可。停牌时，同样手掌朝下，左右（水平）晃动一次即可。
- 2至9牌，按其原点数计算。
- K、Q、J和10牌都算作10点。10以上的牌共有16张，也就是大概每3张牌就会有1张10。
- A牌既可算作1点也可算作11点，由玩家自己决定。A+7既是8，也可以是18。
- 如果最初的两张牌为A + 10（10~K），即为黑杰克（Blackjack），是最大的牌型。赔率：黑杰克1赔2或1赔1.5。
- 庄家最初给自己发的两张牌，一张明牌，一张暗牌（牌面朝下），玩家据此来进行判断。

来决一胜负吧

Information 在酒店的SPA放松

拉斯维加斯的大部分赌场酒店内都附设有SPA中心，包括全美的顶尖SPA中心、个性的概念型SPA中心等，种类繁多，非房客也可以进行体验。SPA的使用方法如下。

前往SPA中心之前

●预约

理疗室、美容等均需要提前预约（仅使用温泉的话不需要预约）。可以打电话或直接到SPA中心进行预约。预约时需提供姓名、信用卡信息、电话号码或者入住酒店的名字（当天还需要出示护照）。

※部分SPA中心仅该酒店房客可以使用，请提前确认

SPA的注意事项

●需自备泳衣

SPA费用中包含了健身房等使用费。在泡温泉时需要穿泳衣。

●禁止吸烟，基本上18岁以下不能使用

当天的使用顺序

❶ 提前30~45分钟进入房间

如果迟到的话会自动取消，并且会产生取消费用。预约时提前确认好进入房间的时间。如果要取消的话，请在预约时间前4小时进行取消（每个SPA中心有所不同）。

❷ 办理手续、更衣后，进入理疗室

在更衣室换好浴衣，指定的房间内有工作人员等待。

❸ 理疗结束后，进行结算

理疗后，工作人员会提供费用小票，确认消费内容。但大部分情况都不含小费，一般在Tip/Gratuity一栏上会列入理疗费用的15%~20%，然后计算总价。

❹ 其他设施的使用

理疗结束后，可以使用按摩浴、桑拿。健身房需要穿运动鞋进入。

代表性的SPA

→p.291 脚注

峡谷大农场水疗俱乐部

↘房客也可以使用。 Qua洗浴 & 水疗中心 Qua Bath & Spa Ⓜp.286-A3 住3570 Las Vegas Blvd.S.（恺撒宫的奥古斯都塔楼二层）URL www.caesarspalace.com 在旅游杂志、口碑网站有获奖经历。

拉斯维加斯的娱乐设施

Las Vegas

拉斯维加斯的赌场为了招徕顾客，在各个地方都会举行各种可以免费欣赏的表演活动。虽然表演时间仅有 5~15 分钟，但是可以免费观赏到精彩的演出还是一件很难得的事情。如果时间合适的话不妨前去观看。

此外收费项目包括 300 米高空的自由落体、蹦极、最新的高速过山车等，娱乐设施也都极具拉斯维加斯风格，各种大型设施齐聚于此。

ATTRACTION

免费的娱乐设施

贝拉吉奥喷泉
Fountains of Bellagio 喷泉

M p.286-A4

◆以意大利科莫湖为原型

在贝拉吉奥酒店前巨大的人造湖上，由 1000 个喷水口组成的喷泉格外好看，如同芭蕾舞蹈一般，有歌剧、音乐曲目、华尔兹等 30 多种类型，夜晚加上灯光表演更是格外美丽。这个喷泉表演，如今也是拉斯维加斯的经典之一。

埃菲尔铁塔是欣赏拉斯维加斯喷泉表演的最佳地点

〈地点〉贝拉吉奥酒店前的水池

营 周一～周五 15:00-20:00 每 15 分钟一次，周六 12:00~20:00 每 30 分钟一次，20:00~24:00 每 15 分钟一次，周日 11:00~19:00 每 30 分钟一次，19:00~24:00 每 15 分钟一次

火山喷发秀
The Mirage Volcano 火焰表演

M p.286-A3

◆娱乐性十足的高火山

拉斯维加斯大道上的著名的娱乐设施。酒店前的湖面上有一个高 16 米的瀑布，还有一个伴随音乐喷火的火山。正当以为熔岩会跟着轰鸣声一起喷发出来的时候，一瞬间火山一侧就被红色的火焰或熔岩所淹没。站在最前排观看的话还能感受到熔岩的热气。

水面上进行的火焰秀

〈地点〉幻想酒店

拉斯维加斯大道的正门前

营 周日～下周四 20:00 和 21:00、周五 · 周六 20:00、21:00、22:00（大风时停止演出）

梦之湖
Lake of Dreams 影像表演

M p.286-A3

◆人工湖上进行的幻想秀

在一般的瀑布边，使用激光、全息影像呈现出一个梦幻、神秘的空间。影像和音乐完美融合，质量之高令人难以想象居然是一个免费的表演。不妨坐在屋顶，手拿鸡尾酒，慢慢地欣赏。

独特的世界观充满魅力

〈地点〉永利酒店

营 每天日落之后 ~00:30，每 30 分钟一次

弗里蒙特街体验
Fremont Street Experience 影像表演

M p.286-A1、B1

拱廊街里上演的活动表演

在老城区中心的弗里蒙特大街上建有一条拱廊街，可以看到巨大的 LED 屏幕。日落后，每次整点时刻，长达 4 个街区的大屏幕上都会播放非常具有震撼力的映像。播放内容可以登录 URL vegasexperience.com，然后点击 VIVA VISION LIGHT SHOW 进行查看。

在拉斯维加斯必看的表演

〈地点〉老城区

Fremont St. 的 Main St. 至 4th St. 之间

营 每天　日落后（大约 18:00~20:00）~24:00（夏季至次日 1:00。根据季节、日期会有所变更）

演出时长　约 6 分钟

便签　拱廊街的高空索道　弗里蒙特大街体验（→上述）的人气娱乐设施。斯洛特基拉 Slotzila URL Slotzila.showare.com　营 每天 13:00~次日 1:00（周五 · 周六～次日 2:00）　费 $20~45

大苹果过山车

The Big Apple Coaster 刺激项目

M p.286-A4

◆拉斯维加斯最棒的过山车

过山车时速高达108公里，最高处达到44米，540°的螺旋轨道，一边扭转一边下降，令人根本无暇顾及自由女神像，轰鸣声更是持续充斥在耳中。过山车的设计也是独一无二，过山车穿梭于摩天大楼之间，游玩时间3分钟，非常刺激！

在“曼哈顿”高声尖叫

〈地点〉纽约酒店
营 周日～下周四 11:00~23:00、周五·周六 10:30~24:00
〈条件〉身高137厘米以上
费 $15、单日票 $26
信用卡 A D J M V

鲨鱼礁水族馆

Shark Reef Aquarium 水族馆

M p.286-A4

◆沙漠之中的绿洲

在仿照热带雨林古代遗迹、遇难船的空间中，有15种100多条鲨鱼，以及生活在海洋、河流内的约2000条鱼类。还有罕见的科莫多巨蜥。亚克力的水中通道人气极高，走在这里就如同在海中漫步。

安静凉爽的水族馆

〈地点〉曼德勒海湾酒店
营 每天 10:00~22:00（最后入场时间为21:00）
费 成人 $25、儿童（4~12岁）$19、3岁以下免费
信用卡 A D J M V

杜莎夫人蜡像馆

Madame Tussaud's Interactive Wax Museum 趣味场所

M p.286-A3

◆和大明星一起的梦幻演出！？

馆内以活跃在电视、电影、音乐、体育各界的明星为主，还有时下当红人物、漫威英雄等，有100多个蜡像。这些蜡像都是本人在世时，采集的手、脚等部分的模型，并通过照片、电脑进行立体分析后制作而成的。

仿佛能感受到呼吸般的精巧设计，令人折服

〈地点〉威尼斯人酒店
营 每天 10:00~20:00（周二~19:00、周五·周六~21:00）
※闭馆前30分钟停止售票。不同季节、日期会有所不同
费 成人 $29.95、儿童（3~12岁）$19.95、2岁以下免费
信用卡 A M V

黑帮博物馆

The Mob Museum 博物馆

M p.286-A1、B1

◆揭秘拉斯维加斯的黑暗时代

“黑帮 Mob”是指黑手党、帮派等犯罪组织。正因为这个城市如今没了黑帮，所以才诞生了这座博物馆。博物馆内除了拉斯维加斯，还介绍了纽约、芝加哥等大城市的黑帮组织的历史，还会播放黑帮电影等。

详细介绍黑帮历史的博物馆

〈地点〉老城区
住 300 Stewart Ave.
☎（702）229-2734
URL themobmuseum.org
营 每天 9:00~21:00
费 成人 $20.95、老人（65岁以上）$17.95、儿童（11~17岁）和学生（需要ID）$13.95
信用卡 A M V

云霄塔

Stratosphere Tower 刺激项目

M p.286-B2

◆刺激感满分的骑乘设施大集结

人气娱乐设施是位于塔顶的蹦极“Sky Jump”。此外，还有自由落体 Big Shot、空中秋千 Insanity、高空飞车跷跷板 X Scream 等许多刺激的娱乐项目。每个设施都有各自的身高限制。

高空飞车跷跷板 X Scream

〈地点〉云霄塔
营 每天 10:00~次日 1:00（周五·周六~次日 2:00）
费 观景台成人 $20（酒店房客 $5）、儿童（4~12岁）$12、娱乐设施1次 $25、2次 $30、3次 $35、观景台和娱乐设施单日票 $39.95、蹦极1次 $119.99
信用卡 A D J M V

探险圆顶

Adventuredome 刺激项目

M p.286-B2

◆空调设施完善，即便是酷夏也不算什么

空调十足的圆屋顶内，有刺激的过山车、家庭娱乐设施等，各种骑乘设施非常齐全，这是拉斯维加斯唯一的大型游乐场。热闹过后，想要稍作休息的话，可以到马戏团酒店观看杂技表演。

炎热的拉斯维加斯才有的游乐场

〈地点〉马戏团酒店
营 每天 11:00~18:00（不同季节有所调整）
〈条件〉身高122厘米以上
费 1次 $6~12、无限次乘坐的单日票 $32.95、儿童（122厘米）$18.95
信用卡 A M V

便签 林尼克酒店及赌场（→p.288）内的步道 建有曾经世界上最大的摩天轮（2017年9月前）、夜店、商店、餐馆等，光是随便走走就非常有趣的一片区域。

拉斯维加斯的商店
Las Vegas SHOP

拉斯维加斯购物中心最大的优势就是即便过了 22:00 依旧可以买到一流的品牌商品。在美国，高档商店一般都会比普通商店更早关门，但在这里可以不用太在意时间，尽情地购物。拉斯维加斯大道的大型赌场旁的购物中心，从休闲到高档品牌应有尽有，每个购物中心都有各自的特色。

此外，一般的奥特莱斯距离市区都要有一小时的车程，但是在拉斯维加斯市中心附近就有两家奥特莱斯，交通非常便利。

拉斯维加斯大道

水晶购物中心
Crystals 购物中心

◆世界高档品牌云集！！

拉斯维加斯大道正中央的城市购物中心。以路易·威登、普拉达、古驰等奢侈品为主，还有沃尔夫冈帕克餐馆等约 40 家餐馆。内部环境极佳，还可以看到漂亮的艺术品。

杜嘉班纳也入驻其中

M p.286-A4

住 3720 Las Vegas Blvd. S.
☎（702）590-9299
URL www.theshopsatcrystals.com
营 每日 10:00~23:00（周五、周六~24:00
信用卡 各个商家不同

时尚秀购物中心
Fashion Show 购物中心

◆会举办时装表演

由 250 家店铺和 6 个百货商店构成的超大型购物中心。很多中国人熟悉的时装品牌在这里都能找到。首先可以到一层的游客中心（一层内部）领取楼层地图。屋内的广场不时还会举办时装秀。

未来感的建筑外观令人难以相信是一个购物中心

M p.286-A3

〈地点〉拉斯维加斯大道上。永利酒店前
住 3200 Las Vegas Blvd. S.
☎（702）369-8382
URL www.thefashionshow.com
营 周一～周六 10:00~21:00、周日 11:00~19:00
信用卡 各个商家不同

奇迹哩购物中心
Miracle Mile Shops 购物中心

◆商店种类极其丰富

商店、餐馆、小剧场等 200 多家店铺，被好莱坞星球赌场酒店和剧场环绕，因此逛起来也是十分方便。服装店和餐馆以休闲风格为主，日用品、纪念品云集，起源于夏威夷的便利店 ABC 商店在这里也可以找到。

有很多深受中国人喜爱的商店

M p.286-A4

〈地点〉好莱坞星球赌场酒店
住 3663 Las Vegas Blvd. S.
Free（1-888）800-8284
URL www.miraclemileshopslv.com
营 每天 10:00~23:00（周五·周六～24:00）※ 餐馆和夜店的营业时间各个商家不同
信用卡 各个商家不同

老城区

拉斯维加斯北奥特莱斯
Las Vegas North Premium Outlets 奥特莱斯

◆室外的奥特莱斯购物中心

占地面积大，以沙漠中的绿洲为理念建造而成，有约 175 个商家。乘坐 SDX 巴士即可到达，交通十分方便。因为是室外的奥特莱斯，所以在夏天不要忘记在购物的同时补充水分。

扩建后又不断有新品牌入驻

M p.286-B1

住 875 S. Grand Central Pkwy.
☎（702）474-7500
URL www.premiumoutlets.com
营 每天 9:00~21:00（周日 ~20:00）不同季节有所变更
信用卡 各个商家不同

便签 **自助餐通票** 由恺撒集团旗下酒店发行，有 24 小时的时间享受下一次自助餐 Buffet of Buffets：$59.99~（周末·节假日 $74.99~）。Flamingo（Paradise Garden Buffet）、Harrah's（Flavors）、Paris Las Vegas（Le ↗

拉斯维加斯的餐馆

Las Vegas

拉斯维加斯的美食有自助餐（Buffet），还有来自世界各国一流餐馆的分店，按照自己的喜好和预算选择餐馆吧。

在拉斯维加斯大道的赌场酒店内都有自助餐厅，餐饮种类繁多，海鲜、甜点等应有尽有，每个自助餐厅都有各自的特征。如果想多在几家自助餐厅用餐的话，使用自助餐通票是非常划算的（→ p.295 脚注）。

即便在赌场不能一攫千金，也希望大家前往世界各国食客云集、被称作魅力大厨的知名美食家经营的高档餐馆一饱口福。拉斯维加斯拥有非常多的名店，不愧于美食之城的美誉。餐馆大多位于拉斯维加斯大道的酒店内，因此不用担心交通问题。餐馆的人气很高，最好提前预约。

RESTAURANT

魅力大厨

盖伊萨沃伊

Guy Savoy 法餐

◆ 享受世界顶尖大厨的手艺

拉斯维加斯分店被评为米其林 2 星餐馆，2017 年 3 月还获得了福布斯旅游指南 5 星餐馆的评级。推荐签名菜（10 个菜 $290），创新灵感菜（14 个菜 $375）中还有洋蓟松露汤。

享受巴黎著名餐馆的美食

M p.286-A3

〈地点〉恺撒宫酒店
住 3570 Las Vegas Blvd. S.
☎（702）731-7286
营 周三～周日 17:30~21:30
休 周一·周二
信用卡 A D J M V

迈克尔米娜

Michael Mina 海鲜

◆ 由米其林星级大厨所经营的餐馆

应季的海鲜、带有新鲜蔬菜的美食等独创美食都有着很高的人气。餐馆位于贝拉吉奥的温室对面，可以安静地享用美食。推荐龙虾派 $85。测试菜单含有前菜、主菜、甜点等 6 道菜，价格为 $85~128。

软弹美味的州产龙虾

M p.286-A4

〈地点〉贝拉吉奥
住 3600 Las Vegas Blvd. S.
☎（702）693-7223
URL www.michaelmina.net
营 周一～周六 17:00~22:00
休 周日
信用卡 A D J M V

拉斯维加斯的主要自助餐

酒店名称 自助餐名称	营业时间 价格	周末早午餐 价格
Aria （M p.286-A4） Buffet	早餐（周一～周五）7:00~9:00 $24.99 午餐（周一～周五）9:00~15:00 $28.99 晚餐（周一～周四）15:00~22:00 $37.99 晚餐（周五～周日）15:00~22:00 $42.99	（周六·周日） 7:00~15:00 $32.99
Bellagio （M p.286-A4） The Buffet	早餐（周一～周五）7:00~9:00 $23.99 午餐（周一～周五）11:00~15:00 $28.99 晚餐（周日～下周四）15:00~22:00 $38.99 晚餐（周五～周日）15:00~22:00 $43.99	（周六·周日） 7:00~15:00 $33.99
Caesars Palace （M p.286-A3） Bacchanal Buffet	早午餐（周一～周五）7:30~15:00 $39.99 晚餐（周一～周四）15:00~22:00 $54.99 晚餐（周五～周日）15:00~22:00 $57.99	（周六·周日） 8:00~15:00 $49.99
The Cosmopolitan （M p.286-A4） Wicked Spoon	早午餐（周一～周四）8:00~17:00 $28 晚餐（周一～周四）17:00~21:00 $42 晚餐（周五～周日）15:00~22:00 $49	（周五·周六·周日） 8:00~15:00 $36
Luxor （M p.286-A4） More the Buffet	早餐（周一～周五）7:00~11:00 $18.99 午餐（周一～周五）11:00~16:00 $19.99 晚餐（每天）16:00~22:00 $27.99	（周六·周日） 7:00~16:00 $22.99
Mandalay Bay （M p.286-A4） Bayside Buffet	早餐（周一～周四）7:00~11:00 $18.99 午餐（周一～周四）11:00~14:30 $21.99 晚餐（每天）16:30~21:45 $32.99	（周五～周日） 7:00~16:30 $25.99
MGM Grand （M p.286-A4） Mgm Grand Buffet	早餐（周一～周四）7:00~9:00 $18.99 午餐（周一～周四）9:00~15:00 $21.99 晚餐（周一～周四）15:00~21:30 （周五～周日 ~22:00） $29.99	（周五·周六·周日） 7:00~15:00 $29.99
Mirage （M p.286-A3） Cravings	早餐（周一～周五）7:00~11:00 $18.99 午餐（周一～周四）11:00~15:00 $23.99 晚餐（每天）15:00~21:00 $30.99	（周六·周日） 8:00~15:00 $32.99
Paris Las Vegas （M p.286-A4） Le Village Buffet	早餐（周一～周五）7:00~11:00 $21.99 午餐（周一～周五）11:00~15:00 $24.99 午餐（周日～下周四）15:00~22:00 $30.99~ 晚餐（周五·周六）15:00~23:00 $30.99~	（周六·周日） 10:00~15:00 $30.99~
Planet Hollywood （M p.286-A4） Spice Market Buffet	早餐（周一～周五）7:00~11:00 $15.99 午餐（周一～周五）11:00~15:00 $16.99 晚餐（每天）15:00~22:00 $22.99~	（周六·周日） 10:00~15:00 $20.99~
TL：Treasure Island （M p.286-A3） Buffet At TI	早餐（周一～周五）7:00~11:00 $20.95 午餐（周一～周四）11:00~16:00 $24.95 晚餐（周一～周四）16:00~22:00 $30.95 晚餐（周五～周日）16:00~22:00 $32.95	（周六·周日） 7:00~16:00 $27.95
Wynn Las Vegas （M p.286-A3） The Buffet	早餐（周一～周五）7:30~11:00 $24.99 午餐（周一～周五）11:00~15:30 $27.99 晚餐（每天）15:00~21:30 $42.99	（周六·周日） 7:30~15:30 $35.99

↘ Village Buffet）、Planet Hollywood（Spice Market Buffet）、Rio（Carnival World & Seafood Buffet）。如果支付额外费用的话，也可以享用 Caesars Palace（Bacchanal Buffet）。

主厅内的可移动式LED枝形吊灯

热门时尚

拉斯维加斯的夜店

如果没有大型俱乐部，也就没有了拉斯维加斯的夜生活。奢华的空间内摆放着最先进的机器设备，社会名流也忍不住到此游玩。此外还有席卷全球的专属DJ，这也是这里人气极高的原因之一。为了可以更好地和来自全球的人们共同纵情娱乐，有几条规则需要提前熟悉！

需要注意的9个要点！

1. 21岁以下不能进店
2. 必须携带护照等带有照片的ID
3. 需要提前确认各个夜店的着装要求
4. 为了更好地享受乐趣，尽量少带些东西
5. 千万不要错过著名DJ的演出！
6. 进入人气夜店可能需要排很长时间的队，做好准备
7. 只有买酒才能坐到夜店卡座里
8. 最热闹的时间是24:00~次日1:00
9. 虽然是相对安全的城市，但最好还是打车回到住处！

教教我！夜店 Q&A

Q. 预算大约是多少？

A. 根据夜店、活动内容、日期等有所不同，大概平均消费为$25~35。

Q. 不符合着装要求的服装有？

A. 破洞牛仔裤、宽松裤、短裤、运动服、帽子、凉鞋、运动鞋、长筒靴等NG。男士可以穿翻领的衬衫、休闲裤、修身的牛仔裤等。对于女士来说，没有像男士那么严格的要求，但是裙子、连衣裙等打扮起来可能更好看。

Q. 从哪里可以获取最新信息？

A. 可以通过当地的信息杂志 →p.279、拉斯维加斯旅游局官网 URL www.lasvegas.com 进行确认。

Q. 夜店里会有危险吗？

A. 进入夜店前，工作人员都会确认ID，并搜身检查，看起来有危险的客人都会禁止其进入，安全上还是有一定保证的。有些男士会主动找女士搭话，这个时候一定要小心，判断好他是否可靠！另外也要注意防偷防盗。

世界顶级DJ助阵 备受注目的夜店

Omnia Nightclub

全美人气最高的夜店，和客家人拉斯维加斯夜店（美高梅大酒店→p.288）同属一个公司旗下，是一家全新的夜店。专属DJ包括世界身价最高的加尔文·哈里斯、以及史蒂夫·青木、马丁·盖瑞斯等人，都十分杰出！

奥姆尼亚夜总会

M p.286-A3
住 恺撒宫酒店
☎（702）785-6200
URL omnianightclub.com
营 周二·周四～周日 22:00~
休 周一·周三
费 $20~75
信用卡 A J M V

可以纵情享受，深受年轻人喜爱

加尔文·哈里斯的DJ表演堪称最佳！需要提前上网确认夜店的活动内容

XS Nightclub

以舞曲先驱大卫·库塔为主打，还有烟鬼组合、迪波洛、艾利索等引领着舞曲界的音乐制作人们带来的专属DJ服务。

XS夜店

M p.286-A3
住 永利安可酒店→p.287
☎（702）770-0097
URL xslasvegas.com
营 周五～下周一 22:00~次日4:00（周日21:30~、周一22:30~）
休 周二～周四
费 $20-50 信用卡 A D J M V

从拉斯维加斯出发的短途旅行

大峡谷国家公园

Grand Canyon National Park

大峡谷国家公园

Ⓜ 文前折页"美国西海岸"
ⓊⓇⓁ www.nps.gov/grca
营 365 天 24 小时。但大峡谷北缘只在 5 月中旬 ~10 月中旬对外开放
费 大峡谷南缘和大峡谷北缘一辆车 $30、一辆自行车 $25、其他方式进入 1 人 $15（有效期 7 天）

令人感动的大自然瑰宝

科罗拉多河在 500 万 ~600 万年的惊人时间里不断冲刷着大地，最终形成了如今的大峡谷。呈现在眼前的惊人规模，完全超出了人们对地球的认知，令人震惊感叹。站在悬崖边，风景会随着时间的变化而改变，简直就是大自然创作的艺术品，尤其是日出、日落最为美丽。光影交织的峡谷风景是一生必须观看一次的。

想看到日出、日落的变化

前往大峡谷国家公园的交通方式

●租车（从拉斯维加斯）

从麦卡伦国际机场南侧的 I-215 East 出发，然后进入 I-515 South、US-93 South。从胡佛水坝渡过科罗拉多河，进入亚利桑那州后再行驶约

大型户外商店　去大峡谷国家公园途中可以顺道前往。显著标记是 Silverton Lodge & Casino。Bass Pro Shops Ⓜ p.286-A4 外 住 8200 Dean Martin Dr. ⓊⓇⓁ www.basspro.com 营 每天 9:00~21:00（周日 ~19:00）

80 英里（约 129 公里）到达金曼（Kingman）。从这里进入 I-40 East，行驶 120 英里（约 193 公里）后到达威廉姆斯（Williams）。从 Exit 165 驶出进入 AZ-64 后，就是直达大峡谷南缘的的公路，大约 60 英里（约 96 公里）。从拉斯维加斯出发约 5 小时。

●灰狗巴士

乘坐灰狗巴士的话，首先前往弗拉格斯塔夫（Flagstaff），然后从市内的美国国铁站乘坐亚利桑那摆渡车（Arizona Shuttle）。从弗拉格斯塔夫的国铁站（距离弗拉格斯塔夫的巴士站开车需要 5 分钟，步行需要 20 分钟）出发，到达威廉姆斯（Willams）的大峡谷火车站（→参考下述的美国国铁）后，前往大峡谷南缘的玛斯威克旅馆。另外灰狗巴士每天有 7 班（途中换乘，11~13 小时）从洛杉矶出发，每天有 2 班（约 6 小时）从拉斯维加斯出发，每天有 5 班（约 3 小时）从菲尼克斯出发。

●美国国铁

从洛杉矶出发的 Southwest Chief 号（18:10 发车），每天 1 班到达威廉姆斯中转站（Williams Janction）。从这里再乘坐国铁的摆渡车到达威廉姆斯站，然后乘坐大峡谷铁路（Grand Canyon Railway）到达大峡谷国家公园。摆渡车的运营时间配合国铁火车的时间。从洛杉矶出发，算上等待时间总共需要 15 小时 30 分钟。大峡谷铁路的人气很高，需要提前预约。

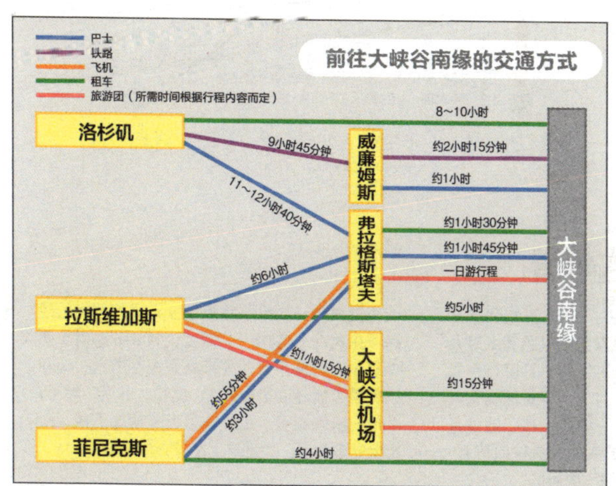

灰狗巴士
☎（702）384-9561
URL www.greyhound.com

弗拉格斯塔夫的巴士站
住 880 E. Butler Ave. Flagstaff, AZ
☎（928）774-4573
营 每日 10:00~次日 5:30

亚利桑那摆渡车
☎（928）226-8060
Free（1-800）888-2749
URL www.arizonashuttle.com
营 美国国铁站出发 7:45、12:45（仅 3~10 月）、15:45。所需时间 1 小时 45 分钟
费 单程 $32

美国国铁
住 1 E.Route 66，Flagstaff
Free（1-800）872-7245
URL www.amtrak.com

大峡谷铁路
住 威廉姆斯站：233 N. Grand Canyon Blvd.，Williams，AZ
☎（303）843-8724
Free（1-800）843-8724
URL www.thetrain.com
营 每天 1 班往返。威廉姆斯出发 9:30、大峡谷出发 15:30。所需时间约 2 小时 15 分钟
费 往返 $65~219。座位分为 6 个等级，价格不同。经济座位往返 $79（税和国家公园的门票需要另算）
休 圣诞节

Column 参加从拉斯维加斯出发的大峡谷观光之旅

从拉斯维加斯出发前往大峡谷，可以乘坐观光大巴当日往返，或者参加 2 天 1 晚的旅游行程，人气都比较高。如果想看日出、日落的话，建议参加 2 天 1 晚的旅游团。此外，乘坐小型飞机游览，然后乘坐园内巴士巡游的一日游行程也颇具人气。右侧的公司也有前往西大峡谷（→p.305）的行程。

●内华达观光服务
☎（702）731-5403（拉斯维加斯）
URL www.nevakan.com

●喜美航空
☎（03）5745-5561　免费 0120-288-747
URL www.scenic.com
☎（702）638-3300（拉斯维加斯）
Free（1-866）235-9422（拉斯维加斯）

便签 **国家公园内的禁令**　美国的国家公园都规定需要保持大自然的原始状态。公园内包括摘花，都是严令禁止的，任何东西都不得私自带走。也禁止给动物喂食。

关于气候和服装

大峡谷 4~10 月气候比较稳定，温度宜人，但是夏天可能会突降雷雨。

冬天较为荒凉，下雪的日子很多。南缘海拔高，早晚温差很大，建议准备好 T 恤、毛衣、夹克等多种服装类型，根据气温决定穿着。

大峡谷国家公园 漫 步

大峡谷国家公园位于科罗拉多河两岸，南北延伸，南侧叫作南缘，北侧叫做北缘。本书中将以交通更为便利、设施更加完善的南缘为中心进行介绍。

南缘的断崖边铺设有完整的步道，并分布着几个利用自然形态构成的观景点。光从东端到西端，就可以感受到大峡谷样貌的丰富变化，如果可以的话，最好能从下面仰视大峡谷。夏季可以前往北缘进行游览，或者乘坐直升机从空中欣赏景色，从那里可以欣赏到更不一样的大峡谷风貌。

以南缘为中心，在西缘 ~ 东缘之间，每 15~30 分钟会有一班免费的班车（参考 p.302~303 的地图），每个车站都会停车，所以不妨先从一端坐到另一端，进行充分游览。

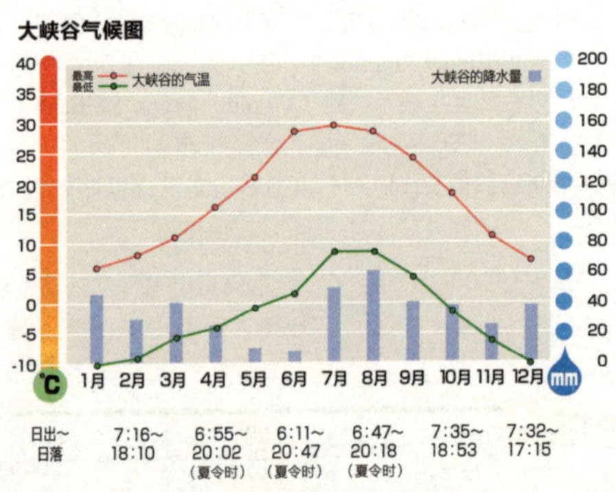

Column 仰视大峡谷

经常有人说，“在大峡谷，仰视看到的景色，要比站在悬崖边俯视看到的景色美上好几倍”。虽然从拉斯维加斯出发的一日游行程很受欢迎，但最好是多花些时间，尽量能在大峡谷住上一晚，稍微往峡谷下方走一些。通过自己的双脚、自己的双眼来感受大峡谷的精彩，这一定会成为一生中难忘的一次回忆。

●能够充分感受峡谷魅力的短途步道

推荐没有时间，对自己体力没有自信，不能走到谷底的人，可以尝试一下光明天使步道（Bright Angel Trail）。即便想在半途折回去，也可以感受到头上极具压迫力的峡谷魅力。步道的起点是位于大峡谷南缘最热闹的光明天使小屋西侧。如果是往返于 3 英里度假屋的线路（往返约 10 公里），需要大概 4~6 小时。此外短距离的徒步也需要准备好充足的水、运动饮料粉（盐分也很重要）、便餐、夹克、帽子、毛巾、防晒霜等。另外如果天气情况不佳，一定要立刻折返。尽量早上出发，尽早返回。

●为了更好地游览大峡谷

像在大峡谷这样，在大自然中巡游，是感受美国魅力的最佳途径。犹他州南部和亚利桑那州北部，包括大峡谷在内，有着 8 个大西部才有的国家公园，这片区域统称 “大环线 Grand Circle”（→ p.307）。

南缘 & 东缘 主要景点

旅行手册中的绝美景色　南缘村 & 西缘 M p.303

马瑟观景台 游

Mather Point

这里的景致是所有观景台中最棒的一处。旅行手册中出现的大峡谷的照片，很多都是在这里拍摄的，极具震撼力。站在大峡谷突出的岩石观景台上，可以看到层层叠叠的断壁残崖以及16公里外北缘的美丽景色。和亚瓦帕观景台一样，这里也是观看日出的最佳地点。从南缘村出发，乘坐村庄线的免费班车，在游客中心下车，步行5分钟即可到达马瑟观景台。这里有洗手间。

大峡谷内首屈一指的观景地点

欣赏日出的最佳地点　南缘村 & 西缘 M p.303

亚瓦帕观景台 游

Yavapai Point

据说，1540年，西方人最先发现大峡谷的西班牙远征军，正是在这里意外发现了深深的峡谷。从亚瓦帕地质博物馆（Yavapai Geology Museum）透过玻璃可以欣赏到180°的风景。可以清楚地看到从印第安公园到高原观景台之间的步道。此外峡谷底部还有一个幻影牧场。

早上的亚瓦帕观景台

可以看到断崖下徒步旅行者和情侣的身影　南缘村 & 西缘 M p.303

雅基观景台 游

Yaki Point

直线穿过正面北缘的正是光明天使峡谷。仔细观察断崖的一端，可以看到一个大峡谷小屋。右手边是沃坦的宝座（Wotans Throne）和美丽

大峡谷游客中心
Grand Canyon Visitor Center

M p.303
☎（928）638-7888
营 夏季：每天9:00~19:00、冬季：每天9:00~17:00

游客中心的游客不多，但是距离马瑟观景台很近，与大型停车场相连。国家公园发行的《*The Guide*》刊登了旅游行程、地图、徒步线路等信息，一定不要忘记领取。如果停留时间较短，可以前往亚瓦帕观景台（→p.303）的游客中心兼地质博物馆。在各个小屋还可以获取天气情况等基本信息。

从村庄到光明天使步道（下到谷底的步道）的各个景点

往返距离、海拔差、往返所需时间（以没有登山经验，普通人的步行速度作为参考）如下。

●到1.5-Mile Resthouse
4.8公里　340米　2~4小时
●到3-Mile Resthouse
9.6公里　645米　4~6小时
●到Indian Garden
14.4公里　933米　6~9小时

注意：
当天谷底往返是很危险的，一定不要这么做。有很多人无视这个忠告，导致每年都会出现很多死难者。另外，还有很多走出步道外，结果跌落的事件发生。一定要多加注意。

亚瓦帕地质博物馆

建于亚瓦帕观景台的悬崖处，是一座小巧玲珑的博物馆兼观景台。博物馆中陈列着大峡谷的立体模型和化石等，也有从这里出发的观光行程。

营 夏季：每天8:00~20:00
冬季：每天8:00~18:00
费 免费

※雅基观景台路除了班车外，禁止其他车辆通行

仰视欣赏到的造型美

虽然从悬崖边俯视的景色也不错，但是稍微往谷底方向走一些，就可以看到完全不同的大峡谷的景色。大峡谷就是需要来仰视的。通向谷底的步道分为光明天使步道和南凯巴布步道，其中以村庄为起点的光明天使步道更受欢迎。

便签 **光明天使小屋·营地（M p.303）到各个景点的所需时间**　步行至马瑟观景台需要1小时，到亚瓦帕观景台需要40分钟。

化石的宝库

大峡谷还是全世界发现化石最多的地方。多亏了科罗拉多河对岩石的侵蚀，岩壁上到处都是显露出来的化石。通过了解大峡谷，我们可以更好地认识到生物的进化过程。

雅基观景台的拂晓。最美丽的日出日落景色

的毗湿奴神庙（Vishunu Temple）。向东边望去，在东缘旁边可以看到 Duck on The Rock，一个酷似站立在悬崖上的鸭子。再往南边看去，则是连绵不断的山峰。从游客中心乘坐前往凯巴布的东线班车到达这里，大概需要 25 分钟。

可以的话推荐早上前往　　南缘村 & 西缘　M p.303 地图外

雄伟景观观景台 游

Grand View Point ✻✻

从观景台可以欣赏到眼前雄伟壮观的景色，在安静的早晨，微风拂过，还可以听到科罗拉多河流动的声音。在马车车站的时代，这里还建有酒店，随着圣塔菲铁路的开通，逐渐没落，过去的景色也一去不复返。东方的景色比较开阔，早上悬崖各层逐渐显现，如同观看地质标本一样，但是必须自驾才能在早上来到这里。

层层叠叠的地表层

东缘车道的终点　　南缘村 & 西缘　M p.303 地图外

沙漠观景台 游

Desert View ✻✻✻

位于科罗拉多河的拐角处，视野极佳，可以同时欣赏到西北两个方向的景色，还能看到东边的支流小科罗拉多河合流的场面。如同名字一

沙漠观景台的游客中心

营 夏季：每天 8:00~18:00
　冬季：每天 9:00~17:00

瞭望塔

营 夏季：每天 8:00~18:00
　冬季：每天 9:00~16:30
费 免费

便签 **乘坐免费班车** 共有 4 种类型的班车。合理使用的话，可以到达观景台。

与南缘截然不同的景色呈现于眼前

沙漠观景台还有旅游团出发

般，北侧是一片一望无际的沙漠地区（叫作彩色沙漠 Color Desert），这与西侧复杂的峡谷风貌形成了鲜明的对比。

观景台上的瞭望塔（Watch Tower）里重现了古代原住民的遗迹。塔由钢筋和峡谷的岩石建造而成，内部还有原住民的壁画作品。黄昏时分从塔上眺望的景色非常漂亮，如果有机会的话一定不要错过。另外这附近还有商店、加油站、咖啡馆、宿营地，能买到食品、饮料、衣服，一直往东走的话就是东门。

位于东缘终点的观景台、瞭望塔

西缘的免费班车

● Hermits Rest Route

营 仅 3~11 月运行。发车间隔 15~30 分钟。往返 80 分钟。

霍皮观景台

从霍皮观景台可以望见孤零零矗立在东部断崖沙漠观景台上的瞭望塔。

自费项目

从村庄出发，有前往观景台的观光巴士。建议提前一天预约，在村庄的各个小屋前接送。

预约 Free（1-888）297-2757

URL www.grandcanyonlodges.com

可以到各个小屋的旅游服务台现场预约。

● Hermits Rest Tour

费 成人 $36、有成人陪同 16 岁以下免费，游玩时间 2~3 小时

● Desert View Tour

费 成人 $65、有成人陪同 16 岁以下免费，游玩时间 4 小时

从摩哈夫观景台远眺科罗拉多河

西缘 主要景点

最好可以带上望远镜来欣赏美景

以探险家鲍威尔的名字命名的观景台　南缘村 & 西缘　M p.302

鲍威尔观景台 游

Powell Point

在峡谷突出的地方，欣赏壮美的景观。从观景台望去，正面的德纳峰（Dana Butte）、伊西斯神庙（Isis Temple）岩石山峰，都以北缘岩壁为背景屹立于此。探险家 J.W. 鲍威尔（J.W.Powell）是第一个下到科罗拉多河的人，因此这里冠以了鲍威尔的名字，作为纪念。

观看夕阳的好去处　南缘村 & 西缘　M p.302

霍皮观景台和摩哈夫观景台 游

Hopi Point & Mohave Point

西侧的视野开阔，因此可以在黄昏时分来这里观景。在叫作胡夫金字塔（Cheops Pyramid）的岩山下面，是蜿蜒流淌的科罗拉多河。霍皮观景台和摩哈夫观景台之间的大峡谷，由于阳光的照射红得如同火焰一般，也因此被叫作地狱。

倾听湍急的水流声　南缘村 & 西缘　M p.302

皮马观景台 游

Pima Point

可以欣赏到 180° 全景的地点。红色的科罗拉多河中白色的部分就是急流。安静的时候，可以清晰地听到急流（Boucher Rapids）的声音。对岸矗立的是雄伟的奥西里斯神庙（Osiris Temple）。

被称作仙人休息处的观景台　南缘村 & 西缘　M p.302

隐士居 游

Hermits Rest

有石造的休息处。走廊里有大壁炉，走出门廊就可以看到大峡谷壮美的景色。这里也是西侧的终点，普通的游客都会止步于此。乘坐免费班车到这里需要 40 分钟左右。有快餐站、纪念品商店、洗手间。

西大峡谷
Grand Canyon West

"一定要去看大峡谷，但是只有半天的时间"，西大峡谷就是为有这样困扰的人而准备的。西大峡谷位于拉斯维加斯和南缘之间。准确来说这里并不在国家公园内，而是在瓦拉派族（Hulapai）原住民领地内，可以接触到美国原住民文化。有许多具有特色的行程，例如造访天空玻璃步道、乘坐直升机的飞行游览、漂流之旅等。虽然从拉斯维加斯也可以驱车前往，但选择内华达观光服务、喜美航空（→p.299 Column）等更为省事。

西大峡谷 主要景点

天空步道的所在区域　拉斯维加斯近郊　M p.298

老鹰崖 游
Eagle Point ✹✹✹

岩石的形状犹如老鹰张开的翅膀一般，从很久以前这里便是原住民心中的圣地。而从这里的绝壁通向山谷建造的 U 字形玻璃桥便是天空步道（Skywalk）。虽然因为破坏景观、玷污圣地等原因而招致批评，但是奇妙的设计和技术还是很值得一看的。虽然与科罗拉多河海拔高度差有 1200 米，但因为就位于山谷入口处，所以并不能看到河流从下面流过。非常适合时间比较紧，但又想去大峡谷游览的人。旁边还有印第安舞蹈等表演活动举行。

脚下是透明玻璃，非常刺激

可以欣赏到雄伟景色的观景台　拉斯维加斯近郊　M p.298

蝙蝠崖 游
Guano Point ✹✹

与大峡谷国家公园的南缘相比，这是一个又浅又小的峡谷。残留着用于制作化妆品等物品的蝙蝠粪石的挖掘痕迹，可以俯瞰到科罗拉多河。

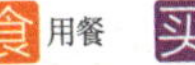  用餐　 买 购物　  学 学习　 游 游玩　 ✹✹✹ 推荐度

西大峡谷
M p.298
☎ (928) 769-2636
Free (1-888) 868-9378
URL www.grandcanyonwest.com
费 $46.95
※门票包含园内班车费用。还有包含天空步道的套票，价格参考下面的介绍

驾车线路
从拉斯维加斯出发，沿 US-93 向南行驶，驶过胡佛水坝后，在 40 英里（约 64 公里）处左拐至 Pierce Ferry Rd.，继续行驶 28 英里（约 45 公里）后，右转进入 Diamond Bar Rd.，再开 21 英里（约 33 公里）到达机场。然后换乘前往天空步道的班车。所需时间约 2 小时 10 分钟。

● Grand Canyon West Airport
住 5001 Diamond Bar Rd., Peach Springs, AZ 86434

天空步道
费 $76.87
※包含门票、园内班车、午饭、天空步道的费用。天空步道严禁携带照相机、随身物品等。只允许携带钱包用于在纪念品商店购物

喜美航空
☎ (702) 638-3300（拉斯维加斯）
Free (1-800) 634-6801（拉斯维加斯）
URL www.scenic.com

●天空步道（从拉斯维加斯出发）
费 $384、2~11 岁 $364
从拉斯维加斯的机场出发，乘坐飞机前往西大峡谷机场（包含酒店接送）。到达后，从机场乘坐班车可以到达老鹰崖→蝙蝠崖（含观景台・午餐）。游玩时间约 7 小时。

老鹰崖

蝙蝠崖

大峡谷的酒店 *Hotel in Grand Canyon*

大峡谷最具代表性的酒店——埃尔托瓦尔酒店

●**园内住宿设施的预约窗口（除亚瓦帕小屋外）**
Xanterra Parks & Resort Central Reservations
☎（303）297-2757 Free（1-888）297-2757 FAX（303）297-3175
当天预约☎（928）638-2631 URL www.grandcanyonlodges.com
休 感恩节、圣诞节、元旦

●**亚瓦帕小屋的预约窗口**
DNC Parks & Resorts at Grand Canyon，Inc.
☎（801）449-4139 Free（1-877）404-4611
URL www.visitgrandganyon.com

※ 除亚瓦帕小屋外，下述酒店的客房内均有 Wi-Fi 可以使用（免费。在亚瓦帕小屋的大堂可以连到 Wi-Fi）。但是因为信号较弱，看视频或者下载较大的文件等比较困难。

园内共有 8 个住宿设施，下述 6 家均位于大峡谷南缘。全年都有很多人入住，其中 5~10 月会达到顶峰，可以的话最好提前一年进行预订。Xanterra 公司可以在 13 个月前的 1 号开始预订（比如从 2019 年 8 月 1 日开始，就可以预订 2020 年 8 月 1~31 日的客房），DNC 公司也是提前 13 个月接受预订。如果想捡漏，看当天有没有取消、未入住的客房，可以到 Xanterra 公司的任意一个小屋确认所有客房的预约情况。即便如此也没有找到住处的话，可以选择入住在弗拉格斯塔夫（M p.298）。

埃尔托瓦尔酒店
El Tovar Hotel 高档

M 南缘村 & 西缘 p.303

◆ 历史悠久的高档度假村

1905 年建造。以最早派出探险队到北亚利桑那地区的托瓦尔伯爵的名字命名。盛夏隆冬时节，客房反而比较充足。所有房间禁止吸烟。

费 Ⓢ Ⓓ $217~354、Su $442~538

78 间客房 信用卡 A D J M V

光明天使小屋
Bright Angel Lodge & Cabins 中档

M 南缘村 & 西缘 p.303

◆ 观光的中心

客房的等级、设备等与其他酒店相比较为一般，但这里同时也是巴士车站和公园内旅游服务台的所在地。所有房间禁止吸烟。 90 间客房 信用卡 A D J M V

费 标准间（公共浴室）$97~110、木屋 $140~217、Su $213~469

雷鸟旅舍
Thunderbird Lodge 中档

M 南缘村 & 西缘 p.303

◆ 从部分客房可以俯瞰到峡谷

外观类似汽车旅馆，虽然不是很精美，但是干净整洁、环境舒适。入住登记等事项要到光明天使小屋中进行。所有房间禁止吸烟。

55 间客房 信用卡 A D J M V

费 Ⓢ Ⓣ 街景房 $225、
Ⓢ Ⓣ 峡谷景观房 $243

卡奇纳小屋
Kachina Lodge 中档

M 南缘村 & 西缘 p.303

◆ 现代小屋，设施良好，舒适整洁

适合比起气氛，更偏爱舒适、整洁环境的人入住，登记等事项要到埃尔托瓦尔酒店进行。所有房间禁止吸烟。 49 间客房 信用卡 A D J M V

费 Ⓢ Ⓣ 街景房 $225、
Ⓢ Ⓣ 峡谷景观房 $243

玛斯威克旅馆
Maswik Lodge 中档

M 南缘村 & 西缘 p.303

◆ 瑞士牧屋风格的石造小屋

客房分为南侧（South）和北侧（North），客房设施和价格不同。步行至光明天使步道口仅需 5 分钟。

250 间客房 信用卡 A D J M V

费 Ⓢ Ⓓ Ⓣ 南侧 $112、北侧 $215

咖啡机　冰箱酒柜 / 冰箱　浴缸　吹风机　BOX 室内保险柜　客房服务　餐馆
健身房 / 游泳池　前台　洗衣机　无线网络　P 停车场　可以使用轮椅的客房

Column 从拉斯维加斯前往大环线

在拉斯维加斯可能感受不到，其实拉斯维加斯的周边可是全美首屈一指的大自然宝库。西侧是灼热的死亡谷国家公园，东侧则是以大峡谷为主，多个国家公园集中的“大环线（Grand Circle）”区域。

如果时间允许的话，一定要前往这些地区。开车自驾是最为方便快捷的交通方式，但也可以参加从拉斯维加斯往返的各种各样的旅游行程。可以通过旅游手册等方式进行比较，根据自己的行程选择最适合自己的一条线路。

●宰恩国家公园 M p.298
Zion National Park

被维琴河侵蚀的溪谷和两岸耸立的巨大岩峰极具魅力。如果可以的话，建议在鲜花盛开的5月，或者变成黄叶的10~11月前后造访这里。从拉斯维加斯开车有不到3小时的车程，当日往返也可以。另外，行程中也经常包括布莱斯峡谷国家公园，1天14小时，价格约为$200。

主要景点都分布在贯穿公园中心的溪谷两侧，例如西神庙（West Temple）、天使下凡（Angels Landing）、世界最大的单体岩石白色大宝座（Grate White Throne）等。

宰恩峡谷游客中心
Zion Canyon Visitor Center
☎（435）772-3256
URL www.nps.gov/zion
营 公园24小时开放。游客中心夏季：每天8:00~19:30、夏季以外：每天8:00~17:00（秋季~18:00）
休 圣诞节

交通方式

从拉斯维加斯出发，驶入I-15，一直向北走130英里（约209公里），过了St. George后驶入UT-9。然后继续向东行驶约35英里（约56公里），到达公园。

公园门票（公园年中开放）

一辆车$30、一辆自行车$25（7天有效）。其他方法入园1人$15。

水位上升、水温较低时需要小心

●布莱斯峡谷国家公园 M p.298 外
Bryce Canyon National Park

布莱斯峡谷国家公园的最大看点就是颜色、形状各异的岩石尖塔群。仅从断崖上眺望就会给人留下深刻的印象。游客一般会选择参团，乘坐巴士或者小型飞机进行游览。

推荐早晚前往园内的日出观景台（Sunrise Point）和日落观景台（Sunset Point）。可以将峡谷全景尽收眼底的布莱斯观景台（Bryce Point）也很不错。另外每年5月上旬~10月上旬有前往园内主要观景台的免费班车运行。

游客中心 Visitor Center
☎（435）834-5322 URL www.nps.gov/brca
营 公园24小时开放。游客中心5~9月：每天8:00~20:00、11月~次年3月：每天8:00~16:30、4·10月：每天8:00~18:00
休 感恩节、圣诞节、元旦

交通方式

距离宰恩国家公园约110分钟车程。沿UT-9向东行驶，进入US-89一路北上。然后右转进入UT-12，最后右转进入UT-63。

公园门票（公园年中开放）

一辆车$30、一辆自行车$25（7天有效）。其他方法入园1人$15。

大环线中给人印象最为深刻的布莱斯峡谷

●羚羊峡谷 M p.298
Antelope Canyon

跨越犹他州和亚利桑那州，拥有美国国内第二大的人工湖——鲍威尔湖。流入这里的支流所形成的峡谷，便是羚羊峡谷。峡谷较为狭窄，蜿蜒起伏，有微弱的阳光射入峡谷的最深处。所有这些相辅相成，形成了一道梦幻般的风景。

公园位于大环线观光的中间，在佩吉镇（Page）的东侧。因为属于纳瓦霍族的领地，所以不能自由参观，只能选择参团前往。需要预约。

羚羊峡谷旅游

Antelope Canyon Tours

住 22S. Lake Powell Blvd.，Page，AZ（办公室 & 行程起点）

☎（928）645-9102

URL www.antelopecanyon.com

营 旅游团：每天 7:00、8:00、9:30、11:30、13:30、15:30、16:30（冬季 7:00~9:30、16:30 不发团。游玩时间 90~100 分钟）

费 成人 $45~58、8~12 岁 $35~48、3~7 岁 $27~40

※ 从拉斯维加斯出发，由内华达观光服务（→ p.299）等组织发团

交通方式

如果从弗拉格斯塔夫出发的话，开车沿 US-89 向北行驶约 200 公里，到达佩吉镇，需要 2 小时 30 分钟。从大峡谷村庄出发，沿 AZ-64、US-89 行驶。

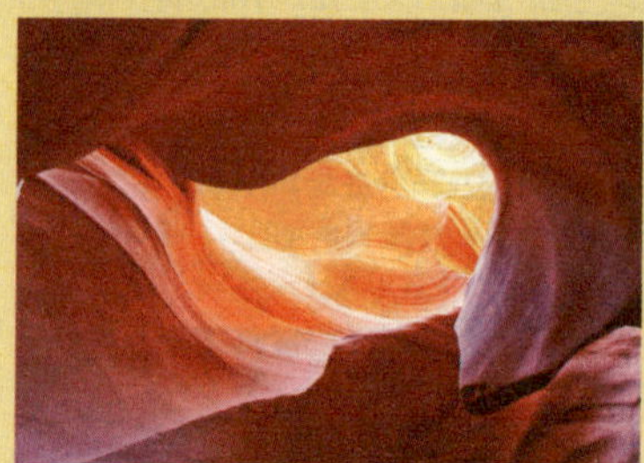

不像是自然产物的羚羊峡谷

●纪念碑谷　M p.298 外

Monument Valley

纪念碑谷被称作美国的原始风景。和羚羊峡谷一样位于纳瓦霍族人的领地之内，跨越亚利桑那州和犹他州。荒凉的红土地上矗立着几个形状独特的山丘。随着时间的推移，可以看到完全不同的景色，在夕阳映照下的红色山丘尤为壮观。

纪念碑谷纳瓦霍部落公园游客中心

Monument Valley Navajo Tribal Park Visitor Center

住 P.O. Box 360289，Monument Valley，UT

☎（435）727-5870

经常作为电影的取景地

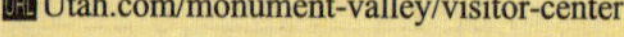

URL Utah.com/monument-valley/visitor-center

营 5~9 月：每天 6:00~ 20:00、10 月 ~ 次年 4 月：每天 8:00~17:00

交通方式

从弗拉格斯塔夫出发，沿 US-89 向北行驶 1 小时，然后沿 US-160 向东行驶 130 公里后到达凯恩塔镇（Kayenta），从这里沿 US-163 向北行驶 38 公里跨过州境，沿 Monument Valley Rd. 向东，最后到达游客中心。

门票

一辆车 $20（最多 4 人）、其他方法 1 人 $10。

●塞多纳　M p.298 外

Sedona

美国最具代表性的能量点之一，有着很强的大地能量旋涡。虽然不属于大环线，但有很多游客将这里和大峡谷的游览捆绑在一起。

塞多纳有很多大地能量聚集的旋涡（Vortex），这个神秘的能量可以治愈到这里造访的人。其中最大的 4 个旋涡分别是梅萨机场（Airport Mesa）、博因顿峡谷（Boynton Canyon）、教堂岩（Cathedral Rock）和钟岩（Bell Rock）。非常推荐大家来这里游玩。

塞多纳是一座城镇，因此这里有很多商业设施，和其他国家公园相比更容易观光。

塞多纳游客中心

Sedona Chamber of Commerce Visitor Center

住 331 Forest Rd.，Sedona，AZ

☎（928）282-7722

URL visitsedona.com

营 每天 8:30~17:00

※ 从拉斯维加斯出发，由内华达观光服务（→ p.299）等组织发团

交通方式

从弗拉格斯塔夫出发，沿 I-17 向南行驶 6 公里，从 Exit337 驶出，然后沿 AZ-89A 向南行驶约 40 公里。约 1 小时。

四大旋涡之一的教堂岩

西雅图

Seattle

吉米·亨德里克斯出生于西雅图

美国的美食市场先驱

Reason 1

派克市场

果然不同凡响！

西雅图著名的派克市场。无论观光、购物还是美食，所有的一切都可以从这里开始。

→p.322

还有存钱罐

1 市场内铺设的砖路 2 从早到晚人流涌动 3 著名的口香糖墙 4 吉祥物——瑞秋猪

Why Seattle?

前往西雅图观光的理由是？

西雅图是美国距离中国大陆最近的城市，现在的大陆移民更是把西雅图作为落脚的第一站。

这里的空气清新，PM2.5 维持在 20 左右。房价与北京、上海、广州、深圳等地相比要低很多，在西雅图，30 万美元（相当于 200 万人民币）就可以买一个中国梦想的别墅，同时可以享受到在中国国内没有的环境。这里的森林覆盖率超过 80%，四季常青。这里有着严格的枪支管理制度，是美国安全度位列前三的城市。

世上仅此一家

Reason 2

巡礼星巴克

咖啡

在全球拥有 2.4 万家店铺的咖啡界巨人——星巴克，也是来自西雅图。1 号店、世界规模最大的分店、总公司，等待着你前来巡礼。

值得纪念的星巴克1号店

1 号店位于派克市场内，从星巴克创立的 1971 年开始，这家店铺正式营业。店内还有金光闪闪的 1 号店纪念碑。

Starbucks Coffee

星巴克咖啡（1 号店）

M p.321-A3

住 102 Pike St., Seattle

☎（206）903-8010

www.starbucks.com

营 每天 6:00~21:00

信用卡 A J M V

一大早就会排起长队

1 1 号店前总是会排起长队
2 1 号店的纪念碑

超大！

全球面积最大的旗舰店

星巴克精品烘焙品尝室 →p.337。除了可以品尝到现磨咖啡外，还可以购买到许多原创商品。

1 店铺的外观。占地面积很大，因此很容易找到 2 使用稀有的咖啡豆现磨而成的咖啡，非常好喝 3 咖啡豆的容器也很不错 4 咖啡商品琳琅满目

1 被庄严的气氛所环绕的苏萨罗艾伦图书馆
2 未来风格的西雅图中央图书馆

完全想象不到是图书馆

世界级的

Reason 3

两个超棒的图书馆！

西雅图有两座设计非常独特的图书馆。一个是西雅图中央图书馆→p.322脚注，拥有多角的建筑外观，内饰是由红色和黄色构成的现代风格。另一个则是位于华盛顿大学内的苏萨罗艾伦图书馆→p.330，因为颇具电影《哈利·波特》的氛围而引起热议。

果然、果然

Reason 4

观看西雅图水手队的棒球比赛

知名球员有岩隈久志、罗宾森·坎诺、尼尔森·克鲁斯等。主场是塞菲科球场。→p.326

1 观看精彩的比赛　2 青绿色的天然草坪

商品种类繁多，不要犹豫啦

全球2.4万分店的总公司操控室

公司楼顶上是其引以为豪的人鱼图案。在总公司内的咖啡馆可以买到这里限定的原创品，以及知名度不高的商品，铁杆粉丝经常会来这里。

Starbucks Coffee Gear Store

星巴克咖啡馆　M p.320-A2
住 2401 Utah Ave. S., 8th Fl., Seattle
☎（206）318-4860　营 周一～周五 8:30~16:30
休 周六·周日　信用卡 M V

1 出售文具、服装类商品　2 总公司办公地名为星巴克中心

西雅图 Seattle

● 行程规划的要点

旅行的起点建议选在派克市场。从市中心到埃利奥特湾是一段向下的陡坡，因此要是从海边往市中心走是非常需要体力的。首先可以前往西雅图艺术博物馆和奥林匹克雕塑公园，然后去海边散步，在餐馆、水族馆休闲放松。从海边可以步行或者乘坐巴士前往先锋广场和国际区。

从市区乘坐巴士，20~30 分钟即可到达弗里蒙特（→ p.331）和巴拉德（→ p.331）这两个深受当地人喜爱的时尚区域。弗里蒙特区内，到处都能看到当地艺术家的作品（雕塑）镇守，令人印象深刻。巴拉德则有很多深受女性喜爱的商店、餐馆、咖啡馆等，很适合漫步。此外，这两个地区每周日还都会举办集市。

市内的中高档酒店集中在市区的 1st~6th Aves. 和 Madison~Stewart Sts.， 价格相对便宜的酒店主要在大学区周边。7~8 月的旅游旺季和 9~11 月的展会旺季，酒店价格偏高。

西雅图因为被绿植和清水所包围，也被人们亲切地称为“绿宝石城”。生活水平、文化程度很高，这里也是美国人心中非常适宜居住的城市。此外这里还是以微软为首的著名软件产业基地，但要说西雅图最棒的地方还是它周边丰富的自然资源。如果时间允许的话，就去感受一下“另一个西海岸”吧。

漫步西雅图

西雅图的观光范围不大，乘坐公共交通工具就足够了。市内观光 1 天，周围景点 1~2 天。此外西雅图被自然资源所环绕，近郊有奥林匹克国家公园（→ p.340）和雷尼尔山国家公园（→ p.342）。夏天的话，则可以乘坐渡轮前往圣胡安岛，参加虎鲸观赏之旅（→ p.318），同样会给人留下深刻印象。

便签 城市通票 游客中心、各个娱乐设施的售票处均出售西雅图城市通票。包括太空针塔、太平洋科学中心或奇胡利玻璃艺术馆、阿戈西游轮、流行文化博物馆或林地公园动物园、西雅图水族馆这 5 个设施的门↗

综合信息

华盛顿州西雅图市

人口 约 70 万（北京市约 2173 万）

面积 约 217 平方公里（北京市约 16410 平方公里）

- 消费税 10.1%
- 酒店税 15.6%

游客中心

Seattle Visitor Center & Concierge Service

M p.321-B2 住 701 Pike St., Seattle, WA 98101

☎（206）461-5840

URL www.visitseattle.org

营 夏季每天 9:00~17:00、10 月 ~ 次年 4 月周六 · 周日 · 节假日休息。位于会展中心内，有很多地图、观光指南、信息杂志。也可以在这里进行酒店、餐馆的预约，帮助安排交通出行，还可购买体育赛事和娱乐设施的门票。有专门的接待员，十分安心可靠。

旅行季节的建议

（美国西海岸的气候→ p.373）

4~9 月（3~5 月 12~18℃，6~9 月 21~25℃）气候宜人，穿长袖衬衫、夹克即可。冬天是多云的天气。1、2 月气温多在 0~5℃，雨季也是在这一段时间里。建议带一些厚的夹克、毛衣、大衣等。

西雅图的气候图

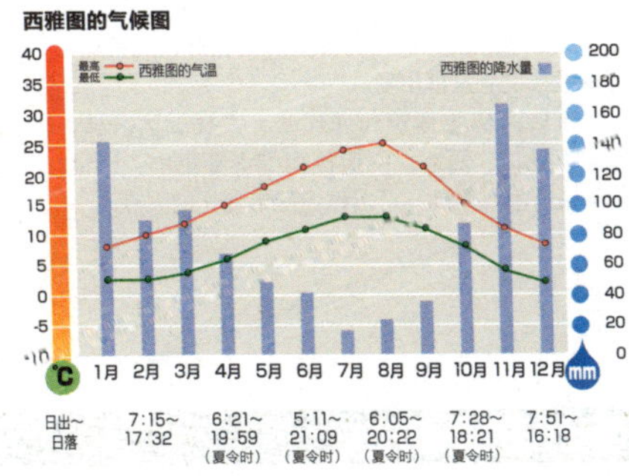

当地信息杂志

免费报纸《*Soy Source*》（URL www.soysource.net）、《*Lighthouse*》（URL www.youmaga.com） 提供超市、餐馆等信息。

如果想要通过网络了解现在的西雅图，可以登录信息丰富的都会丛林网站 URL www.junglecity.com 获取最新信息、生活指南等。

活动 & 节日

※ 详细信息可以登录旅游局官网（参考上方的综合信息）进行确认

品味西雅图
Bite of Seattle

- 7 月 19~21 日（2019 年）

西北部的美食节。以西雅图中心为会场，人气餐馆、食品公司、酒庄等都会参加，在各自的展台进行美食表演和售卖。

海洋展览会
Seafair

- 6 月中旬 ~8 月中旬

持续约 2 个月的时间，在西雅图市内各地举办的夏季常规活动。由美国海军的蓝天使航空队带来的飞行表演，还有摇滚马拉松等精彩活动都会如期而至。

文化艺术节
Bumbershoot

- 8 月 30~9 月 1 日（2019 年）

国内外众星云集的音乐和艺术盛典。全美规模最大，在 3 天的时间里会有 10 万人到场。举办场地是西雅图中心。

↘票，非常超值。适用的设施有变更的可能。第一次使用后，9 天内有效。Free（1-888）330-5008 URL www.citypass.com 费 成人 $79、儿童（4~12 岁）$59

西雅图区域导览
Seattle Area Guide

西雅图中心部大致分为 6 个区域。仅用 1 天的时间就可以游览完主要的景点。风格迥异的区域紧密相连，也是西雅图的一大魅力。

A 码头区和市区 Waterfront & Downtown （→ p.322）

市区靠海的一侧是面朝埃利奥特湾的码头区，有很多面向游客的商店、餐馆，也是渡轮码头的所在地。此外西雅图水族馆、派克市场等景点也都在该区域。巡游埃利奥特湾和前往岛屿的游船、渡轮也都是从这里出发。

市区内历史建筑和现代摩天大楼融为一体，商店、餐馆、酒店、交通机构等十分集中，这也是观光的中心地区，可以作为城市观光的起点。

B 先锋广场和国际区 Pioneer Square & International District （→ p.325）

先锋广场上有着保存良好的砖造、石造历史建筑，也是西雅图的发祥地。国际区是位于塞菲科球场东北方向的一片区域，美国国铁站、超市等分布于此。此外该区域有许多流浪者，夜间要注意安全。

C 西雅图中心 Seattle Center （→ p.327）

西雅图知名建筑太空针塔所在的综合性公园。拥有 20 多座文化、娱乐设施，是深受游客喜爱的一片区域。

西雅图的交通方法

目的地 ＼ 出发地	A 码头区（滨海公园）和市区（西湖公园）	B 先锋广场（先锋广场公园）和国际区（宇和岛屋）
A 码头区（滨海公园）和市区（西湖公园）		先锋广场 - 市区 北行 Pioneer Square 站 →Westlake 站（5 分钟） 国际区 - 码头区 99 S. Jackson St. & Occidental Ave. S.→1st Ave. & University St.（15 分钟）
B 先锋广场（先锋广场公园）& 国际区（宇和岛屋）	码头区 - 国际区 99 1st Ave. & Union St.→S. Jackson St. & 5th Ave. S.（5 分钟） 市区 - 先锋广场 南行 Westlake 站 →Pioneer Square 站（5 分钟）	
C 西雅图中心（太空针塔）	码头区 - 西雅图中心 24 3rd Ave. & Union St.→3rd Ave. & Vine St.（25 分钟） 市区 - 西雅图中心 北行 Westlake Center 站 →Seattle Center 站（2 分钟）	先锋广场 - 西雅图中心 3 3rd Ave. & Columbia St.→5th Ave. N. & Broad St.（20 分钟） 国际区 - 西雅图中心 24 4th Ave. S. & S. Jackson St.→3rd Ave. & Vine St.（20 分钟）
D 国会山（Broadway E. & E. Harrison St.）	码头区 - 国会山 北行 University St. 站 →Capitol Hill 站（20 分钟） 市区 - 国会山 北行 Westlake 站 →Capitol Hill 站（10 分钟）	先锋广场 - 国会山 北行 Pioneer Square 站 →Capitol Hill 站（15 分钟） 国际区 - 国会山 First Hill 5th & Jackson 站 →Broadway & Denny 站（15 分钟）
E 弗里蒙特（Fremont Pl. N. & N. 35th St.）大学区（University Way N.E.）	市区 - 弗里蒙特 62 Pine St. & 3rd Ave.→Fremont Ave. N. & N. 34th St.（20 分钟） 市区 - 大学区 49 Pike St. & 4th Ave.→N.E. Campus Pkwy. & Brooklyn Ave. N.E.（30 分钟）	先锋广场 - 弗里蒙特 62 1st Ave. & Yesler Way→Fremont Ave. N. & N. 34th St.（20 分钟） 先锋广场 - 大学区 北行 Pioneer Square 站 →University of Washington 站 44 N.E. Pacific St. & Montlake Blvd.→15th Ave. N.E. & N.E. Campus Pkwy.（30 分钟）

便签 关于治安 西雅图的市区治安较为良好，但是也有部分地区白天和晚上的情况截然不同。尤其是从 Pike St. 的 3rd Ave. 到 1st Ave. 这一片区域，以及 4th Ave. 的 James St. 到 S. Jackson St. 之间的区域（M p.321-B3），↗

D 国会山 Capitol Hill （→ p.329）

位于市区东侧的安静住宅区。在志愿者公园里可以看到休闲放松的西雅图市民。

国会山的主干道上有很多在咖啡热潮时期就开始经营的咖啡馆。此外还有很多个性的商店，很适合购物。

E 西雅图周边 Seattle Outskirts （→ p.330）

弗里蒙特在 20 世纪 80~90 年代初期，以涅槃乐队的科特·柯本为代表，深受艺术家、学生的喜爱，这是一个社区意识很强的小镇。华盛顿州最大的大学华盛顿大学位于华盛顿湖和联合湖之间。

艺术小镇弗里蒙特

西雅图区域地图

巴士　单轨列车　轻轨　有轨电车　换乘　※ 所需时间仅供参考

C 西雅图中心（太空针塔）	D 国会山（Broadway E. & E. Harrison St.）	E 弗里蒙特（Fremont Pl. N. & N. 35th St.）大学区（University Way N.E.）
西雅图中心 - 码头区 巴士 1 Denny Way & 2nd Ave. N.→3rd Ave. & Union St.（20 分钟） 西雅图中心 - 市区 单轨列车 南行 Seattle Center 站 → Westlake Center 站（2 分钟）	国会山 - 码头区 轻轨 南行 Capitol Hill 站 →University St. 站（15 分钟） 国会山 - 市区 轻轨 南行 Capitol Hill 站 → Westlake 站（5 分钟）	弗里蒙特 - 市区 巴士 62 Fremont Ave. N. & N. 34th St.→Pine St. & 3rd Ave.（20 分钟） 大学区 - 市区 巴士 70 15th Ave. & N.E. Campus Pkwy. →Pine St. & 3rd Ave.（30 分钟）
西雅图中心 - 先锋广场 巴士 3 5th Ave. N. & Broad St.→3rd Ave. & Marion St.（20 分钟） 西雅图中心 - 国际区 巴士 1 Denny Way & 2nd Ave. N. → S. Jackson St. & 5th Ave. S.（25 分钟）	国会山 - 先锋广场 轻轨 南行 Capitol Hill 站 →Pioneer Square 站（10 分钟） 国会山 - 国际区 轻轨 南行 Capitol Hill 站 →International District/Chinatown 站（10 分钟）	弗里蒙特 - 先锋广场 巴士 62 Fremont Ave. N. & N. 34th St.→1st Ave. & Marion St.（30 分钟） 大学区 - 先锋广场 巴士 70 N.E. Campus Pkwy. & 12th Ave. N.E.→3rd Ave. & James St.（40 分钟）
	国会山 - 西雅图中心 巴士 8 E. Olive Way & Broadway E. → Denny Way & 5th Ave. N.（20 分钟）	弗里蒙特 - 西雅图中心 巴士 5 Aurora Ave. N. & N. 38th St.→Aurora Ave. N. & Denny Way（20 分钟） 大学区 - 西雅图中心 31 N.E. Campus Pkwy. & 12th Ave. N.E.→Nickerson St. & Cremona St. 换乘 巴士 3 W. Nickerson St. & Queen Anne Ave. N. → 5th Ave. N. & Broad St.（45 分钟）
西雅图中心 - 国会山 巴士 8 Denny Way & 2nd Ave. N.→E. John St. & Broadway E.（20 分钟）		弗里蒙特 - 国会山 巴士 40 Fremont Ave. N. & N. 34th St.→3rd Ave. & Pine St. 换乘 轻轨 北行 Westlake 站 →Capitol Hill 站（35 分钟） 大学区 - 国会山 巴士 49 N.E. Campus Pkwy. & 12th Ave. N.E.→Broadway E. & E. Republican St.（15 分钟）
西雅图中心 - 弗里蒙特 巴士 62 Dexter Ave. N. & Denny Way→Fremont Ave. N. & N. 34th St.（20 分钟） 西雅图中心 - 大学区 巴士 32 1st Ave. N. & Republican St.→N.E. Campus Pkwy. & University Way（40 分钟）	国会山 - 弗里蒙特 轻轨 南行 Capitol Hill 站 →Westlake 站 换乘 巴士 26 3rd Ave. & Pine St.→Bridge Way N. & Whitman Ave. N.（35 分钟） 国会山 - 大学区 巴士 49 Broadway E. & E. Harrison St. → N.E. Campus Pkwy. & Brooklyn Ave. N.E.（15 分钟）	

↘治安令人堪忧，请一定多加小心。

前往西雅图的方法
Access to Seattle

出租车 Taxi

●**黄色出租车 Yellow Cab**（出租车候车亭在停车场的三层）

乘坐出租车到达市区需要 20~30 分钟，价格为 $40（统一价格）+ 小费。

☎（206）622-6500

灰狗巴士站
Greyhound Bus Depot

灰狗巴士站位于市区东南方向 2 公里处，邻近轻轨的 Stadium 站。

M p.321-B4
住 503 S. Royal Brougham Way
☎（206）624-0618
URL www.greyhound.com
营 每天 6:30~23:45

美国国铁国王街车站（铁路）
Amtrak King Street Station

市区东南方向。与轻轨的 International District/Chinatown 站相连。

M p.321-B3~B4
住 303 S. Jackson St.
Free（1-800）872-7245
URL www.amtrak.com
营 每天 6:30~23:00

西雅图—塔科马国际机场（西塔机场、SEA）
Seattle-Tacoma International Airport（Sea-Tac Airport）

M p.320-A4　住 17801 International Blvd.
☎（206）787-5388
URL www.portseattle.org/Sea-Tac

位于市区以南 20 公里处，在西雅图市和塔科马市的中间位置。目前从北京、上海都有直飞西雅图的航班，运营的航空公司有东方航空、南方航空、海南航空、达美航空。

从西雅图—塔科马国际机场前往市内

■ 轻轨 Sound Transit Link Light Rail

车站位于停车场四层。周一～周六 /5:04~ 次日 0:49、周日 /6:04~23:49，发车间隔 8~15 分钟。乘坐 40 分钟即可到达中心部。$3。在 Westlake、University St.、Pioneer Square 和 International District/Chinatown 等站停车。

■ 机场快车 Shuttle Express

☎（425）981-7000　URL shuttleexpress.com

车站位于停车场三层的内侧车道。如果要乘坐机场快车前往机场的话，需要提前预约。距离中心部约 40 分钟车程，1~2 人 $39~。24 小时营业。

■ 机场至酒店巴士 Downtown Airporter

☎（425）981-7000　URL shuttleexpress.com　营 24 小时

连接机场和西雅图市中心各个主要酒店（→脚注）的巴士。

SEA 西塔机场 Sea-Tac Airport

国际航班主要停靠在南航站楼。经过入境检查、提取行李、海关审查后，还需要再次寄存行李（按照指示将行李放在传送带上，然后会自动将行李运送到主航站楼），乘坐地铁（环形小火车）前往中央航站楼。

Ken's Baggage Storage & Rentals
下层行李领取处
旋转木马
前往各个方向的常规巴士车站（除市区外）
南门广场
登机口
6号天空之桥
前往到达层
前往轻轨的西塔机场站（4层）
机场至酒店巴士的车站
Island 3 免费接送巴士
Island 1 免费接送巴士
内侧车道
出租车候车亭
出租车候车亭
停车场（3层）
*天空之桥的下一层
机场快车车站

免费接送巴士
00 登机口
前往天空之桥的直梯
前往天空之城的滚梯
交通服务站
机场巴士
出租车
吸烟场所

便签 **机场至酒店巴士**　停泊酒店：Renaissance、Crowne Plaza、Fairmont、Hilton、Sheraton、Grand Hyatt、Westin、Warwick，根据停留酒店不同，需要 40~60 分钟时间。成人单程 $18。

西雅图的交通设施
Transportation in Seattle

巴士
Metro Bus

除西雅图市内外，还覆盖金县一带的交通运输，非常便民。车费为区域制，1 区（西雅图市内）和 2 区（市区以外）分开计算。每条线路的运营时间和运营间隔不同，大致为 5:00~ 次日 1:00，发车间隔为 10~30 分钟。

●巴士隧道

市中心 3rd Ave. 的地下是一个隧道，市内的巴士、轻轨（→下述）都在这条隧道内运行。市区内共有 International District/Chinatown、Pioneer Square、University St.、Westlake、Convention Place 这 5 站。

海湾运输局
Sound Transit

运营轻轨、连接市区和郊外的巴士。

●轻轨

连接机场、市区、国会山、华盛顿大学等 44 个地点。市区内是在隧道中行驶。

●快车

覆盖金县一带的快速巴士。约有 30 条线路。

有轨电车
Seattle Streetcar

共有两条线路，一条是沿 Westlake Ave.N. 一直向北延伸的南联合湖线（South Lake Union Line），连接市区的西湖中心至东北部的联合湖；另一条是第一山线（First Hill Line），连接国王街车站和国会山，途中经过国际区。

单轨列车
Seattle Center Monorail

车站位于 5th Ave. & Pine St. 的西湖购物中心三层。2 分钟即可到达太空针塔旁的西雅图中心枢纽（Seattle Center Terminal）。

华盛顿州立渡轮
Washington State Ferries

由州交通局运营的渡轮，是近郊居民重要的交通工具。共有 11 条通

巴士

☎（206）296-0100

URL metro.kingcounty.gov

●咨询处

西湖游客中心

住 Westlake Station（隧道）

营 月初和月末的 4 个工作日 8:30~16:30

国王大街中心

住 201 S.Jackson St.

营 周一～周五 8:30~16:30

※ 环城免费。买票时可以索要换乘车票。如果使用 ROCA 卡，2 小时以内都可以免费换乘

巴士票价		1 区	2 区
高峰时段	成人	$2.75	$3.25
	儿童	$1.50（6~18 岁）	
非高峰时段	成人	$2.50	
	儿童	$1.50（6~18 岁）	

※ 高峰时段指周一～周五的 6:00~9:00 和 15:00~18:00

海湾运输局

☎（206）398-5000

URL www.soundtransit.org

营 轻轨：周一～周六 5:00~ 次日 1:00、周日 6:00~24:00，发车间隔 6~15 分钟（快车线路不同，运营时间不同）

费 轻轨：成人 $2.25~3.25、儿童（6~18 岁）$1.50
快车：成人 $2.75~3.75、儿童（6~18 岁）$1.50~2.75（根据距离计算）

有轨电车

☎（206）553-3000

URL www.seattlestreetcar.org

营 南联合湖线：周一～周六 6:00~21:00（周五・周六～23:00）、周日 10:00~19:00，发车间隔 10~15 分钟
第一山线：周一～周六 5:00~ 次日 1:00、周日 10:00~20:00，发车间隔 10~25 分钟

费 成人 $2.25、儿童（6~18 岁）$1.50

单轨列车

☎（206）905-2600

URL www.seattlemonorail.com

营 每天 7:30~23:00（周六・周日 8:30~），间隔 10 分钟发车

费 单程 $2.25、儿童（5~12 岁）$1

往西雅图周边城市的航线。从西雅图的 52 号码头，可以乘坐渡轮前往双桥岛、布雷默顿等地。从市区步行 15 分钟可以到达 52 号码头。或者乘坐轻轨或巴士到 Pioneer Square 站，然后步行 7 分钟。

维多利亚快船渡轮
Victoria Clipper Ferries

从 69 号码头可以乘坐维多利亚快艇渡轮，前往位于加拿大的维多利亚，单程约 3 小时。既有直达维多利亚的航线，也有部分是中途停靠在圣胡安岛。车辆不能上船。一定要提前预约。

参团指南

提利坎姆村观光
Tillicum Village Tour

从西雅图码头区出发的热门行程。乘船时间约 45 分钟，前往普吉特海湾西南方向上的布雷克岛州立公园，学习了解在这座岛屿西北海岸上生活的奇努克族原住民的文化。享用完传统的西北美食后，欣赏他们神圣的舞蹈表演。也有自由活动的时间，可以徒步、爬山。从渡轮上还可以欣赏一下西雅图的天际线。游玩时间 4 小时。

华盛顿州立渡轮（52 号码头）
M p.321-A3
住 Pier 52，801 Alaskan Way
☎（206）464-6400
Free（1-888）808-7977
URL www.wsdot.wa.gov/ferries
费 双桥岛～西雅图：成人 $8.20、汽车 $14.60～18.20（时期不同有所调整），自行车 $1

维多利亚快船渡轮
住 Pier 69，2701 Alaskan Way
☎（206）448-5000
Free（1-800）888-2535
URL www.clippervacations.com
西雅图～维多利亚
69 号码头出发
M p.321-A2
营 1 天 1~3 班（时期不同有所调整）
休 圣诞节
※ 此外也有部分停运日
费 成人往返 $149~185/ 单程 $95~109、儿童（1~11 岁）往返 $74.50~94.50/ 单程 $47.50~54.50

提利坎姆村观光
55 号码头出发
M p.321-A3
住 Pier 54，1101 Alaskan Way
☎（206）623-1445
Free（1-888）623-1445
URL www.argosycruises.com
营 行程开始时间：
6 月上旬～8 月下旬：每天 11:30（周三～周六 16:00 也发团）
8 月下旬～9 月下旬：周六·周日 11:30（根据季节、日期不同，出发时间有所不同，可以在网站进行确认）
费 成人（13~64 岁）$84、老人（65 岁以上）$75、儿童（4~12 岁）$32、3 岁以下免费

Information 去看虎鲸吧

西雅图北部的圣胡安群岛附近，是虎鲸栖息生活的区域。可以参加旅游行程，近距离地观看成群的、在大海中玩耍的虎鲸。

● **西雅图至维多利亚观鲸（虎鲸）一日游**
Seattle to Victoria Day Trip with Whale Watching

早上从西雅图（69 号码头 M p.321-A2）出发，乘坐维多利亚快艇渡轮前往维多利亚。在维多利亚自由活动后，观赏虎鲸，然后晚上返回西雅图。5~10 月发团。也有 2 天 1 晚的行程。

Free（1-800）888-2535
URL www.clippervacations.com
费 $246~（需要预约）

去看一看野生的虎鲸吧

便签 **鸭子船** Ride the Ducks 乘坐水陆两用的巴士周游市区。游览完市区的景点后，直接驶入联合湖。游玩时间约 90 分钟。住 516 Broad St.（M p.321-A1）或 4th Ave. & Pine St.（M p.321-A2。仅 4~8 月）☎（206）↗

今天做什么？

Seattle Itinerary
—西雅图1日游推荐线路—

9:00

早上便人满为患　停留时间：2小时

派克市场
Pike Place Market →p.322

市场内贩卖生鲜食品的店铺和周边的餐馆，从早上开始就格外热闹。在这里吃过早餐然后转转市场吧！

近海打捞上来的各种鱼贝类

Point
有轨电车和轻轨的车站都很显眼，第一次到西雅图的人也不用担心。

Access 从Westlake站乘坐约15分钟轻轨

11:45

将西雅图尽收眼底　停留时间：1小时

史密斯塔观景台
→p.326
Smith Tower Observation Deck

可以360°观赏西雅图的风景。

可以清楚地看到码头区

Access 步行1分钟

12:50

想要吃肉的话就来这里吧　停留时间：1小时

塔特餐馆
Tat's Delicatessen →p.337

这里的菲力牛排是西雅图最好吃的。分量也很足。

夹在面包里的菲力牛排和芝士

Access 乘坐巴士#3或4，约20分钟

14:10

接受艺术熏陶　停留时间：2小时

西雅图中心
Seattle Center →p.327

西雅图代表性博物馆的所在区域。尤其推荐流行文化博物馆。

由弗兰克·盖里设计的流行文化博物馆

Access 乘坐巴士#5、21等线路，15分钟

16:25

享受大众艺术　停留时间：2小时

弗里蒙特
Fremont →p.331

弗里蒙特的各个地方都充斥着公共艺术文化，非常适合漫步。

巨大的北欧妖怪像

Access 乘坐巴士#5、21等线路，约20分钟

18:45

令人回味无穷的绝美海鲜　停留时间：1.5小时

伊瓦尔餐馆
Ivar's →p.336

今天的晚餐餐馆。一定要品尝这里超级新鲜的生牡蛎。

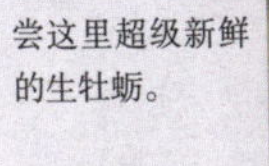

码头区的著名餐馆

Access 步行25分钟

20:40

喝一杯咖啡，为一天画上圆满的句号　停留时间：1小时

星巴克精品烘焙品尝室
Starbucks Reserve Roastery & Tasting Room →p.337

晚上，在环境舒适的星巴克喝上一杯低卡咖啡。

喝上一杯用少有的咖啡豆制成的咖啡

How to 夜游？
基本没有夜生活的地方。可以去市内的酒吧、咖啡馆。

☎441-3825　URL www.ridetheducksofseattle.com　营 每天9:30~18:00，发车间隔60分钟（时期不同有所调整）　费 成人$35、儿童$20

西雅图周边
景点
商店
餐馆
酒店
咖啡馆
地标/其他
高尔夫球场
奇滕登水闸
Hiram M Chittenden Locks
卡夫 Kavu
米罗茶餐厅 Miro Tea
拉阿尔塔瓦哈卡 La Carta de Oaxaca
西雅图拉斯拉 La Isla Seattle
前往波音公司
埃弗里特工厂之旅
Warren G. Magnuson Park
Ravenna Park
University Village
内尔 Nell's
格林湖 Green Lake
巴拉德 Ballard
Woodland Park
特尔斯 Tilth
萨蒙湾 Salmon Bay
Magnolia
Kirkland
大学区 University District
大学合作社 University Book Store
University Inn
华盛顿大学 University of Washington
联合湾 Union Bay
The College Inn
弗里蒙特 Fremont
全食超市 Whole Foods Market
Bridle Trails State Park
Hidden Valley Sports Park
Overlake Golf and Country Club
华盛顿大学植物园 University of Washington Botanic Gardens
联合湖 Lake Union
安妮女王区 Queen Anne
西雅图中心 Seattle Center
国会山 Capitol Hill
Medina
Clyde Hill
科特柯本海滩 Kurt Cobain Bench
埃利奥特湾 Elliott Bay
美特尔·爱德华兹公园 Myrtle Edwards Park
奥林匹克雕塑公园 Olympic Sculpture Park
西雅图市区 Seattle Downtown
志愿者公园/湖景公墓 Volunteer Park/Lake View Cemetery
Meydenbauer Bay
Whole Foods Market
Glendale County Club
Bellevue Square
Bellevue
缺德舅 Trader Joe's
Gaslight Inn
Chism Beach Park
Kelsey Creek Park
Duwamish Head
Hamilton Viewpoint Park
塞菲科球场 Safeco Field
Seattle University
Mercer Slough Nature Park
p.321
星巴克咖啡馆 Starbucks Coffee Gear Store
Jefferson Park Golf Course
Genesee Park and Playfield
Mercer Island
South Seattle
West Seattle Golf Course
Andrews Bay
Seward Park
Newport Yacht Basin
Newcastle Beach Park
Island Crest Park
Pioneer Park
Coal Creek Park
Holly Park
Lincoln Park
Westcrest Park
Boeing Field King County International Airport
Pritchard Island Beach
Clarke Beach Park
航空博物馆 The Museum of Flight
Rainier Beach
华盛顿湖 Lake Washington
Glen Acres Golf & Country Club
Rainier Golf & Country Club
Bryn Mawr
兰顿机场 Renton Airport
Renton
Seahurst Park
Burien
Foster Golf Links
Tukwila
Maplewood Golf Course
Westfield Southcenter Mall
西雅图-塔科马国际机场（西塔机场）
Seattle-Tacoma International Airport
（Sea-Tac Airport）
DoubleTree Seattle Airport
5km
3mile

西雅图市区
AGC码头
Courtyard Lake Union
Lake Union Park
Lake View Cemetery
湖景公墓
志愿者公园
Volunteer Park
Prospect St.
Bacon Mansion Bed & Breakfast
Aloha St.
麦克斯韦酒店
The Maxwell Hotel
Valley St.
希尔顿欢朋套房酒店
Hampton Inn & Suites
Residence Inn Lake Union
Freeman
Roy St.
Mercer St.
辛赞尼剧院
Teatro ZinZanni
流行文化博物馆
Museum of Pop Culture
儿童博物馆
Children's Museum
比尔&梅琳达·盖茨基金会访客中心
Bill & Melinda Gates Foundation Visitor Center
严肃的馅饼和饼干
Serious Pie & Biscuit
Espresso Vivace
国会山
Capitol Hill
Republican St.
Broadway Market
E. Harrison St.
西雅图中心
Seattle Center
鸭子船
Best Western Executive Inn
Thomas St.
赖伊
REI
太平洋科学中心
Pacific Science Center
西雅图市中心品质套房酒店
Quality Inn & Suites Seattle Center
John St.
Analog Coffee
太空针塔
Space Needle
Denny Way
西雅图泛太平洋酒店
Pan Pacific Seattle Hotel
Dick's Drive-In
奇胡利玻璃艺术园
Chihuly Garden and Glass
Vermont Inn
吉米·亨德里克斯雕像
Jimi Hendrix Statue
全食超市
Whole Foods Market
Hotel Five
星巴克精品烘焙品尝室
Starbucks Reserve Roastery & Tasting Room
梅尔罗斯市场
Melrose Market
Cal Anderson Park
艾斯酒店
Ace Hotel
Jazz Alley
麦克斯酒店
Hotel Max
玻璃之翼
Glasswing
Pine St.
安德拉酒店
Hotel Andra
太平洋广场
Pacific Place
诺德斯特姆折扣店
Nordstrom Rack
E. Pike St.
The Westin Seattle
华盛顿制造
Made In Washington
维多利亚快艇渡轮
Victoria Clipper Ferries（69号码头）
严肃的馅饼
Serious Pie
西雅图凯悦大酒店
Grand Hyatt Seattle
E. Union St.
西湖购物中心
Westlake Center
西雅图水手队专卖店
Mariners Team Store
Macy's
Westlake站
Sheraton
华盛顿州会展中心
游客中心
鸭子船
弗吉尼亚梅森医院&医疗中心
Virginia Mason Hospital & Medical Center
西雅图艺术博物馆
Seattle Art Museum
西雅图古董市场
Seattle Antique Market
阿戈西游轮
Argosy Cruises
Union St.
Spring St.
Seattle University
派克市场
Pike Place Market
Fairmont Olympic Hotel
西雅图希尔顿酒店
Hilton Seattle
西雅图水族馆
Seattle Aquarium
滨海公园
Waterfront Park
University St.站
西雅图W酒店
W Seattle
西雅图中央图书馆
Seattle Central Library
西雅图大轮子（摩天轮）
Seattle Great Wheel
赛咖啡&酒吧
Purple Cafe & Wine Bar
56号码头
Alexis Hotel
西雅图洛伊斯1000酒店
Loews Hotel 1000
埃利奥特的牡蛎馆
Elliott's Oyster House
Terrace St.
54号码头
55号码头
Metropolitan Grill
哥伦比亚中心天空观景台
Columbia Center Sky View Observatory
提利坎姆村观光
伊瓦尔餐馆
Ivar's
地下城之旅
Underground Tour
码头区和市区
Waterfront & Downtown
Pioneer Square站
小西贡
Little Sigon
52号码头
Pier 52 Ferry Terminal
史密斯塔观景台
Smith Tower Observation Deck
先锋广场公园
Pioneer Square Park
先锋广场和国际区
Pioneer Square & International District
Yesler Way
Washington St.
西方人行步道
塔特餐馆
Tat's Delicatessen
Main St.
Maneki Restaurant
史密斯商店
E. Smith Mercantile
Jackson St.
埃利奥特湾
Elliott Bay
美国国铁国王街站
King St.
Jade Garden Restaurant
国际区站
萨鲁米烤肉
Salumi Artisan Cured Meats
International District/Chinatown站
Weller St.
世界比萨
World Pizza
星巴克咖啡1号店
Starbucks Coffee
闪电巴士车站
Bolt Bus
口香糖墙 Gum Wall
比彻餐馆 Beecher's
德劳伦特 De Laurenti
世纪互联体育场
CenturyLink Field
庆喜公园
Hing Hay Park
西雅图国际青年旅舍
Hostelling International Seattle
南联合湖有轨电车线路
第一山有轨电车线路
巴士线路
隧道巴士线路
单轨列车线路
轻轨
治安不好的区域
宇和岛屋
金字塔精酿酒吧&餐馆
Pyramid Alehouse, Brewery & Restaurant
S.Royal Brougham Way
Stadium站
塞菲科球场
Safeco Field
灰狗巴士站
西雅图体育场银云酒店
Silver Cloud Seattle Stadium
菲尔森
Filson
Alaskan Way
Occidental Ave.
500m
0.3mile

巴拉德 30分钟
20分钟 大学区
弗里蒙特 20分钟
西雅图中心
10分钟 国会山
码头区和市区
15分钟
先锋广场
5分钟
50分钟
↓SEA（机场）

码头区和市区

Waterfront & Downtown

从派克市场开始西雅图之旅吧！星巴克咖啡 1 号店所在的街道两旁，有许多来这里买面包当作早餐的人，非常热闹。在商家忙着开店的早上，从西雅图开始新的一天吧！

码头区 *Waterfront*

西雅图人气最高的观光地　　西雅图市区　M p.321-A3

派克市场

Pike Place Market

1907 年，当地人为了能够直接从农民那里买到农作物而开设的市场，是全美历史最为悠久的市场之一。由 80 多家餐馆和 200 家以上的店铺组成，如果想体验最地道的西雅图，那一定要造访这里。咖啡界的翘楚——星巴克咖啡 1 号店也位于这里，每天都会排起长队。

在市场主街可以购买到来自西北部的螃蟹、三文鱼等新鲜的鱼贝类，以及新鲜的蔬菜水果、鲜花等，这里到处都是店家卖力的吆喝声。另外进到 Pike St. 对面的拱廊街，便是售卖鱼贝类产品的 Pike Place Fish，摊位隔一段时间就会上演著名的飞鱼秀表演，将几十斤重的大鱼在空中抛来抛去，很多人都是为了能看上一眼这个表演而来，这里也成了市场内人群最为密集的地方。

2017 年 6 月市场进行了部分扩张。新增设了观景区，可以欣赏到码头区的景色。瑞秋猪（→边栏）也位于此处。

当地人和游客混杂的市场内部

派克市场

住 85 Pike St.
☎（206）682-7453
网 www.pikeplacemarket.org
营 每天 10:00~18:00（各个商家不同）
休 感恩节、圣诞节
●**游客中心**：每天 10:00~18:00
休 同市场一样
※Pike St. 和 1st Ave. 路口附近的游客中心，放有各种手册，还可以帮助解答关于市场的许多问题

吉祥物瑞秋猪

摆放于派克市场知名的 Pike Place Fish 前，非常显眼的铜猪像，它的名字叫作瑞秋。作为市场的吉祥物，其实还是个存钱罐。随时欢迎捐款。

瑞秋旁边总是围着很多人

口香糖墙

M p.321-A3

沿派克市场游客中心（上述）南侧的坡道下去，然后在道路尽头左拐，就可以看到一面粘满了口香糖的墙壁。起因是 1993 年，一个少年在排队等候时将口香糖和硬币粘在了这里，自此形成了一项传统。

便签 **西雅图中央图书馆**　可以免费使用洗手间、插座、Wi-Fi 等。Seattle Central Library　M p.321-B3　住 1000 4th Ave.　☎（206）386-4636　营 周一～周六 10:00~20:00（周五·周六 ~18:00）、周日 12:00~18:00

VIP 席很有意思的摩天轮　西雅图市区 M p.321-A3

西雅图大轮子　游

Seattle Great Wheel　✹

2012 年夏天开放后就拥有极高人气的摩天轮。座舱内带有空调，最多可以乘坐 8 人，最高点达 53 米，12 分钟 3 圈。不仅可以欣赏周围的景色，VIP 席还是玻璃地板！恐高的人一定注意。

8 人乘坐，可以旋转 3 圈的摩天轮

西雅图大轮子
住 Pier 57，1301 Alaskan Way
☎（206）623-8607
URL seattlegreatwheel.com
营 每天 10:00~23:00（周五·周六 ~24:00）
费 成人 $14、儿童（4~11 岁）$9、3 岁以下免费、VIP 席位一人 $50

码头区最热门的景点之一　西雅图市区 M p.321-A3

西雅图水族馆　学

Seattle Aquarium　✹✹

于 1977 年建成的水族馆。馆内饲养着 400 多种海洋生物。

最精彩的是在大型水箱内游动的、栖息于普吉特海湾的鱼类生物们。不定时进行的潜水员饲喂也很精彩，不要错过。

到了初秋，还可以看到为了产卵从大海逆流而来的鲑鱼群。此外还有以西雅图周边海域生活的生物为中心的展示。

西雅图水族馆
住 Pier 59，1483 Alaskan Way
☎（206）386-4300
营 每天 9:30~17:00
休 圣诞节
URL www.seattleaquarium.org
费 成人（13 岁以上）$27.95、儿童（4~12 岁）$17.95、3 岁以下免费

近距离接触动物

面朝埃利奥特湾的公园　西雅图市区 M p.321-A3

滨海公园　游

Waterfront Park　✹✹

57~59 号码头之间铺设有木板步道。这里原本是阿拉斯加淘金热时期搬运物资的地方。从这里可以很清楚地看到埃利奥特湾。在喷泉周边可以看到很多弯着腰大口品尝小吃的游客。游客可以一边享受大海的味道，一边悠闲地放松。从这里还可以眺望到市区的天际线。

这里有海鲜餐馆、观光渡轮码头

滨海公园
住 1401 Alaskan Way
☎（206）684-7250

市区 *Downtown*

参观本土艺术和现代艺术　西雅图市区 M p.321-A3

西雅图艺术博物馆　学

Seattle Art Museum (SAM)　✹✹

当地人取博物馆名字的首字母，亲切地称这里为"SAM"，而馆内最著名的当数黑色雕像作品《手拿榔头的工人》（*Hammering Man*），令人印象深刻。此外以美国西北部的本土文艺作品和亚洲、非洲的美术收藏品为主，十分知名。常规展览的相关信息可以登录网站免费下载语音导览。

西雅图艺术博物馆
住 1300 1st Ave.
☎（206）654-3100
URL www.seattleartmuseum.org
营 周三 ~ 下周一 10:00~17:00（周四 ~ 周六 ~21:00）
休 周二、主要节假日
费 成人 $19.95、老人（62 岁以上）$17.95、学生（13~19 岁）$12.95、12 岁以下及每月第一个周四免费

显眼的手拿榔头的工人

 美食　 购物　 学习　游 游玩　✹✹✹ 推荐度

美特尔·爱德华兹公园
住 3130 Alaskan Way
☎（206）684-7250
营 24 小时
交通方式 从 Pine St. & 3rd Ave. 乘坐巴士 #24、33，在 Elliott Ave. & 4th Ave. 下车。再步行 3 分钟

晴天的时候可以望见奥林匹克国家公园的一座座山丘　西雅图市区　M p.320-A2

美特尔·爱德华兹公园 游

Myrtle Edwards Park

公园位于阿拉斯加路（Alaskan Way）北，70 号码头附近，面朝埃利奥特湾（Elliott Bay）。园内有大片草坪，非常干净，午饭时间，在周边办公的人都会来到这里。

一边吹着海风一边慢跑

哥伦比亚中心天空观景台
住 701 5th Ave., 73rd Fl.
☎（206）386-5564
URL www.skyviewobservatory.com
营 每天 8:00~23:00
休 主要节假日
费 成人 $14.75、老人·学生·6~12 岁 $9.75

西雅图最高的观景台　西雅图市区　M p.321-B3

哥伦比亚中心天空观景台 游

Columbia Center Sky View Observatory

可以眺望远方的景色

西雅图摩天大楼的代表作，高 76 层，黑色、细长的外观造型，极具现代风格。入口位于 5th Ave. 一侧，先要上到 4 层，然后再乘坐直梯到达 40 层，最后上到 73 层。如果天气好的话，可以从接近 280 米高的观景台欣赏到市区、太空针塔、西塔机场、雷尼尔山国家公园、埃利奥特湾等地。

Information 西雅图观光亮点——阿戈西游轮海港游

在被大海、湖泊包围的城市——西雅图，人气最高的观光设施之一便是海上游船。

①海港游船 Harbor Cruise（全年航行）

周游埃利奥特湾 1 小时，始于 1949 年的西雅图著名航线。出发地在 55 号码头（M p.321-A3）。

费 成人 $27、老人（65 岁以上）$22、儿童（4~12 岁）$13

②联合湖游船 Lake Union Cruise（全年航行）

联合湖上的 90 分钟游船之旅。可以乘船参观西雅图著名建筑之一的水上漂浮别墅，此外还有浮桥、IT 业前辈们的家庭住宅等。与仅参观城市的行程不同，可以享受自然乐趣才是这条航线的特征。从联合湖南边的 AGC 码头（M p.321-A1）出发。

费 成人 $32、老人（65 岁以上）$27、儿童（4~12 岁）$13

③水闸游船 Locks Cruise（全年航行）

乘坐游船，一边眺望市区的摩天大楼，一边北上，从岛屿分散的普吉特海湾途经华盛顿运河水闸前往联合湖。最后参观完水上漂浮别墅后，到达联合湖的 AGC 码头，结束行程。从 56 号码头出发（M p.321-A3）。游玩时间约 2 小时。

费 成人 $40、老人 $35、儿童（4~12 岁）$18

※ 水闸游船有往返票。虽说是往返，但回程是从 AGC 码头乘坐巴士返回市区（所需时间 2 小时 30 分钟）。费 成人 $44、老人 $39、儿童（4~12 岁）$18

●阿戈西游轮 Argosy Cruise

M p.321-A3
住 Pier 55，1101 Alaskan Way
☎（206）623-1445
Free（1-888）623-1445
URL www.argosycruises.com
※ 阿戈西游轮的游客中心位于 55 号和 56 号码头之间（住 1201 Alaskan Way）
※ 航行时间、价格各个季节、日期不同，需要确认
※ 包含在城市通票中（→ p.312 脚注）

便签 **奥林匹克雕塑公园 Olympic Sculpture Park** 70 号码头北侧的公园（M p.320-A2）。拥有 20 多座雕塑作品，可以免费参观。

巴拉德 50分钟
弗里蒙特 30分钟
大学区 25分钟
西雅图中心
国会山 15分钟
码头区
市区
20分钟 15分钟 5分钟
先锋广场和国际区

先锋广场和国际区

Pioneer Square & International District

完好地保留着19世纪90年代砖造、石造杰出建筑的历史保护地区——先锋广场。其南部紧接着的是国际区，有很多亚裔生活在这里。晚上治安不佳，需要注意。

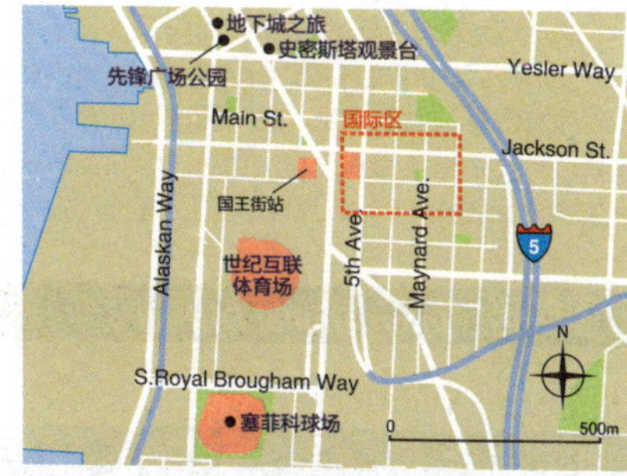

先锋广场 *Pioneer Square*

西雅图真正的发祥地　　西雅图市区　M p.321-A3~B3

先锋广场公园　游

Pioneer Square Park

✹✹

位于 Yesler Way 和 1st Ave. 的路口，由石板铺设的三角形广场。在这里可以看到过去的缆车车站，为了遮掩地下城的厕所而建造的维多利亚式牌坊（凉亭），以及阿拉斯加特里吉特族雕刻的高18米的图腾等。

但现在的图腾其实已经是第二代了。初代是1899年，该图腾是西雅图权贵们从特里吉特的村庄中盗取而来的，但在1938年被放火烧毁了。此后，西雅图市政府直接向特里吉特提出请求，希望他们能重新制作一个图腾。据说当时特里吉特族算上之前被盗走的图腾，向政府索要了制作2个图腾的费用。

先锋广场公园
住 100 Yesler Way
☎（206）684-7250
URL www.seattle.gov/parks

实际上是第二代图腾

探索20世纪初被遗弃的地下世界　　西雅图市区　M p.321-A3

地下城之旅　游

Underground Tour

✹

从 1st Ave. 和 Yesler Way 路口的先锋广场出发的观光之旅。出发前20分钟，导游会介绍一下相关的历史，然后开始1小时徒步之旅。团队约40人，由导游带领在泛着霉臭味的地下通道中参观游览。在看到旅店、杂货店等设施后，可以确定这里真的存在过另外一个世界。因为道路很不好走，所以一定要穿着便于走路的鞋子。

行程的起点就在这里

地下城之旅
住 614 1st Ave.
☎（206）682-4646
URL www.undergroundtour.com
营 行程/4~9月：每天9:00~19:00。10月~次年3月：每天10:00~18:00。每天发团次数在3~10次之间，每月情况不同，可以上网或打电话确认
费 成人$22、老人（60岁以上）·学生（13~17岁需要ID）$20、儿童（7~12岁）$10
※购票截止到行程开始前一小时，包括网上购票。此外因为游玩时间较长，6岁以下儿童不能参加

胆战心惊地走向地下

 美食  购物  学习  游玩  推荐度

曾经是在曼哈顿之外美国最高的建筑　西雅图市区　M p.321-B3

史密斯塔观景台 游

Smith Tower Observation Deck ✷✷

由打字机大亨 L.C. 史密斯于 1914 年建造的 42 层建筑。仿照纽约大都会人寿保险大楼设计建造的铅笔芯尖塔令人印象深刻。

位于 35 层的观景台是围绕着建筑一周修建而成的，在这里可以 360° 欣赏西雅图市区风景，晴天的话还可以清楚地看到雷尼尔山。此外还附设有咖啡、酒吧，晚上来的话，可以一边品酒，一边欣赏西雅图的夜景。另外乘坐电梯到达观景台后，可以看到一把华丽的椅子。这是当年慈禧太后赠送的礼物，据说单身女性坐过的话，1 年之内就会结婚。

国际区 International District

充满异国风情的地区　西雅图市区　M p.321-B3-4

国际区 游

International District ✷✷

曾经因为有很多华人居住于此而被叫作唐人街，但随着越南、日本等亚洲各国移民逐渐增多，这里也被冠以了“国际区”的称号。比较热闹的是 5th Ave. 和 7th Ave.、S.Weller St. 和 S.Jackson St. 所包围的区域。Maynard Ave. S. 和 S.King St. 路口是建有中式凉亭的庆喜公园（Hing Hay Park），早晚有很多华人在这里打太极拳。周围是由来自中国、日本、越南、菲律宾等亚洲国家的人经营的餐馆、商店。还有宇和岛屋超市、纪伊国屋书店。从国际区穿过 I-5，便是被称作小西贡的越南社区。

钢筋外露的外观使其成了西雅图的地标建筑　西雅图市区　M p.321-A4~B4

塞菲科球场 游

Safeco Field ✷✷

1999 年完工，可容纳 4.7 万名观众，是西雅图水手队的主场。球场屋顶可以闭合，天然草坪看上去也非常美丽。1st Ave. 一侧的商店是球场观光之旅 Field Tour（所需时间 1 小时）的起点，从这里可以一直参观到球队替补席的地方。

在这里可以看到漂亮的天然草坪以及天上的蓝天白云

史密斯塔观景台
住 506 2nd Ave.
☎（206）624-0414
URL www.smithtower.com
营 每天 10:00~19:00
费 自助游 成人 $19、儿童（5~12 岁）$15、老人（65 岁以上）$15

可以看到远处的雷尼尔山

国际区
住 被 Yesler Way，4th Ave，Dearborn St.，Rainier Ave. 所包围的区域
交通方式 在轻轨 International District 站下车

庆喜公园
M p.321-B3~4

宇和岛屋
M p.321-B4
住 600 5th Ave. S.
☎（206）624-6248
营 周一～周六 8:00~22:00、9:00~21:00

国际区是亚裔民族聚集的区域

塞菲科球场
住 1250 1st Ave. S.
☎（206）346-4001（球票 & 观光指南）
交通方式 在轻轨 Stadium 站下车

球场观光之旅
☎（206）346-4241
URL seattle.mariners.mlb.com → Safeco Field
营 行程 /4~10 月：非比赛日 10:30、12:30、14:30；11 月～次年 3 月：周二～周六 10:30、12:30，周日 12:30、14:30（比赛日、赛季以外的日期需要确认）
费 成人 $12、老人（65 岁以上）$11、儿童（3~12 岁）$10、2 岁以下免费

塞菲科球场的观光之旅人气很高

SEATTLE
巴拉德 25分钟
10分钟 弗里蒙特
大学区 40~50分钟
西雅图中心
国会山 20分钟
5分钟
10分钟 码头区
市区
15分钟 先锋广场和国际区
0 5km

西雅图中心 *Seattle Center*

西雅图中心是利用 1962 年世博会举办地改建而成的综合公园 & 文化设施区域。该地区占地面积大，拥有 20 多座文化、娱乐设施。其北部是安妮女王区，是建有许多英国情调房屋的高档住宅区。

摇滚音乐的殿堂　　西雅图市区　M p.321-A1

流行文化博物馆　游 学

Museum of Pop Culture (MoPOP)　✵✵✵

以摇滚乐、科幻、流行文化为主题建造的博物馆。原名 EMP 博物馆，2016 年末改为现在的名称。主博物馆（2 层）主要介绍的是美国流行文化的历史。陈列着各时代主流音乐和代表音乐的海报，以及专辑封面等。其中世界巨星吉米·亨德里克斯的展览拥有最高的人气。在三层的“声音实验室”中，可以体验使用吉他、电子琴作曲，练习舞蹈动作等。此外，科幻电影、电视剧的特效展览也很出众，在这里可以看到很多拍摄时使用的实物道具。千万不要错过。

具有创意的建筑外观，由弗兰克·盖里设计

流行文化博物馆
住 325 5th Ave. N.
☎（206）770-2700
URL www.mopop.org
营 5 月下旬~9 月上旬：每天 10:00~19:00、9 月上旬~次年 5 月下旬：每天 10:00~17:00
休 感恩节、圣诞节
费 成人 $28、老人（65 岁以上）· 学生 $23、儿童（5~17 岁）$17、4 岁以下免费
※ 闭馆时间有可能提前，请提前确认

孩子们梦想中的游戏区

西雅图的象征　　西雅图市区　M p.321-A1

太空针塔　游

Space Needle　✵✵

塔顶带有一个犹如 UFO 圆盘的建筑便是太空针塔。塔高 184 米，从圆盘部位的观景台（观景台高 158 米）可以在没有任何遮拦物遮挡的情况下，360° 欣赏西雅图的全景。天气晴朗的话，可以看到南部市区和洁白的雷尼尔山，东边的华盛顿湖、西边船只交错的埃利奥特湾，以及远方连绵不绝的奥林匹克山脉。观景台下方设有餐馆。

来到西雅图一定要登上塔顶参观

太空针塔
住 400 Broad St.
URL www.spaceneedle.com
营 观景台：周日~下周四 9:00~22:00（周五·周六~22:30。夏季有所延长）
餐馆：早午餐每天 9:30~14:45、晚餐每天 17:00~21:45（需穿着商务休闲类服装）
费 成人 $29、老人（65 岁以上）$22、儿童（4~12 岁）$18、3 岁以下免费
※ 清晨和深夜的价格便宜，详细信息可以上官网查询
（在餐馆用餐的话，登塔是免费的。但是规定午餐人均最低消费 $52.95、晚餐 $50。售票处在左侧尽头处）
※ 包含在城市通票中（→p.312 脚注）

便签　前往比尔·盖茨集团　展示了世界贫穷地区的现状。比尔 & 梅琳达·盖茨基金会游客中心 Bill & Melinda Gates Foundation Visitor Center　M p.321-A1　住 440 5th Ave.　☎（206）709-3100　营 周二~周六 10:00~18:00　休 周日·周一　费 免费

太平洋科学中心
住 200 2nd Ave. N.
☎ (206) 443-2001
URL www.pacificsciencecenter.org
营 每天 10:00~18:00
费 成人 $21.95、老人(65岁以上)$19.95、儿童(6~15岁)$15.95、3~5岁 $11.95、2岁以下免费。含 IMAX 成人 $30.70、老人(65岁以上)$27.70、儿童(6~15岁)$22.70

激光秀
费 周四 $10、周五~周日 $12

IMAX
费 成人 $10.75~16.95、老人(65岁以上)$9.75~15.95、儿童(6~15岁)$8.75~14.95、3~5岁 $6.75~11.95

※包含在城市通票中(→p.312 脚注)

可以边玩边学的科学馆

奇胡利玻璃艺术园
住 305 Harrison St.
☎ (206) 753-4940
URL www.chihulygardenandglass.com
营 每天 8:30~20:30(周五~周日 ~21:30。各个时期不同)
费 成人 $29、老人(65岁以上)$22、儿童(5~12岁)$18

※包含在城市通票中(→p312 脚注)

可以学习体验的科学馆 西雅图市区 M p.321-A2

太平洋科学中心

Pacific Science Center

✱✱

设有 IMAX 剧院、天文馆、激光穹顶，可以在体验的同时，轻松愉快地学习科学知识。中央细长的拱门和 5 个主体建筑均是由山崎实设计的。这里最值得推荐的便是有着像根据人体器官的立体图示进行的解说、制作 3D 电影的过程、通过电脑制作音乐和绘画作品等，让孩子们便于学习、理解科学知识的娱乐设施。

正面中央设有喷泉、水池，可以玩脚踏船(左图)
适合家庭娱乐的设施(下图)

玻璃雕刻品汇聚的博物馆 西雅图市区 M p.321-A1

奇胡利玻璃艺术园

游

Chihuly Garden and Glass

✱✱✱

室外也陈列着奇胡利的作品

玻璃雕塑师戴尔·奇胡利(Dale Chihuly)的作品收藏艺术馆。奇胡利出生于西雅图郊外的塔科马市，是玻璃艺术领域的革新人物。玻璃展厅内本来没有情感的艺术作品，通过阳光的照射，产生了不同的变化，仿佛都被赋予了生命一般。另外在庭园内，还可以欣赏到植物和玻璃品形成的美妙画面。在纪念品商店除了能买到玻璃工艺品外，还有奇胡利夫妇精选的商品。

欣赏五彩缤纷的玻璃作品

SEATTLE
巴拉德 55分钟
40～50分钟 弗里蒙特
大学区 20分钟
西雅图中心
10～15分钟
国会山
市区 10～15分钟
20～30分钟 先锋广场和国际区

国会山 *Capitol Hill*

市区东侧被称作国会山的地区，是一片住宅区。可以到志愿者公园休息放松，这里有大片草坪，平时就是市民的休闲场所。此外也有美术馆、观景台，可以感受一下当地的氛围。

西雅图市民的休息场所

西雅图市区 M p.321-B1

志愿者公园 游
Volunteer Park

公园位于国会山的东北方向，由纽约中央公园的设计者、著名的奥姆斯特德兄弟设计修建。利用原本的自然资源进行设计，整体上非常具有美感，将树叶颜色随着季节而变化的景象直接呈现在了人们眼前。公园中最引人注目的是砖造的蓄水塔，塔的上部是观景台（费 免费、营 每天 10:00~18:00），可以望见市区的楼群、华盛顿湖上的浮桥以及联合湖的景色。塔的背面是西雅图亚洲艺术博物馆（Seattle Asian Art Museum），以及可以看到珍稀热带植物、仙人掌等的温室［费 成人 $4、儿童（13~17 岁）$2、营 周二～周日 10:00~16:00］。

亚裔移民众多的街区中特有的博物馆

志愿者公园
住 1247 15th Ave. E.
☎（206）684-4075
URL www.seattle.gov/parks
营 每天 6:00~22:00
交通方式 从市区的 Pike St. & 4th Ave. 乘坐 20 分钟巴士 #10，在 15th Ave. & E. Highland Dr. 下车

西雅图亚洲艺术博物馆
住 1400 E.Prospect St.
☎（206）654-3100（根据语音提示操作）
URL www.seattleartmuseum.org
营 周三～周日 10:00~17:00（周四～21:00）
休 周一 · 周二、节假日
费 成人 $9、老人（62 岁以上）$6、儿童（13~19 岁）· 学生 $5、12 岁以下免费

李小龙墓地所在处

西雅图市区 M p.321-B1

湖景公墓 游
Lake View Cemetery

湖景公墓内李小龙父子的墓碑

墓地位于志愿者公园对面，著名的动作明星李小龙（Bruce Lee）就长眠于此。他在十几岁时移民到了西雅图，并开创了功夫道场。晚年虽然是在香港度过，但遗体还是埋葬在了这里。其子李国豪（Brandon Bruce Lee）的墓地在他的右边。

湖景公墓
住 1554 15th Ave.E.
☎（206）322-1582
URL www.lakeviewcemeteryassociation. com
营 每天 9:00~ 日落（各个季节不同）
交通方式 从市区 4th Ave. 和 Pike St. 出发，乘坐巴士 #10，在 Garfield St. & Grandview Pl. 下车。然后沿 E.Garfield St. 向西步行 1 个街区。从志愿者公园步行 10 分钟即可到达

 美食  购物  学习  游玩 ✹✹✹推荐度

西雅图周边 *Seattle Outskirts*

西雅图近郊既有自然资源丰富的居民区，也有充满魅力的小镇。稍微花费些时间，就能看到与市区截然不同的景色。和中心部不同，可以更悠闲地观光。

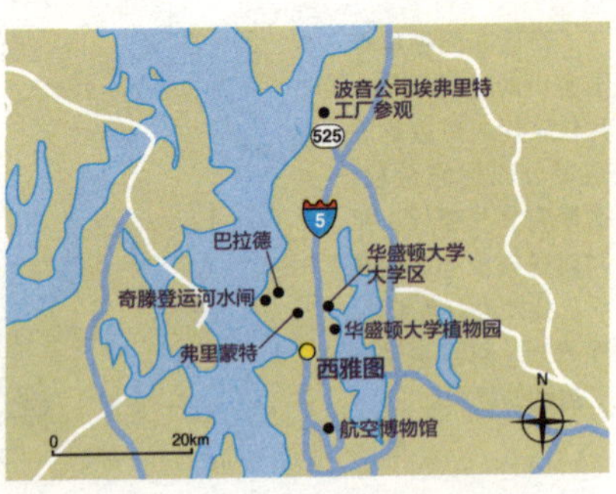

实力、人气俱佳的名门高校

西雅图周边 M p.320-A1

华盛顿大学 University of Washington

游 学

华盛顿大学于1861年在市区成立，历史非常悠久，当时仅有1名教授和区区30位学生。1895年校址迁到了华盛顿湖和联合湖之间，面朝联合海湾的位置。此后校园的面积不断扩大，如今已经成了华盛顿州最大的大学。

校园正中是中央广场（Central Plaza）。因为使用了红砖建造，也被俗称为红色广场。南面是雷尼尔观景点（Rainier Vista）和德拉姆黑勒喷泉（Drumheller Fountain），从这里可以清楚地看到东南方向的雷尼尔山。学校内包括哥特风格的苏萨罗艾伦图书馆（Suzzallo & Allen Libraries）在内，共有13座图书馆，藏书非常多，甚至能找到其他国家全国的电话簿，令人钦佩。大学的建筑学、海洋学、法学、药学、医学初级护理学科格外出名。

大学在体育方面在水上运动、橄榄球、篮球上也是人气、实力兼具。大学的吉祥物哈士奇（Huskies）非常可爱，深受大家喜爱。

●亨利美术馆 Henry Art Gallery

大学校园内的美术馆，藏有很多高雅的作品。除了有20世纪现代

许多学生来来往往的中央广场

华盛顿大学
网 www.washington.edu
交通方式 从Westlake站乘坐轻轨，在University of Washington站下车。6分钟

游客中心
住 022 Odegaard
☎（206）543-9198
网 www.washington.edu/visit
营 周一～周五 8:30~17:00
休 周六·周日、节假日
※ 可以获取校园地图

亨利美术馆
住 15th Ave.N.E. & 41st St.
☎（206）543-2280
网 www.henryart.org
营 周三～周日 11:00~16:00（周四~21:00）
休 周一·周二
费 成人$10、老人（62岁以上）$6、13岁以下儿童免费
交通方式 华盛顿大学校园西南侧

伯克自然历史与文化博物馆
住 17th Ave.N.E. & 45th St.
☎（206）543-5590
网 www.burkemuseum.org
营 每天 10:00~17:00（第一个周四~20:00）
休 节假日
费 成人$10、老人$8、学生·儿童（5岁以上需要学生证）$7.50、4岁以下免费。第一个周四免费
交通方式 华盛顿大学校园西北侧

大学校园内 博物馆、美术馆、餐馆、大学合作社等许多设施游客都可以参观。在哈士奇体育场内的水上娱乐中心可以租借独木舟和小船。

艺术的常规展览外，还不时举办一些特殊展览。美术馆的一角是詹姆斯·特瑞尔空间（James Turrell Skyspace），经常举办装置艺术展览。

●伯克自然历史与文化博物馆

Burke Museum of Natural History & Culture

1885 年创建，华盛顿州历史最为悠久的大学博物馆。在这里可以看到以西雅图为中心，美国大陆太平洋沿岸的文化、人类学和自然历史相关的藏品。内部有大量的美国本土工艺品，包括用雪松制作而成的独木舟、意味深长的图腾雕刻品等，珍品数不胜数。

华盛顿大学西侧的学生街区　西雅图周边　M p.320-A1~B1

大学区

University District　食 买　✱✱

以 N.E.45th St. 和 University Way 路口为中心，集中着面向学生的便宜的餐馆、咖啡馆、二手服装店、书店、电影院等，步行游览即可。这里有许多学生往来，可以看到学生街区特有的热闹场景。如果有时间的话，一定要去大学路（University Way）上的 43rd~45th St. 之间的大学合作社 University Book Store 逛逛。这里有很多书籍、文具、衣服、杂货等商品。印有华盛顿大学吉祥物“哈士奇”的商品更是人气纪念品。

艺术丰富多彩的小镇　西雅图周边　M p.320-A1

弗里蒙特

Fremont　食 买　✱✱

市区以北 6 公里处的弗里蒙特，是以 Fremont Ave. 和 N.35th St. 的路口为中心延伸的小镇，在西雅图的年轻人和艺术家之间有着很高的人气。

巨大的北欧妖怪雕像

小镇的各个地方都有艺术家制作的纪念碑，不知为何街角处还矗立着列宁雕像、北欧妖怪雕像、火箭等作品。在宇宙中心的支柱上，还标明了“北欧妖怪 2 个街区”“罗浮宫 9757 公里”等方向和距离。

此外，每周日还会举办周日市场活动，是最适合漫步的小镇了。

非常适合漫步的小镇　西雅图周边　M p.320-A1

巴拉德

Ballard　食 买　✱

距离弗里蒙特 5 公里，位于其西北方向，在这里可以看到奇滕登水闸，是一片紧邻太平洋的时尚地区，各个年龄层的人都聚集于此，非常热闹。

小镇的中心是 N.W.Market St. 和 Ballard Ave. 的路口周边。首先可以沿砖头铺设的巴拉德大街进行观光。街道两旁都是用 19 世纪房屋改造而成的商店、餐馆，漫步起来非常有趣。

大学区

交通方式 华盛顿大学校园西北侧。

大学合作社

M p.320-A1

住 4326 University Way N.E.

☎ (206) 634-3400

Free (1-800) 335-7323

URL www.bookstore.washington.edu

营 周一～周五 9:00~20:00、周六 10:00~19:00、周日 12:00~17:00

陈列着许多与华盛顿大学相关的商品

弗里蒙特

街角的小卖部都有步行指南，可以拿着它开启小镇的观光之旅。

URL Fremont.com

交通方式 从市区乘坐巴士 #28，在 Fremont Ave. 和 N.34th St. 下车。约 20 分钟

弗里蒙特周日市场

住 3401 Evanston Ave.

URL www.fremontmarket.com

营 周日 10:00~16:00

巴拉德

交通方式 从市区的 3rd Ave. & Pine St. 出发，乘坐巴士 #40，在 N.W. Market St. & Ballard Ave. N.W. 下车。约 30 分钟。从弗里蒙特出发，同样乘坐巴士 #40 即可到达

巴拉德农贸市场

住 bet.22nd Ave. & Vermont Pl.

URL www.sfmamarkets.com

营 周日 10:00~15:00

 美食  购物  学习  游玩  推荐度

大海和湖泊的交汇点　　西雅图周边　M p.320-A1

奇滕登水闸和鱼梯

Hiram M. Chittenden Locks & Fish Ladder

✱✱

从这里可以看到鲑鱼逆流而上

连接华盛顿湖（淡水）和普吉特海湾（咸水），东西走向的运河上，全年约有5万艘船只往来，是非常重要的交通要道。为了可以使船只顺利地从水位较低的普吉特海湾驶向水位较高的华盛顿湖，而修建了奇滕登水闸。其原理是当船只从海湾一侧进入水闸后，等待水闸内的水位上升至和湖泊一侧等高后便会开闸，然后船只即可驶入华盛顿湖。1917年，为了使鲑鱼、虹鳟可以在湖水和海洋之间穿梭，修建了专门能让它们通过的鱼梯。7~11月可以参观它们逆流而上的壮观场面。

奇滕登水闸

住 3015 N.W.54th St.

营 每天 7:00~21:00

鱼梯

营 每天 7:00~20:45

交通方式 从市区的 3rd Ave. & Union St. 出发，乘坐巴士#17，在 N.W.54th St. & 32nd Ave.N.W. 下车。约 40 分钟

游客中心

☎（206）783-7059

营 5~9月：每天 10:00~18:00、10月~次年4月：周四~下周一 10:00~16:00

休 10月~次年4月的周二·周三

※ 提供容易理解的插图手册

航空爱好者必看　　西雅图周边　M p.320-A3

航空博物馆

学

The Museum of Flight

✱✱

波音公司发祥地所在的埃利奥特湾上建造的飞机博物馆。博物馆共有6层，玻璃外观，展品涵盖了从达·芬奇到NASA的人类航空历史，还能看到150多架实物飞机。

可以参观总统专机“空军一号”的内部

包括波音公司首架准乘18人的客运双翼飞机Boeing 80A-1（1929年）；世界首架喷气式客运飞机德·哈维兰D·H·106彗星；投入过越南战争中的麦克唐纳F-4C鬼怪Ⅱ等。室外还可以近距离参观到从肯尼迪、尼克松时代开始使用的空军一号（总统专机）、超音速客机协和式飞机等。

航空博物馆

住 9404 E.Marginal Way S.

☎（206）764-5700

URL www.museumofflight.org

营 每天 10:00~17:00（第一个周四~21:00）

休 感恩节、圣诞节

费 成人 $23、老人（65岁以上）$19、儿童（5~17岁）$14、4岁以下免费。第一个周四的 17:00~21:00 免费

交通方式 从市区的 3rd Ave. 和 Pike St. 出发，乘坐巴士#124，在 E.Marginal Way S. & S.94th Pl. 下车。约 30 分钟

参观客机的制造过程　　西雅图周边　M p.320-B1 外

波音公司埃弗里特工厂之旅

学 游

Future of Flight Aviation Center & Boeing Tour

✱✱✱

从西雅图市区出发，开车向北行驶约40公里可以到达波音公司工厂所在的埃弗里特市，其南部的马科尔蒂奥市内建有未来航空飞行（Future of Flight）体验展馆。加上波音公司的工厂参观之旅，这些都是西雅图特有的人气观光景点。

埃弗里特工厂的占地面积约有40万平方米。波音公司747、777、787型飞机装配工作间，可以同时组装6架珍宝客机、8架B-767飞机。飞机坪上经常停放着24架珍宝客机，还有疲劳测试装置、3000米飞机跑道、从位于康涅狄格州的联合技术公司通过货车运送而来的大型喷气客机引擎等，容积堪称世界之最（约1330万立方米）。

波音公司埃弗里特工厂之旅

住 8415 Paine Field Blvd., Mukilteo

☎（425）438-8100

URL www.futureofflight.org

营 每天 8:00~19:00。行程 8:30~17:00（各个时期不同）

休 主要节假日

费 成人 $25、儿童 $15

门票可以当天在入口购买，也可提前上网购买

※ 身高122厘米以下的儿童不能入场

交通方式 从西雅图开车，沿I-5北上，驶出 Exit 189，沿 WA-526 向西。行驶8公里后，在 84th St.S.W. 和 Paine Field Blvd. 路口左转。约40分钟。虽然也可以乘坐巴士前往，但比较复杂，如果没有车的话，建议参加旅游团行程（→下述）

●参观飞机制造的行程

行程开始是在可以容纳 240 人的未来航空飞行剧场观看波音公司的历史、777 机型组装过程的影像资料。然后乘坐专用巴士前往工厂，途经地下通道（全长 3.7 公里），参观全世界容积最大的工厂。工厂约有 11 层楼高，全长约 3.4 公里，现在有 3 万多人在这里工作。虽然在这里能够参观梦想飞机的制造过程，但是由于地方实在是太宽阔了，因此无法感受到工作人员的数量之多以及工厂那种忙碌的感觉。飞机分为主机身、机翼等 9 个部分，最后会进行合体组装。经过约一小时的现场作业参观后，再次前往未来航空飞行剧场。馆内还有展览馆、咖啡馆、纪念品商店等，展览馆内除陈列着最新锐机型梦想飞机的机体与坐席等大模型以及娱乐（电影等）系统的解说外，还展示有 747 机型的引擎和尾翼等，此外还可以坐在波音 727 的驾驶员座舱里。纪念品商店的商品种类也很丰富。

正在组合零件

※在波音公司埃弗里特工厂之内是禁止拍照的。Future of Flight 位于埃弗里特市南的马科尔蒂奥市

西雅图的体育
Sports in Seattle

棒球　Major League Baseball（MLB）

西雅图水手队 Seattle Mariners

西雅图水手队于 1977 年联盟扩编时成军于西雅图。球场虽然为开闭式，但是除了夏天外，其他季节比想象中要冷，需要戴好手套。

主场：塞非科球场 Safeco Field　M p.321-A~B4
住 1250 1st Ave.S.　☎（206）346-4000　URL seattle.mariners.mlb.com　交通方式 乘坐轻轨在 Stadium 站下车。

美式橄榄球 National Football League（NFL）

西雅图海鹰队 Seattle Seahawks

主场位于塞非科球场北侧，属于 NFC 西部分区。2013 赛季首夺超级碗冠军，2014 年也连续杀入超级碗决赛，但未能实现卫冕，2015、2016 年也进入了季后赛，迎来了球队的黄金时期。

主场：世纪互联体育场 CenturyLink Field
M p.321-B4　住 800 Occidental Ave.S
Free（1-888）635-4295
URL www.seahawks.com

足球 Major League Soccer（MLS）

西雅图海湾人队 Seattle Sounders FC

2009 年加入 MLS 的第 15 支球队。每场比赛都能吸引 4 万多名观众前来观赛，是 MLS 首屈一指的人气球队，战绩优异，每年都能进入季后赛。2016 年夺得了 MLS 总冠军。

主场：世纪互联体育场（同西雅图海鹰队一样）
M p.321-B4　住 800 Occidental Ave.S
Free（1-877）657-4625
URL www.soundersfc.com

西雅图的商店
Seattle

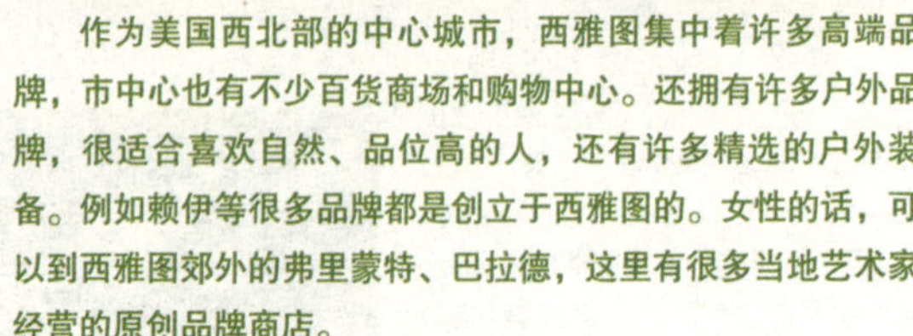

SHOP

作为美国西北部的中心城市，西雅图集中着许多高端品牌，市中心也有不少百货商场和购物中心。还拥有许多户外品牌，很适合喜欢自然、品位高的人，还有许多精选的户外装备。例如赖伊等很多品牌都是创立于西雅图的。女性的话，可以到西雅图郊外的弗里蒙特、巴拉德，这里有很多当地艺术家经营的原创品牌商店。

码头区和市区

西湖购物中心
Westlake Center 购物中心

◆时尚、开放，位于市区中心

市区最大的购物中心。约有 20 家商店和咖啡馆，游客要是有时间可以来这里逛街。三层是前往西雅图中心的单轨列车站。

交通便利的购物中心

M 西雅图市区 p.321-A2

住 400 Pine St.（bet.4th & 5th Aves.）
☎（206）467-1600
URL www.westlakecenter.com
营 周一～周六 10:00~21:00、周日 11:00~18:00（各个商家不同）
信用卡 各个商家不同

太平洋广场
Pacific Place 购物中心

◆市区的购物中心

共有约 50 家店铺，从蒂芙尼等高档品牌到休闲服饰，商品齐全，此外也有餐馆、星巴克咖啡、电影院等设施，除了购物之外还有很多乐趣。中央天井的空间很大，令人心情畅快。

室外的咖啡馆深受当地市民喜爱

M 西雅图市区 p.321-A2

住 600 Pine St.
☎（206）405-2655
URL www.pacificplaceseattle.com
营 周一～周六 10:00~20:00、周日 11:00~19:00（各个商家不同）
信用卡 各个商家不同

诺德斯特姆拉克
Nordstrom Rack 折扣店

◆百货折扣店

低价出售老牌百货商店 Nordstrom 的商品。虽然没有最新上市的商品，但可以用合理价格买到许多休闲西服、小配件、美国当地品牌商品。诀窍就是要有耐心。

没准能买到超值的商品

M 西雅图市区 p.321-A2

住 Westlake Center，400 Pine St.
☎（206）448-8522
URL shop.nordstrom.com
营 周一～周六 9:30~21:00（周六 10:00~）、周日 10:00~19:00
信用卡 A J M V

西雅图水手队专卖店
Mariners Team Store 运动

◆来这里选购水手队纪念商品

印有球员背号的 T 恤、带有水手队标志的帽子（$34.99~）……水手队的球迷一定要光顾这里。除市区外，在塞菲科球场内也有分店。

即便没有比赛也能买到商品

M 西雅图市区 p.321-A2

住 1800 4th St.
☎（206）346-4327
URL seattle.mariners.mlb.com
营 周一～周六 10:00~20:00、周日 11:00~18:00（塞菲科球场→p.326）
信用卡 A J M V

码头区和市区

赖伊
REI 户外

◆最大的户外品牌总店

可以买到许多既时尚又实用的商品。野营、登山、独木舟、骑行用品的种类非常齐全。此外定期还有攀岩、划船的课程，需要预约。

有很多中国没有的商品

M 西雅图市区 p.321-B1
住 222 Yale Ave.N.
☎（206）223-1944
Free（1-800）426-4840
URL www.rei.com
营 周一～周六 9:00~21:00、周日 10:00~19:00
信用卡 A D J M V

西雅图古董市场
Seattle Antiques Market 古董

◆极具观赏价值的古董

19~20 世纪的欧洲家具、饰品，20 世纪 40~80 年代的美国餐具、文具等，保存状况良好。店铺位于游客众多的 57 号码头对面，非常便利。

M 西雅图市区 p.321-A3
住 1400 Alaskan Way
☎（206）623-6115
URL www.seattleantiquesmarket.com
营 每天 10:00~18:00
信用卡 A J M V

华盛顿制造
Made In Washington 礼物

◆可以买到华盛顿州所有的纪念品

位于游客必去的西湖购物中心一层，可以购买到华盛顿州所有的纪念品。烟熏三文鱼、果酱、装饰品、手工艺品等，都是很高大上的商品。

M 西雅图市区 p.321-A2
住 Westlake Center，400 Pine St.，1st Floor
☎（206）623-9753
URL www.madeinWashington.com
营 周一～周六 10:00~20:00、周日 11:00~18:00
信用卡 A M V

先锋广场

史密斯商店
E. Smith Mercantile 精选商店

◆杂货丰富的商店

位于先锋广场公园附近，附设有酒吧的精选商店。商品有原创香水、珠宝、杂货等，每一样都很有特色，是时尚达人们的御用商店。购物后还可以在附设的酒吧喝上一杯。

商店位于 1st Ave. 上

M 西雅图市区 p.321-A3
住 208 1st Ave.
☎（206）641-7250
URL www.esmithmercantile.com
营 周一～周六 11:00~19:00、周日 12:00~19:00
信用卡 A M V

菲尔森
Filson 时尚

◆浪漫的菲尔森总店

19 世纪 90 年代，为了给到此淘金的人们提供结实、舒服的服装、背包而创立的菲尔森品牌。总店一层设有工厂，可以透过玻璃观看工作过程。

可以使用一生的商品

M 西雅图市区 p.321-A4
住 1741 1st Ave.S.
☎（206）622-3147
URL www.filson.com
营 周一～周六 10:00~18:00、周日 12:00~17:00
信用卡 A M V

西雅图周边

卡夫
Kavu 户外

◆诞生于西雅图的户外服装

1993 年创立于西雅图。虽然规模不大，但每个季节都会发布新的商品，在西雅图当地有着很高的人气。有很多只在直营店才能买到的商品，很多服装穿着逛街也是很时尚的。

有大受欢迎的帽子

M 西雅图周边 p.320-A1
住 5419 Ballard Ave.N.W.
☎（206）783-0060
URL www.kavu.com
营 周一～周六 10:00~19:00、周日 11:00~17:00
信用卡 A M V

西雅图的餐馆

Seattle

RESTAURANT

说到西雅图的美食，就不得不提以海鲜为主的西北美食（→p.336 脚注）。此外亚洲特色融合的泛亚菜系等也都很值得品尝。派克市场周边有很多氛围轻松的餐馆和咖啡馆。

特色菜品中最被大家所熟知的是蛤蜊浓汤。在大部分海鲜店都能品尝到，也可以选择外带。

码头区和市区

严肃的馅饼

Serious Pie 美式

◆ 由星级厨师经营的餐馆

詹姆斯·比尔德奖是美食界的奥斯卡，这家餐馆正是由该奖项的获奖得主汤姆·道格拉斯经营的。每天晚上店外都会排起长队。招牌菜是薄底比萨（$17~19）。食材考究、味道细腻。

很快就能吃完一块

M 西雅图市区 p.321-A2

住 316 Virginia St.

☎（206）838-7388

URL www.seriouspieseattle.com

营 每天 11:00~23:00

信用卡 A J M V

紫咖啡 & 酒吧

Purple Cafe & Wine Bar 西北

◆ 库存葡萄酒多达 5000 瓶以上

市区的人气葡萄酒吧。环境舒适轻松，有专门的工作人员推荐葡萄酒来搭配用应季食材制作而成的西北美食。人气菜有圣马扎诺西红柿汤（$7）和用糕点皮包裹奶酪烤制而成的烤布里奶酪（$15）。

新鲜的海产配上美味的葡萄酒

M 西雅图市区 p.321-A3

住 1225 4th Ave.

☎（206）829-2280

URL www.purplecafe.com

营 周日～下周五 11:00~23:00（周日 12:00~、周五 ~24:00）、周六 12:00~24:00

信用卡 A M V

伊瓦尔餐馆

Ivar's 海鲜

◆ 最有名的蛤蜊浓汤

可以在餐馆旁的外卖柜台上点蛤蜊浓汤（$6~）、炸鱼薯条、沙拉等。在玻璃休息厅里，可以一边品尝蛤蜊浓汤，一边欣赏海景。这个蛤蜊浓汤在塞菲科球场也能品尝到。

位于 Madison St. 的路口

M 西雅图市区 p.321-A3

住 1001 Alaskan Way，Pier 54

☎（206）624-6852

URL www.ivars.com

营 每天 11:00~22:00（周五·周六 ~23:00）

信用卡 A M V

埃利奥特的牡蛎馆

Elliott's Oyster House 海鲜

◆ 在码头区想吃海鲜的话

在入口正面的柜台，摆放着牡蛎、螃蟹，非常新鲜。6 个牡蛎 $16~。在牡蛎上放上菠菜和蛋黄等，然后烤制而成的洛克裴勒烤牡蛎（$16）务必品尝。

会详细标明牡蛎的产地

M 西雅图市区 p.321-A3

住 1201 Alaskan Way，Pier 56

☎（206）623-4340

URL www.elliottsoysterhouse.com

营 每天 11:00~22:00（周五·周六 ~23:00）

信用卡 A M V

西北美食　该区域邻近太平洋，海洋资源丰富，使用新鲜鱼贝类便是西北美食的精髓。近年来，越来越多的人注重健康，因此融合了有机蔬菜的美食人气也格外高。到了西雅图、波特兰等西北部城市，一定要品↗

码头区和市区

梅尔罗斯市场
Melrose Market 美食市场

◆ **能满足所有口味的美食市场**

位于市区西北部，驶过 I-15 位置的美食市场。美式、海鲜、素食以及各种类型的餐馆都汇聚在同一个空间之中。周边还有时尚的精品店和星巴克精品烘焙品尝室（→下述）。

从早上开始就十分热闹

M 西雅图市区 p.321-B2
住 1531 Melrose Ave.
☎ 各个商家不同
URL www.melrosemarketseattle.com
营 各个商家不同
信用卡 各个商家不同

比彻餐馆
Beecher's 慢食

◆ **在无添加、手工奶酪工房享用午餐**

位于 Pike St. 和 Pike Place 路口的奶酪工房。使用没有服用过任何生长激素的奶牛出产的牛奶，每天只做新鲜的奶酪。西雅图—塔科马国际机场也有分店。

可以试吃奶酪

M 西雅图市区 p.321-A3
住 1600 Pike Place
☎（206）956-1964
URL www.beechershandmadecheese.com
营 每天 9:00~19:00
信用卡 A D J M V

先锋广场

塔特餐馆
Tat's Delicatessen 美式

◆ **大口品尝奶酪牛排**

美国东部费城的名产，提供非常美味牛排的一家餐馆。将牛肉和奶酪夹在面包里的奶酪牛排（$10）很适合中午享用。可以外带。

M 西雅图市区 p.321-B3
住 159 Yesler Way
☎（206）264-8287
URL www.tatsdeli.com
营 周一～周五 8:00~15:00、周六 11:00~17:30
休 周日
信用卡 M V

萨鲁米烤肉
Salumi Artisan Cured Meats 意大利菜

◆ **评价很高的自制萨鲁米香肠**

可以外带的自制萨鲁米名店。一进店就能看到里面摆放着的烟熏萨鲁米，十分壮观。菜单有三明治（$9~）和萨鲁米拼盘等。

M 西雅图市区 p.321-B3
住 309 3rd Ave.S.
☎（206）621-8772
URL www.salumicuredmeats.com
营 周一～周五 11:00~15:30（周一～13:30）※ 周一只能外带
休 周六 · 周日
信用卡 M V

国际区

世界比萨
World Pizza 美式

◆ **便宜好吃的比萨店**

位于国际区的一家全红内饰比萨店。不在炉子内烤制，“这才是美国比萨”，味道令人熟悉。位于 King St. 和 7th Ave. 的路口。

乍一看价格便宜，但是味道很好

M 西雅图市区 p.321-B4
住 672 S King St.
☎（206）682-4161
URL worldpizza.tumblr.com
营 每天 10:00~21:00
信用卡 A M V

国会山

星巴克精品烘焙品尝室
Starbucks Reserve Roastery & Tasting Room 咖啡

◆ **星巴克版的第三波咖啡浪潮**

全球所有的星巴克咖啡馆中使用的咖啡豆，只有不到 1% 被冠以了星巴克精品的称号。而这家店正是烘焙这种星巴克精品咖啡的本店。有巨大的烘焙机和原创商品，看点颇多。

许多原创商品

M 西雅图市区 p.321-B2
住 1124 Pike St.
☎（206）624-0173
URL roastery.starbucks.com
营 每天 7:00~23:00
信用卡 A M V

↘尝一下这类美食。此外人气餐馆最好提前预约。部分餐馆可以在该网站进行预约。URL www.opentable.com

西雅图的酒店

Seattle

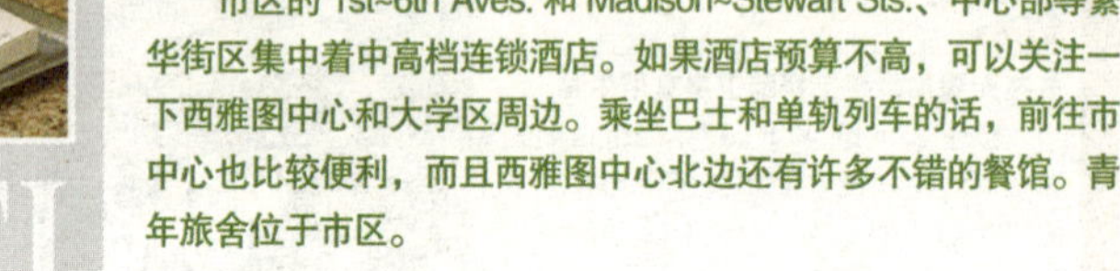

HOTEL

市区的 1st~6th Aves. 和 Madison~Stewart Sts.、中心部等繁华街区集中着中高档连锁酒店。如果酒店预算不高，可以关注一下西雅图中心和大学区周边。乘坐巴士和单轨列车的话，前往市中心也比较便利，而且西雅图中心北边还有许多不错的餐馆。青年旅舍位于市区。

西雅图希尔顿酒店

Hilton Seattle 高档

◆ 无论做什么都很方便的地理位置

位于市中心，距离西湖购物中心仅 4 个街口。14 层设有大厅、服务台和酒吧长廊。一层有租车公司的柜台，坐电梯上来后即可办理入住。

Wi-Fi 免费　239 间客房　信用卡 A D J M V

M 西雅图市区 p.321-B2~3

住 1301 6th Ave., Seattle, WA 98101
☎ (206) 624-0500
FAX (206) 624-9539
URL www3.hilton.com
费 Ⓢ Ⓓ Ⓣ $179~429、Su $319~509

西雅图凯悦大酒店

Grand Hyatt Seattle 高档

◆ 顶级酒店

周边有百货公司、商店、精品店等，是出行逛街的最佳起点。客房环境舒适，设施齐全，令人满意。各个季节价格浮动大，有机会订到超值的价格。

Wi-Fi 免费　457 间客房　信用卡 A D J M V

M 西雅图市区 p.321-B2

住 721 Pine St., Seattle, WA 98101
☎ (206) 774-1234
FAX (206) 774-6120
URL seattle.grand.hyatt.com
费 Ⓢ Ⓓ Ⓣ $239~524、Su $289~869

西雅图 W 酒店

W Seattle 高档

◆ 时尚现代的设计

颠覆了传统酒店的设计概念，大胆的内饰装修，充分考虑到入住的舒适度。很受年轻高管的喜爱。一层的餐厅也很不错。

Wi-Fi $14.95　424 间客房　信用卡 A D J M V

M 西雅图市区 p.321-B3

住 1112 4th Ave., Seattle, WA 98101
☎ (206) 264-6000
FAX (206) 264-6100
URL www.wseattle.com
费 Ⓢ Ⓓ Ⓣ $215~446、Su $282~655

西雅图洛伊斯 1000 酒店

Loews Hotel 1000 高档

◆ 位于中心街区的设计酒店

由海边 1st Ave. 上的古建筑全新改建而成的酒店。标准间的客房也很宽敞，躺在大床上观看大电视，非常享受。酒店大堂的工作人员服务态度也都很好。

Wi-Fi 免费　120 间客房　信用卡 A D J M V

M 西雅图市区 p.321-A3

住 1000 1st Ave., Seattle, WA 98104
☎ (206) 957-1000
URL www.loewshotels.com
费 Ⓢ Ⓓ Ⓣ $203~425、Su $302~515

咖啡机　冰箱酒柜 / 冰箱　浴缸　吹风机　BOX 室内保险柜　客房服务　餐馆
健身房 / 游泳池　前台　洗衣机　无线网络　P 停车场　可以使用轮椅的客房

安德拉酒店
Hotel Ändra 高档

◆ 市区的奢华酒店

具有西北部的水、森林、岩石特色风格的设计，环境舒适的人气酒店。一进到酒店内，就可以看到大堂内的暖炉、书架，很有厚重的氛围，前台工作人员的服务也很周到。酒店附设的餐厅在当地人之间也有着很高的人气。安德拉在瑞典语中是"改变（change）"的意思。

Wi-Fi 免费 119 间客房 信用卡 A D M V

整洁宽敞的客房

M 西雅图市区 p.321-A2

住 2000 4th Ave., Seattle, WA 98121
☎（206）448-8600
Free（1-877）448-8600
FAX（206）441-7140
URL www.hotelandra.com
费 Ⓢ Ⓓ Ⓣ $143~421、Su $167~503

步行即可到达市区中心部

艾斯酒店
Ace Hotel 中档

◆ 位于人气的贝尔敦街区

整洁舒适，历史久远，全新的内饰，使得这家酒店近年来人气蹿升。

Wi-Fi 免费 28 间客房 信用卡 A J M V

M 西雅图市区 p.321-A2

住 2423 1st Ave., Seattle, WA 98121
☎（206）448-4721
URL www.acehotel.com
费 公共浴室 $129~199、豪华房 $219~319

麦克斯韦酒店
The Maxwell Hotel 中档

◆ 最适合去西雅图中心散步的位置

到超市、杂货店步行仅需 5 分钟，周边还有许多餐馆、酒吧，不用为吃饭发愁。

Wi-Fi 免费 140 间客房 信用卡 A M V

M 西雅图市区 p.321-A1

住 300 Roy St., Seattle, WA 98109
☎（206）286-0629
URL www.themaxwellhotel.com
费 Ⓢ Ⓓ Ⓣ $209~359、Su $229~395

西雅图体育场银云酒店
Silver Cloud Seattle-Stadium 高档

◆ 位于塞菲科球场对面

如果计划去观看西雅图水手队的比赛，推荐入住该酒店。酒店正面就是棒球公园，仅需步行 1 分钟。酒店还有前往市区的免费班车。

Wi-Fi 免费 211 间客房 信用卡 A D J M V

M 西雅图市区 p.321-A4

住 1046 1st Ave.S., Seattle, WA 98134
☎（206）204-9800
FAX（1-800）497-1261
URL www.silvercloud.com
费 Ⓢ Ⓓ Ⓣ $159~399、Su $229~469

西雅图国际青年旅舍
Hostelling International Seattle 经济型

◆ 美国国铁站旁的舒适住宿设施

从轻轨站步行 3 分钟即可到达酒店。40~50 岁的夫妇以及家庭也都会入住这里。

Wi-Fi 免费 294 张床 信用卡 A D J M V

M 西雅图市区 p.321-B3~4

住 520 S.King St., Seattle, WA 98104
☎（206）622-5443 FAX（206）299-4141
URL www.hiusa.org
费 多人房 $37~42、Ⓢ $80~160

世界遗产

奥林匹克国家公园

Olympic National Park

欣赏变化丰富的景观

这里有被苔藓、蕨类植物覆盖的森林；长年累月形成的冰川；流木堆积的海滩；自由地栖息于这样环境之中的海狸、驼鹿等野生动物。是一个拥有多样的生态环境、气候、地形的国家公园。纵观整个美国，也没有几个拥有如此丰富变化的国家公园。如果到了西雅图的话，一定不要错过这里。1981 年，这里被列为了世界遗产。

被苔藓覆盖的大树

奥林匹克国家公园
M p.340

从西雅图出发前往安吉利斯港

●自驾

从西雅图的 52 号码头出发，乘坐前往 Bainbridge Island 的华盛顿州立渡轮（→ p.318 边栏），到达对岸后，沿 WA-305、WA-3、WA-104 行驶，然后进入 US-101，向西北方向行驶，前往安吉利斯港。距离双桥岛约 75 英里（约 120 公里）。从西雅图出发需要约 2 小时 45 分钟

奥林匹克国家公园 漫 步

前往奥林匹克国家公园最方便的城镇，是位于公园北部、濒临胡安·德富卡海峡的天使港（Port Angeles）小镇。奥林匹克半岛的山丘，有很多只能开车到达的区域，景点之间都没有直达线路，都需要先绕回 US-101 然后再前往景点。租车的话可以选择 2 天 1 晚，或者当天往返，但最得推荐的行程还是同时前往雷尼尔山国家公园（→ p.342），一共游览 3~4 天。

便签 **在西雅图市区或机场租车比较现实** 虽然也可以在天使港租车，但是数量不多，建议提前在西雅图市区或者西塔机场租车。

奥林匹克国家公园 主要景点

绝佳景致！ 西雅图近郊 M p.340

飓风山脊 游

Hurricane Ridge ✹✹✹

一口气登上海拔 1500 米的山脊，纵览冰川残留的奥林匹克山脉、胡安·德富卡海峡，天气好的话还能看见温哥华岛。此外还有多条步道，需时 1~数小时不等，根据自己的行程安排选择一条合适的线路吧。此外，积雪期仅周五～周日可以通行，汽车一定要安装好轮胎防滑链。

从飓风山脊游客中心观看到的景致

奥林匹克国家公园游客中心
Olympic National Park Visitor Center
M p.340
住 3002 Mount Angeles Rd., Port Angeles
☎（360）565-3130
URL www.nps.gov/olym
营 每天 10:00~17:00（各个季节不同）

飓风山脊游客中心
Hurricane Ridge Visitor Center
营 每天 9:00~17:00（各个季节不同）

湖泊也很盛行钓鱼 西雅图近郊 M p.340 外

新月湖 游

Lake Crescent ✹✹

从天使港出发，沿 US-101 向西行驶 18 英里（约 29 公里）就能看到这片湖泊。这里因其形状看起来像新月而得名，但是很可惜，在路上不能看到它的全景。湖水非常透明，充满了神秘感。从新月湖沿 US-101 向西行驶，便是前往索尔杜克温泉（Sol Duc Hot Springs）的分叉路口。从这里向南，沿着索尔杜克河（Sol Duc River）行驶约 12 英里（约 19 公里），便能到达这个温泉度假地。泡完温泉后可以当日往返。需要穿泳衣。

新月湖旁有小屋，推荐在这里住宿

索尔杜克温泉
住 12076 Sol Duc Hot Springs Rd., Port Angeles
Free（1-866）476-5382
营 3 月下旬~4 月下旬、9 月上旬~10 月下旬：每天 9:00~20:00、5 月上旬~9 月上旬：9:00~21:00
休 10 月下旬～次年 3 月下旬
费 成人 $15、儿童（4~12 岁）$10
※ 有住宿设施

太古森林步道 西雅图近郊 M p.340 外

霍河雨林 

Hoh Rain Forest ✹✹✹

奥林匹克国家公园内最大的一片森林。年平均降水量达 3700 毫米，因此树木都十分巨大，是世界少有的温带雨林。有铁杉、枫树、杉树等，虽然都是些常见的树木，但是树干、树枝上无处不在的苔藓使这里别有一番风景。脚下的地面还生长着蕨类植物等，让人感觉仿佛进入了热带丛林一般。在游客中心背面是名为 Hall of Moss、Spruce Nature Trail 的两条步道，长度分别为 1.3 公里（漫步的话约 40 分钟）、2 公里（约 1 小时），虽然不是很长，但是一定要选择一条漫步。

霍河雨林游客中心
Hoh Rain Forest Visitor Center
☎（360）374-6925
营 夏季每天 9:00~17:00（冬季周五～周日 10:00~16:00）
休 冬季的周一～周四

便签 **奥林匹克国家公园的信息** ☎（360）565-3130 URL www.nps.gov/olym 营 24 小时 休 无休 费 1 辆汽车 $25、1 辆摩托车 $15、1 辆自行车 $10。其他方法 1 人 $5（7 天有效） 列入世界遗产日期：1981 年

雷尼尔山国家公园

Mt. Rainier National Park

雷尼尔山

被原始森林环绕的绿色国家公园

远离西雅图的高楼大厦，高耸挺拔，常常被当地人视为一种面对生活困难的精神支撑。海拔 4392 米，拥有着美国本土最大的冰川，山脚下生长着茂盛的原始森林。

雷尼尔山国家公园 漫 步

因为没有公共交通可以前往雷尼尔山国家公园，因此只能自驾或者乘坐旅游大巴。从西雅图和塔科马可以前往这里。公园虽然有 4 个入口，但是全年开放的仅有西南的尼斯阔利入口（Nisqually Entrance）。旅游大巴也是从这个入口进入公园。因为属于山地气候，旺季较短，仅从 6~10 月上旬，冬季除了尼斯阔利入口外，其他入口会全部封闭。冬季银色的景色非常美丽，充满魅力，如果想要欣赏五颜六色鲜花盛开的景象，7 月下旬 ~8 月上旬则是最佳时期。

雷尼尔山国家公园 主要景点

美丽的风景，如同乐园一般　西雅图近郊 M p.340 外

天堂景区 游

Paradise ✱✱

雷尼尔山南侧山脚的天堂景区，海拔 1646 米。虽然是设有游客中心和天堂小屋（冬季封闭）的小村庄，但是呈现在眼前的便是充满魄力、顶着冰川的优雅的雷尼尔山。夏天，黑色的岩石和白色耀眼的冰川形成了鲜明对比，格外美丽。望向南边，草原和森林的对面是塔图什山脉，周围则是一片美丽的花田。初夏鲜花盛开的草原宛如天堂一般。

天堂景区最美的季节便是初夏，这里有各种颜色的鲜花盛开

雷尼尔山国家公园

M p.340
住 39000 State Route 706 E, Ashford, WA 98304（尼斯阔利入口）
☎（360）569-2211
营 夏季 24 小时，积雪期除一部分外都关闭
URL www.nps.gov/mora
费 1 辆汽车 $25、其他方法如自行车、步行 1 人 $10（7 天有效）

从西雅图前往雷尼尔山

交通方式 从西雅图开车沿 I-5 向南行驶，开往塔科马（Tacoma）。途经 WA-7、WA-706，然后向东驶向 Nisqually Entrance。所需时间约 2 小时 30 分钟

5~9 月也可以进入公园的东北口。从西雅图沿 I-5 往南，从 Exit 142 开往 WA-18，然后驶过和 WA-167 的路口后，进入 WA-164。从这里经过埃纳姆克洛（Enumclaw），沿 WA-410 向东行驶。距离西雅图约 100 英里（约 160 公里）。但是这条道路根据积雪状况，开通时间有所不同。

亨利 · M. 杰克逊游客中心（天堂景区）
Henry M. Jackson Visitor Center

☎（360）569-6571
营 6~9 月：每天 10:00~19:00、10~12 月：周六 · 周日、节假日 10:00~16:45

天堂景区的推荐步道　推荐尼斯阔利观景台（Nisqually Vista）的登山步道。仅 6~10 月开放，1 圈 2 公里，步行需要约 50 分钟。起点在 Jackson Visitor Center。

波特兰

Portland

在艾斯酒店大堂和“HOTEL”装饰品合影

像日常生活一般游览波特兰

黄昏时刻的波特兰标志

波特兰不是“那么来游览吧！”这样的城市。如果带着这种想法可是不能 100% 体会到波特兰游览的乐趣之所在的。感受生活的气息，欣赏城市的美好，像居住在这里一般游览这座城市，才是波特兰观光的正道。

早上，在咖啡馆喝上一杯唤醒身体的咖啡

喝上一杯极致的咖啡，唤醒新的一天

耐心做好每一杯滴滤式咖啡

与艾斯酒店相连，可以使用酒店的大堂

斯顿普敦咖啡馆

Stumptown Coffee Roasters → p.366

引领第三波咖啡浪潮文化发展的先驱，知名度享誉全球。如果不来这里喝上一杯咖啡，就如同没有到过波特兰一样。

老牌书店的读书时间

店内也放有地图

鲍威尔书店

Powell's Books → p.365

全球规模最大的鲍威尔书店，方向感不好的人甚至会在这里迷路。旧书、艺术书、自制小册子、珍稀书籍等都可以在这里找到。

午餐选择美食餐车

人气餐车也会排起长队

在周边广场用餐的当地人

今天吃什么好呢

美食餐车

→ p.357

Food Cart

美食餐车是波特兰固定的午餐特色。在餐车买完午饭后，坐在附近的广场享用午餐。波特兰人都非常喜欢美食餐车。

侬的海南鸡饭（M p.355-A2）非常美味

骑自行车游览才是波特兰的风格

波特兰的自行车道很完善，可以愉快地在这里骑行。骑着波特兰公共自行车“自行车城（Biketown）”在城市内穿梭吧。→ p.356

橙色的自行车城（Biketown）公共自行车

对环境友好的洗衣机干机

甜甜圈是城市的特产

波特兰是甜甜圈之都。这里有许多个性、独创的甜甜圈商店。

巫毒甜甜圈

Voodoo Doughnut →p.367脚注

巫毒甜甜圈粉红色的外观

波特兰人有很多都是蓝星甜甜圈派

蓝星甜甜圈

Blue Star Donuts →p.361脚注

可以使用洗衣界的网红品牌The Laundress

在休息空间等待的人们

旋转洗衣房休息室

Spin Laundry Lounge

波特兰的洗衣房也十分与众不同，等待的时候也不会让人空闲下来。如同名字所示，洗衣房还附设有休息室，可以点咖啡和啤酒。还有免费的 Wi-Fi 可以使用。

M p.354-A2
住 750 N.Fremont St., Portland
☎（503）477-5382
网 www.spinlaundrylounge.com
营 每天 8:00~24:00
费 洗衣服 $3.50~ 信用卡 M V

虽然杂物很多，但宝贝就沉睡在这之中

重建中心

The Rebuilding Center

喜欢 DIY 的波特兰人都会来这里购买旧材料，自己制作棚子或者修葺庭院。除了大件家具之外，还有灯管、门把手等，还有许多适合游客购买的商品。

M p.354-A2 住 3625 N.Mississippi Ave., Portland
☎（503）331-1877 网 www.rebuildingcenter.org
营 每天 10:00~18:00（周日 ~17:00） 信用卡 M V

换一个时尚发型
头发也长得差不多了

也可以完全交给发型师来处理

鲁迪理发店 *Rudy's*

推荐到理发店体验一下发型师的手艺。鲁迪理发店在波特兰当地有着极高的人气，店里使用的也是波特兰艾斯酒店（→p.369）自己生产的洗发水。

M p.354-B3 住 3015 S.E. Division St., Portland
☎（503）232-3850 网 rudysbarbershop.com
营 每天 9:00~21:00 费 理发 $13~39 信用卡 A M V

博克博克 *Pok Pok* →p.367

波特兰的美食都没有什么美国的味道，不分流派。而这种没有类别之分的感觉正是“波特兰风格”。其中博克博克餐馆，更是波特兰风格的代表。

用餐时段非常拥挤，一定要提前预约

高人气的烤鸡肉Kai Yaang$8~

波特兰 Portland

丰富的自然资源和城市功能性完美协调的城市——波特兰。这里是著名的玫瑰之都，每年 6 月举办的玫瑰节游行已经有 100 多年的历史了。此外没有消费税这一政策也令游客无比开心。绿色的街道、时尚的文化、丰富的户外活动，再加上俄勒冈人民朴素的热情，使得这座城市充满魅力，令人流连忘返。

漫步波特兰

波特兰是一座先进、发达的城市，其公共交通设施也很完善，以市区为中心，可以方便快捷地到达周边任意区域。而且市内不存在任何一个治安恶劣的地方，游客可以安心地在城市中漫步。主要的景点分布在威拉米特河的东西两岸，市区西北部以及河流东侧是较为热门的地方。

● 行程规划的要点

市区内的交通主要依靠马克斯轻轨，简单便利。从市区乘坐巴士或者城铁可以到达时尚潮流地西北部地区。在霍桑大街可以感受一下波特兰的流行文化，推荐前往。另外，在威拉米特河的沿岸步道上，既可以漫步也可以骑车游览，令人心情愉悦。在西部山丘修建的华盛顿公园里，设有玫瑰花园、动物园、森林公园等。以市区为中心，这里可以观光的区域很大，想要 1 天玩遍是不太现实的，建议最少在这里停留 3 天。

市内的美景自不必说，前往郊外自然景区的交通非常便利，这也是波特兰的一大魅力。如果租车或者参团（→脚注）的话，也可以很轻松地前往哥伦比亚河谷、胡德山等地。

酒店方面，市区包含会展中心的周边区域在内是比较热门的区域，多为中高档商务酒店。6~8 月属于旅游旺季，尤其 6 月的玫瑰节前后，酒店很难预订，基本都是满房状态，因此一定要提前预订酒店。10 月左右，酒店价格比较便宜，但是从 11 月开始就会进入雨季。冬天是行为艺术盛行的季节，可以确认好演出时刻表，然后出行。

便签 从波特兰出发的行程　除了当地的旅行社以外，灰线旅行社也有前往波特兰郊外的行程。推荐前往哥伦比亚河谷的行程，游玩时间 4 小时 25 分钟。需要预约。Multnomah Falls and Columbia River Tour↗

综合信息

俄勒冈州波特兰市

人口　约 64 万（北京市约 2173 万）

面积　约 346 平方公里（北京市约 16410 平方公里）

- 消费税 0%
- 酒店税 11.5%（客房数量不足 50 间）、13.5%（客房数量超过 50 间）

游客中心

Travel Portland Visitor Information Center

M p.355-A3
住 701 S.W.6th Ave.
☎（503）275-8355
Free（1-877）678-5263
URL www.travelportland.com
营 周一～周五 8:30~17:30、周六 10:00~16:00（5~10 月的周日 10:00~14:00）

位于市中心的先锋法院广场。提供俄勒冈州的全部信息，还有剧院、演出的优惠门票。另外游客中心里棕色的小册子《*Portland Mini Guide*》介绍了各个地区的商店和餐馆，非常不错。

旅行季节的建议

（美国西海岸的气候→p.373）

气温略低于北京。早春整体气候凉爽，但有时 1 天的天气也会瞬息万变。6 月中旬进入夏天，气温在 27℃左右，空气较为干燥。即便盛夏，早晚也较为凉爽，建议穿着长袖衬衫。紫外线照射强，一定要涂抹防晒霜，戴好墨镜。10 月下旬进入雨季，冬季气温低，但很少下雪。雨水较多，可以准备好防寒用品和雨具。

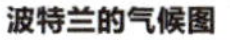

波特兰的气候图

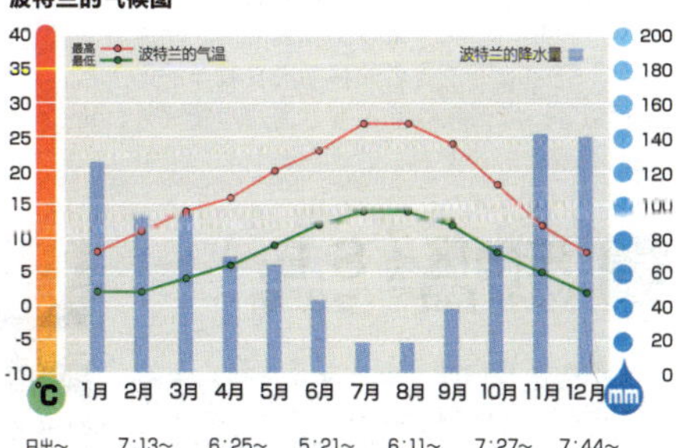

当地信息杂志

收费的月刊杂志《*Portland Monthly*》提供详细的餐馆信息，可以在书店、超市购买到。英语都市杂志《*Willamette Week*》《*Portland Mercury*》URL www.portlandmercury.com 可以在街角的小卖部免费领取，里面刊登了大量的艺术、电影、音乐、演出、餐馆等信息。

活动 & 节日

※ 详细信息可以登录旅游局官网（参考上方的综合信息）确认

波特兰玫瑰节

Portland Rose Festival

- 5 月下旬~6 月中旬

节日期间会有摆放着各种鲜花的花车游行，还会举办赛车比赛、航空表演等。

俄勒冈啤酒节

Oregon Brewers Festival

- 7 月 24~27 日（2019 年）

在 5 天时间里，全美 100 多种精酿啤酒齐聚一堂。举办场地在汤姆·麦考尔水滨公园。

波特兰马拉松

Portland Marathon

- 10 月 6 日（2019 年）

途中有很多观景点可以欣赏市内风景。这是全美顶级的马拉松赛事，参加总人数达 1.5 万，规模很大。

↘费 成人 $56　Free（1-800）472-9546　URL www.graylineofportland.com

波特兰区域导览
Portland Area Guide

波特兰市内，分为东西南北 4 大区域，中间是威拉米特河。主要景点集中在西南区（市区）、东南区和西北区。会展中心所在的东北区（N.E.）主要是摩达中心球馆、罗伊德购物中心等大型设施的所在地。

A 西南区（市区）
South West（Downtown）（→ p.356）

市区属于西南区的范围，两端仅有 1.5 公里的距离，因此不会花费太多的观光时间。观光看点丰富，例如波特兰著名的移动美食餐车、手工艺品商店等。市区东侧除了举办周六市场之外，还是一片复古的街区，河流沿岸是当地人休息的场所。另外市区北部还有一个唐人街，再往北是灰狗巴士站，周边流浪者较多，晚上需要注意安全。

B 东南区（S.E.）
South East （→ p.359）

东南区有两条个性十足的街道，分别是霍桑大街（Hawthorne Blvd.）和迪威臣街（Division St.）。两条路都是东西走向，以如今象征着波特兰的美食餐车诞生的餐馆为主，还有古玩店、杂货店、文身店等，有一系列的前卫商店。

一座诙谐的城市——波特兰

波特兰的交通方法

目的地 \ 出发地	A 市区（先锋法院广场）	B 东南区（S.E.Hawthorne Blvd. & S.E. 37th Ave.）
A 市区（先锋法院广场）		14 S.E. Hawthorne Blvd. & S.E. 37th Ave.→S.W. 6th Ave. & S.W. Main St.（20 分钟）
B 东南区（S.E.Hawthorne Blvd. & S.E. 37th Ave.）	14 S.W. Madison & S.W. 4th St.→S.E. Hawthorne Blvd. & S.E. 37th Ave.（20 分钟）	
C 西北区（N.W.23rd Ave. & N.W. Lovejoy St.）	NS Central Library 站→N.W. 23rd & Marshall 站（20 分钟）	15 S.E. Belmont St. & S.E. 38th Ave.→N.W. 23rd Ave. & N.W. Lovejoy St.（35 分钟）
D 华盛顿公园周边	红线或蓝线 Pioneer Square North 站→Washington Park 站（10 分钟）	14 S.E. Hawthorne Blvd. & S.E. 37th Ave.→S.W. 6th Ave. & S.W. Main St. 红线或蓝线 Pioneer Square North 站→Washington Park 站（35 分钟）

公共交通　特利梅特巴士　波特兰城铁　马克斯轻轨　※ 所需时间仅供参考

便签 位于东南区的 DIY 胜地　提供 DIY 所需的工具、空间，长期有 DIY 知识丰富的工作人员驻守的波特兰艺术设计馆 ADX。ADX　M p.354-B3　住 417 S.E.11th Ave.　☎（503）915-4342　URL adxportland.com　营 大↗

C 西北区（N.W.）

North West（→ p.360）

西北区内的诺布山地区，在年轻人和女性中有着很高的人气。在闲静的住宅区内，遍布着许多小商店和餐馆。珍珠区是像纽约 SOHO 一样，将仓库等空间较大的设施重新装修，改建成了许多美术馆。这是波特兰的文艺青年们非常喜欢的地方。

D 华盛顿公园周边（S.W.）

Washington Park（→ p.362）

在西南区内的华盛顿公园内，有博物馆、动物园、日本庭园以及波特兰著名的玫瑰花园。从华盛顿公园西北侧的山丘上，可以眺望到法国文艺复兴时期风格的皮多克豪宅。

华盛顿公园内的摆渡车

波特兰区域地图

C 西北区（N.W.23rd Ave. & N.W. Lovejoy St.）	D 华盛顿公园周边
NS N.W. 23rd & Marshall 站→S.W. 11th & Taylor 站（15 分钟）	红线或蓝线 Washington Park 站→Library/S.W. 9th Ave. 站（10 分钟）
15 N.W. 23rd Ave. & N.W. Marshall St.→S.E. Belmont St. & S.E. 37th Ave.（35 分钟）	红线或蓝线 Washington Park 站→Yamhill District 站 → 14 S.W. Main St. & S.W. 2nd Ave. →S.E. Hawthorne Blvd. & S.E. 37th Ave.（40 分钟）
	红线或蓝线 Washington Park 站→Providence Park 站 → 13 S.W. Morrison St. & S.W. 17th Ave.→N.W. 23rd Ave. & N.W. Lovejoy St.（20 分钟）
15 N.W. 23rd Ave. & N.W. Marshall St.→S.W. 18th Ave. & S.W. Morrison St. → 红线或蓝线 Providence Park 站→Washington Park 站（20 分钟）	

↘众旅游：周一 18:00、周三 10:00、周六 14:00 费大众旅游免费。需要预约（最少成团人数 2 人）

前往波特兰的方法
Access to Portland

出租车

● Broadway Cab
☎ (503) 227-1234

● Radio Cab
☎ (503) 227-1212

灰狗巴士站
Greyhound Bus Terminal

位于市区北部。

M p.355-B1
住 550 N.W.6th Ave.
☎ (503) 243-2361

美国国铁站
Amtrak Union Station

紧邻灰狗巴士站。乘坐马克斯轻轨的话，在 Union Station/N.W.5th Ave. & Glisan St. 站下车。

除了有纵断西海岸的列车线路外，还有途经冰川国家公园，开往芝加哥方向的列车。

M p.355-A~B1
住 800 N.W.6th Ave.
Free (1-800) 872-7245

波特兰国际机场
Portland International Airport

M p.354-B1　☎ (503) 460-4234　URL www.flypdx.com

中国国内前往波特兰，需要在洛杉矶、圣弗朗西斯科、西雅图等地转机。机场内的设施完善，在旅行杂志的机场排行榜中，经常获得全美第一的评价。

从波特兰国际机场前往市区

■ 马克斯轻轨红线 MAX Light Rail Red Line

M 参考下图　URL www.trimet.org

马克斯轻轨红线在机场内设有站台。每隔 15 分钟从行李提取区出发，开往市区。从机场开往市区需要约 40 分钟，$2.50。

■ 出租车 Taxi

从行李领取区出来后，从人行横道途中的地面枢纽乘坐出租车，到达市区需 30 分钟左右，约 $40。

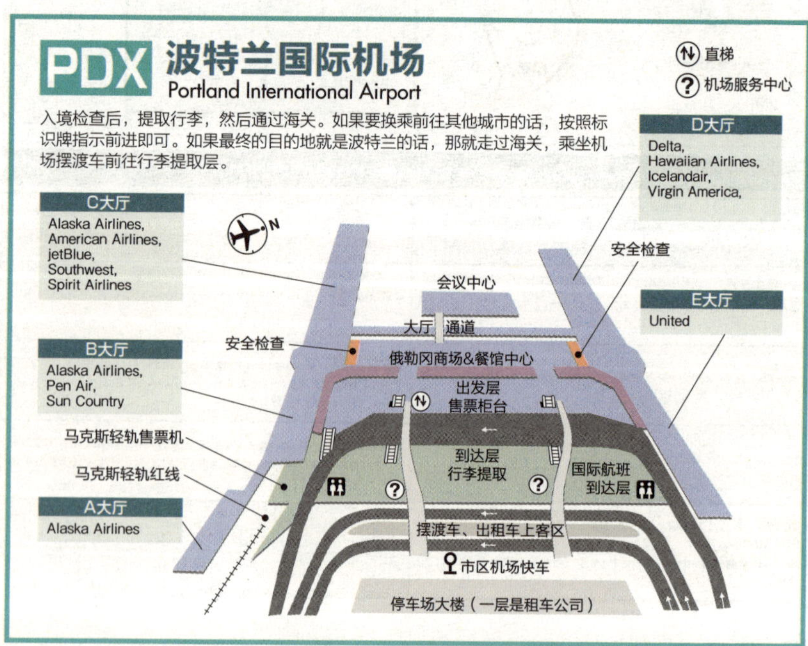

便签 中距离移动便利的 Bolt Bus（→ p.389） 前往近郊的尤金、西雅图，可以乘坐闪电巴士。车内干净整洁，车站位置相较于灰狗巴士站周边也更为安全。唯一的问题是站台标志不太好找。车票可以在网上购↗

波特兰的交通设施
Transportation in Portland

特利梅特巴士
TriMet Bus

线路覆盖波特兰市和近郊城镇，前往周边景点非常便利。车票还可以用来乘坐马克斯轻轨和城铁。只要是在车票的有效时间（最长 2 小时 30 分钟）内，可以无限次免费换乘。市区 5th Ave. 和 6th Ave.（从北侧的 Irving St. 到南侧的 Harrison St. 附近）是被称为波特兰交通购物走廊（Portland Transit Mall）的巴士专用道，大部分的巴士都会经过这里。

明确标明了巴士线路

特利梅特巴士

营 从 4:30 至深夜（各个线路不同）

费 成人 $2.50、7~17 岁 $1.25。单日票成人 $5、7~17 岁 $2.50

● **市内交通服务中心**

M p.355-A3（游客中心内）

住 701 S.W. 6th Ave.

☎（503）238-7433

URL www.trimet.org

营 周一～周五 8:30~17:30

※ 服务中心位于先锋法院广场内，提供免费的时刻表、全部巴士线路图，还可以在这里购买单日票。时刻表放在服务中心门外，周末也可以领取。巴士线路图可以当作地图，非常实用

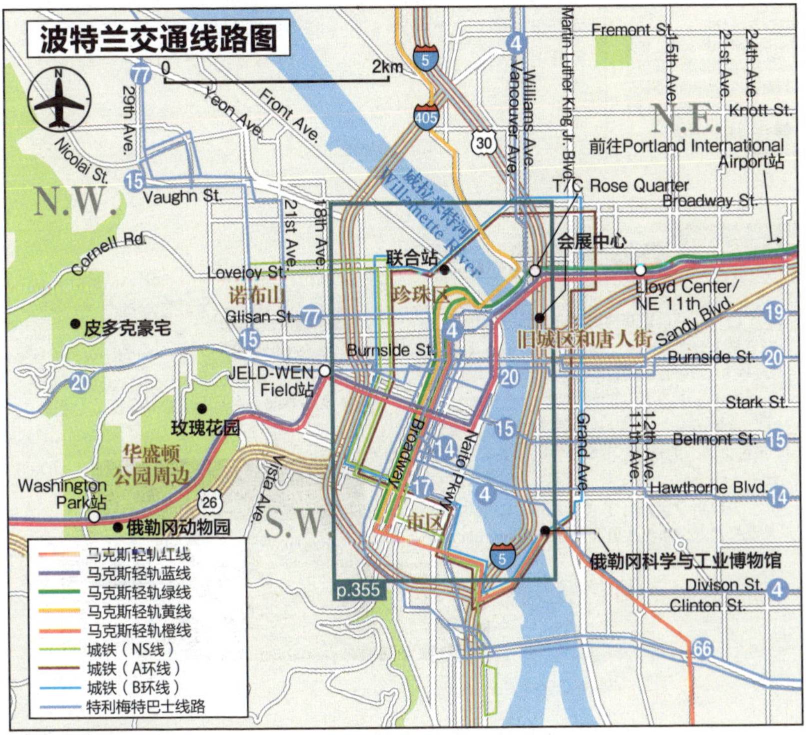

波特兰交通线路图

马克斯轻轨红线
马克斯轻轨蓝线
马克斯轻轨绿线
马克斯轻轨黄线
马克斯轻轨橙线
城铁（NS线）
城铁（A环线）
城铁（B环线）
特利梅特巴士线路

↘买，到西雅图约 $20。闪电巴士车站 M p.355-A2 住 N.W. Everett St. & N.W.8th Ave.

马克斯轻轨
营 每天 4:30 至深夜，发车间隔 5~15 分钟（各个线路不同）
费 $2.50、单日票 $5、7 日票 $26。可以在车站设置的售票机购买车票，然后乘车

波特兰城铁
特利梅特巴士服务中心内提供相关信息。
营 周一～周五 5:30~23:30、周六·周日 7:30~23:30（周日~22:30）
费 $2.50、单日票 $5、7 日票 $26（仅城铁票 $2）

自由上下车的电车之旅
途经先锋法院广场、俄勒冈公园、俄勒冈科学与工业博物馆等地，全天自由上下车的电车。仅夏季·秋季运营。
☎（503）241-7373
URL graylineofportland.net
营 5 月下旬~6 月、9 月~10 月上旬：每天 10:00~16:00、7·8 月：每天 9:00~16:00，发车间隔均为 1 小时
费 成人 $34、6~12 岁 $17，有两日票

波特兰酿酒厂之旅
游览市内 3~4 家酿酒厂。
布里瓦纳公司
☎（503）729-6804
URL brewvana.com
营 基本上每天都发团。有多条线路，详细信息可以到官网查询。出发地点大多设在 Glower Guys（M p.354-B3 住 816 S.E.8th Ave.）
费 $69~99

马克斯轻轨
MAX（Metropolitan Area Express）Light Rail

由特利梅特公司运营的铁路。共有蓝、红、绿、黄、橙 5 条线路（参考→ p.351 的地图）。如果前往华盛顿公园或动物园的话，可以乘坐蓝线或者红线。

红线往返于波特兰国际机场和市区（单程约 40 分钟）。另外绿线和黄线的始发站均为 Portland State University（PSU），沿市区的 5th Ave. 和 6th Ave. 南北行驶。橙线连接市区和波特兰南部的密尔沃基。

在特利梅特服务中心购买的车票，需要先到售票机旁的验证器 Validator 进行激活，然后即可正常乘车。

波特兰城铁
Portland Streetcar

分为 NS 线、A 环线和 B 环线，共有 3 条线路。往返市区和西北地区之间可以乘坐 NS 线，十分便利。A、B 环线行驶路径基本相同，A 环线为顺时针行驶，B 环线为逆时针行驶，途经市区、会展中心、俄勒冈科学与工业博物馆等地。

参团指南

推荐的行程包括全天自由上下车的电车之旅、酿酒厂巡游之旅、市内漫步之旅（含导游）、威拉米特河划船体验、郊外的哥伦比亚河谷之旅等。

Column 滑板之都波特兰

波特兰的伯恩赛德滑板公园是全球滑板爱好者都十分向往的一个地方。位于伯恩赛德高架桥（Burnside Bridge）下（N.E.2nd Ave.），占地面积达 1 万平方英尺（约 930 平方米）。

这里还诞生过不少职业选手，其中被喻为“滑板之神”的托尼·霍克（Tony Hawk）便是代表人物之一。

公园至今仍是许多滑板爱好者的聚集地，无论男女老少都在这里努力练习，提升自己的技巧。

● **伯恩赛德滑板公园**
Burnside Skate Park
M p.355-B2
交通方式 从中心部出发，乘坐特利梅特巴士 #12，过威拉米特河后下车。

设有专门的滑板道路

努力练习的市民

便签 **空中缆车** 缆车 Portland Aerial Tram 连接城铁 NS 线南端 South Waterfront 和山丘上的街区。从缆车上可以眺望街道上的景色，别具一格，推荐乘坐。费 往返 $4.70（售票机仅支持信用卡和借记卡）营 周一～↗

今天做什么？

Portland Itinerary

—波特兰 1 日游线路推荐—

9:15

波特兰的真面目　停留时间：1 小时

农贸市场 Farmers Market →p.361

自产自销的文化在波特兰十分盛行。当地人都会去每天举办的农贸市场购买食材。

部分食品还可以试吃

Point

城市非常精致，游客很容易掌握当地的交通。推荐骑自行车游览。

Access 步行 10~15 分钟

10:30

很适合闲逛

市区　停留时间：1.5 小时

Downtown →p.356

以先锋法院广场为中心，周边遍布多家百货广场。午饭前可以一直在这里购物。

大型百货商场都集中在市区

Access 步行 5~10 分钟

12:10

午餐一定要来这里　停留时间：1 小时

美食餐车 Food Cart →p.357

波特兰的招牌午餐。同当地人一起享用美食。

最幸福的事情莫过于好天气加上餐车美食

Access 乘坐约 20 分钟马克斯轻轨蓝线或红线

13:30

波特兰的娱乐地区　停留时间：3 小时

华盛顿公园周边

Washington Park →p.362

公园内有日本庭园、玫瑰花园等，这是波特兰的代表性景点。游客可以在这里感受大自然的魅力。

日本庭园内好看的苔藓

Access 马克斯轻轨蓝线或红线→1 小时 #14 巴士

17:30

在时尚地区购物&晚餐

霍桑大街　停留时间：3 小时

Hawthorne Blvd. →p.359

个性商店、餐馆遍布的大街，很适合漫步闲逛。

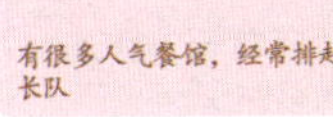

有很多人气餐馆，经常排起长队

Access 5 分钟 #14 巴士

20:30

品尝苦涩的蒸馏酒　停留时间：1 小时

蒂斯特里罗 Distillery Row →p.359

吃过晚饭后，就到周边的酒吧喝上一杯烈酒吧。

建议兑苏打水

Access 步行 30 分钟

22:00

令人感觉真正到了波特兰　停留时间：30 分钟

波特兰标志 Portland Sign

日落后，霓虹灯亮起，是一个非常好看的标志。桥边有许多流浪者，注意安全。

从大桥上欣赏波特兰的标志

How to 夜游？

波特兰市基本上没有夜店等场所，一般都是在市内的酒吧喝上几杯啤酒。灰狗巴士站周边有较多流浪者，晚上要注意安全。

↘周五 5:30~21:30、周六 9:00~17:00、发车间隔 6~10 分钟。周日仅在 5 月中旬 ~9 月中旬 13:30~17:00 运营。节假日休息

波特兰中心部
哥伦比亚河 Columbia River
波特兰国际机场
Portland International Airport
威拉米特河
Willamette River
东北区
N.E.
西北区
N.W.
东南区
S.E.
西南区
S.W.
诺布山
市区
塞尔伍德
Sellwood
大篷车酒店
Caravan the Tiny House
阿尔伯塔上的赫尔泽餐馆
Helser's on Alberta
阿尔伯塔大街
Alberta St.
国王农贸市场（周日）
全食超市
Whole Foods Market
重建中心
The Rebuilding Center
锦鲤融合
Koi Fusion
餐车市集
旋转洗衣房休息室
Spin Laundry Lounge
洛厄尔
Lowell
梁&锚
Beam & Anchor
佩利宫
Paley's Place
玫瑰花园/摩达中心
Rose Quarter / Moda Center
Nike Factory Store
伊斯特伦酒店 Eastlund
DoubleTree Portland
Oregon Mountain Community
Beau Thai Restaurant
Shilo Inn Rose Garden
朱庇特酒店
Jupiter
皮多克豪宅
Pittock Mansion
Veterans Memorial Coliseum
Lloyd Center
联合站
Union Station
Caffe Mingo
灰狗巴士站
Greyhound Bus Terminal
俄勒冈会展中心
Oregon Convevtion Center
伯恩赛德滑板公园
Burnside Skatepark
乐皮容 Le Pigeon
Herbivore Clothing
Sweetpea Baking Co.
Food Fight! Grocery
西北农贸市场（周四）
下一次冒险
Next Adventure
波特兰霍桑区国际青年旅舍
Hostelling International-Portland,Hawthorne
日本庭园
Japanese Garden
华盛顿公园
Washington Park
意外的春天
The Sweat Hereafter
市政厅
City Hall
Glowler Guys
面包墨水咖啡馆
Bread and Ink Cafe
俄勒冈动物园
Oregon Zoo
波特兰艺术设计馆
ADX
霍桑大街
Hawthorne Blvd.
阿比扎斯科尔斯
Apizza Scholls
玫瑰花园
International Rose Test Garden
Bluebird Guesthouse
儿童博物馆
Portland Children's Museum
普罗维登斯公园
Providence Park
国际太平洋研究中心
IPRC
Artigiano
博克博克 Pok Pok
鲁迪理发店 Rudy's
Noho's Hawaiian Cafe
世界林业探索博物馆
World Forestry Center/
Discovery Museum
俄勒冈健康与科学大学
Oregon Health & Science University
新季节市场
New Seasons Market
人民食品合作社
People's Food Co-op
俄勒冈科学与工业博物馆
Oregon Museum of Science & Industry(OMSI)
松树州饼干
Pine State Biscuit
Reed College
Woodstock Park
Salvador Molly's
橡树游乐场
Oaks Amusement Park
Sellwood Park
p.355
p.360
马克斯轻轨
波特兰城铁
美国国铁
波特兰空中缆车
0 2km
0 1mile
景点
商店
餐馆
酒店
咖啡
游客中心
地标/其他

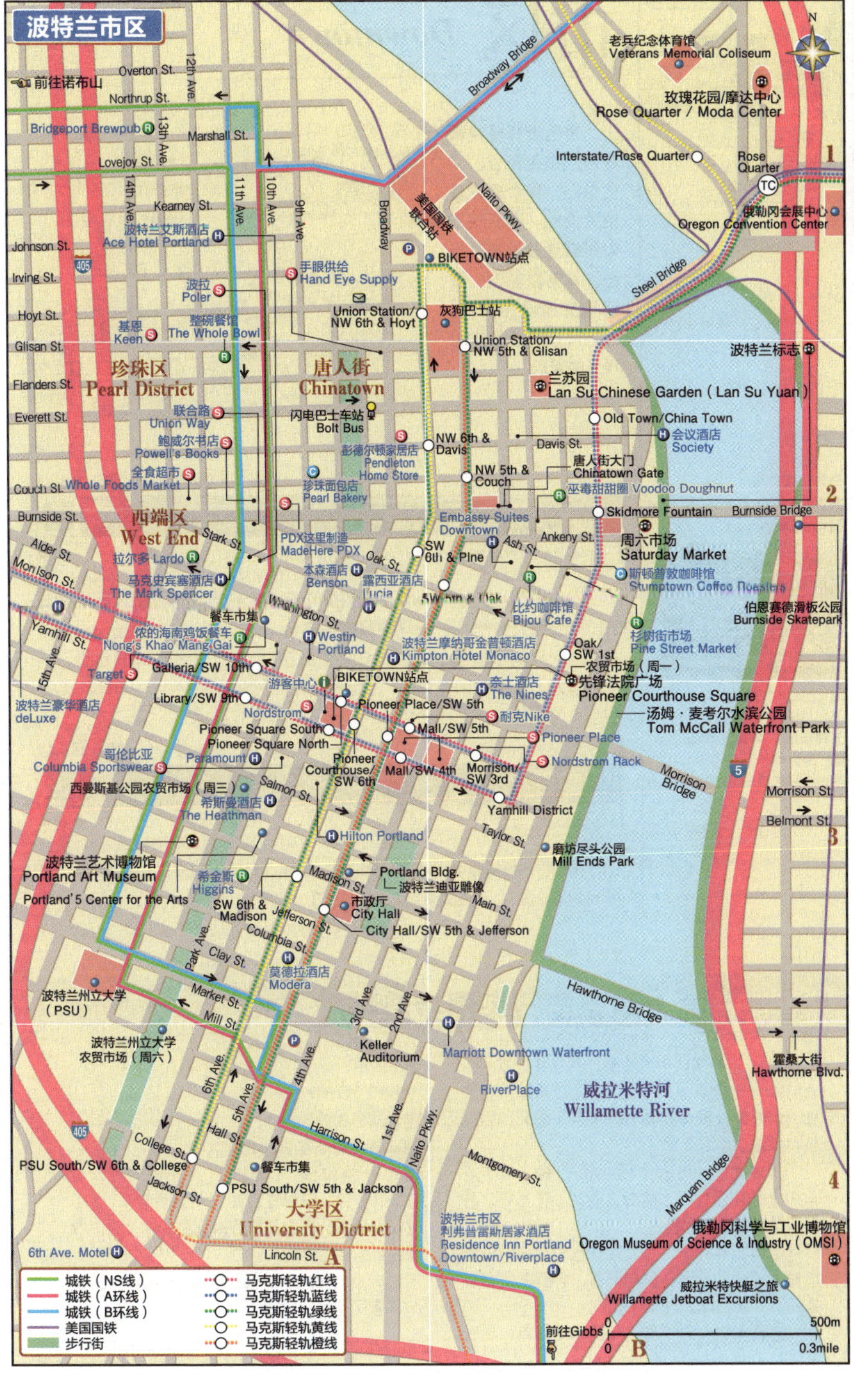
波特兰市区
前往诺布山
Overton St.
Northrup St.
12th Ave.
13th Ave.
Bridgeport Brewpub
Marshall St.
Lovejoy St.
14th Ave.
11th Ave.
10th Ave.
9th Ave.
Broadway
Broadway Bridge
Kearney St.
波特兰艾斯酒店
Ace Hotel Portland
Johnson St.
Irving St.
Hoyt St.
Glisan St.
Flanders St.
Everett St.
Couch St.
Burnside St.
美国国铁联合站
Naito Pkwy.
BIKETOWN站点
手眼供给
Hand Eye Supply
波拉
Poler
Union Station/NW 6th & Hoyt
灰狗巴士站
基恩
Keen
整碗餐馆
The Whole Bowl
Union Station/NW 5th & Glisan
珍珠区
Pearl District
唐人街
Chinatown
兰苏园
Lan Su Chinese Garden (Lan Su Yuan)
联合路
Union Way
闪电巴士车站
Bolt Bus
鲍威尔书店
Powell's Books
彭德尔顿家居店
Pendleton Home Store
NW 6th & Davis
Davis St.
Old Town/China Town
会议酒店
Society
全食超市
Whole Foods Market
珍珠面包店
Pearl Bakery
NW 5th & Couch
唐人街大门
Chinatown Gate
巫毒甜甜圈 Voodoo Doughnut
西端区
West End
Stark St.
Embassy Suites Downtown
Skidmore Fountain
Burnside Bridge
Ankeny St.
周六市场
Saturday Market
PDX这里制造
MadeHere PDX
SW 6th & Pine
Ash St.
Oak St.
Alder St.
Morrison St.
拉尔多 Lardo
马克史宾塞酒店
The Mark Spencer
本森酒店
Benson
露西亚酒店
Lucia
SW 5th & Oak
斯顿普敦咖啡馆
Stumptown Coffee Roasters
比约咖啡馆
Bijou Cafe
伯恩赛德滑板公园
Burnside Skatepark
Washington St.
餐车市集
依的海南鸡饭餐车
Nong's Khao Mang Gai
Westin Portland
波特兰摩纳哥金普顿酒店
Kimpton Hotel Monaco
杉树街市场
Pine Street Market
Oak/SW 1st
农贸市场（周一）
Yamhill St.
15th Ave.
Target
Galleria/SW 10th
游客中心
BIKETOWN站点
先锋法院广场
Pioneer Courthouse Square
Library/SW 9th
奈士酒店
The Nines
波特兰豪华酒店
deLuxe
Nordstrom
Pioneer Place/SW 5th
耐克 Nike
汤姆·麦考尔水滨公园
Tom McCall Waterfront Park
Pioneer Square South
Mall/SW 5th
Pioneer Place
Pioneer Square North
哥伦比亚
Columbia Sportswear
Paramount
Pioneer Courthouse/SW 6th
Mall/SW 4th
Morrison/SW 3rd
Nordstrom Rack
Morrison Bridge
Morrison St.
Belmont St.
西曼斯基公园农贸市场（周三）
希斯曼酒店
The Heathman
Salmon St.
Yamhill District
Taylor St.
Hilton Portland
磨坊尽头公园
Mill Ends Park
波特兰艺术博物馆
Portland Art Museum
Portland'5 Center for the Arts
希金斯
Higgins
Portland Bldg.
波特兰迪亚雕像
Madison St.
SW 6th & Madison
市政厅
City Hall
Main St.
Jefferson St.
City Hall/SW 5th & Jefferson
Columbia St.
Clay St.
Park Ave.
莫德拉酒店
Modera
Hawthorne Bridge
波特兰州立大学
（PSU）
Market St.
Mill St.
3rd Ave.
2nd Ave.
Keller Auditorium
Marriott Downtown Waterfront
波特兰州立大学农贸市场（周六）
6th Ave.
5th Ave.
4th Ave.
RiverPlace
威拉米特河
Willamette River
霍桑大街
Hawthorne Blvd.
College St.
Hall St.
Harrison St.
1st Ave.
Naito Pkwy.
Montgomery St.
PSU South/SW 6th & College
餐车市集
PSU South/SW 5th & Jackson
Jackson St.
大学区
University District
波特兰市区利弗普雷斯居家酒店
Residence Inn Portland Downtown/Riverplace
Marquam Bridge
俄勒冈科学与工业博物馆
Oregon Museum of Science & Industry (OMSI)
6th Ave. Motel
Lincoln St.
威拉米特快艇之旅
Willamette Jetboat Excursions
前往Gibbs
老兵纪念体育馆
Veterans Memorial Coliseum
玫瑰花园/摩达中心
Rose Quarter / Moda Center
Interstate/Rose Quarter
Rose Quarter
俄勒冈会展中心
Oregon Convention Center
Steel Bridge
波特兰标志
城铁（NS线）
城铁（A环线）
城铁（B环线）
美国国铁
步行街
马克斯轻轨红线
马克斯轻轨蓝线
马克斯轻轨绿线
马克斯轻轨黄线
马克斯轻轨橙线
500m
0.3mile

市区 *Downtown*

市区毗邻威拉米特河，作为商业、文化中心，集中着许多相关设施。道路规划如同棋盘般规整，巴士、马克斯轻轨、城铁等交通设施完善。游客可以将这里作为观光的起点。

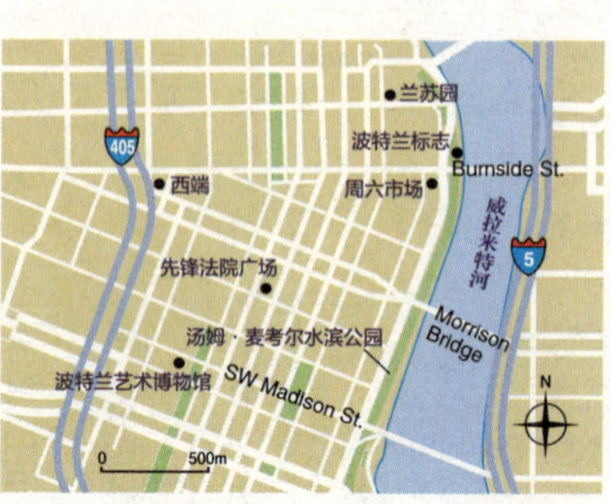

人流不息的市区地标　　波特兰市区 M p.355-A3

先锋法院广场 游

Pioneer Courthouse Square

✹

广场位于市区的中央，形状酷似蒜臼子，是当地市民的休闲娱乐场所。广场内设有喷泉、天气预报机、舞台，休息日会举办现场演出，夏季的周一会举行农贸市场。到波特兰旅游的话，一定不能错过这里，以这里作为大本营也非常便利。广场内还有特利梅特服务中心和游客中心。

先锋法院广场
住 701 S.W.6th Ave.
URL thesquarepdx.org

周末会举办各种各样的活动

先锋法院广场农贸市场
M p.355-A3
营 5~9 月的周一 10:00~14:00

波特兰最时尚的地区　　波特兰市区 M p.355-A2

西端区 买 游

West End

✹✹✹

由 W. Burnside St.、S.W.10th St.、S.W. Morrison St.、S.W.13th St. 所围成一带，是手工艺品商店、健康餐馆、咖啡馆集中的区域。

Column 骑上耐克自行车漫步波特兰

2016 年开始启用的波特兰共享自行车——自行车城（BIKETOWN），由运动品牌耐克赞助，市内停放有 1000 辆自行车，有 100 个站点。

使用方法

①事先通过网站或手机 APP，输入名字或信用卡号注册账户，然后会收到 6 位号码，之后自己设定 4 位密码。

②前往自行车站点，在自行车后面的设备上输入 6 位号码和 4 位密码后，自行车便会解锁，然后就可以开始骑行了。

③还车时，需要将车骑到指定站点，然后锁车即可。

● BIKETOWN
Free（1-866）512-2453
URL www.biketownpdx.com
费 30 分钟 $2.50、1 天 $12（24 小时内可以骑行 180 分钟。假如骑了 30 分钟然后锁车，2 小时以后再骑，剩余的骑行时间是 150 分钟。所以一定不要忘记锁车）

※ 自行车站点的位置可以通过官网、手机 APP 进行查询

便签 关于自行车城（BIKETOWN）的账户　如果事先没有注册账户，也可以通过自行车站点放置的自动设备进行登录。需要信用卡。主要站点 M p.355-A3、B1

周末必去　　波特兰市区　M p.355-B2

周六市场

Saturday Market

食 游 买　★★★

在伯恩赛德桥头（Burnside Bridge），威拉米特河沿岸的公园和安克尼广场（Ankeny Square）中，每年3~12月的周六、周日都会举办露天集市，除了游客外，这里也成了当地人周末的固定活动。作为常规活动，波特兰的周六市场堪称全美规模最大的露天集市，摊铺超过250家，出售艺术品、手工艺品、玩具、食物、服饰等。有许多店铺出售手工制作的杂货品、饰品等，在这里，你一定会遇到可以成为美好回忆的物品。

即便下雨集市也会照常举办，从1973年开办以来，仅中止过两次，分别是因为大雪和圣海伦火山喷发（1980年）。最近食品摊位也越来越多，可以品尝到既好吃又便宜的各国快餐。市场内还设有桌椅，来这里吃午餐也是一个很不错的选择。

扎染商品也是名产之一

周六市场

住 2 S.W. Naito Pkwy.

☎（503）222-6072

URL www.portlandsaturdaymarket.com

营 3月上旬~12月下旬 周六 10:00~17:00、周日 11:00~16:30

休 1~2月

交通方式 乘坐马克斯轻轨红线、蓝线，在Skidmore Fountain站下车，步行1分钟

世界上最小的公园
磨坊尽头公园
Mill Ends Park

M p.355-B3

住 S.W. Naito Pkwy. & S.W. Taylor St.

位于S.W. Naito Pkwy.的中央隔离带上，是半径仅30厘米的花坛。这片稍不留意就会错过的小花田，被吉尼斯世界纪录认定为世界上最小的公园。

Column 餐车之城波特兰

提起波特兰的美食，总是少不了餐车。餐车简单来说就是"临时摊位"。占用公园、停车场的一片区域，使用可移动式的货车等进行营业。现在波特兰市内约有600辆餐车，遍布整个城市，随处可见。

餐车集中的区域称为"Pod"，下面就为大家介绍几个名店云集、评价较高的Pod。如果想进一步了解波特兰，那就到餐车Pod游览吧。

URL www.foodcartsportland.com

●**阿尔德大街餐车区**
Alder St. Food Cart Pod

位于市区、波特兰规模最大的餐车区。全美知名的泰国美食餐车、越南人气餐车等都位于这里。

M p.355-A2

住 S.W.10th Ave. & S.W. Alder St.

●**波特兰州立大学餐车区**
Portland State University Food Cart Pod

位于市区南部，波特兰州立大学附近。游客可以在绿色的校园内享用美味的餐车美食。

M p.355-A4

住 S.W. 4th Ave. & S.W. College St.

●**密西西比市场餐车区**
Mississippi Marketplace Food Cart Pod

位于密西西比大街北端，这里除了餐车外，还有许多个性十足的商店。

M p.354-A2

住 N.Mississippi Ave. & N. Skidmore St.

许多餐车都需要排队等待

集结了美国知名画家的作品　　波特兰市区 M p.355-A3

波特兰艺术博物馆　学

Portland Art Museum

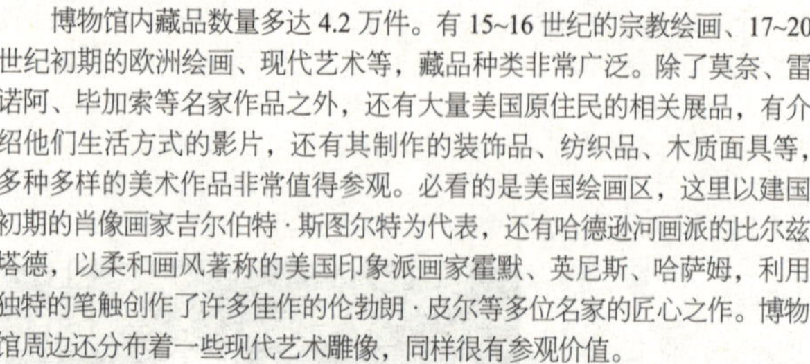

博物馆内藏品数量多达 4.2 万件。有 15~16 世纪的宗教绘画、17~20 世纪初期的欧洲绘画、现代艺术等，藏品种类非常广泛。除了莫奈、雷诺阿、毕加索等名家作品之外，还有大量美国原住民的相关展品，有介绍他们生活方式的影片，还有其制作的装饰品、纺织品、木质面具等，多种多样的美术作品非常值得参观。必看的是美国绘画区，这里以建国初期的肖像画家吉尔伯特·斯图尔特为代表，还有哈德逊河画派的比尔兹塔德，以柔和画风著称的美国印象派画家霍默、英尼斯、哈萨姆，利用独特的笔触创作了许多佳作的伦勃朗·皮尔等多位名家的匠心之作。博物馆周边还分布着一些现代艺术雕像，同样很有参观价值。

波特兰艺术博物馆
住 1219 S.W. Park Ave.
☎（503）226-2811
URL Portlandartmuseum.org
营 周二～周日 10:00~17:00（周四·周五 ~20:00）
休 周一、主要节假日
费 成人 $19.99、老人（62 岁以上）·学生（18 岁以下）$16.99、儿童（17 岁以下）免费

室外陈列的艺术作品

威拉米特河沿岸的绿化公园　　波特兰市区 M p.355-B3

汤姆·麦考尔水滨公园　游

Tom McCall Waterfront Park

每到休息日，有许多市民都会来到这里，有的在草坪上休息，有的在公园里慢跑，生活多姿多彩。这里春夏季节还会举办许多活动，非常华丽。

汤姆·麦考尔水滨公园
住 Naito Pkwy.（bet. S.W. Harrison & N.W. Glisan Sts.）
营 每天 5:00~24:00

沿河边漫步，心情愉悦

市区名胜，正宗的中国庭园　　波特兰市区 M p.355-B2

兰苏园　游

Lan Su Chinese Garden (Lan Su Yuan)

位于市区的中式庭园，在波特兰当地市民中有着极高的人气。由来自中国的 65 位工程师设计建造，仿照了苏州的庭园风格。依靠苏州与波特兰的友好城市关系，实现了这一项目。庭园由白墙所环绕，占地面积不算很大，可以漫步于蜿蜒曲折的回廊和拱桥，一圈绕下来可以看到各种各样的风景，设计师们为此也是煞费苦心。

市区的人气景点

兰苏园
住 239 N.W. Everett St.
☎（503）228-8131
URL www.lansugarden.org
营 3 月中旬 ~10 月下旬：每天 10:00~19:00、11 月上旬 ~ 次年 3 月中旬：每天 10:00~16:00
费 成人 $10、老人（62 岁以上）$9、6~18 岁 $7
交通方式 乘坐马克斯轻轨蓝线，在 Old Town/Chinatown 站下车，然后步行 3 分钟

在园内有品茶的地方

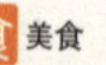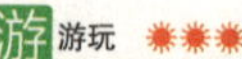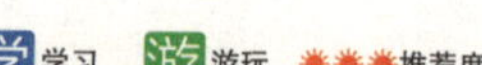
食 美食　买 购物　学 学习　游 游玩　✹✹✹ 推荐度

东南区 *South East*

波特兰的东南区位于威拉米特河东侧，与市区不同，这里没有高楼大厦，而是住宅和个性商店混合的一片区域。不妨以东西走向的霍桑大街为中心，慢慢地体验。

个性商店遍布的时尚文化地区　波特兰中心部 M p.355-B4

霍桑大街

Hawthorne Boulevard

从霍桑大街的 S.E. 12th Ave. 至 50th Ave. 之间的区域，建有不少独特的餐馆、咖啡馆、民族风味餐馆、二手服饰店、古玩店、杂货店、精品店等，各种类型的店铺依次排开，花上一天的时间也逛不完。此外还有许多精酿啤酒吧，也是这条街道的一大特征。

原本这里属于工商业地区，近年来霍桑大街南北两侧也开始进行二次开发。蒸馏厂集中的蒂斯特里罗 Distillery Row（参考上图）在当地市民之间也有着很高的人气。

无论哪家商店都极具特色，充满乐趣

霍桑大街

交通方式 从市区出发，乘坐 15 分钟特利梅特巴士 #14，到达 Hawthorne Blvd. & 32nd Ave.

※S.E. 33rd Ave. 到 42nd Ave. 之间，商店较为集中。向北 6 个街区、向南 7 个街区，在与霍桑大街平行的 Belmont St. 和 Division St. 上，也有许多不错的商店，如果时间允许的话也可以去逛

大型科学博物馆　波特兰市区 M p.355-B4

俄勒冈科学与工业博物馆

学

Oregon Museum of Science & Industry (OMSI)

俗称“OMSI”。馆内设有 5 个展厅，以宇宙、地球、自然、信息、生命、物理为科学主题，通过体验进行理解，在场馆设计建设上付出了很多心血。

馆内有剧院、天文馆，游客还可以进入威拉米特河上的“USS Blueback Submarine（SS-581）”号潜水艇内参观。

潜水艇展览拥有很高的人气

俄勒冈科学与工业博物馆

住 1945 S.E. Water Ave.

☎（503）797-4000

网 www.omsi.edu

营 周二～周日 9:30~17:30（各个时期有所变更。夏季每天）

休 周一（波特兰公立学校休息日开馆）、圣诞节、感恩节

费 成人 $14、老人（63 岁以上）$10.75、儿童（3~13 岁）$9.75
剧院/成人 $7~8.50、老人·儿童 $6~6.50（老人~7）
天文馆、激光表演/$5.75~7.50
潜水艇/$6.75
还有多种套票

交通方式 乘坐城铁 A、B 环线，在 OMSI 站下车

PORTLAND
0
3km
N
25分钟
皮多克豪宅
西北区
霍桑大街
30~40分钟
华盛顿公园周边
20~30分钟
市区
10~20分钟

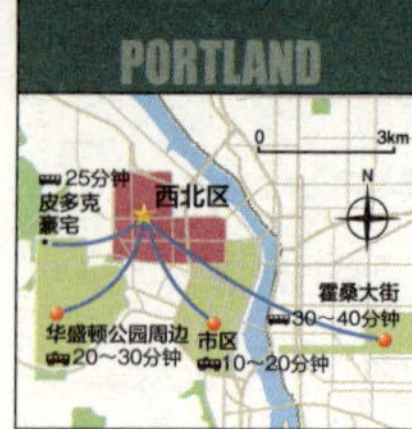

西北区 *North West*

市区西北部是时尚的诺布山地区，以N.W.21st St.~23rd St. 为中心的一带比较繁华。过去工厂、仓库集中的珍珠区，近些年来也新增了许多商店和餐馆。

N
25th Ave.
21st Ave.
18th Ave.
14th Ave.
Lovejoy St.
联合站
405
Flanders St.
Everett St.
诺布山
珍珠区
Burnside St.
华盛顿公园
0
2km

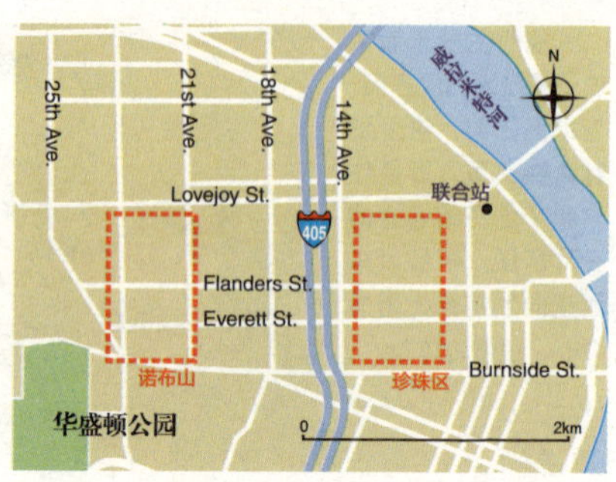

诺布山
URL nwpdxnobhill.com
交通方式 乘坐波特兰城铁的NS线，在N.W. 23rd & Marshall下车

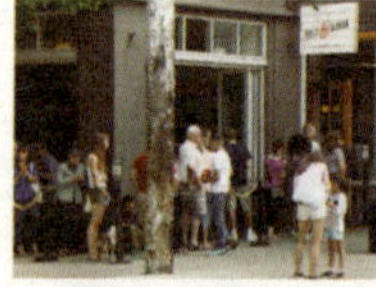

看不到队尾的人气店

时尚出行　　波特兰中心部　M p.354-A2~3

诺布山　食 买

Nob Hill

★★★

“诺布山”是由富豪Nabob一词转变而来的。这个叫法是在19世纪80年代，由圣弗朗西斯科商人命名的，泛指N.W.21st和23rd Aves周边俗称“第三时尚”的一带。这里以精品店、纪念品商店为中心，集中着高档餐馆、露天咖啡馆等，很适合散步。从Burnside St. 至北边的Lovejoy St. 一带，商家非常密集。

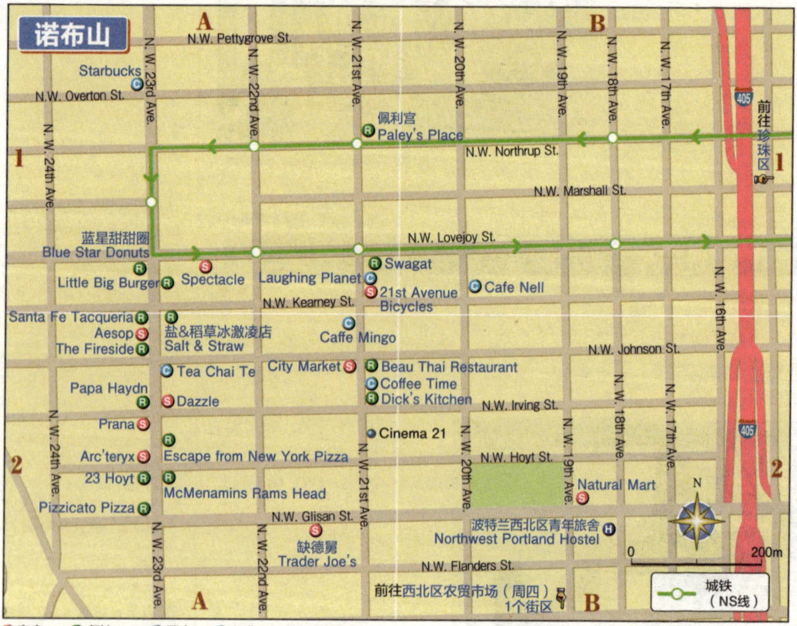

诺布山
A
B
1
2
N.W. Pettygrove St.
N.W. Overton St.
N.W. Northrup St.
N.W. Marshall St.
N.W. Lovejoy St.
N.W. Kearney St.
N.W. Johnson St.
N.W. Irving St.
N.W. Hoyt St.
N.W. Glisan St.
N.W. Flanders St.
N.W. 24th Ave.
N.W. 23rd Ave.
N.W. 22nd Ave.
N.W. 21st Ave.
N.W. 20th Ave.
N.W. 19th Ave.
N.W. 18th Ave.
N.W. 17th Ave.
N.W. 16th Ave.
405
前往珍珠区
Starbucks
佩利宫
Paley's Place
蓝星甜甜圈
Blue Star Donuts
Little Big Burger
Spectacle
Laughing Planet
Swagat
21st Avenue Bicycles
Cafe Nell
Santa Fe Tacqueria
Aesop
The Fireside
盐&稻草冰激凌店
Salt & Straw
Caffe Mingo
Tea Chai Te
City Market
Beau Thai Restaurant
Coffee Time
Dick's Kitchen
Papa Haydn
Dazzle
Prana
Cinema 21
Arc'teryx
Escape from New York Pizza
23 Hoyt
McMenamins Rams Head
Natural Mart
Pizzicato Pizza
缺德舅
Trader Joe's
波特兰西北区青年旅舍
Northwest Portland Hostel
前往西北区农贸市场（周四）1个街区
N
0
200m
城铁（NS线）

S 商店　R 餐馆　H 酒店　C 咖啡　● 地标/其他

便签 **轻松确认当前位置**　在西北地区，从南端的Burnside St. 开始，街道名称都是按照字母表顺序排列的，很容易确认自己的当前位置（唐人街、珍珠区也是这样）。

很适合散步的区域　波特兰市区　M p.355-A1~2

珍珠区 买

Pearl District

★★★

珍珠区是众所周知的高端地区。东西在 Broadway Ave. 和 I-405 之间，南北为 W.Burnside St. 至 Lovejoy St.。从市区乘坐 5 分钟城铁即可到达，步行也没有问题。

20 世纪 90 年代中期以前，这片区域的治安还令人堪忧，但经过大规模的二次开发后，这里成了当地年轻人聚集的热闹场所。老式的工厂、仓库街等建筑让人仿佛回到了过去，如今里面都改造成了个性的美术馆，独特的商店、餐馆。

每月第一个周四的晚上，周边的画廊都会延长营业时间，以举办著名的“第一周四（First Thursday）”活动。各个画廊营业时间略有不同，但基本上都在 18:00~21:00 前后进行。

残留的砖造建筑一角

珍珠区

URL explorethepearl.com

※北至 N.W. Irving St.、南至 N.W. Flanders St.、东西两端为 N.W. 9th~14th Ave.。游客中心或者是珍珠区的商店都提供步行图

第一周四

通过官网可以查询到参加活动的画廊信息。

URL www.firstthursdayportland.com

直接利用建筑物入驻的商店

Column 波特兰的农贸市场 Portland Farmers Market

农贸市场如今已经成为波特兰代表文化之一。1992 年，3 名活动家借着在当地农场工作的机会，开始了这项活动，最初仅有 13 家商铺。

如今，市内各地都会定期举办，店铺更是超过了 100 家。下面就为大家介绍其中最具代表性的 5 个农贸市场。

Portland Farmers Market

☎（503）241-0032

URL www.portlandfarmersmarket.org

●波特兰州立大学（周六）Portland State University

M p.355-A4

住 S.W. Park Ave. & S.W. Montgomery St.

营 3~11 月：周六 8:30~14:00、11 月～次年 2 月：周六 9:00~14:00

●先锋法院广场（周一）Pioneer Courthouse Square

M p.355-A3

住 S.W. 6th Ave. & S.W. Yamhill St.

营 6 月中旬～9 月下旬：周一 10:00~14:00

●西曼斯基公园（周三）Shemanski Park

M p.355-A3

住 S.W. Park Ave. & S.W. Main St.

营 5~11 月：周三 10:00~14:00

●国王（周日）King

M p.354-B2

住 N.E. 7th Ave. & N.E. Wygant St.

营 5~11 月：周日 10:00~14:00

●西北区（周四）Northwest

M p.354-A3

住 N.W. 19th Ave. & N.W. Everett St.

营 6~9 月：周四 14:00~18:00

波特兰州立大学的农贸市场规模最大

 便签　创立于波特兰的甜甜圈商店①　知名的甜甜圈店。蓝星甜甜圈 Blue Star Donuts　M p.360-A1　住 921 N.W. 23rd Ave.　☎（503）265-8659　URL www.bluestardonuts.com　营 每天 7:30~20:00

华盛顿公园周边

Washington Park

华盛顿公园位于市区西侧，总面积达1873公顷，是全美规模最大的都市型公园。即便在市区内，也可以感受到俄勒冈丰富的自然资源，是当地市民的休闲场所。

华盛顿公园
M p.354-A3
营 每天 5:00~22:00
URL explorewashingtonpark.org
交通方式 乘坐马克斯轻轨的红线、蓝线，在 Washington Park 站下车

森林资源的教育文化设施　　波特兰中心部　M p.354-A3

世界林业探索博物馆　学

World Forestry Center / Discovery Museum　✹

拥有丰富的森林资源，至今还保留着珍贵原始森林的俄勒冈所特有的博物馆。以通过教育、研究、展览努力维持森林资源为宗旨建设。

除了有20万~300万年前的化石树木、西北部的原始森林、热带雨林等常规展览外，还经常举办特别展出。

世界林业探索博物馆
住 4033 S.W. Canyon Rd.
☎（503）228-1367
URL www.worldforestry.org
营 周四～下周一 10:00~17:00（夏季每天）
休 主要节假日
费 成人 $7、老人（62 岁以上）$6、儿童（3~18 岁）$5

精心设计的正宗的日本庭园　　波特兰中心部　M p.354-A3

日本庭园　游

Japanese Garden　✹✹✹

波特兰市民组成的 NPO 团体"俄勒冈日本庭园协会"提出计划，并由日本设计师于1967年建设完成，传承下了日本传统的造园技术和庭园审美。围绕茶室的露天庭园，通过菖蒲繁盛的水池上架起的小桥可以环游的庭园，铺满卵石的假山水、小瀑布、小溪、凉亭、竹墙点缀的庭园等，共有8个具有代表风格的日本庭园。其精美程度令人赞叹不已。

2017年4月，日本建筑师隈研吾设计的区域文化村（Cultural Village）正式对外开放。这里除了纪念品商店、美术馆外，还有可以品尝到日本茶、和式点心的美味咖啡馆（Umami Cafe）（营 同庭园时间）。

日本庭园
住 611 S.W. Kingston Ave.
☎（503）223-1321
URL www.japanesegarden.org
营 3月中旬~9月：周二～周日 10:00~19:00、周一 12:00~19:00、10月～次年3月中旬：周二～周日 10:00~16:00、周一 12:00~16:00
休 主要节假日
费 成人 $14.95、老人（65 岁以上）· 大学生（需要 ID）$11.95、儿童（6~17 岁）$10.45、5 岁以下免费
交通方式 乘坐马克斯轻轨红线、蓝线，在 Providence Park 站或 Washington Park 站下车，然后乘坐特利梅特巴士 #63

再现了日本风景的地方

园内步道起伏很大，建议穿着便于行走的鞋子

食 美食　 购物　 游玩　✹✹✹ 推荐度

拥有百年历史的玫瑰花园　　波特兰中心部 M p.354-A3

玫瑰花园 游

International Rose Test Garden

象征着玫瑰之都波特兰的绝美玫瑰花园。在可以俯瞰市区的寂静山丘上，5~6 月会盛开 610 种 8000 多株玫瑰花。花园建于 1917 年，是美国历史上最为悠久的试验园，归属波特兰市公园部门管理。

栽培着许多种类的玫瑰花

玫瑰花园
住 400 S.W. Kingston Ave.
☎（503）823-3636
营 每天 7:30~21:00（各个时期不同）
费 免费
交通方式 乘坐马克斯轻轨的红线、蓝线，在 Providence Park 站或 Washington Park 站下车，然后换乘特利梅特巴士 #63

因为位于山丘东坡，所以中午之前的景色更加优美。

建于山丘上，可以俯瞰市区的豪宅　　波特兰中心部 M p.354-A3

皮多克豪宅 游

Pittock Mansion

俄勒冈州发行数量最多的报纸《俄勒冈报》的创始人——亨利·路易斯·皮多克于 1914 年建造，整个家族都居住于此。豪宅位于可以俯瞰波特兰市区风景的美丽山丘上，兼具文艺复兴时期的厚重和优美。

提供指南手册，可以根据它来游览宅邸内部。拥有大窗户的音乐房间非常好看。从二层的窗户可以眺望到市区，景致极佳。

皮多克豪宅
住 3229 N.W. Pittock Dr.
☎（503）823-3623
URL www.pittockmansion.org
营 2~5 月、9~12 月：每天 10:00~16:00、6~8 月：每天 10:00~17:00
休 1 月、主要节假日
费 成人 $10、老人（65 岁以上）$9、学生（6~18 岁）$7
交通方式 乘坐特利梅特巴士 #20，在 W.Burnside St. & N.W. Barnes Rd. 下车。步行 10 分钟

波特兰的体育 Sports in Portland

篮球 National Basketball Association（NBA）

波特兰开拓者队 Portland Trail Blazers

洛杉矶湖人队曾在太平洋分区一枝独秀，到了 20 世纪 90 年代，开拓者队逐渐崭露头角，奋力追赶。他们曾在 1976~1977 赛季获得了球队历史上唯一一座总冠军奖杯，并 3 次进入总决赛（31 次进入季后赛）。从 2008 年开始，连续 3 年进入季后赛，2013~2014 赛季后，连续 5 年进入季后赛。

主场：摩达中心
M p.355-B1
住 1 Center Court St.
☎（503）797-9600
URL www.nba.com/blazers
交通方式 乘坐马克斯轻轨黄线，在 Interstate/Rose Quarter 站，或乘坐绿线、红线、蓝线，在 Rose Quarter TC 站下车

足球 Major League Soccer（MLS）

波特兰伐木者队 Portland Timbers

2011 年加入 MLS。从低级别联赛开始，就拥有着大量支持者，在可以容纳 2 万多名球迷的主场进行的比赛，球票也经常售罄。2015 年，首次赢得美国职业足球大联盟总冠军。

主场：普罗维登斯公园
M p.354-A3
住 1844 S.W. Morrison St.
☎（503）553-5400
URL www.timbers.com
交通方式 乘坐马克斯轻轨的红线、蓝线，在 Providence Park 站下车

从市区步行即可到达

波特兰的商店

Portland

波特兰没有消费税，对于游客来说简直就是购物的天堂。去美国旅游购物的话，前往波特兰是最好的选择。

波特兰是手工艺品、世界知名户外品牌、运动品牌的发源地，在市区有多家旗舰店，一定要去逛一逛。如果要找寻“如今的波特兰”风格的商品，可以去西端区和东南区。

SHOP

市区

手眼供给

Hand Eye Supply 时尚

◆帅气的工作服大集结

这里的围裙、工服、工装裤等工作时穿着的服装都非常时尚，具有品位，穿在身上感觉很好。其中商店原创的牛仔产品更是超赞。此外还有小刀、斧子、书包等户外用品。

让人一见钟情的商品宝库

M 波特兰市区 p.355-A2
住 427 N.W. Broadway
☎（503）575-9769
URL www.handeyesupply.com
营 周三～周日 11:00~18:00
休 周一 · 周二
信用卡 J M V

波拉

Poler 户外

◆创立于波特兰的时尚户外品牌

充满玩心的设计是这家诞生于波特兰的新锐户外品牌的最大特征。极具人气的筒状睡袋，可以将双手、双脚都露在外面，穿着睡袋就能走路。

具有特色的品牌 logo

M 波特兰市区 p.355-A2
住 413 S.W. 10th Ave.
☎（503）432-8120
URL www.polerstuff.com
营 每天 11:00~19:00（周日 ~18:00）
信用卡 A M V

哥伦比亚波特兰旗舰店

Columbia Sportswear Flagship Stores-Portland 户外

◆创立于俄勒冈的户外品牌

哥伦比亚本店就位于波特兰。虽然这家品牌的大部分商品都能在百货商店、购物中心购买到，但旗舰店的商品种类非常齐全，任何你能想到的都可以在这里买到。除了户外商品，也有可以买来当作休闲服等出街穿的服装。

本店独有的丰富商品

M 波特兰市区 p.355-A3
住 911 S.W. Broadway
☎（503）226-6800
URL www.columbia.com
营 周一～周六 9:30~19:00、周日 11:00~18:00
信用卡 A M V

彭德尔顿家居店

Pendleton Home Store 户外

◆一排排高人气的当地花纹图案

人气极高，以美国当地花纹图案为卖点的彭德尔顿。除了经典的毛毯、小毯子外，衬衫、书包等产品的种类也很丰富。因为没有消费税，价格还是比较便宜的。这里的商品种类数量是全球最全、最多的。

各种图案的毛毯

M 波特兰市区 p.355-A2
住 210 N.W. Broadway
☎（503）535-5444
URL www.pendleton-usa.com
营 周一～周六 10:00~17:30
信用卡 A J M V

热门地区，位于西端的购物街——联合路（Union Way）入驻了多家波特兰本土品牌，还有极具人气的寿司店、拉面店等。M p.355-A2 住 1022 W.Burnside St.

市区

耐克
Nike 运动品牌

◆耐克总部直营店

耐克总部位于波特兰郊外的比弗顿，但没有设置耐克总店。取而代之的是在其发祥地俄勒冈中心的波特兰建造了一家直营店，宛如运动博物馆一般，乐趣十足。

M 波特兰市区 p.355-A3
住 638 S.W. 5th Ave.
☎（503）221-6453 URL www.nike.com
营 周一～周六 10:00~20:00、周日 11:00~18:00
机场内设有分店
信用卡 A M V

基恩
Keen 户外

◆可以保护脚指甲的凉鞋，人气超高

一个不断推出创意商品的鞋类品牌——基恩的总店，充分利用仓库的空间，打造出的商店内部宽敞舒适，可以放松心情挑选自己喜欢的商品。

M 波特兰市区 p.355-A1
住 515 N.W. 13th Ave.
☎（971）200-4040
URL www.keenfootwear.com
营 周一～周六 10:00~19:00、周日 11:00~17:00
信用卡 A M V

PDX 这里制造
MadeHere PDX 杂货

◆波特兰商品云集

商店仅出售波特兰当地的精选商品。不光游客，当地人也经常光顾。商品种类丰富，包括革制品、肥皂、化妆品、书包、食盐、蜂蜜等，也可以来这里挑选纪念品。

全是波特兰当地制造的产品

M 波特兰市区 p.355-A2
住 40 N.W. 10th Ave.
☎（503）224-0122
URL madeherepdx.com
营 周一～周五 11:00~18:00（周四～19:00）、周六 10:00~19:00
信用卡 A M V

鲍威尔书店
Powell's Books 书籍

◆世界上规模最大的书店

书店整整占据了一个街区的面积，里面还设有咖啡馆。稍远的建筑内出售专业技能书，霍桑大街分店有美食 · 园艺专业书。来波特兰一定不要错过这里。

波特兰最具代表性的书店

M 波特兰市区 p.355-A2
住 1005 W. Burnside St.
☎（503）228-4651
URL www.powells.com
营 每天 9:00~23:00（旧书领取截止到 20:00）
※ 波特兰国际机场内设有分店
信用卡 A M V

东南区

下一次冒险
Next Adventure 户外

◆波特兰最值得光顾的户外商店

波特兰被誉为户外品牌的胜地，而在这里最受当地人喜爱的便是这家商店。最大的卖点是一层的二手户外服饰，当然也有很多中国国内还没上市的新品。

M 波特兰中心部 p.354-B3
住 426 S.E. Grand Ave.
☎（503）233-0706
URL nextadventure.net
营 周一～周六 10:00~19:00（周六～18:00）、周日 11:00~17:00
信用卡 A M V

新季节市场
New Seasons Market 超市

◆出售当地食品的个性派超市

为了出售健康的当地食材而开办的一家超市，既安全放心又好吃的食材都可以在这里找到。店内除了食材之外，还有面包房、药店、熟食等，还有供人休息的空间。

市内有将近 20 家分店

M 波特兰中心部 p.354-B3
住 1954 SE Division St.
☎（503）445-2888
URL www.newseasonsmarket.com
营 每天 8:00~23:00
信用卡 A J M V

东北区

梁 & 锚
Beam & Anchor 杂货

◆时尚达人必去的店铺

以革制品、陶瓷品、宝石饰品、肥皂等为主打商品，店主是一对夫妻，店内的商品都是他们二人从世界各地收集而来的。是一家深受当地艺术家尊重、完美诠释了波特兰风格的精选商店。

虽然位于城外，但是很值得一探究竟

M 波特兰中心部 p.354-A2
住 2710 N. Interstate Ave.
☎（503）367-3230
URL beamandanchor.com
营 周一～周六 11:00~18:00、周日 12:00~17:00
信用卡 A J M V

便签 有机制品的宝库 人民食品合作社 People's Food Co-op M p.354-B3 住 3029 S.E. 21st Ave. ☎（503）674-2642 URL www.peoples.coop 营 每天 8:00~22:00 信用卡 M V

波特兰的餐馆
Portland

波特兰的人口与餐馆数的比例堪称全美最佳。在市区可以找到纽约、洛杉矶也都设有分店的人气咖啡馆，以及可以算得上是旅游景点的甜甜圈商店等，这里各种类型的餐馆应有尽有。旧城区、唐人街遍布民族风味餐馆、酒吧，诺布山、霍桑大街则是一家家个性店铺。严选当地的鱼贝类和山珍制作而成的西北美食更是值得品尝。

市区

希金斯
Higgins 西北

◆ **使用应季的有机食材，堪称美食的真谛**

严选应季的当地有机蔬菜和近海的鱼贝类产品，这里几乎没有其他类型的食材。餐馆的装饰风格也很有品位。前菜和主菜的分量都很足，完全可以两个人分享食用。虽然预算在 \$30~40，但是评价非常高。

来尝尝使用当地食材制作而成的美食吧

M 波特兰市区 p.355-A3
住 1239 S.W. Broadway
☎（503）222-9070
URL www.higginsportland.com
营 周一～周五 11:30~24:00、周六·周日 16:00~24:00
信用卡 A M V

比约咖啡馆
Bijou Café 美式

◆ **波特兰的早晨从这里开始**

1978 年开业，周末早上，有很多远道而来的客人，店内非常热闹、欢快。菜肴均为新鲜的鱼贝类、有机蔬菜、果汁等，食材挑选考究、严格。除了平时的早餐之外，还提供使用牡蛎和土豆制作而成的牡蛎大杂烩（\$16）等创意美食。仅早上和中午营业。

店内复古的风格令人感到舒服

M 波特兰市区 p.355-B2
住 132 S.W. 3rd Ave.
☎（503）222-3187
URL bijoucafepdx.com
营 周一～周五 7:00~14:00（周五 18:00~22:00 也营业）、周六·周日 8:00~14:00
信用卡 J M V

拉尔多
Lardo 美式

◆ **肉食爱好者集合！**

高人气的三明治餐车如今在市区拥有了自己的餐馆。从店名拉尔多（在意大利语中意为猪的脂肪）也可以看出，这家店正是以猪肉三明治（\$10~）和汉堡为主打。还有夹泡菜和蛋黄酱等共计 10 余种单品。

蔬菜和肉组合最棒

M 波特兰市区 p.355-A2
住 1205 S.W. Washington St.
☎（503）241-2490
URL lardosandwiches.com
营 每天 11:00~22:00
信用卡 A J M V

斯顿普敦咖啡馆
Stumptown Coffee Roasters 咖啡

◆ **波特兰代表性的咖啡**

可以说是缔造了波特兰咖啡文化的一家咖啡品牌。不光在波特兰市内有多家分店，近年来还逐渐扩张到了纽约和洛杉矶。咖啡烘焙技术也是市内顶级水平。喜欢咖啡的话，务必来此。

波特兰咖啡爱好者的聚集地

M 波特兰市区 p.355-B2
住 128 S.W. 3rd Ave.
☎（503）295-6144
URL www.stumptowncoffee.com
营 每天 6:00~19:00（周六·周日 7:00~）
信用卡 A M V

便签 **必须前去的美食中心** 人气餐饮店入驻。**杉树街市场 Pine Street Market** M p.355-B2 住 126 S.W. 2nd Ave. URL www.pinestreetpdx.com 营 每天 11:00~21:00（各个商家不同）

东南区

阿比扎斯科尔斯
Apizza Scholls 美式

◆ **虽然偏离市区，但很有必要前去**

市区东侧，Hawthorne Blvd. 和 48th Ave. 路口的比萨店。美味的比萨从过去开始就深受当地食客的青睐。从市区乘坐 #14 巴士，约 20 分钟可以到达。

每种比萨的味道都很棒

M 波特兰中心部 p.354-B3
住 4741 S.E. Hawthorne Blvd.
☎（503）233-1286
URL www.apizzascholls.com
营 每天 17:00~21:30、午餐 周六 11:30~14:30
信用卡 A M V

松树州饼干
Pine State Biscuits 美式

◆ **波特兰的标志性餐馆**

知名的饼干三明治餐馆。最初在农贸市场摆摊，积攒了不少人气后，创办了现在的这家餐馆。推荐鸡肉三明治（$6~），将香喷喷的烤鸡肉夹在每天手工制作的咸味饼干之间，味道令人赞不绝口。

M 波特兰中心部 p.354-B3
住 1100 S.E. Division St.
☎（503）236-3346
URL www.pinestatebiscuits.com
营 每天 7:00~15:00
信用卡 A J M V

博克博克
Pok Pok 泰国菜

◆ **提供超级正宗的泰国美食**

为了吃上一口这里美味的泰国菜，顾客总是会排起长队。从简陋的摊铺起步，到如今已发展成了詹姆斯·比尔德奖（堪称美食界的奥斯卡）拥有者的名店。

M 波特兰中心部 p.354-B3
住 3226 S.E. Division St.
☎（503）232-1387
URL pokpokpdx.com
营 每天 11:30~22:00
信用卡 J M V

面包墨水咖啡馆
Bread and Ink Cafe 咖啡面包

◆ **深受各个阶层顾客的喜爱，环境明亮的咖啡馆**

位于霍桑大街，已经经营了 30 多年的老牌咖啡馆。早餐有煎鸡蛋卷（$9.25~）、午餐有汉堡（$12.95~），晚上还可以品尝到特色西北菜。

M 波特兰中心部 p.354-B3
住 3610 S.E. Hawthorne Blvd.
☎（503）239-4756
URL www.breadandinkcafe.com
营 每天 8:00~20:30（周五·周六 ~21:30）
信用卡 A M V

东北区

阿尔伯塔上的赫尔泽餐馆
Helser's on Alberta 美式

◆ **精选早餐，美国特有的餐馆**

从休息日早上 9:00 就经常满员，人气可见一斑。餐馆仅早上和中午营业，尤其推荐来这里吃上一顿早餐。松饼（$6.95）、班尼迪克蛋（$9.50~）、烟熏三文鱼大杂烩（$12.95）等都堪称极品美味。

从早餐开始便十分热闹

M 波特兰中心部 p.354-B2
住 1538 N.E. Alberta St.
☎（503）281-1477
URL helsersonalberta.com
营 每天 7:00~15:00
信用卡 A M V

西北区

盐 & 稻草冰激凌店
Salt & Straw 甜点

◆ **甜度不高的冰激凌**

无论何时都会排起长队的冰激凌店。其中美味的秘密，便是直接选用了来自俄勒冈州尤金市畜牧农场的有机乳制品。

M 诺布山 p.360-A2
住 838 N.W. 23rd Ave.
☎（971）271-8168
URL saltandstraw.com
营 每天 10:00~23:00
信用卡 A D J M V

珍珠面包店
Pearl Bakery 面包

◆ **当地人也都极力推荐**

食材大多为当地产的自然食材。吃起来令人安心，也非常好吃，许多餐馆也都会来这里进行批发。也会出现在农贸市场上。

M 波特兰市区 p.355-A2
住 102 N.W. 9th Ave.
☎（503）827-0910
URL pearlbakery.com
营 周一～周五 6:30~17:30、周六 7:00~17:00、周日 8:00~16:00
信用卡 J M V

便签 创立于波特兰的甜甜圈商店② 从早到晚都会排起长队的人气店铺。**巫毒甜甜圈 VooDoo Doughnut**
M p.355-B2 住 22 S.W. 3rd Ave. ☎（503）241-4704 URL www.voodoodoughnut.com 营 24 小时

波特兰的酒店

Portland

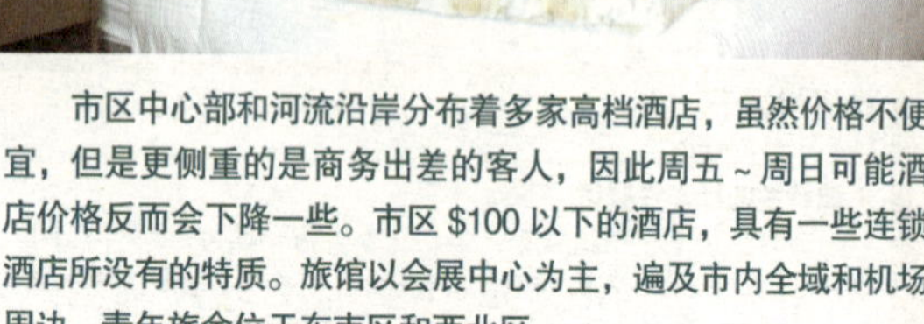

HOTEL

市区中心部和河流沿岸分布着多家高档酒店，虽然价格不便宜，但是更侧重的是商务出差的客人，因此周五～周日可能酒店价格反而会下降一些。市区 $100 以下的酒店，具有一些连锁酒店所没有的特质。旅馆以会展中心为主，遍及市内全域和机场周边。青年旅舍位于东南区和西北区。

市区

波特兰摩纳哥金普顿酒店

Kimpton Hotel Monaco 高档

◆ **波特兰排名前三的豪华酒店**

由 1912 年建造的历史古建大面积改造而成，是一家时尚的精品酒店。距离先锋法院广场 3 个街区。在大堂内，早上提供咖啡，晚上提供葡萄酒，均为免费服务。

Wi-Fi $12.99　221 间客房　信用卡 A D J M V

M 波特兰市区 p.355-A2

住 506 S.W. Washington St., Portland, OR 97204
☎ (503) 222-0001
Free (1-888) 207-2201
FAX (503) 222-0004
URL www.monaco-portland.com
费 Ⓢ Ⓓ Ⓣ $157~392、Ⓢⓤ $205~435

露西亚酒店

Hotel Lucia 高档

◆ **后现代的精装酒店**

位于市区的一家后现代精装酒店。大堂、走廊等各个地方，都装饰着酒店老板引以为傲的现代艺术品，安有壁炉的大堂楼层如同美术馆一般精致。客房装饰简洁，充满了都市时尚感，环境令人感到舒适。

Wi-Fi 免费　127 间客房　信用卡 A J M V

M 波特兰市区 p.355-A2

住 400 S.W. Broadway, Portland, OR 97205
☎ (503) 225-1717
Free (1-866) 986-8086
FAX (503) 225-1919
URL hotellucia.com
费 Ⓢ Ⓓ Ⓣ $169~419、Ⓢⓤ $319~639

莫德拉酒店

Hotel Modera 高档

◆ **位于州立大学旁，环境令人舒心**

精品酒店的装修风格，设计时尚低调，令人舒心。舒服的床、用起来方便的桌子等，设施令商务客户同样感到满意。工作人员的服务态度也很周到。地理位置好，交通也很便利。

Wi-Fi 免费　174 间客房　信用卡 A D M V

M 波特兰市区 p.355-A3

住 515 S.W. Clay St., Portland, OR 97201
☎ (503) 484-1084
URL www.hotelmodera.com
费 Ⓢ Ⓓ Ⓣ $196~369、Ⓢⓤ $259~459

本森酒店

The Benson 高档

◆ **房客中有许多名人和商务人士**

于 1913 年建造的老牌酒店。经典、优美，设施齐全，极具现代感。大堂内不定期会举办爵士乐现场表演，可以聆听到动听的音乐。前美国总统克林顿、麦当娜等人也都曾入住过这家酒店。

Wi-Fi 免费　287 间客房　信用卡 A D J M V

M 波特兰市区 p.355-A2

住 309 S.W. Broadway, Portland, OR 97205
☎ (503) 228-2000
FAX (503) 471-3920
URL www.bensonhotel.com
费 Ⓢ Ⓓ Ⓣ $171~301、Ⓢⓤ $201~479

便签 **地图上的酒店名称有部分省略** 在波特兰的地图上，省略了部分酒店名称最前面或最后面的“酒店”一词。

市区

波特兰豪华酒店
Hotel deLuxe 高档

◆ 波特兰排名前三的豪华酒店

由旧马洛里酒店改建而成的设计师酒店。位于先锋法院广场西侧，步行需7~8分钟。距离马克斯轻轨站很近，便于观光。过道上装饰着肖像画，酒店内环境讲究，具有品位。

 免费 130间客房 信用卡 A D J M V

M 波特兰市区 p.355-A2

住 729 S.W. 15th Ave., Portland, OR 97205
☎（503）219-2094
URL www.hoteldeluxeportland.com
费 Ⓢ Ⓓ Ⓣ $159~379、Su $219~479

会议酒店
Society Hotel 中档

◆ 如果想体验都市感的话就选择这里

位于唐人街的一家精品酒店。客房虽然不是很宽敞，但是干净整洁。大部分房间都不能淋浴，需要到公共浴室。

Wi-Fi 免费 38间客房 信用卡 A M V

M 波特兰市区 p.355-B2

住 203 N.W. 3rd Ave., Portland, OR 97209
☎（503）445-0444
URL thesocietyhotel.com
费 多人房 $59~、S$139~189

波特兰艾斯酒店
Ace Hotel Portland 中档

◆ 由古建筑改建而成的设计酒店

部分客房带有浴室，部分使用的是公共浴室。酒店一层还有当地人气的咖啡馆。

Wi-Fi 免费 78间客房 信用卡 A J M V

M 波特兰市区 p.355-A2

住 1022 S.W. Stark St., Portland, OR 97205
☎（503）228-2277 FAX（503）228-2297
URL www.acehotel.com 费 Ⓢ Ⓓ Ⓣ $125~335

东南区

朱庇特酒店
Jupiter Hotel 中档

◆ 价格适中的设计酒店

面朝市区的威拉米特河，位于伯恩赛德大街上。酒店内的酒吧还经常进行现场演出。

Wi-Fi 免费 81间客房 信用卡 A M V

M 波特兰市区 p.354-B3

住 800 E. Burnside St., Portland, OR 97214
☎（503）230-9200 Free（1-877）800-0004
URL jupiterhotel.com
费 Ⓢ Ⓓ Ⓣ $143~239、Su $215~499

波特兰霍桑区国际青年旅舍
Hostelling International-Portland, Hawthorne 经济型

◆ 紧邻年轻人聚集的霍桑大街

除了多人房外，也设有单人间。从市区出发，乘坐#14巴士，在S.E. Hawthorne & 30th下车。

Wi-Fi 免费 2间客房、28张床 信用卡 A D J M V

M 波特兰市区 p.354-B3

住 3031 S.E. Hawthorne Blvd., Portland, OR 97214
☎（503）236-3380 Free（1-866）447-3031
URL www.portlandhostel.org
费 多人房 $28~37、Ⓢ $66~74

西北区

波特兰西北区青年旅舍
Northwest Portland Hostel 经济型

◆ 便于游览诺布山的绝佳地理位置

酒店前便是咖啡馆，步行也可以到达超市。单人间需要尽早预约。

Wi-Fi 免费 29间客房、66张床 信用卡 J M V

M 诺布山 p.360-B2

住 425 N.W. 18th Ave., Portland, OR 97209
☎（503）241-2783 Free（1-888）777-0067
URL nwportlandhostel.com
费 多人房 $27~45、Ⓢ $69~（3人及以上每人+$20）

东北区

伊斯特伦酒店
Hotel Eastlund 高档

◆ 舒适自在的精品酒店

位于会展中心附近的一家精品酒店。紧邻马克斯轻轨站，步行即可到达会展中心和波特兰开拓者队的主场摩达中心。

显眼的橙色招牌

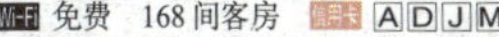
Wi-Fi 免费 168间客房 信用卡 A D J M V

M 波特兰中心部 p.354-B3

住 1021 N.E. Grand Ave., Portland, OR 97232
☎（503）235-2100
URL hoteleastlund.com
费 Ⓢ Ⓓ Ⓣ $169~359、Su $239~559

咖啡机　冰箱酒柜 / 冰箱　浴缸　吹风机　BOX 室内保险柜　客房服务　餐馆　健身房 / 游泳池　前台　洗衣机　无线网络　P 停车场　可以使用轮椅的客房

本系列已出版丛书
涵盖世界70个国家和地区

旅行的准备与技巧

Travel Tips

旅行的准备

旅行的技巧

旅行前的信息收集

因为互联网的普及，如今想要获得美国本土的最新信息已经变得非常容易了。你可以登录旅游局的官网浏览景点、活动、酒店以及餐馆等信息。到达当地后，首先可以前往游客中心，领取地图等资料。

在中国收集信息

中国的旅行社，除了常规团队行程外，也单独提供机票、租车、酒店等服务。也可以提出自己的特殊需求，旅行社也都会尽力去帮助实现，所以不妨先到旅行社进行相关问题的咨询。此外，也可以利用互联网，登录旅游局、主题公园、职业体育等的官方网站，获取最新信息。

在当地收集信息

前往游客中心可以获取城市相关的信息，了解当地的梗概要略。通常在人流聚集的市区中心部、机场、主干道等地都设有游客中心，附近一般都可以停车，开车也不用担心。游客中心内一般都会有常驻的工作人员，可以直接进行咨询。部分游客中心还出售主题公园和娱乐设施的门票，一定要去看一看。

便利的网站

■ 各个城市的旅游局

●加利福尼亚州旅游局

URL www.visitcalifornia.com/cn（中文）

URL www.visitcalifornia.com（英文）

●洛杉矶旅游局 / 洛杉矶国际机场

URL www.hellola.cn（中文）

URL www.discoverlosangeles.com（英文）

●圣迭戈旅游局

URL www.sandiego.com.cn（中文）

URL www.sandiego.org

●圣弗朗西斯科旅游协会 / 圣弗朗西斯科国际机场

URL www.gousa.cn/destination/san-francisco（中文）

URL www.sftravel.com（英文）

●拉斯维加斯旅游局

URL www.visitlasvegas.com/zh（中文）

URL www.visitlasvegas.com（英文）

●西雅图旅游局 URL www.visitseattle.org（英文）

●波特兰旅游局

URL www.gousa.cn/destination/portland（中文）

URL www.travelportland.com（英文）

●美国国家公园信息

URL www.nps.gov（英文）

官网浏览

官网的更新情况是由各个运营方独自负责，有时会有未能及时更新的情况发生。但是仅将它作为参考的话没有任何问题。

在游客中心

建议你在游客中心领取的主要资料有地图、巴士等公共交通设施的时刻表、线路图以及观光指南手册等。部分游客中心还提供酒店列表及预约服务，方便还没有安排好住宿的游客。

报纸、杂志、免费宣传册

在当地最有帮助的信息来源是由当地发行的本土报纸、收费的观光信息杂志、以及都市杂志等免费宣传册。→p.33、147、183、279、313、347

右栏以外的城市

圣巴巴拉旅游局
URL santabarbaraca.com
阿纳海姆 & 橘子郡旅游局
URL visitanaheim.org
蒂华纳旅游局
URL www.descubretijuana.com
蒂梅丘拉旅游局
URL www.visittemeculavalley.com
纳帕谷旅游局
URL www.napavalley.com
索诺玛旅游局
URL www.sonomacounty.com
蒙特雷旅游局
URL www.seemonterey.com
卡梅尔工商业协会
URL www.carmelchamber.org
沙斯塔山工商业协会
URL www.shastacascade.com
尤金 · 瀑布 & 海岸观光（莱恩郡旅游局）
URL www.eugenecascadescoast.org
内华达州旅游局
URL travelnevada.com

礼宾人员 如果有什么问题的话，咨询酒店的礼宾人员也不失为一种方法。礼宾人员是能够满足客人所有需求的酒店工作人员，一般都是由经验丰富的酒店员工担任。服务内容的范围很广，包括剧场的门票、飞↗

旅行的季节

美国国土面积很大，各个州、各个城市的气候都有所不同。例如，虽然都是位于加利福尼亚州内，但南部、北部、沿海地区、内陆地区等，气候都是各有特色。如果希望进行一次舒适的旅行的话，掌握好目的地的气候然后制订计划，是非常重要的。希望大家牢记的一点是西海岸的湿度很低。

美国西海岸的气候

北美大陆西海岸南部的加利福尼亚州（洛杉矶、圣弗朗西斯科、圣迭戈）属于地中海气候。虽然全年都比较温暖，但早晚温差较大。用夏天的最高气温作比较的话，洛杉矶28℃、圣迭戈25℃上下、圣弗朗西斯科22℃，每座城市湿度都很低，非常舒适，但在圣弗朗西斯科早晚受雾气影响，气温会骤降，较为寒冷。冬天除了圣迭戈外，雨水都较多。内陆地区为沙漠气候，山丘地带会有降雪，10月~次年5月可以体验滑雪等冬季娱乐活动。

北美大陆西海岸北部的华盛顿州（西雅图）和俄勒冈州（波特兰）属于大陆西岸海洋性气候，冬季也很少下雪。10月~次年5月是雨季。6~9月是最好的季节，气候比较稳定。

北美大陆西海岸内陆地区的内华达州（拉斯维加斯）和亚利桑那州（菲尼克斯）属于干燥的沙漠气候。全年几乎不会降雨，十分干燥。夏天可能会连续多天气温超过40℃，到了冬季，白天还是比较暖和，但晚上会突然降温，比较冷，早晚温差很大。

关于服装

从夏季到秋季，基本上穿短袖即可。但是早晚气温较低，加上屋内的空调，因此需要提前准备好开衫毛衣、风衣等长袖服装。其中圣弗朗西斯科即便在夏季，早晚也都比较凉爽，最好带上夹克衫。冬天不需要穿厚实的大衣或者羽绒服。穿半袖或者长袖内衬，加上较薄的外衣就足够应对气温的变化了。秋季到冬季会有降雨，建议穿防水性较好的雨衣等，要比打伞更好。

另外国家公园的气候较为特殊，需要根据游玩时的季节和想要游玩的项目来选择相应的服装。

美国的温度单位

美国的气温、体温等温度单位一般用华氏度（℉）来表示。同摄氏度（℃）的换算请参照侧栏和下表。

温度换算表

摄氏（℃）	-20	-10	0	10	20	30	40	100
华氏（°F）	-4	14	32（冰点）	50	68	86	104	212（沸点）

全年平均气温和降水量请参考各个城市的“旅行季节的建议”的部分
→ p.33、147、183、279、313、347

与中国的时差表→ p.11

世界天气

可以登录天气预报网站等确认当地的状况。

中国气象局

URL www.cma.gov.cn

华氏⇔摄氏的换算

●华氏
=（摄氏 ×9/5）+32

●摄氏
=（华氏 -32）×5/9

最简单的参考标准是以0℃=32℉为起点，摄氏每增减1℃，华氏便增减1.8℉左右，记住这一点就可以了。

↘机票、火车票、餐馆介绍、预约、商务支持等。另外，当礼宾人员提供了满足相应要求的服务后，需要根据服务的难易度支付一定的小费。

旅行的预算与货币

不同的旅游目的和内容，相应的支出也各有千秋。下面就进行简单的分类，对美国旅行的基本费用进行一下说明。另外在国外除了可以使用现金外，也可以配合信用卡、借记卡等灵活使用。

机票的购买→ p.380

机票 / 中国往返的直飞航班 · 往返参考价格（2019 年 3 月）

※ 包含经济舱、燃油附加费。随着时间推移可能会发生改变。根据航空公司、季节会有所不同。

洛杉矶、圣迭戈、圣弗朗西斯科、拉斯维加斯为 3000~10000 元

西雅图、波特兰 4000~10000 元

机票 / 国内航线单程参考价格

※ 随着时间推移可能会发生改变

洛杉矶 ~ 圣弗朗西斯科 $96~152

长途巴士 / 单程参考价格

※ 随着时间推移可能会发生改变

洛杉矶 ~ 圣弗朗西斯科 $24~80

铁路 / 单程参考价格

※ 随着时间推移可能会发生改变

洛杉矶 ~ 圣弗朗西斯科 $59~109

租车参考价格

在加利福尼亚州内，如果租用经济型 2/4 门级别的话，包含各种税金、保险、满油取还，1 天为 200~600 元。

普通汽油的价格（会发生改变）

※1 加仑（3.8L）左右。各个地区价格不同。洛杉矶 $3.6、圣弗朗西斯科 $3.7

停车费

※ 各个地区、酒店不同

免费 ~$65 左右

酒店参考费用

高档酒店 $300~、中档 $150~、经济型 $80 左右，青年旅舍等 $30 左右。

南加利福尼亚的主题公园 → p.112

25 美分硬币

25 美分硬币（25 ¢）主要用于拨打公共电话和乘坐市内巴士，建议提前多准备一些。

旅行的预算

■ 交通费用

●飞机

从中国前往美国西海岸，除了美国的航空公司之外，中国及亚洲其他国家也有很多航空公司往返西海岸。由于西海岸在太平洋航线中属于竞争比较激烈的一条线路，因此机票价格相较于其他地区会便宜不少。

另外，美国国内运营定期航班的航空公司除了美国联合航空、达美航空、美国航空等大型航空公司外，还有西南航空、捷蓝航空等运营美国国内航线的廉价航空公司（LCC：低成本航空公司）。过去虽然在服务和费用上有所差距，但最近大型航空公司也都开始在国内航线中实施行李托运、机内餐、机内电影收费的措施，机票总价上基本差别不大。

●长途巴士（灰狗）

覆盖全美的长途巴士。西海岸城市间的车次很多，大部分城市的市区内都设有车站，十分便利。

●铁路（美国国铁）

往返于西雅图 ~ 洛杉矶之间的海岸星光线（Coast Starlight）以及途经圣弗朗西斯科，往返于圣路易斯奥比斯波和圣迭戈之间，沿加利福尼亚海岸沿线行驶的太平洋冲浪者线（Pacific Surfliner），这两条铁路线都非常便利。

●租车自驾

主要费用为租车费、保险费、加油费。另外，如果入住城市中心地区的酒店，还要再算上停车费。

●住宿费

酒店价格与周边治安好坏成正比，需要自行判断。季节对酒店的价格影响不大，周末要比平日贵上许多。但是在有大型活动等举办时，不论什么日期，价格都会上涨，部分区域的酒店可能会很难预订到。如果想控制住宿费用的话，可以考虑青年旅舍和汽车旅馆（大部分停车免费）。如果决定住在近郊，别忘了算上租车或者打车等交通费用。

●餐饮

根据个人喜好预算也会有所不同。虽然控制餐饮预算也不错，但如果遇到环境好的餐馆、能品尝到当地特色的美食，还是放开手脚大吃一顿吧。早餐预算最低 $5~10、午餐 $7~15、晚餐 $20~40。

●观光所需费用

旅游参团费用、美术馆、主题公园、国家公园、体育比赛等门票……根据每个人的目的不同，花销也是不同的。各个城市也都有其人

高额支付 一般购物、旅行中付款时，为了避免收到假币，在不出售高价商品的店里，如果使用 $50 或 $100 的大额纸币，会被要求出示护照等身份证明，并会仔细进行核对。有时也会拒收大额纸币，因此在支↗

气游乐设施的套票出售。

●市内交通费

从机场到市内乘坐机场巴士单程 $10~25，巴士、单轨列车 1 次 $3 左右，可以购买随意乘坐的套票，比较划算。出租车是按里程计费的。

●其他费用

特殊物品的预算可以单独列出，此外还有小费等杂项支出。

货币兑换

在大型银行、国际机场内的银行、大型旅行社都可以进行货币兑换。选择兑换单一币种是如今比较主流的方法。$1、$5、$10、$20 等小额面值比较便利。提前在中国兑换美元汇率比较理想，但如果出发前没有准备的话，美国国际机场的到达层也一定会有货币兑换处，在有航班到达时，通常都会营业，也可以在这里进行货币兑换。

美国的货币单位是美元（$）和美分（¢），$1=100¢。

主要流通的纸币是 $1、$5、$10、$20。各个面值的纸币大小都是一样的。另外，同种面额的纸币上，肖像的大小、背景颜色也不是完全一样的。

硬币分为 1¢（Penny）、5¢（Nickel）、10¢（Dime）、25¢（Quarter）、50¢（Half Dollar）、1 美元（Dollar Coin），共 6 种。

旅行支票（T/C）

旅行支票（Traveler's Check、下面简称 T/C）在遗失、被盗时只要满足一定的条件（→边栏）就可以挂失并重新办理，安全性很高。在美国可以完全等同现金使用，也可以在银行或货币兑换处兑换成现金（收取手续费）。在当地要说 Traveler's Check，不要省略简称为 T/C。购买 T/C 后，不要忘记立刻在 Holder's Signature 的签名栏上签下和护照上一样的名字（如果没有签名的话，丢失后将无法补办）。使用时需要在 Counter Signature 的签名栏上再次签字，只有当两个签名一致时，才会生效，这样可以等同于现金来进行使用。

借记卡

虽然使用方法和信用卡一样，但是并非之后扣除，而是当时就从发卡银行的预存账户中直接扣除。如果要支付的费用超过卡内余额，将无法使用，便于管理预算。大部分商家目前都支持银联卡，在 ATM 也可以直接取出美元。

旅游预付卡

旅游预付卡是为了避免货币兑换的复杂手续以及消除人们的不安而推出的银行卡之一。许多货币在国内兑换的汇率要高，申请时也没有严格的审查。

出发前在 ATM 上先预存好人民币，到达目的地后，在当地的 ATM 即可直接取出所需要的美金数量，不超过余额即可。虽然需要支付一定的手续费，但是不用担心会超出预算，也不会因为带着大量现金而感到不安。

↘付高额商品时，请尽量使用信用卡。和旅行支票一样，也需要出示护照等身份证明。

截至 2019 年 7 月 12 日的汇率 1 美元 = 6.8682 元

T/C 补办条件
T/C 丢失 · 被盗时，首先立刻拨打发行公司的电话

①有在购买 T/C 时获得的 T/C 购买方回单

②丢失的 T/C 号和金额

③仅在 Holder's Signature 栏写有购买者的签名。

※ 记录好 T/C 的使用情况，T/C 和 T/C 购买方回单一定要分开保管

关于没有使用完的 T/C

回国后可以在银行等地再次换成人民币。在兑换时，需要出示身份证等证件。

借记卡的发行银行

中国银联卡

URL cn.unionpay.com

※ 发卡行不同，使用额度不同

信用卡

信用卡在美国社会，是所有者经济能力及信用的象征，是出行必备的物品。信用卡的好处很多：①避免携带大量现金；②即使需要现金，也可以直接通过相关手续利用信用卡提取现金；③经济能力和信用的证明，在预约租车及酒店服务以及入住酒店时都需要出示。中国国内最常见的便是万事达卡（Master Card）和维萨卡（Visa）。你可以通过各银行进行办理。每家银行的信用卡可能功能有所不同，为了以防万一可以同时携带几张信用卡。通常从申请信用卡到拿到手里要半个月左右的时间，最好在出国前抽时间办理。

■ 信用卡的使用方法

和中国一样，大部分商店都可以使用信用卡，但是在美国有最低刷卡额的要求。结账时，递出信用卡，确认小票上的内容和金额，然后签名。有时需要输入支付密码，如果之前不太清楚的话，一定要尽早与发卡行进行确认。不要忘记取走小票。

■ 使用时的注意事项

基本上，只要认真确认过小票内容后签名即可。虽然在美国很少发生，但是可能也会遇到个别店家私自设定汇率（一般都是不利于消费者的），换算成人民币并要求消费者支付人民币，如果对此感到不满的话，可以不签字，然后要求其换回美元进行结算。另外为了避免信用卡被恶意使用，在结账时一定不要将视线移开。信用卡和护照一样都要妥善保管。

■ 使用信用卡提取现金

在现金不多的时候，使用信用卡提现是非常方便的。如果卡片背面标有“Cirrus”或“Plus”的话，便可以在海外的 ATM 提取现金。通常在机场、城市中的 ATM（操作方法参考左侧边栏）、合作的金融机构窗口（需要信用卡和护照）都可以提取当地的现金货币。

提现时，会收取 ATM 使用费和一定利息，从信用卡付款的账户中扣除。

●在海外使用也非常方便的银联卡

在美国，可以用银联卡在六成以上的商户刷卡消费，中国人较为喜爱的品牌连锁店、主流的百货商场和大多数机场免税店都可以受理银联卡。还可以在遍布美国各地超过九成的 ATM 上提取美元现金，很多 ATM 还提供方便操作的中文界面。

海外使用银联卡或通过银联网络消费或取款无须支付 1%~2% 的货币转换费，所发生的当地货币金额，将按市场汇率直接转换成人民币金额，并由发卡银行即时记入持卡人的人民币账户。借记卡 ATM 取款，手续费相对较低。无须办理新卡，国内日常使用的带银联标识的银行卡几乎都可以在美国使用（双标识卡暂时不能通过银联网络受理）。

由于美国刷信用卡采用“不输入交易密码、直接签名确认”的交易方式，因此在出发前要提前联系银联信用卡发卡行。如果没有这么做，可能会导致信用卡无法使用。

小费也可以使用信用卡支付

如果在餐馆、酒吧等地使用信用卡支付的话，小费也同样可以使用信用卡。

●账单填写范例→ p.396

卡丢了怎么办！？

如果你的卡是国际银联卡，首先联系当地的支行或信用卡营业点，以防信用卡被盗刷，然后再报警。银行会准备紧急联络方式，请尽快与之取得联系。办理手续时，需要提供信用卡号、有效日期等信息，因此最好事先就做好记录。

ATM 取现操作顺序

※ 不同机型顺序可能不同

①在机器对应的地方刷一下信用卡、借记卡、预付卡的磁条部分，机器便会进行读取。也有部分机器和国内一样，是需要插卡进行读取的；还有一种是插卡后再立刻拔出

↓

② ENTER YOUR PIN= “输入密码”，然后摁下 ENTER 键

↓

③选择希望进行的交易类型。选择 WITHDRAWAL 或者 GET CASH= 取款

↓

④选择取款账户。信用卡的话选择 CREDIT 或者 CREDIT CARD= 信用卡

※ 借记卡、预付卡的话，选择 SAVING= 存款

↓

⑤输入取款金额，或者从画面中选择一个和需要取出的金额相近的金额，然后摁下 ENTER

↓

⑥取走现金和收据（RECEIPT）

※ 取款后确认是否返回到了初始画面，在此之前不要将明细丢弃

※ 取款途中如果不知道该如何操作了，可以摁下 CANCEL= 取消，然后重新开始

出发前的手续

护照是证明你是中国公民的国际"身份证"，如果没有护照是不能出国的，在旅行途中更是要随身携带。此外前往美国前的其他手续也在这里进行一下详细说明。

办理护照

据2007年1月1日实施《护照法》规定，护照的有效期分别为"十六岁以下为五年，十六岁以上为十年"，费用从2017年7月1日起，由之前的200元降为160元。你可以在护照有效期内进行出入境活动，但最好不要在截止日期前3个月内再进行任何出入境活动。

海外旅行的开始便是申办普通护照。2019年4月1日起，中华人民共和国普通护照等出入境证件实行"全国通办"，即内地居民可在全国任一出入境管理窗口申请办理，申办手续与户籍地一致。国家移民管理局政务服务平台同步上线，可进行预约申请、证件进度查询等。

申请护照时必要的书面材料

①制证照片。照片应当符合《出入境证件相片照相指引》；

②提交《中国公民出入境证件申请表》；

③居民身份证原件及复印件；

④国家工作人员还须提交本人所属工作单位或者上级主管单位按照人事管理权限审批后出具的同意《申办出入境证件的函》。

对于未满十六周岁的申请人，除上述1、2、3材料外，还应当提交监护证明（如出生证明、户口簿等），以及监护人的居民身份证或者护照等身份证明及复印件。未办理居民身份证的，可不提交居民身份证。未满十六周岁的申请人，应当由监护人陪同。

办理签证

一般情况，中国公民想进入美国，必须首先取得短暂停留的非移民签证或永久居留的移民签证。签证办理步骤有：填写申请表格、支付签证费、准备签证材料、网上预约、按预约时间面试。

自2016年11月29日起，所有持中华人民共和国护照和10年期B1、B2或B1/B2签证的中国公民赴美前，必须通过签证更新电子系统（EVUS）更新与签证申请有关的个人信息和其他信息。此更新须每两年进行一次，或者在获得新护照或新的B1、B2或B1/B2签证时进行更新，以先到期者为准。目前EVUS登记不收费。在实施收费规定之前，旅客可免费进行登记。美国国土安全部海关和边境保护局（CBP）将通过 URL www.cbp.gov/travel/international-visitors/electronic-visa-update-system-evus/frequently-asked-questions 向签证持有人公布最新信息。详情请访问 URL www.cbp.gov/EVUS。

自2016年11月1日起，拍摄签证照片不允许戴眼镜。关于更多照片的要求，请参阅 URL travel.state.gov/content/travel/en/us-visas/visa-information-resources/photos.html。

签证申请重要信息：即日起，在你进行签证面试预约时，你必须确保已经提交了完整的DS-160申请表格并且成功上传照片至你的表格。如果你曾经申请过美国签证，请确保你使用的是最新的并且有效的DS-160

公务护照

URL cs.mfa.gov.cn/zggmcg/hz/sbhz/sqyghz_660454

关于护照上的签名

持照人应用钢笔在护照持照人签名栏签名。学龄前儿童等不具有签名能力的申请人可以不签名。

关于护照的换发

1. 护照过期

2. 护照有效期不足一年；护照有效期剩余一年以上，但确因办理当地居留、签证延期、工作许可或有其他正当理由需要提前换发护照

3. 护照签证页即将用完的

4. 容貌变化较大

护照换发时必要的书面材料

1. 如实、完整填写《中华人民共和国护照 / 旅行证申请表》1份

2. 近期（6个月内）正面免冠彩色半身证件照片（光面相纸）一式三张，照片尺寸为48毫米 ×33毫米，头部宽15毫米~22毫米、高28毫米~33毫米，背景为白色，不得着浅色衣服。表情自然，双眼睁开，双唇自然闭合，全部面部特征清晰可见

3. 护照原件及护照资料页复印件；换发新护照后，原护照将被注销并退还申请人

4. 在所在国或其他国家的居留证件或签证原件和复印件

5. 个人情况说明（包括个人在国内、外经历情况等，无居留证件人员适用）

请注意：

未满16周岁人员申办护照，应由父母双方（或法定监护人）陪同，并出具父母双方（或法定监护人）同意为儿童办理护照的书面声明。如父母有一方不能陪同，应出具具有法律效力的委托书，同意并委托另一方为儿童办理护照。

护照丢失→p.401

护照的保管 电子普通护照中内置敏感的电子元器件，为保持其最佳性能，请不要将电子普通护照弯折、打孔或者暴露在极端温度、湿度环境中。另外护照上仅能在签名栏写上自己的名字，禁止在其他任何地方乱涂乱画。

条形码进行预约。否则你不仅会被禁止进入大使馆或领事馆，而且会被要求重新进行面试预约。如果申请人提交的申请表格没有填写完整，或者是面谈时间前 2 个工作日内申请表格信息有所变更，那么你也会被要求重新进行签证面试的预约。

持有美国签证不一定能成功入境美国，美国海关与边境保护局（CBP）将在口岸最终决定入境权的给予。

提前办理便于旅行的证书

■ 国际驾照

国际驾照（International Driving Permit，简称 IDP），是依据《联合国道路交通公约》，由缔约方交通管理部门向本国驾照持有人签发，向其他缔约方呈现驾照合法性的翻译文件。IDP 用于帮助相关执法人员识别驾驶员的姓名、地址、准驾车型等必要信息，其本身并非驾照，而是一份翻译证明文件，需要配合驾照原件使用。由于中国内地尚未加入该公约，中国内地公民目前无法申领 IDP。

国际驾照认证件 Translation of International Driver License（TIDL），是依据《联合国道路交通公约》并严格按照国际标准将中国驾照翻译成 9 国语言的标准驾照翻译文件，可在近 200 个国家和地区配合中国驾照原件租车使用。

打开支付宝，在搜索栏输入“国际驾照认证件”就可以进行办理了。

■ 国际学生证（International Student Identity Card），简称 ISIC

ISIC 国际学生证是一张由联合国教科文组织所认可，由国际学生旅游联盟（ISTC）所发行，国际间公认的学生通用证件。自 1953 年发行以来已有超过 400 万名学生持国际学生证享受各式各样的优惠，如机票、购物等，全球目前有超过 122 个国家设有专门的组织提供旅游信息与服务。ISIC 的申请资格必须是年满 12 周岁的全日制学生，没有年龄上限。有效期为一年。

● 申请方式

1. 可在中国银行北京市分行营业部点办理，或国际学生证协会中国网站在线申请。

2. 需提供身份证（原件）、学生证或国外入学通知书、一寸白底照片（电子）。

3. ISIC 费用为 100 元 / 卡，包括制卡和资料审核的费用。

■ 国际青年旅舍会员

YHA 青年旅舍会员卡（一年）是国际青年旅舍联盟会员身份证明，全球通用，也是旅行者入住青年旅舍的凭证。拥有会员卡，可以享受国内外国际青年旅舍住宿价格的优惠，同时部分海外青年旅舍只允许会员入住。YHA 青年旅舍会员卡（一年）人民币 50 元。有效期为一年，全球通用。

EVUS（签证更新电子系统）的办理

签证更新电子系统是指持有十年有效 B1/B2，B1 或 B2（访问者）签证的中国公民所使用的个人基本信息在线定期更新系统，以协助其赴美旅行。除了有效签证以外，在 2016 年 11 月之后，上述旅客必须完成 EVUS 登记，以便获得许可进入美国。根据美中双方签署的延长签证有效期的

关于 18 岁以下未成年人自美国出入境

美国海关与边境保护局发布通知，明确称：未满 18 周岁的未成年旅客自美国出入境应由父母双亲陪伴；或只由父母亲一方陪伴的，需持有另一方的书面授权；或在其他情况下，未成年旅客与其祖父母、叔叔、姑妈、兄弟姐妹等其他亲属或朋友一起旅行时，须取得父母双方的书面授权。注意：未成年参与到学校团体、青少年夏令营、旅游团等团体中，也要获得父母双方的书面授权。

美国大使馆联系方式

电子邮件：若需要通过电子邮件与客服代表联系，请发送至 support-china@ustraveldocs.com.

☎ 请拨打下列电话号码与客服代表联系：
北京：5679-4700
北京以外：010-5679-4700
成都：6273-6100
成都以外：028-6273-6100
上海：5191-5200
上海以外：021-5191-5200
广州：8390-9000
广州以外：020-8390-9000
沈阳：3166-3400
沈阳以外：024-3166-3400
美国：703 665 1986
国际电话：+1 703 665 1986

●美国驻华大使馆（北京）

北京的签证面试在两个不同的地点进行。请查看你的预约确认信，确认你的面试地点。

新馆地址：北京安家楼路 55 号，邮编：100600

日坛分部：北京建国门外秀水东街 2 号，邮编：100600

●美国驻华总领事馆（成都）

四川成都领事馆路 4 号，邮编：610041

●美国驻华总领事馆（广州）

广州市天河区珠江新城华夏路，（靠近地铁 3 号线或 5 号线珠江新城站 B1 出口）。所有预约面谈的签证申请人请前往华夏路的领事部客人出入口。

●美国驻华总领事馆（上海）

上海南京西路 1038 号梅龙镇广场 8 楼，邮编：200041

●美国驻华总领事馆（沈阳）

沈阳和平区十四纬路 52 号，邮编：110003

国际学生证

URL www.isicchina.com

协议，自 2016 年 11 月起，凡持有 10 年 B1，B2 或 B1/B2 签证的中华人民共和国护照持有人需要每两年或在获取新护照时（无论哪种情况先发生），通过网站更新他们签证申请上的个人资料及其他信息。

购买海外旅行保险

海外旅行保险使你在旅行中生病受伤可以报销医疗费、遭遇盗窃也会得到补偿，即使是因你自身原因导致他人的财物破损，保险也会帮你赔偿。众所周知，美国的医疗费确实不低，而犯罪的发生率也不能用低频来形容，购买保险可以在紧要关头帮你缓解问题，可谓是应对突发事件的强心针。

■ 保险种类

保险分为强制加入的基础条约以及购买者可以自由选择的特别条约两种。直接购买保险套餐最为实惠。另外，有的信用卡也会包含相应的海外保险，请提前确认保额，毕竟可能会因金额限制无法支付美国昂贵的医疗费。

■ 如何购买保险

中国国内大型保险公司以及旅行社都会为你提供海外旅行的相关保险产品，在机场也会看到保险公司的柜台，通常保险会从你走出家门便开始生效，所以相比在机场购买，还是在旅行出发前处理好更为保险。

■ 申请理赔

理赔时一定要提供当地警方出具的《被害调查报告书》，购买保险时，合同内容上会写有保险不包括的理赔范围以及申请理赔时需要提供哪些相应材料，一定要确认好后再购买保险。

中国国际青年旅舍
URL www.yhachina.com

EVUS 的有效期

所有申请者的登记维持两年有效，但是如果旅客的签证或护照两者中有任何一者过期，EVUS 登记的信息便失效。

EVUS 登记收费

自 2016 年 11 月 29 日起，所有持有中华人民共和国护照和最长有效期 10 年的 B1/B2，B1 或 B2 签证的旅客，在前往美国之前，将必须先完成 EVUS 登记申请。目前，美国海关和边境保护局（CBP）暂时不收取 EVUS 登记申请的费用。

旅客可以在任何时间提交 EVUS 登记申请，且通常在提交信息之后，几分钟内就会收到系统的回复；但是，有些回复可能需要长达 72 小时。CBP 鼓励旅客在他们开始计划他们的美国之行时，就申请 EVUS 登记，以免延误。
URL www.evus.gov/evus/#/

信用卡附带的海外保险

当你在某些银行办理信用卡时，会自动帮你定制海外旅行保险，需要注意的是“疾病死亡”不在理赔范围之内，不要误以为可以理赔就通过信用卡支付巨额医疗费，最后结果通常是自己赔付。

预订机票

机票价格会根据季节及航空公司，是直飞还是转机航班等信息有所调整，有时甚至会有很大的差额。下文将介绍在旅行中占据了相当成本预算的机票相关信息。

中国到美国西海岸的直飞航班

从中国到美国西海岸，可以直飞到达洛杉矶、圣何塞、圣弗朗西斯科、拉斯维加斯、西雅图。

■ 机票种类

●正价机票

定价销售的机票，价格最高但所受限制最低，分为头等舱、商务舱和经济舱三种。

●打折机票

打折机票由于价格相对划算，因此退改签比较麻烦，如果你计划已经做好，提早在网上预约确实会相当实惠。

●各航空公司的联络方式

美国航空
☎800-492-8095
URL www.americanairlines.cn/intl/cn/index.jsp?locale=zh_CN
达美航空
☎400-120-2364
URL zh.delta.com
联合航空
☎400-883-4288
URL www.united.com/ual/zh-cn/cn/
中国国际航空公司
☎95583
URL www.airchina.com.cn/?cid=BR-pinzhuan: 20160106: SEM: BaiduB: CHN: 001

购买机票的时机

一般每年2月左右会公布4~9月，7月中旬公布10月~次年3月的机票价格，请在航空公司官网进行确认。

燃油附加费

受石油价格上涨的影响，乘坐飞机需要支付额外的燃油附加费，请在购买机票时与你预计搭乘的航空公司进行确认。

美国西海岸直飞航班列表　（随着时间推移可能发生改变）

国内出发						到达国内			
城市名	出发机场	航班号	出发日期	出发（北京时间）	到达（当地时间）	航班号	出发日期	出发（当地时间）	到达（北京时间）
洛杉矶	北京首都国际机场	CA987	每天	15:00	11:00	CA988	每天	13:20	18:10+1天
		CA983	每天	21:00	17:00	CA984	每天	00:40	05:30+1天
圣弗朗西斯科	北京首都国际机场	CA985	每天	16:00	11:20	CA986	每天	13:50	17:55+1天
		UA889	每天	17:25	13:00	UA888	每天	10:55	15:30+1天
圣何塞	北京首都国际机场	HU7989	三、五、日	16:15	11:30	HU7990	三、五、日	13:30	18:05+1天
拉斯维加斯	北京首都国际机场	HU7969	二、五	01:45	22:00-1天	HU7970	二、五	00:10	05:10+1天
西雅图	北京首都国际机场	DL128	每天	12:20	07:46	DL129	每天	16:05	19:55+1天

便签 电子机票 e-ticket　时下各航空公司都导入了电子机票系统，乘客在预约过后，可以通过电子邮箱收到的电子票单进行登记，减少了机票丢失的顾虑。电子票单丢失或删除也可以再发送，令人安心。

行 李

旅行中行李当然是越轻越好。国际航线、国内航线都对飞机托运行李以及带上飞机的行李的尺寸、重量有着严格的规定。由于大部分物品都能从当地购买，因此建议可有可无的东西就不要携带了。

关于行李

衣物是占据行李箱最大的一部分，建议可以选择携带一些能在多个场合穿戴的服饰，内衣、袜子、T恤等带上2~3套就足够了。洗涤方面，小件衣服可以在客房浴室中清洗，大件衣物的话可以在酒店或者使用市区的投币洗衣机清洗。西装、连衣裙、Y领衬衫等可以委托给酒店的洗衣服务（收费）。医药方面，由于在美国除了感冒药、肠胃药和头痛药外，其他均为处方药，没有医生开具的处方的话则无法购买，因此常用的药物还请自行携带。

■ 关于飞机托运行李

自从美国同时期多次发生恐怖袭击之后，便加强了对出入境人员行李的检查，美国运输安全局（TSA）的工作人员会打开行李箱进行严格的检查。规定中要求托运行李不能上锁也是出于这方面的考虑，如果在检查时遇到上锁的物品，将会把锁破坏然后进行检查。因此，建议在托运行李中不要放入高价或贵重物品。

另外，托运行李根据机舱座位等级，免费托运的重量（→边栏）也有所不同。关于行李的尺寸和重量各个航空公司都有自己的规定，请在乘坐前进行确认。另外，带上飞机的行李尺寸、数量和重量也有着严格的规定，在乘坐美国国内航线、国际航线时严禁携带液体（→p.383），这一点请多加注意。

选择和TPO相符的服装

穿上当地应季的休闲服饰出门吧。由于旅行相较于日常生活会更多的需要步行，因此建议穿运动鞋，另外再准备一双鞋用来精心打扮时搭配就可以了。白天可以身穿休闲服饰，晚上再换上时尚的衣服出入一些较为正式的场合。男性的话，只要携带西装和领带，女性带上连衣裙等服装，就完全可以出席高档次的演出、晚餐以及俱乐部等活动了。

携带物品列表

物品	确认
护照	
现金（人民币和美元）	
机票	
保险	
信用卡	
预付卡	
驾照	

物品	确认
身份证及其他证件	
词典	
旅游指南	
衬衫类	
内衣·袜子	
上衣（防寒·防晒）	
帽子	
药品、化妆品、眼药水、防晒霜、唇膏	

物品	确认
笔记用品、备忘本	
拖鞋、凉鞋	
照相机、手机、充电器、存储卡	
塑料袋	
毛巾类	
纸巾	
环保袋	
潮流服饰	

TSA公认商品

对于行李箱不能上锁而感到不安的人，可以购买TSA公认的上锁行李箱、行李箱皮带或者挂锁来消除这样的烦恼。这些TSA公认商品即便上了锁，TSA的工作人员也可以利用特殊的工具来开锁，因此不会对行李造成损坏。

关于托运行李

截至2018年11月，国际航线（北美航线）的经济舱，一般可以免费托运2件行李，每件行李的重量不超过23公斤，3边长合计157厘米以内。另外，乘坐美国国内航线时，虽然经济舱也可以托运2件行李，但是第一件行李是需要收费的（$25左右）。详细信息请参考所乘坐航空公司的官网。

整理行李的技巧

考虑到在旅途中会购买纪念品，因此建议在出发前将行李箱的容量控制在70%~80%。一般不要将贵重物品和易碎物品放入托运行李中。另外，漂亮的衣服可以根据行李箱的大小进行折叠，毛衣等比较占地儿的冬装可以装在压缩袋里。剃须刀等不太能经受碰撞的物品可以卷在毛巾中，然后放在行李箱的中央。

充电宝的注意事项

因为手机的普及，充电宝的使用也越来越广泛。大部分的充电宝均采用的是锂电池，禁止托运，但可以带上飞机（→p.383）。

乘坐中转航班时行李的注意事项

在中国国内办理完出境手续后，到机场免税店购买的液体物品，到达美国国内的中转机场后，需要先放入行李箱中。如果作为手提行李携带的话，有可能会被没收。虽然中国国内机场的免税店现在也都使用STEBs（防拆袋），但也有被没收的可能。

出入境手续

最好提前 3 小时到达机场，这样可以有充裕的时间来办理登机手续或以防紧急情况发生，总之赶早不赶晚。

北京首都国际机场
机场代码：PEK
☎010-96158
URL www.bcia.com.cn

托运行李请不要上锁
现在乘坐前往美国的航班时，请不要将托运行李上锁。如果对此不放心的话，可以在行李上系上皮带，或者使用 TSA 公认的带上锁功能的行李箱（→p.381 边栏）。

飞机舱门会比出发时间更早关闭
飞机舱门会在出发时刻前 10 分钟关闭。虽然小型飞机可能会到出发前一刻再关闭舱门，但是在乘坐国际航线等大型飞机时，请不要因为购物排队等候花费了太多时间而错过飞机。

关于 18 岁以下未成年人自美国出入境
→p.378 边栏

美国海关申报单填写范例
→p.384

从中国出境

前往当地国际机场。

■ 抵达机场后到登机为止

❶ 办理登机手续（Check-in）

在机场办理登机手续也被称为 Check-in，通常都是在航空公司柜台或自助登机服务机办理。如果你将乘坐两家航空公司共有的代号共享航班，前往任意一家航空公司的柜台值机即可。如果是电子机票，完全可以通过机场的自助登机服务机进行办理。通过触摸屏的提示进行操作，手续完成后机器便会为你打印机票。近年来，有的航空公司提前 1~3 天便可以进行值机服务，届时你只需要办理行李托运的手续就可以了。大多数航空公司还没有这种服务，请提前与工作人员咨询确认。

❷ 安检

办理完行李的托运手续后前往安检，机场工作人员会对你全身及随身携带的行李进行安检。将随身携带的笔记本电脑、手机、腰带、钱包等金属物品放在塑料托盒中接受 X 线检查。需要注意的是，通过安检前要将水和打火机等物品提前处理掉，这些是不允许随身携带的。

❸ 海关申报

如果携带高额国外制造的物品出国，需要填写报关单，以防当你之后回国时对本属于你的物品进行错误收税。

● 自助办理登机手续的方法

现在预约、购买机票后都会获得电子机票，以此代替了原先的纸质机票，航班的信息也都是会以数据的形式进行保存。近年来电子机票逐渐成了主流，国际航线以及美国国内航线的登机手续都是利用自助机器进行办理的（协助：美国航空）。

❶ 在机场的出发楼层有各个航空公司办理登机手续的柜台以及自助办理的机器。如果有电子机票的话，大多数情况下都是可以在机器上办理的。
※ 如果乘坐的是代码共享的航班，或者需要提供入境签证、护照，或者和预约的姓名不一致等情况时，可能无法在机器上进行办理。这时，请询问周边的工作人员或者直接到柜台进行办理。

❷ 因为是美国的机场，所以屏幕上显示的也都是英文。如果乘坐的是中国国内的航空公司，那么一般都可以选择中文界面。首先要在语言栏中选择中文语种，之后再按照指示选择办理登机手续的类型。

❸ 由于办理登机时都需要确认是否为本人，因此大多数情况下都需要读取信用卡、航空公司的会员卡或者是护照。中国人的话提供护照会比较方便。将有记号以及数字的地方在机器上扫描进行读取。

❹ 因为需要确认旅程，所以还要输入入住地点等信息。之后会显示出预约的旅行信息，在确认过内容后，按下“继续”。之后会提出居住国家、紧急联系方式等几个问题，正常回答即可。之后如果还没有选择座位的话，进行选择即可。

❺ 输入需要托运的行李数量，如果要进行升舱的话，请在设置菜单中选择相应的选项进行办理。

❻ 在画面上会显示搭乘时间和登机口引导，请确认。之后机器便会生成机票，不要忘记拿取。如果有需要托运的行李，请持机票到登机柜台进行托运行李的办理。

Information 关于带上飞机的手提行李

除了随身物品之外，可以携带一件3边之和为115厘米以内的手提行李（各个航空公司规定的尺寸不同）登上飞机。贵重物品、文件、手机、易碎品等都可以选择带上飞机。

剃须刀、小剪刀等生活类刀刃物品不能随身携带，但可以办理托运。

乘坐从中国境内机场始发的国际、地区航班的旅客，其携带的液态物品每件容积不得超过100毫升（ml）。容器容积超过100毫升，即使该容器未装满液体，亦不允许随身携带，需办理托运。盛放液态物品的容器，应置于最大容积不超过1升（L）的、可重新封口的透明塑料袋中。每名旅客每次仅允许携带一个透明塑料袋，超出部分应托运。盛装液态物品的透明塑料袋应单独接受安全检查。在候机楼免税店或机上所购物品应盛放在封口的透明塑料袋中，且不得自行拆封。旅客应保留购物凭证以备查验。婴儿随行的旅客携带液态乳制品，糖尿病或其他疾病患者携带必需的液态药品，经安全检查确认无疑后，可适量携带。具体可以办理托运、带上飞机的行李物品请参考各个航空公司的官网或中国民用航空局官网等进行查询。

URL www.caac.gov.cn/INDEX/HLFW/HLZN/XL/

④ 出境审查

通常都是向工作人员出示护照和机票，一般不会向你询问什么，在你的护照上盖上出境章后便会将护照和机票退还给你。

⑤ 登机

前往自己航班所对应的登机口，通常会从起飞前30分钟开始登机，在登机口出示机票和护照即可完成登机。

美国入境

前往美国，即使之后还要转机，乘坐美国国内航线，也要在最初进入美国的城市接受边检审查。例如从中国前往圣迭戈没有直飞航班，就需要先到洛杉矶国际机场（LAX→p.36）、圣弗朗西斯科国际机场（SFO→p.186）等机场进行中转，并接受边检审查。

抵达前，飞机上会分发给你关税申报书，提前填写可以方便更快速入关。另外，现在乘坐飞机入境美国时已经不再需要填写“I-94入境卡”了。

■ 从接受边检到递交海关申报单

① 边检

下飞机后沿着“Immigration”的标识前往边检区，这里分为专门面向美国籍（U.S.Citizen）的窗口以及外国国籍（Visitor）窗口。轮到你接受审查时走到有边检人员所在的窗口即可。将护照、机票、海关申报单交给边检人员，部分机场会要求采集你的双手指纹，此外摄像头还会拍摄你的面部照片用以留档。在询问完一些例如入境目的、停留地等基本问题之后，一旦认可你的入境理由，便会返还护照和海关申报单。

将审查所需要的护照、海关申报单等物品一起交给边检人员

边检时会拍摄面部照片

©Department of Homeland Security, US-VISIT

首先进行问候

虽然使用英语进行边检时会感到紧张，不过在走到边检人员身前时可以先说一声“Helllo”“Hi”“Good morning”等来打招呼。在审查结束后也不要忘记说句“Thank you”。

问题的回答方法

- 入境目的，旅游回答“Sightseeing”，工作回答“Business”。
- 停留天数，5天回答“Five days”，一周回答“One week”。
- 住宿地回答预订的酒店名称即可。

如果问询来美国游览的地方，直接将行程表出示并简单说明即可。

如果停留时期较长，可能会被问及携带的钱财数量，如实回答携带的现金数量和是否持有信用卡即可。

- 边检时提出的问题都是用很简单的英语，但如果实在听不懂的话可以求助翻译Interpreter。

如果在机场没有找到托运行李的话→p.402

检查护照并提问（访美目的、天数等）

指纹扫描

通过摄像头拍摄面部照片

前往行李提取区

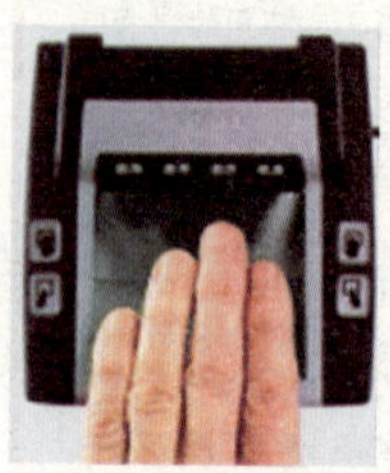

采集双手所有手指的指纹

❷ 提取行李

通过边检后，前往行李提取区（Baggage Claim），确认你所搭乘的航班对应的行李提取区，在行李传送带（Carousel）前等待即可。部分机场会要求你出示行李牌才可拿取相对应的行李，不要将行李牌弄丢。如果最终没有在传送带上找到你的行李或是行李发生破损，请当场联系航空公司的工作人员让其解决。

❸ 海关检查

美国入境时有携带限制，货币方面虽然没有上限，但是包含现金和 T/C 在内，如果合计超过 1 万美元的话，就需要进行申报。21 岁以上，以个人名义购买的酒精类饮品不能超过 1 升，礼品类在 \$100 以内可以免税。200 根香烟（或者雪茄 50 根、烟草 2 千克）以下免税。禁止携带包含蔬菜、水果、肉类以及肉干在内的所有食品。

海关检查后，前往市内或者近郊城镇

从机场前往市内的话，可以乘坐公共交通工具、机场摆渡车、出租车或者租车自驾等。这些交通设施大多是在机场到达层、行李领取区外的“Ground Transportation”区域内运营。如果在交通工具的选择上比较困惑的话，可以先到游客中心进行咨询，然后再进行选择。

美国入境所需文件

海关申报表范例（每个家庭填一张即可）

海关申报单

1. 姓
2. 名
3. 中间名
4. 出生年月日（月 / 日 / 年）
5. 随行家庭成员人数
6. 入住地（酒店）的名称
7. 入住地（酒店）所在城市
8. 入住地（酒店）所在州
9. 护照发行国家
10. 护照号
11. 居住国家
12. 此次抵达美国前曾去过哪些国家。没有的话不填
13. 航班号
14. 是否是以商务为目的的旅行
15. 在国外购买或取得（包括给别人的礼物赠品等）并携带进入美国的全部物品总价是（不含私人物品）
16. 签名
17. 到达美国的日期（月 / 日 / 年）
18. 如有需要申报的物品，请填写物件名称和金额
19. 合计价格

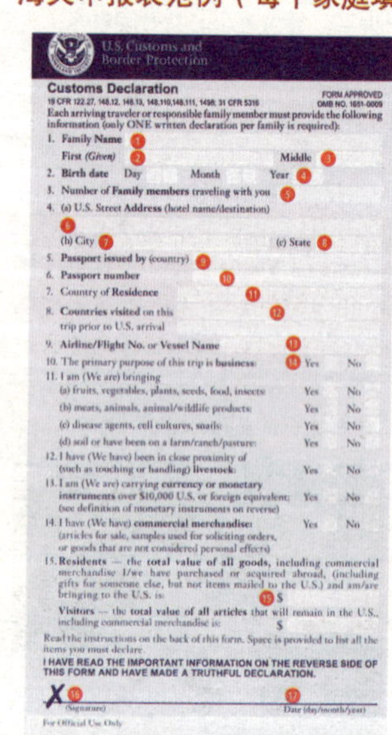

U.S. Customs and Border Protection

Customs Declaration

19 CFR 122.27, 148.12, 148.13, 148.110,148.111, 1498; 31 CFR 5316 — FORM APPROVED OMB NO. 1651-0009

Each arriving traveler or responsible family member must provide the following information (only ONE written declaration per family is required):

1. **Family Name**
   First *(Given)* — Middle
2. **Birth date** — Day — Month — Year
3. Number of **Family members** traveling with you
4. (a) U.S. Street **Address** (hotel name/destination)
   (b) City — (c) State
5. **Passport issued by** (country)
6. **Passport number**
7. Country of **Residence**
8. **Countries visited** on this trip prior to U.S. arrival
9. **Airline/Flight No.** or **Vessel Name**
10. The primary purpose of this trip is **business**: Yes No
11. I am (We are) bringing
    (a) fruits, vegetables, plants, seeds, food, insects: Yes No
    (b) meats, animals, animal/wildlife products: Yes No
    (c) disease agents, cell cultures, snails: Yes No
    (d) soil or have been on a farm/ranch/pasture: Yes No
12. I have (We have) been in close proximity of (such as touching or handling) **livestock**: Yes No
13. I am (We are) carrying **currency or monetary instruments** over \$10,000 U.S. or foreign equivalent: Yes No
    (see definition of monetary instruments on reverse)
14. I have (We have) **commercial merchandise**: Yes No
    (articles for sale, samples used for soliciting orders, or goods that are not considered personal effects)
15. **Residents** — the **total value of all goods,** including commercial merchandise I/we have purchased or acquired abroad, (including gifts for someone else, but not items mailed to the U.S.) and am/are bringing to the U.S. is: \$
    Visitors — the **total value of all articles** that will remain in the U.S., including commercial merchandise is: \$

Read the instructions on the back of this form. Space is provided to list all the items you must declare.

I HAVE READ THE IMPORTANT INFORMATION ON THE REVERSE SIDE OF THIS FORM AND HAVE MADE A TRUTHFUL DECLARATION.

X (Signature) — Date (day/month/year)

For Official Use Only

CBP Form 6059B (10/07)

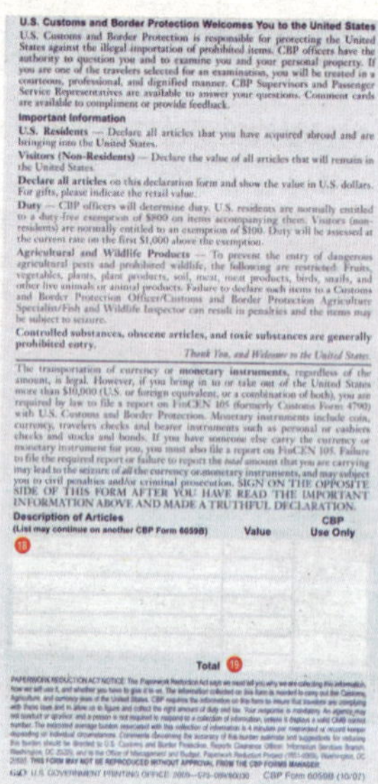

U.S. Customs and Border Protection Welcomes You to the United States

U.S. Customs and Border Protection is responsible for protecting the United States against the illegal importation of prohibited items. CBP officers have the authority to question you and to examine you and your personal property. If you are one of the travelers selected for an examination, you will be treated in a courteous, professional, and dignified manner. CBP Supervisors and Passenger Service Representatives are available to answer your questions. Comment cards are available to compliment or provide feedback.

Important Information

U.S. Residents — Declare all articles that you have acquired abroad and are bringing into the United States.

Visitors (Non-Residents) — Declare the value of all articles that will remain in the United States.

Declare all articles on this declaration form and show the value in U.S. dollars. For gifts, please indicate the retail value.

Duty — CBP officers will determine duty. U.S. residents are normally entitled to a duty-free exemption of \$800 on items accompanying them. Visitors (non-residents) are normally entitled to an exemption of \$100. Duty will be assessed at the current rate on the first \$1,000 above the exemption.

Agricultural and Wildlife Products — To prevent the entry of dangerous agricultural pests and prohibited wildlife, the following are restricted: Fruits, vegetables, plants, plant products, soil, meat, meat products, birds, snails, and other live animals or animal products. Failure to declare such items to a Customs and Border Protection Officer/Customs and Border Protection Agriculture Specialist/Fish and Wildlife Inspector can result in penalties and the items may be subject to seizure.

Controlled substances, obscene articles, and toxic substances are generally prohibited entry.

Thank You, and Welcome to the United States.

The transportation of currency or **monetary instruments,** regardless of the amount, is legal. However, if you bring in to or take out of the United States more than \$10,000 (U.S. or foreign equivalent, or a combination of both), you are required by law to file a report on FinCEN 105 (formerly Customs Form 4790) with U.S. Customs and Border Protection. Monetary instruments include coin, currency, travelers checks and bearer instruments such as personal or cashiers checks and stocks and bonds. If you have someone else carry the currency or monetary instrument for you, you must also file a report on FinCEN 105. Failure to file the required report or failure to report the *total* amount that you are carrying may lead to the seizure of *all* the currency or monetary instruments, and may subject you to civil penalties and/or criminal prosecution. SIGN ON THE OPPOSITE SIDE OF THIS FORM AFTER YOU HAVE READ THE IMPORTANT INFORMATION ABOVE AND MADE A TRUTHFUL DECLARATION.

Description of Articles (List may continue on another CBP Form 6059B)	Value	CBP Use Only
Total		

PAPERWORK REDUCTION ACT NOTICE: ...

THIS FORM MAY NOT BE REPRODUCED WITHOUT APPROVAL FROM THE CBP FORMS MANAGER

CBP Form 6059B (10/07)

美国出境

❶ 前往机场

从酒店前往机场，最常见的交通方式是乘坐机场摆渡车。这种机场摆渡车是 Door-to-Door 的服务模式，可以到酒店或私人住宅前接送。如果乘坐有定期线路的机场巴士，需要提前确认好巴士从哪里出发，以及运行的时刻表。前往机场最省钱的交通方式是乘坐地铁或者巴士等公共交通设施。乘坐这些交通工具一定要多预留出一些时间。另外美国的机场安检非常严格，会占用很多时间，如果是国内换乘，请预留 2 小时，国际航班则须预留 3 小时以上的时间。

机场摆渡车（上门接送）

洛杉矶→ p.37
圣迭戈→ p.150
圣弗朗西斯科→ p.187
圣何塞→ p.189
奥克兰→ p.189
拉斯维加斯→ p.281
西雅图→ p.316

※ 因为要等齐客人才发车，并且会去多家酒店，所以会花费较长时间，如果比较着急的话建议选择其他交通方式

❷ 在航空公司柜台办理登机手续

美国主要的国际机场内，航空公司分布在各个机场航站楼。如果乘坐机场摆渡车的话，可以直接告诉司机自己乘坐的是哪家航空公司的航班，司机会直接在该航空公司所在的航站楼停车。乘坐机场巴士的话，司机会提前告知到达航站楼和航空公司，一定要注意听。乘坐地铁或巴士等公共交通设施的话，以洛杉矶国际机场为例，有免费的摆渡车连接地铁站和各个机场航站楼；圣弗朗西斯科国际机场的话，机场内有捷运站，并且各个航站楼之间有空中轻轨运营。更加详细的信息可以参考各个城市的国际机场介绍（边栏）。

各个城市的国际机场

洛杉矶→ p.36
圣迭戈→ p.150
圣弗朗西斯科→ p.186
圣何塞→ p.189
奥克兰→ p.189
拉斯维加斯→ p.281
西雅图→ p.316
波特兰→ p.350

❸ 办理登机手续（Check–in）

截至 2018 年 11 月，从美国出境不再有通过出境审查官进行审核并在护照上加盖出境章的过程，你在航空公司柜台办理完行李托运及登机服务后，领到行李牌和机票，拿回护照直接接受安检即可直接前往登机口候机。

洛杉矶国际机场

尽早前往搭乘口

中国入境

下了飞机后，要通过检疫口。从美国回到中国的旅客，基本上可直接通过，但如果健康状况有异常时，应主动向检疫人员说明情况。在入境检查口，旅客需出示护照并接受检查。接下来，如果有从美国带回的动植物则要接受动植物检疫。在提取行李处拿回自己的行李后，便可来到海关检查口。在国外购买的物品如在免税范围内，可以走绿色通道，如果有超过免税范围的物品则应到检查台接受检查。另外，还需提交在机内填写完毕的《海关申报单》。

■ 从国外带回中国的物品限制及免税范围

根据农业部、国家质量监督检验检疫总局联合发布的《出入境人员携带物检疫管理办法》，禁止携带、邮寄入境的产品共分为三大类，包括动物及动物产品类、植物及植物产品类和其他检疫物类，共计 16 个条目

何为“自用、合理”？

按照现行规定，中国旅客进境携带在境外获取的个人自用进境物品，总值在 5000 元人民币以内（含 5000 元）的，允许其在口岸进境免税店增加一定数量的免税购物额，连同境外免税购物额总计不超过 8000 元人民币，海关将予以免税放行。超出部分确属自用的，海关对超出部分的个人自用进境物品征税。当然，烟酒、手机、电视等 20 种商品还另有规定。

行李物品"暂存"是被"扣留"了吗？

从海关方面获悉，暂不予放行不等于海关实施扣留。对于暂不予放行物品，旅客可做以下处理：第一种情况，办理海关手续后提取；第二种情况，办理退运手续；第三种情况，对物品放弃，那么海关将按规定对其处理。

据了解，办理行李物品暂存时海关会向旅客出具《暂存凭单》，并由旅客签字确认。旅客本人凭《暂存凭单》和本人有效身份证，自暂存之日起三个月之内可办理提取手续。

一定要注意，海关暂不予放行的物品，自暂存之日起3个月内，旅客应当办结海关手续。逾期不办的，由海关依法对物品进行处理。

二十种不予免税商品是什么？

电视机、摄像机、录像机、放像机、音响设备、空调器、电冰箱（电冰柜）、洗衣机、照相机、复印机、程控电话交换机、微型计算机及外设、电话机、无限寻呼系统、传真机、电子计算器、打字机及文字处理机、家具、灯具和餐料。

的物品，具体名录如下所示：

一、动物及动物产品类

（一）活动物（犬、猫除外），包括所有的哺乳动物、鸟类、鱼类、两栖类、爬行类、昆虫类和其他无脊椎动物，动物遗传物质。

（二）（生或熟）肉类（含脏器类）及其制品，水生动物产品。

（三）动物源性奶及奶制品，包括生奶、鲜奶、酸奶，动物源性的奶油、黄油、奶酪等奶类产品。

（四）蛋及其制品，包括鲜蛋、皮蛋、咸蛋、蛋液、蛋壳、蛋黄酱等蛋源产品。

（五）燕窝（罐头装燕窝除外）。

（六）油脂类，皮张、毛类，蹄、骨、角类及其制品。

（七）动物源性饲料（含肉粉、骨粉、鱼粉、乳清粉、血粉等单一饲料）、动物源性中药材、动物源性肥料。

二、植物及植物产品类

（八）新鲜水果、蔬菜。

（九）烟叶（不含烟丝）。

（十）种子（苗）、苗木及其他具有繁殖能力的植物材料。

（十一）有机栽培介质。

三、其他类

（十二）菌种、毒种等动植物病原体，害虫及其他有害生物，细胞、器官组织、血液及其制品等生物材料。

（十三）动物尸体、动物标本、动物源性废弃物。

（十四）土壤。

（十五）转基因生物材料。

（十六）国家禁止进境的其他动植物、动植物产品和其他检疫物。

免税范围

品类	商品范围	备注
烟		2条（合计不超过400支）
酒		2瓶（合计不超过1.5升）
香化产品	彩妆、护肤品、香水	
美容美发及保健器材	剃须刀、化妆工具、美容及保健器材	
手表	手表、表带、表链	
眼镜	眼镜、太阳镜、眼镜片、眼镜框	
一、二类家用医疗器械	血糖计、血糖试纸、电子血压计、红外线人体测温仪	已取得进口医疗器械注册证或备案凭证
纺织品和鞋子	服装、丝巾、围巾、领带、手套、手帕、皮带、袜子、鞋子、帽子、其他棉织品、其他毛织品	
小皮件和箱包	小皮件、箱包	
首饰和工艺品	首饰、工艺品、摆件、挂件	
食品和保健食品	饼干、干果、果脯、保健品、蜂蜜、咖啡、咖啡豆、谷物片、奶茶、巧克力、糖果、蜂王浆制剂、西洋参胶囊（冲剂）、红参胶囊（冲剂）、高丽参胶囊（冲剂）、鱼油、维生素、钙片、胶原蛋白	参制品、保健食品、蜂蜜、蜂王浆制剂须为非首次进口，即已取得进口保健食品批准证书
婴儿配方奶粉或辅食	零售包装的婴幼儿配方奶粉及辅食	婴儿配方奶粉应符合《进出口乳品检验检疫监督管理办法》（国家质检总局2013年第152号令）的要求，限购4件且合计重量不超过5千克
尿不湿	尿不湿	
其他百货	笔、玩具（含童车）、转换插头	

注：1. 上述商品限定为进口品（烟除外），且国家规定不符合民航安全要求、禁止进口以及除酒类产品外的20种不予减免税商品除外。

2. 上述中未列明具体数量的商品，限自用合理数量。购买烟酒限16岁以上旅客。

3. 旅客在口岸进境免税店购买的免税品，与旅客从境外获取的物品合并计算，由海关按照现行规定验放。

中华人民共和国禁止进出境物品表

一、禁止进境物品

1. 各种武器、仿真武器、弹药及爆炸物品；

2. 伪造的货币及伪造的有价证券；

3. 对中国政治、经济、文化、道德有害的印刷品、胶卷、照片、唱片、影片、录音带、录像带、激光视盘、计算机存储介质及其他物品；

4. 各种烈性毒药；

5. 鸦片、吗啡、海洛因、大麻以及其他能使人成瘾的麻醉品、精神药物；

6. 带有危险性病菌、害虫及其他有害生物的动物、植物及其产品；

7. 有碍人畜健康的、来自疫区的以及其他能传播疾病的食品、药品或其他物品。

二、限制进境物品

1. 无线电收发信机、通信保密机；

2. 烟、酒；

3. 濒危的和珍贵的动物、植物（均含标本）及其种子和繁殖材料；

4. 国家货币；

5. 海关限制进境的其他物品。

2017 年起中国海关入境新规定

2017 年 6 月 1 日开始，中国海关总署《关于暂不予放行旅客行李物品暂存有关事项的公告》正式施行，明确规定了五类入境行李不予放行。入境旅客的行李和入境快件将进行全面监管。此外，最高免税购物额提高至 8000 元人民币。

5 种行李暂不放行

① 旅客不能当场缴纳进境物品税款的；

② 进出境的物品属于许可证件管理的范围，但旅客不能当场提交的；

③ 进出境的物品超出自用合理数量，按规定应当办理货物报关手续或其他海关手续，其尚未办理的；

④ 对进出境物品的属性、内容存疑，需要由有关主管部门进行认定、鉴定、验核的；

⑤ 按规定暂不予以放行的其他行李物品。

当地的交通方式

以美国西海岸城市为主，在美国国内游玩时可以乘坐的交通工具包括飞机、铁路、长途巴士、租车自驾等。每种交通方式的所需时间和预算都有所差异。另外，无论乘坐何种交通工具在美国国内旅行，都不要忘记“时差”这一概念。因为美国各个州可能都会有“时差”存在，千万不要因此延误了飞机、火车、巴士以及预约好的当地参团的旅游行程。

美国国内航线的基础常识

旅行的形式和机票

如果单纯是从中国到一个固定城市往返的话，自然购买往返机票是最为合适的。如果乘坐飞机游览 2 个城市以上的话，那么可以按照

●关于预订机票→ p.380

机票相关术语

● OPEN

指机票返程的航班、座位等级、乘机日期、起飞时间均可改变。

● FIX

在出发前已经确定好日程以及线路，需要同时预约往返航班的机票。

● 开口机票

旅行者并非从抵达城市返回启程机场，或者最终目的地并非初始启程地。

● 换乘机票

中途需要前往其他机场。换乘时间在 24 小时以内。

● 中途停留机票

中途需要下飞机，并在换乘地停留 24 小时以上。

代码共享航班是指？

代码共享（code-sharing）是一家航空公司营销而由另一家航空公司运营的航班。即旅客在全程旅行中有一段航程或全程航程在 A 航空公司购买的机票，实际乘坐的是 B 航空公司航班，那么 A 和 B 的此航班号为代码共享。购票时通过上网查询机票就可以知道航班是否为代码共享航班。拿到机票后，从机票上也可以看出所乘坐的航班是代码共享航班，有的机票上会显示两个航班号，第一个是销售方的，第二个才是真正的承运方。而当你在候机的时候，也可以从机场显示屏上看出代码共享航班。因为如果是共享代码，机场航班信息显示屏会把代码共享的航班号都显示出来。

搭乘美国国内航班时

搭乘美国国内航班时需要注意的是，即便没有人乘坐，飞机也会照常起飞。有时还会遇到飞机比预定出发时间提早起飞的情况。登机一般都会在飞机起飞前 30 分钟开始进行，因此推荐至少提前 30 分钟到达登机口进行等候。

美国国铁的时刻表

美国国铁发行的时刻表是最为准确的。基本上各大车站都会免费提供。在官网除了可以查看时刻表外，也可以预订车票。

URL zh.amtrak.com（中文）

URL www.amtrak.com（英文）

Free（1-800）872-7245

游览城市的机票价格所期望的区间档位进行计算，或者如果游览 5~6 个城市的话，可以采用所前往最远城市的机票价格进行计算等，每家航空公司的条件各不相同。制定旅游线路时，需要注意抵达城市的顺序。例如前往同样的城市，比起中国→拉斯维加斯→西雅图→洛杉矶→圣弗朗西斯科→中国这样的之字形线路，中国→西雅图→圣弗朗西斯科→拉斯维加斯→洛杉矶→中国这样更加顺畅的环形游览方式可能更加划算。如果比较困惑的话，也可以到旅行社去咨询相关问题。

■ 周游旅行，选择航空公司时枢纽机场 HUB 至关重要

航空公司为了提高旅客、货物的运输效率，会将某座城市作为据点建造枢纽机场。即使没有直飞航班到达你想要去的城市，也可以通过枢纽机场进行中转，最后到达目的地。但是经停中转城市的话，可能会绕路，增加旅程。虽然多多少少会有一些缺点，但是在所乘坐的航空公司的航线内制定行程这点是很重要的。

如果你所选择的航空公司无论如何也抵达不了你想要去的目的地，或者到下个城市不用乘坐飞机的话，也可以考虑乘坐其他的交通工具。例如，洛杉矶~圣迭戈、西雅图~波特兰，一般都会选择乘坐大巴或者火车。由于巴士和火车站大多位于城镇的中心地区，相较于机场与市区的往返来说，既省时间又节约费用。

■ 乘坐国内航班的流程

乘坐国内航班时，前往写有“国内（Domestic）”的柜台进行登机手续的办理。一般都是使用电子机票在自助机上进行办理（→ p.382）。办理完登机手续后，接受安检并前往搭乘口。在航站楼中，可以通过各个地方的电脑屏幕查询自己所乘航班的登机口。通常在出发前 30 分钟登机。到达目的地机场后，尽快前往行李领取区并带走自己的行李。在大型机场，一般都会在出口核对行李和托运凭证。

铁路（美国国铁）

在广袤的美国大陆上奔驰的魄力十足的列车之旅，不单单是一种交通手段，其本身就有着无穷的乐趣。可以一边从车窗眺望转瞬即逝的风景，一边度过一段令人难忘的美好时光。

●乘车流程

车票在售票窗口购买。告知工作人员想要乘坐的列车、目的地以及车票张数。另外如果是通过网站提前预约的话，那么只要将写有预约号的凭证交给工作人员即可。如果是第一次使用 USA 铁路通票的话，需要将护照等证件出示给工作人员，然后填写开始使用的日期和结束日期。

在乘坐列车时，为了保障安全，在列车抵达和出发时间以外是不能进入车站月台的。在乘坐长途列车时，乘务员会为你指定座位。另外，在部分车站的月台入口处，会有工作人员检票，因此请提前准备好车票。当列车启动

停靠于圣迭戈站的太平洋冲浪者号列车

从国际航班进行中转 如果需要离开航站楼的话，会花费较多时间。如果换乘的是同一家航空公司的国内航班，那么一般不需要变换航站楼。

后，也会有乘务员进行检票，这时会将你的车票剪断，然后代替车票将票据凭证夹在上方放置行李的地方，如果要换座位的话，不要忘记带上票据。

长途巴士（灰狗）

灰狗巴士公司是美国最大的长途巴士公司。除了夏威夷和阿拉斯加之外，覆盖全美 48 个州，加上合作公司的话，基本上可以到达所有的城镇，交通网络十分发达。下面就让我们乘坐巴士，开始一趟感受美国大地的旅程吧。

●乘车流程

请在出发前 60 分钟到达巴士枢纽站或者巴士车站（→脚注）。可以在网上提前购买车票。因为网上购票享有一定折扣，所以如果已经决定好了乘坐日期的话，推荐在网上购票。购票后，可以在家中提前打印好，另外还需要信用卡。如果是在当地购买车票的话，需要告知工作人员你要前往的目的地、单程还是往返、车票张数等基本信息。在一些巴士车站设有自动售票机。如果想要托运大件行李的话，可以一并告知工作人员需要托运的行李数量，然后领取写有目的地的行李凭证。

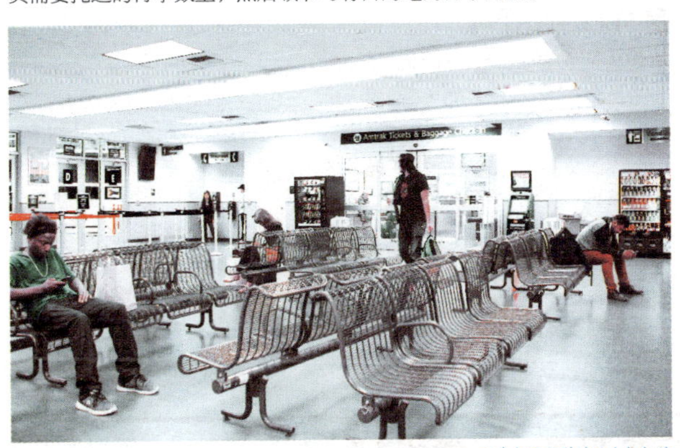

圣弗朗西斯科的巴士枢纽站

出发前 10~15 分钟开始进行检票。大多数情况下，都是由司机进行检票。如果托运了大件行李的话，检票时需要告知司机。等再次确认好目的地后即可上车。最近即便车辆满员也很少增加巴士班次，因此确定好在哪里乘坐后请尽快前去排队。座位是先到先得的，如果是途经其他城镇的巴士，那么你的座位很有可能已经有别人乘坐了，如果这样的话就随便找一个空位坐下吧。等到达目的地后，将领取行李的凭证交给工作人员，然后领取行李。

另外巴士枢纽站和巴士车站即便是位于市中心，很多时候周围的治安也不太好。除了乘坐巴士外，尽量不要靠近这片区域。

●由灰狗巴士运营的闪电巴士

闪电巴士（BoltBus）是由灰狗巴士运营的。仅在美国东西海岸设有运行线路。近年来评价不错，有越来越多的本地人和商务人士乘坐。灰狗巴士的车内环境一般，但闪电巴士不同，非常干净整洁。从市区前往车站十分便捷，周边的治安也更加令人放心，价格相差也不多。

美国西海岸的西雅图、波特兰、圣弗朗西斯科、洛杉矶、拉斯维加斯都设有车站（圣迭戈没有）。但是车站不像灰狗巴士一样显眼，不太好

USA 铁路通票

美国国铁提供的铁路通票。每种通票都有一定数量的行程分段和旅行期限。所有旅行必须在购买通票后 330 天之内完成。通票价格时有波动，在实际旅行预订成功前不保证价格不变。

在中国国内可以登录美国国铁官网进行购买 URL zh.amtrak.com。如果在美国当地可以到比较大的车站进行购买。美国铁路通票可通用于所有 Amtrak 列车，但以下几项除外：Auto Train、Acela Express、高速公路巴士转乘（7000-7999 系列）、Amtrak 和 VIA Rail Canada 联合运营的列车在加拿大部分的线路。另外，需要注意美国铁路通票不是车票。使用美国铁路通票旅行时，你必须有每趟车的车票和订位。你在上车前必须预订并取票。

通票价格如下：15 天 /8 个分段：成人 $459.00、儿童（2~12 岁）$229.50；30 天 /12 个分段：成人 $689.00、儿童（2-12 岁）$344.50；45 天 /18 个分段：成人 $899.00、儿童（2-12 岁）$449.50（随着时间推移，网上购票价格可能发生改变）。

登录官网查询灰狗巴士时刻表

登录网站，在首页输入出发地、目的地以及乘车日期，就会显示出时刻表和车票价格。再进一步查询的话，还会提供巴士枢纽站或车站的具体信息。

Free（1-800）231-2222
URL www.greyhound.com

闪电巴士 BoltBus

Free（1-877）265-8287
URL www.boltbus.com

●洛杉矶车站
M p.58-B1（联合站内）

●好莱坞车站
M p.61-D3
住 5951 Hollywood Blvd., Los Angeles

●圣弗朗西斯科车站
M p.199-F4（灰狗巴士枢纽站内）

●拉斯维加斯车站
M p.286-A4 外（拉斯维加斯大道南客运中心内）

●拉斯维加斯市区车站
M p.286-B1
住 500 S. 1st St., Las Vegas

●西雅图
M p.321-B4
住 5th Ave. S. & S. Dearborn St., Seattle（宇和岛屋前）

便签 巴士车站是？ 虽然比巴士枢纽站规模小，但在美国比较常见的还是巴士车站。比车站再小的是巴士站牌。巴士站牌大多位于加油站。

●波特兰
M p.355-A2
住 N.W. Everett N.W. 8th Ave., Portland

车身颜色为橙黑相间

找。西雅图和波特兰的尤为隐蔽，建议提前确认好。

车票可以在网上购买。购票后会收到一封带有二维码的邮件，可以将其打印出来，或者保存在手机上，使用之前不要删除邮件。乘车时，将二维码出示给司机，由他扫码进行确认。不需要换取纸质车票等手续。车内设有免费 Wi-Fi、插口、洗手间，设施齐全。

租车

选择租车的话，如果是在中国进行预约，需要在预约时确定好租车和还车的日期时间、地点和车辆类型。租车和还车的日期时间可以采用“7 月 23 日上午 10:00 左右”这样的方式。地点则需要选择“洛杉矶国际机场营业点”等指定的营业场所。车型主要按大小划分档次。

关于国际驾照→ p.378

主要租车公司

●阿拉莫 Alamo
在中国的预约、咨询方法
☎ 400-838-0010
URL www.alamo.cn
在美国的预约、咨询方法
Free（1-877）222-9075

●安飞士 Avis
在中国的预约、咨询方法
☎ 400-882-1119
URL www.avischina.cn
在美国的预约、咨询方法
Free（1-800）331-1084

■ 租车和还车手续

●在当地的营业点提车（Check-out）

租车被称为 Pick up（Check out），还车叫作 Return（Check in）。在营业点的柜台出示预约证明、中国驾照、驾照翻译件、信用卡、优惠券（电子版），然后工作人员会询问选择的保险种类，是否预付油费、是否希望升级车型等问题。保险为必选项目，其他可选项目和车辆的升级都需要额外付费，在签署合同前一定确认好自己所选的车型和额外支付的费用。如果不需要，请明确告知工作人员“NO”。等一切确认完毕后，再在合同上签字。因为合同一旦签署，便会产生法律效益，双方都必须严格遵守，不得违规，因此一定要在合同上认真确认保险、可选项目、车型等事项，然后再签字。在合同上签字后，手

Information 打车服务——优步 Uber

近年来，乘坐出租车的当地人越来越少。尽管旁边就停着出租车，大家还是经常会使用手机打开 Uber 软件来叫车。

Uber 在中国也有着很高的知名度，简单来说就是通过手机软件来打车。但是乘坐的车却与普通出租车有着很大的差别，价格低、不需要小费、通过手机软件即可付款，不用找零，也不会担心被敲竹杠。另外还推出了一系列计划，例如可以拼车的 Uber Pool，价格也会更加便宜。

操作方法如下：①在手机上下载该软件，输入信用卡等个人信息；②连接网络，登录软件，选择出发地点和目的地；③选择乘车计划；④选择附近车辆；⑤车辆抵达，乘车，到达目的地下车（可以在软件上确认司机和车型）。

但是 Uber 也有一些缺点。例如发生事故时，责任方归属问题含混不清，并且发生过强奸事件等。乘车前一定要多加小心，反复确认。另外上错车等问题也多有发生，上车前一定核实好司机的姓名。

Uber URL www.uber.com
Lyft URL www.lyft.com

贴在车上的标识。近年来 Lyft 这款打车软件也有着很高的人气

续的办理也就结束了，随后工作人员会将车钥匙递交给你，并告知你车辆的停放位置。

●关于保险

在租车的基本费用中，已经包含了汽车损失险（属于强制险，最低限度的对人对物进行赔偿）。但是由于补偿的上限额度很低，因此建议再追加购买一些其他保险。另外，因为汽车损失险不适用于加利福尼亚州和得克萨斯州，因此租车时，需要确认基础费用中是否包含了保险。如果没有包含的话，建议追加购买。

●还车（Check out）

在平安体验完自驾的乐趣后，就需要办理还车（Check Out）的手续了。在各个租车公司的营业点都可以看到标有“Car Return”的标识，只要顺着这个标志前进即可。停好车后，就可以前往柜台，或者会有专门的工作人员上前，然后将买方合同等文件交给工作人员，并按照合同进行结算。支付完毕后，领取合同以及发票即可。

■ 关于加油

除俄勒冈州以外，大部分地区都是自助式加油站。每个加油站的支付方式有所不同，如果写有“Please Pay First”，那么就需要先付钱，如果没写的话就是加油后再付钱。如果是预付的话，需要在加油泵附属的POS机上刷一下信用卡，或者到柜台支付现金、刷信用卡。虽然有些地方一直营业到深夜，但还是尽量避免夜间前往。

●百捷乐 Budget
在中国的预约、咨询方法
☎400-650-6696
URL www.budget-china.com
在美国的预约、咨询方法
Free（1-800）218-7992

●道乐 Dollar
在中国的预约、咨询方法
URL www.dollar.com
在美国的预约、咨询方法
Free（1-800）394-2246

●赫兹 Hertz
在中国的预约、咨询方法
☎400-921-1138
URL www.hertz.cn
在美国的预约、咨询方法
Free（1-800）654-3131

酒店的基础知识

美国的酒店和中国的收费模式基本一致，都是按照房间收费，1个房间不管是1人住还是4个人住，价格都是一样的。在旅行中，大多数人肯定都会想尽量控制住宿的预算。但是住宿费用一般也都是和酒店质量、服务、周边治安情况，以及所在的地理位置等诸多因素成正比的，因此在选择酒店时一定不要草率，多做对比，再做出决定。

美国的住宿设施

美国的住宿设施从超高档酒店到青年旅舍，各种档次价位十分齐全。一间单人间的价格，超高档 $300~、高档 $200~、中档 $150~、经济型 $80~ 左右。价格根据季节及淡旺季会有所浮动，夏天旅游旺季游客人数自然也比较多。基本上，游客越多，酒店的价格也会水涨船高，游客越少，价格也就会降下来。在本书中介绍的美国西海岸城市中，除了游客外，还会接待很多商务出差的人，在活动会展期间，住宿费用也会大幅上涨，部分城市的中心地区酒店入住非常紧张，很难订到空房。如果赶上了这段期间，建议选择商务客人基本不会入住的经济型酒店，或者机场周边，甚至近郊的酒店。

■ 关于房型

●单人间和大床房 Single Room & Double Room

在美国，除了经济型酒店外，很少出现单人床。基本上都是皇后尺寸或者国王尺寸的双人床，一般单独入住的话，也会入住这种大床房。

高档酒店
豪华的客房，大堂、餐馆等公共空间也充满高级感。提供各种服务，但如果不太需要的话，反而是一种浪费。

中档酒店
大部分比较重视功能性，必要设施齐全。这个级别的酒店中，有很多连锁酒店和比较个性的酒店。如果属于同一个连锁品牌旗下，酒店的设施、服务也都大体相同。

经济型酒店
经济型酒店大多为私人经营，服务和设施方面也是大相径庭，一定要亲自确认过觉得可以接受再决定入住。

汽车旅馆
客房费用一般在 $40~120。适合开车旅游的客人，一般分布在国道边以及高速路的

便签 **谨防信用卡盗用** 部分美国的加油机不能使用中国的信用卡。这时，需要将信用卡交给收银台的工作人员然后才能加油，不过这种情况需要小心信用卡信息被盗用。

●标准间 Twin Beded Room

房间内放有两张床，每张床一般也都是大的双人床。比较适合带孩子的家庭入住。

●套房 Suite

卧室和客厅分开的房型，一般中档酒店以上会有此房型。

■ 关于酒店税

在美国除了通常的消费税以外，各个城市还都设有不同百分比的酒店税。大部分酒店对外的价格都是没有含酒店税的费用，这点请一定注意。另外，除了酒店税以外，个别地区还有一些特定的税费，例如Tourism Fee（洛杉矶）、Improvement District Assessment（圣弗朗西斯科）、Resort Fee（拉斯维加斯）等。

关于酒店的预订

预订方法有：①通过国内的旅行社进行预订；②通过酒店官网在线预订（大型连锁酒店的话在国内一般也都设有电话预订窗口）；③通过订房网站进行预订等。 选择①的话，中档以上的酒店都可以通过国内的旅行社进行预订；选择②③的话，预订时一般都需要提供信用卡信息。一定要确认好入住的日期以及价格。预订完成后，会发送给你一份带有预约号（Confirmation Number）的确认书，可以打印出来随身携带。

出入口附近。住汽车旅馆，停车基本上免费，并且会免费提供面包、咖啡等简单的早餐。

青年旅舍

适合预算不高、并且想要和来自全球各地的人进行交流的客人。客房一般分为多人房（一间房入住6~8人，男女分开·混合等）、单人间，淋浴、洗手间一般都是共用的。另外，在美国除了全球组织的青年旅舍（→p.378）外，也有许多私人经营的青年旅舍。

民宿（B&B）

由住宅改建而成，家庭经营的小旅馆。在郊外的小镇中比较常见，美味的早餐以及精巧的装饰是这些旅馆的特色。市场价格一般为$70~200。

主要城市的酒店税

洛杉矶市 ※15.7%
（详情请参考→p.33）
圣迭戈 12.5%
圣弗朗西斯科 ※ 约 16.45%
（详情请参考→p.183）
拉斯维加斯 ※12.5%~13.38%
（详情请参考→p.279）
西雅图 15.6%
（详情请参考→p.313）
波特兰 ※11.5%~13.5%
（详情请参考→p.347）
有※标记的是课税方式特殊的城市

餐馆的基础知识

美国西海岸是全美国对食物最为讲究的地区。自产自销的意识很强，在这里可以体验利用从当地的大海中和山上获取的新鲜食材，以及通过有机栽培出的有机蔬菜等制作而成的美味菜肴。另外，由于美国是一个多民族国家，因此能够品尝到不同风味美食。这点也是这里最大的特征。

餐馆用餐流程

❶ 预约

一些人气较高、知名度广的餐馆，有时必须要提前进行预约。可以通过电话、餐馆官网等方式进行预约。在中国预约的话，通过网站更为简单。

❷ 前往餐馆

如果提前预约过的话，告知服务人员预约者的姓名即可。如果没有预约，需要告知服务人员用餐人数，并按照店员的指引进行等待。

❸ 入座

在被带到餐桌后，会有专门负责这张桌子的服务员拿来菜单，并简单向你介绍今天的推荐菜（Today's Special）以及每天不同的菜肴等。首先，可以先点饮品，在服务员去拿饮品期间，选择想要吃的主菜。菜单

着装要求

高档餐馆一般都会有"着装要求"，穿着短裤、T恤、牛仔裤、运动鞋等休闲服装是不能进店用餐的，要是男性的话可以穿西服打领带，女性的话可以穿连衣裙等服饰。穿着的服饰一定要符合餐馆的环境气氛。

关于饮酒

在加利福尼亚州、内华达州、亚利桑那州、华盛顿州、俄勒冈州，21岁以下禁止饮酒。另外买酒的时候也必须出示带有照片的身份证件。进入夜店时也会检查证件。在公园等公共场所禁止

便签 餐馆预约网站　美国最普及的餐馆预约网站是 OpenTable URL www.opentable.com。输入城市名、餐馆名称、手机号、邮箱地址即可。

分为 Appetizer（前菜）、Salad（沙拉）、Soup（汤）、Entree 或 Dinner（主菜）、Dessert（甜品）等。由于每一盘的分量都很多，除非胃口特别好，否则不要点太多菜，可以看看周边大家用餐的情况再下单。

4 享受美食

当负责你这张桌子的服务员走过来询问你用餐情况时，可能会问“Is everything OK？”等问题，好吃的话，回答“Good.”“Excellent.”等即可；如果有什么问题的话也可以直接跟他说。在你享用完主菜后，服务员会问“Have you finished？”，如果还没有的话，可以回答“I'm still working.”。如果问你“Would you like dessert？”是在向你推荐甜点，如果不想吃的话回答“I'm fine.”即可。

5 结账

一般都是在座位上结账。需要买单时，跟服务员说“Check，please.”就 OK 了。随后会有服务员将账单交给你。

●**使用现金支付的话，**如果现金刚好可以支付餐费和小费总额的话，将现金和账单一起放在桌上即可。如果需要找零的话，可以叫来服务员，将现金和账单一起交给他。然后从找的零钱中将小费的部分留在桌上再离开即可。

●**使用信用卡支付的话，**确认账单后，将信用卡放在账单上，或者夹在夹子中。服务员会先将这些东西拿走结账，完成后就会将信用卡以及发票返还给你。餐饮费下面一栏是小费，一般是餐费的 15%~20%，然后再下面一栏是总价，确认后签名即可。信用卡的发票一般有 2 张，一张是顾客联（Customer's copy），作为发票自己收好，另一张是销售方留存的发票，直接放在桌子上然后离开即可。小费也可以单独用现金支付（→边栏）。

饮酒，如果违反的话罚款金额是很高的。

在咖啡馆以及快餐店

基本下单的流程顺序是：点餐→领取小票→结账（点餐→结账→领取小票）。点餐时，可以指向自己要购买的食品图片，或者告知店员套餐（=Combo、Meal）的序号。当然也可以单点。点完餐后，店员会问是在店内用餐（here）还是外带（to go），“For here or to go”。领完小票后，一般都是等待叫号的模式。另外，在部分快餐店饮料是可以畅饮的（根据餐馆的地理位置而定），店员会给你一个空杯，然后可以自己到饮料吧台选择自己喜欢的饮料。

用现金支付小费的情况

在信用卡小票的小费一栏上画斜线，在合计金额栏中只写入餐饮费用。然后将作为小费的现金和账单放在一起即可。

购物的基础知识

在美国即便是预算不同，也能享受到丰富的购物体验。尤其许多美国本土品牌价格也要比中国便宜不少，对于喜欢购物的人来说简直就是天堂。美国的各个城市中都有百货商场和购物中心，里面云集了各种专卖店和品牌店，购物效率很高。

购物的要点

●**打折季**

美国的打折季一般在节假日期间进行。但是一些商店规定打折商品不能退换货，所以在购买之前一定要确认好产品的质量等。圣诞节打折季期间，许多百货商店都会营业至 23:00 左右。美国的打折季时期列在了边栏里。

●**确认衣服、鞋子的尺码，一定要进行试穿**

美国的尺码和中国不同。服装的尺码上，美国使用的是英寸作为测量单位（休闲服饰用 Small、Medium、Large、Extra Large 表示）。鞋的尺码根据各个生产厂家和品牌有所不同。首先可以通过尺码对照表（→p.394）来确定自己的尺码。如果是给别人挑选礼物的话，也别忘了确认一下对方的尺码。在实体店购物的过程中，如果要买入衣服或鞋子，一定要提前试穿，确认合适再购买。各个品牌的尺码大小都有所差异，

美国的打折季时期

美国其实经常会举行打折季。其中最划算的还是感恩节至圣诞节期间。尤其在打折季开始的第一天，商家开门也很早，顾客们更是早已迫不及待，蜂拥而至，全是为了抢购圣诞节礼物。

支付方式

在美国购买稍贵一些的商品，一般都会用信用卡进行支付。买东西时，服务员可能会问“How would you like to pay？”或者是“Cash or charge？”。“Cash”是现金，“Charge”则是信用卡。另外，虽然 T/C 也可以等同于现金进行使用，但是在支

便签 主要的高档百货商场 萨克斯第五大道 URL www.saksfifthavenue.com 诺德斯特姆拉克 URL shop.nordstrom.com 梅西百货公司 URL www.macys.com

付签名前，还是多问一句，确认好是否可以使用，用英语来问的话，就是“Do you take the traveler's check?”。

试穿前后 3 个尺码

中国人与美国人相比身材相对瘦小。可以先参照尺码对照表，确认好自己的尺寸，然后在试穿时尽量将前后的 3 个尺码都试一试，看看哪个更为合身。此外在购买前，也要确认好商品有没有开线、划痕、破损等情况，原材料也要询问清楚。

主要城市的消费税

洛杉矶市 9.25%（详情请参照→p.33）
圣迭戈 7.75%
圣弗朗西斯科 8.50%
拉斯维加斯 8.25%
西雅图 10.1%
波特兰 无

关于国外旅行者的退税制度

同欧洲及部分亚洲国家一样，美国的大部分城市也没有针对外国游客开展退税的政策。

做工上跟国内也不太一样。

去哪里购物？

如果想要在短时间内一站式购买齐所有东西的话，推荐去购物中心，这里占地面积大，里面既有百货商店也有各个品牌的专卖店。另外还有餐馆或者美食广场，便于休息。部分购物中心内还设有电影院。如果是郊外的超大型购物中心的话，基本上可以逛上一整天。郊外的商场一般停车也是免费的，但市区内基本就是要收费了。

另外，奥特莱斯可以说是到美国后必去的购物胜地之一了，这里品牌齐全，价格折扣更是很大，但一般都建在郊外地区，交通不太方便，想要乘坐公共交通设施前往的话可能比较困难，建议开车或者参团前去。另外，诺德斯特龙、罗斯服装店这两家折扣店虽然规模不大，但是一般都在市中心建有分店，从交通上来说比较方便。

如果想要挑选稍微普通一些的礼物，比较推荐去超市或者杂货店。在全食超市可以买到自然化妆品、芳香剂、瑜伽用品等。另外缺德舅超市有着丰富的坚果、干果类食品，还有非常具有人气的环保袋，外观时尚，价格便宜，非常具有诱惑力（→p.18）。

关于消费税

美国各州、各个城市都设定有不同的消费税标准。同一件商品的话，当然是在税率低的城市购买更为划算。

中国和美国的尺码对照表

身高

英尺/英寸（ft）	4'8"	4'10"	5'0"	5'2"	5'4"	5'6"	5'8"	5'10"	6'0"	6'2"	6'4"	6'6"
厘米（cm）	142.2	147.3	152.4	157.5	162.6	167.6	172.7	177.8	182.9	188.0	193.0	198.1

体重

磅（lbs）	80	90	100	110	120	130	140	150	160	170	180	190	200
公斤（kg）	36.3	40.9	45.4	50.0	54.5	59.0	63.6	68.1	72.6	77.2	81.7	86.3	90.8

男装尺码

尺码	Small		Medium		Large		X-Large	
颈围（inches）	14	14.5	15	15.5	16	16.5	17	17.5
颈围（cm）	35.5	37	38	39	40.5	42	43	44.5
胸围（inches）	34	36	38	40	42	44	46	48
胸围（cm）	86.5	91.5	96.5	101.5	106.5	112	117	122
腰围（inches）	28	30	32	34	36	38	40	42
腰围（cm）	70	76	81	86.5	91.5	96.5	101.5	106.5
袖长（inches）	31.5	33	33.5	34	34.5	35	35.5	36
袖长（cm）	82.5	84	85	86.5	87.5	89	90	91.5

便签 主要的购物中心 韦斯特菲尔德 URL www.westfield.com 奥特莱斯 URL www.premiumoutlets.com

女装尺码

	X-Small		Small		Medium		Large	
美国尺码	4	6	8	10	12	14	16	18
中国尺码	150/76	155/80	155/80	160/84	165/88	170/92	175/96	180/100

鞋子尺码

女鞋	美国尺码	4 1/2	5	51/2	6	6 1/2	7	7 1/2
	中国尺码（欧码）	35	35.5	36	36.5	37.5	38	38.5
	中国尺码（cm）	22	22.5	23	23.5	24	24.5	25
男鞋	美国尺码	6 1/2	7	7 1/2	8	8 1/2	9	10
	中国尺码（欧码）	39	40	40.5	41	42	42.5	44
	中国尺码（cm）	24.5	25	25.5	26	26.5	27	28
童鞋	美国尺码	1	4 1/2	6 1/2	8	9	10	12
	中国尺码（欧码）				25	26	27	29.5
	中国尺码（cm）	7.5	10	12.5	14	15	16.5	18

※ 鞋子的宽度

AAA AA A	B C D	E EE EEE
窄	标准	宽

牛仔裤等尺码

腰围（inches）	29	30	31	32	33	34	35
男装腰围（cm）	73	76	78	81	83	86	91
腰围（inches）	26	27	28	29	30	31	32
女装腰围（cm）	56	58	61	63	66	68	71

女童服装尺码

美国尺寸	7	8	10	12	14	16
身高（cm）	124.5~131~134.5~141~147.5~153.5~160					

男童服装尺码

美国尺寸	8	9	10	11	12	14	16	18
身高（cm）	128~133~138.5~143.5~148.5~156~164~167							

婴儿服装尺码

美国尺寸	3	4	5	6	7(6X)
身高（cm）	91.5 ~ 98 ~ 105.5 ~ 113 ~ 118 ~ 123				

度量衡

长度

1 英寸（inch）≒ 2.54 厘米

1 英尺（foot）=12 英寸≒ 30.48 厘米（复数形式为 feet）

1 码（yard）=3 英尺≒ 91.44 厘米

1 英里（mile）≒ 1.6 公里

重量

1 盎司（ounce）≒ 28.35g

1 磅（pound）=16 盎司≒ 453.6g

体积

1 品脱（pint）≒ 0.4l

1 夸脱（quart）=2 品脱≒ 0.946l

1 加仑（gallon）=4 夸脱≒ 3.785l

日常用品的对照

干电池

1 号电池 =D　　2 号电池 =C

5 号电池 =AA　　7 号电池 =AAA

纸张尺寸

美国的纸张规格与中国不同，为 Letter Size

Letter Size = 8.5in × 11in = 215.9 毫米 ×279.4 毫米

Legal Size = 8.5in × 14in = 215.9 毫米 ×355.6 毫米

（A4 纸大小为 210 毫米 ×297 毫米）

照片尺寸

3 × 5 = 76.2 毫米 ×127 毫米

4 × 6 = 101.6 毫米 ×152.4 毫米

8 × 10 = 203.2 毫米 ×254 毫米

液体容积

1 茶匙（1 小勺）= 约 4.92 毫升

1 大汤匙（1 大勺）= 约 14.78 毫升

1 杯 = 约 236.58 毫升

小费和礼节

美国是一个许多拥有不同习惯的人居住在一起的多民族国家。虽然没有强制性的法律法规，但是希望大家可以做到最低限度地遵守当地的习俗文化。俗话说“入乡随俗”，希望大家可以带着这种观念想法，享受自己愉快的旅程。

小费金额

●门童、行李员

对于帮你搬运行李的门童和行李员，可以按行李支付小费，每件行李在 \$2~3。

●酒店清洁员

每张床的服务费在 \$1~2。

●出租车司机

乘坐出租车无须单独支付小费，都是与车费一同交给司机。通常是车费的 15% 作为小费，如果你乘车体验很好，还可以自行增加小费金额。一般付款是给一个整数，以示大方。

客房服务

如果你要求了客房服务，首先可以看下收据明细，如果其中包含了服务费，则无须再次支付小费，如果没有服务费字样，可以适量支付。通常按摩或快递包裹在 \$1~2。

●参加旅游团

导游小费为团费的 15%~20% 比较合适。

需要牢记在心的礼仪

●打招呼

如果在路上不小心碰到了别人，可以说一声“Excuse me”；如果撞到或踩到别人，需要说“I' m sorry”。在比较拥挤的地方希望快速通过时，也应说“Excuse me”，如果什么都不说是十分没有礼貌的，要多加注意。进商店时如果工作人员用“Hi”和你打招呼，可以回一句“Hi”或“Hello”。另外对话时直视对方也是礼貌的表现。

不要在走路时吸烟！！

中国经常可以看到边走路边抽烟的人，在美国这是一定要避免的不当行为。

关于小费

在美国，如果你接受服务，通常有支付小费的义务。一般用餐时要支付餐费 15%~20% 的金额作为小费留在餐桌上。即使团队用餐的成本较高，支付餐费 15%~20% 的金额作为小费也是很正常的行为。如果用餐金额较低，支付 \$1 以上的小费也是理所应当的。

●小费支付方法

给服务员的小费一般都是在结账之后，和账单一起留在桌子上即可。如果是信用卡结账也可以将小费一并合计后进行支付（填写范例参考下图）。小费一般是餐费的 15%~20%，不计税金部分。

结账账单填写范例

税金（以 9.25% 为例）

费用（餐饮费）

Services	40 00
Taxes	3 70
Tip/Gratuity	8 00
Total	51 70

合计金额

小费（餐饮费的 20%，四舍五入）

小费换算参考表

价格（\$）	15%		20%	
	小费	合计	小费	合计
5	0.75	5.75	1.00	6.00
10	1.50	11.50	2.00	12.00
15	2.25	17.25	3.00	18.00
20	3.00	23.00	4.00	24.00
25	3.75	28.75	5.00	30.00
30	4.50	34.50	6.00	36.00
35	5.25	40.25	7.00	42.00
40	6.00	46.00	8.00	48.00
45	6.75	51.75	9.00	54.00
50	7.50	57.50	10.00	60.00

简单的小费计算方法

①金额四舍五入

例：\$35.21 → \$35.00

②如果以餐费的 20% 作为小费的话，将小数点向左移动一位，然后乘以 2 即可

例：\$35.00 → \$3.50 × 2=7.00

③小费金额一般在 15%~20%（\$5.25~7），一般会取中间的 18% 进行支付，也可以根据实际服务情况来决定小费的金额

关于礼节

●饮酒和吸烟

各州法律不同，但在美国西海岸的几个州均规定未满 21 岁，以及室外是严禁饮酒的（→ p.392 边栏）。在酒类商店（酒类饮品的售卖为 6:00~次日 2:00）、Live House、夜店等场所购买酒类饮品时，需要出示 ID（身份证明）。此外需要格外注意的是，在公园、海滩、公路上是禁止饮酒的。关于吸烟的规定则更为严苛，在餐馆内的任何地方都是禁止吸烟的，其中包括露天平台也是严令禁止。酒店中同样很少设有吸烟房，大部分均为禁烟房间。

●带孩子旅行时需要注意的事项

如果孩子在餐馆等公共场所吵闹，请将其带到户外，待情绪冷静后再重新进场。另外，当你将孩子独自一人留在酒店或汽车里时，可能会有路人报警，请尽量带着孩子与你一同出行。

便签 排队的方法 在 ATM、洗手间等地排队时，需要排成一列，然后哪台机器或哪间空出来并排到你时，可以直接过去。

邮 政

随着全球电子化的不断发展，如今只要轻轻按下发送按钮就可以将想要传达的信息传送给对方。可能有人不禁会想，我最后一次拿起笔写东西是什么时候的事情呢？不如这次就让我们写下几张明信片，将自己在旅途中的故事传递给等待我们回家的亲朋好友吧！

旅行的便利技巧，将大件行李交给邮局

从美国往中国寄送航空件的话，大概只需要 1 周的时间。一封普通尺寸的明信片、书信价格在 $1.15 左右。

像较重的书籍、纪念品等物品，使用邮递寄回中国肯定更为方便。一般大型邮局也都出售带有缓冲物的大信封和快递箱等。

邮寄方法只有航空件 Air Mail 一种。根据邮寄速度不同，分为不同种类，其中最便宜的是 First-Class，需要 4~14 天。收件人地址可以写中文（但是，国家、省份名称要写英文，例如“CHINA，BEIJING”），寄件人的地址姓名一定要用英文填写。另外，如果是邮寄印刷品的话，需要额外标注上 Printed Matter，如果是书籍的话，需要标注上 Book（该情形下，请不要将书信放在里面）。

■ 如何填写包裹的海关申报书（全部英文填写）

“From”一栏填写寄件人信息，如果是在美国的常住者，便填写美国的常住地址。如果是来美国旅行的游客则填写入住的酒店地址，“To”一栏则是收件人信息，如果收件人是自己的话，按照上面的寄件人信息填写即可。

右栏是填写如果物品没能送到收件地址时应作何处理的栏目。如果是返回寄件人地址则勾选“Return to sender”，改寄别处则勾选“Redirect to Address Below”并填写相应地址。直接丢弃则勾选“Treat as Abandon”。

下面的空白部分需要填写邮寄的内容，“QTY”代表数量，“VALUE”代表价值（用美元预估即可）。

如果你遇到了其他格式的申报单，大体内容不会有变化，不用太担心。

购买邮票

在邮局的窗口或标有 US Mail 标记的窗口都可以购买相应金额的邮票，礼品店或酒店的邮票售卖机的价格会比较昂贵，如果实在找不到售卖邮票的地方，找酒店的工作人员帮忙会很有效。

邮寄到中国的价格

（可能会发生改变）

Air Mail（First Class International Mail）航空件	
书信 Letters	1 盎司（28g）$1.15、超出后每盎司加收 98~99 ¢ 最大重量 3.5 盎司（约 99g）
明信片 Post Card	$1.15
书籍 · 印刷品（Printed Matter）私人包裹 M-bags	11 磅（约 5 公斤）以下 $79.75、超出后每磅加收 $7.25 最大重量 66 磅（约 30 公斤）
平价信件 Flat-Rate Envelope	24 厘米 ×31.8 厘米的信封 $30.95 最大重量 4 磅（约 1.8 公斤）
平价包裹 Flat-Rate Box：Large	30.5 厘米 ×30.5 厘米 ×14 厘米的箱子 $88.95 最大重量 20 磅（约 9 公斤）
小包裹 Parcel	1 磅（453.6g）以下 $48.25、2~66 磅之间，每磅加收 $2.95~3.25 最大重量 66 磅（约 30 公斤）

M-bags 这种邮寄方法，是将邮递的物品随意放入大口袋中打包，对物品的遗失和损坏都不做任何赔偿。
※ 小包裹、平价信件、平价包裹均为使用 Priority Mail 时的价格（送达需要 6~10 天）

电 话

在旅途中，可能避免不了需要往国内拨打电话。下面就为大家介绍一下拨打美国国内外电话时的几种情况。几年来，越来越多的人会带着在中国国内使用的手机作为通信工具出国旅游，每家运营商的使用方法等不太相同，建议在出发前确认清楚。

电话上英文字母的意义

美国的电话上会刻有字母，它们也间接代表数字。

ABC→2　DEF→3
GHI→4　JKL→5
MNO→6　PQRS→7
TUV→8　WXYZ→9

免费电话是指

通常以（1-800）、（1-888）、（1-877）、（1-866）、（1-855）、（1-844）开头的电话，在美国国内用座机拨打都是免费的。如果从中国国内拨打该电话要正常付费，请多加注意。另外用手机拨打该电话也是要收费的，不要掉以轻心。

美国国内公用电话的使用方法

■ 市内通话 Local Call

拨打相同地域号码的电话时，最低会收取 50 ¢ 的费用。拿起话筒投入硬币拨打电话号码即可。如果通话超时，听筒便会传来“50 cents, please”的提示音，投入硬币便可继续通话。

■ 市外电话 Long Distance Call

先拨 1，之后是对方的区号，最后是电话号码。拨通后听筒会传来“Please deposit one dollar and 80 cents for the first one minute.”的提示音，投入相应硬币即可。随后电话将被接通，使用公用电话拨打长途通常费用较高，推荐使用电话卡拨打。

■ 预付卡

将卡号和密码根据提示依次按数字键输入即可成功拨打电话。无论是美国国内电话还是跨洋电话均可以使用预付卡进行拨打，在美国机场、药店都可以买到。

使用酒店客房电话拨打

首先按下外线键（通常是 8 或 9），之后的操作和公用电话一样。使用酒店客房电话会额外收取你相应的服务费，即使你拨打的是免费电话，也可能照常收取。此外，如果你拨打的是美国国内长途或国际长途，即使电话没通，如果“嘟嘟声”超过一定时间也会收取服务费，一定要多加注意。

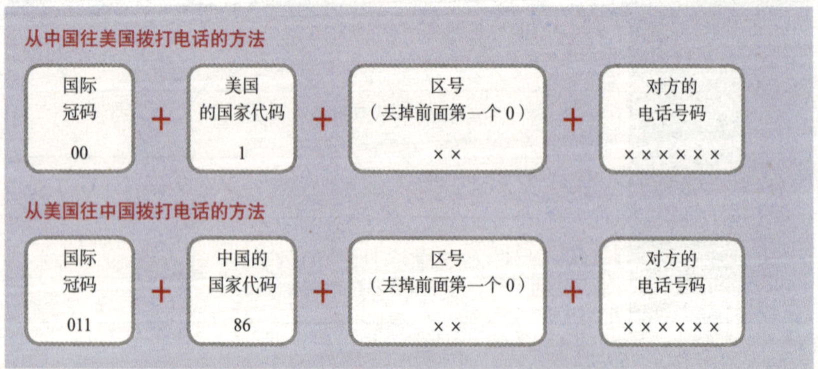

便签 圣弗朗西斯科市有 415 和 628 两个区号。即便是在同一个区域，在拨打对方电话时也要先加拨 1 和区号，再拨打对方电话号码。

从美国往中国拨打国际电话的方法

■ 直拨电话

费用由自己承担，不通过转接，直接拨打对方的中国电话号码。一般拨打国际电话都会使用预付卡（→ p.398）。

■ 在海外使用手机拨打电话

在国外可以直接使用国内的手机，不过需要提前在中国进行相关业务的办理。也可以到了当地之后，购买当地的手机卡。

网络

通过互联网我们可以轻松便捷地获取信息，发送信息，如果有私人电脑、手机的话，在巴士、火车、酒店客房、咖啡馆等地都可以连接上网络。从收发邮件到游览网页查询提前预约办理的手续，可以让你的旅途更加具有自由度。

酒店的上网环境

在美国的酒店中经常会看到“High Speed Internet”，直译过来是“高速网络”，也就是我们国内常说的“LAN（=Local Area Network）”。而“Wireless High Speed Internet”则是无线高速网络，也就是“Wi-Fi”。在美国大部分的酒店中，都可以使用 Wi-Fi 来上网。

使用有线 LAN 的话，可以通过客房中配备的网络接头连接设备。使用 Wi-Fi 的话，和国内的连接方式都是一样的。上网服务的话，市内的大部分酒店都是收费的，而郊外的汽车旅馆等地免费的情况比较多。网费 1 天在 $8~15。在一些酒店大堂设有房客专用的电脑。

●连接方法及支付方式

如果需要联网的话，只要将酒店专用的网线插在设备上即可。费用会在办理退房手续时一起结算，酒店有时也会使用商务专用线路，联网后，打开任意浏览器，便会弹出登录界面，然后点击“Buy Connection”，输入信用卡信息，全部确认完毕后，即可上网，网费会从信用卡中直接扣除。

可以上网的地点

在中国有些城市有网吧，但在美国这样的设施却在逐渐减少。虽然在美国也会看到一些人使用手机或者平板电脑，但他们大多使用的都是当地的 3G/4G 网络。在城镇中如果想要上网的话，可以使用 FedEx。这是一种有偿的电脑按时租赁服务，可以游览中文网站、发送邮件（但是不能发送中文邮件）。另外，在机场的一些商店中，也可以使用自己的电脑进行上网。

■ 免费的 Wi-Fi 点

在美国的公共图书馆、博物馆、美术馆等场所可以连接免费的 Wi-Fi。在某些酒店大堂以及餐馆也提供免费 Wi-Fi。除此之外，像麦当劳、汉堡王等快餐店，以及星巴克等咖啡馆也会提供免费 Wi-Fi。一般提供免

电脑的保管

电脑一定要保存在客房的保险箱中。如果房间内没有保险箱，建议存放在酒店的前台，或者锁在行李箱中，或者收纳在衣柜等不太显眼的地方。

推荐的网站

●通过界面为全英文的电脑

URL www.aol.com

使用手机上网的注意事项

如果手机开通了海外漫游，然后连接网络上网的话，可能会产生高额的网费。IP 电话虽然通话费用很便宜，但同样需要使用网络线路，也一定注意。因此一定要在出发前，到所属运营商的营业厅进行确认！！

搜索免费 Wi-Fi 点
可以通过 URL www.openwifispots.com 进行查询。

费 Wi-Fi 的商家都会在门口贴上"Free Wi-Fi"的字样。通过网站（→边栏）可以搜索美国主要城市的免费 Wi-Fi 点。另外，在国外也可以租赁移动 Wi-Fi（收费），不论走到哪里都有网络，十分便利。

旅行纠纷及安全对策

旅途中的安全措施，并不是指要针对所有可能出现的情况做出预案，而是为了提高我们在遇到事故和盗窃事件时的临场应变能力，将损失降至最低。下面我们就介绍一下中国人在海外比较容易遇到的麻烦以及相应的处理措施。

偷盗事件频繁发生的场所
车站、机场、酒店大堂、旅游景点、电车、巴士、商店街、店内、快餐店，在这些注意力容易被转移的地方。很多人都遇到过"一不小心""完全没注意到有小偷"这样的情况。在乘坐观光巴士时，一定不要将贵重物品放在车内就离开车辆。贵重物品一定要随身携带。

小偷的惯用伎俩
小偷一般都是团伙作案，很少单独行动。例如会有人拜托你帮他拍照，当你把包放在地上的一瞬间，另外一人就会将你的包拿走。基本上都是像这样，一个人吸引你的注意力，其他人再分头行动。

请注意表现过于亲切的人
如果有人靠近你，很亲切主动地跟你聊天，尤其讲的还是中文的话，就需要提高警惕了。这些人其实都是在寻找容易上当的人。比如他会说"我的钱丢了，现在很困扰"这样的话，以求得到你的同情，然后骗取你的钱财。

重要的物品一定要贴身携带
像护照、钱（T/C、信用卡）等一旦丢失，直接导致旅途无法继续的物品，一定要随身携带，记有护照号等的备忘录可以与贵重物品分开保存。如果入住的是中高档酒店的话，可以将物品保存到酒店的保险箱中。

行李越少越好
双手都拿满了行李的话，注意力很容易就会被分散，也更容易成为小偷的目标，丢东西的可能性也更大。而且带着大件行李走路也很困难。

美国的治安

本书介绍的美国西海岸城市，在全美中属于治安相对较好的。虽然在主要观光区域以及白天的时候治安都比较良好，但各个城市中也还是会有一些要避免靠近的区域。

●洛杉矶

小东京南侧，由 4th St.、7th St.、Los Angeles St.、Central Ave. 所围成的区域（M p.58-B3），中南部（参考 M p.49 图注）、英格尔伍德区（M p.49-C4~D4）。中南部治安较差的区域是从地铁蓝线的 103rd St./Watts Towers 开始往南，到长滩之间的一片地区。英格尔伍德区治安较差的区域是洛杉矶国际机场东侧的一带，无论哪里治安都格外令人堪忧，一定要避免前往。

●圣迭戈

市区的佩科球场东侧（M p.155-B3）有很多流浪者聚集，环境不佳。

●圣弗朗西斯科

渔人码头有很多小偷出没。尤其是 39 号码头周边（M p.203-D2）需要格外注意。还有田德隆区 Tenderloin（M p.198-A~B4~5），游客中心西侧，Mason St.、市政中心 Civic Center、Eddy St. 和 Market St. 所围成的区域。由于位于联合广场周边，很容易误入这片区域。此外还有市场街南侧的 Market St. 的 5th St. 以西（M p.197-E2）、日本城南侧的西增区 Western Addition（M p.197-D2）、金门大桥东侧的潘汉德区 Panhandle（M p.197-D3）也是需要多加留意的地方。

●拉斯维加斯

赌场大街和老城区之间（M p.280"注意"）有很多空地，建有不少汽车旅馆和当铺，治安不太好。

●西雅图

先锋广场和国际区（M p.321-A~B3）夜间治安不好。Pike St.（M p.321-A2~3）也需要留神。

●波特兰

晚上灰狗枢纽站周边（M p.355-B1）治安不好，如果乘坐灰狗巴士的话，尽量不要选择晚上出发或到达。

■ 城市中漫步的注意事项

虽然白天环境相对安全，但到了晚上感觉会马上发生变化。夜间一定避免在人烟稀少的道路上独自行走，不要进入狭窄的小路等。另外，不要在人前露出现金，对表现得过于亲密的人也要保持警惕。通过这片区域是否到处都是垃圾、是否有很多涂鸦，以及是否有很多流浪汉或者看起来不太友好的人，就可以判断出治安的好坏。另外如果周围看不到穿着整齐的女性的话，就请立即原路返回。夜间出行的话建议乘坐出租车，即便是自驾车也不要在人烟稀少的道路上行驶。

此外需要注意的还有以下几点。

- 服装方面，需要注意身穿街头混混风格服装的人（松垮的短裤，戴着帽衫的帽子或者故意压低帽檐遮掩视线）。
- 乘坐巴士、地铁等公共交通工具时，由于天黑后街上的人也会急剧减少，因此不建议在车站或者没有人的月台等车。夜间出行建议乘坐出租车。
- 驾车时需要注意的是，在离开车辆时，需要将行李放到后备箱，或者从窗外看不到的地方，这一点适用于美国所有的地区。另外，在年末的购物季，还经常有人为了自己想要的物品，从车内进行偷盗抢劫。以车辆和金钱为目标进行抢劫这样的事件，除了会发生在停车场，也有可能是在行驶、等红绿灯的时候，故意剐蹭你的车辆，然后在下车查看情况时，进行偷盗。如果在驾车时遇到了类似的场景，首先要转移到相对安全的地方（加油站、警察局），然后寻求帮助。

如果遇到纠纷的话

■ 以安全出行为首要目的（事后应对篇）

●遭遇盗窃

立刻报警。填写事故报告书，然后签字。如果是没有暴力行为的偷盗，并且被盗金额不高的话，一般不会进行搜查。报告书可以看成是将来领取保险赔偿而必须要办理的手续。填写完报告书后，你将收到回单或者报告书的受理号（Complaint Number）。在申请保险赔偿时可以提供。

●护照丢失

马上联系中国驻美大使馆进行旅行证或新护照的办理手续。

丢失护照的中国公民可以填写《中华人民共和国护照 / 旅行证 / 回国证明申请表》来申请护照，除了填表之外还需提供半年内正面免冠彩色证件照片两张、在美国或其他国家的居留证件原件和复印件以及户口本、身份证等其他证明申请人中国国籍的材料，并写一份护照丢失的书面报告就可以申请护照。

护照丢失办理过程非常麻烦且时间漫长，大概需要 3 个月，甚至半年的办理周期，申请费用为 105 美元。

如果急于回国，可以办理旅行证，使领馆在收到国内回复后正常办理旅行证需 4 个工作日，收费为 25 美元，加急办理只需 2~3 个工作日，收费为 45 美元，特急办理需要 1 个工作日，收费为 55 美元。

●信用卡丢失

联系警察之前，要先以最快的速度联系信用卡客服中心。发现信用卡丢失后的第一件事便是联系信用卡客服中心将信用卡挂失冻结，这样

●中国驻洛杉矶总领事馆
Consulate General of China in Los Angeles
住 443 SHATTO PLACE, LOS ANGELES, CA 90020, USA
☎ 001-213-8078088, 8078011
领区范围：亚利桑那州、南加利福尼亚州、夏威夷州、新墨西哥州、太平洋岛屿

●驻圣弗朗西斯科总领事馆
Consulate General of China in San Francisco
住 1450 LAGUNA ST. SAN FRANCISCO, CA 94115, U.S.A
☎ 001-415-6742900
领区范围：阿拉斯加州、北加利福尼亚州、内华达州、俄勒冈州、华盛顿州

●中国驻纽约总领事馆
Consulate General of China in New York
住 520 12TH AVENUE, NEW YORK NY 10036, USA
☎ 001-212-2449392（总机）
领区范围：康涅狄格州、缅因州、马萨诸塞州、新罕布什尔州、新泽西州、纽约州、俄亥俄州、宾夕法尼亚州、罗得岛州、佛蒙特州

●中国驻芝加哥总领事馆
Consulate General of China in Chicago
住 100 WEST ERIE STREET, CHICAGO, IL 60610, U.S.A.
☎ 001-312-8030095
领区范围：科罗拉多州、伊利诺伊州、印第安纳州、艾奥瓦州、堪萨斯州、密歇根州、明尼苏达州、密苏里州、威斯康星州

●中国驻休斯敦总领事馆
Consulate General of China in Houston
住 3417 MONTROSE BLVD. HOUSTON TX 77006 USA
☎ 001-713-5201462
领区范围：亚拉巴马州、阿肯色州、佛罗里达州、佐治亚州、路易斯安那州、密西西比州、俄克拉荷马州、得克萨斯州和联邦领地波多黎各

不知道信用卡的联系电话！

万一不知道信用卡的联系电话，可以与自己信用卡的国际卡合作公司（大部分都是 Visa 或 MasterCard 其中之一）进行联系。它们的联系电话可以通过酒店、警察、电话簿以及电话查询处获取。如果遇到这种情况，请提前准备好护照、信用卡等号码备忘录或者复印件。

身无分文，无计可施的人

如果真的到了这个地步，只能到中国领事馆去寻求一些帮助了。

如果手机丢失的话→ p.398

美国的医疗系统

除了酒店等地有急救医生和急救医院外，医生均为预约制。从预约到检查一般需要 1 周左右的时间。在购买药物时，虽然需要医生开具的处方，但是像止痛药、感冒药等不用处方就可以直接购买。

紧急时的医疗英语会话

→ p.404

托运行李丢失时，航空公司工作人员会提出的问题

- 确认航班名称
- 确认托运行李挂靠的机场
- 起飞前多久办理的登记手续
- 行李的形状和颜色
- 外侧口袋最上方的物品
- 找到后寄到哪里

支付交通罚款

支付罚款可以通过汇票、网站，或者打电话从信用卡中扣除。

另外，如果在回国后仍没有缴纳罚款的话，那么将会通过租车公司对你进行调查。此外如果在美国的收费道路（Toll）上行驶过，并没有付费的话，也会面临同样的处境。

做的目的是防止信用卡被盗刷、恶意使用。因为即便是购买高价商品，商店也不会确认持卡人是否为本人，网上购物的话更是连签名都不需要。

●旅行支票丢失

补办手续需要联系丢失 T/C 所属的发行方。接着再去附近的警察局申请“丢失证明”。办理补办手续要提供：①丢失证明；② T/C 发行证明（购买 T/C 时，银行会提供给你一份 T/C 购买回单）；③丢失的 T/C 号码。

补办的支票金额只有未在第二次签名处上签字的部分。所以在旅途中一定要记录好 T/C 的使用情况。另外如果在持有人签名栏中没有签过字的话，那么将无法进行补办。

●所有钱全部丢失

为了以防万一，请将现金分散保管。假设钱包丢了，但如果在别的地方（例如衣服口袋或者酒店保险箱）还留有钱的话，就可以用来应急了。此外，为了预防现金不足的情况发生，一定要携带一张拥有提现功能的信用卡。此外，也可以使用银联储蓄卡进行提现。

●如果生病了的话

在旅途中如果感冒或者拉肚子，一般都是因为水土不服，没有适应当地的气候以及精神压力等导致的。宗旨是一旦生病一定要注意休息，推荐从中国带一些常备的药物。

●在机场托运行李丢失

如果等到最后自己的行李也没有出现的话，可以到行李领取处的航空公司柜台办理各项手续。需要出示行李凭证的半联，并填写情况说明以及一些简单信息。可能问到的问题可以参考边栏。找到行李后的快递地址可以填写这几天你将要入住的酒店，如果还没有订好住宿地，也可以直接将行李寄回国内，然后在当地购买最基本的生活用品。关于行李丢失产生的费用由谁来承担这点，一定要事先和航空公司进行协商。

●自驾游时可能遇到的问题

游客比较容易违反的交通法规是违章停车和超速。在美国，对违章停车的处罚十分严厉。而如果超速行驶的话，会有警车跟在违章车辆后面，并闪烁红色和蓝色灯光，示意其靠边停车。如果发生这种情况，请先将车辆停靠在马路右边，在警察走过来的这段时间里双手握住方向盘，和车上的其他人一起等待警察靠近。当警察和你说话后，出示中国驾照、驾照翻译件以及租车合同，并根据警察的问题如实进行回答。

如果发生事故或者车辆故障时，首先要和租车公司进行联系。如果发生交通事故首先要报警并联系租车公司。另外，要记录下对方的驾照号、车牌号、保险合约号以及联系方式。然后按照警察和租车公司的指示进行处理。另外，在还车时一定要出示事故报告书。

如果是车辆故障，但还能够继续行驶的话，可以联系租车公司进行维修。如果无法行驶的话，请呼叫拖车服务，将车带走。

旅行中的英语对话

酒店篇

我想要预订一间 8 月 11 和 12 日的标准间（大床房）。（打电话）

I' d like to make a reservation for a twin（double）room，August eleventh and twelfth.

你们今晚还有单人间吗?

Do you have a single room，tonight?

麻烦办理入住。我预订了 3 晚。

I' d like to check in. I' ll be staying for three nights.

我想用信用卡支付。

I' d like to pay by credit card.

房门打不开了。

The room key isn' t working.

餐馆篇

你好，我想要预约一下今天的晚餐，两个人，7:30，我叫小明。

Hello.I' d like to make a reservation this evening. Two people at seven thirty p.m. My name is Xiaoming.

能帮我推荐一下你们的特色菜吗?

What do you recommend? Do you have any special today?

能给我一个打包盒吗?

May I have a box?

交通篇

我买一张到机场的票。

May I have a ticket to the airport?

我买一张单程（往返）票。

One-way（round-trip）ticket，please.

请问怎么去圣塔莫妮卡码头?

How can I get to Santa Monica Pier?

请问到市政中心吗?

Does this go to Civic Center?

到了圣塔莫妮卡麻烦请你告诉我一下。

Please let me know when we get to Santa Monica.

可以让我在联合车站下车吗?

Would you drop me off at the Union Staion?

■ 问路时的简单词语

地标……landmark

红绿灯……traffic light

拐角……corner

距离……distance

直走……go straight

右（左）转……turn right（left）

在右（左）边……on the right（left）

前面……front

后面……behind

这边……this side

对面……opposite side

一个街区的距离……one block away

购物篇

我只是看看。

I'm Just looking.

我要买这个。

I'll take this one。

我想要买 T 恤。

I'm looking for a T-shirt.

请问 ×× 店在哪里?

Where is ××corner（floor）?

我能试一下这个吗?

Can I try this on ?

还有大一号（小一号）的吗?

Do you have a larger（smaller）one ?

紧急时的医疗英语会话

※勾选自己的症状，然后交给医生

□恶心想吐 nausea	□发冷 chill	□食欲不振 poor appetite
□头昏眼花 dizziness	□心悸 palpitation	
□发烧 fever	□腋下测温 armpit	______°C / °F
	□口腔测温 oral	______°C / °F
□腹泻 diarrhea	□便秘 constipation	
□水样便 watery stool	□便溏 loose stool	1 天 ( ) 次 ( ) times a day
□偶尔 sometimes	□频繁 frequently	持续不断 continually
□感冒 common cold		
□鼻塞 stuffy nose	□流鼻涕 running nose	□打喷嚏 sneeze
□咳嗽 cough	□有痰 phlem	□血痰 bloody sputum
□耳鸣 tinnitus	□听觉缺失 loss of hearing	□耳内分泌物 ear discharge
□眼睛分泌物 eye discharge	□眼睛充血 red eye	□视力障碍 visual disturbance

※从下面的单词中，向医生指出自己所属的情况

●吃了什么状态的东西

生的 raw

野生的 wild

油腻的 oily

没有熟透的 uncooked

做好后放置了一段时间

a long time after it was cooked

●受伤的话

咬伤 bitten

划伤、切伤 cut

跌倒 fell down

被打、被撞 hit

扭伤 twisted

摔伤 fell

烧伤 burnt

●疼痛级别

刺痛 tingling

锐痛 sharp

强烈 keenly

严重 severely

●原因

蚊子 mosquito

黄蜂 wasp

牛虻 gadfly

毒虫 poisonous insect

蝎子 scorpion

水母 jellyfish

毒蛇 viper

松树 squirrel

（野）狗 （stray）dog

●去做什么的时候发生的

去森林 went to the forest

去潜水 went diving

去野营 went camping

去登山（攀岩）

went hiking (climbing)

去河里游泳

went swimming in the river

INFORMATION

在美国使用手机、上网

首先可以灵活使用酒店等地的网络服务（收费或免费）、Wi-Fi 点（免费）。美国主要的酒店、城市中都设有 Wi-Fi 点，可以提前查清楚入住酒店是否可以上网、哪里有 Wi-Fi 点等信息。但是 Wi-Fi 点也有一些缺点，例如网络速度不太稳定，有时可能无法连接，Wi-Fi 覆盖范围比较局限等。如果想要更好的上网体验，建议提前购买或租用移动 Wi-Fi。

项目策划：王欣艳　虞丽华
统　　筹：北京走遍全球文化传播有限公司　http://www.zbqq.com
责任编辑：王佳慧　林小燕
责任印制：冯冬青

图书在版编目（CIP）数据

美国西海岸 / 日本《走遍全球》编辑室编著；王启文译. -- 2版. -- 北京：中国旅游出版社, 2019.8
（走遍全球）
ISBN 978-7-5032-6283-8

Ⅰ. ①美…　Ⅱ. ①日…②王…　Ⅲ. ①旅游指南—美国　Ⅳ. ①K971.29

中国版本图书馆CIP数据核字（2019）第125587号

北京市版权局著作权合同登记号　图字：01-2019-1065
审图号：GS（2019）1805号　本书插图系原文原图

书　　名：美国西海岸

作　　者：日本《走遍全球》编辑室编著；王启文译
出版发行：中国旅游出版社
（北京市建国门内大街甲 9 号　邮编：100005）
http://www.cttp.net.cn　E-mail: cttp@mct.gov.cn
营销中心电话：010-85166536
排　　版：北京中文天地文化艺术有限公司
经　　销：全国各地新华书店
印　　刷：北京金吉士印刷有限责任公司
版　　次：2019年8月第2版　2019年8月第1次印刷
开　　本：889毫米×1194毫米　1/32
印　　张：13
印　　数：5000册
字　　数：588千
定　　价：128.00元
I S B N　978-7-5032-6283-8